Thomas Hauffe

Geschichte des DESIGNS

Umschlagvorderseite: © Vitra
Umschlagrückseite von oben nach unten:
© Zanotta, Thonet, Vitra, Piaggio, Vitra, ClassiCon, Knoll, VG Bild-Kunst, Bonn 2014

Für Christine, Greta und Lino

Frontispitz, S. 6/7: Verner Panton, Dänisches Möbeldesign, Ausstellung im Haus Interior, Frankfurt/M. 1964. picture-alliance / dpa, Foto: Roland Witschel

Verlagskoordination: Marisa Botz
Lektorat: Anita Brockmann, Köln
Layout und Satz: hassinger & hassinger & spiler, visuelle konzepte, Dortmund
Umschlag: Birgit Haermeyer
Reproduktionen: Lösch MedienManufaktur, Waiblingen
Druck: Firmengruppe APPL, aprinta druck GmbH, Wemding

Printed in Germany
ISBN 978-3-8321-9116-0

Thomas Hauffe

Geschichte des DESIGNS

DUMONT

INHALT

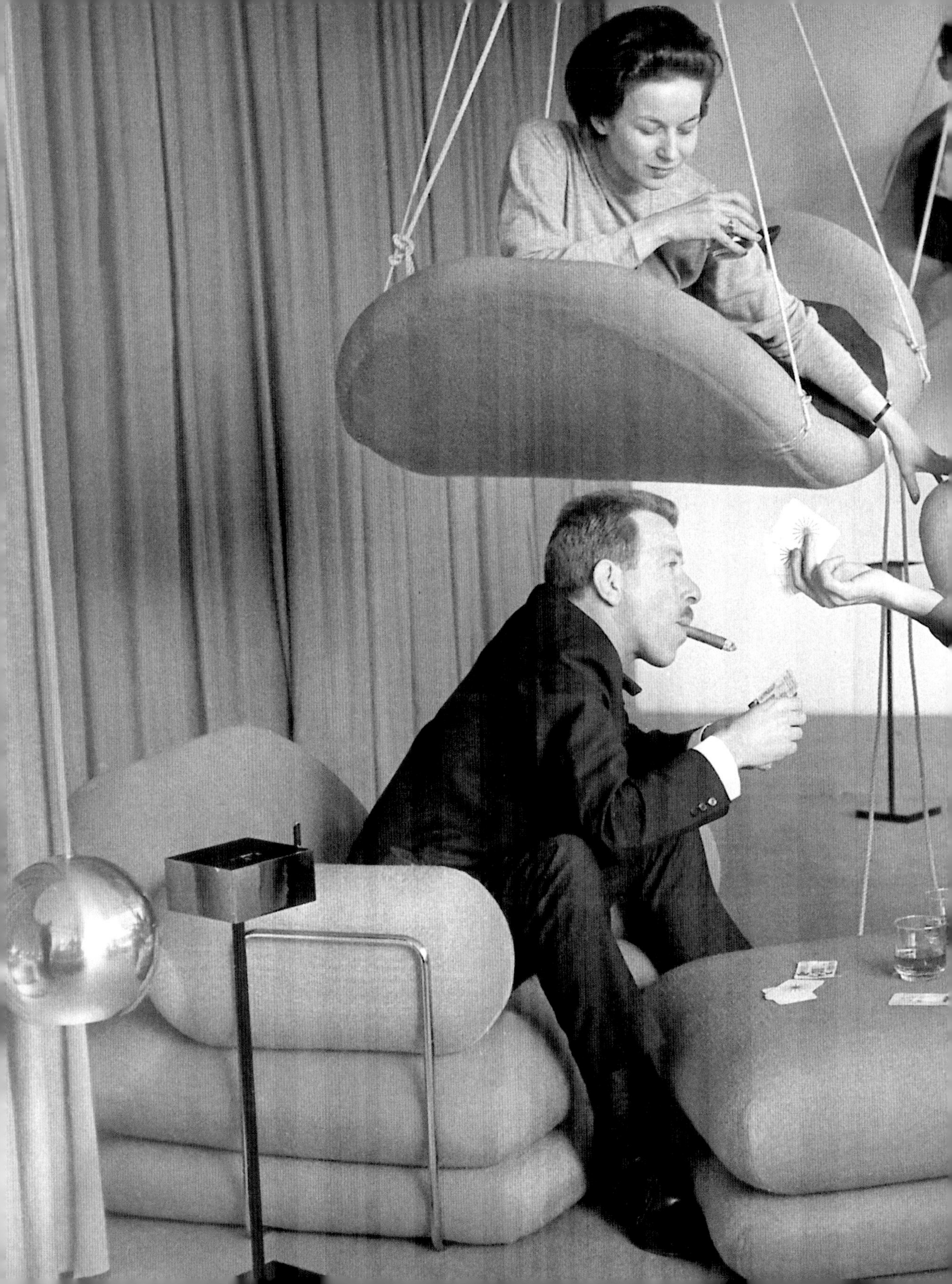

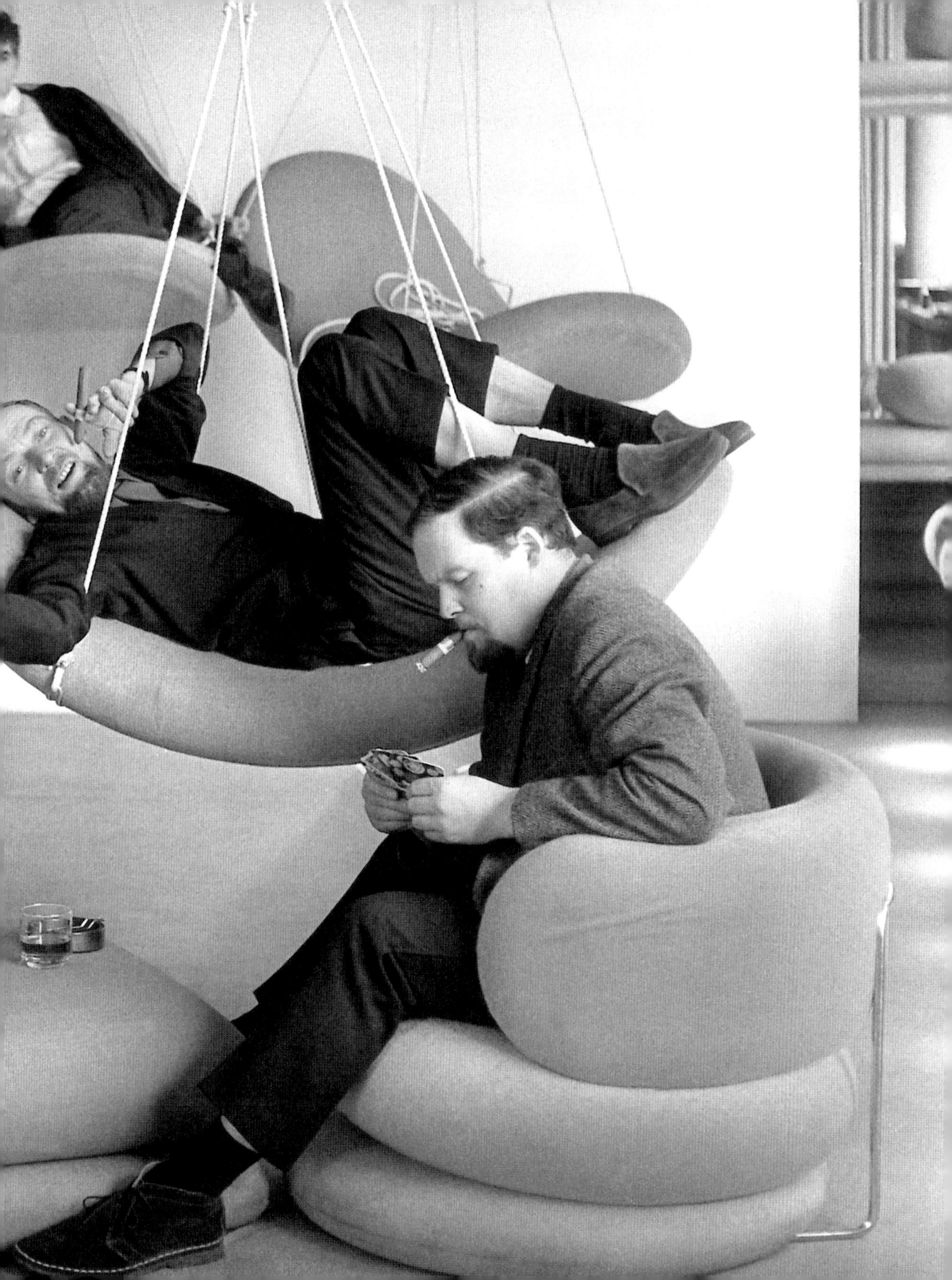

VORWORT

Die „Geschichte des Designs“ ist aus dem ebenfalls bei DuMont erschienenen „Schnellkurs Design“ hervorgegangen, der inzwischen seit 18 Jahren in zahlreichen Auflagen erfolgreich auf dem Markt und im Laufe der Zeit in elf Sprachen erschienen ist. Währenddessen hat er einige Aktualisierungen erfahren und wird Lesern, die einen komprimierten Überblick zum Einstieg in das Thema Design suchen, sicherlich noch viele Jahre von Nutzen sein. In Ergänzung dazu haben sich Autor und Verlag entschlossen, eine neue, umfassendere Designgeschichte herauszubringen, die vor allem die historischen, gesellschaftlichen und politischen Hintergründe designgeschichtlicher Entwicklungen noch stärker berücksichtigt.

Die Gestaltung von Produkten ist nicht mehr ausschließlich mit technischen Innovationen verflochten, sondern zunehmend auch mit verschiedensten wissenschaftlichen Disziplinen, vor allem mit den sich immer schneller wandelnden gesellschaftlichen Trends. Das betrifft insbesondere die Entwicklungen der letzten Jahre. Sie haben nicht nur völlig neue Produkte und Nutzergewohnheiten hervorgebracht, sondern sind derart tiefgreifend, dass sie die Aufgaben, das Arbeitsgebiet und das Verständnis von Design grundlegend verändert haben. Daher ist gerade der Gegenwart, dem beginnenden 21. Jahrhundert, ein umfangreicherer Teil gewidmet, der versucht, all die verschiedenen, zeitgleichen Entwicklungen darzustellen, die heute das Design bestimmen.

Auch eine Designgeschichte ist letztlich ein Produkt: ein Produkt für bestimmte Zielgruppen, mit einer Kalkulation und einem Preis in einem Markt. Daran orientieren sich Umfang, Aufbau, Sprache und Gestaltung. Ziel dieses Buches ist es, dem Leser einen leicht zugänglichen Überblick über die überaus facettenreiche Geschichte des Designs auf dem aktuellen Stand der Forschung zu bieten. Dafür werden allgemeine Entwicklungslinien nachgezeichnet, aber auch an markanten Einzelbeispielen wichtige Paradigmen exemplarisch erörtert.

Manchmal ist es freilich nicht so einfach, in die Tiefe zu gehen und gleichzeitig den Überblick zu wahren. Orientierung zu geben, heißt daher auch, Auswahl zu treffen. Kenner der Designgeschichte, Bauhaus- oder Braun-Fans und andere Spezialisten auf ihrem Gebiet werden möglicherweise das eine oder andere Detail vermissen, vielleicht aber auch gerade durch das Zurücktreten und den historischen Überblick interessante Erkenntnisse hinzugewinnen.

Die Designgeschichte ist eine relativ junge Disziplin. Anders als die Kunst- oder die Architekturgeschichte beschreibt sie eine Entwicklung, die mit dem Entwurf von Industrieprodukten erst um die Mitte des 19. Jahrhunderts beginnt. Darüber wurde sie lange Zeit definiert und als eine Geschichte der Moderne verstanden, das heißt, sie unterlag einem definierten Ziel, dessen Überwindung man sich nicht vorstellen konnte. Man kann sogar sagen: Die Designgeschichtsschreibung begann als eine Apologie der Moderne. Viele der frühen designgeschichtlichen Publikationen führender Kunsthistoriker hatten manifestartigen Charakter. Der aus Deutschland stammende Nikolaus Pevsner, der in Cambridge und London lehrte, war mit seinem 1936 erschienenen Werk „Pioneers of the Modern Movement" über Architektur und Design der frühen Moderne lange die Standardlektüre für alle, die sich für Designgeschichte interessierten. Pevsner war ein glühender Verfechter der Moderne, ebenso wie sein Zeitgenosse Erwin Panofsky, ein weiterer Vorreiter der Geschichte der modernen Kunst und Gestaltung. Auch Panofskys Schriften haben über mehrere Wissenschaftlergenerationen hinweg die Kunst- und Designgeschichte geprägt.

Neue Impulse bekommt die Designgeschichte interessanterweise mit der Infragestellung der Moderne seit Ende der 1960er und mit der Postmoderne der 1980er Jahre. Architekten und Designer beschäftigten sich nun bewusst mit der Geschichte ihrer jeweiligen Disziplin. Infolge dieser Auseinandersetzung mit der Moderne kommt es seit den 1970er Jahren zu einer Welle von designhistorischen Veröffentlichungen, zu denen beispielsweise in England die Bücher von Penny Sparke und in Deutschland die Veröffentlichungen von Gert Selle gehören.

Inzwischen ist die Postmoderne als jüngere kultur- und gesellschaftspolitische Richtung in die Geschichte eingegangen. In der heutigen „entideologisierten" Phase der Designgeschichte sind der Umgang mit historischen Stilen und die Kenntnis von historischen Zeichen und Formen zu einem wichtigen Bestandteil der Arbeit von Architekten und Designern geworden. Das schlägt sich im Hinblick auf die ästhetischen Präferenzen der immer kenntnisreicheren und kleinteiligeren Zielgruppen im Markt nieder oder etwa auf tradierte Zeichen und Symbole, die in der immateriellen Welt Orientierung geben, wie der Briefumschlag, der Telefonhörer und die Büroklammer auf der Nutzeroberfläche unserer Tablet-Computer und Smartphones. Avantgardistisches Design, nicht nur in den aufstrebenden Wirtschaftsmächten Asiens, setzt sich, unabhängig von bahnbrechenden technischen Innovationen, immer wieder mit den historischen Wurzeln und kulturellen Traditionen auseinander. Auch deshalb wird angesichts der zunehmend vielfältigen Gestaltungsaufgaben die Beschäftigung mit Designgeschichte umso wichtiger.

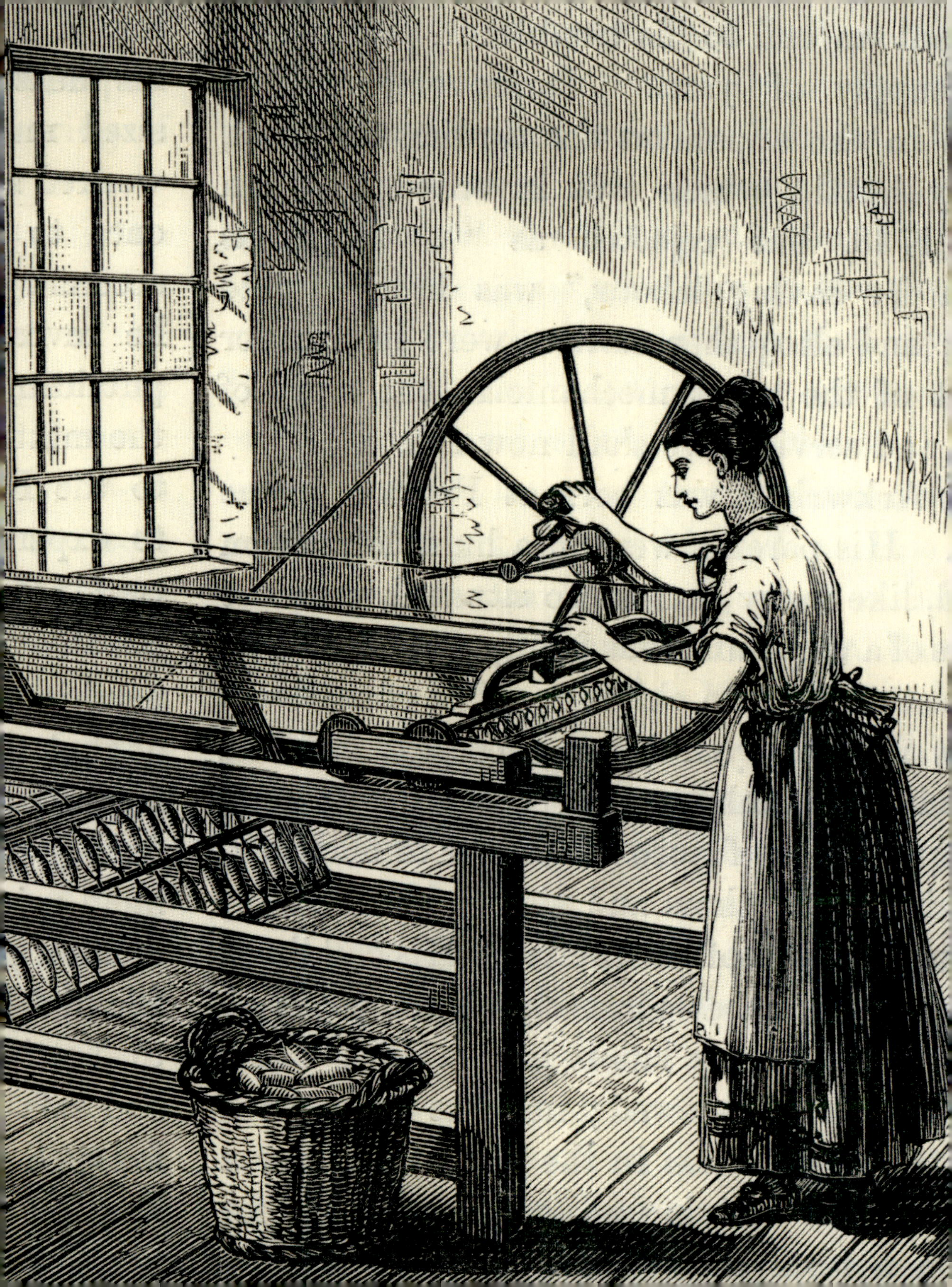

VOM HANDWERK ZUR MASSENFABRIKATION

Industrialisierung und bürgerliche Gesellschaft

Manufakturarbeit – der Beginn der modernen Arbeitsteilung

Lange Zeit waren Design und die Bedeutung des Begriffs untrennbar verbunden mit der industriellen Fertigung von Produkten. Design bezeichnet die Formgebung von Industrieprodukten, und bis zum Ende des 20. Jahrhunderts ist damit auch immer die industrielle Serienfertigung, d.h. die Massenproduktion, gemeint. Dass Design viele seiner Grundlagen gleichwohl in der vorindustriellen Zeit hat und heute nicht mehr an die industrielle Massenproduktion im herkömmlichen Sinne gebunden ist, ist mittlerweile eine Erkenntnis, die den Designbegriff zwar nicht infrage stellt, ihn aber in wichtigen Aspekten erweitert.

Doch beginnen wir mit dem Anfang: Schon im Mittelalter werden Produkte des alltäglichen Bedarfs erdacht und entworfen, allerdings werden sie in der Regel von Handwerkern auf Wunsch eines Kunden und nach dessen Vorgaben oder nach überlieferten Vorbildern handwerklich hergestellt. Die Anforderungen an Entwurf und Ausführung sind dazu noch von Zunftregeln bestimmt, die der Qualitätssicherung dienen. Die ganze Herstellung, vom Entwurf bis zum Verkauf, liegt jedoch in der Verantwortung des Handwerkers.

Ganz egal, wie man Design und seine Aufgabenstellung im Laufe der Geschichte im Detail definiert, sein Ursprung ist gekennzeichnet durch die fortschreitende Arbeitsteilung zu Beginn der industriellen Revolution. Und die fällt nicht mit der Erfindung der Dampfmaschine vom Himmel, sondern hat verschiedene Vorgeschichten.

Ein wichtiger Meilenstein der Massenfabrikation: 1764 entwickelte der Baumwollweber James Hargreaves die erste Spinnmaschine, „Spinning Jenny". Mit zunächst acht, später bis zu 100 Spindeln, die zeitgleich betrieben werden konnten, war sie sehr produktiv. Allein in England waren bis zum Ende des 18. Jahrhunderts 20 000 dieser industriellen Maschinen in Betrieb.

Durch die wachsenden Anforderungen, die mit der zunehmenden gesellschaftlichen und wirtschaftlichen Komplexität der Städte im Mittelalter entstehen, bilden sich bereits im mittelalterlichen Handwerk Spezialisierungen heraus. Manche Schuster etwa stellen damals keine neuen Schuhe mehr her, sondern beschränken sich ausschließlich darauf, altes Schuhwerk zu flicken. Besonders an den großen Dombauhütten sind die Aufgaben relativ weit spezialisiert und rationalisiert, weil hier eine große Zahl verschiedenster Gewerke unter ein Dach gebracht und organisiert werden muss. Kein Wunder, dass die mittelalterliche Dombauhütte zum Vorbild für nachfolgende Organisationsformen wird, nicht zuletzt für das Bauhaus.

Im Übergang vom Handwerk zur Industrie beginnt sich die Kopfarbeit (Entwurf) endgültig von der Hand- bzw. Maschinenarbeit (Produktion) zu trennen. Es ist die Manufaktur, in der schon im Vorfeld der Industrialisierung wichtige Schritte der Arbeitsteilung vollzogen und Produkte standardisiert werden. Dabei kann eine Manufaktur im Prinzip aus einem Zusammenschluss mehrerer Handwerksbetriebe bestehen, die gemeinsam an größeren Projekten arbeiten oder komplexere Produkte herstellen, oder sie teilt den Produktionsprozess in einem Handwerk in mehrere spezialisierte und standardisierte Arbeitsschritte auf. Die weitgehende Arbeitsteilung in der Manufaktur dient in erster Linie der Produktivitätssteigerung. Die Arbeit ist aber immer noch Handarbeit. Dabei sind die Prinzipien der Produktivitätssteigerung und der Gewinnmaximierung dieselben, wie später in der Industrialisierung. Der Merkantilismus des 17. und 18. Jahrhunderts ist unter diesem Aspekt gewissermaßen der Vorläufer des Industriekapitalismus des 19. Jahrhunderts. Die Folgen für die Arbeiter in den Manufakturen sind ebenfalls ähnlich. Einfache, stupide Arbeitsgänge sind nicht nur wenig erfüllend und kreativ, sondern ermöglichen zudem den preiswerten Einsatz von Frauen und Kindern. Dies bemerkt 1776, fast hundert Jahre vor Karl Marx, der schottische Ökonom Adam Smith in seinem Werk „An Inquiry into the Nature and Causes of the Wealth of Nations" (kurz: „The Wealth of Nations", dt.: „Der Wohlstand der Nationen").

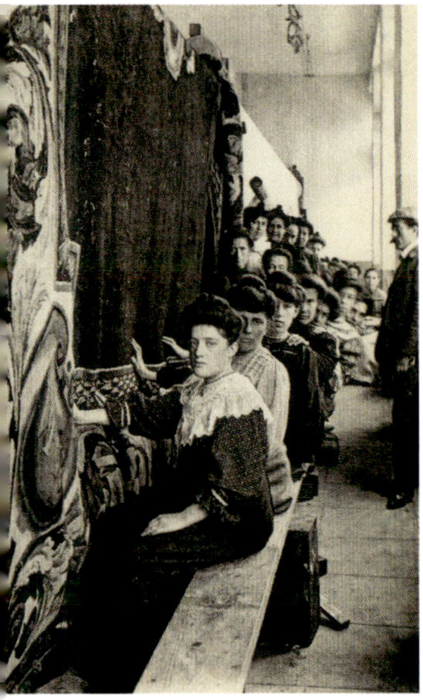

Arbeiterinnen bei der Fertigung von Savonnerie-Teppichen in der Pariser Teppichmanufaktur J. Schenk. Im Merkantilismus bleibt Arbeit Handwerk, wird aber standardisiert und beschränkt sich auf wenige Handgriffe, um die Produktivität zu steigern. Für die Fertigung werden zunehmend Frauen als billige Arbeitskräfte eingesetzt. Undatierte Fotopostkarte, Paris, Privatsammlung

In dem Streben nach Produktivitäts- und Absatzsteigerung spielen Standardisierung und Qualitätssicherung eine wichtige Rolle. Und weitere Aufgaben kommen hinzu: Zwar hat es zuvor schon Musterbücher für Schreiner, Goldschmiede, Baumeister oder Steinmetze gegeben, doch nun ändert sich ihre Bedeutung: Vorlagenmappen und Musterbücher werden in relativ hohen Auflagen gedruckt und vertrieben, um einerseits Produktionsstandards zu definieren, andererseits dienen sie der Auftragsakquise und zu Werbezwecken. Sie werden zu Verkaufsinstrumenten. Denn Produkte, die zuvor auf Bestellung vom Handwerker maßgefertigt wurden, wie Möbel, Schuhe, Kleidung und viele andere Dinge des täglichen Bedarfs, produziert man jetzt in hohen Stückzahlen und vertreibt sie als Fertigprodukte über große Warenlager. Bestellt werden sie von den Kunden nach dem Katalog bzw. dem Musterbuch. So erhält der Entwurf nicht mehr nur für die Herstellung, sondern auch für den Verkauf große Bedeutung und koppelt sich von der Produktion ab.

Je wichtiger der Entwurf wird, desto spezialisierter wird die Ausbildung der Zeichner. Neben die klassischen Kunstakademien treten ab Mitte des 19. Jahrhunderts Kunstgewerbeschulen und -museen, die mit Sammlungen von Vorbildern zur Ausbildung und Geschmackserziehung dienen. Vorreiter dieser Entwicklung ist England, wo die Arbeitsteilung, ungehindert von den andernorts umfangreichen und restriktiven Zunftregeln, früher und in weitaus größerem Umfang als im restlichen Europa einsetzt. Dort existieren bereits die

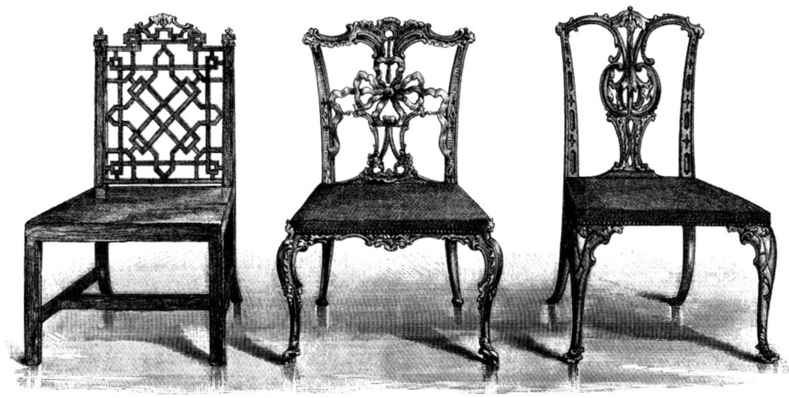

Die beliebten und einflussreichen Chippendale-Möbel werden arbeitsteilig produziert, kombinieren anfangs den Rokoko-Stil mit chinesischen Elementen und werden über Musterbücher vertrieben. Drei Stühle von Thomas Chippendale, Seite aus: The Gentleman and Cabinet-Maker's Director, 1754

bedeutenden und bis heute bekannten Porzellan- und Möbelmanufakturen.

Die ersten modernen Musterbücher stammen von den beiden Theoretikern der englischen Möbeltischlerei, Thomas Sheraton, der ab 1791 sein vierbändiges Werk „The Cabinet-Maker and Upholsterer's Drawing-Book" herausbringt und dadurch, wie auch durch andere Schriften, zu einem wichtigen Impulsgeber der Möbelindustrie wird, und Thomas Chippendale, der ebenfalls ab Mitte des 18. Jahrhunderts zahlreiche Schriften veröffentlicht und zusammen mit Sheraton zu einem der erfolg- und einflussreichsten Möbelproduzenten der Zeit wird. Gemeinsam üben sie großen Einfluss auf die Entwicklung in ganz Europa aus.

Neben der Möbelindustrie sind es vor allem die Töpfer- und die Metallwarenindustrie, die vor anderen auf Arbeitsteilung und die neuen Märkte setzen. Erstere verzeichnet im 18. Jahrhundert nicht nur einen steigenden Bedarf in breiten Bevölkerungsschichten, sondern kann sich auch eine Reihe technischer Neuerungen in der Steingut- und Porzellanherstellung zunutze machen. Josiah Wedgwood gehört zu den ersten Herstellern, die sich moderner technischer Verfahren, Verkaufs- und Vertriebsmethoden bedienen. 1759 gründet er die Wedgwood Porzellanmanufaktur. Sie beliefert den Adel ebenso wie sie den sich entwickelnden Massenbedarf bedient mit „eine(r) Art Steingut-Tafelgeschirr mit ganz neuem Aussehen [...], das plötzlichen Temperaturunterschieden standhält, leicht und schnell herzustellen und daher billig ist." Darüber hinaus ist Wedgwood ein Marketingfachmann. Das 18. Jahrhundert ist das Jahrhundert der Moden. Frankreich ist hier führend und die europäischen Höfe orientieren sich am französischen Stil mit seiner Vorliebe für Porzellan; überall lassen sie Porzellanmanufakturen errichten. Wedgwood beobachtet die wechselnden modi-

Thomas Chippendale (1718–1779), Sohn eines Zimmermanns, kommt in den 1730er Jahren nach London. Hier eröffnet er 1749 sein eigenes Geschäft. Er kombiniert den damals vorherrschenden Rokoko- Stil mit chinesischen Elementen und arbeitet bevorzugt mit exotischen Hölzern wie Mahagoni. Später entwickelt er zunehmend neoklassizistische Formen. Besonders mit seinen Sitzmöbeln wird Chippendale erfolgreich. Bald produziert er die komplette Einrichtung großer Landsitze und Stadtpalais und veröffentlicht 1754 sein erstes Musterbuch „The Gentleman and Cabinet-Maker's Director", das schon 1755 eine zweite und 1762 eine dritte Auflage erlebt. Durch die weite Verbreitung seiner Musterbücher wird Chippendale international bald sehr erfolgreich. Zeitweise hat er so viele Aufträge, dass er vorgefertigte Möbel aus Frankreich importiert und nur noch fertigstellt bzw. von anderen Kunsttischlern fertigstellen lässt. Sein Stil wird als „Chippendale-Stil" berühmt und zum Gattungsbegriff, seine Möbel werden in der ganzen Welt kopiert. Dieser Erfolg ist unter anderem darauf zurückzuführen, dass er in einer Branche tätig ist, in der früh eine weitgehende Arbeitsteilung üblich ist. Während die handwerkliche Produktion in anderen Bereichen noch an der Tagesordnung ist, sind in seiner Möbeltischlerei Spezialisten wie Polsterer, Tischler, Schnitzer, Glaser, Zeichner und Vertreter anderer Gewerke tätig.

Josiah Wedgwood (1730–1795) wird als eines von 12 Kindern einer alteingesessenen englischen Töpferfamilie in der Grafschaft Staffordshire geboren. Er erlernt ebenfalls das Töpferhandwerk und wird durch seinen Erfindungsreichtum zum Vorkämpfer der Industrialisierung in der Töpferei, indem er mit neuen Herstellungstechniken experimentiert und ein Steingut entwickelt, das Porzellan ähnlich sieht, aber preiswerter hergestellt werden kann. 1759 gründet er die Wedgwood Porzellanmanufaktur, die bis heute existiert. Er ist mit James Watt befreundet und setzt dessen neue Dampfmaschine in seinen Fabriken ein. Außerdem führt er bereits früh Prozesse der Arbeitsteilung ein, um die Produktion effizienter zu machen.

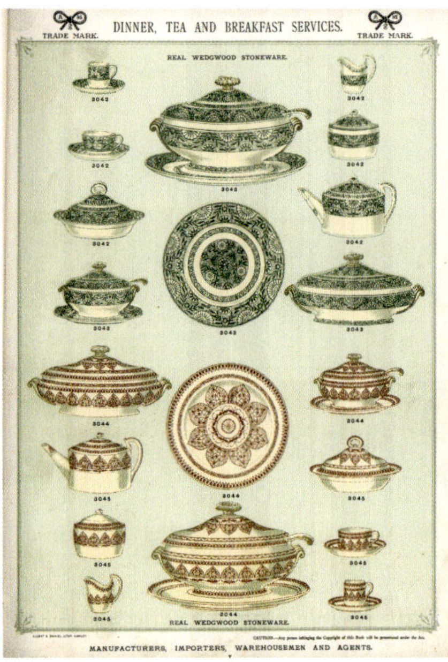

Wedgwood Frühstücks-, Speise- und Teeservice aus Steingut. Mit neuen Produktionsmethoden gelang es Josiah Wedgwood ein Steingut zu entwickeln, das dem Porzellan ähnlich, jedoch robuster und in der Herstellung nicht nur einfacher, sondern auch preiswerter war. Farbtafel aus einem Musterbuch, ca. 1880

schen Strömungen und den sich herausbildenden Massengeschmack seiner Zeit genau. Bald produziert er für einen expandierenden internationalen Markt, nimmt mit Interesse die international unterschiedlichen ästhetischen Vorlieben wahr und variiert seine Dekore entsprechend. Aus dem Trendscout wird ein Trendsetter. Parallel dazu führt er zeitgemäße Methoden in Vertrieb und Werbung ein: Neben seiner Fabrik in Staffordshire unterhält er einen Showroom in London, schickt Handelsvertreter durch die Welt, betreibt Werbung und beschäftigt eine Reihe von Zeichnern und Künstlern, die Entwürfe und Musterbücher für ihn erstellen. Ganz bewusst arbeitet er dabei mit den berühmtesten englischen Künstlern seiner Zeit zusammen, den Malern George Stubbs und Joseph Wright of Derby. Seine Rechnung geht auf: Wie erwartet machen ihre berühmten Namen seine Produkte interessanter und fördern ihre Verkäuflichkeit: modernes Marketing im 18. Jahrhundert. Die Arbeitsteilung, der technologische Vorsprung, moderne Vertriebsmethoden sowie der massenhafte Einsatz von Musterbüchern auf den internationalen Messen und deren Versand in alle Welt erklären zu einem großen Teil den Erfolg und die Überlegenheit der englischen Produkte in der frühen Phase der Industrialisierung.

In Preußen, das der Entwicklung in England damals um gut fünfzig Jahre hinterherhinkt, beobachtet man diese Tendenzen mit Interesse. Musterbücher werden importiert und kopiert. Mithilfe des preußischen Wirtschaftsministeriums werden Vorlagenmappen und Musterbücher publiziert, die es auch kleineren Betrieben ermöglichen sollen, gute Produktstandards zu erreichen. Hier sind es die Entwürfe, Schriften und Musterbücher von Karl Friedrich Schinkel und später die theoretischen Werke von Gottfried Semper, die Theorie und Stil in der ersten Hälfte des 19. Jahrhunderts bestimmen.

Der Architekt Gottfried Semper, Sohn eines Hamburger Wollfabrikanten, trägt ganz besonders zu einem wachsenden Bewusstsein in der Formgebung bei. Im Laufe seiner bewegten Lebensgeschichte kämpft er, zusammen mit seinem Freund Richard Wagner, während der bürgerlichen deutschen Revolution 1849 in Dresden für die bürgerlichen Grundrechte. Er wird verfolgt und flieht über mehrere Stationen schließlich nach London, wo er den Reformer und Initiator der ersten Weltausstellung Henry Cole kennenlernt und mit Entwürfen für einzelne Abteilungen auf der Londoner Weltausstellung 1851 beauftragt wird. Zu seinen wichtigen Werken zählen „Wissenschaft, Industrie und Kunst“ (1852) und „Der Stil in den technischen und tektonischen Künsten oder Praktische Ästhetik“ (1860–63).

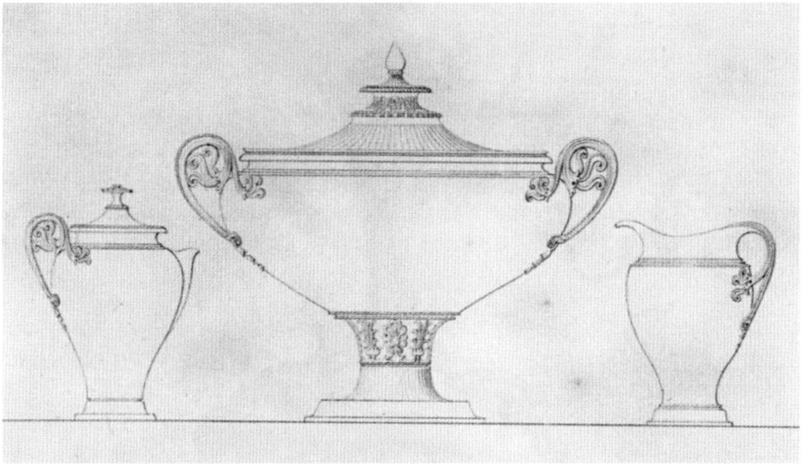

Entwurfszeichnung aus: Karl Friedrich Schinkel, Vorbilder für Fabrikanten und Handwerker, 1821–37 in Berlin erschienen

Semper ist, wie der ganze Kreis um Henry Cole, Owen Jones und Christopher Dresser, die im Umfeld der Londoner Ausstellung nach zeitgemäßen ästhetischen Maßstäben in der Industrieproduktion suchen, insbesondere für die frühe Designgeschichte von großer Bedeutung. Sein Bemühen um eine sachliche Form, das bei ihm noch in einem strengen Klassizismus wurzelt, wird später zu einem der grundlegenden Impulse für die Theorie des Funktionalismus. Er beschäftigt sich nicht nur mit der Architektur der Klassik, sondern etwa auch mit den Proportionen und Funktionen von klassischen Gefäßen. Dabei nimmt er sowohl die klassische Schlichtheit als auch die archetypischen Formen der Natur zum Leitbild und setzt so als einer der Ersten den Zweck und die Form von Gebrauchsgegenständen miteinander in Beziehung.

Besonders aber Friedrich Schinkel definiert durch seine umfassende Tätigkeit als Preußischer Hofbaumeister und als Gestalter einfacher Alltagsprodukte die Rolle des Künstlers als Entwerfer neu. Er reist, ebenso wie andere Vertreter aus Wirtschaft und Politik Preußens, nach England, um sich dort ein Bild von dem aktuellen Stand der technologischen Entwicklung und der Rolle des Künstlers beim Entwurf von Massengütern des täglichen Gebrauchs zu machen. Neben seinen vielfältigen Tätigkeiten als Architekt und hoher Beamter der preußischen Baubehörde entwirft Schinkel nicht nur berühmte Staatsbauten, Theaterdekorationen, Inneneinrichtungen, Porzellan und andere Gebrauchsgegen- stände, sondern er veröffentlicht zudem zahlreiche Schriften. Sein zwischen 1821 und 1837 in Berlin erschienenes Mappenwerk „Vorbilder für Fabrikanten und Handwerker“ soll zu einer geschmackssicheren Formgebung anleiten. Denn selbst im noch rückständigen Preußen entstehen mit dem Bürgertum wachsende Märkte für Massenprodukte, und man ist sich darüber im Klaren, dass die Gestaltung von Produkten, die zunehmend zu Massenprodukten werden, ein Wirtschaftsfaktor ist.

Das Zeitalter des Bürgertums – Technik, Ethik und Ästhetik

Nicht nur in der Technik, sondern auch in Politik und Gesellschaft setzen gegen Ende des 18. bzw. zu Beginn des 19. Jahrhunderts in Europa Entwicklungen ein, die die Voraussetzungen für das Wachstum von Industrie und Handel und damit für die industrielle Gestaltung schaffen. Die Französische Re- volution von 1789 ist der politische Ausgangspunkt für die Entwicklung eines politischen und wirtschaftlichen Selbstbewusstseins des Bürgertums. Zu den weiteren Folgen der Revolution und der anschließenden politischen Neuordnung Europas nach dem Wiener Kongress 1814 gehören vor allem die Beseitigung von Zoll- und Handelsschranken sowie Verwaltungsreformen und die Aufhebung alter Zunftgesetze. Diese Stärkung von Handel und Gewerbe macht die industrielle Entwicklung überhaupt erst möglich. In Deutschland entstehen mit der Revolution von 1848 und schließlich der deutschen Reichsgründung von 1871 die wirtschaftlichen und politischen Rahmenbedingungen der industriellen Revolution.

Neben den technologischen und strukturellen Bedingungen entwickeln sich zudem ästhetische Leitbilder im Bürgertum, die das Design bis heute maßgeblich beeinflussen. Die wichtigsten Forderungen des modernen Designs – nach Funktionalität, Schlichtheit und Sachlichkeit – stammen aus der bürgerlichen Ethik. Sie sind häufig ebenso wie eine technische auch eine Glaubensfrage.

Die technische Entwicklung und die neuen Erkenntnisse der Naturwissenschaften beeinflussen im 19. Jahrhundert das Denken und die philosophischen Strömungen. Der Idealismus der Klassik wird abgelöst von materialistischen Ansätzen, die dem Rationalismus der englischen Philosophie folgen. In der Ästhetik bedeutet das: Das Schöne wird nicht mehr metaphysisch erklärt und definiert, sondern auf der Grundlage empirischer Deduktion und psychologischer Analyse. Vor allem wird klar, dass das Schöne nichts Objektives und Überzeitliches ist, sondern etwas Zeitgebundenes, das sich in jeder Epoche anders definiert.

Realismus und Formalismus werden im 19. Jahrhundert zum Gegenpol einer eklektizistischen Ästhetik, die aufgrund einer Verunsicherung gegenüber den technischen Neuerungen zur Veredelung der Form auf historische Vorbilder aus dem Mittelalter und dem Barock zurückgreift. Auch die Theologie muss sich der technischen Entwicklung und ihrem Einfluss auf das Alltagsleben stellen. Fragen der Moral reflektieren die volkswirtschaftliche Entwicklung. Der bürgerliche Protestantismus orientiert sich in Deutschland am holländischen Calvinismus und an der anglikanischen Kirche im Mutterland der Industrialisierung. Wie stark Ästhetik und Formgebung mit dem Glauben zusammenhängen können, zeigt der folgende Exkurs über die Shaker-Gemeinschaft in den USA.

Möbel und Gebrauchsgegenstände der Shaker

Die religiöse Gemeinschaft der Shaker, die seit Mitte des 18. Jahrhunderts in den USA lebt, ist ein ebenso extremes wie bekanntes Beispiel religiös motivierter Ästhetik in der Produktion von Gegenständen des täglichen Gebrauchs. Die Form ihrer Möbel und Gebrauchsgegenstände folgt religiösen Glaubensgrundsätzen, die später in fast gleichem Wortlaut in die verschiedensten Designtheorien eingehen. Rund ein Jahrhundert bevor sich nach dem viel zitierten Leitsatz von Louis H. Sullivan „form follows function" die Theorie des Funktionalismus entwickelt, formulieren die Shaker in den USA in ihren Glaubensgrundsätzen: „Schönheit beruht auf Zweckmäßigkeit."

Die puritanische Sekte wird 1774 von der Engländerin Ann Lee und einigen Glaubensgenossen gegründet, die vor religiöser Verfolgung aus ihrer Heimat Großbritannien in die USA fliehen. Besonders in den Neuengland-Staaten scharen sie bald viele Anhänger um sich und werden zur größten und bekann-

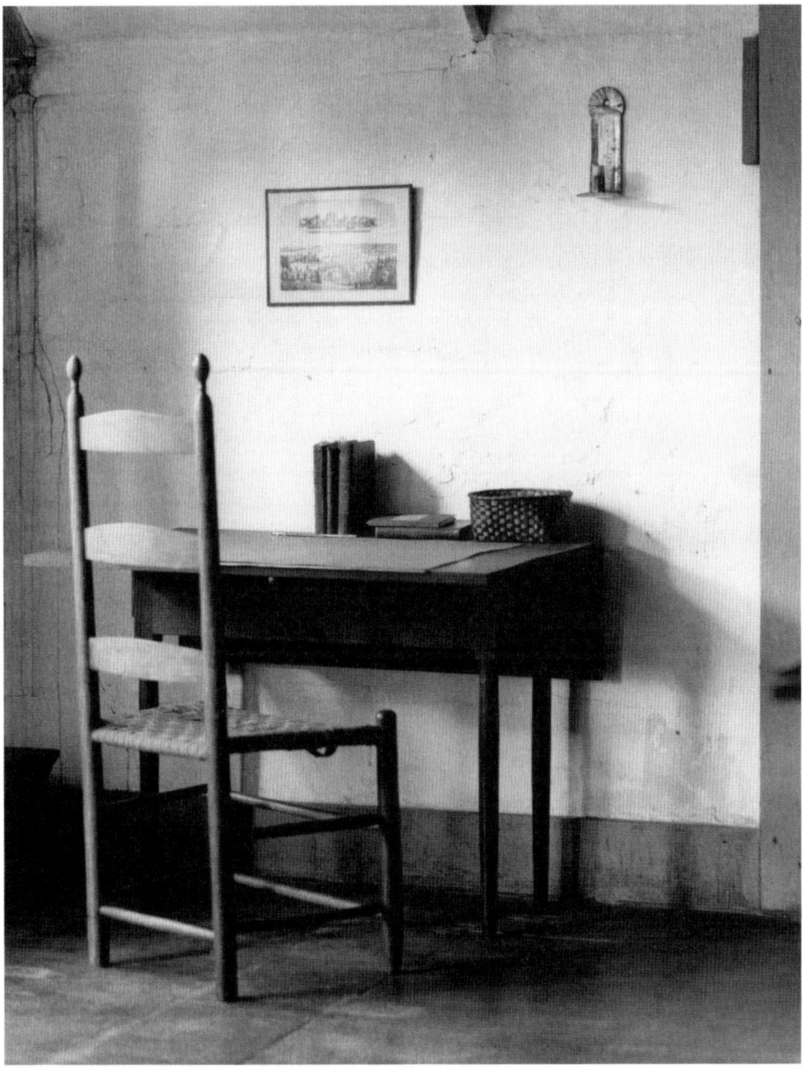

Sachlich-schlicht und funktional: Nähtisch und Ladderback-Stuhl in einem Haus des Shaker Village von Hancock bei Pittsfield, Massachusetts, 1935

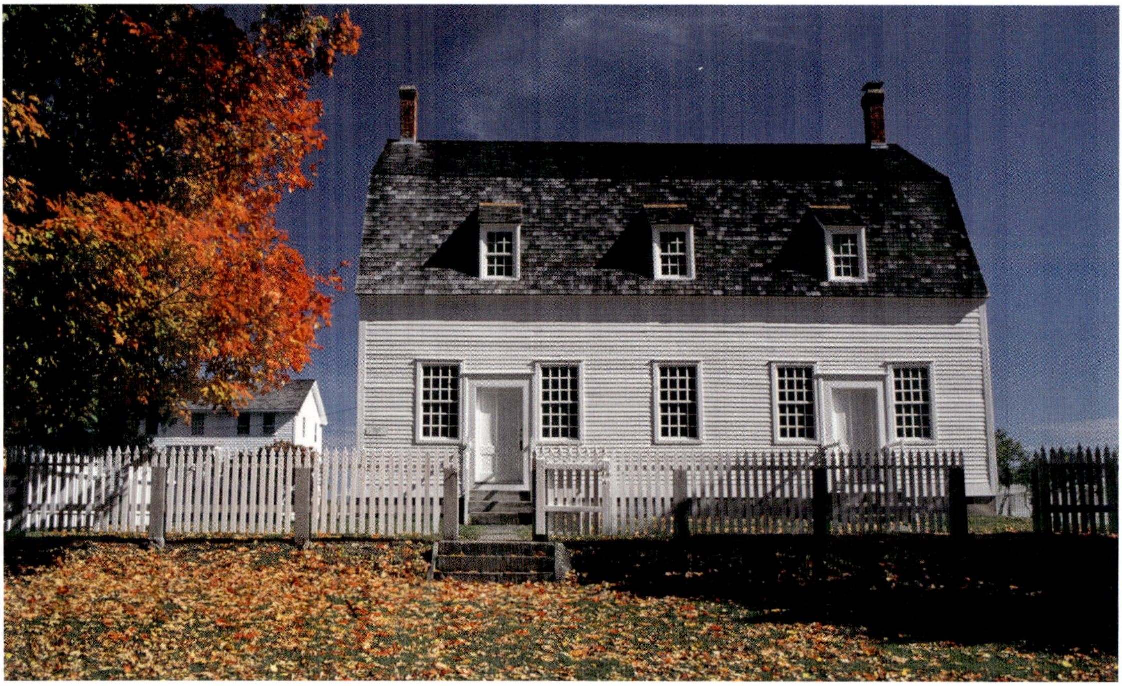

Zweckmäßigkeit auch in der Architektur: Haus im Shaker Village von Canterbury, New Hampshire

testen Sekte des 19. Jahrhunderts. Um 1840 leben bereits ca. 6.000 Brüder und Schwestern in 19 gut organisierten Kommunen. Sie verwirklichen dort eine Lebensweise, die auf dem Wert der Gemeinschaft und auf der Gleichstellung von Mann und Frau beruht und alle Dinge als Gemeineigentum betrachtet, weshalb sie später gerne als eine Art „religiöser Kommunismus“ bezeichnet wird. Friedrich Engels nimmt sie als lebenden Beweis dafür, dass eine kommunistische Gesellschaft realisierbar sei.

Ihren Namen erhielten die Shaker (Shaking Quakers) nach den schüttelnden Bewegungen bei den Tänzen in ihren Gottesdiensten. Das Leben in der Gemeinde ist geprägt von Ordnung, Bescheidenheit und Fleiß. Ihr Glaube findet Ausdruck in den strengen Regeln des täglichen Lebens, der Reinlichkeit und Einfachheit ihrer Häuser und der schlichten Schönheit ihrer handwerklich hergestellten Gebrauchsgegenstände, Kleidung und Möbel. Straßen und Häuser in den Shaker-Gemeinden sind auffallend bescheiden und sauber, die Gebäude schlicht im Baustil und ohne jegliche Dekoration, die Wohnhäuser zur Straße hin meist weiß, die Stallungen und Wirtschaftsgebäude dahinter in dunkleren Rot- oder Brauntönen.

Die Shaker fertigen sämtliche Gegenstände für ihren täglichen Gebrauch selbst, wobei sie, wie in allen Dingen ihres Lebens, den Anspruch auf höchste Zweckmäßigkeit und Vollkommenheit zum Ziel haben; alles Überflüssige ist verpönt. Die Formen der Dinge ändern sich kaum, werden jedoch ständig verbessert und auch schon ansatzweise typisiert. Viele später wegen ihrer sachlichen Schlichtheit und rational durchdachten Funktionalität beliebten Möbel und Gebrauchsgegenstände haben ihre Vorläufer in der Einrichtung der Shaker-Häuser. So gibt es in jedem Haus Einbauschränke, Wandregale und Schubladensysteme. Unter den Beinen von Betten und Tischen sind häufig Rollen befestigt, um sie beim Putzen leichter verschieben zu können. Kugelgelenke in den Füßen von Stühlen sollen verhindern, dass man beim Zurücklehnen mit dem Stuhl umfällt. Viele praktische Erfindungen werden den Shakern zugeschrieben, dazu gehören die Kreissäge, die Wäscheklammer oder die Waage mit Laufgewicht.

Im Gegensatz zu anderen religiösen Gemeinschaften sind die Shaker technischen Neuerungen gegenüber aufgeschlossen. Sie produzieren auch Möbel, Geräte und Stoffe für den Verkauf. Im Lauf des 19. Jahrhunderts finden ihre Produkte in den USA weite Verbreitung und sind 1876 sogar sehr erfolgreich auf der Weltausstellung in Philadelphia vertreten. Shakermöbel erfreuen sich wegen ihrer handwerklichen Qualität, ihrer Funktionalität, ihrer schlichten Schönheit und ihrer besonderen Haltbarkeit überall großer Beliebtheit. Heute gibt es nur noch eine existierende Shakergemeinde in Sabbathday in Maine. Dort lebten im Jahr 2009 noch drei Gemeindemitglieder. Im Zeichen von Puris-mus und neuer Bescheidenheit werden die Möbel der Shaker seit den 1980er/1990er Jahren erneut in aller Welt geschätzt und beispielsweise von der deutschen Firma Habit und dem italienischen Möbelhersteller de Padova wieder in Lizenz hergestellt.

Wohnkultur im Biedermeier

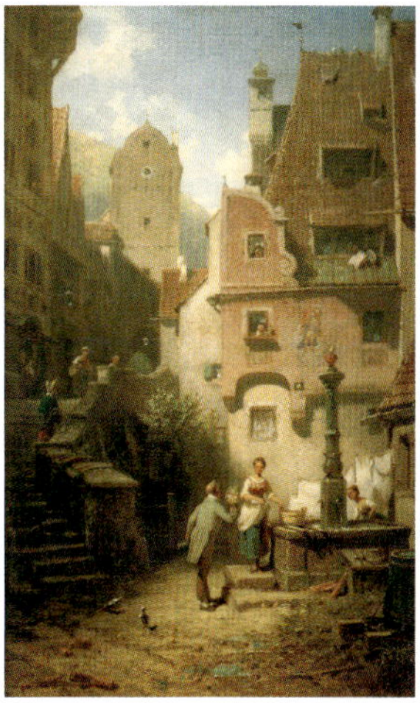

Biedermeier-Idylle, die die Vorstellung der Epoche prägt: Carl Spitzweg, Gratulant überreicht Blumen, Öl auf Leinwand, 1872

Das Ethos der Biedermeierkultur hat in der Frühphase der Industrialisierung einen starken Einfluss auf das ästhetische Empfinden im Bürgertum, obwohl der Biedermeier-Stil zunächst von den Adelshöfen ausgeht.

Biedermeier nennt man die Zeit zwischen dem Wiener Kongress 1814 und der bürgerlichen Revolution 1848. Diese relativ kurze Epoche gilt als das letzte Zeitalter vor der Industrialisierung und wird unter anderem deshalb noch lange als eine heile Welt dargestellt. Die 30er und 40er Jahre des 19. Jahrhunderts lassen die Auswirkungen der Industrialisierung in Deutschland nur zögerlich erahnen. Städtewachstum und Bevölkerungsexplosion, Armut und Wohnungsnot treten kaum zutage. Noch sind Natur und Landschaft intakt, funktioniert das geruhsame Dorfleben und sind die Handwerker nicht bedroht von der Industrie. Diese Vorstellungen von der Epoche sind jedoch eher durch die idyllischen Malereien Carl Spitzwegs oder Ludwig Richters nostalgisch verklärt; man sieht die Zeit geprägt von Häuslichkeit und Bescheidenheit, bürgerlicher Wohlanständigkeit und politischer Enthaltsamkeit. Den Namen „Biedermeier“ erhält sie rückwirkend nach der gleichnamigen Spottfigur aus den „Fliegenden Blättern“. In der humoristischen Wochenschrift tritt er ab etwa

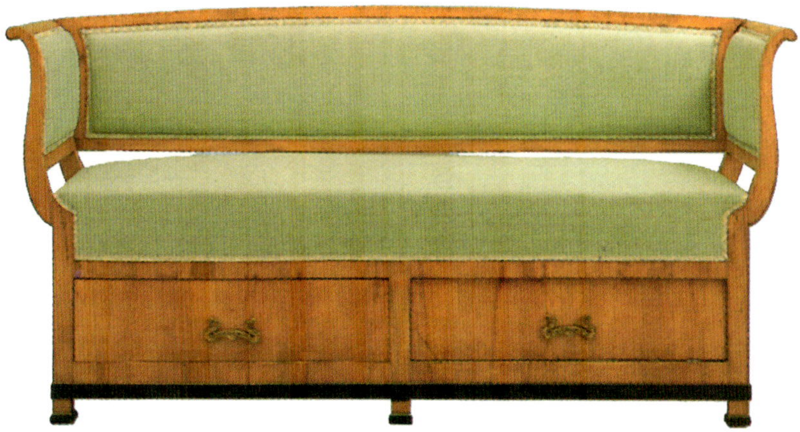

Sogenannte „Magazinsofas", wie hier mit zwei Schubladen unter der Sitzfläche, bildeten das Zentrum des bürgerlichen Wohnraums. Dazu gehörten auch ein Tisch sowie Stühle, deren Polster mit demselben Stoff überzogen waren wie das Sofa. München um 1820

1855 als Inbegriff kleinbürgerlicher Biederkeit auf. Seines satirischen Aspekts entledigt, wird der Name um die Jahrhundertwende dann zur Epochen- und Stilbezeichnung für die bescheiden-rationale bürgerliche Grundhaltung, die, neben dem Einrichtungsstil, auch Mode, Kunst und Literatur prägt.

Die bürgerliche Einrichtung der Biedermeierwohnung zeugt von Zweckmäßigkeit, Schlichtheit und Behaglichkeit. Man verzichtet auf prunkvolle Stoffe, Intarsien und ähnlichen Luxus und legt mehr Wert auf einen bescheiden-einheitlichen Gesamteindruck der Räume. Der Verzicht auf üppige Stoffe hat übrigens seine Ursache in einem sich stärker herausbildenden Hygienebewusstsein, das sich später in der Moderne dann regelrecht zu einem ästhetischen Leitbild entwickelt.

Die Möbel werden meist in Paaren oder Garnituren gefertigt und harmonisch im Raum angeordnet. Häufig handelt es sich bei den Stücken bereits um standardisierte Konfektionsware, die sich aufgrund ihrer sachlichen und zurückhaltenden Form gut kombinieren lassen. Einrichtungsstücke sind neben leichten Stühlen und Sofas vor allem zierliche Kommoden, Schreibschränke, Beistelltische, Bücherschränke sowie Vitrinen und Etageren zur Aufbewahrung von Geschenken, Reiseandenken oder den damals beliebten Sammeltassen. Die Möbel werden in der Regel aus preiswertem und leichtem Fichten- oder Tannenholz gefertigt, mit Furnieren aus einheimischen Hölzern wie Ahorn, Kirsch- oder Nussbaum. Die Technik des Furnierens macht in der ersten Hälfte des 19. Jahrhunderts einige wichtige Fortschritte, sodass man ab 1820 auch hauchdünne, maschinell gesägte Furniere einsetzen kann. Ihre Maserung ersetzt eine reichhaltige Ornamentik.

Das Biedermeier wird meist als eine typisch deutsche oder österreichische Erscheinung gesehen, doch die Vorbilder für die neuen, einfachen und zweckmäßigen Möbel kommen mit den international verbreiteten Musterbüchern aus England und finden ihre Verbreitung in Deutschland, Österreich (bis nach Oberitalien und Ungarn), Belgien und der Schweiz. In Dänemark bildet sich ein eigener, eher klassizistisch wirkender Stil heraus.

Lange hat man diesen Stil als bürgerliche Gegenrichtung zu dem bis 1814 vorherrschenden feudalen Empire-Stil betrachtet, de facto hat sich das Biedermeier jedoch an den aufgeklärten Höfen parallel zu und aus dem feudalen Repräsentationsstil des Empire heraus entwickelt. Dort dient der neue Stil um 1800 bis 1810 zur sachlich-nüchternen Einrichtung der Privaträume, wird anschließend von der gehobenen Beamtenschaft im Umkreis der Höfe übernommen und findet allmählich Eingang in die Wohnungen eines Bürgertums, das sich zur Zeit der Restauration aus der Politik in die heimischen vier Wände zurückzieht und erst mit der Industrialisierung zur tragenden Schicht wird. Der Biedermeier-Experte Hans Ottomeyer hat das schon 1991 richtiggestellt, dass die Entwicklung des Biedermeier-Stils heute dennoch im Allgemeinen falsch interpretiert wird, mag auf den Zusammenhang zwischen bürgerlichem Ethos, schlichter Formensprache und sachlicher Einrichtung zurückzuführen sein. Denn selbst wenn der Adel seine Vorbildrolle noch länger behält, selbst wenn das Phänomen des Historismus im Bürgertum feudale Stilelemente kopiert und selbst wenn die aufgeklärten Landesfürsten meist noch über lange Zeit hinweg eine tragende Rolle in den Kunstgewerbereformen der Jahrhundertwende spielen, so ist es doch besonders in der zweiten Hälfte des 19. Jahrhunderts das Bildungsbürgertum, das ethische und ästhetische Paradigmen prägt, das sowohl aus unternehmerischem als auch aus politischem Antrieb heraus die Gestaltung der Produkte in den Fokus nimmt und das mit ihr die Produktionsbedingungen und somit die soziale Frage stellt. Im Biedermeier zeigen sich trotz aller Sehnsucht nach einer heilen vorindustriellen Welt gleichwohl erste Auswirkungen der Industrialisierung: standardisierte Konfektionsware, schlichte Formen, Funktionalität und moderne Vertriebswege.

Die Dampfmaschine – treibende Kraft eines neuen Zeitalters

Im Jahr 1765 erfindet der Engländer James Watt die Dampfmaschine. Damit beginnt die Industrielle Revolution, die im 19. Jahrhundert zuerst das Leben der Menschen in England, einige Jahrzehnte später auch auf dem Kontinent radikal verändert. Mit der Dampfmaschine lässt sich künstliche Energie erzeugen. Sie wird in England zunächst vor allem dazu gebraucht, das Grundwasser aus den Bergwerken abzupumpen, da die bisherigen Pumpenleistungen mit fortschreitendem Kohleabbau nicht mehr ausreichen. Um 1800 laufen in etwa 5.000 englischen Bergwerken dampfbetriebene Pumpen und retten damit den englischen Kohlebergbau.

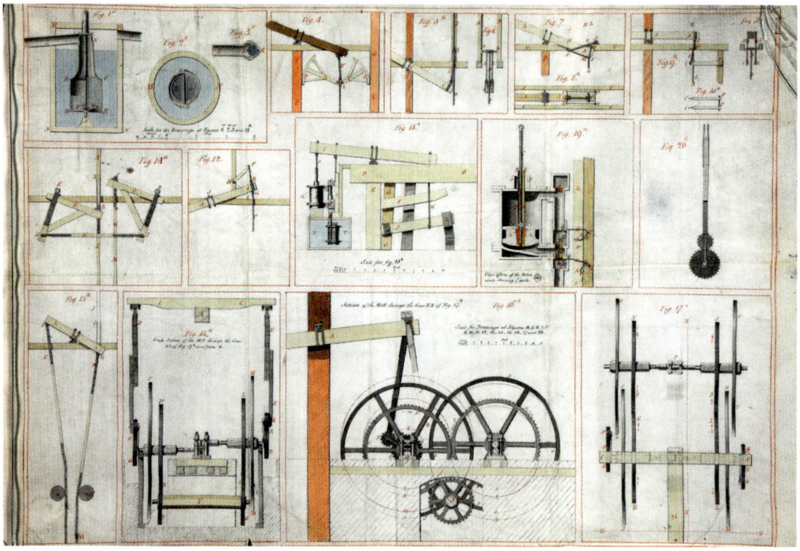

Mit der Erfindung der Dampfmaschine läutet James Watt 1765 die Industrielle Revolution ein. Gemeinsam mit Matthew Boulton produzierte er sie ab 1775 serienmäßig. Die Auf- und Abbewegung des Kolbens wurde über Zahnräder in eine Drehbewegung des großen Schwungrads umgewandelt und im Bergbau sowie in der Industrie zum Antrieb von Pumpen und Maschinen eingesetzt. Entwurfszeichnung, ca. 1770

Matthew Boulton (1728–1809) Der englische Ingenieur war als Fabrikant einer der Vorreiter der Industrialisierung. Er wird in Birmingham geboren, das damals schon stark geprägt war durch die Eisen- und Metallverarbeitung. Nach seiner Schulzeit wird Boulton 1749 zum Partner im Unternehmen seines Vaters. Nach dessen Tod übernimmt er die Firma und expandiert stark. Er gründet die Soho Manufactory, in der er ab 1765 die modernsten Maschinen einsetzt.
1775 gründet er zusammen mit James Watt das Unternehmen Boulton & Watt zur Herstellung und zum Vertrieb der ersten Dampfmaschinen. Er weitet seine Aktivitäten in der Metallverarbeitung ständig aus. 1788 baut er eine Fabrik zur Prägung von Münzen, die Soho Mint. Boulton ist nicht nur technologisch, sondern auch weltanschaulich modern. In seinen Fabriken stellt er keine Kinder unter zwölf Jahren ein, schafft Arbeiterwohnungen und Sozialversicherungen für seine Angestellten und Arbeiter. 1765 gründet er zusammen mit Watt, Josiah Wedgwood und anderen fortschrittlichen Zeitgenossen aus Kunst und Wissenschaft die „Lunar Society", eine Gesellschaft zum Austausch von Ideen und Wissen der brillantesten Köpfe Englands.

Zusammen mit seinem Geschäftspartner Matthew Boulton, der eine große Manufaktur und Facharbeiter zur Verfügung stellt, entwickelt Watt die Dampfmaschine weiter. Mit Transmissionsriemen versehen, können die Dampfmaschinen bald ihre Kraft über Achsen und Wellen auf die unterschiedlichsten Maschinen übertragen. Das wird zur wichtigsten Grundvoraussetzung für die industrielle Entwicklung. Nun lassen sich große und neuartige Maschinen entwickeln und antreiben, mit denen die Herstellung von anderen Maschinen und Produkten in bisher nicht bekanntem Umfang möglich wird. Dampfbetriebene Spinn- und Webmaschinen gehören zu den ersten Maschinen, die die Massenfabrikation von Produkten einleiten.

Mit der Weiterentwicklung der Dampfmaschine und verbesserten Methoden der Stahlproduktion können nun Eisenbahnen und Dampfschiffe gebaut werden, die Rohstoffe, Produkte und Menschen transportieren und die Weltmärkte miteinander verbinden. Ab 1804 werden Dampflokomotiven entwickelt und schon 1830 wird zwischen Liverpool und Manchester die erste Eisenbahnlinie der Welt eröffnet. 1840 dauert eine Atlantiküberquerung mit dem Segelschiff mehrere Wochen, mit dem Dampfschiff nur noch gut zehn Tage. Die schnellen Schiffe und Eisenbahnen eröffnen einem Kolonialreich wie England ganz andere Möglichkeiten und sichern ihm einen großen Vorsprung im Welthandel mit Rohstoffen und Gütern.

Mit dem modernen Verkehrswesen gehen in bis dato unbekanntem Ausmaß zum Teil völlig neue Bau- und Gestaltungsaufgaben einher: Eisenbahnlinien,

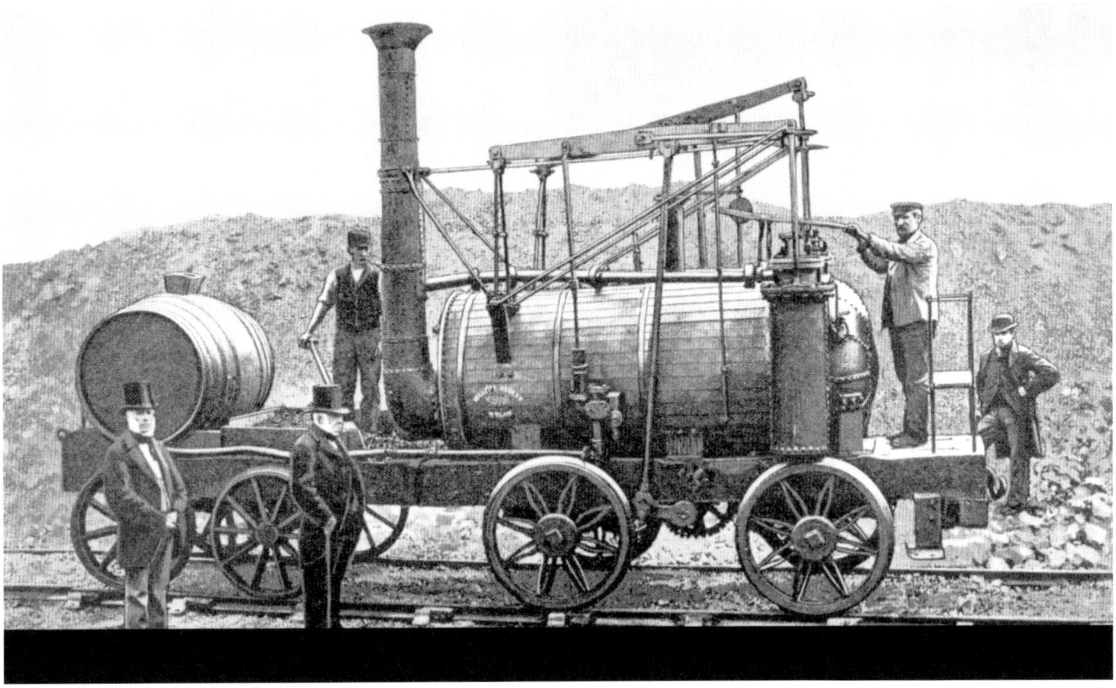

William Hedley entwickelte 1813 die erste effektive Dampflokomotive, die auf der englischen Wylam-Zeche zum Einsatz kam. Seine „Puffing Billy" revolutionierte das Leben der Menschen. Reproduktion nach einer Fotografie von R. H. Blensdale

Brücken, Kanäle, Bahnhöfe und Hotels. Gleiches gilt für die explosionsartig wachsenden Städte. Sie bringen neue architektonische Formen wie Fabriken, Verwaltungsgebäude und Mietskasernen hervor – Wohn- und Arbeitstätten für die Menschenmassen, die nun auf der Suche nach Arbeit in die Städte drängen.

Die Erfindung der Dampfmaschine setzt mit der Industrialisierung eine Entwicklung in Gang, die über die technische Entwicklung hinaus und mit ihr eng verbunden das gesamte menschliche Leben revolutioniert. Dieses neue Industriezeitalter ist gekennzeichnet durch eine immer rascher verlaufende Entwicklung von häufig parallel stattfindenden Veränderungen in allen Bereichen des Lebens.

Das Zeitalter der Massenfabrikation – Großbetriebe, Arbeiterklasse und Angestellte

Die Folgen der Industrialisierung zeigen sich in rasender Geschwindigkeit und lassen sich auch von den romantischen, nicht selten rückwärtsgewandten Kräften im Bürgertum nicht übersehen. Mit der Industrie und den Verkehrsmitteln wachsen die Städte, und es entsteht die moderne Massengesellschaft mit neuen Strukturen, neuen Berufen und neuen Bedürfnissen. So hat London im Jahr 1800 noch etwa 900.000 Einwohner, 1901 bereits 4,5 Millionen. Berlin wächst von 323.000 Einwohnern im Jahr 1840 auf etwa 1,1 Millionen bis 1880.

Chicago, eine der Hauptstädte der amerikanischen Industrialisierung, ist 1830 noch ein kleines Dorf mit weniger als 100 Einwohnern und wächst, unter anderem als Zentrale der industriellen Fleischverarbeitung, bis 1900 auf 1,7 Millionen Einwohner heran. Der Philosoph José Ortega y Gasset beschreibt 1929 in seiner später berühmten Abhandlung „La rebelión de las masas" (dt.: „Der Aufstand der Massen", 1931) die Lage von Staat und Gesellschaft in Europa. Die Industrialisierung ist für ihn der Auslöser der modernen Massengesellschaft. Er stellt fest: „Von 1800 bis 1914 – also in wenig mehr als einem Jahrhundert – steigt die europäische Bevölkerung von 180 auf 460 Millionen! Die Gegenüberstellung dieser beiden Zahlen, denke ich, lässt keinen Zweifel hinsichtlich der Zeugungskräfte des vorigen Jahrhunderts. In drei Generationen hat es massenweise menschlichen Rohstoff hervorgebracht, der sich wie ein Gießbach auf das Feld der Geschichte ergoss, es überschwemmend. Diese Tatsache – ich wiederhole es – würde hinreichen, um den Triumph der Massen und was alles sich in ihm ausdrückt und ankündigt, zu verstehen."

Die Entwicklung eines modernen Bürgertums, seiner Strukturen und ästhetischen Vorlieben werden im Verlauf des 19. Jahrhunderts ganz maßgeblich durch die technische Entwicklung in der Produktion geprägt. Wichtigste Merkmale der industriellen Herstellungsweise werden Arbeitsteilung und Massenfabrikation: Es ist nicht mehr der Handwerker, der den Dingen ihre individuelle Form verleiht, sie herstellt und verkauft, sondern es sind Ingenieure oder Fabrikbesitzer, die die Form bestimmen. Moderne Berufsbilder entstehen, nicht nur in der Produktion, sondern auch in der Unternehmensführung. Die neue Schicht der Angestellten, gebildet und gut bezahlt, übernimmt die Verwaltung und die kaufmännischen Aufgaben.

In der Produktion werden die einzelnen Arbeitsgänge im Lauf der Zeit zunehmend rationalisiert, sodass Fabrikarbeiter nur noch wenige Handgriffe verrichten müssen. Aus diesem Grund kann man geringe Löhne zahlen und Kinder und Frauen einstellen, die in Bergwerken, Fabriken oder in Heimarbeit und meist unter schlimmsten Bedingungen arbeiten. Sie leben in sehr kleinen und hygienisch unzumutbaren Wohnungen. Folglich kommt es bereits zu Beginn des 19. Jahrhunderts in England zu den ersten Arbeiteraufständen, bei denen die Maschinen als Verursacher des Arbeiterelends zerstört werden. Das englische Parlament setzt daher 1812 die Todesstrafe für die sogenannten „Maschinenstürmer" fest. In Frankreich kommt es, ebenso wie in Deutschland, bis zur Mitte des 19. Jahrhunderts besonders in der Textilindustrie immer wieder zu Arbeiteraufständen, die die Arbeits- und Lebensbedingungen in den großen Industriestädten anprangern. Vor diesem Hintergrund sind auch die später einsetzenden Reformbewegungen zu sehen, die die Rolle der maschinellen Produktion als Ursache der sozialen Frage sehen und damit einhergehend die Gestaltung der Industrieprodukte und die Architektur der Fabriken und Arbeiterwohnungen vehement diskutieren. Die sozialen Missstände werden auch in der Designgeschichte zu einem zentralen Thema.

Die Mutter fertigt Knallbonbons, die beiden schulpflichtigen Kinder müssen helfen. Die Rationalisierung der Produktion wird für soziale Missstände verantwortlich gemacht. Sie ermöglicht, dass seit Mitte des 19. Jahrhunderts bestimmte Arbeitsschritte in die ohnehin viel zu kleinen Wohnungen verlegt und von Frauen und Kindern gegen geringe Löhne in Heimarbeit erledigt werden. Fotografie, Berlin 1910

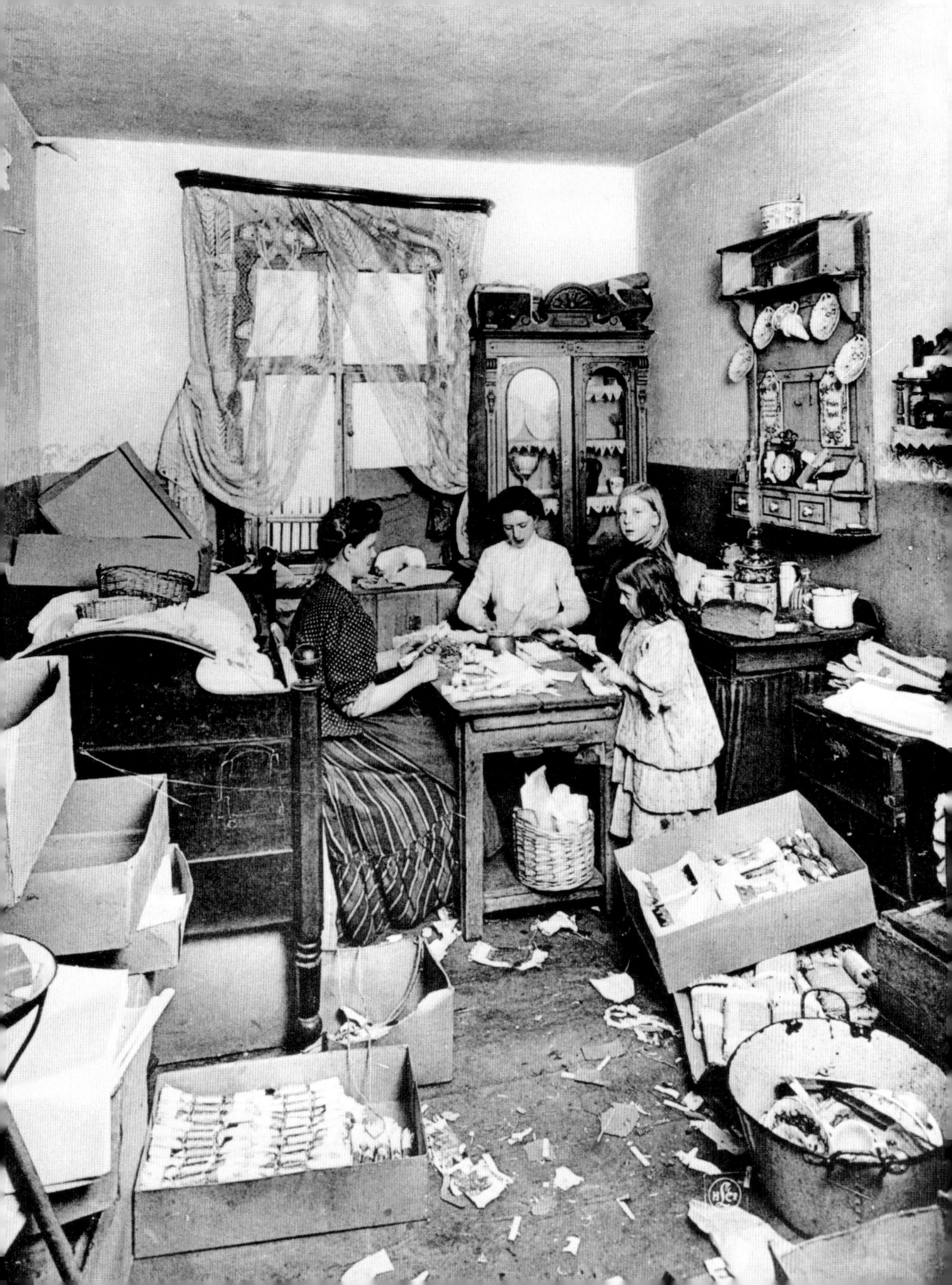

Die Industrialisierung und die mit ihr einhergehende Massenproduktion lässt die erzeugenden Betriebe in bis dato unbekannte Dimensionen wachsen, denn die neuen Maschinen und Techniken können nur ab einer gewissen Größe wirtschaftlich arbeiten. Diese Großbetriebe können mit vorindustriellen Methoden nicht mehr geführt werden. Sie erfordern enorme finanzielle Mittel, die in der Regel nicht mehr von einzelnen Inhaberfamilien aufgebracht werden, sondern durch Kapitalgesellschaften; Reformen im Geld- und Kreditwesen sind die Folge. Die Zeit der Industrialisierung fordert das grenzenlose Wachstum der Märkte – bis heute das gültige Paradigma der Weltwirtschaft.

Das Zeitalter der Wissenschaft – Forschungserfolge und neue Eliten

Im 19. Jahrhundert macht die Wissenschaft ebenfalls gewaltige Sprünge. Chemie und Physik ermöglichen die Herstellung vieler Grundstoffe für die Industrie. So entstehen etwa ab 1850 elektrochemische Werke, in denen Aluminium, Magnesium, Natrium, Chlor etc. in großem Umfang hergestellt werden. Ab 1870 beginnt die Entwicklung chemischer Farbstoffe, und die Versorgung der rasant wachsenden Bevölkerung wird durch die Chemie ebenfalls verbessert. Pflanzenschutzmittel, Kunstdünger und Herbizide sind nur ein Teilbereich der jungen chemischen Industrie. In der zweiten Hälfte des 19. Jahrhunderts wachsen Zahl und Größe der chemischen Betriebe mit großem Tempo. Die Entwicklung der chemischen Industrie hat aber nicht nur wirtschaftliche Bedeutung, sondern auch einen ganz unmittelbaren Einfluss auf die Wahrnehmung und das ästhetische Empfinden der Menschen. Synthetische Farben bereichern die Architektur und die Malerei, und die aufkommende Fotografie bringt den Menschen eine andere Sicht auf die Dinge; sie revolutioniert vor allem die Malerei. Die Avantgardebewegungen vom Impressionismus bis zum Futurismus wären ohne die naturwissenschaftlichen Erkenntnisse und die Eindrücke der Fotografie nicht denkbar gewesen.

Die Medizin macht im 19. Jahrhundert ebenfalls in allen Bereichen enorme Fortschritte. Impfstoffe gegen Infektionskrankheiten wie Typhus, Tollwut oder Diphterie werden entwickelt, 1895 gelingt dem deutschen Physiker Wilhelm Conrad Röntgen die erste Röntgenaufnahme und seit den 1840er Jahren werden Anästhesiemethoden mit Ether und Chloroform entwickelt, die die Möglichkeit zu schmerzfreien Operationen bieten. Erkenntnisse der Medizin, insbesondere der Hygiene, schlagen sich in der Gestaltung von Möbeln und Gebrauchsgegenständen sowie in der Architektur nieder.

Forschungserfolge in den Naturwissenschaften werden im 19. Jahrhundert zu einer nationalen Prestigefrage. Regierungen und die Industrie fördern die Wissenschaften mit erheblichen finanziellen Mitteln. Besonders die zweite Hälfte des 19. Jahrhunderts ist auch die Zeit der Schulreformen. Die humanistische Schulbildung wird zugunsten einer deutlicheren naturwissenschaftli-

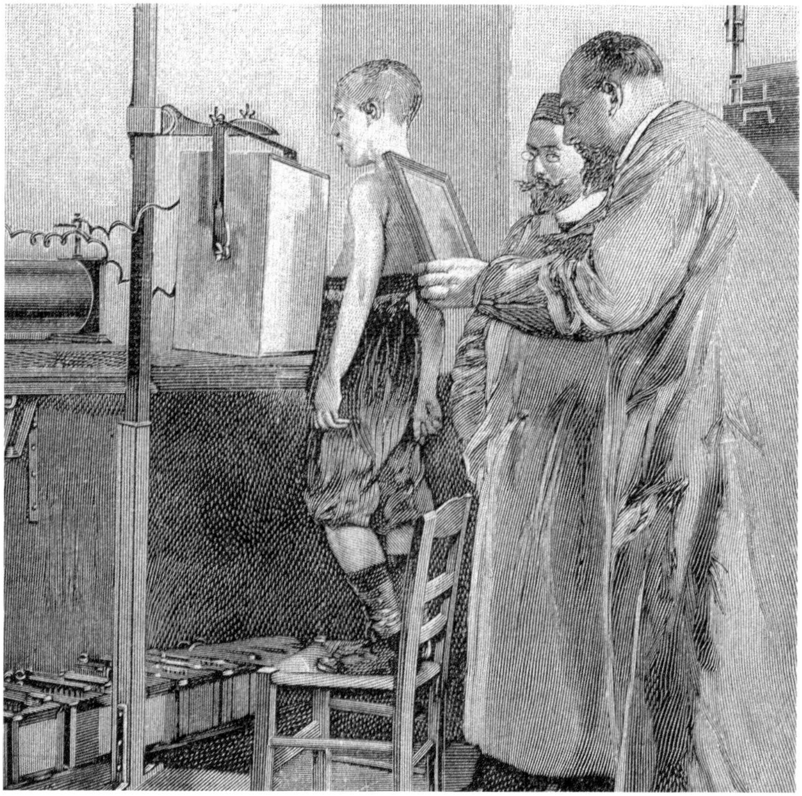

Diagnose mit Röntgenstrahlen: Wilhelm Conrad Röntgen untersucht einen Jungen. Holzstich, um 1900

chen Orientierung zurückgedrängt. Der deutsche Kaiser Wilhelm II. fordert sogar die Ablösung der alten Sprachen durch das Deutsche und eine verstärkte Unterweisung in Naturwissenschaften und Technik. So treten zum Beispiel in Deutschland neben das humanistische Gymnasium das Realgymnasium und die Realschule. Die wachsende Zahl technischer Hochschulen bringt eine neue Elite von Wissenschaftlern und Führungskräften hervor, die in der Industrie gebraucht werden.

Die industrielle Produktion und der weltweite Handel werden von neu entstehenden wissenschaftlichen Methoden analysiert und begründet. Der Amerikaner Frederick Winslow Taylor geht von der Grundvorstellung aus, dass sich die gesamte Führung und Organisation eines Industrieunternehmens wissenschaftlich begründen und optimieren lässt, um damit „Wohlstand für alle" zu erreichen. Die von ihm entwickelte und nach ihm benannte Theorie, der Taylorismus, beruht auf den Grundvoraussetzungen, dass Kopf- und Handarbeit getrennt werden müssen, dass das Management die richtige und verbindliche Anleitung für die Ausführung der Arbeiten gibt, dass alle Arbeitsgänge bis ins Detail durchstrukturiert werden müssen und dass schließlich bei abhängig beschäftigten Arbeitern der Lohn das beste und einzige Instrument ist, um die Arbeitsleistung zu steigern. Das führt zu Akkordarbeit und Prämienlöhnen.

Das Zeitalter des Wettbewerbs – Weltausstellungen und internationale Konkurrenz

England, wo die Industrialisierung deutlich früher eingesetzt hat als auf dem europäischen Festland, hat gegenüber diesem zudem historische, mentalitätsgeschichtliche und geopolitische Vorteile: Es hat reiche Kohlevorkommen, viele schiffbare Flüsse, fruchtbaren Boden und eine ertragreiche Landwirtschaft. Als Kolonialmacht treibt es schon lange einen regen Handel mit den Überseeländern und ist dadurch unter anderem in der Entwicklung der Schiffstechnik überlegen. Die herrschende liberale Wirtschaftsordnung verleiht den Unternehmern mehr Handlungsspielraum, denn die handwerklichen Zünfte etwa sind hier nicht so stark organisiert und einflussreich wie auf dem Festland, und durch die lange Handelstradition existiert ein gut ausgebautes Bank- und Kreditwesen. Seit mehreren Hundert Jahren führt der Staat außerdem keinen Krieg gegen ausländische Mächte im eigenen Land, das gewährleistet ein hohes Maß an Stabilität und Sicherheit. Diese Voraussetzungen beflügeln die Entwicklung der jungen Industrie und verschaffen der Insel zunächst einen Vorsprung. Als überlegene Industrie- und Handelsnation überschwemmt England die Weltmärkte, wird jedoch gleichermaßen zum Vorbild für die industrielle Entwicklung andernorts.

In Deutschland behindern die politischen Rahmenbedingungen zunächst noch die Expansion der Wirtschaft und des Handels. Nur allmählich werden die vielfältigen Zoll- und Handelsschranken als Folge der deutschen Kleinstaaterei überwunden. In den 20er und 30er Jahren des 19. Jahrhunderts werden nach und nach einheitliche Zollbestimmungen geschaffen. Doch erst mit dem Deutschen Zollverein von 1834, der Revolution von 1848 und der Reichsgründung von 1871 werden hier die handelspolitischen Voraussetzungen geschaffen, die Industrie und Handel so dringend benötigen, um international konkurrenzfähig zu sein. Nicht zuletzt aufgrund der französischen Reparationszahlungen nach dem Deutsch-Französischen Krieg kommt es in Deutschland bis etwa 1873 zur Gründung zahlreicher neuer Fabriken und Unternehmen, weshalb diese Zeit auch allgemein als Gründerzeit bezeichnet wird. Der britische Staatsmann Benjamin Disraeli hält damals in Bezug auf die wirtschaftliche Entwicklung und das Gleichgewicht der Kräfte in Europa den „Sieg Preußens über Frankreich für weitaus bedeutender als die französische Revolution".

Um die Wende zum 20. Jahrhundert, unter Kaiser Wilhelm II., wird Deutschland endgültig zur modernen Industrienation und setzt sich in der chemischen Industrie, in der Eisen- und Stahlindustrie und in der Elektroindustrie an die Weltspitze. In den 1870er Jahren schon werden deshalb in England Stimmen laut, die vor den niedrigen deutschen Löhnen, der verbesserten Qualität deutscher Produkte, dem schnellen Wachsen der deutschen Handelsflotte, der aggressiveren Handelspolitik der deutschen Unternehmen und den deutschen Einfuhrzöllen auf englische Produkte warnen. Das Label „Made in

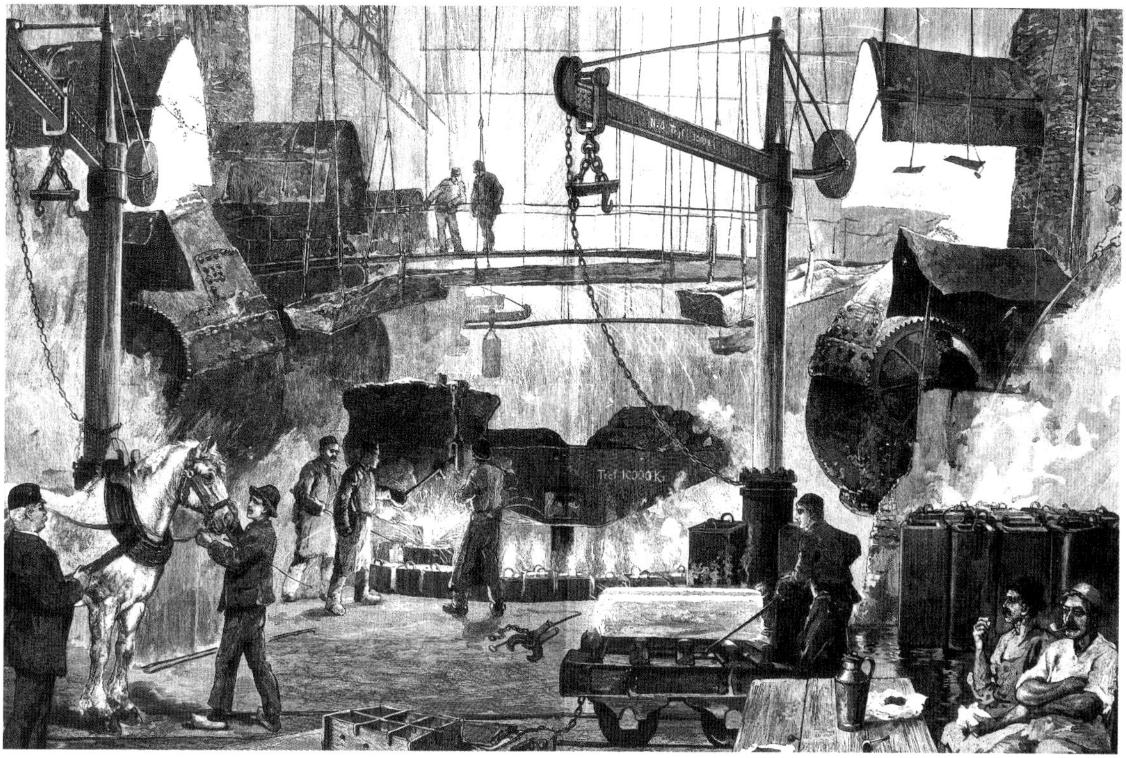

Das Bessemerwerk (Gussstahlfabrik Friedrich Krupp) in Essen. Große Stahl-, Eisen- und Chemiewerke liefern die Materialien, nach denen die Industrialisierung verlangt, und bilden das Fundament, auf dem sich Deutschland zur modernen Industrienation entwickelt. Holzstich nach einer Zeichnung von Emil Limmer (1889), aus: „Illustrierte Zeitung", Nr. 2471, 8. November 1890

Germany" stammt aus dieser Zeit. In der zweiten Hälfte des 19. Jahrhunderts sollen mit ihm deutsche Produkte gebrandmarkt werden – doch es bewirkt das Gegenteil. Noch bevor die internationale Rivalität in Europa auf den Ersten Weltkrieg zusteuert, liefern sich England und Preußen trotz vielfältiger Beziehungen in Handel und Bankwesen sowie enger familiärer Verbindungen zwischen den Adelshäusern einen regelrechten Wirtschaftskrieg, inklusive Industriespionage und Propaganda.

In den USA schreitet die industrielle Massenfabrikation am konsequentesten voran. Um die Mitte des 19. Jahrhunderts setzt man hier die ersten automatischen Fließbänder ein, zunächst in den großen Schlachthöfen von Cincinnati und Chicago, dann in der jungen Nähmaschinenindustrie und schließlich im Automobilbau. Besonders die Radikalität, in der die Industrialisierung hier vonstattengeht, ist beeindruckend. Der Schweizer Kunst- und Architekturhistoriker Sigfried Giedion stellt 1948 dazu fest: „In den vier Jahrzehnten zwischen 1850 und 1890 wurde in Amerika keine Tätigkeit des täglichen Lebens einfach hingenommen. Ein ungezügelter Erfindungsdrang formte alles neu, und so erfuhren mit allem übrigen auch die Möbel eine Umgestaltung. Dazu bedurfte es einer gefühlsmäßigen Unbekümmertheit und des Mutes, mit neuen, unverbrauchten Augen zu sehen. Beides macht zu jeder Zeit die Kraft des Landes aus." (zit. n. Ritter, 1994)

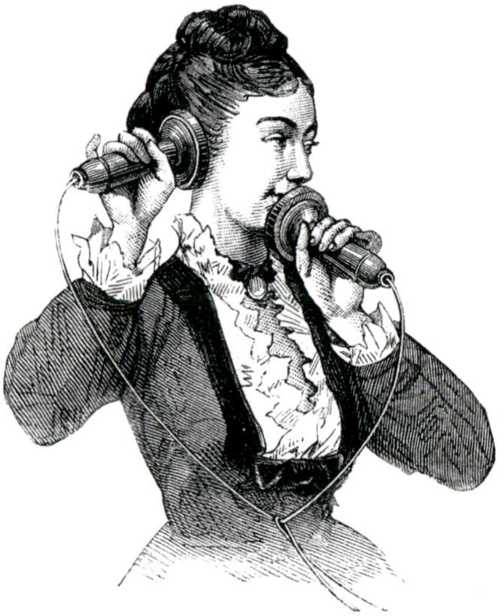

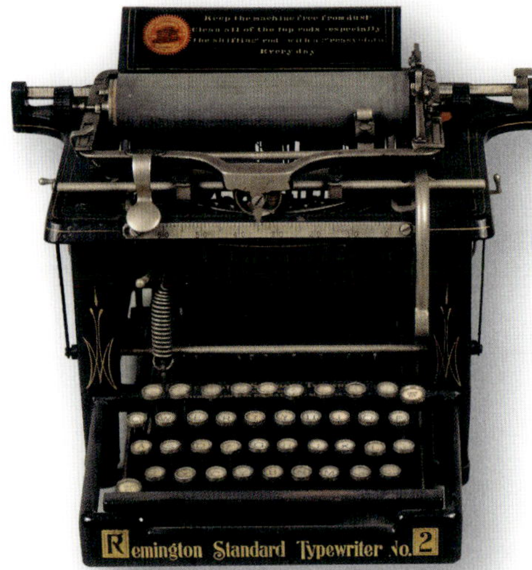

Junge Frau mit einem Telefon von Graham Bell. Radierung von B. Bonnafoux, aus: „Le téléphone, le microphone et le photographe", Bibliothèque des Merveilles, 1880. © Gusman/Leemage

Die Schreibmaschine Remington Standard Typewriter No. 2, 1873

1874 fährt in New York die erste elektrische Straßenbahn, Thomas Alva Edison erfindet um 1875 die Kohlenfadenglühbirne und das Mikrofon, Isaac Merritt Singer produziert schon ab 1851 die Haushaltsnähmaschine, Alexander Graham Bell stellt auf der Weltausstellung 1876 in Philadelphia ein brauchbares Telefon vor. Ebenfalls in diesem Jahr geht die erste mechanische Schreibmaschine des amerikanischen Erfinders Philo Remington in Produktion. Das Töten wird ebenfalls mechanisiert: 1835 lässt Samuel Colt seinen Trommelrevolver patentieren. Die Eisenbahnen werden mit ebenso technisierten wie luxuriösen Einrichtungen ausgestattet. Der Industrielle George Mortimer Pullman führt auf den langen Strecken in den USA die berühmten Pullman-Wagen ein, Schlaf-, Speise- und Durchgangswagen, die auf dem knappen Raum mit gut durchdachten, mechanisch verstellbaren Einrichtungsgegenständen ein Höchstmaß an Komfort bieten.

Die modernen Gegenstände, Maschinen und Produkte sind pragmatisch-technisch gestaltet. Da sie gänzlich neu sind, fehlt eine Tradition von überlieferten Formen. Sie sind für einen breiten Massenbedarf konzipiert und haben, wie z.B. der Ford Model T, häufig noch keine Konkurrenz auf dem Markt, sodass ihr ästhetisches Erscheinen in der Anfangsphase keine große Rolle spielt.

Auch in Europa entstehen aus dem technischen Fortschritt praktische neue Gebrauchsgegenstände und Möbel. So gibt es in Friseursalons, Arztpraxen und Büros früh die verschiedensten Drehstühle, verstellbaren Sessel und andere Patentmöbel. Im Mutterland der Industrialisierung, in England, sind zum Beispiel raumsparende Klappmöbel bereits von Schiffseinrichtungen her bekannt, und auf der Weltausstellung 1851 in London gibt es eine Anzahl von mechanischen Patentmöbeln, die dort allerdings noch relativ wenig Beachtung finden, da in der Blüte der viktorianischen Zeit eher repräsentative Möbel in historischen Stilen bevorzugt werden.

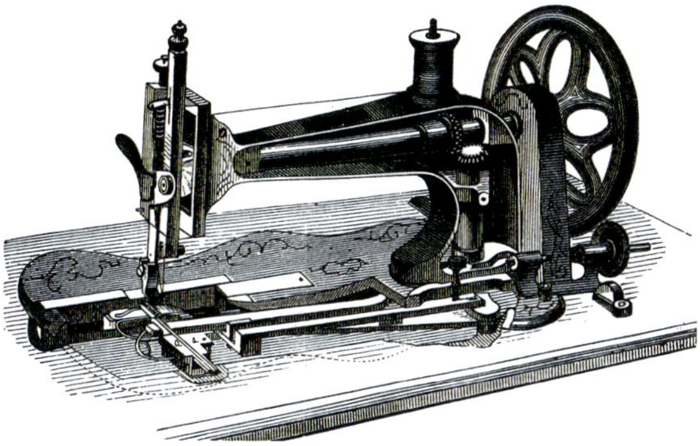

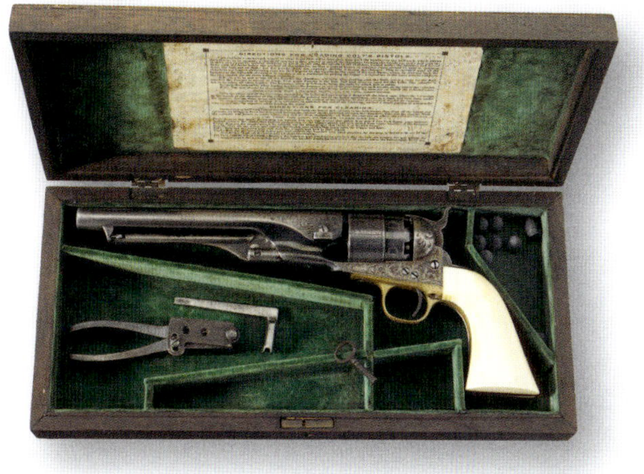

Singer-Nähmaschine für den Familiengebrauch. Isaac Singer hatte die Nähmaschine nicht erfunden, heimste jedoch den wirtschaftlichen Erfolg ein, nachdem er bei der Weltausstellung 1851 in London den Preis der Jury erhalten hatte. Er steigerte seinen Erfolg noch, indem er Ratenzahlungen für Privathaushalte anbot. Druckgrafik aus: „Das Buch der Erfindungen und Gewerbe. Bd. 6: Die mechanische Bearbeitung der Rohstoffe", Leipzig/Berlin 1887

Trommelrevolver Colt Army, Modell 1860, Kaliber 44, hergestellt 1869

Diese Weltausstellung in London ist die erste von nun folgenden Ausstellungen, mit der sich der wachsende Welthandel ab 1851 einen „internationalen Marktplatz“ schafft, auf dem die Industrieprodukte der führenden Wirtschaftsnationen miteinander konkurrieren. So werden die Ausstellungen nicht nur Schauplätze wirtschaftlichen Wettbewerbs, sondern auch Plattform nationaler Selbstdarstellung.

Das Zeitalter der Orientierungslosigkeit – Historismus und das Problem der angemessenen Form

Die Weltausstellungen werden zu Marksteinen der industriellen Entwicklung, lassen aber andererseits die Fehlleistungen und die Hilflosigkeit in Fragen der Formgebung deutlich zutagetreten. Die Konkurrenzfähigkeit der Industrieproduktion der teilnehmenden Nationen steht auf dem Prüfstand. Als besonderes Hemmnis in der internationalen Konkurrenz wird die Hilflosigkeit in der Formgebung empfunden. Die daraus resultierende Orientierungslosigkeit führt zu einer Rückwendung zu historischen Formen aus dem Mittelalter, der Renaissance oder dem Barock. So kritisiert der deutsche Architekt Gottfried Semper die erste Weltausstellung 1851 in London als „verworrenes Formengemisch oder kindische Tändelei“. Mit diesem Vorwurf steht er nicht allein. Die Ausstellung in London, die als erste ihrer Art neue Materialien und technische Produkte aus aller Welt zeigen und zum Ausdruck des industriellen Zeitalters werden soll, fällt durch eine überbordende Vielfalt an Ornamenten, Mustern und historischen Stilzitaten auf und wird von allen Seiten kritisiert. Selbst die Londoner „Times“ spricht von „Sünden gegen den guten Geschmack“.

ALLTAGS IKONEN

DIE BÜROKLAMMER – einfacher geht's nicht, oder: von der Evolution eines Gebrauchsgegenstandes

Die Büroklammer, ein alltäglicher Gebrauchsgegenstand, ist ein anonymes Produkt. Vorläufer gibt es offenbar schon in der Antike, aber die Büroklammer im engeren Sinne, wie wir sie heute kennen, ist erst mit der Industrialisierung und der damit einhergehenden Entwicklung der Verwaltung aufgekommen. Sie lässt sich auf das Ende des 19. Jahrhunderts datieren. Über die genaue Urheberschaft herrscht bis heute Unklarheit. Mehr als 20 Erfinder und Patente verzeichnet das Early Office Museum in Illinois, USA, darunter das des Amerikaners Samuel B. Fay von 1867 oder das von William Middlebrook aus Connecticut von 1899. Immer wieder wird die Erfindung der Büroklammer auch dem Norweger Johan Vaaler (1899) zugeschrieben.

Tatsächlich aber ist die Büroklammer ein Produkt, das sich an verschiedenen Orten etwa zeitgleich entwickelt und in der Folgezeit perfektioniert und differenziert hat. Ihre heutige Form mit dem spitzen Ende lässt sich der Österreicher Heinrich Sachs 1919 patentieren. In Japan und Italien wird eine runde Variante entwickelt, die den Vorteil hat, dass die Klammer den Druck auf das Papier gleichmäßiger verteilt und Druckstellen vermindert. Diese Art der schrittweisen Entwicklung von Gebrauchsgegenständen und Produkten ist im Laufe der industriellen Entwicklung häufig zu finden. Der amerikanische Design-Theoretiker Henry Petroski hat diesem interessanten Phänomen der „Evolution der Gebrauchsgegenstände" mehrere Publikationen gewidmet.

Die Büroklammer ist auch eines jener Alltagsobjekte, die über ihre vorgesehene Nutzung hinaus eine mannigfaltige Umnutzung erfahren. So werden aus Büroklammern Ketten und andere Schmuckstücke gebastelt. Sie wird auf vielfältige Weise auch zum universellen Werkzeug. Zu den berühmtesten Anwendungen gehört sicher ihr Einsatz am Computer. Denn mit dem Auftreten des Computers wird die Büroklammer beileibe nicht zum überflüssigen Relikt des Papierzeitalters, sondern geradezu zur „offiziellen" Hardware-Umgebung. Wer hat sie nicht schon einmal benutzt, um Disketten oder CDs aus dem Laufwerk zu befreien? Auch als Ersatz für andere Werkzeuge wie Schraubenzieher, Pinzette, Nagelfeile etc. hat die Büroklammer schon gedient. Die Kölner Designtheoretiker Michael Erlhoff und Uta Brandes haben für diese Art der Umnutzung von Alltagsgegenständen die treffende Bezeichnung „Non Intentional Design" geprägt.

Darüber hinaus hat es die allgegenwärtige Büroklammer auch zum Symbol gebracht: Leicht verfügbar, heften sie sich die Norweger während der deutschen Besatzungszeit 1940 als Zeichen des Widerstands sowie der Treue zu ihrem König und der eigenen Regierung an den Kragen. Und auch aus unserer digitalisierten Welt verschwindet die Büroklammer nicht, sondern ist weltweit das Sinnbild für das Anfügen von Dateien an E-Mails.

So ist die Büroklammer zum sicherlich meistgenutzten Gebrauchsgegenstand seit der Industrialisierung geworden, ohne dass man wüsste, wer sie erfunden oder gestaltet hat. Sie ist ein Gegenstand, der wie von selbst aus den Anforderungen des Alltags erwachsen ist, sich seither evolutionär an seine Umwelt anpasst und dabei so selbstverständlich ist, dass ihn kaum jemand bewusst wahrnimmt. Der deutsche Kulturhistoriker und Design-Theoretiker Gert Selle jedoch setzt in seinem Buch „Design im Alltag" 2007 dem „kleinen" Gegenstand mit einem „kleinen" Essay ein „kleines" Denkmal, wenn er schreibt: „Ich übertreibe nicht: Kennern gilt die Büroklammer als geheimes Kultobjekt."

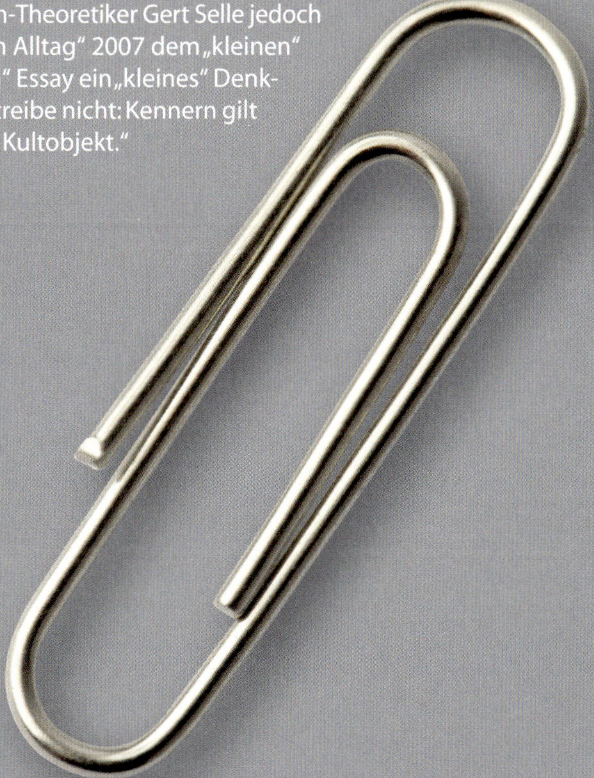

Die deutsche Selbstdarstellung bei dieser wie den folgenden Weltausstellungen ruft ebenfalls immer wieder Kritik hervor. Schließlich spricht Franz Reuleaux, der offizielle deutsche Berichterstatter der Weltausstellung 1876 in Philadelphia, von „der schwersten Niederlage Deutschlands infolge der Devise billig und schlecht." (Selle, 1987)

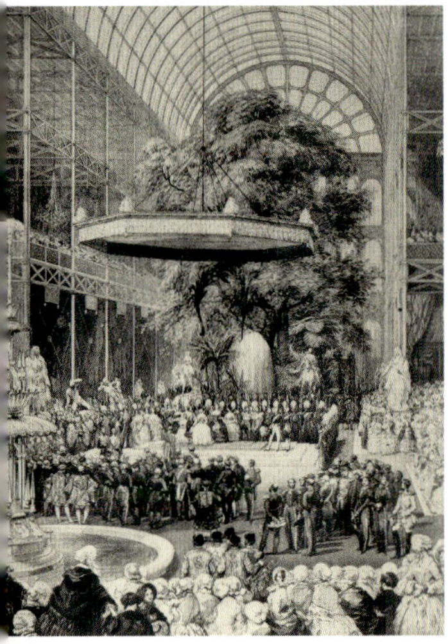

Eröffnung der ersten Weltausstellung am 1. Mai 1851 im Kristallpalast in London durch Queen Victoria. England war die erste Nation, die von den Erfindungen der Industriellen Revolution profitierte. Das Viktorianische Zeitalter ist eine Ära des wirtschaftlichen Wohlstands, des technischen Fortschritts, der Ausdehnung und Macht des Empires. Das zeigt man auf internationalen Leistungsschauen, in denen man sich an anderen Ländern misst, Ideen austauscht und den Handel fördert. Zeitgenössisches Aquarell von Eugène Louis Lami

In der Zeit etwa zwischen 1870 und 1885 nimmt trotz der ersten Wirtschaftskrise die industrielle Produktionsweise in einer zweiten Welle auch auf dem Kontinent rasch zu und muss sogar noch weiter forciert werden, da die Nachfrage nach billiger Massenware in den sich rasch ausbreitenden Städten wächst. Außerdem spielen politische und mentalitätsgeschichtliche Faktoren eine Rolle. Der technische Fortschritt bringt im 19. Jahrhundert neue Produktionsmethoden sowie Gegenstände und Geräte mit neuen Funktionen hervor, doch eine neue Ästhetik der Industrieprodukte gibt es vorerst noch nicht. Für viele der modernen mechanischen Gegenstände gibt es weder formal noch in der Handhabung eine Tradition, und so herrscht in Gestaltungsfragen meist Unsicherheit. Etwa ab Mitte des Jahrhunderts greift man daher auf historische Stile zurück. Bereits die Romantik hatte eine Rückwendung zum Mittelalter vollzogen. Doch nun werden in Kunst, Architektur und Kunstgewerbe Elemente aus Romanik, Gotik, Renaissance oder Barock willkürlich miteinander vermischt und zieren mit überfrachteten Ornamenten billige, maschinengestanzte Blechverkleidungen der aktuellen technischen Geräte. Ebenso werden Möbel mit austauschbaren, maschinell gedrechselten Zierleisten in neogotischer oder neobarocker Form versehen. Man imitiert traditionelle Formen und handwerkliche Fertigung. Die Nachfrage nach solchen repräsentativen Formen kommt aus den Kreisen der jungen Unternehmergeneration, die durch die Entwicklungen in der zweiten Hälfte des 19. Jahrhunderts im wirtschaftlichen Konkurrenzkampf reich geworden sind. Sie betrachten Erfolg und Vermögen als alleinigen Maßstab gesellschaftlicher Anerkennung und wollen ihre Stellung auch nach außen deutlich machen. Sie verwerfen die schlichten Formen des Biedermeier und ersetzen sie durch einen überladenen, ornamentreichen und historisierenden Repräsentationsstil, zunehmend mit orientalischen Einflüssen. Bürgerliches Selbstbewusstsein grenzt sich nicht mehr vom Adel ab, es imitiert den feudalen Lebens- und Einrichtungsstil. Der wirtschaftliche Reichtum spiegelt sich im Reichtum von Dekor und Ornamentik. Die Wohnungen des gehobenen Bürgertums sind oft heillos überladen, die Fenster werden mit schweren Stoffen verhängt. Man liebt Möbel aus dunklen exotischen Hölzern, die, schwer und überproportioniert, unverrückbar an ihrem Platz stehen. Kunstgegenstände dienen vorrangig der Dekoration und der Zurschaustellung eigener Bildung. An den höheren Schulen und Kunstakademien gehören die Stilelemente der vergangenen Epochen zum Lehrplan.

Der Geschichtsphilosoph Walter Benjamin, der Ende der 1920er und in den 1930er Jahren Notizen und Fragmente nach dem Prinzip der Montage zu seinem Hauptwerk „Das Passagen-Werk" zusammengestellt hat, widmet sich

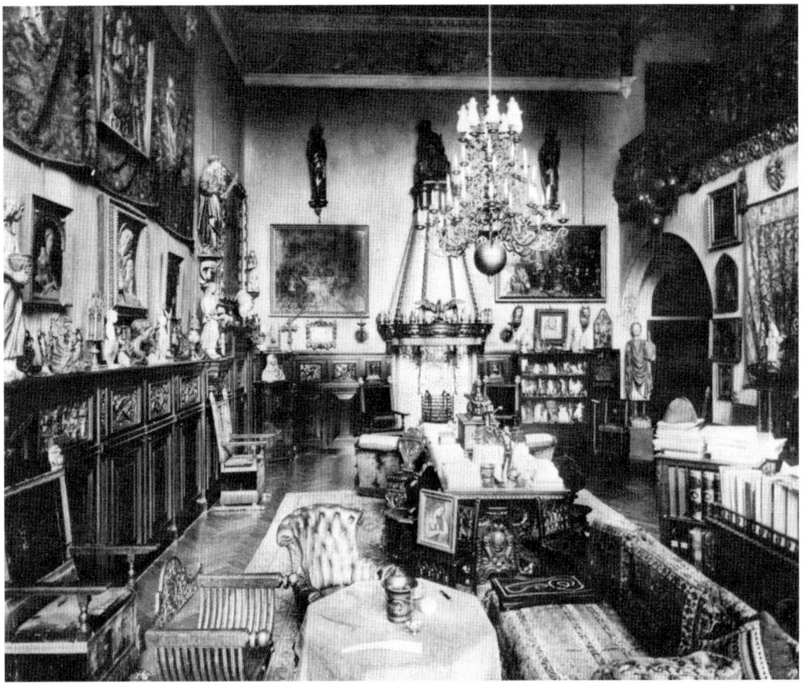

Repräsentative Fülle und Stilmix: Wohnzimmer wohlhabender bürgerlicher Kreise um 1890

darin der Architektur, dem Städtebau und dem Interieur in der zweiten Hälfte des Jahrhunderts und merkt dazu an: „... diese Zeit war ganz auf den Traum eingerichtet, war auf Traum möbliert. Der Wechsel der Stile, das Gotische, Persische, Renaissance etc. das hieß: über das Interieur des bürgerlichen Speisezimmers schiebt sich ein Festsaal Cesare Borgias, aus dem Boudoir der Hausfrau steigt eine gotische Kapelle heraus, das Arbeitszimmer des Hausherrn spielt irisierend in das Gemach eines persischen Scheichs hinüber. [...] Das Interieur des 19ten Jahrhunderts. Der Raum verkleidet sich, nimmt wie ein lockendes Wesen die Kostüme der Stimmungen an. Der satte Spießer soll etwas von dem Gefühl erfahren, nebenan im Zimmer könnte sowohl die Kaiserkrönung Karls des Großen, wie die Ermordung Heinrichs IV., die Unterzeichnung des Vertrags von Verdun wie die Hochzeit von Otto und Theophano sich abgespielt haben. Am Ende sind die Dinge nur Mannequins und selbst die großen welthistorischen Momente sind nur Kostüme, unter denen sie die Blicke des Einverständnisses mit dem Nichts, dem Niedrigen und dem Banalen tauschen. Solch Nihilismus ist der innerste Kern der bürgerlichen Gemütlichkeit; ...“

Benjamin sieht das Phänomen des Historismus also überaus kritisch und vor allem in einem soziologischen Zusammenhang, in dem das Bürgertum sich durch seine Einrichtung und Stilpräferenzen vom erstarkenden Proletariat abgrenzen will. Bald wird dieser historistische Stil jedoch auch von den unteren sozialen Schichten übernommen. Die Muster der verschiedenen Epochenstile kursieren als Kopiervorlagen überall, und die Industrie liefert billige, schlechte Massenware.

In England herrscht eine ähnliche Vorliebe für historische Stile. Das Viktorianische Zeitalter (nach Königin Victoria, 1837–1901) ist eine Epoche wirtschaftlicher Prosperität; man blickt voller Zufriedenheit und Stolz auf den technischen Fortschritt sowie auf die Macht und Ausdehnung des Empires. Technische Formen gelten als geschmacklos, die industrielle Herkunft der Dinge soll daher hinter einem verhüllenden Dekor verschwinden. Dieser Historismus mit seinem überladenen und „unehrlichen" Formenvokabular bei gleichzeitig schlechter Gebrauchsqualität und mangelnder Haltbarkeit wird zum Hauptfeind der in Europa bald darauf entstehenden Reformbewegungen.

Es geht auch anders – Thonet: Erfolg durch moderne Industrieform

Keine Regel ohne Ausnahme. In der Mitte des 19. Jahrhunderts, als trotz der technischen Fortschritte der Industrialisierung die äußere Form vieler Produkte noch durch das Handwerk geprägt ist oder die Möbelfabrikanten versuchen, mit den modernen Drechsel- und Schnitzmaschinen handwerkliche historische Möbelformen zu imitieren, gelingt es Michael Thonet, neuartige produktionstechnische Verfahren im Möbelbau zu nutzen, die zu zeitgemäßen, einfachen Formen führen. Er entwickelt ein Verfahren, das es ihm ermöglicht, massive Buchenholzstäbe unter Dampfeinwirkung in geschwungene Formen zu biegen. Die zugeschnittenen Buchenholzstäbe werden in Dampfkammern unter Druck und bei über 100°C behandelt, das macht sie geschmeidig. Anschließend werden die elastischen Stäbe (noch heute) von Hand und mithilfe gusseiserner Formen gebogen. Diese dienen dazu, das Splittern der Hölzer an der Außenseite zu vermeiden, daher befestigt man die dünnen Stahlschienen an der konvexen Seite der Stäbe. Sie stauchen das Werkstück beim Biegen und verhindern somit, dass das Holz über den Bruchpunkt gezogen wird. Die gebogenen Möbelteile werden in Trockenräumen bei ca. 70 °C etwa 20 Stunden getrocknet, erst danach aus den Biegeformen herausgenommen, geschliffen, gebeizt und poliert.

Thonet kaschiert die Herstellungsweise der Möbel nicht, sondern macht sie zum Prinzip der Formgebung. Im Gegensatz zu den schweren Möbeln der Gründerzeit sind die Thonets schlicht, preiswert und zweckmäßig. Sie können zerlegt und verschickt werden – einer der Gründe für ihren Erfolg. Thonet ist ein Handwerker, Erfinder und Unternehmer aus dem Rheinland, der handwerkliche Sorgfalt mit neuen industriellen Möglichkeiten verbindet. Um 1830 beginnt er mit Versuchen, einzelne Möbelteile in runde Formen zu biegen. Hierzu benutzt er noch Schichtholz aus mehreren Lagen verleimter Furniere. Die Stühle und Sessel, die er in dieser Technik baut, bestehen zwar aus kombinierbaren Einzelteilen und sind dadurch auf industrielle Serienfertigung ausgelegt, bleiben stilistisch aber noch dem Biedermeier verhaftet. Dennoch erregen die Stühle solches Aufsehen, dass Thonet von Fürst von Metternich nach Wien empfohlen wird, wo er, zunächst für die Firma Carl Leistler, Aufträge für den österreichischen Hof

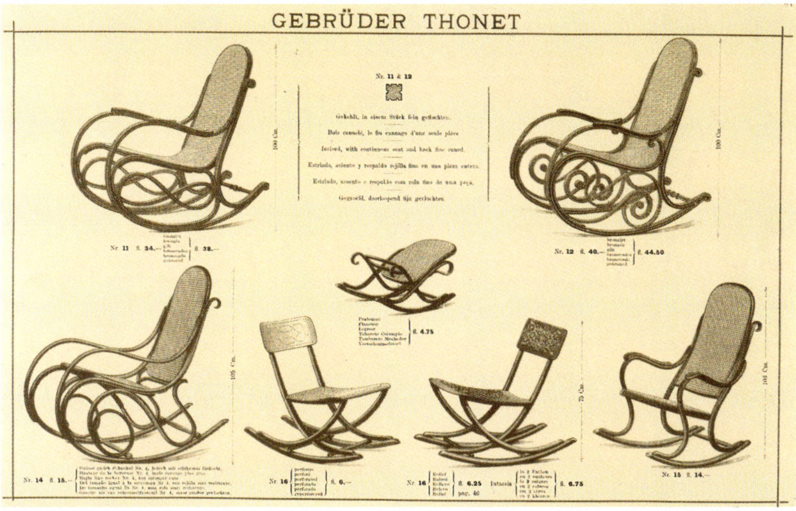

Die gebogenen Holzteile ihrer Möbel erheben die Thonet-Brüder zum Formprinzip. Dieser frühe Funktionalismus kommt in den Schaukelfauteuils besonders gut zum Ausdruck. Sie zeigen ihre Konstruktionselemente, sind schlicht gestaltet, beweglich und wirken luftig-leicht. Seite aus: Katalog der Gebrüder Thonet in Wien, Wien (R. v. Waldheim) um 1895

erfüllt. 1849 gründet er mit seinen Söhnen in Wien eine eigene Firma zur Herstellung von Bugholzmöbeln und erhält bald die ersten Aufträge für die Ausstattung von Cafés und öffentlichen Gebäuden. Der Betrieb wächst ständig und beschäftigt 1853 bereits 42 Mitarbeiter. Inzwischen ist die Firma auf Thonets Söhne übertragen und arbeitet mit einer Dampfmaschine. 1856 gründen die Gebrüder Thonet ihre erste Fabrik in Koritschan, einer waldreichen Gegend Mährens (heute Tschechien). Es folgen weitere Fabrikgründungen, 1862 eine erste Auslandsniederlassung in London. Die Erfolge auf den Weltausstellungen und dem internationalen Markt lassen bald Konkurrenzfirmen entstehen, die sich des thonetschen Verfahrens bedienen. 1889 wird die Fabrik in Frankenberg, Hessen, heute Hauptsitz der Firma, gegründet. 1900 beschäftigt Thonet 6.000 Arbeiter, die mit 20 Dampfmaschinen täglich 4.000 Möbelstücke produzieren. In den folgenden Jahrzehnten liegen die Schwerpunkte der Firma neben den Bugholzmöbeln auf den Wiener Architektenentwürfen und den Stahlrohrmöbeln der 1920er und 30er Jahre. Wirtschaftlich erlebt sie Entwicklungen wie andere Familienunternehmen auch: Umwandlung in eine AG, Konzernzusammenschluss mit einer Konkurrenzfirma, 1945 Zerstörung der Produktionsanlagen im Westen, Verstaatlichung der Fabriken im Osten. Heute sind alte Thonet-Möbel durch internationale Ausstellungen bekannt und begehrte Sammlerobjekte, werden aber nach wie vor auch neu produziert.

Die Industrialisierung und das Beispiel Thonets zeigen, was in der Folge zu den wichtigsten Aspekten der industriellen Produktion gehören wird: Die Gestaltung eines Gegenstandes ist nicht mehr allein eine ästhetische Frage und die Sache eines einzelnen Produzenten und eines einzelnen Kunden, sondern wird durch die millionenfache Vervielfältigung der weltweiten industriellen Massenproduktion zu einem grundlegenden Wettbewerbsfaktor und entscheidet über den Erfolg eines Unternehmens.

ALLTAGS
IKONEN

DER THONET-STUHL NR. 14 –
vom Alltagsgegenstand zur Design-Ikone

Im Jahre 1859 markiert ein Stuhl den Übergang von der handwerklichen Arbeit zur industriellen Fertigung. Er wird zum Prototyp moderner Massenmöbel und Vater aller Designerstühle: Der Bugholzstuhl Nr. 14 von Thonet, eigentlich „Sessel" genannt, wird berühmt als „Wiener Caféhausstuhl". Bis heute produziert, ist er mit inzwischen über 50 Millionen verkauften Exemplaren eines der erfolgreichsten Industrieprodukte des 20. Jahrhunderts. Le Corbusier äußert sich bewundernd über den Stuhl: „Noch nie wurde Eleganteres und Besseres in der Konzeption, Exakteres in der Ausführung und Gebrauchtüchtigeres geschaffen."

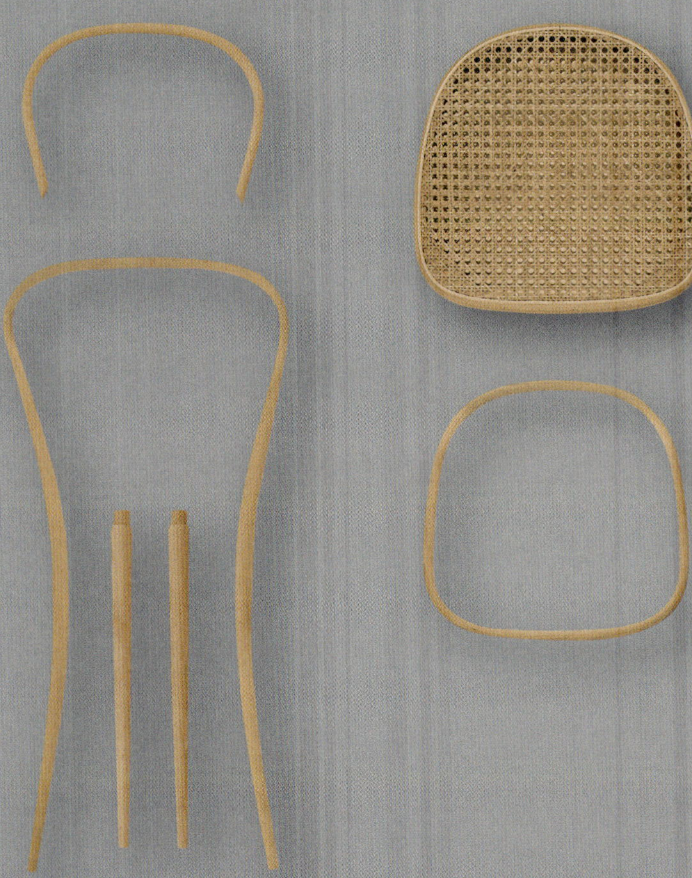

Das Sitzmöbel zeigt exemplarisch, wie durch die Anwendung und das Zusammenspiel neuer Methoden in Herstellung, Vertrieb und Marketing unter den spezifischen Voraussetzungen einer Zeit das entsteht, was später unter einem umfassenden Designbegriff verstanden wird. Der Stuhl Nr. 14 ist das Ergebnis einer technischen Entwicklung, mit der es Michael Thonet gelingt, Buchenholz unter Dampfeinwirkung formbar zu machen. Dieses neue Verfahren wiederum erlaubt es ihm, die Herstellung des Stuhls stark zu rationalisieren. Wenn auch ein Großteil der Fertigung noch in Handarbeit geschieht, so werden die einzelnen Arbeitsgänge so optimiert, dass er in großen Stückzahlen relativ schnell hergestellt werden kann. Dadurch ist er preiswert. Außerdem ist er leicht, viel leichter und auch sachlicher in der Formgebung als andere Stühle im 19. Jahrhundert. Und er besteht aus normierten Einzelteilen, die mit wenigen

Schrauben schnell montierbar sind (ein Prinzip, mit dem im folgenden Jahrhundert auch der schwedische Möbelhersteller IKEA zu ungeahnten Markterfolgen kommt). So kann er, zerlegt und in Kisten verpackt, in die ganze Welt verschifft werden. Denn mit der Industrialisierung, dem wachsenden Welthandel und den explosionsartig wachsenden Städten werden überall Stühle gebraucht, in Büros, Bahnhöfen, Hotels, Restaurants, Cafés und in den vielen anderen Gebäuden, die in den Städten neuerdings gebaut werden. Bald stellt sich der internationale Erfolg für Thonet ein; er gründet Niederlassungen in aller Welt. Schon 1871 hat er Verkaufsstellen in Barcelona, Brüssel, Chicago, Frankfurt, Graz, Moskau , München, New York, Prag usw.

Der Stuhl Nr. 14 ist nicht der erste Bugholzstuhl aus der Fertigung von Thonet. Er geht auf das Vorläufer-Modell Nr. 8 zurück, wird aber zum erfolgreichsten Modell Thonets und zur Basis für weitere Entwicklungen, die ebenfalls weltweit vertrieben werden. Thonet nutzt dazu die damals modernen Methoden der Werbung sowie Versandkataloge in sechs Sprachen. Im Laufe der Zeit wurde das auf Massenproduktion ausgerichtete Möbel zur Design-Ikone und ist ein bis heute geschätzter alltagstauglicher Gebrauchsgegenstand. Seine Form hat die oft geforderte „Zeitlosigkeit" in gewisser Weise erreicht. Seine geschwungenen Formen werden zwar bisweilen mit dem etwas später einsetzenden Jugendstil in Verbindung gebracht, das ignoriert jedoch einen grundsätzlichen Unterschied: Der Stuhl Nr. 14 ist ein preiswertes Massenmöbel, wogegen die Möbel des Jugendstils meist teure handwerklich gefertigte Einzelstücke sind, die einem kleinen Kreis des wohlhabenden Bürgertums vorbehalten bleibt.

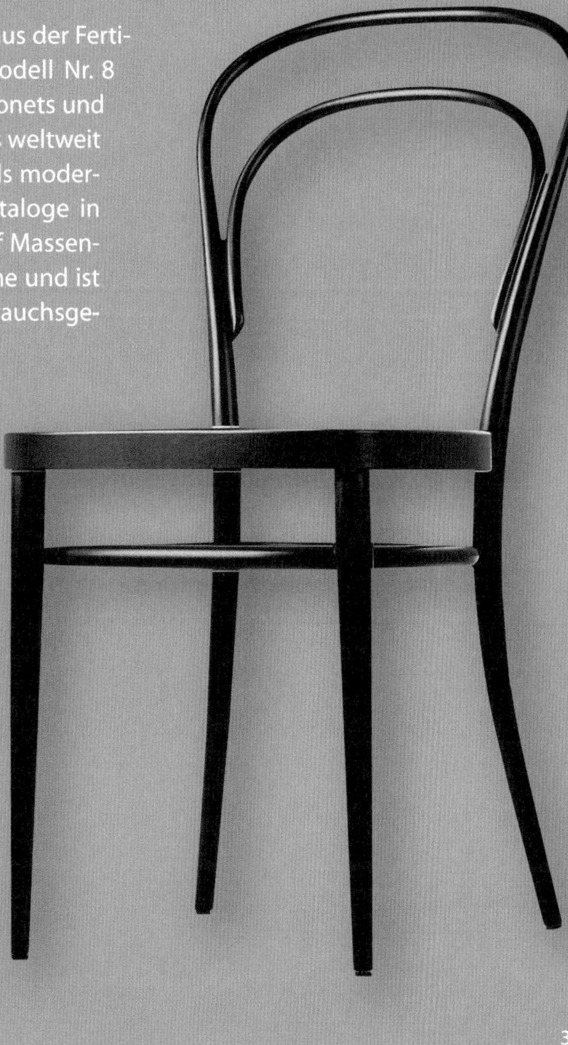

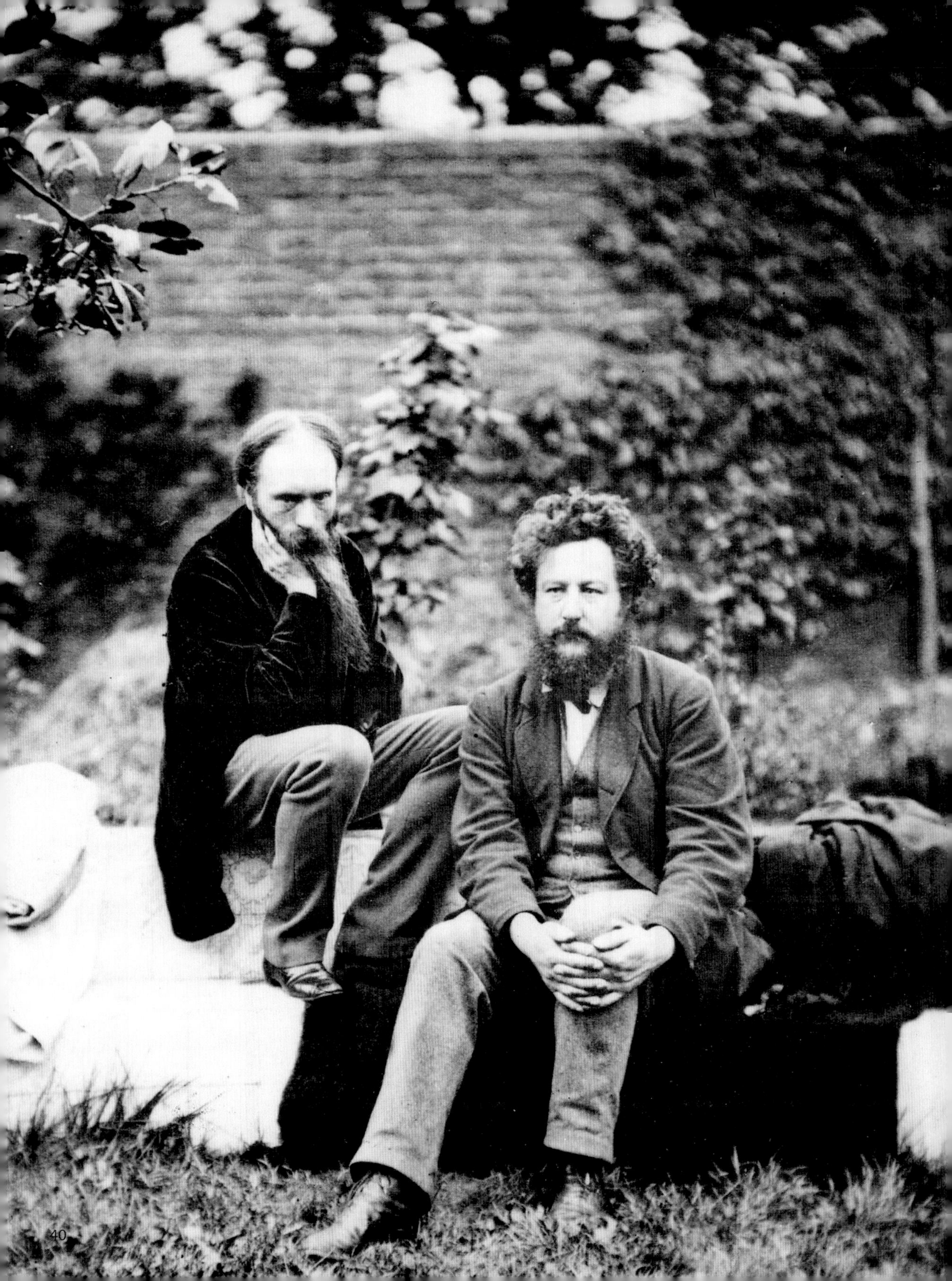

GLAUBENSKÄMPFE

Bürgerliche Reformbewegungen zwischen Kunst, Handwerk und Industrie

Die Industrialisierung führt in ein Dilemma von widerstrebenden Tendenzen, weil sie so schnell und so grundlegend das Leben der Menschen und die Strukturen der Gesellschaft verändert. Das Bürgertum erstarkt, muss sich aber gegen alte Strukturen durchsetzen, die gerade erst entstandene Arbeiterschaft ebenso. Das Verständnis von menschlicher Arbeit hat sich mit der Arbeitsteilung in der industriellen Produktion geändert und damit das gesamte Menschenbild. Mit diesen neuen Konstellationen müssen sich nun die entsprechenden sozialen und ökonomischen Strukturen, Eigentumsverhältnisse, produktionstechnische Abläufe sowie neuartige ästhetische Leitbilder entwickeln.

Dies führt insbesondere seit Mitte des 19. Jahrhunderts zu Arbeiteraufständen und Unruhen sowie zur Bildung von Arbeitervereinen und -parteien. 1867 verfasst Karl Marx „Das Kapital", in dem er die aktuellen Produktions- und Gesellschaftsstrukturen – das Elend des Proletariats – analysiert. Doch auch ohne theoretischen Überbau wird deutlich: Die Industrie verändert die Landschaft, die Lebensbedingungen der massenhaft in die Städte gewanderten Arbeiter sind schlecht und die Massenprodukte sind nicht befriedigend, weder ästhetisch noch ökonomisch.

Der Ruf nach Reformen kommt aus verschiedenen Lagern, deren unterschiedliche Lösungsvorschläge jeweils eigene Ziele erkennen lassen. Aus Kreisen des Bildungsbürgertums und fortschrittlicher Fabrikanten erwachsen gegen Ende des Jahrhunderts Reformbewegungen mit dem Anliegen, die negativen Folgen der Industrialisierung zu bekämpfen: die schlechten Lebensbedingungen der Arbeiter, die wachsende Umweltverschmutzung und, in den Augen der Zeit, die mit unnützen Ornamenten überladenen und qualitativ schlechten Gebrauchs- und Einrichtungsgegenstände aus der Massenfabrikation.

Bei den Fabrikanten ist die Motivation zur Verbesserung der Arbeits- und Lebensumstände vornehmlich ökonomisch bedingt. Werkssiedlungen und Sozialleistungen auf der einen Seite sollen die Bindung der Arbeiter an das Unternehmen fördern und radikalem Protest vorbeugen. Technische und ästhetische Optimierung von Produkten soll andererseits die jeweilige nationale

Edward Burne-Jones (links) und William Morris (rechts), Fotografie von Frederick Hollyer, 1874

Wirtschaft international konkurrenzfähig machen. Vertreter von Wirtschaft und Handel beklagen in allen Ländern die mangelnde Konkurrenzfähigkeit ihrer Produkte auf dem Weltmarkt.

Neben den sozialen Problemen richtet das Bildungsbürgertum sein Augenmerk vor allem auf die ästhetisch verächtlichen eklektizistischen Formen des Historismus, die zu einem schwülstigen Stilgemisch geführt hatten und sich in keiner Weise zu ihrer modernen industriellen Fertigung bekannten. Der Kampf gegen und um das Ornament wird im Übergang zur Moderne und in so gut wie allen folgenden Diskussionen im Design zur ästhetischen Glaubensfrage. Dabei sind die bildungsbürgerlichen Kreise durchaus ambivalent; man bevorzugt langlebige, handwerklich hergestellte Produkte oder moderne Industrieprodukte, die dem aktuellen Stand der Technik entsprechen.

Um soziale Missstände und Arbeiteraufstände aufzufangen, werden nach englischem Vorbild auch in Kontinentaleuropa Arbeitersiedlungen gebaut, die die Wohn- und Lebensverhältnisse der Arbeiter verbessern sollen. Alfred Krupp ließ 1872–74 die Arbeiterkolonie Kronenberg in Essen-Altendorf errichten. Holzstich nach einer Zeichnung von Emil Limmer, aus: „Illustrierte Zeitung", Nr. 2471, 8. November 1890

Die Anhänger des Sozialismus und der Gewerkschaftsbewegung fordern eine Verbesserung der Arbeits- und Lebensverhältnisse sowie einfache, preiswerte und „ehrliche" Gebrauchsgegenstände für die Arbeiter.

So wachsen zunächst in England, später auch in Deutschland, Bewegungen heran, die die vorhandenen Missstände bekämpfen wollen und Reformen im Kunstgewerbe, in der industriellen Formgebung, in der Ausbildung von Gestaltern und in der Architektur anstreben. In ihrem Kampf gegen die negativen Folgen der Industrialisierung und den Historismus verfolgen zwar alle die gleichen Ziele, aber über den politischen, ästhetischen und wirtschaftlichen Weg unterscheiden sich die Ansichten der diversen Gruppierungen; es kommt außerdem innerhalb einzelner Reformbewegungen zu heftigen Auseinandersetzungen. Die Reform der Gestaltung von Möbeln und Gebrauchsgegenständen ist vielfach Bestandteil umfassenderer Bewegungen, die die Wohn-, Lebens- und Arbeitsverhältnisse der Menschen in den Städten verändern wollen. Arbeitersiedlungen und Gartenstädte für das Bildungsbürgertum sollen die Lebensverhältnisse in den großen Industriestädten verbessern.

Um 1860 lassen fortschrittliche Unternehmer in England erste Arbeitersiedlungen bauen, und im Jahr 1898 entwirft der Engländer Ebenezer Howard die ersten Pläne für sogenannte „Gartenstädte", für Siedlungen also, die sich durch viel Grün und kleine Einzelhäuser mit Garten auszeichnen und die bisherigen großen Mietskasernen ablösen sollen.

Die englischen Arbeitersiedlungen werden zum Vorbild für ähnliche Reformen auf dem europäischen Kontinent. Seit den 1870er Jahren baut die Firma Krupp erste Arbeitersiedlungen in Essen, 1909 entsteht in Dresden-Hellerau die erste deutsche Gartenstadt. Um die Jahrhundertwende entwickelt sich neben der Gartenstadtbewegung eine Vielzahl weiterer Reformbewegungen, zu denen z.B. die Arbeiterbewegung, die Gesundheitsreformbewegung, die Natur- und Heimatschutzbewegung, die Bewegungen zur Boden-, Wohnungs- und Schulreform etc. zählen.

Im Kunstgewerbe und im sozialen Bereich markieren die Reformbewegungen insofern den Beginn der Designgeschichte, als man nun die Zusammen-

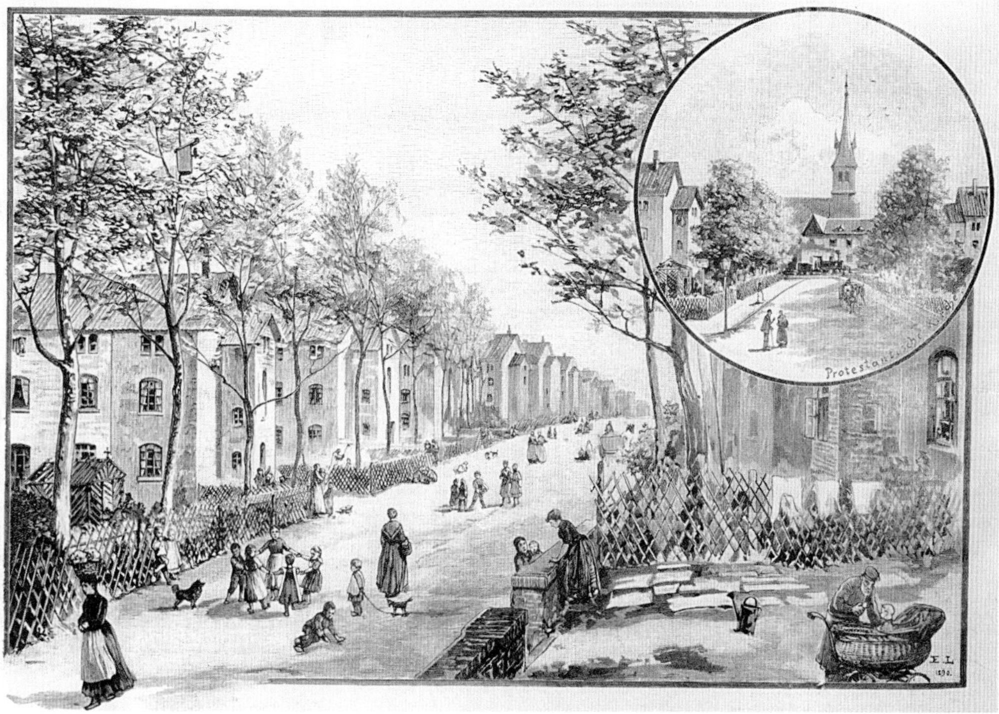

hänge zwischen industrieller Fertigung, Form, Funktion und Gebrauch bewusst wahrnimmt und verändert, vor allem, weil man allmählich erkennt, dass mit der Industrialisierung ein Zeitalter begonnen hat, dem man mit den bekannten ästhetischen Strategien nicht mehr begegnen kann, das heißt: Historische Ornamente taugen nicht zur Gestaltung moderner technischer Produkte.

Dieses Dilemma tritt, wie bereits erwähnt, mit der ersten Weltausstellung in London 1851 deutlich zutage, und in England zeigen sich die ersten Reaktionen. Neben Henry Cole und Gottfried Semper, der zu der Zeit für einige Jahre in London lebt, nimmt sich auch Owen Jones 1856 mit seinem Buch „Grammar of Ornament" des Problems der unbedachten Verwendung historischer Ornamente an. Er liefert eine chronologische Übersicht der Ornamente in den verschiedenen Epochen und erklärt ihre Herkunft, ihre stilistischen Eigenarten und ihre Einsatzmöglichkeiten. Jones ist kein Gegner des Ornaments, er kritisiert vielmehr seinen wild wuchernden Einsatz ohne jegliche Angemessenheit. Im Vorwort seines Buches stellt er fest: „Ich wagte es, der Hoffnung Raum zu geben, dass diese unmittelbare Zusammenstellung der vielen Schönheitsformen, die jeder einzelne Styl der Ornamente darbietet, dazu beitragen dürfte, der unglücklichen Tendenz unseres Zeitalters Einhalt zu thun, die sich damit begnügt, so lange die herr-

Henry Cole (1808–1882) war ein fortschrittlich denkender englischer Staatsbeamter, der in Verwaltung, Wirtschaft und Bildung zahlreiche Innovationen initiiert hat. Cole beginnt seine Laufbahn im Public Record Office, einem Teil der National Archives. In den Folgejahren wirkt er bei zahlreichen Reformen, z.B. der Postreform von Sir Rowland Hill, mit und wird als Erfinder der kommerziellen Weihnachtskarte angesehen. Er bemüht sich aber auch um die Förderung von Industrie und Handel und wird so zum Initiator der ersten Weltausstellung 1851 in London.

schende Mode es erheischt, gewisse, einem frühern Zeitalter angehörige Formen, nachzubilden, ohne erst ermitteln zu wollen, ja oft sogar ohne im geringsten zu berücksichtigen, unter welchen Umständen ein Ornament wohl schön gewesen sein mochte, weil es angemessen war, welches jetzt aber, auf fremden Boden verpflanzt und als der Ausdruck anderer Bedürfnisse seine ganze Wirkung verfehlen muss." (Jones, 1995) Diese Kritik ist bei Weitem nicht so radikal, wie spätere Stellungnahmen etwa von Adolf Loos. Jones ist sich durchaus bewusst, dass seine Sammlung von Ornamenten sogar noch das Gegenteil bewirken könnte. „Es ist mehr als wahrscheinlich, dass das erste Resultat der Herausgabe dieser Sammlung sein wird diese gefährliche Tendenz noch zu vermehren, und dass nur zu viele sich damit begnügen werden, der Vergangenheit jene Formen zu entlehnen, die nicht schon früher ad nauseam abgenutzt worden sind." Dennoch wird Jones zu einem wichtigen Impulsgeber für William Morris und die Arts-and-Crafts-Bewegung, die zu den ersten Reformansätzen in der Formgebung führt.

Das englische Vorbild – William Morris und die Arts-and-Crafts-Bewegung

Der Künstler, Dichter und Sozialkritiker William Morris wird in der zweiten Hälfte des 19. Jahrhunderts zum bedeutendsten und einflussreichsten Verfechter einer neuen Gestaltung, vor allem, weil er als einer der Ersten das Problem der angemessenen Form, des Ornaments und der Arbeitsbedingungen im Zusammenhang sieht.

William Morris (1834–1896) gilt als Vater der Arts-and-Crafts-Bewegung und zählte zu den wichtigsten Erneuerern des Kunsthandwerks. Er studiert von 1853–1855 in Oxford Malerei, wo er Edward Burne-Jones kennenlernt und über ihn auch Dante Gabriel Rossetti und die Präraffaelitische Bruderschaft. Morris arbeitet zunächst als Architekt, beschäftigt sich aber ebenso mit Kunst, Literatur und Kunsthandwerk. Er vertritt aber auch frühsozialistisches Gedankengut und sieht in der Industrialisierung die Ursache für die sozialen Probleme und das Elend in der Arbeiterschaft. Für ihn ist nur in der Rückwendung zu handwerklichen Produktionsverhältnissen eine Lösung zu finden. 1861 gründet er die Firma Morris, Faulkner & Co (später Morris & Co) zur Herstellung von Möbeln, Stoffen und Dekorationsprodukten auf hohem handwerklichen Niveau. 1877 gründet er die Society for Protection of Ancient Buildings, aus der später der National Trust hervorgeht. 1891 gründet Morris die Kelmscott Press, einen Verlag, in dem er hochwertige Bücher verlegt.

Morris stammt aus einer wohlhabenden bürgerlichen Familie. Sein Vater, dessen Familie ursprünglich aus Wales kam, ist ein einflussreicher Finanzier in der City of London. Der junge William Morris verlebt in den 1840er Jahren eine Kindheit in ländlicher Idylle auf dem Landsitz seiner Familie in Essex. Das Anwesen ist groß und mit einer eigenen Farm, Obst- und Gemüsegärten, einer Bäckerei, sogar einer eigenen kleinen Brauerei nahezu autark. Hier entwickelt Morris sein ausgeprägtes Interesse für Botanik und Landwirtschaft sowie eine Liebe zur Natur, die geradezu religiös anmutet, häufig sogar als mystisch beschrieben wird. Morris liebt die Natur und versucht sein Leben lang, sie gegen die Zerstörung durch die Industrie zu schützen. Diese tief verwurzelte Haltung wird zu einer Triebfeder seines Lebenswerkes. Seine Vorliebe für das Mittelalter entsteht ebenfalls in dieser Zeit. Noch bevor er sieben Jahre alt ist, hat er die in seiner Zeit bekannten Mittelalter-Romane von Sir Walter Scott gelesen.

Ab 1852, sein Vater ist inzwischen gestorben, studiert Morris in Oxford Theologie, wendet sich aber bald der Malerei zu. Hier lernt er den ihm geistig verwandten Edward Burne-Jones kennen,

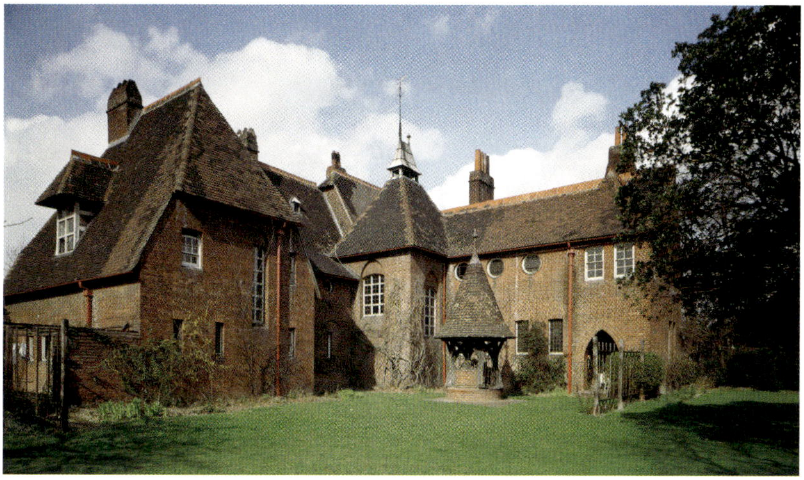

Philip Speakman Webb, The Red House, Bexleyheath/London, UK, 1859–60

mit dem er seine Vorliebe für das Mittelalter teilt. Mit Jones und anderen Malern, Dichtern und Architekturstudenten gründet er eine von den Präraffaeliten inspirierte Bruderschaft. Morris ist zu der Zeit auch mit dem Kunstkritiker und Philosophen John Ruskin und dem Maler und Illustrator Walter Crane befreundet. Sie alle verehren das Mittelalter und beschäftigen sich mit gotischer Architektur und Kunst. Ruskin, obwohl erst Anfang dreißig, ist zu der Zeit schon als Kunst- und Architekturkritiker bekannt. Sein Buch „The Stones of Venice", 1853 erschienen, wird für Morris zu einem der Werke, die seine Weltanschauung prägen. 1856 beendet Morris sein Studium und beginnt in dem Architekturbüro von George Edmund Street zu arbeiten. Hier lernt er Philip Webb kennen, der später sein Haus, das Red House, entwirft. Ebenfalls in dieser Zeit macht Jones ihn mit Dante Gabriel Rossetti bekannt, den viel bewunderten Maler der Präraffaeliten. Um Morris und den charismatischen Rossetti bildet sich eine Gruppe von Bohemiens.

John Ruskin (1819–1900) war Schriftsteller, Sozialphilosoph, Kunstkritiker und Maler sowie Anhänger der Präraffaeliten. Von 1837–42 studiert er in Oxford. Ab 1850 nimmt er mit seinen Schriften entscheidenden Einfluss auf den Geschmack in England. Er versucht, durch ästhetische Reformen soziale Probleme zu lösen und das Kunsthandwerk zu reformieren. Ruskin ist ein Gegner der modernen Industrieproduktion und beeinflusst stark die Arts-and-Crafts-Bewegung.

Der Bau seines Hauses, das er zusammen mit seinen Freunden selbst einrichtet, weil ihn das viktorianische Möbelangebot nicht befriedigt, wird für Morris zum Anlass, selbst als Entwerfer tätig zu werden. Aus dieser Arbeit entsteht dann 1861 die Firma Morris & Co., die gediegene und handwerklich hergestellte Möbel, mit Pflanzenfarbe bedruckte Stoffe, handgewebte Teppiche, bemalte Kacheln und Glasfenster herstellt. In den ersten Jahren ist die Firma mehr eine Art Bruderschaft als ein richtiges Unternehmen, im Laufe der Zeit unterliegt sie einigen Veränderungen und wird in den 1870er Jahren, als Innenarchitektur und Design in den wohlhabenden Kreisen immer wichtiger werden, sehr erfolgreich. Diese Zeit wird für Morris zur produktivsten Zeit seines Lebens. Er schafft zahlreiche Entwürfe, schreibt Bücher, hält Vorträge und engagiert sich ab 1876 zudem in der Politik.

Als vehementer Gegner der industriellen Massenproduktion betrachtet Morris die Folgen der Industrialisierung – Umweltverschmutzung, Akkordarbeit, schlechte Massenware und schlechte Lebensbedingungen der Arbeiter in den Städten – als „teuflisches kapitalistisches Machwerk und Feind des Menschen". Zu Zeiten des Handwerks lag die Formgebung in den Händen des Handwerkers, der einen ethischen Anspruch an die Qualität und die Schönheit seiner Erzeugnisse hatte und mit der Einlösung seines Anspruchs Befriedigung aus seiner Arbeit schöpfen konnte. Er hatte Teil an der Erschaffung von Kunst im Sinne eines umfassenden Kunstbegriffs. Das Grundproblem der Industrialisierung ist für Morris, dass die Formgebung der Industrieprodukte in den Händen ungebildeter Fabrikanten liegt, denen darüber hinaus die Produktionsbedingungen ihrer Arbeiter gleichgültig sind. Was Morris anprangert, ist das, was Karl Marx „Entfremdung" nennt. Morris sieht den Arbeiter als Opfer des Manchesterkapitalismus seiner Zeit, der auf Kosten der Menschen minderwertige Produkte herstellt, die nicht nur hässlich sind, sondern auch unmoralisch. Er geht sogar so weit festzustellen: „... all dies ist Krieg, ist das Resultat von Krieg, des Krieges diesmal nicht von konkurrierenden Nationen, sondern konkurrierenden Firmen oder kapitalistischen Einheiten." (zit. n. Kirsch, 1992)

„Ich spreche von der Gefahr, dass die gegenwärtige Entwicklung der Zivilisation jegliche Schönheit des Lebens zu zerstören im Begriff steht."
William Morris, um 1880

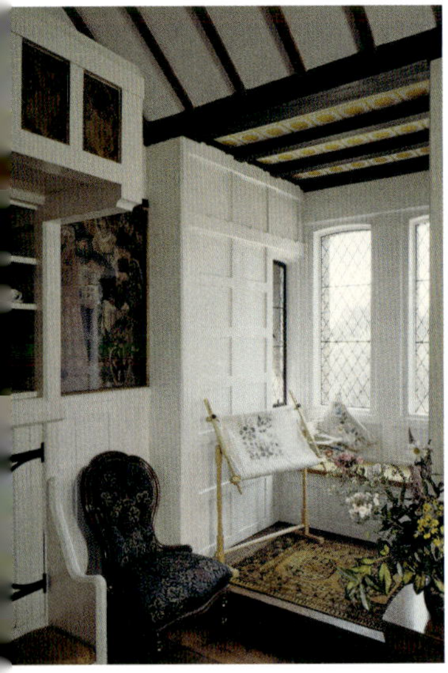

Kelmscott Manor, Schlafzimmer, 1570, seit 1871 Wohnhaus von William Morris und von diesem gestaltet.

Morris ist ein Anhänger des Sozialismus, jedoch kein Revolutionär. Er ist das, was man wenig später in England „champagne socialist" (in Deutschland „Salon-Kommunist") nennt. Er selbst weiß um dieses Paradox seines Lebens und sieht sich nicht als bürgerlich-intellektueller Führer der Arbeiterschaft, sondern eher als Erzieher. Er will das Bewusstsein für die Zusammenhänge zwischen ästhetischen und sozialen Missständen wecken. Die Antwort auf die negativen Folgen der Industrialisierung sieht er in einer Kunstgewerbereform, die sich auf das Mittelalter zurückbesinnt, als Kunst und Handwerk noch eng miteinander verbunden waren und Künstler nützliche und schöne Gebrauchsgegenstände schufen. Er setzt sich für die Erhaltung von historischen Baudenkmälern ein. Gleichzeitig lehnt Morris, anders als die historisierende Billigproduktion der Industrie, oberflächliche Imitation historischer Stile strikt ab. Ihm ist bewusst: „Die imitierende Kunst von heute ist und kann nicht dasselbe sein wie die alte Kunst und kann diese nicht ersetzen." (zit. n. Kirsch, 1992) Er fordert handwerklich hergestellte Gebrauchsgegenstände auf hohem ästhetischem Niveau. Der dekorativen Überfülle des Historismus stellt er Ornamente und Materialien aus der Natur und klar gegliederte Formen entgegen.

Auch für Umwelt- und Naturschutz setzt Morris sich ein. In engagierten Reden und Vorträgen appelliert er etwa an seine meist bildungsbürgerlichen Zuhörer: „Ich frage Sie, wie verhalten Sie sich gegenüber Bäumen auf einem Bauplatz?

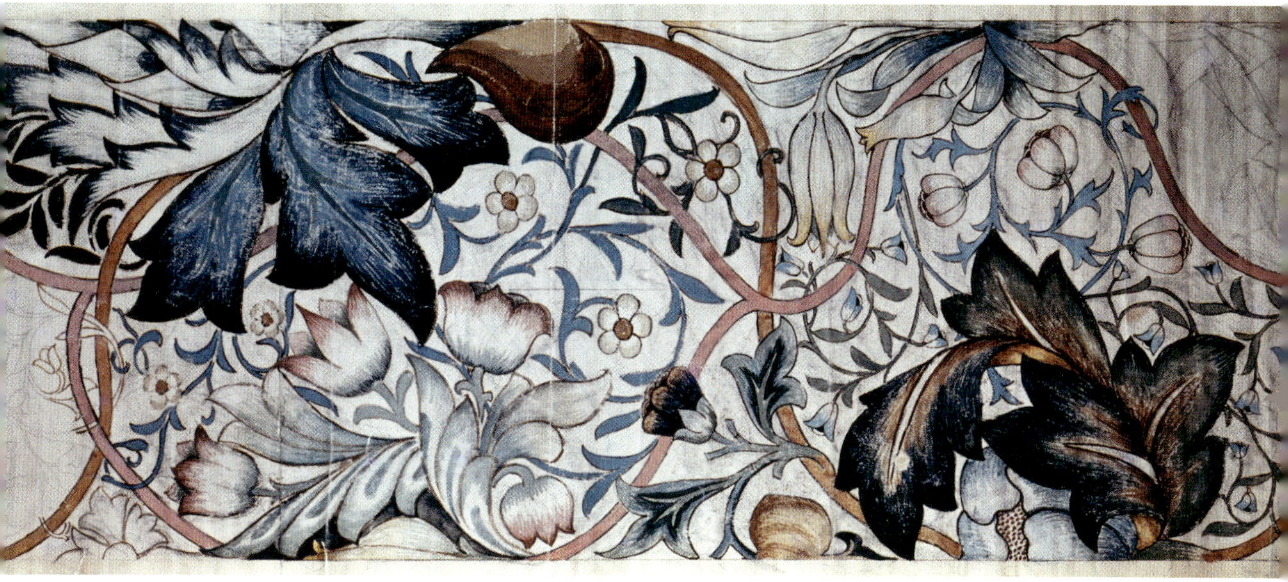

Originalentwurf von William Morris für eine Stickerei mit Artischockenmuster. Als Antwort auf Industrie und Großstadt, Massenfabrikation und Historismus forderte er, wie auch viele der folgenden Reformbewegungen, die Rückkehr zur Natur und zum Handwerk. Ca. 1875, Victoria & Albert Museum, London, UK

Versuchen Sie sie zu retten und Ihr Haus den Bäumen anzupassen? Begreifen Sie, welche Schätze Bäume für die Stadt oder den Vorort darstellen? Welche Augenweide Bäume verglichen mit jenen grässlichen Hundehütten sind, mit denen Sie wahrscheinlich (verzeihen Sie mir) dieses Grundstück überbauen werden?“ (zit. n. Kirsch, 1992, S. 105)

Seine kunst- und sozialreformerischen Gedanken verbreitet Morris unter anderem durch zahlreiche Publikationen, die er zusammen mit Werken anderer Autoren in der 1890 von ihm gegründeten Kelmscott Press in bibliophilen Ausgaben verlegt. Ihre Theorien und das praktische Beispiel ihrer Zusammenarbeit werden in der Zeit zwischen 1880 und 1890 zum Vorbild für zahlreiche Künstlergilden, u. a. die von Arthur Mackmurdo 1882 gegründete Century Guild, die von Walter Crane und William Richard Lethaby 1884 gegründete Art Workers' Guild und die 1888 gegründete Arts and Crafts Exhibition Society, aus der die Arts-and-Crafts-Bewegung hervorgeht. Ihre Hauptvertreter sind neben den oben genannten noch Charles Francis Voysey und Charles Robert Ashbee. Das Ziel der Bewegung ist, nach dem Vorbild von Morris, die Schaffung von soliden Standards in Qualität und Ästhetik unter menschlich und sozial befriedigenden Produktionsbedingungen. Sie alle wollen die entstandene Schwelle zwischen Hochkunst und Handwerk überwinden und die Kunst im Handwerk und im Alltag stärken. Sie sind meist Architekten, die ähnlich wie Morris unzufrieden mit der zeitgenössischen Produkt- und Möbelfabrikation sind und Einrichtungskonzepte für ihre Häuser bis hin zu Stoffen, Glasfenstern und Tapeten selbst entwerfen und produzieren – mit zunehmendem wirtschaftlichem Erfolg.

Walter Crane (1845–1915), Maler, Kunstgewerbler und Illustrator, war von japanischer Kunst und den Präraffaeliten beeinflusst sowie Mitinitiator der Arts-and-Crafts-Bewegung. Er entwarf Tapeten, Teppiche, Plakate, Keramik und Stickereien, war aber vor allem ein hervorragender Buchgestalter.

Die Rolle der Arts-and-Crafts-Bewegung ist durchaus ambivalent. Mit der Ablehnung des Historismus, der Rückbesinnung auf das Handwerk, der großen Bedeutung, die man der Kunst im Entwurf beimisst, und mit der Vorliebe für einfachere, organische Formen aus der Natur hat die Arts-and-Crafts-Bewegung einerseits einen wesentlichen Einfluss auf den Jugendstil, den Deutschen Werkbund und später das Bauhaus. Morris' Forderung nach formaler Einfachheit jedenfalls erscheint wie das vorweggenommene Paradigma der Moderne, wenn er sagt: „Alle Künste gehen von Einfachheit aus. Je höher sich die Künste entwickeln, desto größer die Einfachheit." Und selbst die moralische und soziale Dimension der Forderung nach Einfachheit der Form formuliert er schon: „Wir wollen für unsere Häuser mehr den Schein als das Ding selbst. Wir wollen kleinbürgerlichen Luxus zur Schau stellen, wenn wir nicht reich sind. Wir betreiben eine beleidigende Zurschaustellung von Dummheit, sofern wir reich sind. Und als Regel kann gelten: Wir wollen etwas, das aussieht, als habe es doppelt soviel gekostet, wie in Wirklichkeit dafür ausgegeben worden ist." (zit. n. Kirsch, 1992, S. 108)

„Nehmen Sie nichts in Ihr Haus auf, das nicht entweder nützlich ist oder das Sie als schön ansehen. Alle Künste gehen von Einfachheit aus. Je höher sich die Künste entwickeln, desto größer die Einfachheit."

William Morris, um 1880

Andererseits lehnt die Arts-and-Crafts-Bewegung die Industrieproduktion strikt ab und verweigert zunächst jede Annäherung, eine Position, die jedoch durch den Zwang der technischen und ökonomischen Entwicklung nicht mehr lange zu halten ist. Charles Rennie Mackintosh und der Glasgow School of Art wird noch der Zugang zur Bewegung verweigert, weil sie sich offen zur Maschinenproduktion bekennen. Immerhin ist aber schon die intensive Beschäftigung mit den Zusammenhängen zwischen Ästhetik, Qualität, Produktions- und Lebensweise ein Schritt in eine neue Richtung.

An Morris und der Arts-and-Crafts-Bewegung wird deutlich, wie vielschichtig die Entwicklung in der Designgeschichte von Beginn an ist. Der Weg in die Moderne ist nicht linear und folgt keiner formalen Kausalkette. Die Moderne selbst ist, wie wir noch sehen werden, auch kein homogenes, ja nicht einmal ein erklärtes Ziel einer Entwicklung, selbst wenn es in der Retrospektive später häufig so scheint oder dargestellt wird.

Der Jugendstil – eine internationale Bewegung auf verschlungenen Wegen

Auf dem europäischen Festland entwickelt sich um die Jahrhundertwende ebenfalls eine Reformbewegung, die den Historismus ablehnt und wie die englische Arts-and-Crafts-Bewegung im Vorbild der Natur einfachere und konstruktionsgerechte Formen sucht. Der Jugendstil wird in der Zeit von 1895 bis zum Ersten Weltkrieg zu einer internationalen Bewegung mit verschiedenen Namen. In England heißt sie „Decorative Style", in Belgien und Frankreich „Art nouveau", nach dem gleichnamigen Pariser Einrichtungshaus, in Deutschland „Jugendstil" nach der Zeitschrift „Jugend". In Italien gibt ihr das englische Einrichtungshaus Liberty's den Namen: „Stilo Liberty", in Österreich nennt man sie „Secessionsstil". Es sind Gruppen (Secessionen), Geschäfte, Werkstätten und Zeitschriften, die die progressiven Gedanken in der Gestaltung vorantragen, und die Städte, in denen die Bewegungen zu Hause sind, werden zu bekannten Zentren des modernen Stils.

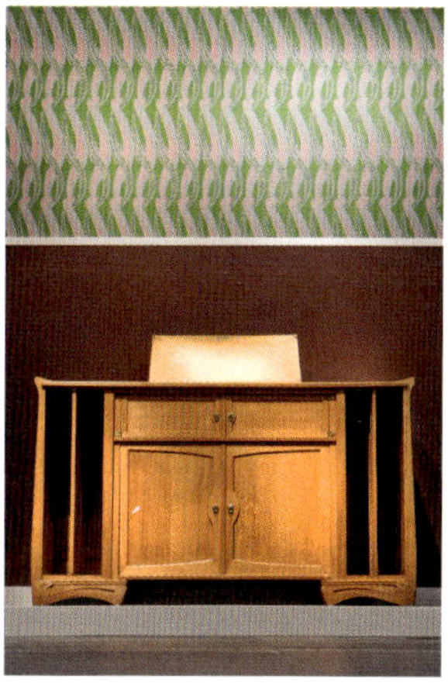

Henry van de Velde, Kupferstichschrank, 1899, Eiche, Wacholder, Messingbeschläge, aus dem Besitz von Ludwig Löffler. Auch die Tapete auf dieser Fotografie zeigt einen Entwurf van de Veldes. © Germanisches Nationalmuseum, Nürnberg

Der Jugendstil, dessen Beginn meist auf die Jahrhundertwende datiert wird, hat seine Wurzeln schon in den 80er Jahren des 19. Jahrhunderts. Erste Beispiele für sich herausbildende neuartige Formen findet man in der englischen Druckgrafik und Buchgestaltung. Arthur H. Mackmurdo schafft mit der Titelseite für sein 1883 veröffentlichtes Buch „Wren's City Churches" über Kirchenbauten des Architekten Christopher Wren die Inkunabel der Jugendstilformen. Hier findet die von der Arts-and-Crafts-Bewegung übernommene Hinwendung zur Natur Ausdruck in asymmetrisch, organisch geschwungenen Linien eines abstrahierten Tulpenmusters. Solche stilisierten Pflanzenformen, Blütenstängel und Ranken, die zum Ornament werden, bestimmen in der Folge die Ästhetik des Jugendstils. Bevorzugt werden Pflanzen wie Lilien oder Seerosen, da sich ihr symbolischer Gehalt nutzen lässt. Die Formen sind auch später meist asymmetrisch und wirken wie natürlich gewachsen.

> *„Diese Ornamentik [...] entsteht aus dem Gegenstande, mit dem sie verbunden bleibt, sie weist auf seinen Zweck oder seine Entstehungsweise hin [...] Das Ornament wird ein Organ und weigert sich, nur etwas Aufgeklebtes zu sein."*
>
> *Henry van de Velde, 1901*

Eine andere, sachlichere Ausprägung des Jugendstils lässt sich von eher geometrisierenden Formen inspirieren, die aus der japanischen Kunst entlehnt werden und in England sehr beliebt sind. Die neuen Ornamente werden schnell auf Architektur, Möbelbau und alle Bereiche der Gestaltung übertragen, denn das Bestreben der Vertreter des Jugendstils ist es, die Grenze zwischen freier und angewandter Kunst zu überwinden. Künstler sollen auch Schmuck, Tapeten, Stoffe, Möbel, Geschirr etc. entwerfen. Als Antwort auf die industrielle Massenware ist das Ziel des Jugendstils eine umfassende künstlerische Durchgestaltung aller Lebensbereiche. Der Raum wird als Gesamtkunstwerk betrachtet, das Ornament dient als verbindendes Glied in der Gestaltung zwischen Boden, Wänden, Decken, Möbeln und anderen Gebrauchsgegenständen. Dabei soll es, anders als im Historismus, nicht beliebig aufgesetzt sein, sondern „organisch" aus der Konstruktion und der Funktion eines Gegenstands erwachsen.

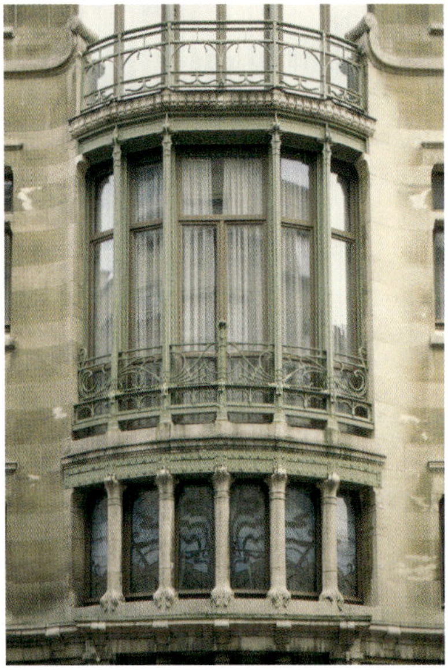

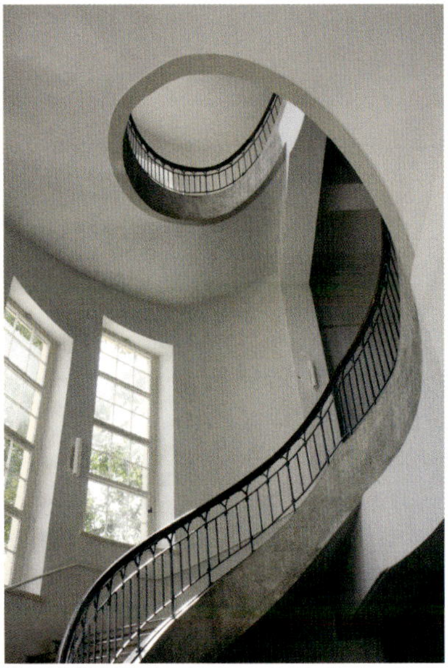

Victor Horta, Hotel Tassel (Haus Tassel), Brüssel, 1893–95

Henry van de Velde, Kunstschule (Bauhaus-Universität), Treppenhaus des Hauptgebäudes, Weimar, 1904–11

Belgien

Die belgische Hauptstadt Brüssel wird früh zu einem Zentrum für fortschrittliche Künstler und Gestalter. Die Künstlergruppen Les Vingt und La Libre Esthétique stellen bereits in den 80er Jahren des 19. Jahrhunderts Künstler wie Auguste Rodin, Aubrey Beardsley, Odilon Redon u. a. aus. Die Stoffe und Tapeten von William Morris sind hier ebenfalls zu sehen. Die Architekten Henry van de Velde und Victor Horta, zwei der berühmtesten Vertreter des Jugendstils, die außerdem als Maler tätig sind, gehören ebenfalls zu diesem Umkreis. In Brüssel wird die Ornamentik des Jugendstils schon bald in die dritte Dimension übertragen. Victor Horta liefert die ersten und bedeutendsten Beispiele für Jugendstilarchitektur. Er benutzt die vom Londoner Glaspalast (1851) und vom Pariser Eiffelturm (1884–89) bekannten neuen Materialien, Eisenträger und Glas, und setzt die floralen Ornamente des Jugendstils sowohl als Oberflächendekoration als auch als konstruktives Element ein. Zu seinen Hauptwerken zählen das Maison du Peuple (1896–99), das Haus Tassel (1893) sowie die Villen Solvay (1894) und van Eetvelde (1897–1900). Horta kann mit den modernen Baustoffen freitragende Konstruktionen und somit große, helle Räume schaffen. Die aus Eisen beliebig formbaren Säulen lässt er wie Pflanzen aus dem Boden herauswachsen und macht sie mit den Möbeln und Wandmalereien zu einem dynamischen Gesamtkunstwerk, in dem Dekoration und eine transparent gemachte Konstruktion sichtbar miteinander verschmelzen: Das Gebäude selbst wird zum Ornament.

Victor Horta (1861–1947) war Architekt und der wichtigste Protagonist der Jugendstilarchitektur in Belgien. Er beschäftigte sich in seinen Entwürfen und Bauten vor allem mit den neuen Möglichkeiten von Stahl und Glas. Horta wird in Gent geboren, wo er ab 1873 an der dortigen Académie des Beaux-Arts Architektur, Textilgestaltung und Zeichnen studiert. Er geht anschließend nach Paris und lebt ab 1880 in Brüssel. Hier baut er einige der wichtigsten Beispiele der Art-Nouveau-Architektur wie z.B. das Haus Tassel. Ab 1912 lehrt Victor Horta an der Académie Royale des Beaux-Arts in Brüssel, 1913–15 ist er dort Direktor. 1916–19 ist Horta häufig in England und den USA. Sein Spätwerk wendet sich vom Jugendstil ab und wird sachlicher.

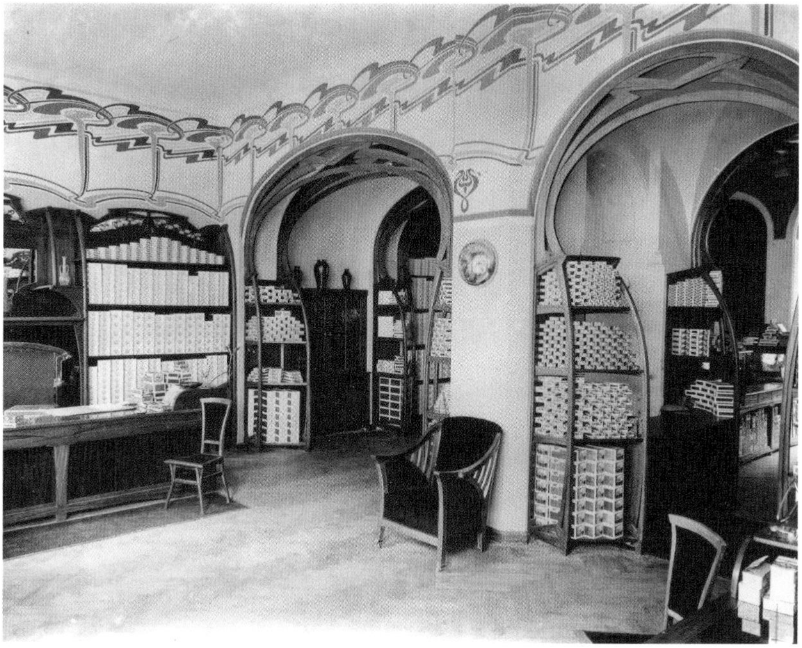

Henry van de Velde, Tabakgeschäft der Havanna Compagnie, Berlin, 1899. Architektur, Regale, Sitzmöbel und Wandbemalung gehen organisch ineinander über und machen den Raum zum Gesamtkunstwerk. Die Wandbemalung stellt stilisierte Rauchschwaden dar.

Der jüngere Henry van de Velde wird als Theoretiker und Möbelgestalter berühmter als Horta. Er studiert zunächst in Antwerpen Malerei und wird 1889 Mitglied der Künstlergruppe Les Vingt in Brüssel. 1901 geht er als künstlerischer Berater an den Hof von Weimar, wo er 1906–14 Leiter der Kunstgewerblichen Lehranstalten und 1907 Mitbegründer des Deutschen Werkbunds wird. 1917 emigriert er in die Schweiz, lebt von 1921 bis 1947 in den Niederlanden beziehungsweise in Belgien und anschließend bis zu seinem Tod wieder in der Schweiz. Van de Velde fordert zwar wie Horta die Kunst in der Gestaltung und strebt den Raum als Gesamtkunstwerk an, er verbindet das organische Ornament jedoch stärker mit dem Gedanken der Funktion. Seine theoretischen Äußerungen, die er in zahlreichen Publikationen und Vorträgen verbreitet, und seine ausgeführten Entwürfe zeigen jedoch deutliche Widersprüche. Erst ab etwa 1904, u. a. mit der Einrichtung der Villa Hohenhof für den Hagener Industriellen und Kunstmäzen Karl Ernst Osthaus 1908, wird sein Stil sachlicher. Außerdem ist van de Velde zwar ein Gegner des Historismus und der „künstlerischen Willkür", doch wie die meisten anderen Jugendstilkünstler ist er ein Verfechter des Handwerks, der Reformen nur gegen die Industrie für möglich hält. Seine Möbel sind folglich von höchstem künstlerischem Anspruch – und Preis. Die Rolle, die er im 1907 von ihm mitgegründeten Deutschen Werkbund einnehmen wird, macht später diesen Zwiespalt deutlich.

Henry van de Velde (1863–1957) war Maler, Architekt und Kunstkritiker, einer der Protagonisten des Jugendstils und Mitbegründer des Deutschen Werkbunds. Er studiert zunächst in Antwerpen Malerei und wird 1889 Mitglied der Künstlergruppe Les Vingt in Brüssel. 1901 geht er als künstlerischer Berater an den Hof von Weimar, wo er 1906–14 Leiter der Kunstgewerblichen Lehranstalten und 1907 Mitbegründer des Deutschen Werkbunds wird. 1917 emigriert er in die Schweiz, 1921–47 lebt er in den Niederlanden und in Belgien, anschließend bis zu seinem Tod wieder in der Schweiz. Mit seinem Wirken und theoretischem Einfluss in Belgien, Holland und Deutschland ist van de Velde die zentrale Figur des internationalen Jugendstils.

Frankreich

Die wichtigsten Zentren der französischen Art nouveau sind Paris und Nancy, wobei die kleinere Provinzstadt für diese Bewegung von größerer Bedeutung ist. Hier arbeiten die berühmten Glaskünstler Émile Gallé und Antoine Daum.

Émile Gallé (1846–1904) war ein französischer Glas- und Keramikkünstler und Gründer der Schule von Nancy. Er studiert Philosophie und Botanik in Nancy und Weimar. Gallé gründet 1886 eine Möbelfabrik und feiert auf der Weltausstellung 1900 in Paris große Erfolge.

Die von Gallé gegründete Schule von Nancy liefert die ausgeprägtesten Beispiele für die reiche florale und symbolistische Richtung des Jugendstils. Schalen, Vasen und Gläser sind Blütennachbildungen mit Stängel und Kelch, viele der Möbel tragen Inschriften, die Stimmungen oder Symbolgehalt transportieren sollen. Gallé und Daum leiten eine Glasmanufaktur, aus der, abgesehen von den Lampen und Vasen des Amerikaners Louis Comfort Tiffany, die berühmtesten und kostbarsten Glasarbeiten der Art nouveau kommen. Doch Gallé produziert nicht nur künstlerische Einzelstücke, sondern auch industriell gefertigte Ware. 1886 gründet er eine voll technisierte Möbelfabrik mit eigener Sägemühle, Werkstätten und Dampfmaschinen, modernen Büros und Ausstellungsräumen. Der von Gallé gegründeten Schule gehört neben den Kunsttischlern Eugène Vallin und Louis Majorelle unter anderem der Maler, Bildhauer und Goldschmied Victor Prouvé an, der nach dem Tod Gallés dessen Glasmanufaktur und der Schule von Nancy zu weltweiter Bedeutung verhilft.

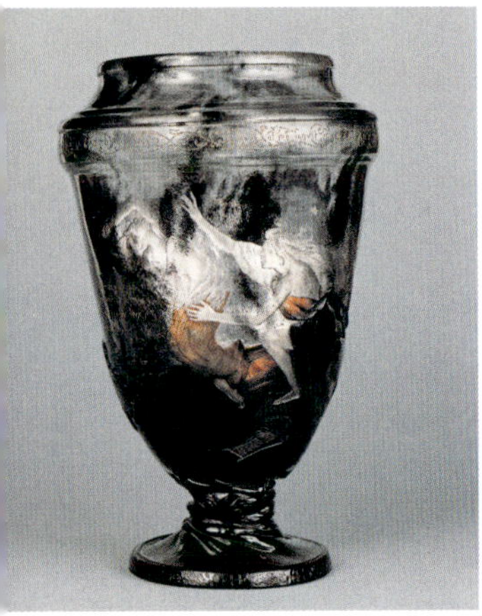

Émile Gallé, Vase Orphée, Verre Parlant, schwarzes Glas, formgeblasen, Höhe 26 cm, 1888–89, Paris, Musée Des Arts Décoratifs, © Les Arts Décoratifs

In Paris kommt es, anders als in den meisten Jugendstilzentren, weder zur Gründung einer Secession oder einer Schule und noch zu heftigen theoretischen Diskursen. Es herrscht der Geist der Belle Époque, der die Künstler vereint; die reiche florale Ornamentik erreicht hier einen Höhepunkt. Kunsttischler wie Alexandre Charpentier und Louis Majorelle arbeiten gleichzeitig mit ausdrucksstarken, aber einfachen pflanzlichen Formen sowie mit kunstvollen und rein dekorativen Einlegearbeiten. Bekanntester Vertreter der Pariser Art nouveau ist Hector Guimard.

Die von ihm gestalteten Eingänge der Pariser Metro werden zum prominenten Beispiel für die Verbindung von moderner Technik und künstlerischer Gestaltung. Wie Pflanzenstängel wachsen die eisernen Eingangslampen und die Dachträger kraftvoll und dynamisch empor. Die Dächer selbst sind aus Glas und gleichen transparenten, aufgespannten Schirmen. Die Konstruktionen kaschieren zwar nicht mehr die technische Funktion mit historisierenden Fassaden, bekennen sich aber dennoch nicht zur rationalen Funktion, sondern versöhnen mit ihrer modernen Ornamentik die nüchterne Technik mit dem glanzvollen Straßenbild der Metropole.

Hector Guimard (1867–1942) war ein französischer Architekt und Möbeldesigner. Er studiert an der École Nationale des Arts Décoratifs in Paris und ist von der englischen Neogotik und von der Architektur Victor Hortas beeinflusst. Um 1900 hat er zahlreiche Aufträge und wird durch seine Arbeit für die Compagnie Générale du Métropolitain 1903 berühmt. Nach dem Ersten Weltkrieg und dem Ende des Jugendstils wendet er sich der modernen Architektur mit standardisierten Bauelementen und dem Arbeiterwohnungsbau zu und lebt von 1938 bis zu seinem Tod in New York.

Hector Guimard, Eingang der Pariser Metrostation Porte Dauphine, 1903

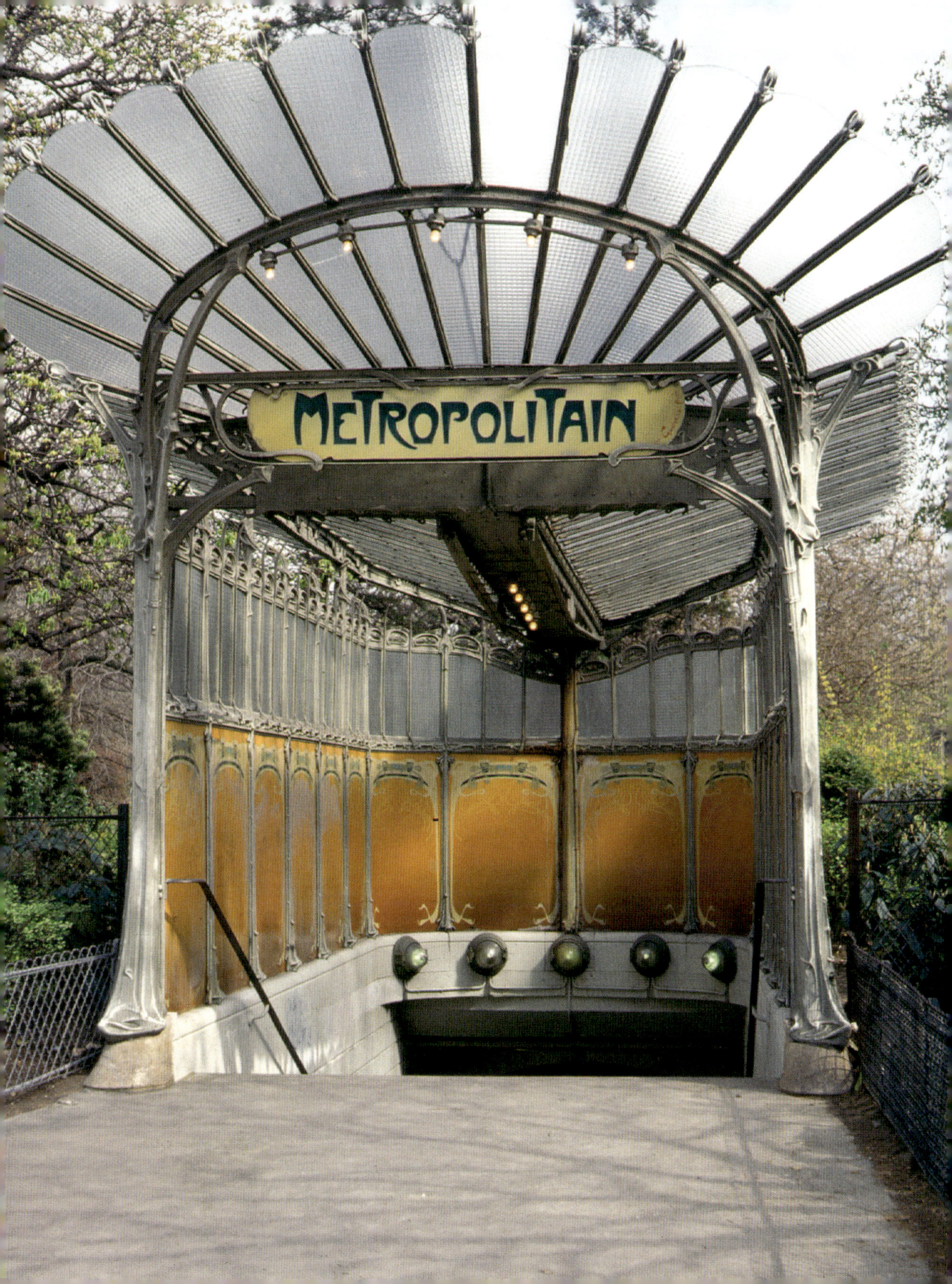
METROPOLITAIN

Deutschland

Titelblatt der Zeitschrift „Jugend. Münchner Illustrierte Wochenschrift für Kunst und Leben" mit einer Farblithografie von Fritz Erler, 1. Jg. 1896, Nr. 31. Nach dieser Zeitschrift erhielt der neue Stil in Deutschland seinen Namen.

Auch der deutsche Jugendstil wendet sich gegen den Historismus einer organisch geschwungenen Ornamentik zu, ist aber dabei weniger mondän und elegant als die französische Art nouveau. Er bewegt sich eher zwischen sachlich-konstruktiv und volkstümlich-handwerklich und ist stärker vom Reformgedanken und den unterschiedlichen theoretischen Ansätzen der nach englischem Vorbild gegründeten verschiedenen Werkstätten und Vereinigungen geprägt. Wichtig wird in diesem Zusammenhang das Engagement von Mäzenen, Landesfürsten und Unternehmern, häufig mit Kontakten nach England, die die Wettbewerbsfähigkeit deutscher Produkte fördern wollen.

„Wir sind uns alle klar darüber, dass ein gesundes Volkshandwerk nur möglich ist aufgrund einfacher, ehrlicher, praktischer, unbedingt zweckmäßiger Formen ..."
Hermann Obrist, um 1898

Richard Riemerschmid (1868–1957) vertritt eine eher konstruktive Variante des Jugendstils. Er hat an der Akademie in München Malerei studiert. Unter dem Einfluss der englischen Arts-and-Crafts-Bewegung wendet er sich der Gestaltung zu und wird 1897 Gründungsmitglied der Vereinigten Werkstätten für Kunst im Handwerk. Ab 1903 arbeitet er mit den Dresdner Werkstätten zusammen und ist 1907 Mitbegründer des Werkbunds. 1912–24 wirkt er als Direktor der Kunstgewerbeschule in München, 1926–31 an der Werkschule in Köln.

Wie in vielen anderen Städten bildet sich in München 1892 eine Secession aus Protest gegen die offizielle Kunst der Akademie. Ihr Kopf ist Hermann Obrist, der zusammen mit Bernhard Pankok, Bruno Paul, August Endell, Richard Riemerschmid und Peter Behrens 1898 die Vereinigten Werkstätten für Kunst im Handwerk gründet. Diese verbinden sich 1907 mit den Dresdener Werkstätten zu den Deutschen Werkstätten für Handwerkskunst. In München hat der Jugendstil in der Druckgrafik und den Zeitschriften „Jugend" und „Simplicissimus" auch eine satirisch-politische Seite. Jugendstilkünstler zeichnen bissige Karikaturen und Plakate oder entwerfen, wie Endell, Fassaden, Dekorationen und Inneneinrichtungen für Kabaretts und Theater. Von ihm stammt die aufsehenerregende, wild bewegte Fassade für das Hof-Atelier Elvira. Endell ist neben Obrist Vertreter einer expressiven Richtung.

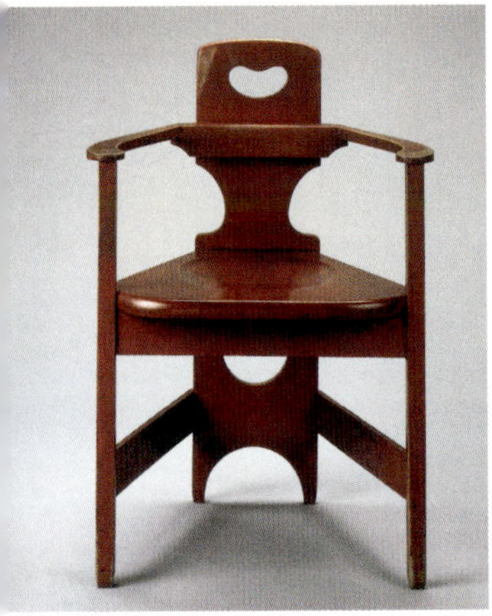

Richard Riemerschmid, Armlehnstuhl, Buche, Eisenbeize, 1900, Münchner Stadtmuseum

Wichtiger für den deutschen Jugendstil und die zukünftige Entwicklung ist jedoch Richard Riemerschmid. Er studiert von 1888 bis 1890 an der Akademie in München Malerei und ist zunächst ein Anhänger der Arts-and-Crafts-Bewegung. 1898 ist er Mitbegründer der Vereinigten Werkstätten für Kunst im Handwerk in München. Riemerschmid beschäftigt sich mit Entwürfen zur preiswerten Einrichtung von Arbeiterwohnungen, entfernt sich im Laufe der Zeit zunehmend vom künstlerisch-handwerklichen Jugendstil und wendet sich einer industrienahen sachlichen Gestaltung zu, denn seine Bestrebungen zu mehr Sachlichkeit und konstruktivem Denken lassen sich nicht mit dem pflanzlich ornamentalen Jugendstil vereinbaren; sie führen im weiteren Verlauf zu seiner Idee der „Maschinenmöbel", die sich aufgrund ihrer Form und Konstruktion für eine industrielle Produktion eignen sollten. Sein Beitrag zur Kunstgewerbe-Ausstellung in Dresden 1897 und sein 1899 vorgestellter Musikzimmerstuhl verschaffen seiner Auffassung von Gestaltung internatio-

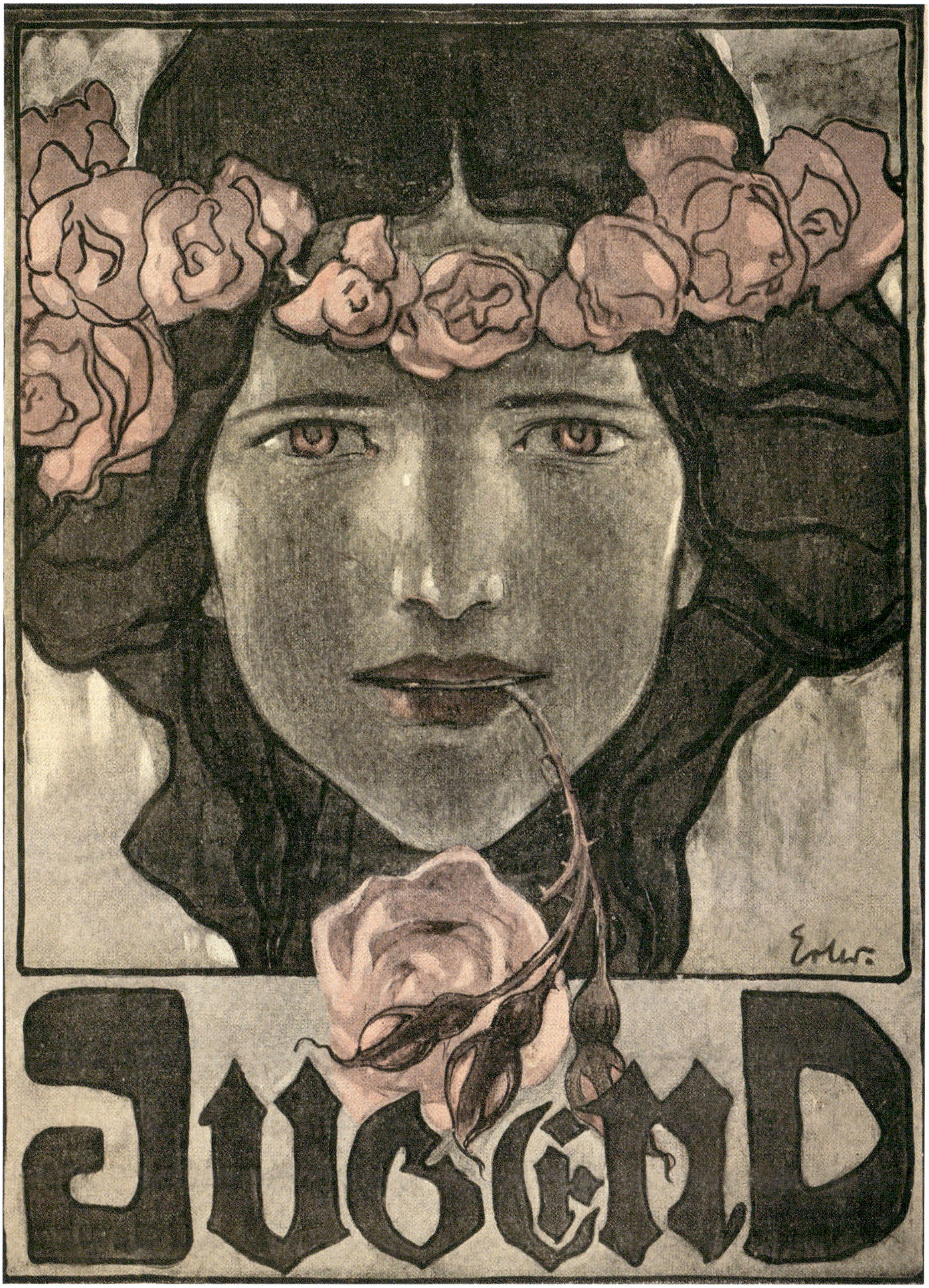
JUGEND

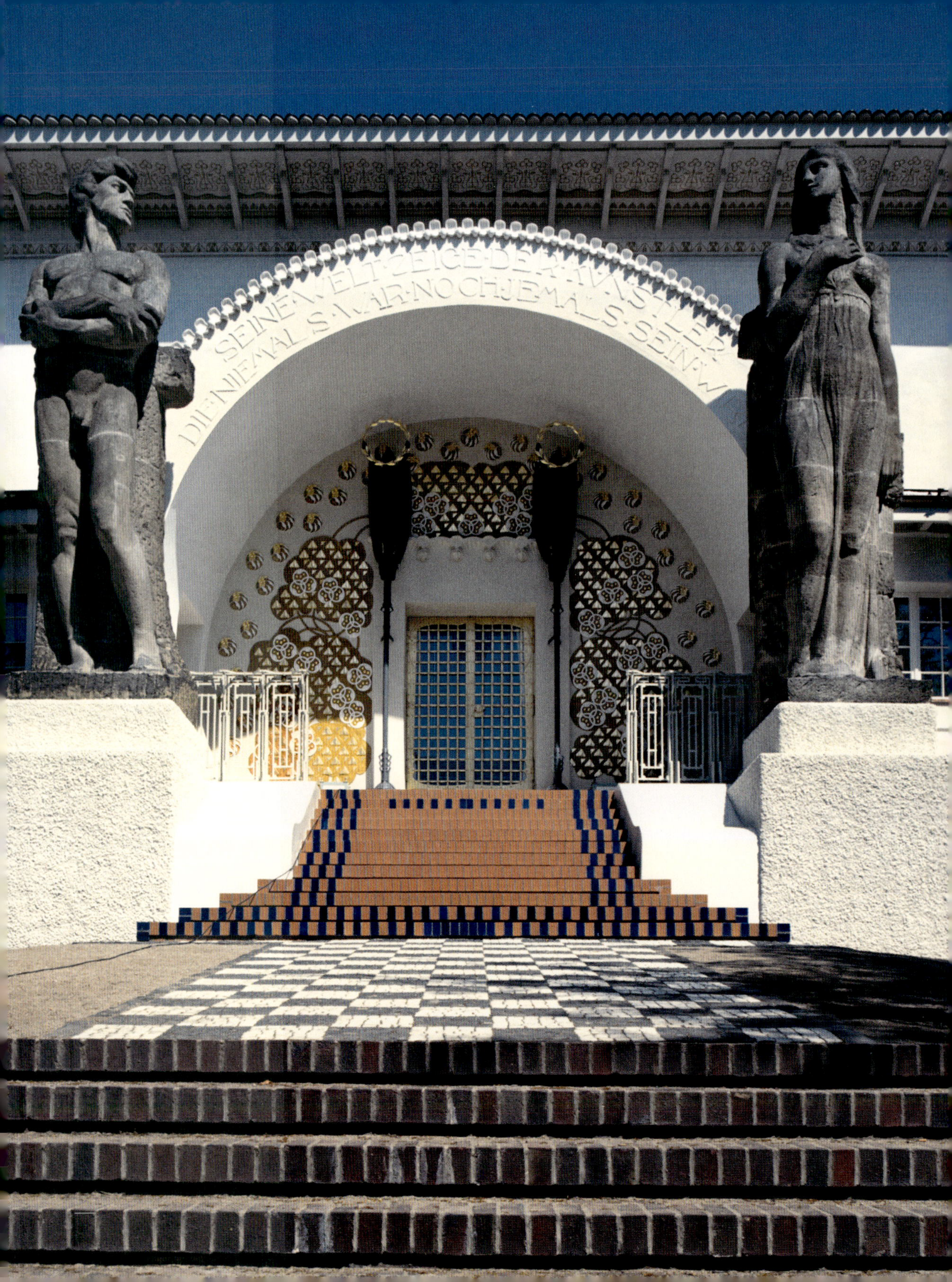
SEINE·WELT·ZEIGE·DER·KVNSTLER
DIE·NIEMALS·WAR·NOCH·JEMALS·SEIN·W

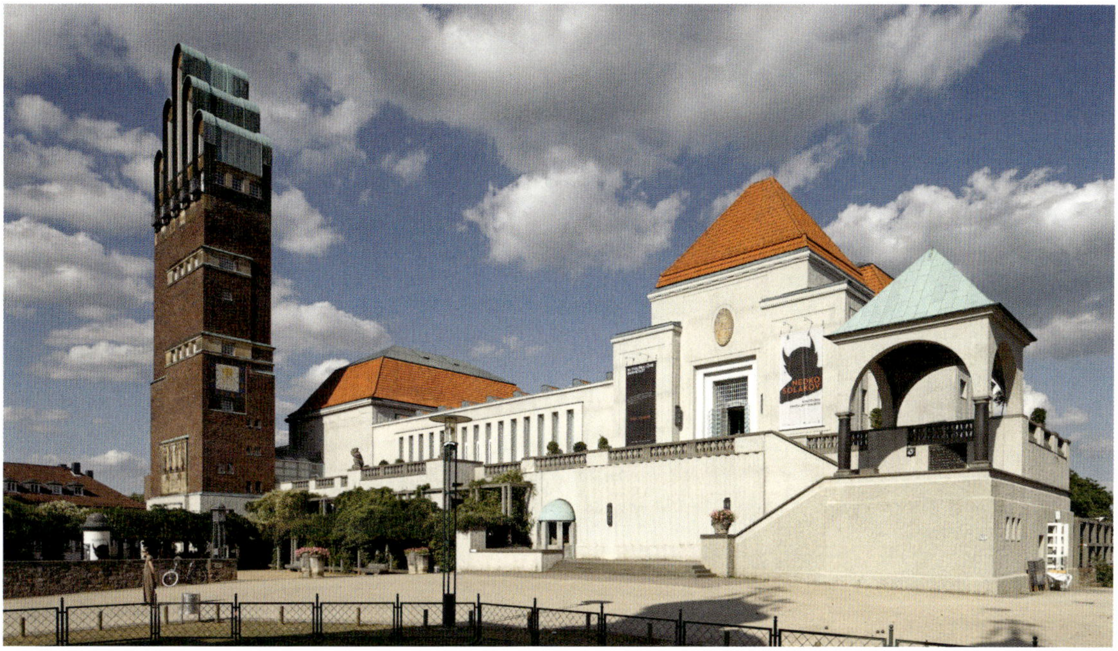

Joseph Maria Olbrich, Portal des Ernst-Ludwig-Hauses, 1900–01 (links) und Ausstellungsgebäude auf der Mathildenhöhe mit dem Hochzeitsturm, 1907–08 (oben)

nales Ansehen. Dieser Stuhl folgt einer konstruktionsbedingten Ästhetik und erscheint nahezu geometrisch-abstrakt. 1906 stellt Riemerschmid seinen ersten „Maschinenstuhl" vor, der aus seriell hergestellten und zusammengeschraubten Einzelteilen besteht. 1907 gehört er dann zu den Mitbegründern des Deutschen Werkbundes.

Nach dem kunstsinnigen München wird Darmstadt zum deutschen Jugendstilzentrum. 1899 lädt Großherzog Ernst Ludwig von Hessen den Mitbegründer der Wiener Secession, Joseph Maria Olbrich, und Peter Behrens, einen der Gründer der Münchener Werkstätten, nach Darmstadt ein. Sie sollen dort auf der Mathildenhöhe eine Künstlerkolonie aufbauen, um der hessischen Industrie und dem Kunsthandwerk reformerische Impulse zu geben. Der Architekt Olbrich schafft dort die gesamte Anlage mit Ateliers, Ausstellungshalle und Wohnhäusern, oft schwankend zwischen funktionalem Aufbau und spielerischer Dekorationslust. Behrens, ursprünglich Künstler, hatte sich schon in München der Architektur und der Gestaltung zugewandt und begreift, ähnlich wie van de Velde, das Haus als Gesamtkunstwerk. Er entwirft sein Haus vom Dach bis zum Essbesteck selbst und entwickelt eine wesentlich sachlichere Formensprache; andere werden es ihm später nachtun. Behrens, einer der vielseitigsten deutschen Jugendstil-Entwerfer, wird durch seine Tätigkeit in Darmstadt bekannt und wenige Jahre später zum ersten modernen deutschen Industriedesigner.

Joseph Maria Olbrich (1867–1908) studiert Architektur an der Wiener Akademie, bereist Nordafrika und Italien und arbeitet anschließend im Büro von Otto Wagner in Wien. Er wird Mitbegründer der Wiener Secession und beteiligt sich an der Zeitschrift »Ver Sacrum«. Von 1899–1907 baut und leitet er die Künstlerkolonie Mathildenhöhe in Darmstadt. 1907 begründet er mit anderen den Deutschen Werkbund. Neben seiner Arbeit als Architekt entwirft Olbrich Möbel, Stickereien, Gläser, Besteck (für WMF) und Keramik. Bedeutende Bauten: Secessionsgebäude in Wien, 1898; Häuser der Mathildenhöhe in Darmstadt (1900); Arbeiterhäuser für die Opel-Werke in Darmstadt (1907/08); Warenhaus Tietz in Düsseldorf (1906–08)

Weimar ist im Jahr 1901 nicht mehr der Musenhof der Goethe-Zeit und Großfürst Wilhelm Ernst kein kunstsinniger Schöngeist, sondern eher ein preußischer Machtmensch. Doch setzt sich der hier ansässige aufgeschlossene Kunstliebhaber und Diplomat Harry Graf Kessler für die Vertreter der modernen Kunst und Gestaltung ein. Er holt 1902 unter anderem aus wirtschaftlichem Interesse Henry van de Velde als künstlerischen Berater nach Weimar, der hier eine sachlichere Formensprache entwickelt. Sein Einfluss auf die Entwicklung der Gestaltung in Deutschland bekommt zunehmend Gewicht. 1906–14 ist er in Weimar Direktor der neu gegründeten Kunstgewerblichen Lehranstalt.

Spanien

Spricht man vom Jugendstil in Spanien, so ist damit der Modernisme gemeint und eigentlich nur ein Vertreter, der Architekt Antoni Gaudí aus Barcelona.

Gaudí schafft mit seinem Hauptwerk, der Kirche La Sagrada Familia, ein monumentales Beispiel für künstlerischen Individualismus und revolutionäre Formen, die aber mit dem Reformziel der modernen Architektur und Gestaltung wenig gemein haben. In der Architektur experimentiert er mit widerstandsfähigen und manchmal ungewöhnlichen Baustoffen wie Granit, Basalt und Porphyr. Er verwendet Spiegel, die Fotografie und ungewöhnliche geometrische Experimente zur Berechnung von Räumen, baut viele seiner Architekturelemente als Gipsmodelle vor, um ihre Wirkung direkt zu erspüren und bezieht sich auf gotische oder maurische Formen, die er wie ein Bildhauer modelliert und ins Expressionistische übersteigert. Die Bauten des streng katholischen Katalanen sind außerordentlich dynamisch, expressiv und stark farbig. Gaudí löst sich von alten Traditionen und Konventionen, beschäftigt sich mit neuen Verfahren und Konstruktionstechniken, allerdings nicht in Vorbereitung dessen, was gemeinhin als akzeptierter Begriff von Moderne gilt. Sachlichkeit ist nicht sein Ziel und er verwendet auch keinen Stahlbeton, sondern Holz, Eisen, Ziegel und Buntglas in verschwenderischer Fülle.

Antoni Gaudí (1852–1926) studiert Architektur und errichtet ab 1878 erste Bauten mit orientalischen Stilelementen. Er vertritt vehement die Idee der Einheit von Architektur und Inneneinrichtung und prägt den katalanischen Jugendstil, den sogenannten „Modernisme". Durch seine aufsehenerregende Bauweise erlangt er Berühmtheit. Seine Hauptwerke sind: Kirche La Sagrada Familia, Baubeginn 1884; Casa Mila, 1905–7; Casa Battló, 1906; das Palais und der Park Güell, 1886–89 und 1900–14; all diese Gebäude befinden sich in Barcelona und Umgebung.

Im Verhältnis zum Jugendstil muss man Gaudí ebenfalls als einen Sonderfall betrachten. Er orientiert sich wohl an Vorbildern aus der Natur und aus dem Mittelalter, allerdings nicht in einfacher Übernahme von floraler oder mittelalterlicher Ornamentik. Für ihn wird das Mittelalter zur Quelle einfacher Linien und die Natur gibt ihm kraftvolle organische Formen, die er aber so exaltiert und subjektiv interpretiert, dass seine Möbel, Treppengeländer, Schornsteine oder Fenstergitter nahezu surrealistisch anmuten. Gaudí wird zur Symbolfigur der Erneuerung, künstlerischer Freiheit und geistiger Offenheit an sich. Das ist seine Bedeutung für die Gestaltung in Spanien um die Wende zum 20. Jahrhundert, als Vertreter einer „Protomoderne" kann man ihn jedoch nur bedingt in Anspruch nehmen.

Antoni Gaudí, Casa Batlló, Barcelona, Spanien, 1904–06. Der Industrielle Josep Batlló i Casanovas beauftragte Gaudí mit dem Umbau seines Hauses im Stil des Modernisme. Der Architekt setzte die Legende des Heiligen Georg, Schutzpatron Kataloniens, in der mit bunten Keramiken farbenfroh gestalteten Fassade um.

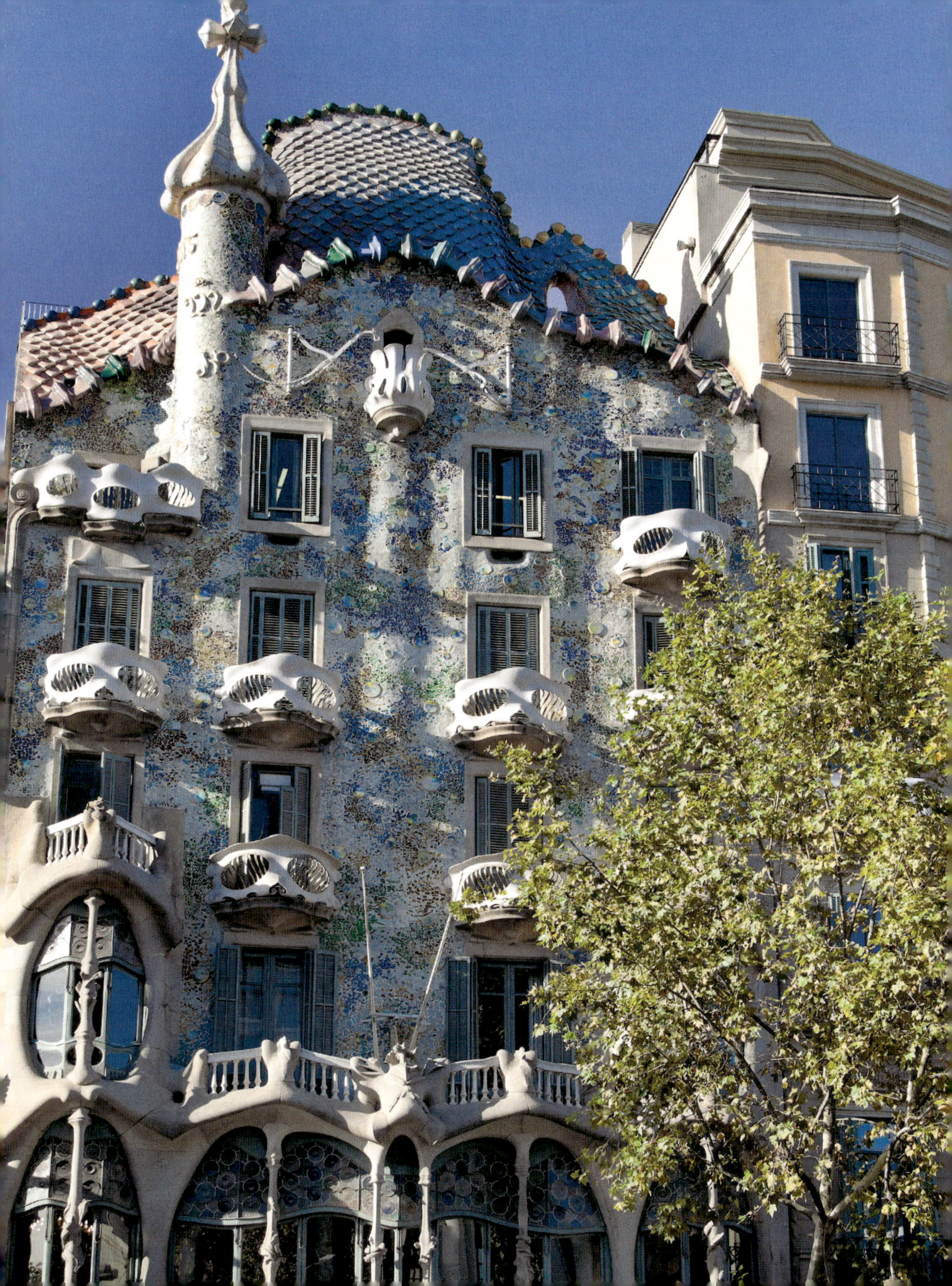

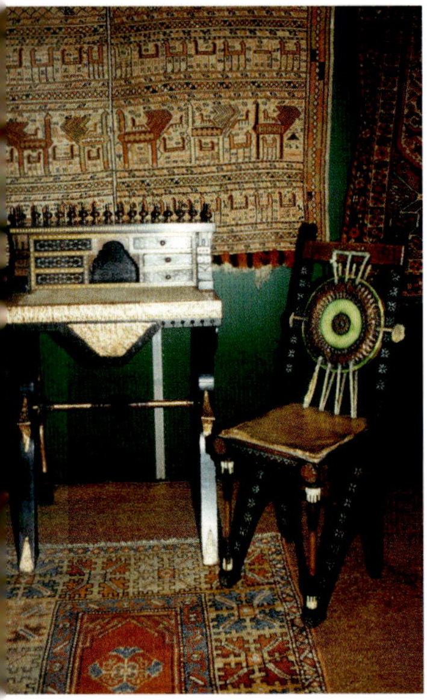

Carlo Bugatti, Schreibpult und Schreibtischstuhl, 1888–1904, Obst- und Ebenholz
Historismus für zahlungskräftige Käufer: In seinen handgefertigten Möbelstücken führt Bugatti Stilelemente aus verschiedenen Kulturen und Epochen zusammen und arbeitete für seine Oberflächen und Intarsien mit seltenen Materialien wie Elfenbein, Zinn, Pergament, Kupfer oder Silber.

Italien

Italien erlebt die Industrialisierung später als die anderen jungen Industrienationen Europas erst gegen Ende des 19. Jahrhunderts. Lange Zeit war das Land unter der Herrschaft verschiedener Mächte, wie Österreich und Frankreich. Zwar vollzieht es 1871 endgültig die Einheit zum Nationalstaat, doch sind seine Strukturen noch lange regional und ländlich geprägt. In den 1870er Jahren leben noch mehr als 60% der Bevölkerung auf dem Land und selbst die Menschen in den Städten, die als Handwerker oder Händler arbeiten, bewirtschaften zur Lebenssicherung in der Regel noch ein kleines Stück Land vor der Stadt. Die Industrien, für die Italien nach dem Zweiten Weltkrieg vor allem wegen des Designs berühmt wird, Glas, Keramik, Möbel, Textilien, haben ihre Wurzeln bis heute im Handwerk und in der langen künstlerischen Tradition des Landes. Demzufolge sind sie bis weit ins 20. Jahrhundert hinein geprägt durch regionale Traditionen, familiäre Strukturen und künstlerische Individualität, die die frühe Industrieproduktion beeinflusst. Dennoch bleiben auch in Italien die Kunden aus dem aufstrebenden Bürgertum noch den üppigen historistischen Formen verhaftet oder orientieren sich, ebenso wie anderswo, an der englischen Wohnkultur oder dem französischen Art nouveau. Kunsttischler wie Carlo Zen, Giovanni Buffa oder Carlo Bugatti liefern dem zahlungskräftigen Publikum exquisite handgefertigte Möbel. Einzelne, wie eben Bugatti, lassen sich darüber hinaus von internationalen Entwicklungen inspirieren oder von den Einflüssen, die aus Italiens afrikanischen Kolonien ins Mutterland kommen. Gerade Bugatti, der ebenfalls häufig als Sonderfall des Jugendstils eingestuft wird, bietet extreme Beispiele für künstlerische Extravaganz. Er entwirft Möbel in verblüffenden Formen, verziert mit Ornamenten aus orientalischen Versatzstücken und asiatischen Schriftzeichen, die er in aufwendigen Materialien wie Kupfer, Elfenbein oder Pergament ausarbeitet. Auch bei diesen Stücken handelt es sich um Einzelanfertigungen für finanzkräftige Auftraggeber.

USA

Die amerikanische Ausprägung des Jugendstils ist eigentlich nur schwer in einen Zusammenhang mit der Entwicklung in Europa zu stellen. Denn Amerika an sich ist jung, unvoreingenommen und hat es leichter, sich von möglicherweise noch aus Europa übernommenen Konventionen zu befreien. Dafür wird es von vielen Europäern beneidet. Schon der deutsche Dichter Johann Wolfgang von Goethe huldigt dieser historischen Unbeschwertheit: „Amerika, Du hast es besser / als unser Kontinent, das alte. / Hast keine verfallenen Schlösser / und keine Basalte. / Dich stört nicht im Innern, / Zu lebendiger Zeit, / Unnützes Erinnern / Und vergeblicher Streit.“ Der Pioniergeist, der statt formalästhetischer Diskussionen eher Pragmatismus und primär nützliche Produkte hervorbringt, wird in Europa bereits vor dem Aufblühen des Jugendstils bewundert. Die Weltausstellungen, die seit 1851 stattfinden, machen diese Entwicklung sichtbar. Die

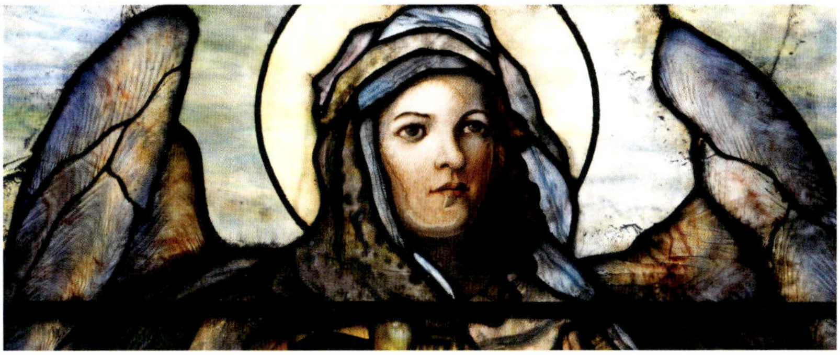

Louis Comfort Tiffany, Detail aus dem Bleiglasfenster „The Word" in der American Church in Paris, Frankreich, um 1901
Das Fensterpaar „The Word" und „Contemplation" wurde in den Tiffany-Werkstätten in New York gefertigt, 1901 am ursprünglichen Pariser Standort der Kirche eingesetzt und befindet sich heute in dem Kirchengebäude am Quai d'Orsay.

Weltausstellung 1893 in Chicago wird nicht nur für die US-amerikanische Industrieproduktion, sondern auch für das dortige Kunsthandwerk und in ästhetischer Hinsicht zu einem Erfolgserlebnis. Wilhelm von Bode, Direktor der Berliner Gemäldegalerie, der sie damals besucht, stellt bewundernd fest: „Die amerikanische Kunst hat alle Vorzüge der Jugend" – und das noch bevor in Europa der Begriff des Jugendstils benutzt wird. Und Julius Lessing, Direktor des Berliner Kunstgewerbemuseums, der ebenfalls nach Chicago gereist war, formuliert das 1895 im „Deutschen Kunstgewerbeblatt" so: „Das junge Volk, das voraussetzungslos schafft, hat den Vorsprung." Es sind besonders die Vasen, Glasfenster und Leuchten von Louis Comfort Tiffany, die Aufsehen erregen.

Der 1848 in New York geborene Tiffany reist seit 1865 ausgiebig durch Europa. Auch er hat ein enges Verhältnis zur Natur, beginnt zunächst als Landschaftsmaler und schließt sich der Hudson River School of Painters an. Tiffany ist ebenfalls von der Arts-and-Crafts-Bewegung beeinflusst und sieht eine Notwendigkeit zur Erneuerung der Künste, hält aber im Unterschied zu William Morris die Rückbesinnung auf das mittelalterliche Handwerk für ungeeignet, um den Anforderungen des Industriezeitalters gerecht zu werden. Zusammen mit anderen Künstlern und Kunsthandwerkern gründet er 1879 seine erste Firma, die Louis C. Tiffany & Associates Artists, die Innenausstattungen für Theater und Privathäuser wohlhabender New Yorker anfertigt. Er beschäftigt sich bald mit den Gestaltungsmöglichkeiten von Glas bei Fenstern, Vasen, Fliesen und Leuchten und meldet bereits 1880 seine ersten drei Patente an. Es sind technische Innovationen, die ästhetische Effekte ermöglichen, um die Farbgebung des Glases noch brillanter und intensiver zu machen. Auf diese Weise gelingt das, was Tiffanys Arbeiten charakteristisch und berühmt macht. Er nutzt die materiellen Eigenschaften des Glases, Färbungen, Streifen, Strukturen als dekorative Elemente. Es sind die einzigen Ornamente, die später von den Vertretern der Wiener Moderne akzeptiert werden. In Amerika wird Tiffany schnell bekannt. Mit dem Erfolg erhält er zahlreiche hochkarätige Gestaltungsaufträge bis hin zum Wohnhaus von Mark Twain, zu Räumen im Metropolitan Museum of Art und zum Weißen Haus in Washington. Nach Europa bringt ihn der Pariser Kunsthändler Siegfried Bing. Tiffany wird darüber hinaus von vielen Muse-

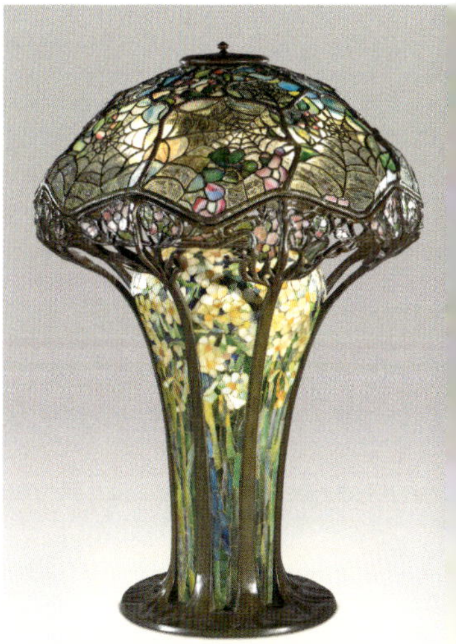

Louis Comfort Tiffany/Clara Driscoll, Lampenschirm Cobweb (Spinnennetz) auf Mosaiklampenfuß Narcissus, Durchmesser 50,8 cm, um 1900
Mit ihren verspielten pflanzlichen Motiven stehen Tiffany-Lampen synonym für den Jugendstil. In den Werkstätten von Louis Comfort Tiffany wählte eine Gruppe von Designerinnen unter Leitung von Clara Driscoll die Gläser für die jeweiligen Motive aus, stimmte sie farblich ab und war für den Zuschnitt verantwortlich.

umsdirektoren in Berlin, Paris, Hamburg, Wien und anderen Metropolen geschätzt, doch als er langsam beginnt sich durchzusetzen, nimmt der Jugendstil, der ohnehin nur eine relativ kurze Lebensdauer hat, eine Wendung ins eher geometrische und wird bald von einem sachlicheren Stil abgelöst, der ausgehend von Glasgow und Wien die florale Ornamentik schnell verdrängt. Tiffany fällt gewissermaßen in die Lücke zwischen dem Jugendstil und der frühen Moderne. Seine Naturinspiration wird als nicht originär neu angesehen, weil sie von der Arts-and-Crafts-Bewegung früher und vom Jugendstil plakativer formuliert wird, und seine Verdienste um technische Innovationen werden zu wenig wahrgenommen, weil sie nicht durch ihren formalen Ausdruck repräsentiert werden.

Ist das schon modern? – Der Jugendstil und wie man ihn bewerten kann

Die internationalen Reformbewegungen führen aus heutiger Sicht nicht konsequent in die Moderne, sondern eher auf Umwegen. Insbesondere den Jugendstil muss man im Hinblick auf das Design von Industrieprodukten als ambivalent, wenn nicht sogar als gescheitert ansehen. Denn der berechtigte Aufstand gegen den Historismus und die schlechte industrielle Massenware führt in vielerlei Hinsicht rückwärts und verzögert sogar die Entwicklung des modernen Industriedesigns. Doch obwohl der Jugendstil neue dynamische Ornamente und in der Architektur ein verändertes Raumgefühl schafft, obwohl er im Design einen bewussteren Umgang mit dem Material und einfachere, konstruktionsgerechtere Formen sucht, ist er gleichermaßen ein Schritt zurück in die Vergangenheit. Die meisten der Jugendstil-Entwerfer verstehen sich als Künstler. Ihr oft zitierter Anspruch an die Gestaltung des Hauses als Gesamtkunstwerk ist allein schon nicht vereinbar mit einer industriellen Serienfertigung. Sie lehnen die industrielle Massenproduktion ab, suchen eine Lösung in der Reformierung des Kunsthandwerks, gründen Künstlergilden nach mittelalterlichem Vorbild und betreiben einen elitären Kult um die Ästhetik. Die Künstler des Jugendstils blasen also zwar zum Sturm auf die alten Akademien und ersetzten historisierende Muster durch pflanzliche, aber viele von ihnen treiben diesen Stil ebenso auf die Spitze wie zuvor die Vertreter des Historismus. Auf diese Weise wird lediglich eine Ornamentik gegen eine andere ausgetauscht. Die Entwürfe, die sie liefern, sind expressiv und künstlerisch übersteigert, meist handwerklich hergestellt und nur für einen begüterten Kreis des Großbürgertums erschwinglich. Und selbst wenn sich viele Vertreter des Jugendstils, Mitglieder von Werkstätten, Secessionen und Künstlergilden, häufig auf ihr Vorbild William Morris berufen, so blenden sie dabei seine umwelt- und sozialpolitischen Ansätze aus. Der Designhistoriker Gert Selle stellt dazu fest: „Die Sozialutopie der erfüllten Arbeit und des kultivierten Genusses für alle, wie sie ursprünglich in der Lehre von Morris kulminiert, schrumpft in der Stilkunsttheorie und -praxis auf das Ziel einer Veredelung der Produktkultur für Kenner und Privilegierte." (Selle, 1994, S.107) Und betrachtet man das Verhältnis der Jugendstilkünstler im Hinblick auf die Funktion des Gegenstands, das Material und die Herstellungsweise (handwerklich oder industriell), so ist deren Haltung nicht selten indifferent oder durch Ästhetizismen geprägt.

Andererseits bringen aber die vehemente Ablehnung der alten Formen, der überkommenen Akademien und der Kunstpolitik sowie ein mutiges Experimentieren mit neuen Materialien und Produktionsverfahren eine allgemeine Dynamik in die Entwicklung von Architektur und Gestaltung, die indirekt einiges zur geistigen Vorbereitung der Moderne beiträgt und dabei durchaus politisch ist. Die Zentren des Jugendstils sind nicht die großen Metropolen, nicht die Hauptstädte, sondern eher die Städte in der Provinz. Der Jugendstilexperte Klaus-Jürgen Sembach zieht eine interessante Verbindung zwischen künstlerischer und politischer Revolte: „Wenn in Deutschland München, Darmstadt und Weimar zusammen mit Dresden oder Hagen künstlerisch viel wagemutiger waren als Berlin, dann nicht aufgrund treuer Gefolgschaft, sondern in bewusster Konfrontation zur offiziellen Kunstpolitik des Kaisers, also im Aufstand. Wenn sich in Brüssel eine Entwicklung fortsetzte, die zwar Jahrzehnte vorher in Paris begonnen hatte, aber dort nun schwach und unverbindlich geworden war, dann ergab sich damit für die belgische Metropole die Chance, endlich aus dem Schatten der großen Nachbarin herauszutreten. [...] Der eklatanteste Fall war jedoch die Kongruenz von politischer wie künstlerischer Revolte in Barcelona, wo sich in der Person und im Werk Antoni Gaudís das eine wie das andere manifestieren konnte. Der individuelle Anspruch Kataloniens, sich vom übrigen Spanien absetzen zu wollen, hatte damals schon eine Jahrhunderte alte Tradition, äußerte sich um 1900 jedoch verstärkt. Von Barcelona ausgehend, lässt sich deshalb am leichtesten die These vortragen, dass gegen Ende des neunzehnten Jahrhunderts die Revolte der Minderheiten nicht nur eine solche avantgardistischer Künstler war, sondern in auffälliger Deckung damit auch eine der kulturell und politisch bedrängten Provinzen." (Sembach, 1993, S. 36)

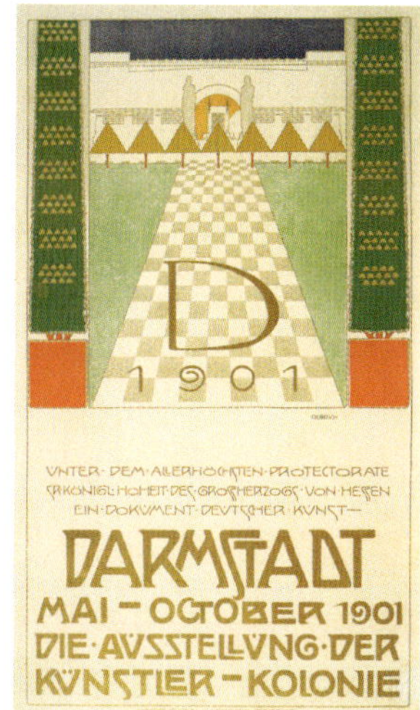

Joseph Maria Olbrich, Plakat für die Künstlerkolonie Darmstadt, 1901

Diese These wird umso interessanter, wenn man bedenkt, dass die jeweiligen Landesherren und erst recht die finanzstarken industriellen Förderer die reformerischen Bestrebungen unterstützten, nicht um selbstlos die Künste zu fördern, sondern vor allem, um die wirtschaftliche und damit die politische Kraft ihrer Länder zu stärken und sich einen Wettbewerbsvorteil zu verschaffen. Kunstgewerbeschulen mit international berühmten Direktoren und Lehrern werden zum Standortvorteil, ebenso wie Künstlerkolonien und Gartenstädte für das sich aus der wachsenden Industrie und der Verwaltung rekrutierende Besitz- und Bildungsbürgertum. Dabei nimmt man durchaus in Kauf, dass Reformansätze zu Stilelementen werden, die mit der Zeit zur reinen Konsummode verkommen, wenn sie nur den Absatz fördern. Ein Mechanismus, der im Übrigen in der Designgeschichte immer wieder auftauchen und bis heute wechselweise als ungeliebte Begleiterscheinung wie auch als ökonomische Strategie angesehen wird.

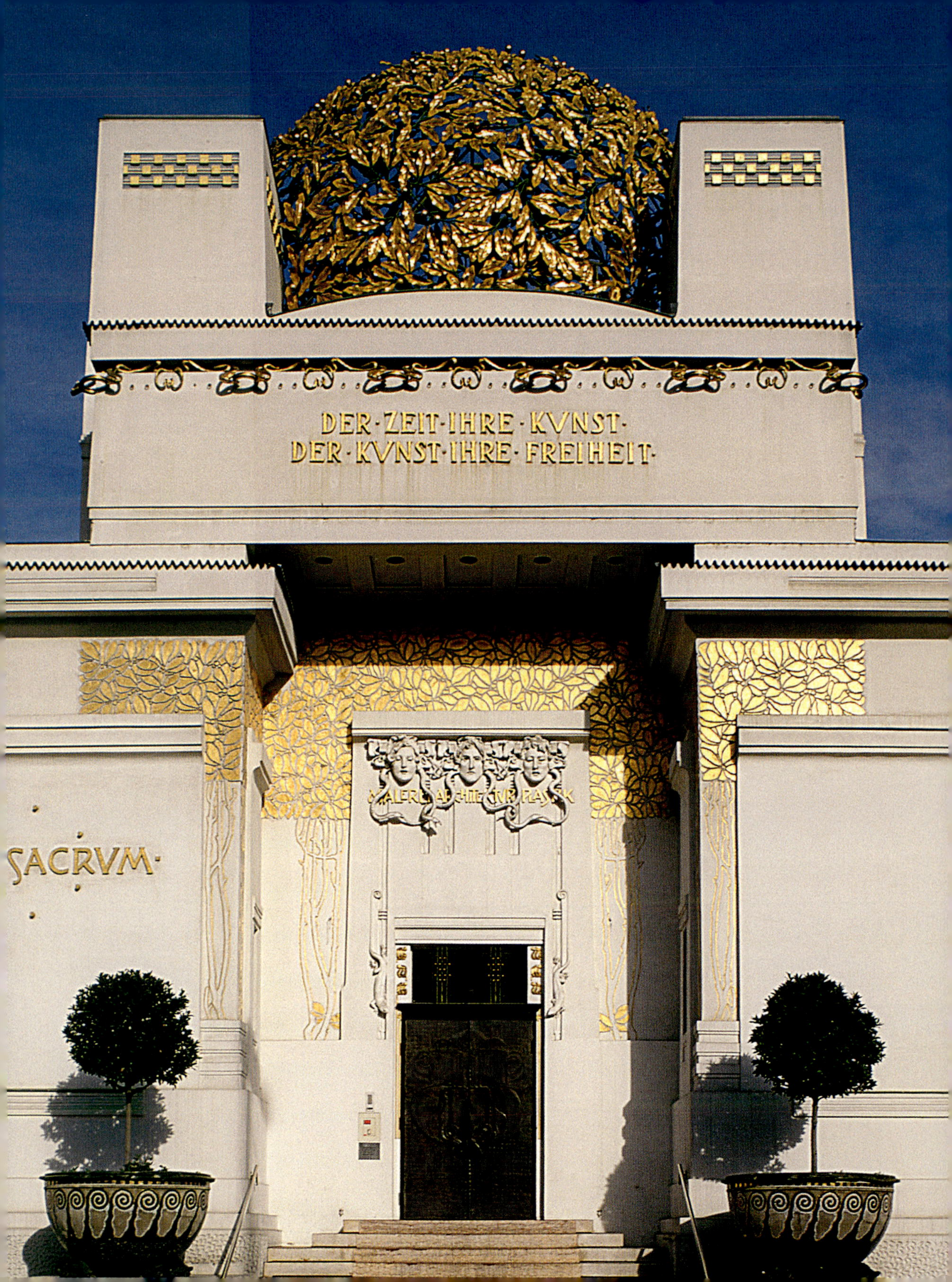
DER·ZEIT·IHRE·KVNST·
DER·KVNST·IHRE·FREIHEIT·
SACRVM·

DER WEG IN DIE MODERNE

Frühes Industriedesign, Form und Funktion

Der Jugendstil ist auf der einen Seite rückwärtsgewandt, handwerklich extravagant und luxuriös, auf der anderen aber auch von revolutionärem Reformwillen, der die Probleme der Industrialisierung durchaus sieht, nur mit der Flucht „zurück zur Natur" noch nicht wirklich bewältigen kann. Außerdem ist er, selbst wenn dies oft so scheint, kein einheitlicher Stil. Neben üppigen floralen Mustern und luxuriösen Materialien gibt es ebenso sachlich-geometrische Formen in schlichter handwerklicher Ausführung.

„Es gilt, Verzicht auf die Kopie handwerklicher Arbeit, historischer Stilformen und anderer Materialien zu leisten." *Peter Behrens, 1907*

Es sind einzelne Architekten und Gestalter, die durch ihre individuellen Formen, ihre Methoden, ihre theoretischen Überlegungen zur Funktion von Gegenständen oder ihre Haltung gegenüber der Industrie zu Pionieren der Gestaltung werden. Vertreter des Jugendstils finden, wie Henry van de Velde, im Lauf der Zeit zu einer sachlichen Formensprache oder wenden sich, wie Peter Behrens, ganz den Aufgaben in der Industrie zu. In den Reformbewegungen und Institutionen kommt es nun zu heftigen Diskussionen nicht nur über den Einsatz von Ornamenten, sondern vor allem über die Rolle des Künstlers und die Haltung gegenüber der industriellen Serienfertigung, die man nicht länger ignorieren kann, so etwa im 1907 gegründeten Deutschen Werkbund. Im Übrigen hat es schon früh einzelne Produzenten und Entwerfer gegeben, die nicht nur die reduzierte Form eines Produktes als Zeichen für den Geist der industriellen Epoche einsetzen, sondern die sich unabhängig von moralischen, stilistischen und theoretischen Diskussionen aus ganz pragmatischen Erwägungen dem Entwurf von Industrieprodukten widmen und in einfacheren Formen einen Weg sehen, Produkte rationeller maschinell herstellbar zu machen, beispielsweise Michael Thonet.

Joseph Maria Olbrich, Ausstellungsgebäude der Wiener Künstlergruppe Secession, Wien, Österreich, 1897/98

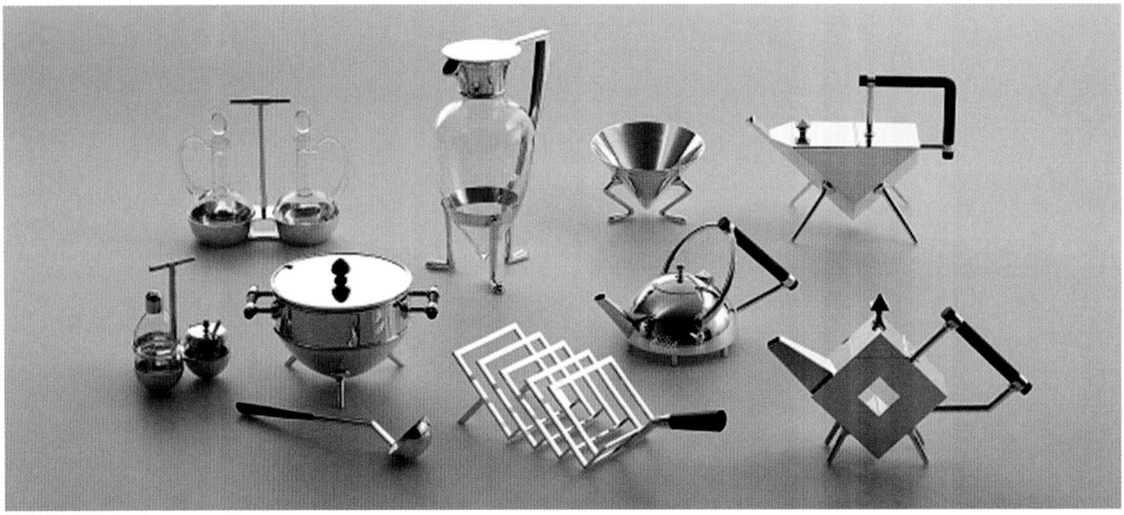

Haushaltsgegenstände von Christopher Dresser, um 1880 Die geometrischen Formen seiner Teekannen und anderen Gefäße scheinen die Formsprache der Moderne schon vorwegzunehmen. Neuauflage der Firma Alessi

Christopher Dresser – frühes Industriedesign in England

In England ist es Christopher Dresser, der ab 1850 maschinengerechte Formen für Produkte entwickelt und als erster Industriedesigner Englands gilt. 1834 in Glasgow geboren, studiert er 1847–54 in London. Als Botaniker veröffentlicht er einige bekannte Bücher und ist stark von der Natur inspiriert. Anfangs ist er von Morris und der Arts-and-Crafts-Bewegung beeindruckt, aber im Unterschied zu Morris wie auch zum Jugendstil bejaht er die industrielle Serienfertigung ausdrücklich und wendet sich einfachen reduzierten Formen zu. Aus seinen Beobachtungen folgert er, dass es in der Natur nichts Überflüssiges gibt und jede Konstruktion ihren Zweck hat. Ebenso wichtig ist Dresser diese Zweckorientierung bei der Gestaltung von Gebrauchsgegenständen. Ähnlich wie Gottfried Semper, von dem er viel gelesen hat, fragt er nach dem Zusammenhang von Funktion und Form.

Die Grundlage seiner Gestaltung beruht auf einer starken Abstraktion von Elementen der Natur. Das wird deutlich, wenn man seine ungleich stärker abstrahierten Stoffmuster mit denen von Morris vergleicht. Strukturell macht es sich in seinem Umgang mit modernen Werkstoffen bemerkbar, etwa wenn er Möbel aus Gusseisen entwirft oder mit innovativen chemisch-technischen Verfahren der Oberflächenveredelung experimentiert. Er sieht sich nicht als Künstler oder Handwerker, sondern als Wissenschaftler, der für die Industrie arbeitet. Funktionalität und Produktionskosten sind seine Parameter.

Dresser arbeitet für die unterschiedlichsten Unternehmen und Branchen. Seine Arbeiten umfassen Entwürfe für Möbel, Metallwaren, Glas, Keramik, Tapeten, Stoffe und Grafik. Dabei ist er unter anderem inspiriert von der japanischen Kunst und Kultur, die er in den 1860er Jahren zum ersten Mal sieht und in den 70er Jahren durch wiederholte Besuche in Japan kennenlernt. Bei seinen zahlreichen Metallarbeiten führt dieser Einfluss in Kombination mit seinem sehr rationalen, geradezu wissenschaftlich-analytischen Vorgehen zu strengen geometrischen Formen, die die Formensprache der 20er und 30er Jahre des folgenden Jahrhunderts vorweg zu nehmen scheinen. Manche der von ihm entworfenen Produkte sind, zum Teil als Re-Editionen, bis heute in Produktion.

Charles Rennie Mackintosh und die Glasgow School of Art

Neue, sachliche Formen entstehen bereits zur Blütezeit der Arts-and-Crafts-Bewegung und in den Zentren des Jugendstils, aber auch in der schottischen Hafenstadt Glasgow. Hier entwickelt in den 1890er Jahren eine Gruppe von Architekten und Künstlern an der Glasgow School of Art einen Stil, der unter Einfluss japanischer Ästhetik sparsam mit Ornamenten umgeht und neben einigen Pastelltönen Schwarz und Weiß bevorzugt, eine Tendenz, die für die Moderne bezeichnend wird. Hauptfigur dieser Gruppe ist Charles Rennie Mackintosh, dessen geometrische Formen, flächige, brettartige Konstruktionen mit grazilen Waagerechten und Senkrechten, richtungweisend für die Wegbereiter der Moderne in Deutschland und Österreich werden.

Charles Rennie Mackintosh (1868–1928) gehört neben J. Herbert MacNair sowie Margaret und Frances Macdonald zu den wichtigen Impulsgeber für das moderne Design. Er studiert an der Glasgow School of Art und ist durch die englische Gotik sowie die fernöstliche Ästhetik beeinflusst. Mackintosh entwirft Architektur, Möbel, Stoffe u. a. Auf der 8. Secessionsausstellung erregt er viel Aufsehen und beeinflusst die Wiener Werkstätte, Hermann Muthesius sowie den Deutschen Werkbund. Ab 1923 wendet er sich ganz der Malerei zu. Seine Möbel gelten heute als Klassiker der Moderne und werden von der Firma Cassina in Re-Edition nachgebaut. Wichtige Bauten: Gebäude der Glasgow School of Art, 1897–1909; Hill House, Helensburgh, 1903; Windy Hill, Kilmacolm, 1900

Mackintosh studiert Architektur in Glasgow, einer Stadt, die zu der Zeit eher am Rande des Geschehens liegt. Die Hafenstadt ist nicht London, Paris oder Berlin, aber immerhin Schottlands größte Industriestadt, mit Kohle, Stahl und Schwerindustrie, vor allem Schiffbau. Architektonisch ist das Zentrum von Glasgow geprägt durch die Verwaltungsgebäude der großen Reedereien. Anders als in England, wo Morris im Reflex auf die Industrialisierung ein Zurück zur Natur und zum mittelalterlichen englischen Handwerk fordert, hat Schottland schon traditionell immer eine größere Nähe zu den Entwicklungen auf dem Kontinent und als Hafenstadt auch zu Amerika und Fernost. Diese Einflüsse werden bestimmend für das Werk von Mackintosh.

Mit seinen Kommilitonen Herbert McNair, seiner Frau Margaret MacDonald und deren Schwester Frances MacDonald kann er mit Billigung und Unterstützung des Direktors der Glasgow School of Art, Francis Newberry, eigene Projekte und Aufträge verfolgen. Die vier Studenten, genannt „The Four", gestalten Plakate, Möbel, Gebrauchsgegenstände und anderes. Anfang der 1890er Jahre reist Mackintosh durch Europa und lernt die mittelalterliche Architektur kennen. Anders als Morris, dem es um authentische Erhaltung geht, lässt sich Mackintosh, ähnlich wie Gaudí, durch die einfache kraftvolle Linienführung mittelalterlicher Bauten und Möbel zu einer eigenen Formensprache inspirieren, die sich vom Vorbild unabhängig macht und lediglich die Stärke des Ausdrucks übernimmt. Ab 1893 arbeitet Mackintosh für das Architekturbüro Honeyman & Keppie,

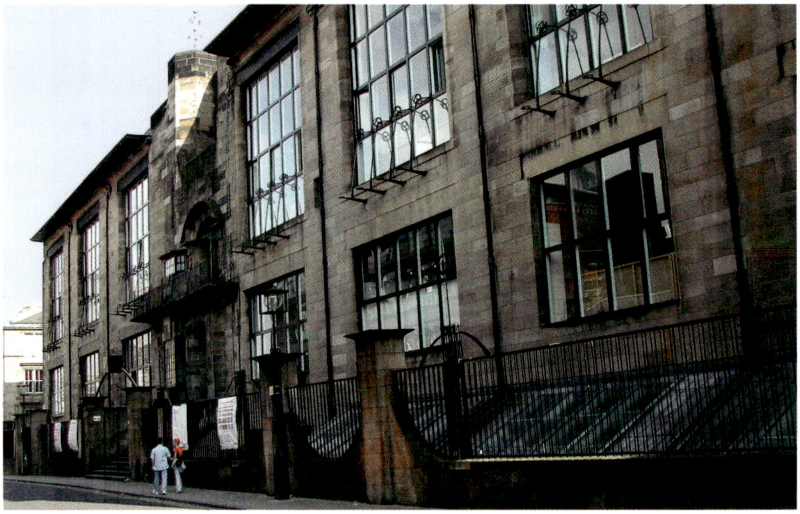

Charles Rennie Macintosh, Glasgow School of Art, Glasgow, Schottland, 1907–09. Die sachliche kastenförmige Bauweise wurde wegweisend für die kommende funktionale Auffassung von Architektur und Design.

die 1896 den Auftrag zum Entwurf des Gebäudes der Glasgow School of Art bekommen. Dieses Gebäude, vollendet 1909, wird zu seinem bekanntesten und wichtigsten Werk. Es zeigt vor allem eine Architekturauffassung, die nicht nur den Historismus überwindet, sondern auch den Jugendstil hinter sich lässt und formale Merkmale schafft, die später als Elemente einer Vormoderne interpretiert werden. Nikolaus Pevsner, einer der Väter der Designgeschichte, nennt Mackintosh 1936 „...den europäischen Gegenspieler von Frank Lloyd Wright und einen der wenigen echten Vorläufer des genialsten Raumjongleurs: Le Corbusier." (Pevsner, 1997) Die wuchtigen Fassaden der Schule mit kraftvollen Vertikalen lassen zwar einerseits Mackintoshs Erfahrung der mittelalterlichen Baukunst erkennen, andererseits verzichtet er bewusst auf die Symmetrie der Fassade, wenn es ihm etwa bei der Platzierung von Fenstern darauf ankommt, dort Licht einzulassen, wo es funktional notwendig ist. Selbst repräsentative Eingangsbereiche gestaltet er asymmetrisch, wenn es die funktionale Anordnung der Räume innen erfordert.

Die ebenfalls von Mackintosh entworfene Möblierung der Kunstschule ist für jene Zeit genauso neuartig wie die Architektur. Am bekanntesten wird die Bibliothek der Glasgow School of Art. Sie erstreckt sich über zwei Etagen mit hohen Fenstern, die viel Licht einlassen. Die Möblierung folgt ebenfalls einem Verständnis von Raumnutzung. In einer Zeit, als Bibliotheken meist dunkel und mit massiven schweren Lesetischen eingerichtet sind, schafft er mit eher schlichten und funktionalen als repräsentativen Möbeln eine vergleichsweise sachliche Formensprache, die auf geometrischen Grundformen beruht.

Charles Rennie Macintosh, Hill House, Schlafzimmereinrichtung, Helensburgh, Dunbartonshire, Schottland, 1902–04
Hill House gilt als bedeutendstes Wohngebäude von Macintosh. Im Schlafzimmer hatte er seinem Stuhl Hill House 1, dessen strenge Geometrie die Form der Ladderback Chairs der Shaker aufgreift, einen unverrückbaren, weil rein dekorativen Platz zugewiesen.

Seine sachlich-geometrische und mit asiatischen Einflüssen kombinierte Auffassung bei der Gestaltung von Möbeln, die später zum Vorbild für die Secession in Wien wird, spiegelt sich in dem Mobiliar, mit dem er die Tea Rooms in Glasgow ausstattet. Diese neue Gestaltungsaufgabe entsteht in der Hafen-

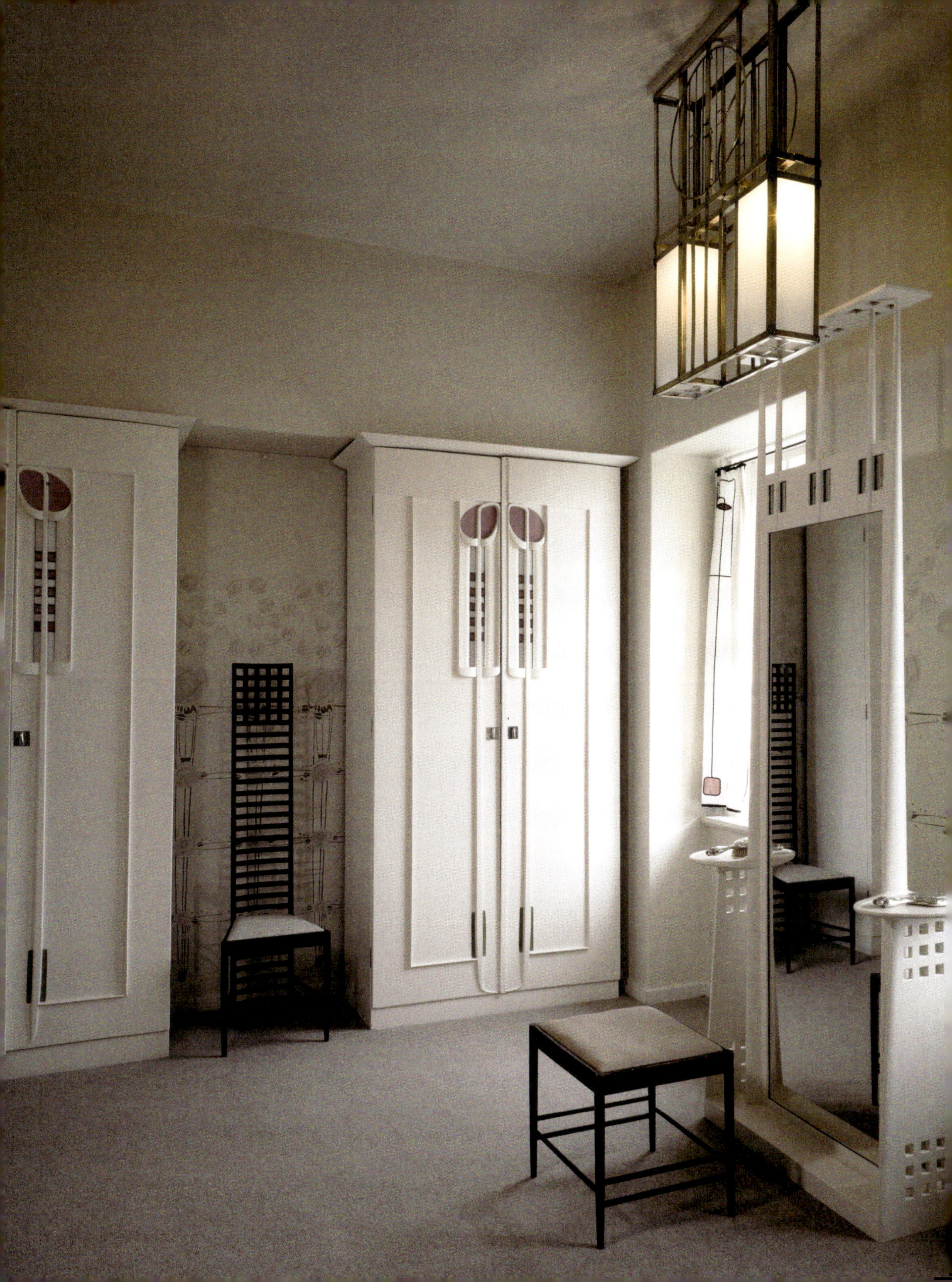

stadt, als eine gewisse Catherine Cranston und ihr Mann, ein Tee-Importeur, beschließen, sogenannte „Tea Rooms“ zu gründen, um einerseits den Verkauf zu fördern und andererseits in den wachsenden Einkaufsvierteln der aufstrebenden Stadt eine attraktive Alternative zu den dunklen Bars und Kneipen zu bieten. Das Ambiente der Tea Rooms soll hell, freundlich und durchaus für eine weibliche Kundschaft gestaltet sein. Diese Geschäftsidee kommt an, und man beschließt, bereits bestehende Räumlichkeiten von Mackintosh umbauen und einrichten sowie weitere Tea Rooms komplett von ihm gestalten zu lassen. Einige seiner berühmtesten Stühle, Inkunabeln der Designgeschichte, gehen darauf zurück. Eine Anekdote zwar, doch sie macht deutlich, wie neue Gestaltungsaufgaben nicht nur aus den technischen, sondern auch aus den ökonomischen und gesellschaftlichen Rahmenbedingungen der Zeit erwachsen.

In ganz Europa wird Mackintosh vor allem für die Gestaltung von Privathäusern aufmerksam wahrgenommen: sein eigenes, das Mackintosh House, Glasgow (1900), das Haus Windy Hill, Kilmacolm (1900); das Hill House, Helensburgh (1904), das Haus 78 Derngate, Northampton (1915). Für diese Häuser entwirft er darüber hinaus die Inneneinrichtung, die auf sehr stark abstrahierten Jugendstilformen sowie streng geometrischen Formen und Mustern basiert.

Indessen wird Mackintosh auf dem Kontinent besser verstanden als in Großbritannien. Der deutsche Kunstkritiker Hermann Muthesius ist begeistert von dessen Arbeiten und macht ihn auf dem Festland bekannt. Besonders in Wien wird er geschätzt und auf der 8. Secessionsausstellung 1900 als Vorbild für moderne Gestaltung bewundert. Zeitgleich geht die Führungsrolle Englands in der Gestaltung gewissermaßen auf das Festland über, wo im jungen 20. Jahrhundert dann mit dem Deutschen Werkbund, der holländischen Gruppe De Stijl und dem Bauhaus die Moderne im Design entwickelt wird. Möglicherweise stimmt es, was Nikolaus Pevsner sagt, wenn er feststellt, dass eine standardisierte Massenproduktion einfach nicht der britischen Mentalität mit ihrem stark entwickelten Bewusstsein für Individualismus und Tradition entspricht. Im Unterschied zu Europa inklusive Russland findet in Großbritannien ja auch keine Revolution statt, die, wie wir später noch sehen werden, die Auffassung von Architektur und Design und das Selbstverständnis der Gestalter stark beeinflusst.

Wien um 1900

In Wien bildet sich, wie andernorts in Europa, um die Jahrhundertwende (1897) eine Secession, das heißt eine demonstrative Abwendung vom offiziellen Kunstbetrieb und der Ausbildung an den Akademien. Die Gründer dieser Wiener Secession sind der Künstler Gustav Klimt, die Architekten Josef Hoffmann, Koloman Moser und Joseph Maria Olbrich, der 1899 zur Darmstädter Künstlerkolonie wechselt, sowie der damals bereits fast 60-jährige Otto Wag-

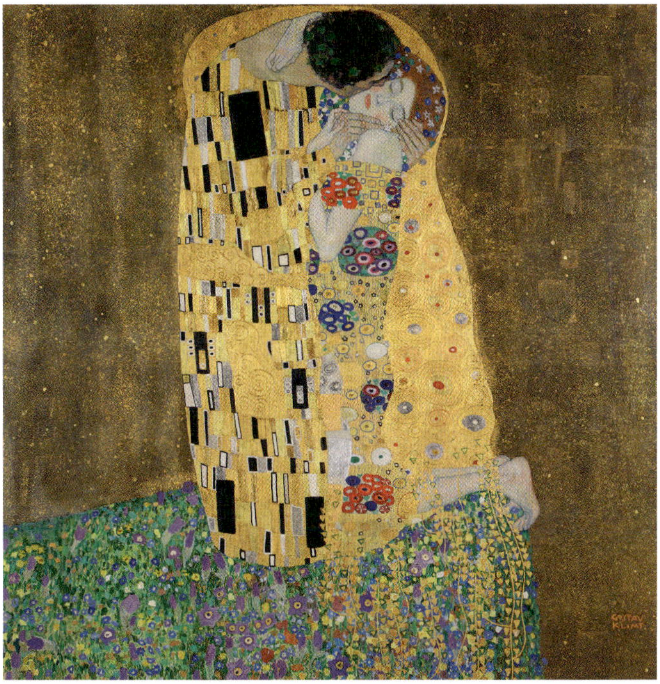

Gustav Klimt, Kuss, Öl, Silber- und Goldauflagen auf Leinwand, 180 x 180 cm, 1907/08, Wien, Österreichische Galerie Oberes Belvedere

ner. Letzterer hat Architektur in Wien und Berlin studiert und lehrt 1894–1912 als Professor an der Kunstakademie in Wien.
Die Bestrebungen der Wiener Secession sind ebenso wie die anderer Bewegungen gegen die traditionellen Kunstakademien und den Historismus gerichtet und beruhen auf den Gedanken des Gesamtkunstwerks. Die Mitglieder der Secession wollen etwas Neues schaffen und vor allem ihre Stadt Wien an den internationalen Reformbewegungen teilhaben lassen. Es entwickelt sich hier nicht zuletzt unter dem Einfluss von Mackintosh eine klare geometrische Formensprache, die durch rechte Winkel und eine strenge Linienführung geprägt ist. Die Aktivitäten der Secession sind vielfältig. In ihrem Ausstellungsgebäude, 1897/98 nach Entwürfen von Klimt und Olbrich errichtet, finden regelmäßig Ausstellungen statt. Über dem Eingangsportal prangt die Losung „Der Zeit ihre Kunst, der Kunst ihre Freiheit", was sich sowohl gegen ein Erstarren in Formen der Vergangenheit wendet als auch gegen die Bevormundung durch die offiziellen Akademien und die Kunstpolitik.

1898 gründen die Secessionsmitglieder die Zeitschrift „Ver Sacrum", in der sie ihre Theorien propagieren, Werke bildender Künstler und Architekten zeigen, in der neben zeitgenössischen Dichtern und Schriftstellern wie Rainer Maria Rilke, Detlev von Liliencron, Knut Hamsun oder Arno Holz auch Vertreter der internationalen Avantgarde, Theoretiker, Gestalter und Architekten ihren Platz finden – abgesehen von den Secessionsmitgliedern selbst beispielsweise Mackintosh, van de Velde oder Walter Crane. Und die japanische Kunst

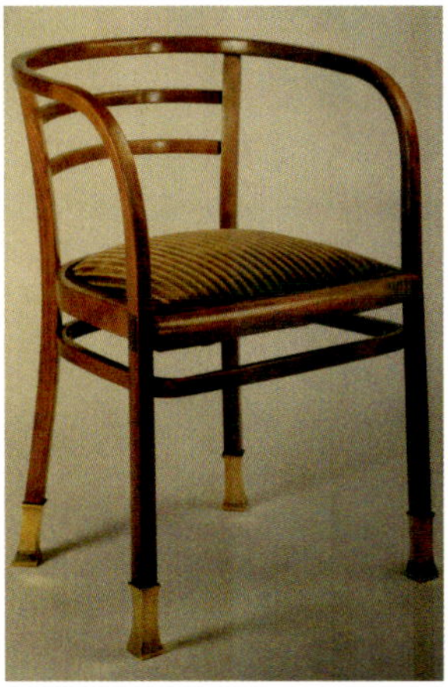

Otto Wagner, Armlehnstuhl aus dem Wiener Postsparkassenamt, Buchenholz mit Aluminiumbeschlägen, 1906

findet hier, ähnlich wie in anderen Reformansätzen der Zeit, ebenso Beachtung. Bei allen theoretischen Bekenntnissen zur Zeit ist die Gestaltung der Zeitschrift doch stark geprägt vom Jugendstil. Die praktische Umsetzung in Architektur und Gestaltung von Gebrauchsgegenständen nimmt ebenfalls noch einige Jahre in Anspruch und führt in der Secession zu Meinungsverschiedenheiten.

Wagner etwa, der nur wenig jünger ist als Morris, propagiert zwar schon lange eine vehemente Theorie der Moderne und wird gern als „Vater der Wiener Moderne" apostrophiert, doch seine frühen Bauten, Mietshäuser und Villen, sind eigentlich noch ganz dem Historismus verhaftet. Da er Vertreter eines strengen Klassizismus ist, bedeutet für ihn die Hinwendung zu einer sachlich-modernen Form eigentlich keinen Bruch. Erst sein Hauptwerk, das Wiener Postsparkassenamt, zeigt 1906 die deutlich erkennbare Umsetzung seiner Forderungen nach zeitgemäßem Ausdruck für das moderne Leben. Die Schalterhalle besteht aus einer Eisenträgerkonstruktion mit einem hohen, leicht gewölbten Glasdach. Der Raum ist sehr funktional gestaltet, hell, sachlich, ohne überflüssige Dekoration. Die Konstruktion bleibt ebenso offen sichtbar wie die modernen Materialien: Warmluftgebläse und Säulenverkleidungen aus Aluminium, nicht einmal die Köpfe der Verbindungsnieten an den Eisenträgern sind kaschiert. Wagner setzt sie quasi als modernes Ornament ein. Noch weiter geht er mit den Befestigungsnieten der Marmorplatten der Wandverkleidung. Sie halten die Platte nicht, sondern sind lediglich aufgesetzt und fungieren damit eigentlich als reines Ornament. Zwar hat man Wagner deshalb Inkonsequenz im Detail vorgeworfen, aber man muss seine Architektur und Gestaltung im historischen Zusammenhang würdigen und feststellen, dass vor allem sein Spätwerk vor dem Hintergrund der damals noch lange verbreiteten historistischen Architektur von repräsentativen öffentlichen Gebäuden mit überbordenden Stilzitaten und mythischen Allegorien schon revolutionär ist.

Otto Wagner (1841–1918) ist Mitbegründer der Wiener Secession. Er studiert Architektur in Wien und Berlin und lehrt 1894–1912 als Professor an der Kunstakademie in Wien. Wichtige Bauten: Mietshäuser an der Wienzeile 1898–99; Gebäude für die Stadtbahn, Wien 1894–97; Postsparkassenamt, Wien 1904–06

Ebenso streng wie seine Bauwerke gestaltet er die Einrichtung. In der Halle des Postsparkassenamtes finden sich einfache kubische Hocker, die Büros sind ausgestattet mit Stühlen, die nach Wagners Entwürfen bei Thonet hergestellt werden. Sie sind einfach und praktisch aus Buchenholz gefertigt mit Aluminiumbeschlägen an den Stuhlfüßen und auf den Armlehnen. Diese dienen zum Schutz der stark beanspruchten Teile und sind gleichzeitig ein erlaubtes, weil funktionales Ornament, ähnlich wie die mit dekorativer Funktion versehenen Konstruktionsmerkmale der Architektur.

Wagners Schüler Josef Hoffmann entwickelt aus einer anfänglichen Nähe zum Jugendstil eine sachliche, geometrische Formensprache in Architektur und Design, die noch heute „modern" anmutet. Seine Entwicklung kann als geradezu exemplarisch für die Paradigmenwechsel der Zeit um die Jahrhundertwende gelten. Er ist zunächst beeindruckt von der englischen Arts-and-

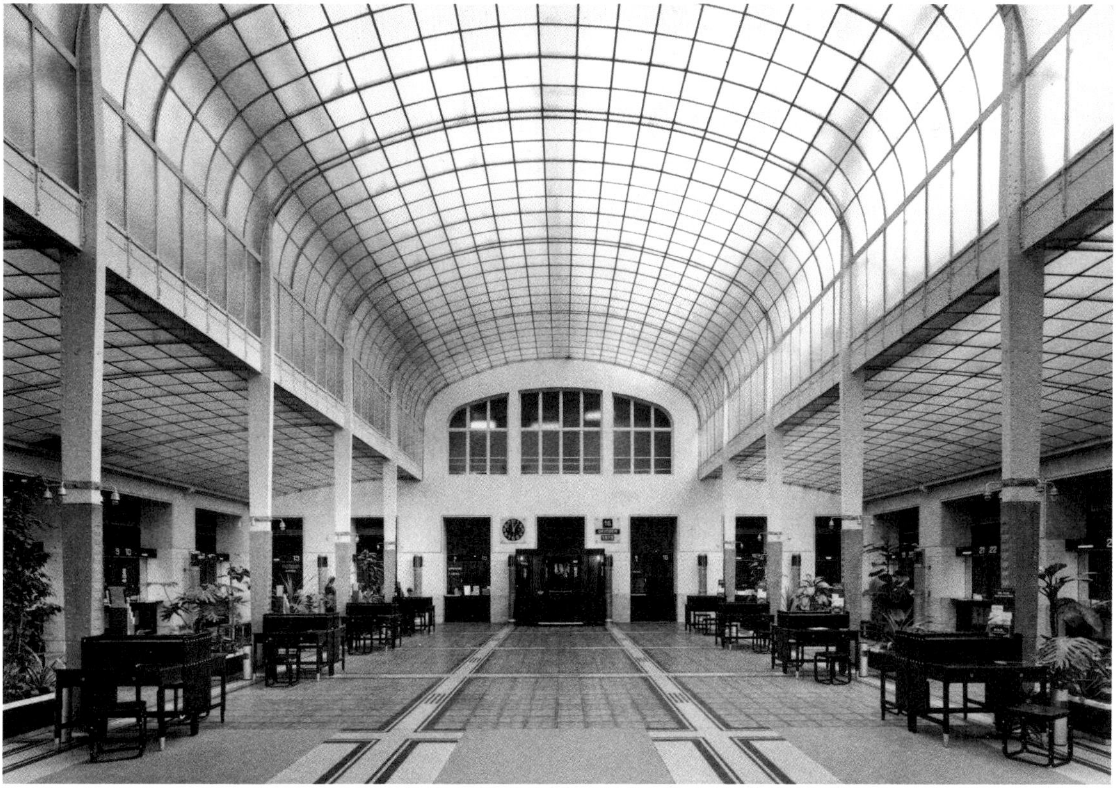

Otto Wagner, Postsparkassenamt, Schalterhalle, Wien, Österreich, 1906

Crafts-Bewegung, wird beeinflusst durch die persönliche Bekanntschaft mit Mackintosh, gehört zu den Gründungsmitgliedern der Wiener Secession, tritt 1905 aus der Secession aus, gehört 1907 zu den Gründern des Deutschen Werkbunds, gründet 1912 den Österreichischen Werkbund und gehört schließlich 1919 dem Bauhaus in Weimar an.

Zu seinen architektonischen Hauptwerken und zu den oft zitierten Beispielen des Wiener Secessionsstils gehört das Palais Stoclet (1905/11), eine Privatvilla in Brüssel mit sehr aufwendigem Gesamtkonzept, teuren und edlen Materialien und einer Einrichtung, die ebenfalls von Hoffmann für dieses Gebäude entworfen wird. Ein anderes seiner Hauptwerke, das Purkersdorfer Sanatorium (1903/04), obwohl früher gebaut als das Palais Stoclet ist noch konsequenter umgesetzt, mit glatten Fassaden und einem modernen Flachdach.

In seinen Möbeln verfolgt Hoffmann ebenso die Reduzierung auf geometrische Grundformen und ornamentlose Oberflächengestaltung. Sein kubisch geformter Sessel von 1910, dessen Polsterung aus vielen kleinen Lederquadraten besteht, verdeutlicht sinnfällig Hoffmanns Entwicklung zu einem sachlichen Stil als

Josef Hoffmann (1870–1956) gründet als Schüler und Mitarbeiter Otto Wagners gemeinsam mit diesem sowie zusammen mit Gustav Klimt, Koloman Moser und Joseph Maria Olbrich 1897 die Wiener Secession. 1903 schließt er sich darüber hinaus mit Koloman Moser und Fritz Wärndorfer zusammen, um die Wiener Werkstätte zu initiieren. Hoffmann tritt 1905 aus der Secession aus und ruft 1912 den Österreichischen Werkbund ins Leben. Wichtige Bauten: Villa für Koloman Moser, Wien 1901–04; Sanatorium Purkersdorf, 1903-06; Palais Stoclet, Brüssel 1905–11 und verschiedene Privathäuser, u. a. für den Maler Ferdinand Hodler, Genf 1913

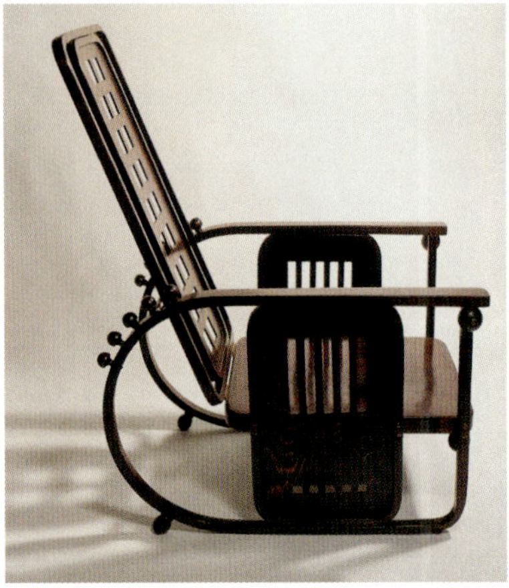

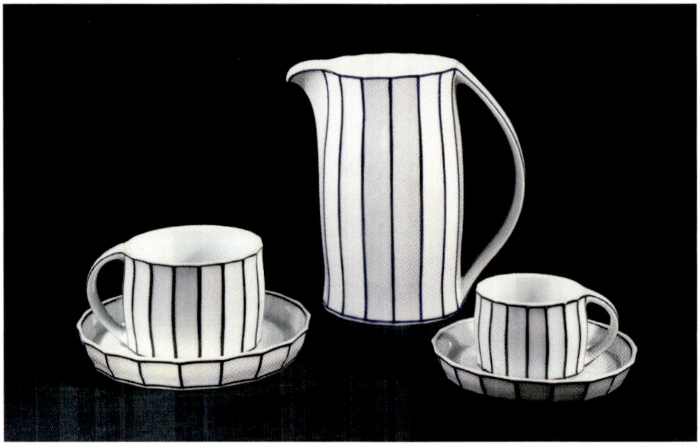

Josef Hoffmann, Lehnsessel Modell 670 („Sitzmaschine"), gebogenes, gedrechseltes und Sperrholz, Messing, Höhe 106 cm, 1905

Josef Hoffmann, Milchkännchen, Kaffee- und Mokkatasse, Porzellan, um 1910
Mit seinen geometrischen Grundformen und seiner ornamentlosen Oberflächengestaltung prägt Joseph Hoffmann einen sachlichen Stil, der für viele Entwürfe der Moderne zum Vorbild wird.

Ausdruck von Klarheit und wird zum Vorbild für manchen Entwurf der Moderne. Auch der Sessel „Sitzmaschine" (1905) wird zu einer frühen Manifestation von Funktionalität, wie sie später bei Le Corbusier oder Gerrit Rietveld zu sehen ist. Das Sitzen wird hier demonstrativ unter dem rationalen Aspekt der Funktion betrachtet. Hoffmanns Möbel sind ein weiteres Beispiel dafür, wie bei grundsätzlicher Ablehnung des Ornaments technische Konstruktionsmerkmale wie Polsternähte und Knöpfe oder Feststeller in Kugelform zu dekorativen Elementen bzw. ästhetischen Bedeutungsträgern werden.

Dabei handelt es sich um kommerzielle Aufträge, die über private Kontakte zustandekommen und ab 1903 meist an die Wiener Werkstätte vergeben werden, die Hoffmann und Moser mit finanzieller Unterstützung ihres Mäzens, dem Industriellen Fritz Wärndorfer, in diesem Jahr gegründet haben. Ihre Leitmotive sind: beste Materialien, handwerkliche Perfektion und Gediegenheit im Entwurf.

Die Wiener Werkstätte strebt ebenfalls die Erneuerung der Kunst und der Gestaltung auf der Grundlage eines reformierten Handwerks an. Formal kommt es aber schon zur Überwindung einer allzu üppigen floralen Jugendstilornamentik. Die Gestaltung der Produkte aus der Wiener Werkstätte orientiert sich, entwickelt aus dem Secessionsstil, an einer strengen geometrischen Konstruktion und Oberflächengestaltung. Die Werkstätte produziert Möbel, Schmuck, Gebrauchsgegenstände, Textilien und Keramik. Die Aufträge kommen aus dem wohlhabenden Bildungsbürgertum, wo man die handwerkliche Arbeit als Ausdruck der Verbindung von Handwerksqualität und künstlerischem Schöpfergeist schätzt. Die Wiener Werkstätte fertigt keine industrielle Massenware, gleichwohl arbeitet Hoffmann, wie andere Mitglieder der Wiener Werkstätte, als Entwerfer für den Bugholzmöbelhersteller Jacob & Josef Kohn, wo unter anderem die Möbel für die genannten Bauprojekte hergestellt werden. Die Werkstätte selbst tendiert in den 1920er Jahren zunehmend zu einem verspielten, luxuriösen Kunsthandwerk, das nicht mehr genügend Abnehmer fin-

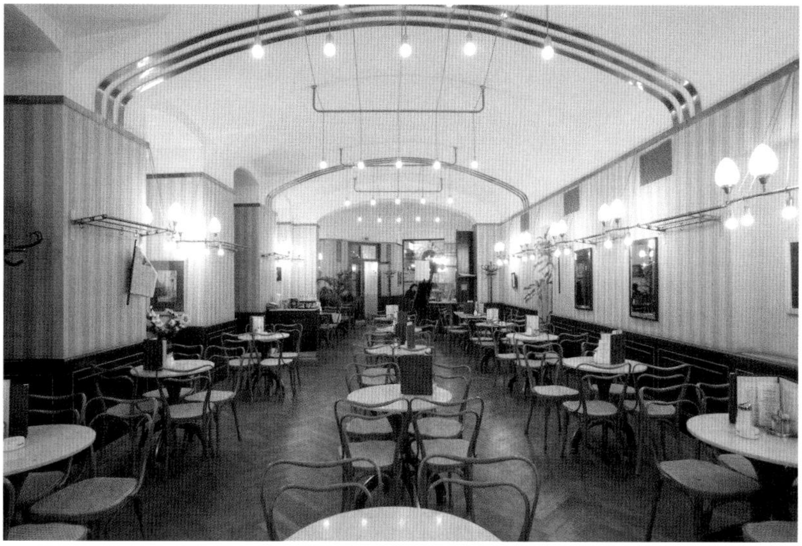

Adolf Loos, Café Museum, Wien, Österreich, 1899
Das Café entwickelt sich rasch zu einem Künstler-Treffpunkt und erhält aufgrund seiner reduzierten Gestaltung bald den Beinamen „Café Nihilismus".

det. Sie wird eingeholt vom Lauf der Zeit, durch den Ersten Weltkrieg und die Wirtschaftskrise, Ereignisse, die die Käuferschicht, das gebildete Bürgertum, ihrer Mittel beraubt. Dazu kommt im Laufe der Zeit das unaufhaltsame Fortschreiten der technischen Entwicklung. Recht schnell ist der Markt immer stärker auf industrielle Massenfabrikation ausgerichtet. 1932 wird die Wiener Werkstätte geschlossen.

Ebenfalls zum Kreis der frühen Wiener Moderne gehört Adolf Loos. Nach einem prägenden mehrjährigen Aufenthalt in den USA polemisiert er nicht nur gegen das Ornament, auch das des Jugendstils, er unterscheidet darüber hinaus klar zwischen Kunstwerk und Gebrauchsgegenstand. In seinen zahlreichen Veröffentlichungen fordert er für eine Architektur und Gestaltung von Gebrauchsgegenständen eine rein funktionale Formgebung und Oberflächengestaltung. Lediglich die Materialeigenschaften dürfen nach seiner Überzeugung an der Oberfläche sichtbar sein.

Adolf Loos (1870–1933) ist ein Vertreter der sachlichen Form und vehementer Gegner des dekorativen Jugendstils. Der Architekt und Theoretiker studiert 1890–93 an der Technischen Hochschule in Dresden, ehe er mehrere Jahre in den USA verbringt. Anschließend arbeitet er als Architekt in Wien, von 1923–27 in Frankreich. 1908 erscheint sein berühmter Aufsatz „Ornament und Verbrechen". Wichtige Bauten: Café Museum, Wien (1900); Kartner Bar, Wien (1908); Haus Steiner, Wien (1910); das Haus von Tristan Tzara, Paris (1926)

Schon einer seiner ersten Aufträge, der Umbau des Café Museum (1899) in Wien zeigt, was Loos meint. Er erhält die Struktur des ursprünglich im Stil des Historismus gebauten Gebäudes, den Rhythmus der Fenster und der Aufteilung der Geschosse, aber entfernt eine imitierte Natursteinfassade im Erdgeschoss und übertriebenen Ornamentschmuck an den Fenstereinfassungen. Im Inneren legt er Wert auf eine nutzerorientierte, funktionale Aufteilung der Räume. In zwei verschiedenen Flügeln gibt es einen Billardsaal, einen Brettspielraum, einen Lesesaal. Jeder Raum ist seinem Zweck entsprechend anders möbliert und gestaltet. Wandspiegel lassen die Räume nicht nur größer erscheinen, sondern ermöglichen darüber hinaus eine gute Kontrolle vom Platz des Kassierers aus.

Viele seiner Bauten tragen zwar keinen vordergründigen Ornamentschmuck, aber durchaus eine strukturelle Gliederung durch Säulen, Gesimse oder den Rhythmus der Fenster. Besonders auffällig bei vielen Gebäuden ist, wie Loos Farbe und Maserung des Marmors, den er häufig als Wandverkleidung einsetzt, zum dekorativen Element macht. Sein berühmtes Haus am Michaelerplatz in Wien (1909) zeigt gleich mehrere Spielarten dieses Vorgehens.

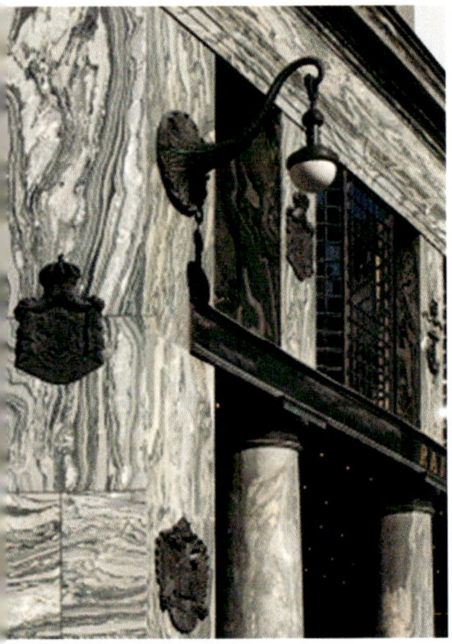

Adolf Loos, Haus am Michaelerplatz (Loos-Haus), Detail aus der Fassade im Erdgeschoss, Wien, Österreich, 1910–11
Der historisierenden Wiener Ringstrassen-Architektur setzt Loos ein schnörkelloses Gebäude entgegen, das in den oberen Wohngeschossen einfach verputzt ist, bei aller Gradlinigkeit aber nicht auf Prunk verzichtet. Das geschäftlich genutzte Erdgeschoss ist loostypisch mit Marmor verkleidet. Seine Maserung, die funktionslosen Säulen des Portals, der eiserne Trägerbalken, Lampen, Fenster und Beschläge aus Eisen werden zu Ersatzornamenten.

Neben Marmor setzt Loos gerne die Kontraste von glatten Wänden und Ziegeln, Travertin oder anderen Natursteinarten ein. Einflüsse durch den englischen Landhausstil, wie er durch die Publikationen von Hermann Muthesius auf dem Kontinent bekannt geworden ist, und des jungen modernen Amerika inspirieren sein Denken in Bezug auf die Nutzung der Einrichtung. Er schätzt den Kamin als Mittelpunkt des Wohnens und den Gedanken des Hauses als schützende Hülle. Dies setzt er zum Beispiel um, indem er die glatten schmucklosen Fassenden seiner kubischen Gebäude planvoll mit wildem Wein beranken lässt. Gleichzeitig ist die Außenwand eine Art von Übergang zwischen Innen und Außen, ähnlich wie Frank Lloyd Wright ihn durch seine ausladenden Dächer und Terrassen inszeniert. Im Innern des Hauses beschäftigt sich Loos mit den offenen Übergängen zwischen den Räumen, und zwar nicht nur im Hinblick auf den Grundriss, sondern auch in Bezug auf Raumhöhen, Zwischengeschosse oder Treppen. Hier spielt, ähnlich wie später in der Raumauffassung der De-Stijl-Architektur, der variable Grundriss des traditionellen japanischen Hauses eine wichtige Rolle.

Die Einrichtung des Hauses soll für Loos in erster Linie der Bequemlichkeit des Nutzers folgen und nicht Fragen des Stils. Er ist dabei stark beeinflusst von seinen Erfahrungen in Amerika, wo er einerseits Pragmatismus und Ingenieurdenken, andererseits einen Sinn für menschliche Bedürfnisse, für Bequemlichkeit, Komfort und Individualismus entwickelt hat. „Gegenwärtig wird von einem Sessel nicht nur verlangt, daß man sich auf demselben ausruhen kann, sondern auch, daß man sich schnell ausruhen kann. Time is money. Das Ausruhen mußte daher specialisiert werden. Nach geistiger Arbeit wird man sich in einer anderen Stellung ausruhen müssen, als nach der Bewegung im Freien. [...] Haben Sie noch nie das Bedürfniß gehabt, besonders bei großer Ermüdung, den einen Fuß über die Armlehne zu hängen? [...] In Amerika kann man sich diese Wohlthat immer verschaffen, weil dort kein Mensch das bequeme Sitzen, also das schnelle Ausruhen, für unfein hält." (zit. n. Opel, 2000, S. 77f.) Loos propagiert dabei keinen Formalismus, etwa im Sinne einer formalen Reduzierung auf eine einzige geometrische Grundform, sondern fordert unterschiedliche Sesseltypen, die durchaus Formen unterschiedlicher Epochen haben dürfen, wenn sie nur bequem und authentisch sind. In diesen Fragen ist Loos undogmatischer als es in vielen seiner theoretischen Äußerungen den Anschein hat.

Loos ist ein Prediger, von 1897 bis in die 1930er Jahre spricht und schreibt er über alle Fragen der Kultur und Gestaltung: über Kulturpolitik, Kunsterziehung, Ausbildung, Architektur, Möbel, Mode, Drucktechnik und vieles mehr.

Er ist sich mit der Wiener Secession noch einig über die Notwendigkeit den Historismus zu bekämpfen, lehnt aber ansonsten den Wiener Secessionsstil ab und ist ein erklärter Gegner der Wiener Werkstätte. Der Deutsche Werkbund widerstrebt ihm ebenfalls. Seine Auffassung von Schönheit macht sich nicht an der Art eines Ornaments fest, egal ob historisch oder von der Natur inspiriert. Für ihn kommt die Schönheit eines Gegenstandes allein aus seiner Zweckmäßigkeit. Nicht die akademische Frage nach dem Stil treibt ihn, sondern die Frage nach der Nützlichkeit. Er fordert nicht, wie viele seiner Zeitgenossen, eine Rolle des Künstlers im Entwurf von Alltagsgegenständen, sondern er lehnt eine Beteiligung des Künstlers im Entwurf ganz ab, weil er der Ansicht ist, dass die Form eines Gebrauchsgegenstandes ganz aus seinem Material und seiner Funktion erwachsen soll. Und hier kritisiert er vor allem die Ausbildung in Europa, speziell in Österreich: „Bei uns herrscht noch die Ansicht dass nur dem der Entwurf eines Stuhl zugetraut werden kann, der die fünf Säulenordnungen in- und auswendig kennt. Ich glaube, ein solcher Mann müsste vor allem anderen etwas vom Sitzen verstehen." (zit. n. Opel, 2000, S. 27)

Vieles von dem, was Adolf Loos fordert, muss man in der Tat differenziert betrachten, Vieles ist von ihm provokativ überspitzt und Manches muss man im Hinblick auf seine tatsächlich geschaffenen Bauten anders interpretieren. 1908 erscheint sein berühmter Aufsatz „Ornament und Verbrechen". Es ist nur einer von zahlreichen Beiträgen, in denen sich Loos vehement gegen das Ornament ausspricht, doch dieser wird zur viel zitierten Quelle einer Auffassung von Moderne, die ganz aus dem Geist des Fortschritts und der bürgerlichen Tugend der Sparsamkeit erwächst. Loos folgt darin der Evolutionstheorie und stellt fest, das das Verschwinden des Ornaments eine evolutionäre Entwicklung ist, die mit der Entwicklung der modernen Zivilisation einhergeht:

> *„Evolution der Kultur ist gleichbedeutend mit dem Entfernen des Ornamentes aus dem Gebrauchsgegenstande."* *Adolf Loos, 1908*

Dabei argumentiert er außerdem moralisch und ökonomisch, wenn er Zusammenhänge zwischen Mensch und Produktion herstellt: „Ornament ist vergeudete Arbeitskraft und dadurch vergeudete Gesundheit [...] Heute bedeutet es auch vergeudetes Material, und beides bedeutet vergeudetes Kapital [...] Der moderne Mensch, der Mensch mit den modernen Nerven, braucht das Ornament nicht, er verabscheut es." Getragen und gleichzeitig relativiert wird aber seine Theorie von der Vorstellung, dass das Ornament wie der modische Stil immer nur eine bestimmte ästhetische Halbwertzeit hat, die wiederum aber bei unterschiedlichen Produkten unterschiedlich lang sein kann. „Der Wechsel der Ornamente hat eine frühzeitige Entwertung des Arbeitsproduktes zur Folge. [...] Ich habe den Satz aufgestellt: Die Form eines Gegenstandes halte so lange, das heißt, sie sei uns so lange erträglich, solange der Gegenstand hält." Damit kritisiert Loos die wechselnden Konsummoden, die von der damals noch jungen Industrie schon bewusst inszeniert werden, um die Kaufzyklen zu beschleunigen, aber implizit akzeptiert er durchaus eine zweckorientierte ästhetische Abwechslung, wenn er das Beispiel gibt: „Die Balltoilette einer Frau, nur für eine Nacht bestimmt, wird ihre Form rascher wechseln als ein Schreibtisch." Und er erträgt das authentische Ornament fremder oder vergangener Kulturkreise. Was Loos aufs Schärfste verurteilt, ist die Nachahmung, die Übertragung von Ornamentik auf moderne Gebrauchsgegenstände. In diesem Punkt wird er bereits von den frühen Anhängern einer puristischen Moderne so falsch interpretiert, dass er es bald für nötig hält, seinen Standpunkt zu klären. 1924 stellt er fest: „Vor 26 Jahren habe ich behauptet, dass mit der Entwicklung der Menschheit das Ornament am Gebrauchsgegenstande verschwinde, eine Entwicklung, die unaufhörlich und konsequent fortschreitet und so natürlich ist wie der Vokalschwund in den Endsilben der Umgangssprache. Ich habe aber damals niemals gemeint, was die Puristen ad absurdum getrieben haben, dass das Ornament systematisch und konsequent abzuschaffen sei. Nur da, wo es einmal zeitnotwendig verschwunden ist, kann man es nicht wieder anbringen." (zit. n. Opel 2000, S. 215)

Selbst wenn man hier sieht, wie leicht Theorien in der Designgeschichte fehlinterpretiert und ihre Beurteilung erschwert werden, weil sie schnell von anderen in Anspruch genommen und ausgelegt werden, so ist die Wirkung der Thesen von Adolf Loos jedenfalls kaum zu unterschätzen. Die Wiener Ausprägung des Jugendstils führt in ihrer Entwicklung gleichzeitig zu seiner Überwindung, die sachlichen Entwürfe Hoffmanns und Mosers wie auch die Grundzüge der Philosophie von Adolf Loos werden zu den Grundbausteinen der Funktionalismustheorie und zu Impulsgebern für das Bauhaus und weitere Strömungen der Moderne. Andere wichtige Grundgedanken für diese Entwicklung werden in den USA formuliert.

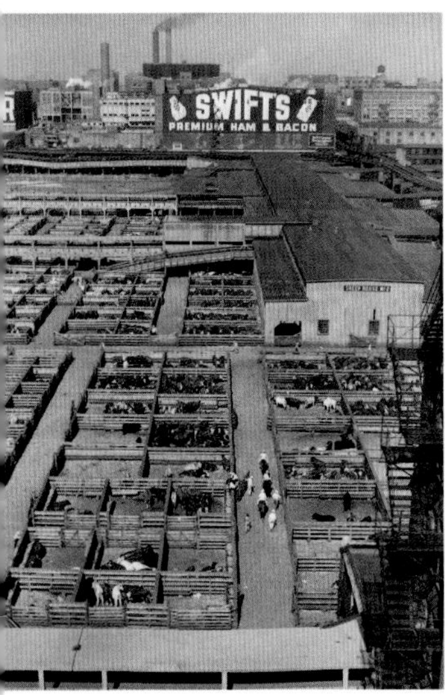

Blick auf die Union-Stock-Yards-Viehhöfe in Chicago, die 1865 angelegt wurden. Foto: John Vachon, 1941

USA – „form follows function"

In den USA ist, wie bereits erwähnt, neben einer gewissen Vorliebe für einen „kultivierten" europäischen Stil ein Pragmatismus verbreitet, der das Notwendige und technisch Machbare im Blick hat, das, was Adolf Loos und andere Europäer an der amerikanischen Mentalität bewundern. Moderne bedeutet hier aber auch industrielle Massenproduktion; das Land ist riesig und die Bevölkerungszahl wächst rasant. Chicago, wichtiger Standort für Schwerindustrie und Stahlerzeugung, Hauptumschlagplatz für Getreide und Vieh aus dem Mittelwesten, wird Zentrum der frühen Moderne in den USA. In den großen Schlachthöfen der Stadt laufen die ersten Fließbänder. Sie wird ein Verkehrsknotenpunkt und hat um 1900 schon ca. 1,7 Millionen Einwohner. Die Menschen arbeiten in Industrie, Handel und Verwaltung, sie benötigen Wohnraum und müssen versorgt werden.

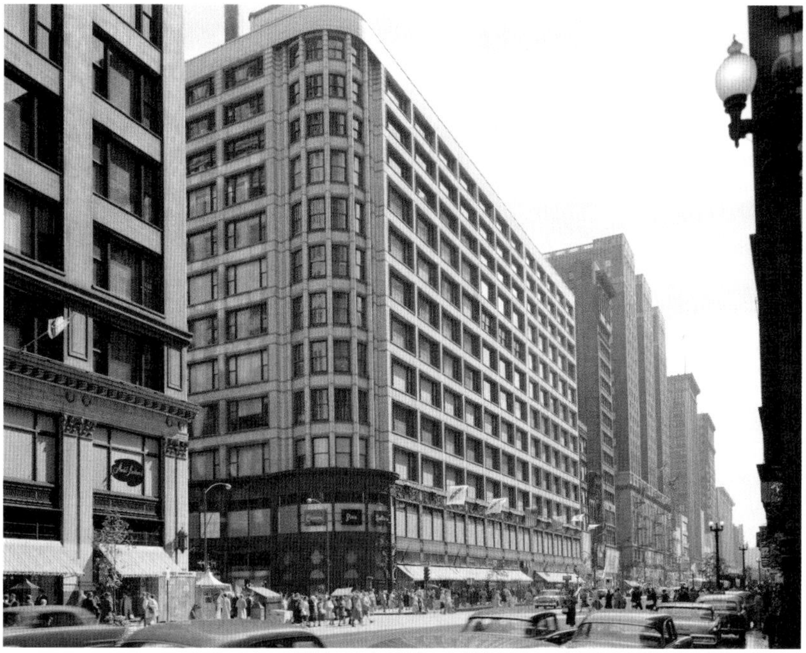

Louis H. Sullivan, Kaufhaus Carson Pirie Scott (Sullivan Center), Chicago, Illinois, USA, 1898–99/1902–04

In Chicago besteht außerdem eine besondere Situation, in der mehrere Faktoren die Entwicklung der modernen, avantgardistischen Architektur, insbesondere den Bau von Wolkenkratzern, fördern. Im Jahr 1871 zerstört ein verheerender Brand große Teile der Stadt, sodass es ohnehin einen enormen Bedarf an Bauten gibt. Das Wachstum von Industrie und Handel tut ein Übriges dazu, und so steigen mit der vermehrten Nachfrage die Grundstückspreise. Das wiederum hat das Bestreben zur Folge, möglichst hoch zu bauen. Hochhäuser mit zehn und mehr Stockwerken lassen sich, von Ausnahmen abgesehen, auch technisch erst jetzt wirklich realisieren, nämlich mit der Entwicklung der brandsicheren Stahlskelettbauweise und der Erfindung des elektrischen Aufzuges 1880 von Siemens. So entstehen in New York und Chicago schnell zahlreiche große und hohe Geschäfts- und Verwaltungsbauten. Die ersten in Stahlskelettbauweise erstellten Hochhäuser lassen indessen ihre neue Konstruktionsweise noch nicht erkennen, sie nutzen noch die bekannten Stilelemente des Historismus, um den Geltungsanspruch großer Unternehmen, Banken und Versicherungsgesellschaften zu repräsentieren. Erst mit den Bauten von Louis H. Sullivan wird die moderne Konstruktionsweise durch den gleichförmigen, an der Skelettkonstruktion orientierten Rhythmus der Fenster auch an der Fassade sichtbar. Zu seinen bekanntesten Gebäuden zählen das Auditorium Building (1887/89) in Chicago und das Wainwright Building (1890/91) in St. Louis. Das Kaufhaus Carson Pirie Scott (1899) in Chicago wird zu seinem wichtigsten Bauwerk, weil er hier am konsequentesten umsetzt, was er unter Funktion eines Gebäudes und moderner formaler Ordnung versteht. Das Erdgeschoss ist, zusammen mit dem ersten Obergeschoss vom den darüber liegenden Etagen formal abgesetzt. Unten dominieren große Schaufenster und, besonders im Eingangsbereich, eine noch relativ üppige repräsentative Ornamentik. Die oberen Geschosse sind geprägt durch ein nüchternes, gleichmäßiges Raster der typischen breiten, dreigeteilten „Chicago-Fenster". Seine Vorstellungen von einer zeitgemäßen Architektur äußert Sullivan auch theoretisch. In seiner Schrift „The Tall Office Building Artistically Considered" (1896) formuliert er einen Kernsatz des Funktionalismus, der in der Geschichte des Designs wohl so oft wie kein anderer zitiert und falsch oder zumindest verkürzt interpretiert wird: „form follows function." Auf diese Grundidee beziehen sich die Vertreter des Funktionalismus, vom Deutschen Werkbund über das Bauhaus und die Hochschule für Gestaltung in Ulm bis in die 70er Jahre des 20. Jahrhunderts. Sie machen Sullivans Satz zur Leitlinie einer Gestaltung, die die schmucklose reine Zweckform zum ästhetischen wie moralischen Dogma erhebt. Hier geht es Sullivan ähnlich wie Loos. Was er aber tatsächlich damit meinte, ist etwas anderes. Für ihn ist der Zusammenhang der Form mit der Funktion eben nicht ein rein technischer, sondern ebenso ein semantischer. Sullivan fordert nicht den vollständigen Verzicht auf dekorative Elemente. Er akzeptiert auch die ästhetische Funktion des Ornaments, da es seiner Ansicht nach durchaus einen kommunikativen Zweck in der Architektur und Gestaltung erfüllt. Die Frage nach der Funktion und ihrem Zusammenhang mit der Form eines Objekts wird von nun an die Diskussionen in der Designgeschichte beschäftigen.

Frank Lloyd Wright

Frank Lloyd Wright arbeitet nach seinem Ingenieurstudium zunächst mit Sullivan und ist anfangs noch stark beeinflusst von der Schule von Chicago. Neben seiner Arbeit für Sullivan nimmt er jedoch zunehmend eigene Aufträge an, vorzugsweise Wohnhäuser, die das Büro nicht übernimmt, was 1893 zu seiner Kündigung führt. So macht er sich mehr oder weniger freiwillig selbstständig und entwickelt ein neues Verständnis von Architektur und Design. Und er konzentriert sich nicht auf die großen Bürogebäude, sondern auf Einfamilienhäuser. Denn mit der wachsenden wohlhabenden Mittel- und Oberschicht in Chicago entsteht hier sehr schnell eine starke Nachfrage. Wie die Vertreter des Jugendstils sieht er das Haus als Gesamtkunstwerk und entwirft für seine Auftraggeber auch die Inneneinrichtung. Er geht in seinen architektonischen Entwürfen vom Kamin als Mittelpunkt des Hauses aus und entwickelt den Grundriss und eine offene Raumfolge asymmetrisch und ganz nach funktionalen Gesichtspunkten. Damit entwickelt er in gewisser Weise die Ansätze der englischen Architekten Webb und Morris weiter, greift aber darüber hinaus auf das uramerikanische Familien- und Siedlerverständnis zurück. Die Familie ist für ihn die Keimzelle des Individuums und der Gesellschaft. Wright kümmert sich nicht um historische Konventionen wie die Symmetrie von Grundriss und Fassade oder die Trennung von Innen- und Außenraum. Für ihn sind die Bedürf-

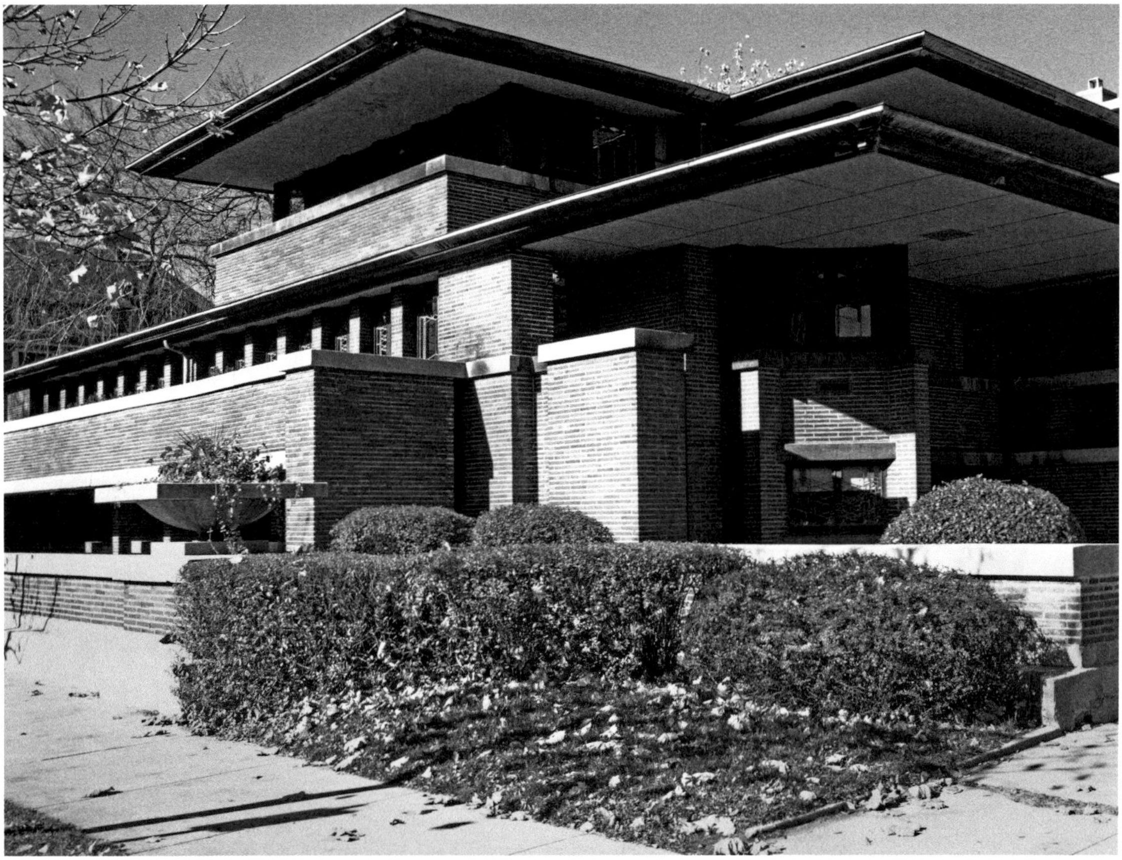

Frank Lloyd Wright, Robie House, Chicago, Illinois, USA, 1908–10

nisse der Bewohner, die funktionalen Abläufe beim Wohnen wichtig und der Zusammenhang des Gebäudes mit der Landschaft. Wright bettet das Haus „organisch“ in die Natur ein, abgeschlossen zur Straße und geöffnet zur Landschaft hin. Waage-rechte Gesimse und weit ausladende Flachdächer schaffen die Verbindung zwischen Gebäude und umgebendem Raum. So hebt er die Abgrenzung zwischen Innen und Außen auf. Hierzu nutzt Wright als einer der ersten die Stahlbetonbauweise im Wohnhausbau. Seine Gedanken zum Bauen in der Landschaft veröffentlich er 1901 in einem Artikel mit dem Titel „A Home in a Prairie Town“, und die Häuser dieser Schaffensphase, bis etwa 1911, nennt er in der Folge „Prärie-Häuser“. In späteren Phasen bleiben seine Wohnhäuser stark durch ihre Einbettung in die Natur gekennzeichnet und berücksichtigen dann sogar, etwa bei seinen Bauten in Kalifornien, klimatische Gegebenheiten und kulturelle Traditionen. Mit seinen „Usonischen Häusern“, die auf preiswerten Baustoffen und innovativen Technologien aufbauen und so für viele Bauherren erschwinglich sind,

Frank Lloyd Wright (1867–1959) ist einer der bedeutendsten Architekten des 20. Jahrhunderts. Nach seinem Ingenieurstudium arbeitet er in Chicago zunächst mit Louis H. Sullivan, anschließend selbstständig. Wright entwickelt den modernen, naturnahen Typ des Präriehauses, kombiniert einfache und naturnahe Materialien mit modernen Baustoffen, z.B. Glas und Beton mit Holz und Naturstein. Er wird ab 1910 zum wichtigsten Impulsgeber der europäischen Moderne. Wichtige Bauten: Larkin Building (Bürogebäude), Buffalo (1904); Robie House, Chicago (1907–09); Coonly House, Riverside, Illinois (1907–11); Haus Fallingwater, Bear Run, Pennsylvania (1936); Guggenheim-Museum, New York (1943–59)

nimmt Wright in den 1930er Jahren auch seinen demokratischen Ansatz wieder in den Vordergrund. Ein Aspekt, der nach der Erfahrung der Weltwirtschaftskrise trotz der anders gelagerter Vorzeichen, in Europa die Architekten im sozialen Wohnungsbau ebenfalls beschäftigt.
Wrights Möbel – Einbaumöbel, wo es möglich ist, aber auch die freistehenden – sind vor allem durch seine Architekturauffassung geprägt; für ihn sind sie integraler Bestandteil des Hauses. Sie nehmen die Horizontalen der Architektur auf und sind streng geometrisch aus einfachen Flächen (Brettern) und rechtwinkligen Leisten konzipiert. Die innere Offenheit des Hauses und die Einfachheit der Materialien sind für Wright Ausdruck von Demokratie und Individualität. Ähnlich wie beim Entwurf seiner Häuser orientiert sich Wright in der Konstruktion seiner Möbel an den individuellen Körpermaßen seiner Auftraggeber. So entwirft er etwa Kinderspielzimmer, deren Fenster tiefer sitzen und deren Mobilar kleiner ist. Wright gehört sicherlich zu den ersten Möbeldesignern, der in einer Sitzgruppe für einen Esstisch einen Kinderhochstuhl passend zu den anderen Stühlen entwirft. Ähnlich wie der Kamin dient seiner Auffassung nach der Esstisch als Versammlungsort für die Familie, und die für Wright charakteristischen hohen Rückenlehnen der Stühle sollen die Familie am Tisch abschirmen und schützen.

In seinem berühmtesten Essay „The Art and Craft of the Machine“ bekennt er sich dabei theoretisch zur maschinellen Produktion von Möbeln: „Die Maschine ermöglicht es durch ihre wunderbare Fähigkeit, zu schneiden, zu formen, zu glätten und zu wiederholen, so sparsam zu arbeiten, dass sich heutzutage der Arme wie der Reiche bei klaren und strengen Formen an einer Oberflächenbehandlung erfreuen kann, die Sheraton und Chippendale nur durch aufwändige Extravaganz mit ihren Intarsien anzudeuten vermochten …“ (Wright, 1963) Tatsächlich lässt er viele seiner Möbel- und Einrichtungsstücke in kleinen Werkstätten bauen, da er dort die erwartete Qualität in Material und handwerklicher Ausführung sucht. Und noch ein anderer Widerspruch zeigt sich: Viele seiner Möbelstücke haben konstruktive und materialbedingte Mängel. Das mag ein Grund dafür sein, dass Frank Lloyd Wright eher wegen seiner bahnbrechenden architektonischen Leistung denn als Möbeldesigner in die Geschichte der Gestaltung eingegangen ist. Gleichwohl finden sich bei einigen seiner Möbel formale Merkmale, die ästhetisch ihrer Zeit voraus sind und die man später bei den Entwürfen von Gerrit Rietveld oder anderen Vertretern der Moderne wiederfindet.

Frank Lloyd Wright sieht sich als Architekt in einer stark überhöhten Rolle und etabliert einen regelrechten Geniekult um sich. Auch er ist ein Prediger, der seine Überzeugungen durch Vorträge und Publikationen vermittelt. 1910 erscheint in Berlin eine Mappe mit seinen ausgeführten Bauten. Zusammen mit einer Ausstellung beeinflusst diese Mappe die gesamte europäische Moderne: Gropius, Mies van der Rohe, Behrens. Für die De-Stijl-Bewegung wird Frank Lloyd Wright ebenfalls zum Vorbild.

Frank Lloyd Wright, Ward W. Willits House, Highland Park, Illinois, 1901–03
Wie das Robie House gehört auch das Ward W. Willits House zu den Präriehäusern.

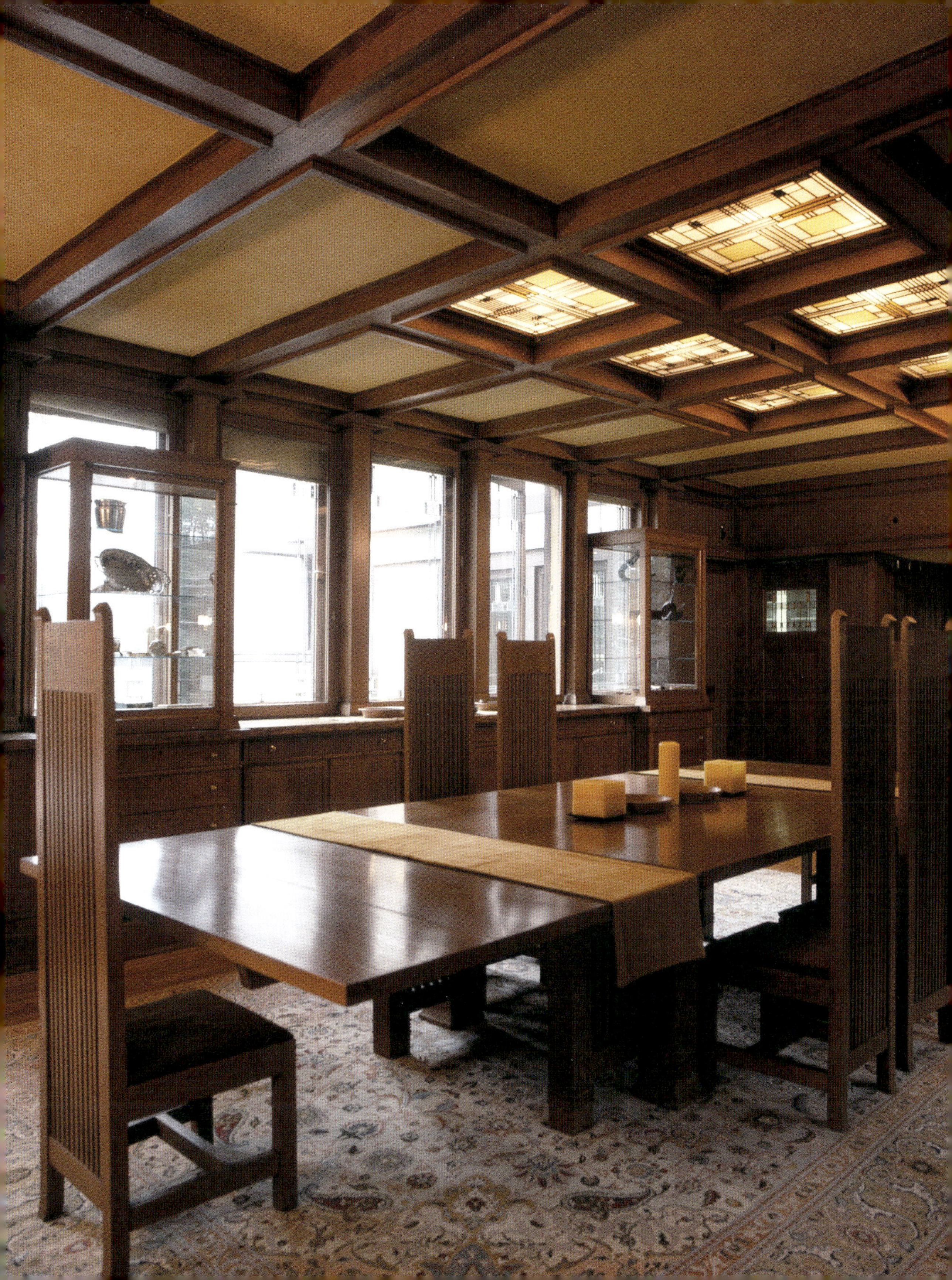

Der Weg zum Industrieprodukt in Deutschland

Die Entwicklung der Technik schreitet auch in Deutschland immer zügiger voran. Nach dem Krieg gegen Frankreich, der Reichsgründung 1871 und dem Fall etlicher Zollschranken kommen Industrialisierung und Handel zunehmend in Fahrt. Der zwischen England und Deutschland tobende Wirtschafts- und Handelskrieg wird vor dem Hintergrund internationaler Konkurrenz auf dem Weltmarkt nicht zuletzt auf dem Feld der Produktqualität geführt. Um die Jahrhundertwende liegt Deutschland in den wichtigsten Industrien an der Spitze der Weltkonkurrenz. Das von der englischen Regierung 1887 zur Kennzeichnung deutscher Produkte eingesetzte Etikett „Made in Germany“ soll Produkte aus Deutschland als qualitativ minderwertige Nachahmerprodukte diffamieren. Die deutsche Seite wiederum ist auf der Suche nach einem Ausdruck von spezifisch deutschen Werten in der industriellen Produktion, um sich im Weltmarkt Wettbewerbsvorteile zu verschaffen. Betrachtet man den Handelskrieg zwischen England und Deutschland, kann man die Standardisierung von Produkten wohl als preußische Tugend interpretieren.

Die Frage der Gestaltung wird im internationalen Wettbewerb umso wichtiger, als es mit vielen technischen Erfindungen wie dem Telefon, der Schreibmaschine, der Nähmaschine und einer Vielzahl anderer elektrischer Geräte nun völlig neuartige Produkte gibt, die bald Einzug in die Haushalte immer breiterer Kreise finden und im fortschrittlichen Bürgertum ein Interesse an Technik und Formgebung wecken. Diesem fortgeschrittenen Stadium der Industrialisierung können sich die Künstler kaum noch entziehen. Auch die Reformbewegungen haben einen starken Einfluss. Und es zeigt sich etwas, was wir bis heute noch als Reaktion auf Protestbewegungen erleben: Die Industrie vereinnahmt die fortschrittlichen und die elitären Tendenzen, sobald sie der Ansicht ist, dass bestimmte Strömungen reif für den Massenmarkt sind. So finden die elitären handwerklichen Jugendstilformen sehr schnell ihren Weg in die industrielle Massenproduktion und werden, wie zuvor die historistischen Formen, als Imitate handwerklicher Kunst massenhaft in billig hergestellte Blechformen gestanzt. Deutlich zeigt sich hier etwas, was der Designhistoriker Gert Selle detailliert und kritisch in seiner „Geschichte des Design in Deutschland“ beschreibt: Die Arbeitsteilung erfährt eine neue Dimension. Nach der Trennung von Entwurf und Ausführung erfolgt jetzt die Trennung von Entwerfer und Produzent – oder anders gesagt: die Industrie kopiert und beutet die kreative Leistung der Künstler honorarfrei aus. (Selle, 1992, S. 102 ff.) Es zeigt sich, dass man die stilistischen und ästhetischen Merkmale eines Stils übernehmen kann, ohne dabei die sozialen Ansprüche der Reformbewegungen berücksichtigen zu müssen. Jetzt ist die Zeit, in der sich die Künstler entscheiden müssen, ob sie Entwürfe für die industrielle Massenproduktion erstellen oder als Kunsthandwerker arbeiten wollen. Es zeigt sich zu diesem Zeitpunkt aber bereits, dass die äußere Form von Industrieprodukten nicht, wie früher und später ebenfalls noch oft behauptet, moralisch oder unmoralisch ist und dass es nicht automatisch handwerkliche oder industrielle Formen gibt, sondern dass man bestenfalls in der Formgebung eine bestimmte Haltung semantisch zum Ausdruck bringen kann, deren Bedeutung nicht allein durch ihre Produktionsweise bedingt ist. Auch die Industrieformen sind mindestens zum gleichen Anteil von Ausdruckswillen wie von produktionstechnischen Vorgaben bestimmt. Ihre Aufgabe wird es, ein formales Ausdrucksmittel moderner Technik zu finden. Die zunehmende formale Abstraktion, die gleichzeitig mit dem Bekenntnis zur Industrie stattfindet, ist ein symbolisches Bekenntnis zur Zeit.

Entscheidung und Übergang findet man jetzt überall. Joseph Maria Olbrich, der 1899 zur Darmstädter Künstlerkolonie gegangen ist, hat dort zunächst kunsthandwerklich gearbeitet. 1907 entwirft er Automobilkarosserien für Opel. Richard Riemerschmid ist zunächst ein Anhänger der Arts-and-Crafts-Idee. 1906 stellt er seinen ersten „Maschinenstuhl" vor, der aus standardisierten und zusammengeschraubten Einzelteilen besteht. Und Peter Behrens, zunächst Mitbegründer der Münchener Werkstätten und später ebenfalls bei der Darmstädter Künstlerkolonie, wird zum Mitbegründer des Deutschen Werkbundes und zum ersten deutschen Industriedesigner, der für die AEG früh ein modernes Gesamterscheinungsbild entwirft.

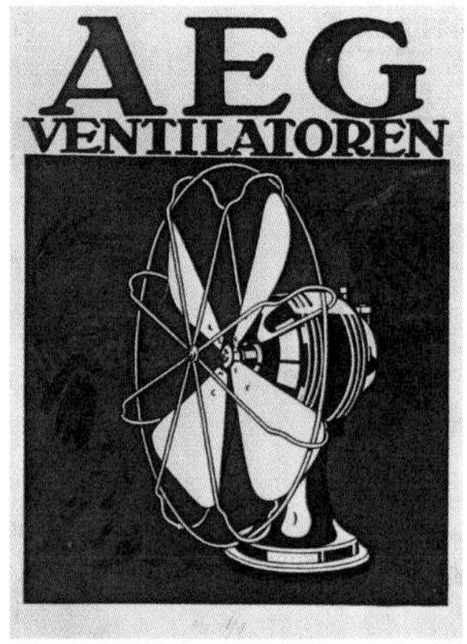

Peter Behrens, Umschlagentwurf für einen Ventilatorenprospekt, um 1908

Entwicklung des AEG-Logos: vom kaum lesbaren Historismus-Entwurf aus dem Jahr 1896, über den Jugendstil, bis zum sachlichen Entwurf von Peter Behrens

Peter Behrens und die AEG

Behrens ist von 1903 bis 1907 noch Direktor der Düsseldorfer Kunstgewerbeschule. Er hat sich in seinen vielseitigen Arbeiten – von der Grafik bis zur Architektur – bereits vom Jugendstil gelöst und zu sachlich-funktionalen Formen gefunden. Für die AEG soll er 1906 zunächst Werbematerial gestalten, wird dann aber ab 1907 für die gesamte Gestaltung in allen Firmenbereichen verantwortlich. Die AEG, 1883 von Emil Rathenau gegründet, ist 1907 neben der General Electric Company, Westinghouse und Siemens einer der weltweit führenden Elektrokonzerne, und die Ende des Jahrhunderts geradezu explodierende Elektroindustrie entwickelt sich zum Wirtschaftszweig der Zukunft. Die AEG stellt Dynamos, Turbinen, Transformatoren, Elektromotoren usw. für die Industrie her, aber verstärkt auch elektrische Geräte für den Haushalt: Glühbirnen, Ventilatoren, Uhren, Wasserkessel, Luftbefeuchter, Heizgeräte usw. Schon früh arbeitet die AEG nach amerikanischem Vorbild mit modernsten Maschinen und rationellen Organisations- und Produktionsmethoden. Die Firma wächst rasch, gründet Tochterunternehmen, Elektrobanken und Holdingge-

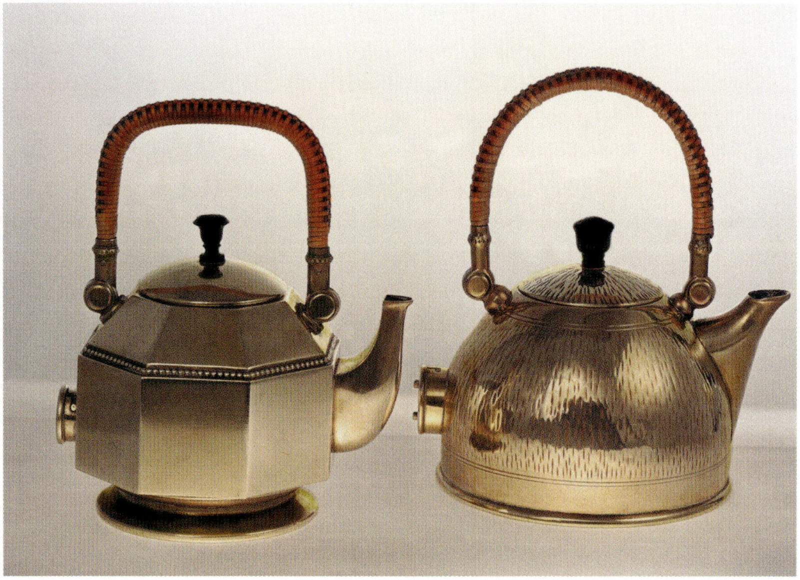

Peter Behrens, Elektrischer Tee- und Wasserkessel für die AEG, Berlin, 1909, Die Neue Sammlung München

sellschaften. 1910 hat die AEG bereits über 70.000 Angestellte. Das moderne, zukunftsorientierte Selbstverständnis des Unternehmens will man auch nach außen dokumentieren. Durch eine zeitgemäße, gelungene Gestaltung der Produkte soll dem schlechten Ruf deutscher Industrieerzeugnisse ebenso begegnet werden wie den noch bestehenden Berührungsängsten gegenüber den neuen Geräten. Aus diesem Grund engagiert Rathenau 1907 Peter Behrens als künstlerischen Beirat.

Behrens revolutioniert in der Zeit von 1907 bis 1914 das gesamte Erscheinungsbild des Unternehmens. Er entwirft Kataloge, Preislisten und elektrische Geräte ebenso wie Arbeiterwohnungen, Messestände und Fabrikgebäude. Alles ansprechend für den Käufer, aber (oder gerade deshalb) in betont sachlicher und funktionsgerechter Form. Behrens strebt bei „allen Gegenständen, die auf maschinellem Wege hergestellt werden, eine innige Verbindung" von Kunst und Industrie an – ohne überflüssige Schnörkel und Ornamente. Sein Credo lautet:

> *„Gerade bei der Elektrotechnik handelt es sich nicht darum, die Formen durch verzierende Zutaten äußerlich zu verschleiern, sondern weil ihr ein vollkommenes Wesen innewohnt, die Formen zu finden, die ihren Charakter treffen."*
>
> *Peter Behrens, 1910*

Mit dieser sachlich-modernen Formensprache auf hohem künstlerischem Niveau will sich die AEG als Vertreterin einer jungen Industrie auch Ansehen im kulturellen Bereich verschaffen. Man hat erkannt, wie wichtig die Selbstdarstellung eines Unternehmens – vom Briefkopf bis zur Fabrikhalle – für die Absatzchancen auf dem Markt werden sollte. Die AEG wird durch die Arbeit

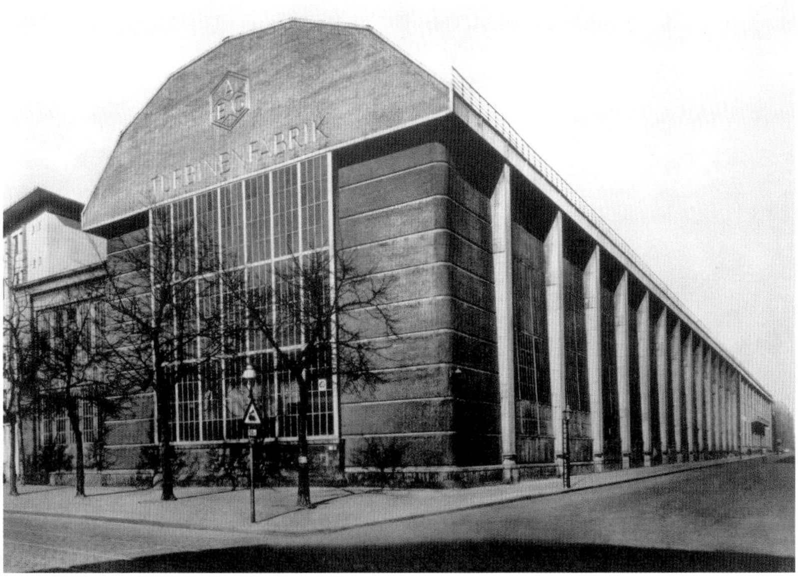

Peter Behrens, Turbinenfabrik der AEG, Tiergarten, Berlin, 1909

von Behrens weltweit zum ersten Unternehmen mit einer kompletten Corporate Identity, ein Beispiel, das noch lange ohne Nachfolge bleibt. Ein Beispiel, das noch etwas anderes zeigt: Behrens entwickelt nicht das Innenleben der Produkte. Das bleibt den Ingenieuren vorbehalten. Denn schon damals sind elektrische Geräte vergleichsweise komplex, sodass ihre Form nicht der Funktion entsprechen kann. Der Industriedesigner Behrens ist für die Gestaltung der Hülle verantwortlich. Seine Aufgabe ist es, ein formsprachliches Äquivalent für die technische Funktion und die Ideologie des Unternehmens zu finden. Der Übergang zum modernen Industriedesign hat marketingtechnische und wirtschaftspolitische Gründe.

Der Deutsche Werkbund

In Deutschland werden solche wirtschaftspolitischen Fragen schnell institutionalisiert. Dies geschieht vor allem durch den Deutschen Werkbund. Der Werkbund wird 1907 in München von Künstlern, Architekten, Unternehmern und Vertretern des öffentlichen Lebens gegründet. Sein Vorbild ist zwar noch die englische Arts-and-Crafts-Bewegung, jedoch mit einem wichtigen Unterschied: der Anerkennung der modernen industriellen Produktionsbedingungen. Der Deutsche Werkbund ist nicht maschinenfeindlich, sondern sucht die Reform auf dem Weg über die Industrie. Sein Ziel ist laut Satzung „die Veredelung der gewerblichen Arbeit im Zusammenwirken von Kunst, Industrie und Handwerk". Der Künstlerentwurf soll nicht die Alternative zum Industrieprodukt sein, sondern der Künstler soll für die Industrie arbeiten und qualitativ hochwertige Entwürfe für Industrieprodukte liefern. Deutsche Produkte sollen auf dem Weltmarkt wieder konkurrenzfähig gemacht werden, industrielle Massenware mit künstlerischem Anspruch gestaltet, qualitätvoll, schlicht und auch für Arbeiterhaushalte erschwinglich werden. Zu den Gründungsmitgliedern gehören u. a. Hermann Muthesius, Henry van de Velde, Peter Behrens, Karl Ernst Osthaus, der liberale Politiker Friedrich Naumann und Karl Schmidt, der Leiter der Dresdener Werkstätten, die sich schon auf ihrer Ausstellung 1906 für die industrielle Serienfertigung stark gemacht hatten und den hochwertigen avantgardistischen Entwurf als Marketingfaktor sehen.

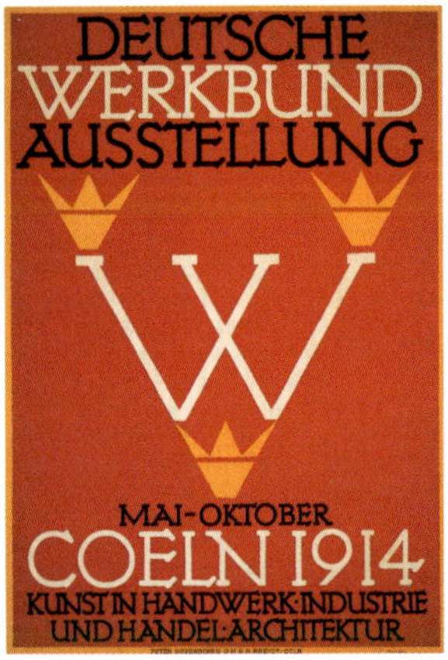

Plakat der Deutschen Werkbundausstellung, Köln 1914

Die zentrale Frage der Ornamentlosigkeit wird in diesem Zusammenhang im Werkbund übrigens immer kontrovers diskutiert und nicht von allen ideologisch gleich aufgefasst. Bruno Paul bietet selbst auf der Werkbundausstellung von 1914 noch neoklassizistische Ornamentik, Muthesius lehnt demgegenüber selbst den Jugendstil ausdrücklich ab, weil es dabei lediglich um einen ästhetischen Paradigmenwechsel geht und nicht um ein Verhältnis des Künstlers zur Produktion. Vertreter der deutschen Wirtschaft, wie Friedrich Naumann, halten sich dabei durchaus alle Möglichkeiten offen, um flexibel auf die Nachfrage des Weltmarktes reagieren zu können. Der Deutsche Werkbund ist in dieser Frage ebenso wie in der nach der Typisierung der Form stets sehr heterogen, das zeigt sich bei vielen Kongressen und Ausstellungen.

Seinen größten Einfluss erlangt der Werkbund dann 1914 mit der berühmten Werkbundausstellung in Köln. Diese Ausstellung ist nicht nur für den Werkbund ein wichtiges Großereignis, sondern auch für die Stadt Köln. Auf einem riesigen Ausstellungsgelände von 350.000 Quadratmetern ist eine Vielzahl von Musterhäusern zu sehen, darunter die Modellfabrik von Walter Gropius, das Glashaus von Bruno Taut, das Werkbund-Theater von Henry van de Velde und das Österreichische Haus von Josef Hoffmann. Außerdem sind zahllose Handwerks- und Gewerbeausstellungen zu sehen, Interieurs, Salons und Musterräume der verschiedensten Werkstätten. Teil der Ausstellung ist unter anderem ein Musterdorf, das Neue Niederrheinische Dorf, wo Denkmalschutz und Heimatpflege im Mittelpunkt stehen. Eine Ladenstraße, die zu einem besonderen Ausstellungskomplex gehört, befasst sich intensiv mit der modernen „Geschäftskultur", Ladeneinrichtungen, mustergültiger Werbung, Schaufenstergestaltung und Verpackungsmaterialien. Karl-Ernst Osthaus, der diesen Teil der Ausstellung betreut, sieht im modernen Kaufhaus und seinen Schaufenstern ein Medium der Volkserziehung. Schon 1913 stellt er fest: „Der Ladenbesitzer ist damit zum Volkserzieher geworden oder doch zum Mittler, von dem das Schicksal des Geschmacks in weiten Kreisen abhängt." Hier wird der Leitgedanke des Gesamtzusammenhanges zwischen Kunst, Handwerk und Industrie deutlich. Die Themen der einzelnen Ausstellungen sind dennoch ungeheuer vielfältig. Schwerpunkte sind Architektur und Inneneinrichtung, aber auch Kunst und Soziales, Arbeiterwohnungsbau, Fabrik- und Bürogebäude, Kino und Theater bis hin zur Gartengestaltung, zu Grabanlagen und Mustersärgen. Ein weiterer Bestandteil der Schau ist ein großer Vergnügungspark mit Restaurants, Cafés, einer Berg- und Talbahn, einem Hippodrom, einer Rodelbahn, Schießständen, Bier-Kneipen, Bratwurstbuden und vielen anderen Attraktionen. Denn für die Stadt Köln ist die Werkbundausstellung ein wichtiger Bestandteil ihrer Strategie, sich als attraktives touristisches Ziel zu positionieren. Gilt Düsseldorf zu der Zeit als Kunstmetropole, so will man sich in Köln als Ausstellungs- und Messestadt präsentieren. Für den Werkbund wird die Veranstaltung zum Erfolg. Thematisch und qualitativ ist sie jedoch so breit gefächert, dass kritische Stimmen laut werden: Wichtige Teile der Ausstellung seien in der Masse von Belanglosigkeiten untergegangen, programmatische Positionen dem Kommerz geopfert worden. Finanzielle und politische Querelen bleiben ebenfalls nicht aus.

1914 erreicht auch eine Auseinandersetzung ihren Höhepunkt, die den Werkbund von Beginn an in zwei Lager geteilt hat: der Streit über die Frage der Typisierung. Das eine Lager wird vertreten durch Hermann Muthesius. Der Architekt ist um die Jahrhundertwende einer der wichtigsten Förderer der modernen Architektur und Gestaltung in Deutschland. Er ist von 1896 bis 1903 Kulturattaché an der deutschen Botschaft in London und lernt dort das Gedankengut der bürgerlichen Reformbewegungen kennen, das er in Deutschland durch Vorträge und Veröffentlichungen propagiert. Er ist nicht nur Kritiker des Historismus, sondern auch des Jugendstils und der Rückwendung zum Handwerk. Muthesius tritt vehement für eine moderne industrielle Produktionsweise ein.

Er vertritt die Ansicht, nur durch Typisierung des Entwurfs könne man brauchbare Industrieformen schaffen, preiswerte Serienprodukte mit langer Lebensdauer. Seine Überzeugung ist: „Nur mit der Typisierung, die als Ergebnis einer heilsamen Konzentration aufzufassen ist, kann wieder allgemein geltender, sicherer Geschmack Eingang finden."

Die gegnerische Position, die der handwerklichen Ausrichtung, wird vertreten durch Henry van de Velde. Er verteidigt die individuelle Entwurfsarbeit des Künstlers und vertritt die Ansicht: „Solange es noch Künstler im Werkbund geben wird und solange diese noch Einfluss auf dessen Geschicke haben werden, werden sie gegen jeden Vorschlag eines Kanons oder einer Typisierung protestieren."

Dieser Streit um die Frage nach der maschinellen oder handwerklichen Produktion, treibt die Diskussion, die schon von William Morris angestoßen worden ist, auf die Spitze und macht sie neben der Frage der Ornamentlosigkeit zur zentralen Frage der Moderne und des Designs.
Sie wird durch den Ausbruch des Ersten Weltkriegs unterbrochen. Danach hat sich die Frage von selbst erledigt. Denn während noch die Werkbundmitglieder aufgebracht über die Frage der Typisierung diskutierten, wird nur drei Jahre später, 1917, der Normenausschuss der deutschen Industrie gegründet, um

Hermann Muthesius (1861–1927) ist einer der wichtigsten Förderer der modernen Architektur und Gestaltung in Deutschland. Als Mitbegründer des Deutschen Werkbunds ist er nicht nur ein Kritiker des Historismus, sondern auch des Jugendstils. Er tritt vehement für eine moderne industrielle Produktionsweise ein. Muthesius ist von 1896–1903 Kulturattaché an der deutschen Botschaft in London und lernt dort das Gedankengut der bürgerlichen Reformbewegungen kennen, das er in Deutschland durch Vorträge und Veröffentlichungen bekannt macht. Muthesius gehört zu den Begründern der Gartenstadtbewegung und ist auch einer der Hauptprotagonisten der Kunstgewerbereformen in Deutschland. Als Geheimrat des Preußischen Handelsministeriums ist er bis 1926 für die Reform der Kunstgewerbeschulen zuständig. Sein striktes Eintreten für Sachlichkeit und industrielle Produktionsweise führt den Werkbund im Werkbundstreit von 1914 in eine tiefe Krise.

einheitliche Standards für die Zulieferer der Streitkräfte zu schaffen und so die Rüstungsindustrie im Ersten Weltkrieg zu rationalisieren.

Nach Kriegsende 1918 wendet sich der Deutsche Werkbund, wie andere Gruppierungen auch, unter dem Eindruck wachsender sozialer Probleme, dem Arbeiterwohnungsbau und preiswerten Einrichtungsgegenständen zu. Gipfel dieser Bestrebungen ist die berühmte Werkbundausstellung „Die Wohnung" mit der Weißenhofsiedlung in Stuttgart 1927. Diese Ausstellung wurde zum internationalen Forum der Vertreter der Moderne und des neuen Bauens. Dieses ist im Werkbund ebenfalls umstritten, und die Konservativen unter seinen Mitgliedern begrüßen schließlich sogar die vorschnelle Gleichschaltung im Nationalsozialismus. Der nach dem Zweiten Weltkrieg gegründete Werkbund besteht bis heute, erlangt aber nie wieder seine einstige Bedeutung.

Über die Schwelle zur Moderne – aber wie?

Spricht man vom Design an der Schwelle zur Moderne, dann geht das zunächst einfach über die Lippen. Aber welche Schwelle wird da überschritten? Historismus und Jugendstil werden formal überwunden und statt der Frage nach dem Stil und dem richtigen Ornament wird die Frage der Konstruktion und der Funktion in den Mittelpunkt gestellt, vor allem auch danach, wie man das Bewusstsein der neuen Zeit und mit ihr der industriellen Fertigung für den Massenmarkt in der Gestaltung sichtbar macht.

Der Verzicht auf das Ornament wird meist zum Mittel der Wahl – und dabei wird der Verzicht selbst zum Symbol. Oder es werden die Materialeigenschaften, Oberflächenstrukturen und Konstruktionsmerkmale wie Nieten, Schrauben, oder Beschläge ästhetisiert und als dekoratives Element wie ein „Ersatzornament" eingesetzt. Die Entwicklungen in Europa und den USA zeigen eine gewisse Ambivalenz im Umgang mit dem Ornament und dem Begriff der Funktion. Der häufig postulierte völlige Verzicht auf das Ornament, die Definition einer gültigen Maschinenform für ein Produkt oder die Orientierung an der reinen Zweckform fällt schwer, und es zeigt sich, dass es offensichtlich gar nicht möglich ist, von einem allgemeingültigen, zwingenden und monokausalen Zusammenhang zwischen Form und Funktion zu sprechen. Selbst vehemente Gegner des Ornaments und Vertreter der frühen Moderne, wie Wagner, Loos, Sullivan oder Wright, lassen das Ornament in bestimmten Zusammenhängen zu, weil sie ihm durchaus eine symbolische oder semantische Funktion im Hinblick auf ihren Zweck zubilligen. Ihre theoretischen Schriften sind bisweilen nicht nur etwas schwer verständlich, sondern auch widersprüchlich im Hinblick auf ihre tatsächliche Umsetzung. Die einsetzende Moderne ist geprägt durch manifestartige Schriften und Äußerungen, die naturgemäß häufig pointiert oder polemisch gehalten und daher offen für Interpretationen und Missverständnisse sind.

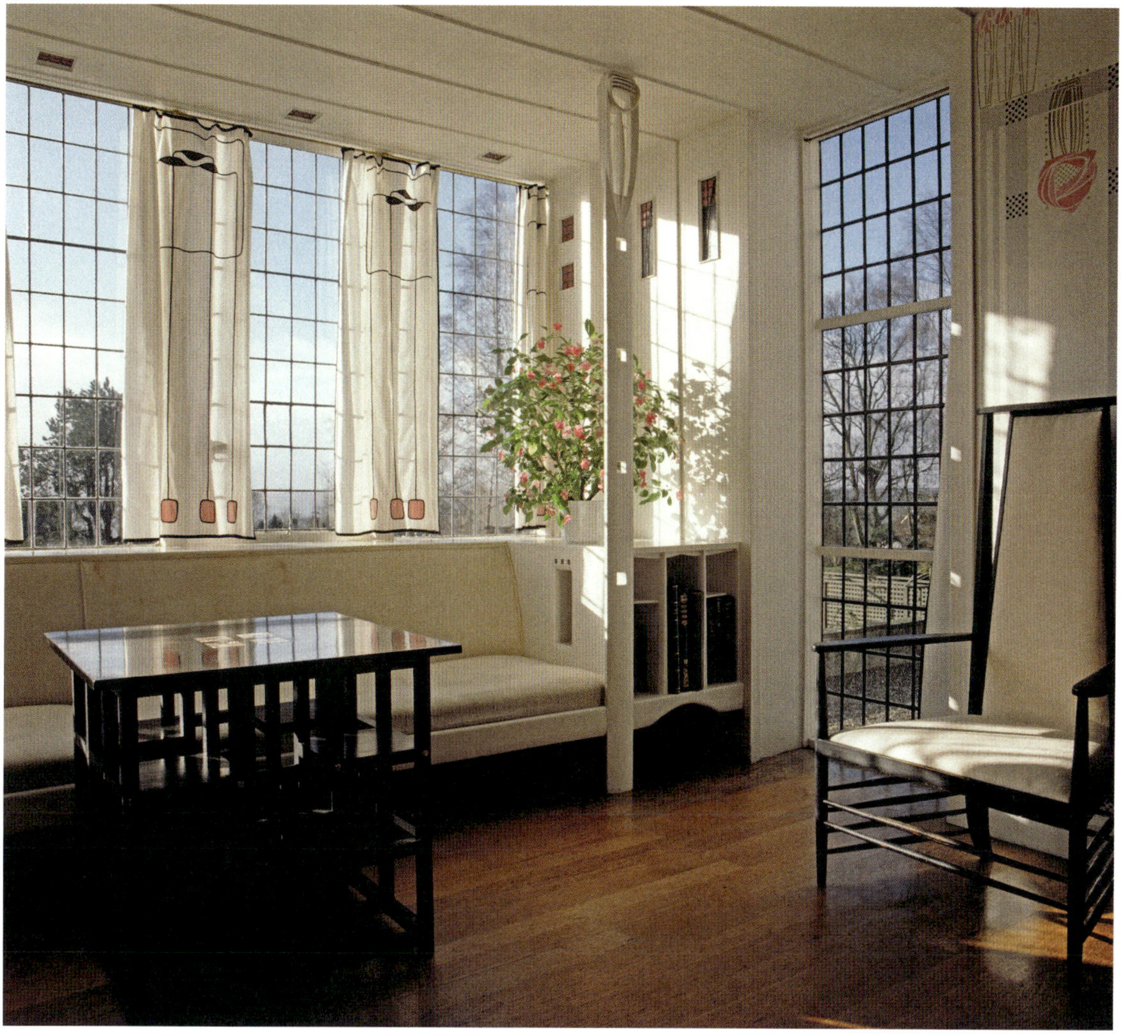

Kaum weniger einfach lässt sich das Bekenntnis zur industriellen Serienfertigung als entscheidendes Merkmal der Moderne heranziehen. Sind es doch gerade die massenhaft in Serie gefertigten Scheußlichkeiten des Historismus, die man bekämpft. Andererseits entwerfen viele der Reformer auch handwerkliche Einzelstücke für wohlhabende Kunden.

Auch die Rolle des Entwurfs ist keine eindeutige. Wer entwirft den neuen Gebrauchsgegenstand? Ist es der Künstler oder der Ingenieur? Das Selbstverständnis des Designers ist in der Moderne und bis heute besonders ausschlaggebend und vor allem sehr unterschiedlich. Dies sind einige der Fragen, die bereits früh deutlich machen, dass das Hauptmerkmal der Moderne auch im Design ihre Vielschichtigkeit und sie deshalb als Stilbegriff eigentlich unbrauchbar ist.

Charles Rennie Macintosh, Hill House, Salon, Helensburgh, Dunbartonshire, Schottland, 1902–04
Während Macintosh hier noch Gebäude und Inneneinrichtung gestaltet und dem Salon mithilfe eines zurückhaltenden, stilisierten floralen Motivs einen einheitlichen Rahmen verleiht, bestimmen in den folgenden Jahrzehnten die Fragen nach dem Verzicht auf das Ornament und die Aufgabe des Gestalters die Designgeschichte.

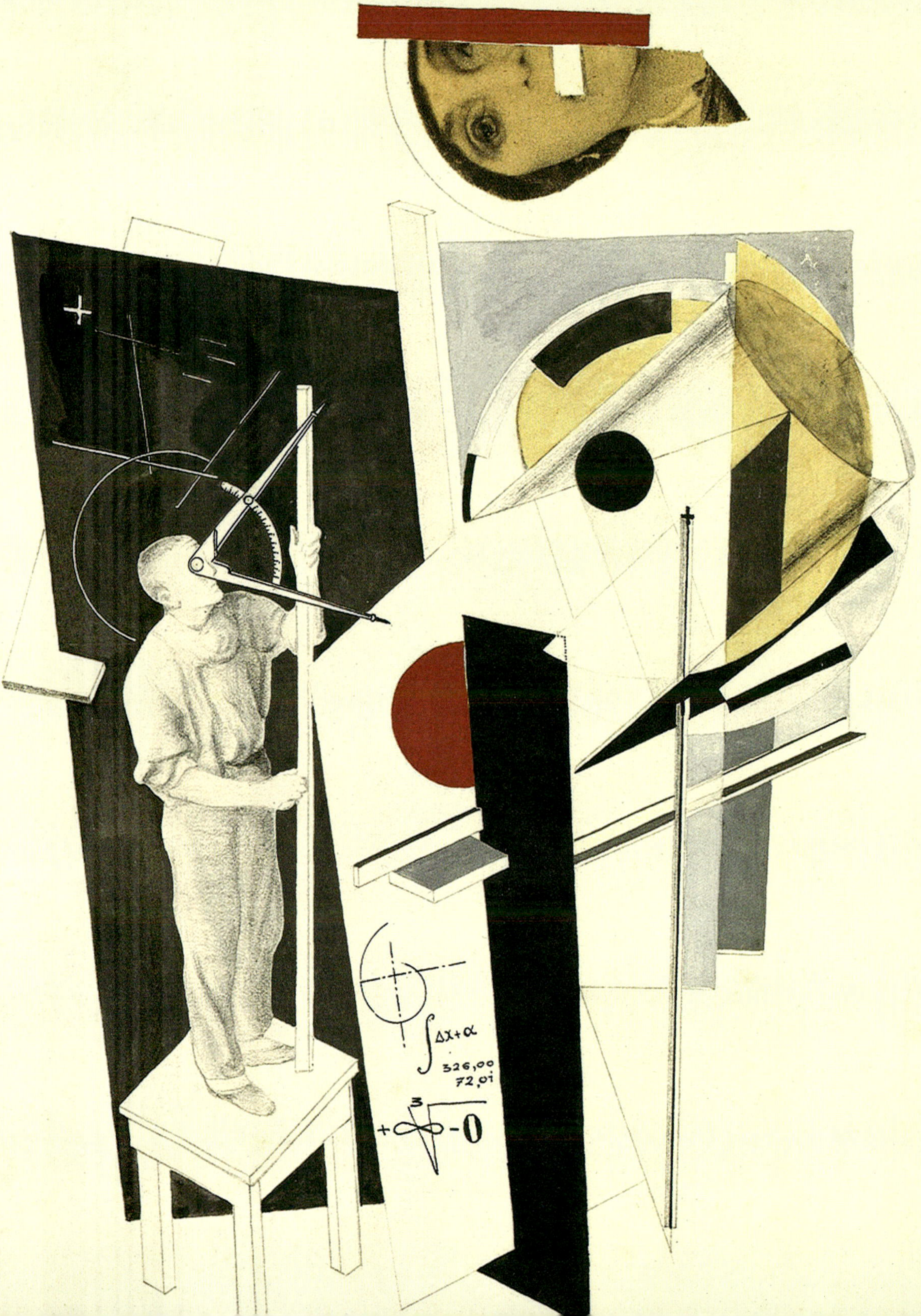
∫Δx+α
326,00
72,01

REVOLUTION UND AVANTGARDE

Kunst und Design auf dem Weg in die Industriegesellschaft

Die Kunst ins Leben – eine gestalterische Internationale

Die Zeit zwischen den Weltkriegen ist geprägt von tiefgreifenden gesellschaftlichen und wirtschaftlichen Umbrüchen in den Industriestaaten. Die Industrialisierung zeigt mit der Massenfabrikation und der Entstehung der kapitalistischen Klassengesellschaft inzwischen deutliche Auswirkungen. Der Kampf um die Vormachtstellung auf dem Weltmarkt hat die Industrie- und Kolonialmächte in den Ersten Weltkrieg getrieben. Dieser Krieg ist ein Krieg, der nicht nur die europäischen Machtverhältnisse verändert, sondern mit den Revolutionen in Russland (1917) und Deutschland (1918) auch das Ende alter politischer und gesellschaftlicher Strukturen besiegelt und somit die politische Weltordnung verändert. Und es ist ein Krieg, der die industrialisierte Massentötung mit mechanischen und chemischen Waffen auf höchstem technischem Niveau exerziert. Die Frage nach der industriellen Produktion muss jetzt nicht mehr diskutiert werden, der Krieg hat sie beantwortet. Die technologischen und wissenschaftlichen Bedingungen der Industrieproduktion sind gegeben: Standardisierung in der Produktion und Taylorisierung in der Organisation. Sie und der künstlerische Äußerungswille der Avantgarden werden in der Folgezeit zu sich wechselseitig bedingenden Faktoren der Gestaltung, und dabei wird man kaum sagen können, welcher dieser Aspekte die Ästhetik der industriell hergestellten Gegenstände mehr beeinflusst.

El Lissitzky, Tatlin bei der Arbeit am Denkmal der III. Internationale, 1922, Collage Für die Avantgardisten der 1920er Jahre gehörte der Zirkel zu den Insignien modernen Künstlertums. Der Künstler wurde zum Künstleringenieur, Lissitzky stellt Tatlin folglich auch in Handwerkerkleidung dar.

Dazu kommt: Viele der ehemals geltenden Konventionen der feudalen und auch der bürgerlichen Gesellschaft sind nach diesem Krieg nicht mehr gültig, was in den verschiedensten gesellschaftlichen Bereichen zu einer bisher nicht gekannten Orientierungslosigkeit führt. Auch der bürgerliche Kunstbegriff, der nicht nur die Kunst vom Leben getrennt, sondern auch das schöpferische Individuum gefeiert hatte, wird nach der Erfahrung des Ersten Weltkriegs als überwunden angesehen und mit ihm die Institutionen und Konventionen des Kunstbetriebs. Jetzt, nach dem Krieg und der Revolution, entwickelt sich in der künstlerischen Avantgarde ein umfassendes Bestreben zum Aufbau einer neuen, klassenlosen Gesellschaft, in der Hand- und Kopfarbeit, Kunst und Technik miteinander versöhnt werden sollen. Die Künste selbst sollen nicht mehr in freie und angewandte Kunst unterteilt werden. Der Künstler soll als Universalgestalter reformerisch und erzieherisch wirken. Die Vertreter der Avantgarde sehen in einer von der Technik beherrschten Welt neue Aufgaben für die Kunst und damit die Möglichkeit zur gesellschaftlichen Veränderung. Die Avantgardekünstler betätigen sich auf den verschiedensten Gebieten der Gestaltung, entwerfen Plakate, Buchumschläge, neue Typografie, konstruieren Möbel und andere Gebrauchsgegenstände und schaffen utopische Architektur- und Städtebauentwürfe. Es wird also nicht mehr die Frage nach handwerklicher Produktion oder Industrieproduktion gestellt, sondern es wird nach der Rolle des Künstlers in Industrie und Gesellschaft gefragt sowie nach neuen theoretischen und ästhetischen Grundlagen für die Kunst.

Schon vor dem Krieg haben die künstlerischen Avantgardebewegungen, der Kubismus, der Futurismus und der Konstruktivismus, mit ihren Abstraktionsbestrebungen die ästhetischen Vorbilder für die Gestaltung von Industrieprodukten geliefert. Diese beruhen einerseits auf modernen wissenschaftlichen Methoden oder geben der modernen Wissenschaft und Technik einen ästhetischen Ausdruck. Andererseits gehen sie auch mit solchen formalen Vereinfachungsbestrebungen in der Produktgestaltung einher, die vorgeben, sich an der Rationalisierung der Produktionsprozesse zu orientieren.

Der Kubismus führt die Konzentration auf geometrische „kubische" Grundformen, die schon bei Paul Cézanne begonnen hat, auf wahrnehmungspsychologische Erkenntnisse beispielsweise von Henri Bergson oder Hermann von Helmholtz zurück, und der Theoretiker des Kubismus, Daniel Henry Kahnweiler, schreibt: „Kein Gebäude schafft der Mensch, kein Gerät, dessen Linien nicht regelmäßig wären. Hier, in der Architektur und Tektonik bilden denn auch Kubus, Sphäre und Zylinder die stetigen Grundformen […] Sie sind unsere Sehkategorien." Auch andere Zeitgenossen, Kunstkritiker und Philosophen erkennen die wissenschaftlich-moderne Vorgehensweise der Kubisten. Die analytische Zerlegung der gegenständlichen Wirklichkeit in der Kunst ist der analytischen Betrachtung eines Stuhles, wie sie bei der De-Stijl-Gruppe und später im Bauhaus betrieben wird, verwandt.

Die italienischen Futuristen verherrlichen schon kurz nach der Jahrhundertwende den Krieg, die Geschwindigkeit und die Schönheit der Technik. Aus Filippo Tommaso Marinettis Manifest des Futurismus, das im Februar 1909 im Pariser „Le Figaro" erscheint, wird wohl am häufigsten der Satz zitiert: „Ein Rennwagen […] ist schöner als die Nike von Samothrake." Liest man das Manifest ganz, findet man ausgesprochen radikale Standpunkte: „9. Wir wollen den Krieg verherrlichen – diese einzige Hygiene der Welt – , den Militarismus, den Patriotismus, die Vernichtungstat der Anarchisten, die schönen Ideen, für die man stirbt, und die Verachtung des Weibes. / 10. Wir wollen die Museen, die Bibliotheken und die Akademien jeder Art zerstören und gegen den Mo-

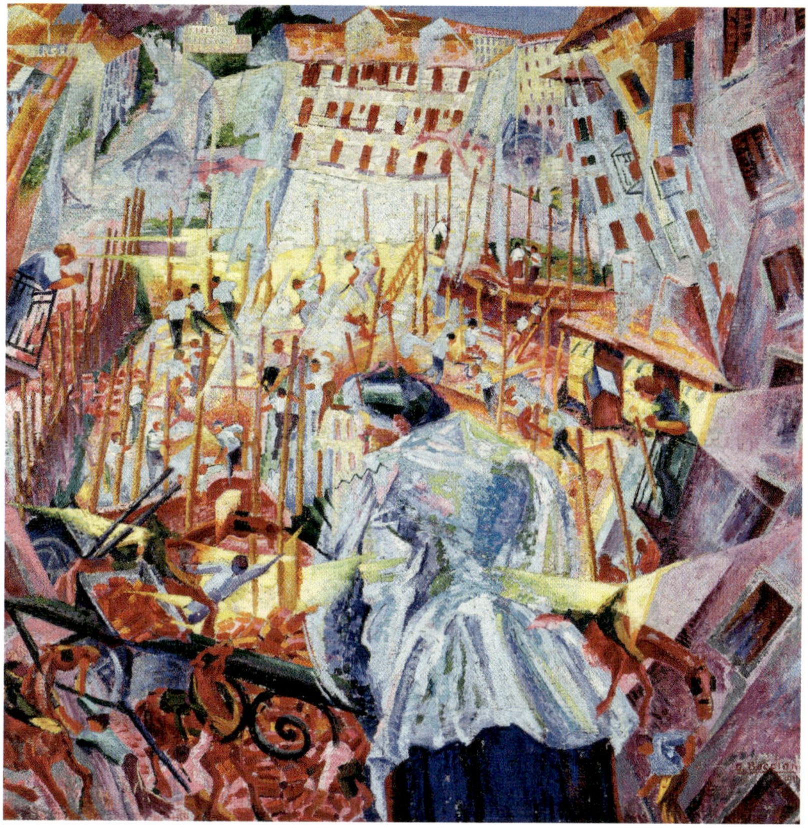

Umberto Boccioni, Der Lärm der Straße dringt ins Haus, 1911, Öl auf Leinwand, 100 x 100,6 cm, Sprengel Museum, Hannover, Deutschland

ralismus, den Feminismus und gegen jede Feigheit kämpfen, die auf Zweckmäßigkeit und Eigennutz beruht. / 11. Wir werden die großen Menschenmengen besingen, die die Arbeit, das Vergnügen oder der Aufruhr erregt; besingen werden wir die nächtliche, vibrierende Glut der Arsenale und Werften, die von grellen elektrischen Monden erleuchtet werden; die gefräßigen Bahnhöfe, die rauchende Schlangen verzehren; die Fabriken, die mit ihren sich hochwindenden Rauchfäden an den Wolken hängen; die Brücken, die wie gigantische Athleten Flüsse überspannen, die in der Sonne wie Messer aufblitzen; die abenteuersuchenden Dampfer, die den Horizont wittern; die breitbrüstigen Lokomotiven, die auf den Schienen wie riesige, mit Rohren gezäumte Stahlrosse einherstampfen, und den gleitenden Flug der Flugzeuge, deren Propeller wie eine Fahne im Winde knattert und Beifall zu klatschen scheint wie eine begeisterte Menge."

Die radikale Ablehnung alles Alten, die Begeisterung für alles Neue ist bei den Futuristen von der Faszination für die moderne Technik ausgelöst und schafft dabei gleichzeitig eine zunächst höchst nihilistische Anschauung, aber damit die Voraussetzung für ein ästhetisches Empfinden, dass später für die Gestalter der neuen Produkte zum Paradigma wird. „Das Neue" wird für die Vertreter des Futurismus und auch der anderen Avantgardebewegungen nun zum Wertmaßstab an sich. Alles muss jetzt neu geschaffen werden: die Ästhetik, die Technik, der Mensch, die ganze Gesellschaft. Der Futurismus schafft mit seinem radikalen Manifest außerdem ein Instrument, das als politische Äußerung, Provokation und Tabubruch für die folgenden avantgardistischen Bewegungen in der Kunst und im Design zum Vorbild wird. Manifeste werden fortan die Erneuerungsbestrebungen in Architektur, Kunst und Design formulieren.

Wassily Kandinsky (1866–1944) Der russische Maler war einer der bedeutendsten Vorreiter der abstrakten Malerei und wichtiger Impulsgeber der Moderne. In Moskau absolviert er zunächst ein Wirtschaftsstudium, lernt 1895 jedoch in Paris die Malerei des Impressionismus kennen und wendet sich der Kunst zu. 1909 gründet er in München die Neue Künstlervereinigung München und zusammen mit Franz Marc 1911 die Künstlergruppe Der Blaue Reiter. Während des Ersten Weltkriegs lebt Kandinsky in Russland, 1921 kehrt er nach Deutschland zurück, wo er bis 1933 am Bauhaus lehrt. Nach dessen Schließung lebt er in Paris. Seine Werke „Über das Geistige in der Kunst" (1911) und „Punkt und Linie zur Fläche" (1926) werden zu wichtigen theoretischen Grundlagen der abstrakten Kunst.

In den russischen Kunstbewegungen des Suprematismus und Konstruktivismus werden Konstruktion und Materialeigenschaften zu den wichtigsten Faktoren in der Gestaltung.

Die Befreiung der Kunst vom Abbildcharakter, die in Russland von Wassily Kandinsky eingeleitet worden war, ist auf ihre Art ebenso revolutionär wie die politischen Umwälzungen. Die Avantgardekünstler feiern eine auf ungegenständliche Formen reduzierte, dynamische Ästhetik des Maschinenzeitalters und auch viele bildungsbürgerliche und fortschrittliche Haushalte sind inzwischen von den ästhetischen Aspekten der Technik fasziniert.

Diese neuen Gedanken der Avantgarde in der Sowjetunion, in Deutschland, den Niederlanden, in ganz Europa, sind eine Folge der gemeinsamen Erfahrung der Industrialisierung, der Kritik an der bürgerlichen Gesellschaft und ihrer Institutionen, der Kolonial- und Machtpolitik der jungen Industriestaaten und des Ersten Weltkriegs, und sie sind in-

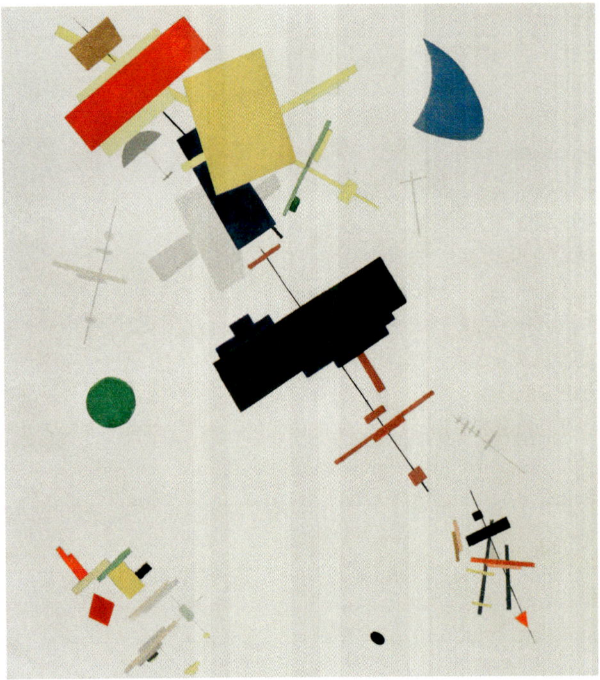

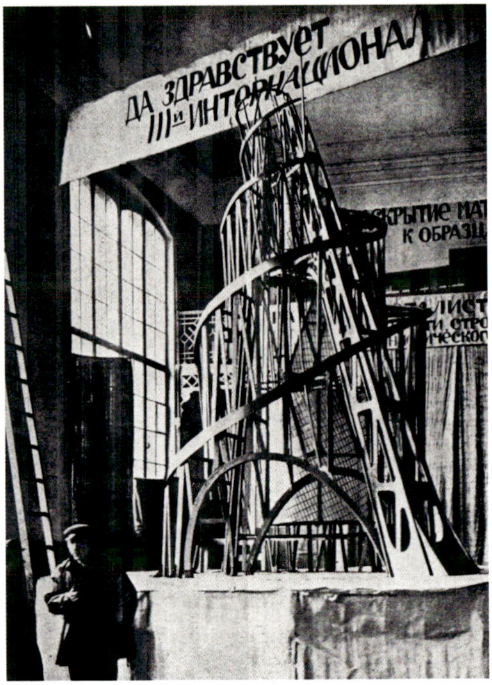

ternational. Die Avantgardebewegungen stehen über Ausstellungen, Zeitschriften und Vorträge in regem Austausch, um die Vorstellungen einer neuen internationalen Einheit von Kunst und Leben zu propagieren. Im ersten Manifest der Gruppe De Stijl liest sich das so: „Die Künstler der Gegenwart haben, getrieben durch ein und dasselbe Bewusstsein in der ganzen Welt, auf geistlichem Gebiet teilgenommen an dem Weltkrieg, gegen die Vorherrschaft des Individualismus, der Willkür. Sie sympathisieren deshalb mit allen, die, geistig oder materiell, streiten für die Bildung einer internationalen Einheit in Leben, Kunst, Kultur." („De Stijl", Jg. 2, H. 1, 1918)

So etwa sind Kunst und Design der russischen Avantgarde ein wichtiges Propagandainstrument der Sowjetregierung und auf der Ersten Russischen Kunstausstellung 1922 in Berlin, der Exposition des Arts Décoratifs et Industriels Modernes 1925 in Paris und anderen internationalen Ausstellungen zu sehen. Die Vertreter des russischen Konstruktivismus beeinflussen in den folgenden Jahren die internationale Moderne im Design, die De-Stijl-Bewegung in den Niederlanden und das Bauhaus in Deutschland. Die wichtigsten Impulse für eine funktionale Ästhetik kommen aus der Kunst: Einfache geometrische Formen und eine auf Weiß, Schwarz, Grau und die Grundfarben reduzierte Farbigkeit prägen bis heute das Verständnis von modernem Design in aller Welt.

Russland nach der Revolution – Künstler in die Produktion

In der jungen Sowjetunion herrscht nach der Revolution von 1917 eine besondere Begeisterung für das Maschinenzeitalter. Denn die Industrialisierung bietet gleich auf mehreren Wegen die Möglichkeit, mit den alten feudalen Strukturen des Zarenreichs auch die überkommenen Produktions- und Wirtschaftsstrukturen zu überwinden.

Vertreter der russischen Avantgarde wie Wladimir Tatlin, Kasimir Malewitsch, Alexander Rodtschenko und El Lissitzky sehen ihre Tätigkeit nun im Dienst der neuen Gesellschaft. Sie gestalten Plakate, Zeitschriften und Buchumschläge, Straßen- und Theaterdekorationen als Propagandamittel für die Sowjetregierung. Sie entwerfen Gebrauchsgegenstände, Kleidung und Möbel, die sich durch ein hohes Maß an Standardisierung für die Massenproduktion der noch im Entstehen begriffenen russischen Industrie eignen sollen. Der alte individualistische Kunstbegriff und das handwerkliche Einzelstück sollen ersetzt werden durch die Ästhetik der Maschine und die Bedingungen der Massenproduktion. So rechtfertigen die Vertreter des Konstruktivismus ihre neue Theorie: „In die Fabrik! Wo das unerhörte Trampolin entwickelt wird, das dem Menschen den Sprung in die Weltkultur ermöglicht. Dieser Weg heißt KONSTRUKTIVISMUS. Die großen Verderber der menschlichen Natur – Ästheten und Künstler – haben die strengen Brücken dieses Weges zerstört und durch eine süßliche Narkose ersetzt: Kunst und Schönheit." Durch preiswerte Massenware

Kasimir Malewitsch, Suprematismus (Supremus Nr. 56), 1916, Öl auf Leinwand, 80,5 x 71 cm, Staatliches Russisches Museum, St. Petersburg

Wladimir Tatlin, Mit voller Kraft, Modell für das Monument der III. Internationale 0 10 (Tatlin-Turm)

will man den Lebensstandard der einfachen Bevölkerung verbessern. Die Entwürfe sollen nach der Theorie des Konstruktivismus den Erfordernissen der industriellen Fertigung und den Materialeigenschaften entsprechen. Tatsächlich aber entspringen sie der abstrakt-geometrischen Formensprache des Konstruktivismus und damit letztendlich doch dem künstlerischem Äußerungswillen.

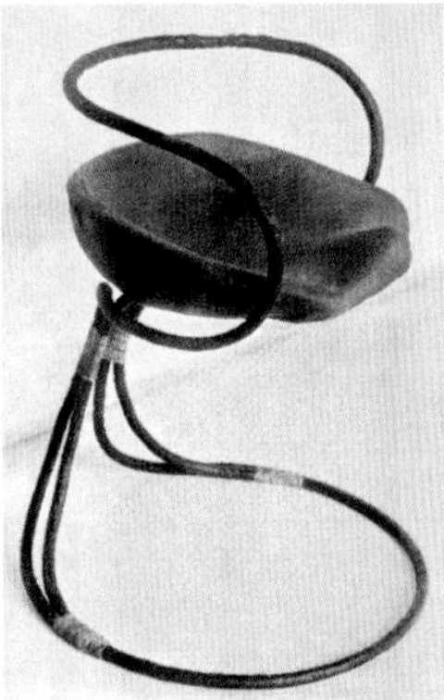

Der Konstruktivismus versteht sich dabei als eine Kultur der Materialien. Ähnlich wie die Kubisten schaffen die Konstruktivisten dreidimensionale Reliefs und Collagen. Doch Wladimir Tatlin geht über das französische Vorbild von Georges Braque und Pablo Picasso hinaus. Er führt neue Materialien in die Collage ein und bezieht den umgebenden Raum stärker in das Werk ein. Er ist der erste Künstler, der in solchem Ausmaß mit unterschiedlichen Materialien experimentiert und das Material, seine Eigenschaften und Konstruktionsmerkmale zum bildnerischen Element seiner Werke macht. Gleichzeitig lädt er aber auch rein ästhetische Formen mit Bedeutung auf, indem er sie zu Konstruktionsmerkmalen erklärt, die dem Material eigen sind oder den menschlichen Bedürfnissen entsprechen. Dabei geht Wladimir Tatlin einen ganz eigenen Weg, wendet sich gegen die geraden Linien der orthodoxen Konstruktivisten und verurteilt ihren „geometrischen Schematismus". Er selbst bevorzugt in der Kunst wie in der Gestaltung die gekrümmte Linie als Ausdruck der Spannung des Materials. Seine Forderungen an das Material und die Form von Gebrauchsgegenständen sind auf den ersten Blick funktioneller Natur und vor allem geprägt durch den Begriff der „Materialgerechtheit", der auch später immer wieder in der Designtheorie bemüht wird: „Die heutigen Möbelfabriken berücksichtigen bei der Konstruktion der einzelnen Möbeltypen überhaupt nicht die Bedürfnisse des menschlichen Körpers […] Der Mensch aber ist ein organisches Wesen, bestehend aus Skelett, Nerven und Muskeln. Infolgedessen ist es unerlässlich, dass ein Stuhl federt." (Wladimir Tatlin, 1929. Zit n. Gaßner, 1993, S. 55)

Tatsächlich geht Tatlin aber umgekehrt vor. Er verwendet, auch bei seinen Entwürfen für Gebrauchsgegenstände, vorzugsweise die Materialien, die sich den von ihm bevorzugten gewölbten und gekrümmten Formen anpassen lassen, wie Draht, Glas und Stahl. Doch schon beim Holz für den Bau von Stühlen stößt er an die Grenzen seiner Theorie der Materialgerechtheit, denn sowohl das kurvige Zurechtsägen wie auch das Bugholzverfahren, das er von Thonet übernimmt, sind im engeren Sinne nicht materialgerecht, sondern vielmehr eine relativ gewaltsame Verarbeitung mit hohem mechanischen oder chemischen Einsatz. So ist sein Gestaltungsansatz also eher geprägt vom Einhergehen der organischen Form, des ästhetischen Ausdrucks und der menschlichen Bedürfnisse als von dem Zusammenspiel zwischen Mate-

Wladimir Jewgrafowitsch Tatlin (1885–1953) besucht 1902/03 zunächst die Kunstfachschule für Malerei, Bildhauerei und Architektur in Moskau und studiert von 1905 bis 1910 an der Kunstakademie in Pensa. Er entwirft Bühnenbilder und Kostüme. 1914 reist er nach Berlin und Paris, wo er das kubistische Werk Picassos sieht. Nach seiner Rückkehr nach Russland beginnt Tatlin an eigenen Reliefs zu arbeiten. Im Mai 1914 präsentiert er in seinem Atelier die ersten Reliefs und Konterreliefs. Ab 1915 lebt er in Moskau und Petersburg und nimmt an zahlreichen Avantgarde-Ausstellungen teil. 1919 zieht er nach Petrograd (später Leningrad, heute Sankt Petersburg) und beginnt mit Entwürfen für das Denkmal der Dritten Internationalen. Im November 1920 wird das Modell in Moskau gezeigt. In den 20er Jahren entstehen die ersten Entwürfe für Gebrauchsgegenstände und Möbel. 1925 nimmt Tatlin an der Exposition des Arts Décoratifs et Industriels Modernes in Paris teil. 1925–27 ist er Dozent für Theater und Film am Kunstinstitut in Kiew und 1927–30 für Materialtheorie an der Abteilung für Holz- und Keramikbearbeitung des Höheren Staatlichen Künstlerisch-Technischen Instituts (WCHUTEIN). In den 1930er Jahren arbeitet er wieder als Bühnenbildner. In dieser Zeit kehrt er auch zur figürlichen Malerei zurück.

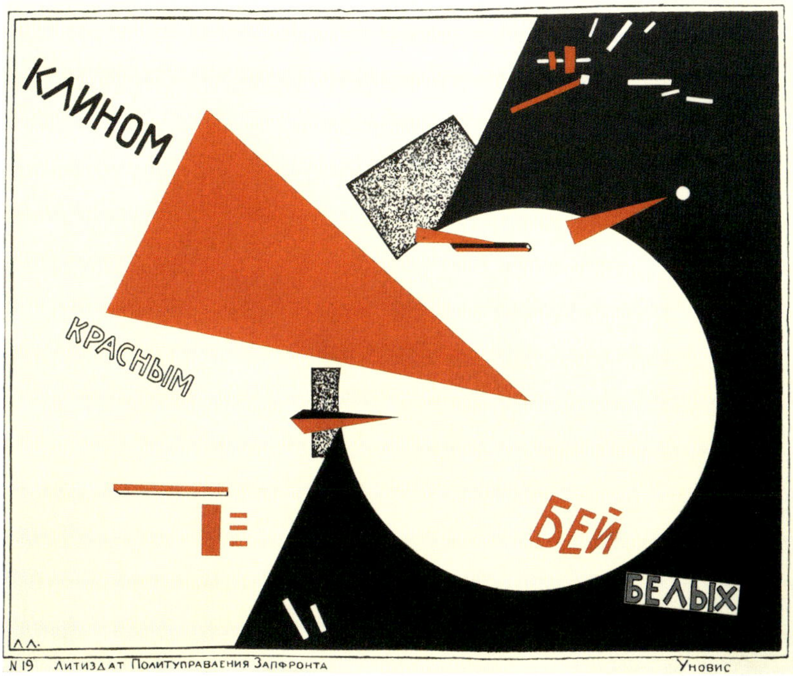

S. 98: Wladimir Tatlin und N. Rogoschin, Modell eines Stuhls, 1929
Tatlin verwandte für diesen Stuhl die Technik des Bugholzverfahrens, das er von den Thonet-Möbeln kannte. Es kam ihm dabei vorrangig darauf an, einen leichten und federnden Stuhl zu konstruieren, der dem menschlichen Körper bequemen Halt bot.

El Lissitzky, Schlagt die Weißen mit dem roten Keil, Bürgerkriegsplakat, 1919

rial und Produktionsprozess. Tatlin entwirft in den Zwanzigerjahren neben Theaterdekorationen und Kostümen auch einen Heizofen, Kleidung und Möbel, die preiswert, bequem und zweckmäßig sein sollen. Sein auf die menschliche Natur zielender Ansatz wird aber sowohl von offizieller politischer Seite als auch von anderen Konstruktivisten als reaktionär und künstlerisch individuell abgelehnt.

Unter den Künstlern der russischen Avantgarde ist El Lissitzky einer der vielseitigsten. Er wird 1890 geboren und gehört einer Generation an, die schon mit der modernen Technik aufwächst. 1926 stellt er über sich und seine Generation fest: „Wir sind in der Epoche der Erfindungen erzogen. Mit 5 Jahren hörte ich den Fonograph Edisons, - mit 8 […] die erste Trambahn, mit 10 das erste Kino, dann Luftschiff, Aeroplan, Radio.“ (zit. n. Hemken, 1990, S. 20). Ilja Ehrenburg kennzeichnete Lissitzkys Technik begeisterung sogar als Teil seiner Persönlichkeit: „Er (=N. Altmann, d. Vf.) kaufte sich ein Motorrad und ließ sich mit ihm fotografieren. Doch zog er es vor, nicht darauf zu fahren. […] Lisitzky – der wäre darauf gefahren. Er hätte sich das Genick gebrochen, wäre aber gefahren. Wie sollte er auch anders – Konstruktivismus.“ (zit. n. Hemken, 1990, S. 9). Die Forderung der revolutionären Führung, die Kunst in den Dienst der Gesellschaft zu stellen, aber noch vielmehr die Faszination durch die moderne

El Lissitzky (1890–1941) war einer der herausragenden Künstler der russischen Avantgarde. Von 1909–14 studiert er Architektur in Darmstadt, 1919 wird er Professor an der Kunstschule von Vitebsk, 1921 an der Kunstakademie in Moskau. In den 1920er und 30er Jahren gestaltet er zahlreiche Ausstellungen und arbeitet 1931–41 an der Zeitschrift „UdSSR im Bau“. Mit seiner Entwicklung des „Suprematismus“ beschränkt er sich nicht nur auf die abstrakte Malerei, sondern beschäftigt sich auch mit der Gestaltung von Werbegrafik und Büchern, mit Architektur und Stadtplanung. Lissitzky schafft auch die Verbindung der russischen mit der holländischen und deutschen Avantgarde. Er ist befreundet mit Kasimir Malewitsch und steht in regem Austausch mit der De-Stijl-Gruppe und dem Bauhaus.

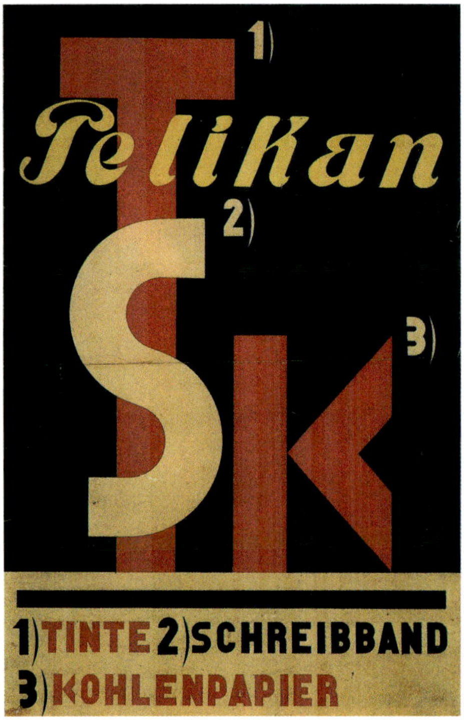

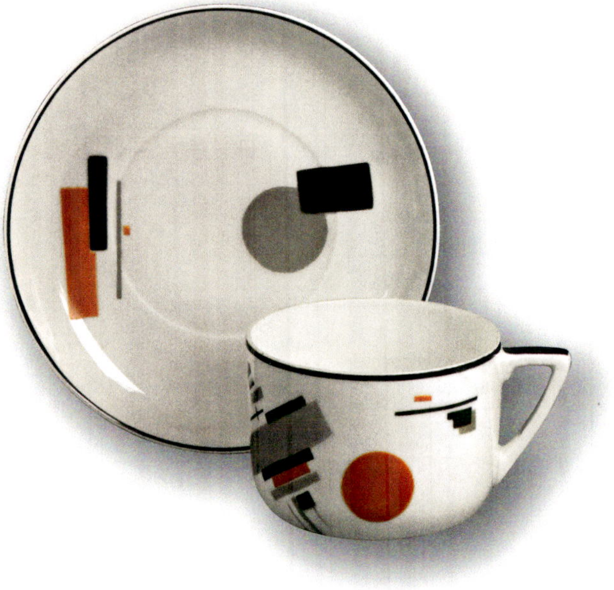

El Lissitzky, Plakat für die Pelikan AG, Hannover 1924

Konstantin Roschdestwensky, Tasse und Untertasse mit suprematistischem Dekor, Lomonossow-Porzellanmanufaktur, Leningrad/St. Petersburg

Technik und die Erkenntnisse der Wissenschaft, sind für ihn maßgebender Faktor der künstlerischen Gestaltung. In seinen Proun-Bildern überträgt er die suprematistische Formensprache Malewitschs, eine Art von Luftbildästhetik, in Architekturentwürfe für eine neue Stadt. Er experimentiert mit der Fotografie, entwirft Buchumschläge und Möbel, eigene Typographie und gestaltet Layouts für Zeitschriften und Bücher, wobei er die wahrnehmungspsychologischen Aspekte des Lesens und die Wirkung von Bildern und Gestaltungselementen wissenschaftlich analysiert. Bei seiner Arbeit bedient er sich der aktuellen Erkenntnisse der Mathematik und Physik, aber auch der Biologie und Psychologie.

Obwohl es für ihn als Künstler, der der sozialistischen Gesellschaft dienen will, auf den ersten Blick ungewöhnlich erscheint, beschäftigt sich Lissitzky auch mit der Gestaltung und Typografie der modernen Werbung. Denn so weltoffen ist er, dass er die Werbung in der modernen Industrie- und Konsumgesellschaft als legitimen Bestandteil der angewandten Künste akzeptiert: „Die Reklame ist in der heutigen Gemeinschaftsordnung eine Notwendigkeit geworden, eine Folge des Konkurrenzbetriebes. Die Reklame wirkt auf das Publikum durch die Mitteilung, – noch stärker durch Propaganda. – stärker noch selbst durch Suggestion.“ (zit. n. Hemken, 1990, S. 64) So arbeitet Lissitzky für den Skythen Verlag, einen russischen Buchverlag in Berlin, entwirft das Layout für die Zeitschrift „Gegenstand", für die amerikanische Zeitschrift „Broom" und andere Zeitschriften. Für das Pelikan-Werk in Hannover entwirft er zwischen 1923 und 1925 Werbematerialien, Plakate, Verpackungen und dreidimensionale Schaufensterobjekte. Die neuesten Erkenntnisse der Werbepsychologie und der Marktforschung sind dabei sein selbstverständliches Werkzeug. Auch Ausstellungs- und Museumsräume sieht Lissitzky als wichtige Gestaltungsaufgaben an, denn sie dienen der Kommunikation, Erziehung und Aufklärung. Er will neue Räume schaffen, in denen das Volk neue Kunst betrachten soll. Hier will er Standards setzen. Er gestaltet die sowjetischen Ausstellungspavillons auf internationalen Messen wie der Pressa 1928 in Köln und der Hygiene-Ausstellung 1930 in Dresden. Solche Ausstellungen dienen der Sowjetregierung als wichtiges Propagandainstrument zur Verbreitung der sozialistischen Kulturrevolution.

Über die internationalen Ausstellungen und Kongresse steht Lissitzky aber auch in Verbindung mit vielen Vertretern der Avantgarde in anderen Ländern. Durch seine Aufenthalte in Berlin und Hannover und durch weitere Kontakte ins Ausland verbreitet er die Ideen des Konstruktivismus und stellt wichtige Verbindungen zur De-Stijl-Gruppe, dem Bauhaus und zu den Dadaisten her.

Aufblühen der Massenagitationskunst – Design als Kommunikationsmittel

Die Einbindung von Wissenschaft und Technik, bildender und angewandter Kunst sowie der Architektur in die Propaganda des Sowjetsystems wird mit Beginn der Ausbildung planmäßig organisiert. Die meisten Künstler arbeiten oder lehren an den Höheren Staatlichen Künstlerisch-Technischen Werkstätten (WCHUTEMAS) bzw. ab 1927 am Höheren Staatlichen Künstlerisch-Technischen Institut (WCHUTEIN) in Moskau, wo es Abteilungen für Metall-, Holz-, Textil- und Keramikgestaltung gibt. Hauptbetätigungsfeld für die Gestaltung in der frühen Massenproduktion sind die Porzellan- und Textilindustrie, denn aufgrund ihrer massenhaften Verbreitung bieten gerade Geschirr und Stoffe die Möglichkeit, als Propagandaträger zu dienen und damit auch die große Zahl der damals leseunkundigen Menschen zu erreichen. Zu diesem Zweck wird unmittelbar nach der Revolution von 1917 die ehemalige Kaiserliche Porzellanmanufaktur wiederaufgebaut. Sie heißt zunächst „Staatliche", ab 1925 „Lomonossow-Porzellanmanufaktur" und bietet jungen Künstlern Gelegenheit, einerseits Erfahrungen in der Produktion zu sammeln und andererseits ihre Arbeit in den Dienst der Revolution zu stellen. Ihr künstlerischer Leiter ist von 1918 bis 1923 und von 1925 bis 1927 Sergei Tschechonin. In der künstlerischen Abteilung arbeiten zeitweise Wassily Kandinsky, Wladimir Lebedew, Nikolai Sujetin und Kasimir Malewitsch. Viele der Geschirre tragen zunächst suprematistische oder konstruktivistische Muster, werden aber später, nach Einführung der „Neuen Ökonomischen Politik" 1921 und verstärkt ab Ende der 20er Jahre, als sich die Macht Stalins immer mehr stabilisiert, gegenständlich

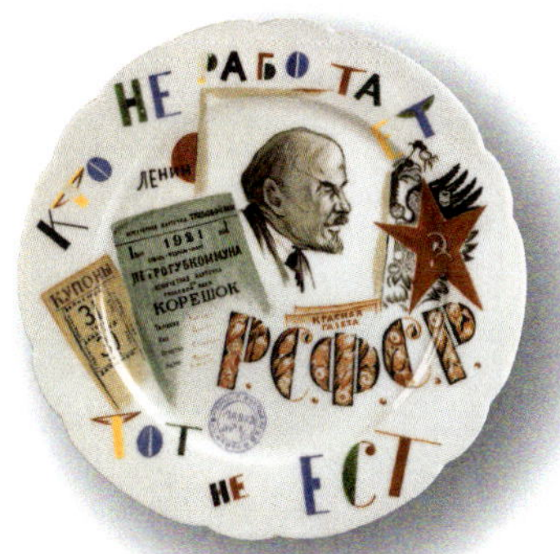

Michail Michailowitsch Adamowitsch, Teller mit Lebensmittelkarte, Leninporträt und Propagandatext: „Wer nicht arbeitet, soll nicht essen", 1923. Nach dem Ende des Bürgerkriegs wurden Gedenkteller, Tassen und andere Agitationsstücke geziert von revolutionären Losungen, Leninporträts und -zitaten oder Symbolen der jungen Sowjetunion: Hammer und Sichel.

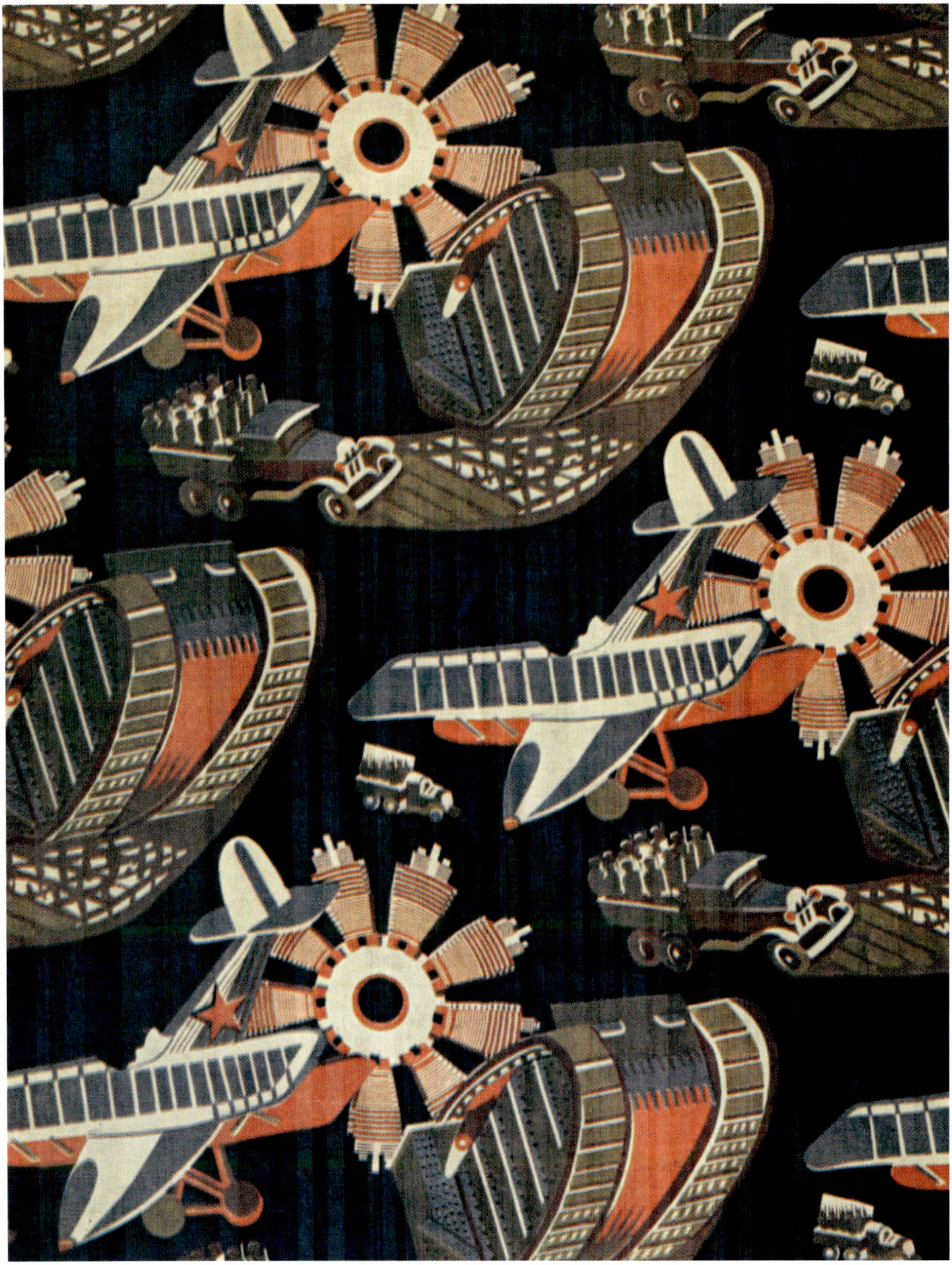

und haben die Revolution, die Arbeit und die Produktionsprozesse zum Thema. Von der Textilindustrie erwartet die politische Führung nun ebenfalls, dass sie die Botschaft der Revolution vermittelt. Die traditionellen Muster der Volkskunst mit floralen Motiven sollen überwunden werden, doch entwickeln sich in den 1920er und 30er Jahren durchaus unterschiedliche Strategien. Die Künstler folgen in der Regel euphorisch dem Aufruf sich in den Dienst der Industrie zu stellen. Sie sind begeistert von der Dynamik der Industrialisierung auf der einen Seite und vom romantischen Traum des umfassenden Eindringens der Kunst in das Alltagsleben andererseits. Die ältere Generation der Textilkünstler wie Olga Rosanowa, Warwara Stepanowa, Ljubow Popowa oder Alexander Rodtschenko bevorzugen die gegenstandslose Geometrie des Konstruktivismus und Suprematismus als ästhetisches Zeichen für eine internationale und klassenlose Gesellschaft. Die einfachen geometrischen Muster kommen der schwierigen Nachkriegssituation entgegen, denn sie sind auch mit einfachen Maschinen preiswert und schnell umzusetzen. Sie werden außerdem aufgrund ihrer Modernität von der Öffentlichkeit gut angenommen. Von russischen Kritikern und Kunstwissenschaftlern werden sie schon als die „erste sowjetische Mode“ bezeichnet.

Doch bei den Stoffen entwickelt sich nahezu zeitgleich noch eine andere Richtung der Gestaltung, die mit konkreten, dem Alltag verbundenen Assoziationen an figürliche Darstellungen operiert. Im Gegensatz zu den abstrakten konstruktivistischen Mustern haben diese gegenständliche heroische Themen wie „Oktober“, „Fabrik“, Baustelle“ oder „Luftstaffel“. Später, gegen Ende der 1920er Jahre, besonders mit Beginn der von Stalin forcierten Industrialisierung, streben die jüngeren Textildesigner wie L. Raizer oder Marija Nasarevskaja ganz explizit eine stärkere Proletarisierung der Kunst an. Ebenso wie gegen die traditionellen und bürgerlichen Blumenmuster wenden sie sich nun auch gegen die als „formalistisch“ verurteilte Geometrie des Konstruktivismus und schaffen neue, gegenständlich-figurative Ornamente, die das Programm des Sozialismus unter den ungebildeten Arbeitern und Bauern verbreiten sollen. Die alten Muster der Volkskunst werden ebenso wie die geometrischen Muster des Konstruktivismus durch Reihen von Maschinen und Traktoren, kleinen Rotarmisten und Brigadearbeitern ersetzt.

Doch selbst diese thematischen Stoffmuster haben unterschiedliche Qualitäten. Manche Entwürfe behandeln ihr Thema wie eine traditionelle Genreszene und gehen auf gestalterische Traditionen alter französischer Seidenstoffe aus dem 18. Jahrhundert zurück. Andere schaffen dynamische Rapporte mit fünfzackigen Sternen, Strahlen und anderen aus dem Art déco bekannten geometrischen Elementen. Unter den Entwurfskünstlern kommt es darüber hinaus über den Einsatz der figürlich-agitatorischen Muster zu heftigen Auseinandersetzungen, da die Bevölkerung Traktoren und Mähdrescher als textile Motive nicht annimmt. So beschließt der Rat der Volkskommissare 1933, diese Stoffe nicht weiterzuproduzieren.

L. J. Raizer, Mechanisierung der Roten Arbeiter- und Bauernarmee, dekorativer Seidenstoff, 1933

Niederlande – De Stijl und das abstrakte Leben

Parallel zum russischen Konstruktivismus und den anderen Abstraktionsbewegungen entwickelt sich in den Niederlanden eine künstlerische Bewegung, die der Kunst eine neue gesamtgesellschaftliche Aufgabe gibt und feststellt, „dass Kunst und Leben keine getrennten Domänen mehr sind. Deshalb muss die Idee ‚Kunst' als eine vom realen Leben getrennte Illusion verschwinden. [...] Stattdessen fordern wir den Aufbau unserer Umgebung nach schöpferischen Gesetzen, die von einem festen Prinzip ausgehen. Diese Gesetze, die mit den wirtschaftlichen, mathematischen, technischen, hygienischen usw. verknüpft sind, führen zu einer neuen bildnerischen Einheit." (Theo van Doesburg in: „De Stijl", Jg. 12, H. 6/7, 1924)

Theo van Doesburg (1883–1931) beginnt mit 16 Jahren zu malen und arbeitet ab 1908 zunächst als Kunstkritiker für verschiedene Zeitschriften. Den Ersten Weltkrieg erlebt er an der Front. 1918 gehört er zu den Gründern der Gruppe De Stijl und wird ihr theoretischer Kopf. Als solcher propagiert er die Ideen der Gruppe durch Publikationen und Reisen in Europa. Darüber hinaus unterhält van Doesburg Kontakte zu den russischen Konstruktivisten sowie zum Bauhaus, wo auch sein kunsttheoretisches Werk „Grundbegriffe der neuen gestaltenden Kunst" veröffentlicht wird.

Im Jahr 1917 gründet Theo van Doesburg in Leiden die Zeitschrift „De Stijl", die zum Forum für eine Gruppe von Malern, Architekten und Bildhauern mit neuen, radikal modernen Standpunkten wird. Hier veröffentlichen sie ihre Theorien und Manifeste. Zu den Mitarbeitern der Zeitschrift und Gründungsmitgliedern der De-Stijl-Gruppe gehören neben van Doesburg die Maler Piet Mondrian, Bart van der Leck und Vilmos Huszár, die Architekten Jacobus Johannes Pieter Oud, Jan Wils und Robert van t'Hoff, der Bildhauer Georges Vantongerloo sowie der Dichter Antony Kok. Später kommen noch Gerrit Rietveld (1918) und Cornelis van Eesteren (1922) dazu. Die De-Stijl-Bewegung ist keine geschlossene Gruppe; zu ihrem Umkreis gehören auch der russische Konstruktivist El Lissitzky, der italienische Futurist Gino Severini und Vertreter der deutschen Dada-Szene wie Hans Arp, Hugo Ball und Kurt Schwitters.

Jacobus Johannes Pieter Oud (1890–1963) Der Architekt J. J. P. Oud ist beeinflusst von Hendrik Petrus Berlage und Frank Lloyd Wright. Der Mitbegründer von De Stijl wird 1918 Stadtbaumeister von Rotterdam. 1921 kommt es zum Bruch mit Theo van Doesburg, 1922 mit Piet Mondrian. Wie diese unterhält auch Oud Kontakte zum Bauhaus. 1927 nimmt er mit großem Erfolg an der Internationalen Bauausstellung in Stuttgart teil. Später lehnt er mehrere Berufungen an bedeutende Universitäten ab.

Die De-Stijl-Gruppe lehnt jede Naturwiedergabe, jede bürgerlich-individuelle Kategorie von Kunst, strikt ab und betrachtet die Malerei als ein autonomes System von Form, Fläche und Farbe. Das Bild soll nichts mehr abbilden, sondern ist ein autonomes Objekt. Deshalb ersetzen die De-Stijl-Mitglieder auch den Begriff der „abstrakten" Kunst durch die Bezeichnung „konkrete" Kunst. Das Bild soll auch keine individuelle künstlerische Handschrift mehr erkennen lassen, sondern wie maschinell hergestellte Produkte wissenschaftlich objektivierbaren Gesetzen folgen. Die De-Stijl-Gruppe will alles Emotionale und Individuelle aus der Malerei verbannen und das Gesetzmäßige und Konstruktive in der Kunst zur Anschauung bringen. Für die Künstler der Gruppe sind die reine Abstraktion und strenge geometrische Ordnung der formal-ästhetische Ausdruck der modernen industrialisierten und technisierten Gesellschaft. Und weil sie der Kunst nicht nur eine dienende, sondern eine Vorreiterrolle in der Gesellschaft beimessen, soll das Ideal der reinen Formen auf alle Lebensbereiche übertragen werden, um eine von der Natur unabhängige Ordnung und Harmonie zu schaffen.

So sind die Bilder Mondrians gegenstandslose Konstruktionen, streng geometrisch komponiert, reduziert auf die Grundfarben Blau, Rot und Gelb sowie auf weiße Flächen und schwarze Linien, die allesamt in rechten Winkeln zueinander stehen. Die Kunst soll zur Entsprechung der Mathematik werden. Von den Mitgliedern der Gruppe wendet Georges Vantongerloo die mathematischen Prinzipien am radikalsten an. „Seine Gemälde sind zu verstehen als künstlerische Verwirklichungen von Größenbeziehungen, die sich ebenso in der reinen Sprache der Mathematik ausdrücken lassen. Viele seiner Bilder tragen deswegen auch keine Titel herkömmlicher Art, sondern sind mit mathematischen Gleichungen bezeichnet.“ (Warncke, 1990, S. 83)

Piet Mondrian (1872–1944) interessiert sich schon früh für die Malerei. Er gelangt über den Nachimpressionismus und Kubismus zur Abstraktion. 1912 zieht er nach Paris, wo er mit den Ideen des Kubismus in Kontakt kommt. Dadurch beginnt er sich mit der Abstraktion zu beschäftigen. Er zählt zu den Mitbegründern von De Stijl. Hier veröffentlicht er auch seine Idee des „Neoplastizismus“ in der gleichnamigen Zeitschrift der Gruppe. 1925 kommt es zum Bruch mit Theo van Doesburg, mit dem er sich 1929 wieder versöhnt und in dessen Künstlergruppe Abstraction-Création er 1931 Mitglied wird. 1938 geht Piet Mondrian aus politischen Gründen nach London und flieht von dort aus während des Zweiten Weltkrieges in die USA, wo er 1944 in New York stirbt.

„Das Leben des heutigen Kulturmenschen wendet sich mehr und mehr vom Natürlichen ab; es wird immer mehr abstraktes Leben.“

Piet Mondrian, 1917

Auch in der Architektur und im Design soll die formale Gestaltung auf einfache, ständig wiederkehrende Grundelemente und die Grundfarben reduziert werden. Gerrit Rietveld setzt in seinen Möbeln die De-Stijl-Ideen manifestartig um. Bekanntestes Beispiel ist sein Rot-Blauer Stuhl, der lediglich aus einfachen Vierkanthölzern sowie zwei Brettern als Sitzfläche und Lehne besteht und so auch maschinell herzustellen sein soll. Die einzelnen konstruktiven Elemente sind durch die Farbgebung betont, wobei die Ähnlichkeit mit den Bildern Mondrians nicht zu übersehen ist.

Der Stuhl vereint die formal-ästhetischen Ideale mit den funktionalen und sozialen Ansprüchen der Massenfabrikation. So ist er gleichzeitig Gebrauchsgegenstand und Kunstwerk und kommt auf diese Weise der avantgardistischen Forderung nach einer neuen Einheit von Kunst und Leben nach.

Theo van Doesburg sagt über die Möbel von Rietveld: „Unsere Stühle, Tische und Schränke und andere zweckgebundene Gegenstände sind die ‚abstrakt-realen' Skulpturen unserer zukünftigen Einrichtung.“ Die Möbel, die Rietveld in der Folgezeit entwirft, bleiben zwar alle Prototypen, sind aber in Form und Material durchaus für die Massenproduktion geeignet. Heute werden sie, wie auch seine Lampen, als Designklassiker von der italienischen Firma Cassina in Re-Edition produziert.

Das Design der Möbel und Gebrauchsgegenstände ist, wie das vieler anderer Ikonen der Moderne, von manifestartigem Charakter oder integrativer Bestandteil der Architektur. Das heißt, die Möbel werden vom Architekten oft-

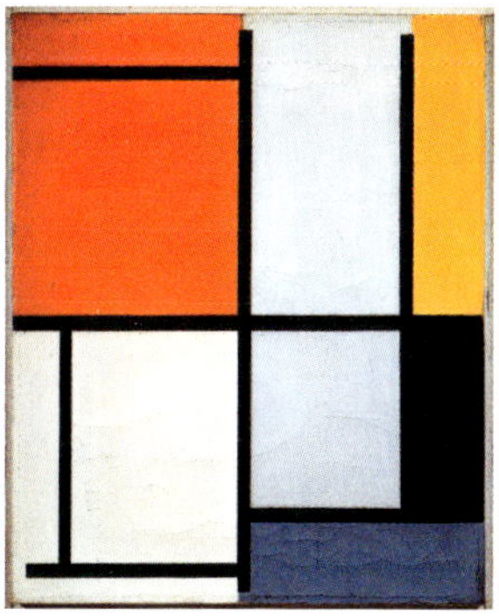

Piet Mondrian, Composition, 1927. Mondrian formulierte ab 1917 seine Theorie des Neoplastizismus: Er forderte, dass die Kunst völlig abstrakt sein sollte. Als Bildelemente durften nur horizontale und vertikale Linien benutzt werden, und die Farben sollten sich auf die Primärfarben (Rot, Blau, Gelb) sowie auf Schwarz, Grau und Weiß beschränken.

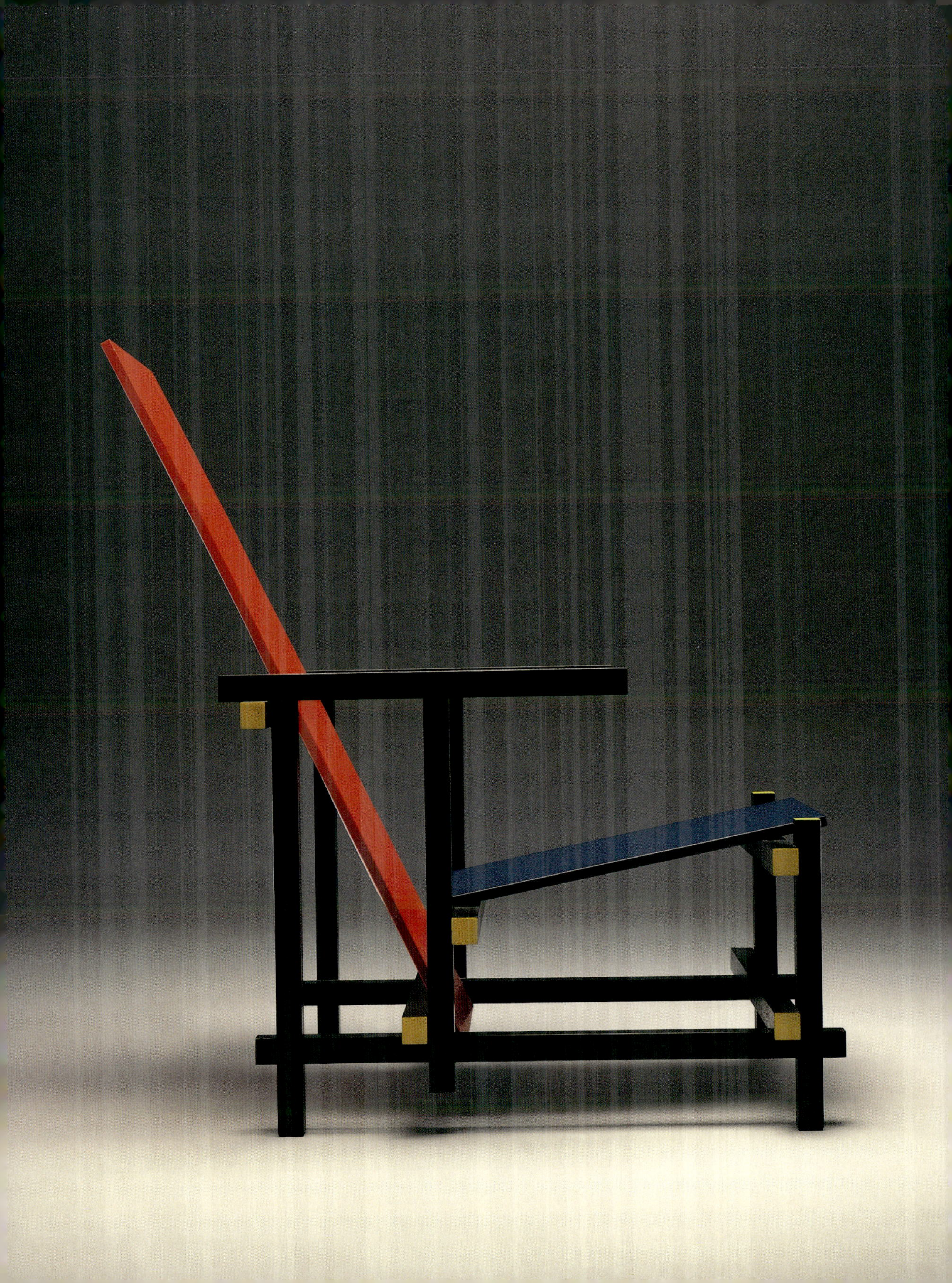

mals für bestimmte Räume in den Häusern anspruchsvoller Auftraggeber entworfen. Kritisch könnte man sagen: Damit stehen sie vor dem gleichen Dilemma wie die Vertreter des Jugendstils. Die Möbel der Architekten sind wieder Teil eines „Gesamtkunstwerks" und damit, zumindest bei ihrer Entstehung, teure individuelle Einzelstücke, die zwar den Gedanken der Moderne verkörpern, aber nicht für den Massenbedarf konzipiert sind.

Die Architekten der De-Stijl-Gruppe sind zumeist bereits vor 1917 Anhänger der frühen Moderne. Ihr formales Vorbild ist der amerikanische Architekt Frank Lloyd Wright. Wie er entwickelt die De-Stijl-Architektur den Bau aus der einfachen Form des Kubus heraus und unter funktionalen Aspekten nach außen. Die Abfolge der Räume ist gegliedert durch rechtwinklige Flächen, die das Haus und die Räume jedoch nicht begrenzen sollen, sondern formal wie funktional als erweiterbar denken lassen. Architektur wird aufgefasst als Zusammenspiel von Raum, Zeit und Funktion, was in der Praxis zum offenen Grundriss tendieren muss. Die konsequenteste Umsetzung dieser Theorie ist das 1924 von Rietveld gebaute Schröder-Haus in Utrecht. Dieses Haus orientiert sich an den inneren Funktionen ebenso wie an den formalen Prinzipien der De-Stijl-Bewegung. Es wird durch große weiße, rechtwinklig gegeneinander stehende Flächen dominiert, die durch die farbigen Horizontalen und Vertikalen von Geländern, Fensterrahmen und T-Trägern aus Eisen gegliedert werden. Das kontinuierliche Ineinandergreifen der Innenräume wird durch ausladende Flachdächer, Balkone und Brüstungen nach außen fortgesetzt. So wird dieses Haus zum gebauten De-Stijl-Manifest. Allerdings ist es technisch nicht so atemberaubend modern wie es aussieht, da es nicht aus Stahlbeton, sondern überwiegend aus traditionellen Materialien gebaut ist. Die Decken sind aus Holz, die Wände aus Ziegeln gemauert, aber so glatt verputzt, dass sie wie Betonflächen wirken. Lediglich einige Balkone sind aus Sichtbeton. (Warncke, 1990, S. 134)

Gerrit Thomas Rietveld (1888–1964) Der holländische Architekt war einer der wichtigsten Protagonisten der Moderne in den Niederlanden. 1899–1906 macht er eine Ausbildung in der Möbelschreinerei seines Vaters in Utrecht. Seit 1900 entwirft er eigene Möbel und ist beeinflusst von Frank Lloyd Wright. 1911 eröffnet er seine eigene Möbelschreinerei in Utrecht und gehört seit 1918 der De-Stijl-Gruppe an. Im Laufe der 1920er Jahre wendet er sich der Architektur zu, baut 1928 sein berühmtes Schröder-Haus in Utrecht und ist 1928 Mitbegründer des Congrès International d'Architecture Moderne (CIAM). Seine Möbel inspirieren andere Designer wie z.B. Marcel Breuer und werden später zu Design-Klassikern.

Trotzdem wird das Haus zu einem Beispiel moderner Architektur, das in seiner formalen Konsequenz kaum Vergleichbares kennt. Man darf nicht vergessen, dass Entwürfe der Avantgarde nicht auf allgemeine Zustimmung stoßen. Avantgardistisches Design und moderne Architektur bleiben einer relativ kleinen intellektuellen Elite vorbehalten. Die Architekten erhalten nur wenige Aufträge, bei denen sie nicht zu Kompromissen gezwungen sind. Nicht allein deshalb erscheint die Umsetzung radikaler avantgardistischer Theorie oftmals inkonsequent. Das mag aber auch daher kommen, dass bisweilen die theoretischen Ansätze der Avantgarde gar nicht so absolut antibürgerlich und neu sind, wie sie scheinen. Die Idee von Reinheit und Harmonie sowie die Ablehnung dekorativer Ornamente wurzeln in diesem Fall nicht zuletzt im Puritanismus der calvinistischen holländischen Gesellschaft, und die Bestrebungen der De-Stijl-

Gerrit Thomas Rietveld, Rot-Blauer Stuhl, 1918–1923. Der Stuhl bestand ursprünglich aus unlackiertem Buchenholz, die markante Farbigkeit erhielt er erst 1923, als Rietveld bereits Mitglied der De-Stijl-Gruppe war.

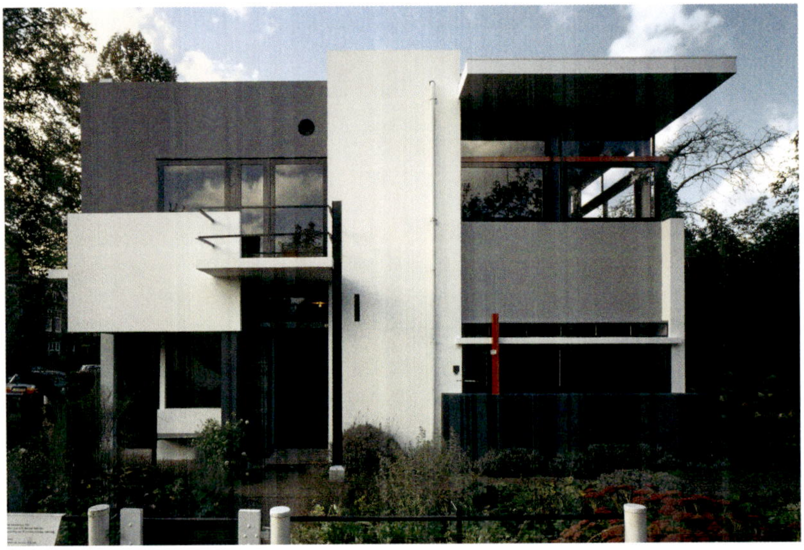

Gerrit Thomas Rietveld, Schröder-Haus in Utrecht, 1924. Die Wände sind entgegen den De-Stijl-Idealen nicht aus Beton, sondern aus Mauerwerk, wurden aber so verputzt und gestrichen, dass sie als Flächen wirken.

Gruppe haben durchaus etwas von protestantischer Bilderstürmerei. Nun soll die formale Askese das ästhetische Programm der Moderne transportieren und darüber hinaus auch dem Gedanken der Funktionalität und den technischen Erfordernissen der Industrieproduktion dienen. So trifft sich traditionell bürgerliches Ethos mit avantgardistischer Utopie. Die Mitglieder der De-Stijl-Gruppe sind zwar davon überzeugt, wie die russischen Konstruktivisten und andere Vertreter der internationalen Avantgarde, dass die alte individualistische, bürgerliche Gesellschaft zum Untergang verdammt sei und ersetzt würde durch die moderne industrielle Massengesellschaft, die eine andere, neue Kunst forderte. Im Unterschied zu den Konstruktivisten jedoch sehen sie die Kunst ausdrücklich nicht als politisches Agitationsmittel.

Deutschland – das Bauhaus und die Einheit von Kunst und Technik

In Deutschland wird das Bauhaus zum Zentrum der Moderne und der Idee des Funktionalismus. Hier werden die Grundlagen für eine neue Gestaltung gelegt, die die Entwicklung des modernen Industriedesigns weltweit und bis heute nachhaltig beeinflussen.

1919 gründet Walter Gropius in Weimar durch eine Zusammenlegung der Weimarer Kunstakademie und der 1915 aufgelösten Kunstgewerbeschule Henry van de Veldes das Staatliche Bauhaus. An dieser Schule will er sein altes Ziel, die Überwindung des Historismus durch eine klare Formensprache und eine neue Einheit von Kunst, Handwerk und Industrie, verwirklichen: „Das Bauhaus erstrebt die Sammlung allen künstlerischen Schaffens zur Einheit, die Wiedervereinigung aller werkkünstlerischen Disziplinen – Bildhauerei, Male-

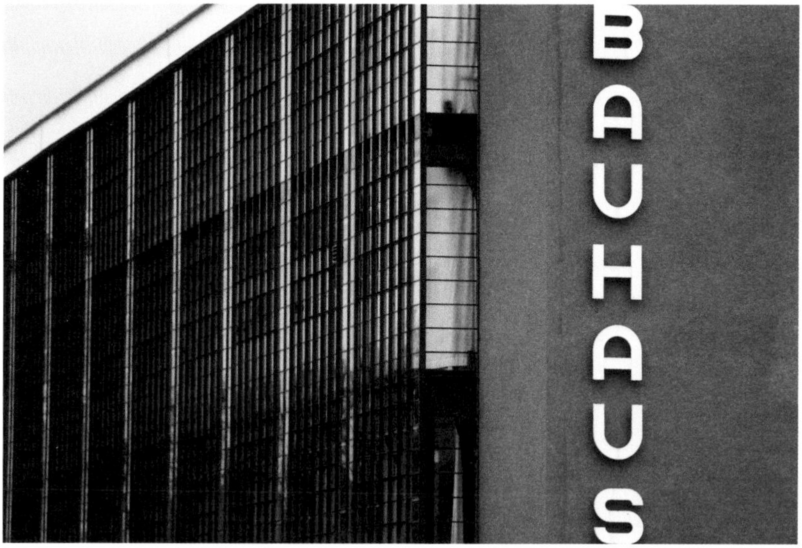

Walter Gropius, Das neue Bauhausgebäude, 1925–26, Dessau, Deutschland. Mit dem zur Straßenseite hin komplett verglasten Werkstättentrakt galt das Bauwerk als architektonische Sensation.

rei, Kunstgewerbe und Handwerk – zu einer neuen Baukunst, als deren unablösliche Bestandteile." (Walter Gropius, aus dem Programm des Staatlichen Bauhauses in Weimar, 1919) Hierzu gibt es am Bauhaus eine völlig neue Organisations- und Ausbildungsstruktur, die neben den formalen Neuerungen zur wichtigsten Errungenschaft für das Design wird: Grundlage der Ausbildung ist die Vorlehre oder der Vorkurs, in dem zweckfreies Experimentieren mit Farbe, Form und Material sowie die Selbsterfahrung der Studierenden im Mittelpunkt steht. Nach dem Vorkurs entscheiden sich die Studierenden für eine der verschiedenen Werkstätten, für Schreinerei, Töpferei, Metallarbeiten, Glasarbeiten, Bühnenbildnerei, Fotoarbeit oder Werbegrafik. Ziel ist die gleichberechtigte Ausbildung von handwerklichen und künstlerischen Fertigkeiten. Daher hat auch jede Werkstatt zwei Leiter, einen Künstler als „Meister der Form" und einen „Meister des Handwerks". Eine Klasse für Architektur gibt es vorerst noch nicht.

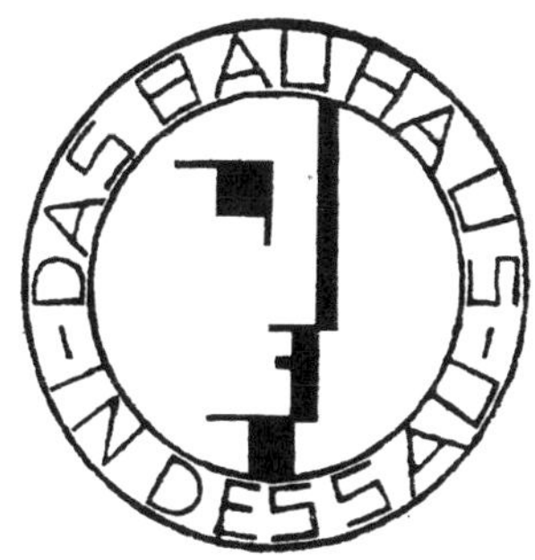

Oskar Schlemmer, Zweites Signet des Bauhauses, verwendet seit 1922

Die Entwicklung und Geschichte des Bauhauses wird in der Designgeschichtsschreibung in mehrere, meist drei bis fünf, charakteristische Phasen eingeteilt, in denen jeweils verschiedene inhaltliche, ästhetische, organisatorische und programmatische Schwerpunkte gesetzt werden. Wir folgen hier einer fünfstufigen Einteilung ähnlich wie Hans Maria Wingler (Wingler, 1962), Gert Selle und Magdalena Droste (Droste, 1990).

Über die Schwerpunktsetzung zwischen Kunst und Industrie, Ästhetik und sozialen Aspekten kommt es in den verschiedenen Entwicklungsphasen des Bauhauses immer wieder zu Auseinandersetzungen. Nicht die zu Ikonen erstarrten Objekte, sondern gerade diese Auseinandersetzungen, die Widersprüche und ihre Überwindung, aber auch die sich wandelnde Rezeption sind das, was das Bauhaus ausmacht.

1919–1923: das expressionistische Bauhaus

In der Anfangsphase von 1919 bis 1923 wendet das Bauhaus sich künstlerisch zunächst dem Expressionismus zu und sucht theoretisch und strategisch, ähnlich wie die Arts-and-Crafts-Bewegung, den Weg zu Reformen in der Rückwendung zum Mittelalter. Bei der Vereinigung der Künste soll, nach dem Vorbild der mittelalterlichen Dombauhütte, die Architektur die führende Rolle einnehmen. Auch die Ideen des Deutschen Werkbundes beeinflussen das Bauhaus merklich.

Die Entwürfe haben noch stark handwerklichen Charakter, und die Lehrer heißen nicht Professoren sondern „Meister". So soll eine ausgewogene Ausbildung erreicht werden und außerdem der alte ideologische Graben zwischen Kunst und Handwerk überbrückt werden. Aus den Reihen der Meister wird ein Meisterrat gewählt, der die Angelegenheiten der Schule entscheidet. Gropius strebt nicht nur neue Formen und neue Produktionsweisen an, sondern er will auch demokratisch reformieren und über den Weg einer neuen Ausbildungsform in die Gesellschaft wirken. Die Vision einer neuen Gesellschaft mit neuen Menschen ist während der Weimarer Republik in bildungsbürgerlichen und intellektuellen Kreisen sehr virulent und stark verbreitet. Dabei ist der Rückgriff auf mittelalterliche Elemente zwar einerseits durchaus widersprüchlich und führt in der Folge immer wieder zu Diskussionen am Bauhaus, andererseits ist er aber vor dem Hintergrund der historischen, technologischen und gesellschaftlichen Entwicklungen ein nachvollziehbares, romantisch-idealistisches Hilfsmittel, um zunächst den als Fehlentwicklungen erkannten Folgen der Industrialisierung zu begegnen und dann zu einem Neuansatz zu gelangen – ein Neuansatz, der weit über die Gestaltung von Produkten hinausgeht und ganz im Sinne einer sozialen Utopie das Leben der Menschen und der gesamten Gesellschaft zum Ziel hat.

Paul Klee (1879–1940) in Bern in der Schweiz geboren, war einer der bedeutendsten Vertreter der Moderne und Lehrer am Bauhaus. Er studiert 1900 zunächst Kunst in München und reist für Studienzwecke für ein Jahr nach Rom. Anschließend lebt er bis 1906 wieder in Bern. Um 1908 lernt er Wassily Kandinsky, Franz Marc und Hans Arp kennen. 1911 wird er Mitglied der Künstlergruppe Der Blaue Reiter, reist 1912 nach Paris und 1914 zusammen mit August Macke und Louis Moilliet nach Tunis. Nach dem Ersten Weltkrieg steht Klee in Kontakt zu Vertretern der DADA-Gruppe in Zürich und zu vielen weiteren Vertretern der Avantgarde. Er hat erfolgreiche Ausstellungen und veröffentlicht Schriften über die Malerei und insbesondere die Farbe. 1920 wird Paul Klee von Walter Gropius als Lehrer ans Bauhaus nach Weimar berufen. 1931 verlässt er das Bauhaus und nimmt eine Professur an der Kunstakademie in Düsseldorf an. 1933 wird er von den Nationalsozialisten als „entarteter Künstler" entlassen und emigriert in die Schweiz. Hier wird ihm 1942, zwei Jahre nach seinem Tod, die Schweizer Staatsbürgerschaft verliehen.

Der Gedanke der industriellen Fertigung steht noch nicht im Mittelpunkt, und die Lehre ist geprägt durch die Künstler, die Gropius als erste ans Bauhaus holt: Johannes Itten, Lyonel Feininger, Gerhard Marcks, Georg Muche, Paul Klee und Oskar Schlemmer. Die prägendste und auch für die spätere Rezeption des Bauhauses wichtigste Rolle spielt Johannes Itten, der dem Bauhaus seinen umfassenden didaktischen und pädagogischen Ansatz gibt. Itten vermittelt Kontrast-, Form- und Materiallehre ebenso wie Farb- und Raumempfinden. Er führt den Gedanken von Grundfarben und Grundformen ein, der den Unterricht am Bauhaus und die gesamte Moderne mit ihren wachsenden Tendenz zu Standardisierung und Typisierung beeinflusst. Darüber hinaus will er aber die Schüler des Bauhauses auch für Farben, Formen, Harmonie und Rhythmus sensibilisieren. Dazu führt er mit

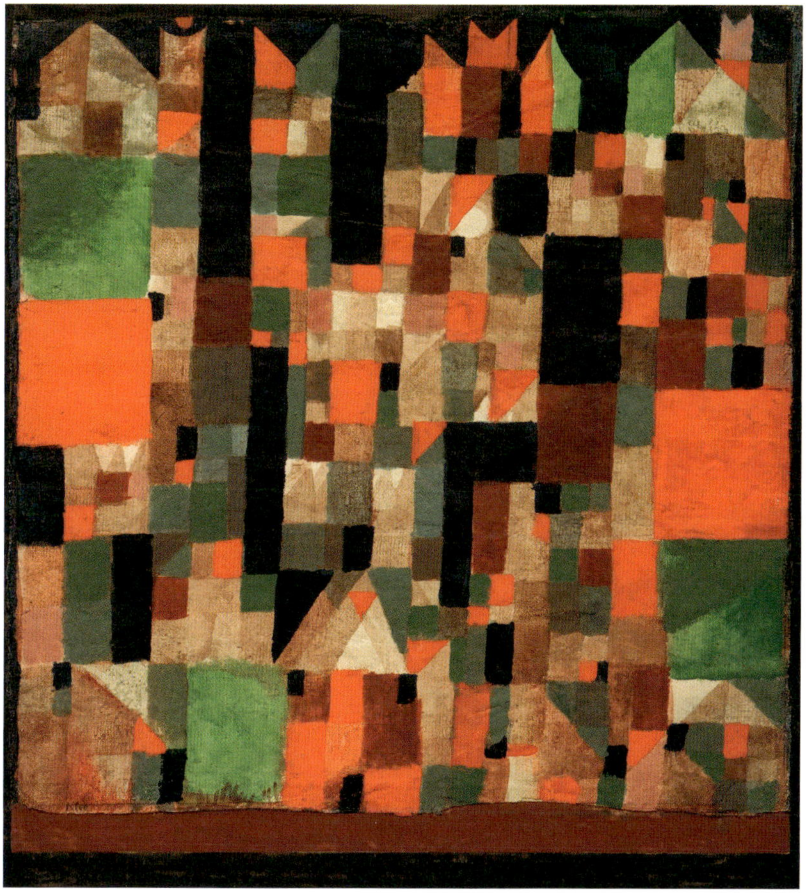

Paul Klee, Städtebild (rot/grüne Accente), 1921, Öl auf Gaze, 42 x 42,5 cm

ihnen Atemübungen, Lockerungsgymnastik, Bewegungs- und Konzentrationsübungen durch. Ittens Wurzeln liegen in der Reformpädagogik und reichen bis hin zu Reformkleidung und einer Reformkost, ein häufig als nicht sehr bekömmlich beschriebener Pflanzenbrei. Auch das Fasten, Wassertrinken, Gesänge und frühes Aufstehen gehören zu den Übungen, mit denen Itten seinen Schülern die emotionalen Grundlagen der Gestaltung nahebringen möchte. Itten ist Anhänger der damals in Deutschland bekannten „Mazdaznan"-Lehre, einer obskuren Lebensreformbewegung, die schon seit der Jahrhundertwende im deutschen Bildungsbürgertum kursiert und in einer fragwürdigen Mischung religiöse Motive aus verschiedenen Weltreligionen, Atemübungen und Yoga, vegetarische Ernährung und Darmreinigung kombiniert mit einer zweifelhaften Rassenlehre. Paul Citroen, einer der Bauhausschüler, erinnert sich später: „Muche hielt eine gewisse kühle Distanz, während Itten uns zu entflammen wusste, uns durchschüttelte, sozusagen alle Schleusen sprengte und uns in

Johannes Itten (1888–1967) war einer der ersten Lehrer am Bauhaus. Er besucht 1904–08 das Lehrerseminar in Bern und studiert 1909–10 an der Kunsthochschule in Genf, 1913–16 an der Stuttgarter Akademie. 1919 wird er von Walter Gropius als Lehrer an das neu gegründete Staatliche Bauhaus nach Weimar berufen, wo er bis 1923 als künstlerischer Leiter tätig bleibt. Hier entwickelt er seine Farblehre, verlässt das Bauhaus aber im Streit um die pädagogische Ausrichtung.

einen tollen Produktionswirbel versetzte, wobei er sich doch keineswegs mit uns gemein machte. Wir hatten den allergrößten Respekt vor ihm. Von Itten strahlte etwas Dämonisches aus. Er war als Meister innigst verehrt oder aber, von seinen Gegnern, deren es eine ganze Menge gab, ebenso gehaßt. Ignorieren konnte man ihn jedenfalls nicht. Für uns, die wir dem Mazdaznanzirkel angehörten – eine Sondergemeinde innerhalb der Schülerschaft –, umgab Itten ein ganz besonderer Nimbus. Man konnte beinahe von Heiligkeit sprechen, man konnte sich ihm beinahe nur flüsternd nahen, unsere Ehrfurcht war gewaltig ..." (zit. n. Neumann, 1994, S. 87f.)

Bei aller späteren Kritik muss man feststellen, dass die Frühzeit des Bauhauses und der Einfluss von Itten den besonderen Geist dieser Schule begründen und den Weg öffnen für neue Denkansätze. Allerdings wandelt sich das Selbstverständnis des Bauhauses in den folgenden Jahren, und Itten verlässt 1923 die Schule aufgrund seiner wachsenden Meinungsverschiedenheiten mit Gropius vor allem über die Orientierung zur Industrie und zur Auftragsarbeit der Bauhauswerkstätten.

László Moholy-Nagy (1895–1946) ist gebürtiger Ungar, Maler und Grafiker. 1923–28 ist er Leiter der Metallwerkstatt am Bauhaus in Weimar und Dozent für Typografie, Fotografie, Film und Bühnengestaltung. Außerdem konzipiert er das Erscheinungsbild sämtlicher Bauhaus-Bücher. 1928 verlässt er das Bauhaus und eröffnet ein Grafikbüro in Berlin, wo er Entwürfe für Bühnenbilder und Aus-stellungsgestaltung produziert. Daneben stellt er Experimente mit Licht, Film und Plexiglas an, die z.B. 1930 im Licht-Raum-Modulator münden. Moholy-Nagy emigriert 1937 in die USA, wo er noch in demselben Jahr das New Bauhaus gründet und 1938 die School of Design.

1923–1925: Rationalität – die Einheit von Kunst und Technik

Die Entwicklung zu einer elementaren und funktionaleren Formensprache vollzieht sich dann ab Beginn der 1920er Jahre, besonders durch den Einfluss von Theo van Doesburg, der zwar nicht am Bauhaus lehrt, aber 1922 in Weimar in unmittelbarer Nähe des Bauhauses einen De-Stijl-Kursus abhält. Er lehnt die subjektiv-künstlerische Ausrichtung der Ausbildung, wie sie dort besonders unter Itten gelehrt wird, radikal ab und bringt den Bauhausschülern die klaren, konstruktiven Formen der De-Stijl-Bewegung nahe. Zum Einfluss der De-Stijl-Ideen kommt 1923 noch die Berufung von László Moholy-Nagy als Nachfolger Ittens hinzu. Er ist einer der bedeutenden Konstruktivisten und vertritt eine rationale, technikorientierte Richtung.

Die Entwicklung von der Orientierung auf das Handwerk hin zur Orientierung auf die Industrie hat neben theoretischen vor allem pragmatische Gründe. Gropius hat von der Gründung des Bauhauses an immer einen Weg in die Produktion gesucht. Da aber das Handwerk und seine in Verbänden organisierten Interessensvertreter durchweg konservativ sind und das Bauhaus eher skeptisch bis ablehnend betrachten, kommt es hier nie zu einer Kooperation. Zur Industrie hat Gropius einen besseren Zugang. Außerdem kalkuliert er ganz pragmatisch, dass durch Industrieaufträge auch Geld ins Bauhaus kommt, das die Schule finanziell aus der staatlichen Abhängigkeit befreien kann. 1923 ruft er schließlich das neue Motto der Schule aus: „Kunst und Technik, eine neue Einheit".

Die Metallwerkstatt von Lázló Moholy-Nagy (Form) und Christian Dell (Technik) am Bauhaus in Weimar 1923

Wilhelm Wagenfeld, Tischlampe BG 25 GL, 1923/24

Unter der Leitung von Moholy-Nagy entstehen in der Metallwerkstatt nun die ersten industrietauglichen Entwürfe, Anzeichen der Wende zum Funktio-

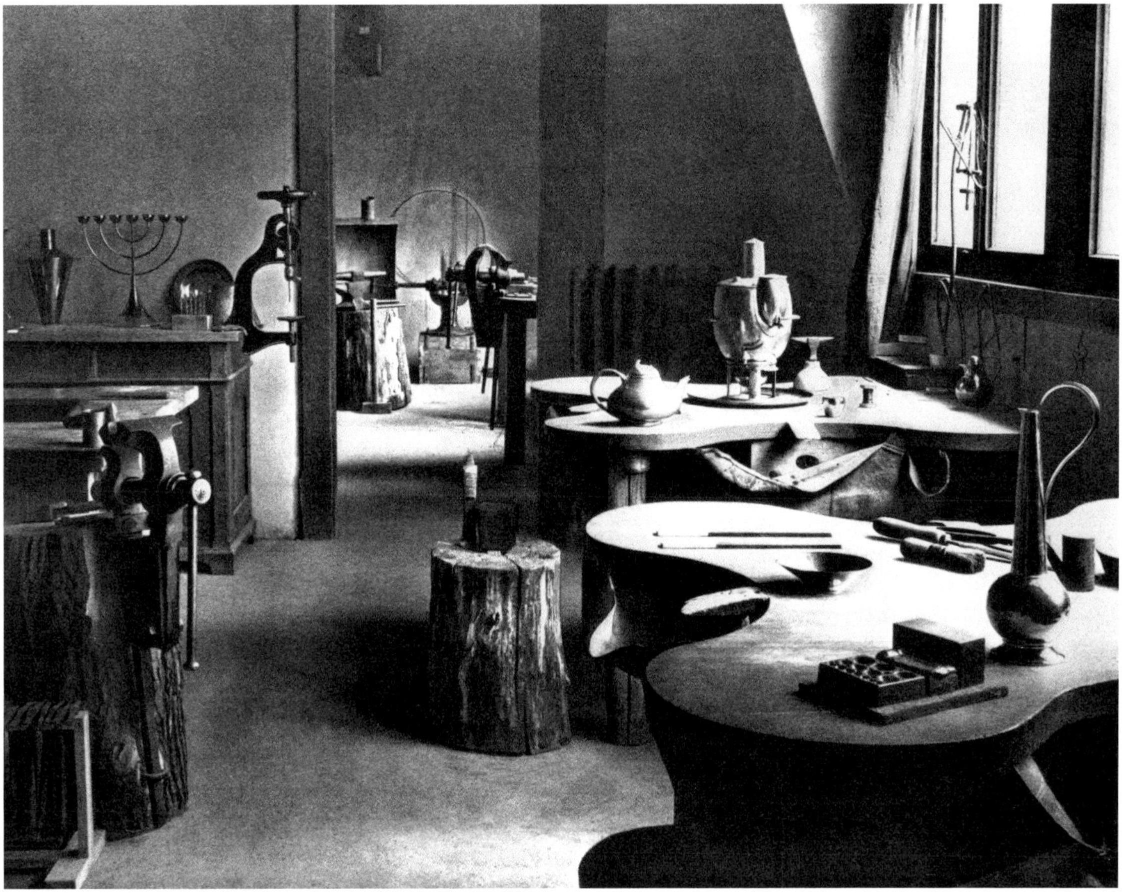

nalismus. Moholy-Nagy rät seinen Studenten von den handwerklichen Materialien wie Holz, Silber und Ton ab und empfiehlt ihnen stattdessen Stahlrohr, Sperrholz und Industrieglas. In den Jahren 1923/24 entstehen am Bauhaus mehrere der bekannten Lampenentwürfe, unter anderem die berühmten Tischlampen von Carl Jakob Jucker und Wilhelm Wagenfeld, die von Lucia Moholy mit modernen Fotografietechniken dokumentiert werden. Diese Lampen haben nichts mehr an sich, was an die handwerkliche Arbeit des Schmieds erinnert. Auch die in geometrischen Grundformen gehaltenen Obstschalen, Aschenbecher, Sahnekännchen, Teekannen und Zuckerbehälter sollen durch ihre einfachen Formen Industrietauglichkeit dokumentieren. Diese Objekte begründen zusammen mit den in den folgenden Jahren von Marcel Breuer entworfenen Stahlrohrstühlen den später oft zitierten „Bauhausstil".

Auch die Weberei und die Töpferwerkstatt entwickeln sich weiter in Richtung Industrie, zumal die Weberei schon von der technischen Natur der Sache her als erstes für die industrielle Herstellung prädestiniert ist. Schon 1923 werden auch die ersten Bauhaus-Töpferwaren von der Industrie hergestellt.

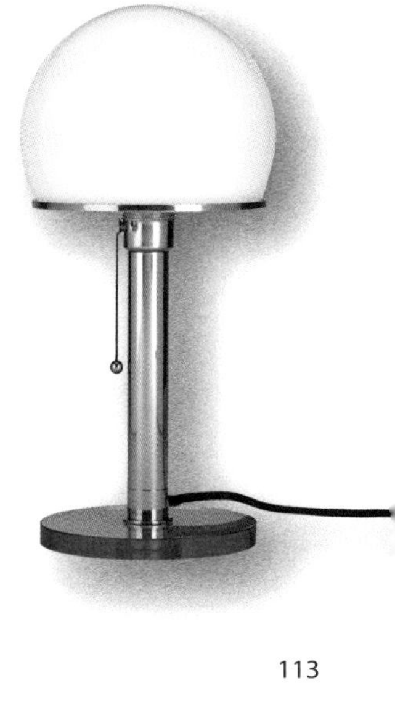

1925–1928: das Neue Bauhaus in Dessau

1925 muss das Bauhaus unter dem Druck der neuen konservativen Regierung Weimar verlassen und siedelt nach Dessau um. In demselben Jahr wird Marcel Breuer Leiter der Möbelwerkstatt und entwirft seine ersten Stahlrohrstühle. Er beschäftigt sich außerdem mit Systemmöbeln und Anbauküchen. Die Schwerpunkte der Bauhausausbildung verlagern sich jetzt ganz auf das Industriedesign und die Architektur. Hauptziel wird neben den Anforderungen der industriellen Fertigung die Aufgabe, preiswerte Massenprodukte für breite Bevölkerungsschichten zu schaffen.

Die Grundsätze der Bauhausproduktion und damit das Credo des Funktionalismus formuliert Walter Gropius 1926 so: „In der Überzeugung, dass Haus- und Wohngerät untereinander in sinnvoller Beziehung stehen müssen, sucht das Bauhaus durch systematische Versuchsarbeit in Theorie und Praxis – auf formalem, technischem und wirtschaftlichem Gebiet – die Gestalt jedes Gegenstandes aus seinen natürlichen Funktionen und Bedingtheiten heraus zu finden. […] Ein Ding ist bestimmt durch sein Wesen. Um es so zu gestalten, dass es richtig funktioniert – ein Gefäß. Ein Stuhl, ein Haus –, muss sein Wesen zuerst erforscht werden; denn es soll seinem Zweck vollendet dienen, das heißt, seine Funktion praktisch erfüllen, haltbar, billig und ‚schön' sein." Und Gropius bezieht die industrielle Produktionsweise des Produkts mit ein, wenn er sagt: „Diese Wesensforschung führt zu dem Ergebnis, dass durch die entschlossene Berücksichtigung aller modernen Herstellungsmethoden, Konstruktionen und Materialien Formen entstehen, die, von der Überlieferung abweichend, oft ungewohnt und überraschend wirken." (Gropius, 1926) In dieser Phase des Bauhauses wird die Hinwendung zur Industrie und zu neuen Materialien und Techniken immer deutlicher, alles soll nun „neu" sein. So findet eine Reihe von Produkten ihren Weg in die industrielle Fabrikation. Die Stahlrohrstühle werden von Thonet produziert, Bauhaustapeten später von der Firma Rasch.

Walter Gropius (1883–1969) war Architekt und Mitarbeiter von Peter Behrens, 1919 wird er zum Direktor des Bauhauses berufen und hat das Amt bis 1928 inne. Er entwirft 1925/26 die neuen Bauhausgebäude in Dessau, emigriert aber 1934 nach London, 1937 dann in die USA, wo er als Dozent an der Harvard University in Cambridge, Massachusetts, lehrt. 1938 gründet er ein gemeinsames Architekturbüro mit Marcel Breuer, 1946 die Architects Collaborative. Gropius baut u. a. das Pan-Am-Hochhaus, New York 1963.

Die Stahlrohrmöbel, die unter Breuer am Bauhaus entstehen, sollen nicht nur maschinell herstellbar, sondern in Form und Material der Zeit angemessen sein, was heißt, sie sollen eine reine Zweckform haben, leicht und variabel sein und so auf die Entwicklungen der Zeit reagieren. Was damit gemeint ist, erklärt Breuer selbst so: „da die außenwelt heute mit den intensivsten und verschiedensten eindrücken auf uns wirkt, verändern wir unsere lebensbedingungen in rascherer folge, als in früheren zeiten. Es ist nur selbstverständlich, dass auch unsere umgebung entsprechenden veränderungen unterliegen muß. […] die möbel, sogar die wände des raumes, sind nicht mehr massig, monumental, scheinbar festgewachsen, oder tatsächlich festgebaut. sie sind vielmehr luftig durchbrochen, sozusagen in den raum gezeichnet; sie hindern weder die bewegung noch den blick durch den raum." (Breuer, 1928) Dadurch eignen sich die Bauhausmöbel

Walter Gropius, Bauhaus, Fassade des Atelierhauses, Dessau, Deutschland 1925–26

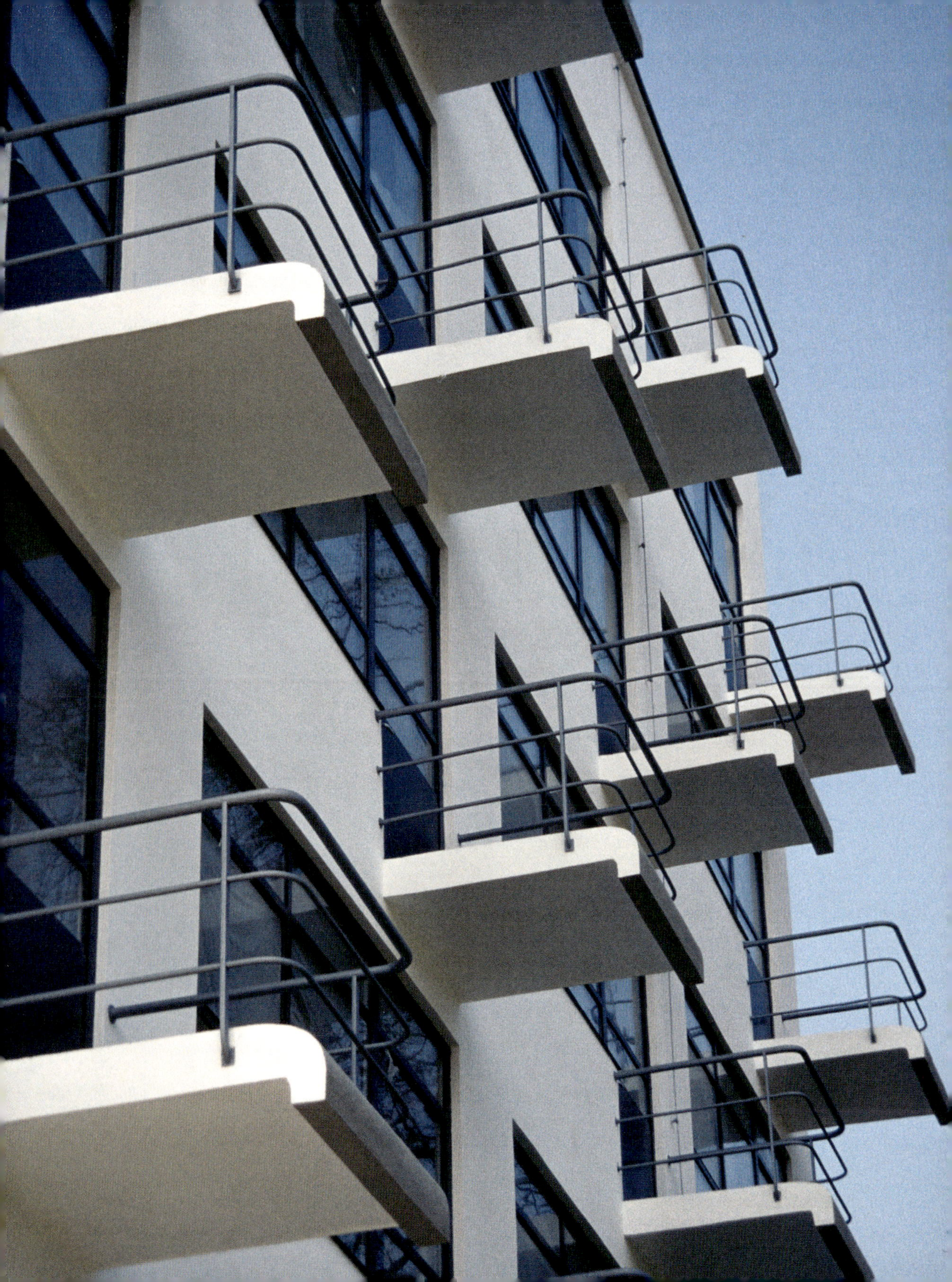

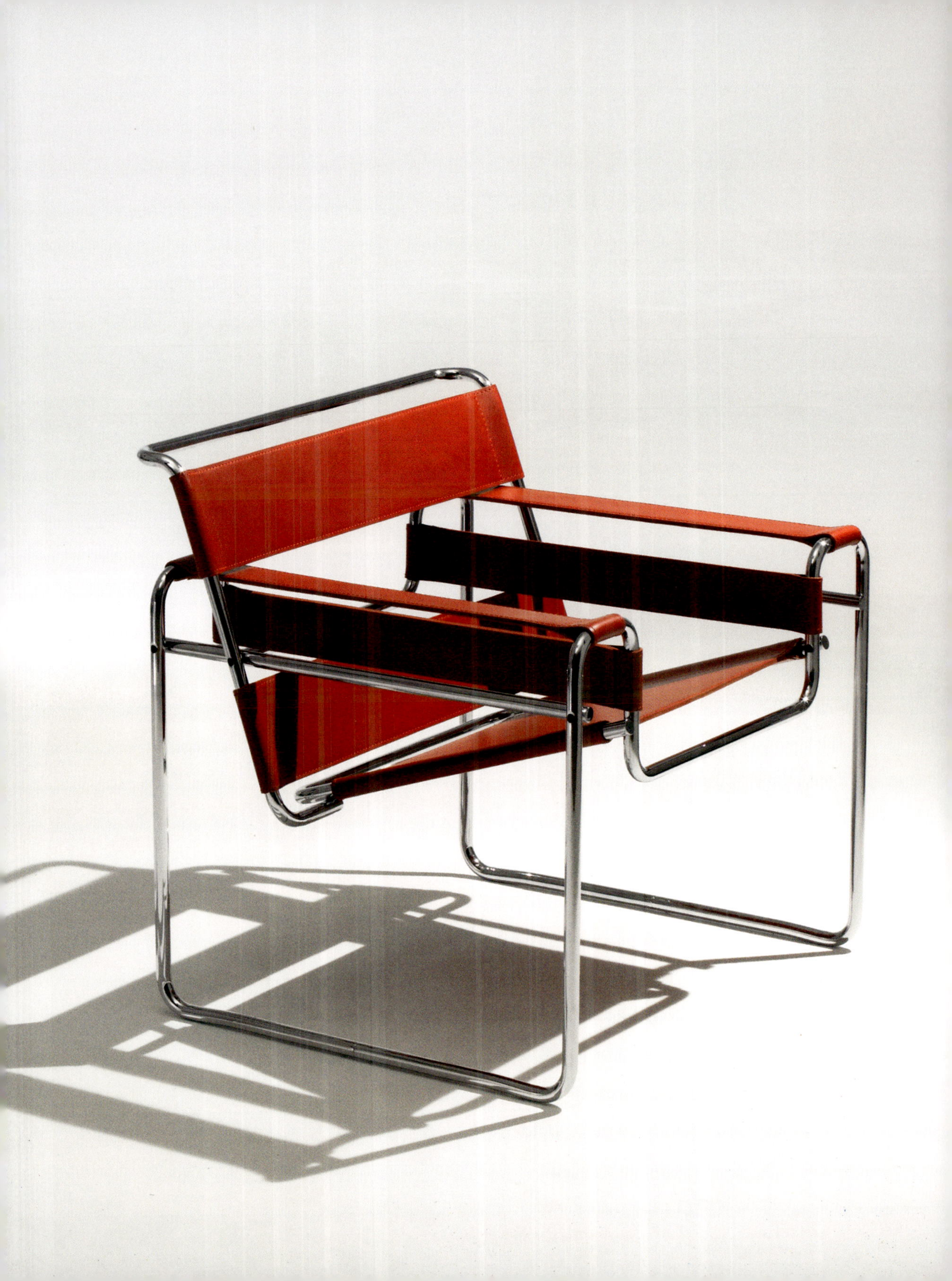

theoretisch besonders gut für die Einrichtung von kleinen Wohnungen im sozialen Wohnungsbau.

Diese Phase ist auch eine Phase der Konsolidierung und der wachsenden Anerkennung des Bauhauses. Unterstützt wird dies durch die verstärkte publizistische Tätigkeit der Schule.

In den Jahren 1926/27 leidet das Bauhaus trotz wachsender internationaler Anerkennung unter finanziellen Problemen und internen Streitigkeiten über die Richtung der Schule zwischen Kunst und Industrie. Außerdem gibt es noch immer keine Architekturklasse, was von vielen Studenten bemängelt wird. So richtet Gropius 1927 eine Bauabteilung unter der Leitung von Hannes Meyer ein und macht ihn 1928 unter dem Eindruck der wachsenden Schwierigkeiten zum neuen Direktor des Bauhauses, weil er sich von ihm neue Impulse erhofft.

1928–1930: „Volksbedarf statt Luxusbedarf" – das Bauhaus unter Hannes Meyer

Als Meyer die Leitung des Bauhauses übernimmt, muss er bereits gegen den eigenen Mythos des Bauhauses ankämpfen. Rückblickend schreibt er 1930 nach seiner Entlassung nicht ohne Bitterkeit: „Was fand ich bei meiner Berufung vor? Ein Bauhaus, dessen Leistungsfähigkeit von seinem Ruf um das Mehrfache übertroffen wurde und mit dem eine beispiellose Reklame getrieben wurde. Eine ‚Hochschule für Gestaltung', in welcher aus jedem Teeglas ein problematisch-konstruktivistisches Gebilde gemacht wurde. Eine ‚Kathedrale des Sozialismus', in welcher ein mittelalterlicher Kult getrieben wurde mit den Revolutionären der Vorkriegskunst unter Assistenz einer Jugend, die nach links schielte und gleichzeitig hoffte, im gleichen Tempel dermaleinst heiliggesprochen zu werden.

Inzüchtige Theorien versperrten jeden Zugang zur lebensrichtigen Gestaltung: Der Würfel war Trumpf, und seine Seiten waren gelb, rot, blau, weiß, grau, schwarz. Diesen Bauhauswürfel gab man dem Kind zum Spielen und dem Bauhaus-Snob zur Spielerei. […] Man saß und schlief auf der farbigen Geometrie der Möbel. Man bewohnte die gefärbten Plastiken der Häuser. Auf den Fußböden lagen als Teppiche die seelischen Komplexe junger Mädchen. So entstand meine tragikomische Situation: Als Bauhausleiter bekämpfte ich den Bauhausstil." (Meyer, 1930, S. 1307 ff.).

Meyer strukturiert das Bauhaus organisatorisch und inhaltlich neu. Er fordert vom Design Standardprodukte, die als Typen in Serie hergestellt werden und die Grundbedürfnisse der Menschen befriedigen sollen. Er ist Anhänger des Kollektivgedankens und lehnt jegliche Künstlerromantik ab. Meyer strebt eine Verwissenschaftlichung des Unterrichts an und richtet neue Fächer wie

Marcel Breuer (1902–1981) war Architekt und einer der wichtigen Protagonisten des Bauhauses. Seine Stahlrohrmöbel wurden zu Ikonen der Moderne. Breuer ist stark von der De-Stijl-Gruppe und besonders von Gerrit Rietveld beeinflusst. Nach seinem Studium am Bauhaus (bis 1924) geht er für kurze Zeit nach Paris, kehrt aber schon 1925 auf Einladung von Walter Gropius ans Bauhaus zurück, wo er bis 1928 Leiter der Möbelwerkstatt ist. Sein bekanntester Entwurf ist dort der 1925/26 entstandene „Wassily-Stuhl". Breuer verlässt das Bauhaus 1928, geht als Architekt nach Berlin und anschließend in die Schweiz. Nach der Macht-übernahme der Nationalsozialisten kann Breuer als Jude nicht mehr nach Deutschland zurückkehren, sondern geht nach England. Mit der Hilfe von Walter Gropius, der ebenfalls kurzzeitig in England lebt, beginnt er für die Isokon Furniture Company zu arbeiten. Hier entwirft er einige Schichtholzmöbel, die z.T. noch heute hergestellt werden. Wiederum kurze Zeit später folgt er Gropius in die Vereinigten Staaten an die Harvard University, wo er als Dozent für Design-Studenten unterrichtet, die wie Philip C. Johnson, Florence Knoll oder Edward Barnes wichtige Vertreter der amerikanischen Moderne werden. Breuer arbeitet außerdem bis 1941 mit Gropius zusammen als Architekt. Während der 1950er Jahre entwirft er zahlreiche Wohnhäuser, gründet 1957 sein eigenes Büro und baut in den folgenden Jahrzehnten unzählige Gebäude wie z.B. das Unesco-Gebäude in Paris und das Whitney Museum of American Art in New York. Breuer stirbt 1981 in New York.

Marcel Breuer, Stahlclubsessel B3 (Wassily-Stuhl), 1925/26
Der Stahlrohrstuhl B3, den Marcel Breuer als Jungmeister am Bauhaus in Dessau zusammen mit den Junkers-Flugzeugwerken als eines der ersten einer Reihe von Stahlrohrmöbeln entwarf, war zunächst mit Stoff bzw. Eisengarngewebe bespannt, später mit Leder. Seit den 1960er Jahren wird er auch als Wassily-Stuhl bezeichnet und ist das bekannteste von Breuers Stahlrohrmöbeln.

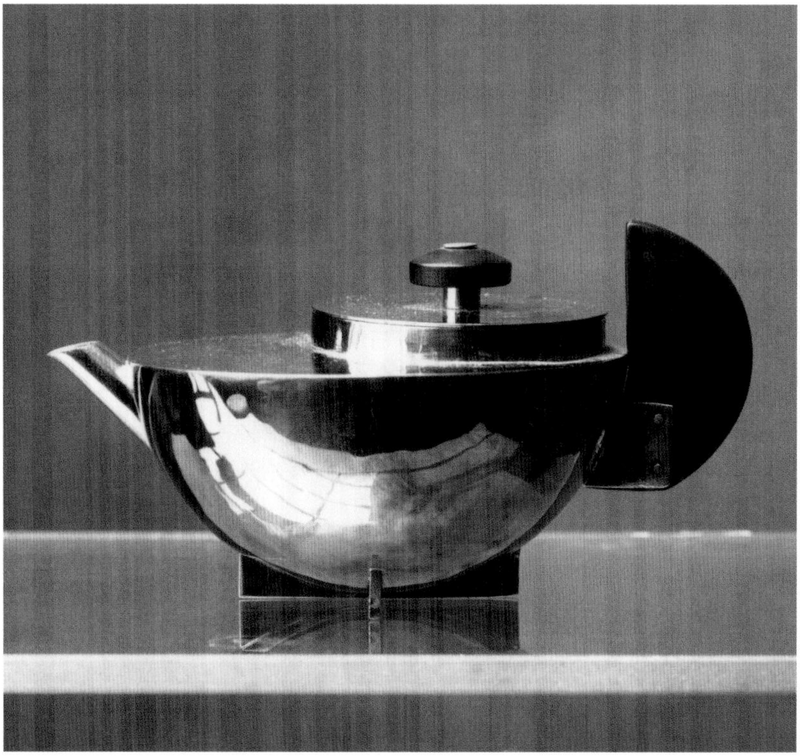

Marianne Brandt, Tee-Extraktkännchen MT 49, 1924, Klassik Stiftung Weimar, Foto: Lucia Moholy
In Dessau nutzten die Bauhäusler die Fotografie, um für ihre Institution und ihre Arbeit zu werben.

Psychologie, Soziologie und Ökonomie ein. Außerdem betreibt er eine verstärkte Hinwendung zur Industrie und schließt Lizenzverträge für Tapeten, Stoffe, Lampen und Möbel ab, die unter der Marke „Bauhaus" erfolgreich vermarktet werden. Auch Industrieaufträge für Werbung und Ausstellungsarchitektur werden in seiner Zeit verstärkt akquiriert.

Marianne Brandt (1893–1983) nimmt nach einem Studium der Malerei und Bildhauerei ihr Studium am Bauhaus in Weimar und Dessau auf. 1928–32 ist sie stellvertretende Leiterin der Metallwerkstatt. Ihre streng geometrischen Entwürfe von Aschenbechern, Teekannen und vor allem Leuchten sind von hoher gestalterischer Qualität und werden heute von Firmen wie Alessi und Tecnolumen mit Erfolg wieder aufgelegt. Nach dem Krieg ist sie u.a. an der Kunsthochschule in Berlin-Weißensee tätig.

Das Beispiel der Zusammenarbeit mit der Tapetenfabrik Rasch zeigt sehr gut, wie schwierig dabei die theoretischen und gesellschaftlichen Ansprüche mit den praktischen Anforderungen der Industrie und des Marktes zusammenzubringen sind. Denn Meyer ist als Vertreter einer modernen rationalen Architektur ursprünglich gänzlich gegen die Tapete und gegen jegliches Ornament als Wandschmuck. Nur unter dem Aspekt, dass die Tapete ein preisgünstiges standardisiertes, industrielles Produkt für die Wandgestaltung am Bau ist, kommt es zwischen dem Tapetenfabrikanten Emil Rasch und dem Bauhaus unter Meyer nach anfänglichem Zögern zu einer fruchtbaren Zusammenarbeit. Ab 1929 sind die ersten Bauhaustapeten im Handel erhältlich. Die erste Kollektion zeigt dann statt herkömmlicher Ornamente zurückhaltende Schraffuren, Raster, Strichelungen und Gitter, die in jeweils drei Farbnuancen eines Pastelltons erhältlich sind. Daraus entwickelt sich in den folgenden Jahren eine Standardkollektion von Tapeten, die zum erfolgreichsten Bauhausprodukt wird. Die Finanzierung und Produktion der Tapeten liegt bei der Tapetenfabrik Rasch, wobei alle Muster und Farbgebungen vom Bauhaus genehmigt werden müssen. Außerdem macht Meyer zur Bedingung, dass auch die Werbung für die Tapeten vom Bauhaus gestaltet wird.

Von der Architektur verlangt Meyer vor allem die „Analyse gesellschaftlicher Faktoren". Er sieht das Haus nicht nur als Wohnmaschine, sondern ebenso unter sozialen Aspekten. Seine Entwurfsarbeit folgt daher neben sozialpsychologischen vor allem ökonomischen Gesichtspunkten, und er baut mit möglichst billigen, neuen Materialien und industriell vorgefertigten Elementen. Unter seiner Leitung entstehen die Erweiterung der Arbeitersiedlung von Dessau-Törten und die Schule des Allgemeinen Deutschen Gewerkschaftsbunds in Bernau bei Berlin 1928–30. Unter den neuen Leitlinien der Technisierung und Politisierung wird die Kunst auch in der Architekturausbildung endgültig zurückgedrängt. Meyer sieht, dass die modernen Bauaufgaben, große Fabriken, öffentliche Gebäude, Schulen oder große Wohnsiedlungen immer komplexer werden. Aus diesem Grund fördert er eine Ausbildung, die auf Systematisierung, Verwissenschaftlichung und Teamarbeit von Spezialisten aufbaut. Der Architekt als Künstlergenie hat seiner Meinung nach ausgedient. In seiner Baulehre wird theoretischen Fächern wie Statik, Klimatisierung, Konstruktion und Baustofflehre großes Gewicht gegeben. Das Ziel all dieser Veränderungen ist dic Wahrnehmung sozialer Verantwortung des Architekten.

Hannes Meyer (1899–1954) Der Architekt aus Basel arbeitet 1927/28 als Meister für Architektur am Bauhaus, ehe er 1928 dessen Direktor wird. 1930 wird er wegen „kommunistischer Umtriebe" entlassen. Danach tritt er eine Professor an der Architekturhochschule in Moskau an und arbeitet 1936–39 als Architekt in der Schweiz, 1939–49 als Architekt und Stadtplaner in Mexiko. Meyer zählt zu den wichtigsten Vertretern des funktionalistischen Bauens in den 1920er Jahren. Seine Rolle am Bauhaus und sein Beitrag zur modernen Architektur sind bis heute umstritten.

Dass hier in der Zeit der Weimarer Republik eine Politisierung stattfindet, liegt nahe. Der politische Lagerkampf zwischen Rechts und Links tobt Ende der Zwanzigerjahre in allen gesellschaftlichen Bereichen, und kommunistische Studenten sind am Bauhaus ebenso aktiv wie an anderen Institutionen. Die rechte Öffentlichkeit, die eine Schule wie das Bauhaus schon immer kritisch betrachtet hat, gibt Meyer die Verantwortung für „linke Umtriebe" am Bauhaus und für Zwischenfälle, bei denen Studenten kommunistische Lieder singen. Einige Studenten werden ausgeschlossen, doch weitere politische Aktivitäten an der Hochschule sowie eine Spende Meyers an streikende Bergarbeiter führen schließlich im August 1930 zu seinem erzwungenen Rücktritt. Doch nicht nur die rechte Verwaltung Dessaus, sondern auch die internen Feinde, die sich Meyer durch seine Neuausrichtung des Bauhauses gemacht hatte, haben an seiner Entlassung mitgewirkt. Kandinsky, Gropius und Albers, die von Meyer scharf kritisiert worden waren, sind an seinem Rücktritt ebenso interessiert. Der allen gemeinsame Vorwand lautet, Meyer würde mit seiner politischen Ausrichtung dem Fortbestand des Bauhauses schaden. Nur ein unpolitisches Bauhaus würde von den immer stärker werdenden rechten politischen Kräften verschont bleiben. Doch das erweist sich schon wenig später als Trugschluss.

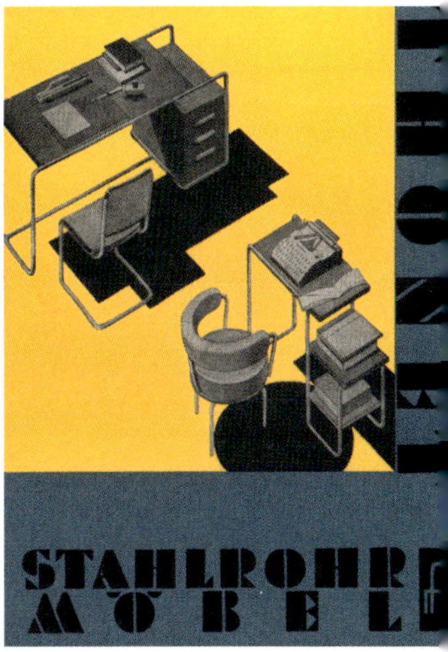

Thonet-Katalog aus dem Jahr 1930/31 mit der ersten Stahlrohrmöbeln-Kollektion. 1929 hatte das Unternehmen die Rechte an Entwürfen von Marcel Breuer erworben und mit der Stahlrohrmöbel-Produktion begonnen.

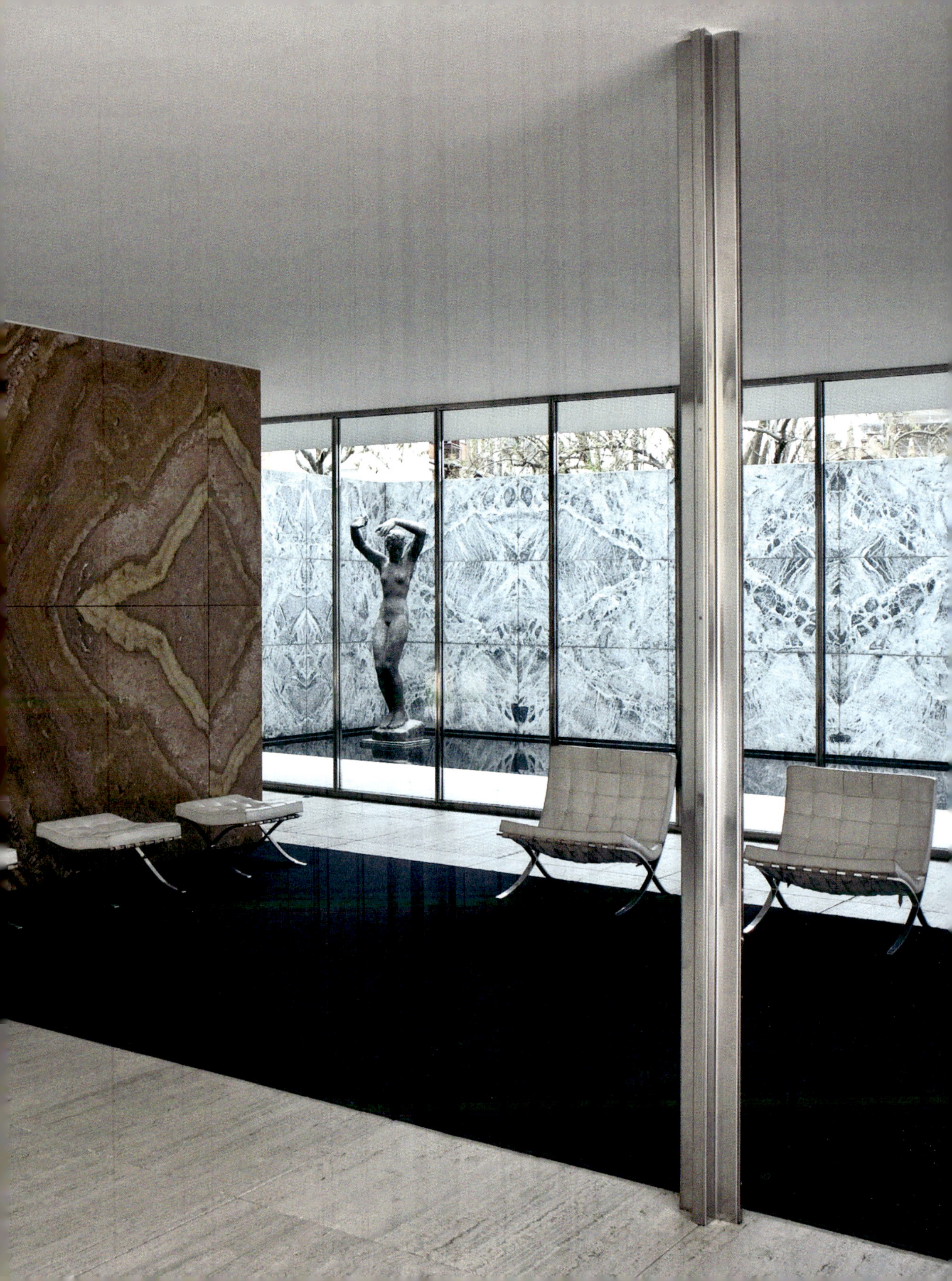

1930–1933: Wandel und Ende des Bauhauses unter Mies van der Rohe

Meyers Nachfolger wird 1930 Ludwig Mies van der Rohe, der den Schwerpunkt ganz auf die Architektur legt, jedoch ohne die soziale und politische Dimension wie unter Meyer. Politische Betätigung ist den Studenten am Bauhaus von nun an sogar untersagt. Die Bauhaussatzung und die Struktur der Lehre werden geändert. Mies van der Rohe setzt einen repressiven Führungsstil durch. Mitarbeiter und Anhänger von Meyer werden der Schule verwiesen, die demokratische Mitbestimmung der Studenten wird beschnitten, eine neue Satzung erstellt und weitere strukturelle und pädagogische Errungenschaften des Bauhauses werden abgeschafft, sodass die Hochschule schließlich nichts mehr von dem verkörpert, was ursprünglich ihr Ziel war.

Trotz der rigiden Entpolitisierungsversuche wird das Bauhaus wie die gesamte Bewegung des Neuen Bauens finanziell und politisch unter Druck gesetzt. Mit der Begründung, dass man den Nationalsozialisten nicht den Vorwand der Verschwendung öffentlicher Mittel für das Bauhaus geben dürfe, werden eben diese Mittel immer weiter gekürzt. Zum Teil geschieht dies auch in Eigenregie, indem Mies van der Rohe etwa die von Meyer initiierte Zusammenarbeit der Bauhauswerkstätten mit der örtlichen Industrie abschafft und damit eine wichtige Einnahmequelle des Bauhauses zerstört. Nach einem vorübergehenden Umzug nach Berlin wird das Bauhaus 1933 unter massiver Einflussnahme der inzwischen an die Macht gekommenen Nationalsozialisten endgültig geschlossen.

Ludwig Mies van der Rohe (1886–1969) ist einer der wichtigsten Architekten der Moderne. 1908–11 ist er Mitarbeiter im Büro von Peter Behrens und arbeitet ab Anfang der 1920er Jahre an ersten Entwürfen für gläserne Hochhäuser. 1927 wird er Leiter der Werkbundausstellung in Stuttgart-Weißenhof und gestaltet 1929 den deutschen Pavillon auf der Weltausstellung in Barcelona. Er ist der letzte Direktor des Bauhauses von 1930–33, emigriert in die USA, wo er 1937 Leiter des Illinois Institute of Architecture, Chicago, wird. Bedeutende Bauten nach dem Krieg: Lake-Shore-Drive-Apartments, Chicago (1950–52); Crown Hall, Chicago (1956); Seagram-Building, New York (1954–58); Neue Nationalgalerie, Berlin (1962–67). Die Leitmotive seiner Architektur sind Transparenz und Klarheit, sein Motto: „Less is more" („Weniger ist mehr").

Das Erbe des Bauhauses

Das Gedankengut des Bauhauses ist zu dem Zeitpunkt schon international anerkannt, und die neuen Materialien Glas und Stahl werden neben den typischen einfachen, geometrischen Formen des Bauhauses zum wichtigen Impulsgeber für einen internationalen modernen Stil. Die klaren und schmucklosen Formen der Moderne sind aus der Theorie des Funktionalismus entstanden, nach der die Form sich aus der Funktion ergibt und jegliche Dekoration unnütz, ja sogar schädlich ist, weil sie die industrielle Massenfabrikation behindert und die Produkte unnötig verteuert. Einfache geometrische Formen entsprechen am ehesten der maschinellen Fertigung. Und so haben die Formen und Materialien des Bauhauses eine soziale Rechtfertigung, da die moderne Architektur und die industrielle Massenfabrikation preiswerte Wohnungen und Möbel für die Arbeiterschicht schaffen sollen.

Nach der erzwungenen Schließung des Bauhauses durch die Nazis gehen viele der Studenten wieder zurück in ihre Heimatländer und deutsche Schüler und Dozenten wandern in die Vereinigten Staaten aus. Gropius, Albers und Mies van der Rohe lehren nach ihrer Emigration an amerikanischen Univer-

Ludwig Mies van der Rohe, Ausstellungspavillon des deutschen Reiches auf der Weltausstellung in Barcelona 1929 (Barcelona-Pavillon). Da das Stahlbetondach des eingeschossigen Bauwerks auf filigranen Stahlstützen ruhte, strukturierten leichte, wie dekorative Raumteiler wirkende Wände das Gebäude. Raumhohe Glasfronten öffneten es „fließend" zum Außenbereich. Wie der Pavillon wurde auch der Barcelona-Sessel weltberühmt, den Mies van der Rohe zusammen mit den übrigen Möbelstücken für den Pavillon entworfen hatte. Er besteht nicht aus Stahlrohr, sondern aus Flachstahlteilen, die von Hand zusammengeschweißt werden mussten, und aus aufgelegten, knopfgepolsterten Lederpolstern. Der soziale Aspekt der Funktionalismus tritt hinter der eleganten Erscheinung zurück.

sitäten. Und 1937 wird Moholy-Nagy in Chicago zum Direktor des New Bauhaus berufen. Die amerikanische Association of Arts and Industries, die schon lange die Entwicklung des Bauhauses beobachtet hatte, sieht das neue Modell dieser Schule als besonders geeignet an, um auch in den USA Gestalter für die moderne Industrie auszubilden.

Bis nach Japan wird das Gedankengut des Bauhauses exportiert, oder fast könnte man sagen re-importiert. Sind doch die Philosophie und die ästhetische Auffassung der traditionellen japanischen Kultur einer der wichtigen Einflussfaktoren der frühen Moderne gewesen und sehr ähnlich der Auffassung von Funktionalität und Schönheit, wie sie im Deutschen Werkbund und im Bauhaus vertreten werden. Einer der japanischen Architekten, die sich wiederum vom Bauhaus anziehen ließen und zum Teil auch dort studiert haben, ist Takehiko Mizutani. Er lehrt nach seiner Rückkehr im Jahre 1929 an der Akademie der Schönen Künste in Tokio. Einer seiner Schüler, Iwao Yamawaki, und seine Ehefrau Michiko haben ebenfalls am Bauhaus studiert. Sie gehören zu den Gründern der Neuen Akademie für Architektur und Industriedesign unter der Leitung von Renshichiro Kawakita, die sich ganz dem Bauhausmodell verpflichtet fühlt. Absolventen dieser Schule gehen in der Folgezeit in die Werbung und ins Industriedesign und tragen so den Einfluss des Bauhauses in die japanische Industrie. Vielfach entsteht daraus im japanischen Design und in der Architektur eine Synthese aus fernöstlicher Tradition und europäischer Moderne.

Das Bauhaus wird noch während seiner Existenz und erst recht nach seiner Schließung zum Mythos und durch die Lehrer und Schüler, die nach ihrer Ausbildung bzw. nach der Schließung des Bauhauses in aller Welt arbeiten, international zu einem oft verklärten Sinnbild der Moderne. Die Bauhaus-Produkte werden zu Ikonen, die Programme zu Glaubensbekenntnissen und die Beschäftigung späterer Generationen mit der Schule zur Exegese. Dabei polarisiert das Bauhaus. Die einen betreiben eine Glorifizierung, die anderen verteufeln es. Oft werden allerdings wichtige Aspekte übersehen oder bewusst ausgeblendet. Selbst die ehemaligen Schüler des Bauhauses haben kein einheitliches Bild ihrer Schule. Eckhard Neumann überschreibt 1985 sein Vorwort der von ihm herausgegebenen Sammlung von Erinnerungen ehemaliger Bauhäusler mit dem Titel „Jeder hatte sein eigenes Bauhaus“.

Die historische Bedeutung des Bauhauses liegt auch nicht in einzelnen Produkten, ihrer einheitlichen Bewertung oder der Frage nach ihrer Industrietauglichkeit. Die Idee des Bauhauses ist wichtiger als die formale Erscheinung seiner Produkte. Seine ideellen und didaktischen reformerischen Ansätze und das Modell der Lehre sind es, die die Bedeutung des Bauhauses wirklich ausmachen. Sie werden zum Vorbild für zahlreiche funktionalistische Ansätze und neue Designmodelle bis in die Gegenwart. Die Hochschule für Gestaltung in Ulm etwa wäre ohne das Bauhaus gar nicht denkbar gewesen.

Es stimmt aber auch, dass die rein formale Adaption von Bauhausformen in Produktgestaltung und Architektur zu einem seelenlosen Neofunktionalis-

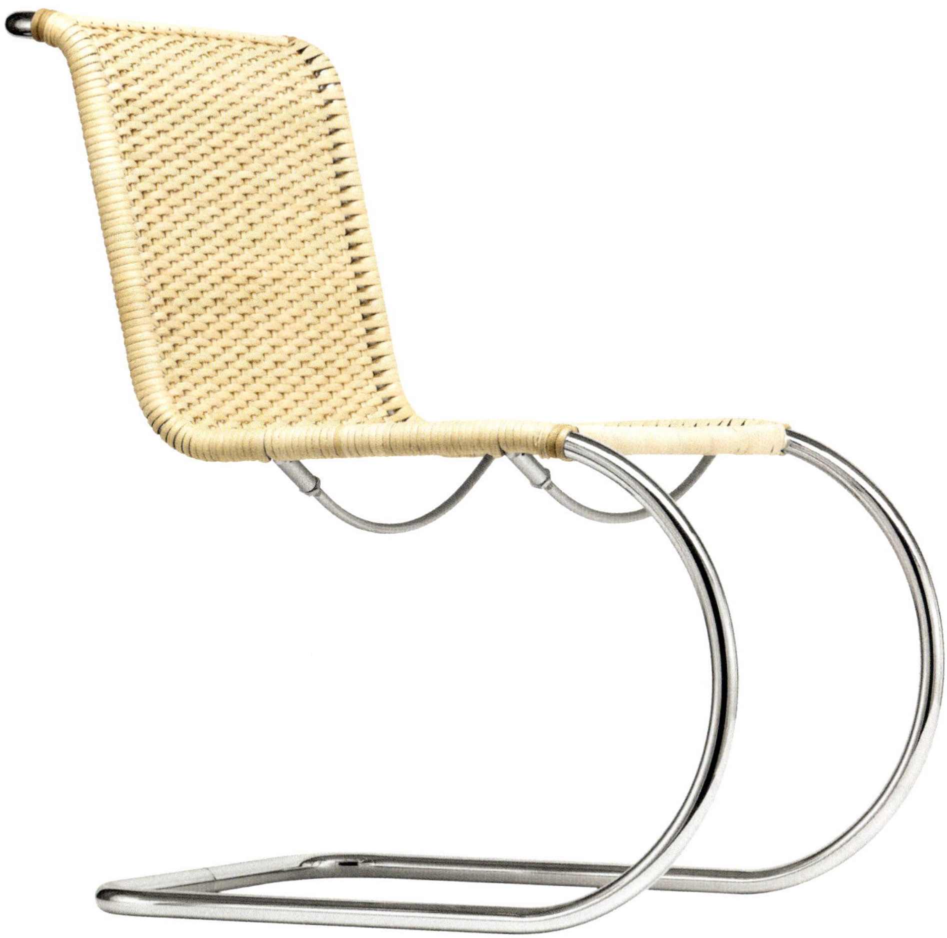

Ludwig Mies van der Rohe, Freischwinger S 533 R, 1927, Stahlrohr, Sitzfläche und Lehne aus handgeflochtenem Peddigrohr

mus führen, und mit wachsender Kritik an den Auswüchsen dieses Funktionalismus wird das Bauhaus seit den 1960er Jahren immer kritischer bewertet. In den Zeiten der Postmoderne wird es dann gänzlich entzaubert. Die Kritik am Mythos Bauhaus wird 1981 durch den amerikanischen Schriftsteller und Journalisten Tom Wolfe auch einem breiten Publikum zum Thema gemacht. Mit seinem Essay „From Bauhaus to Our House" polemisiert er gegen den Einfluss der europäischen Moderne auf die amerikanische und die internationale Architektur und Gestaltung. Wolfe interpretiert die Idee des Funktionalismus und die Ziele des Bauhauses als formal-ästhetische Spielereien arroganter europäischer Intellektueller, deren Interesse am Proletariat oder am Sozialismus sich als rein ästhetisch und modisch erweist. Seine bissige Abrechnung mit der gesamten europäischen Moderne ist aber zugleich eher eine Kritik an seinen amerikanischen Landsleuten, die ihre eigenen Leistungen auf dem Gebiet der Architektur und Gestaltung zu wenig wertschätzen und sich infolge eines regelrechten „Kolonialkomplexes" kritiklos der europäischen Avantgarde und ihrer Selbstinszenierung unterworfen haben.

Es gibt wohl kaum eine Schule oder eine Bewegung im Design, die so viele Abhandlungen, Ausstellungen und Diskussionen nach sich gezogen hat wie das Bauhaus. Die Liste der Veröffentlichungen ist unüberschaubar lang, international und umfasst inzwischen so ziemlich alle Aspekte der Schule. Heute sind die Bauhausstätten Weimar und Dessau Weltkulturerbe und mit dem 90jährigen Gründungsjubiläum im Jahr 2009 wird das Bauhaus erneut glorifiziert, in Deutschland und im New Yorker Museum of Modern Art, wo es nach seiner vorangegangenen Entmythologisierung 2010 mit einer großen Ausstellung wieder gefeiert wird. Dabei wird etwa die kritische Haltung eines Tom Wolfe, der der Bauhaus-Moderne zum Beispiel vorgeworfen hatte, dass sie aus quasi religiös-dogmatischen Gründen auf Farbe verzichtete und nur in Weiß, Beige, Grau und Schwarz dächte, gar nicht dramatisch zerrissen, sondern es wird allein durch eine differenziertere Sicht herausgearbeitet, wie in einzelnen Fällen kräftige Farben in der Gestaltung am Bauhaus durchaus eine Rolle gespielt haben. Die Komplexität und die Widersprüche des Bauhauses werden als „kreative Ambivalenz" hervorgehoben, die bislang übersehenen Aspekte neu bewertet und das Bauhaus mit all seinen Widersprüchen im Ganzen doch als innovative und wegbereitende Kraft gefeiert.

Licht und Luft – die Hygiene der reinen Form

Nicht nur die revolutionäre politische Gestaltungsauffassung der russischen Avantgarde, die kunsttheoretischen Ansätze der De-Stijl-Vertreter und die reformerischen Theorien des Bauhauses, sondern auch Impulse aus der Wissenschaft prägen in den 1920er und 30er Jahren zunehmend die Architektur und die Gestaltung. Neue Medikamente und Impfstoffe können dem Menschen nun ganz direkt helfen, gesünder zu leben, doch auch Verbesserungen in der Lebensweise, von der Ernährung, über Körperpflege und Sport, bis hin zur Planung der Städte und Wohnungen unter Gesundheitsaspekten, werden propagiert. Die Geißel der rasant wachsenden Industriestädte mit ihren rauchenden Schloten, den schlechten Wohnverhältnissen und der oft mangelhaften sanitären Situation weiter Gesellschaftsschichten wird in der Mitte des 19. Jahrhunderts als Ursache von Krankheiten wie etwa der Tuberkulose erkannt. Auf der Grundlage der Erkenntnisse von Louis Pasteur und Robert Koch entwickelt sich die Forschung im Bereich der Hygiene. In den 1840er Jahren weist der österreichische Arzt Ignaz Semmelweis zum ersten Mal einen Zusammenhang zwischen Fällen von Kindbettfieber im Krankenhaus und mangelnder hygie-

Odol-Werbung aus Großbritannien, 1920er Jahre

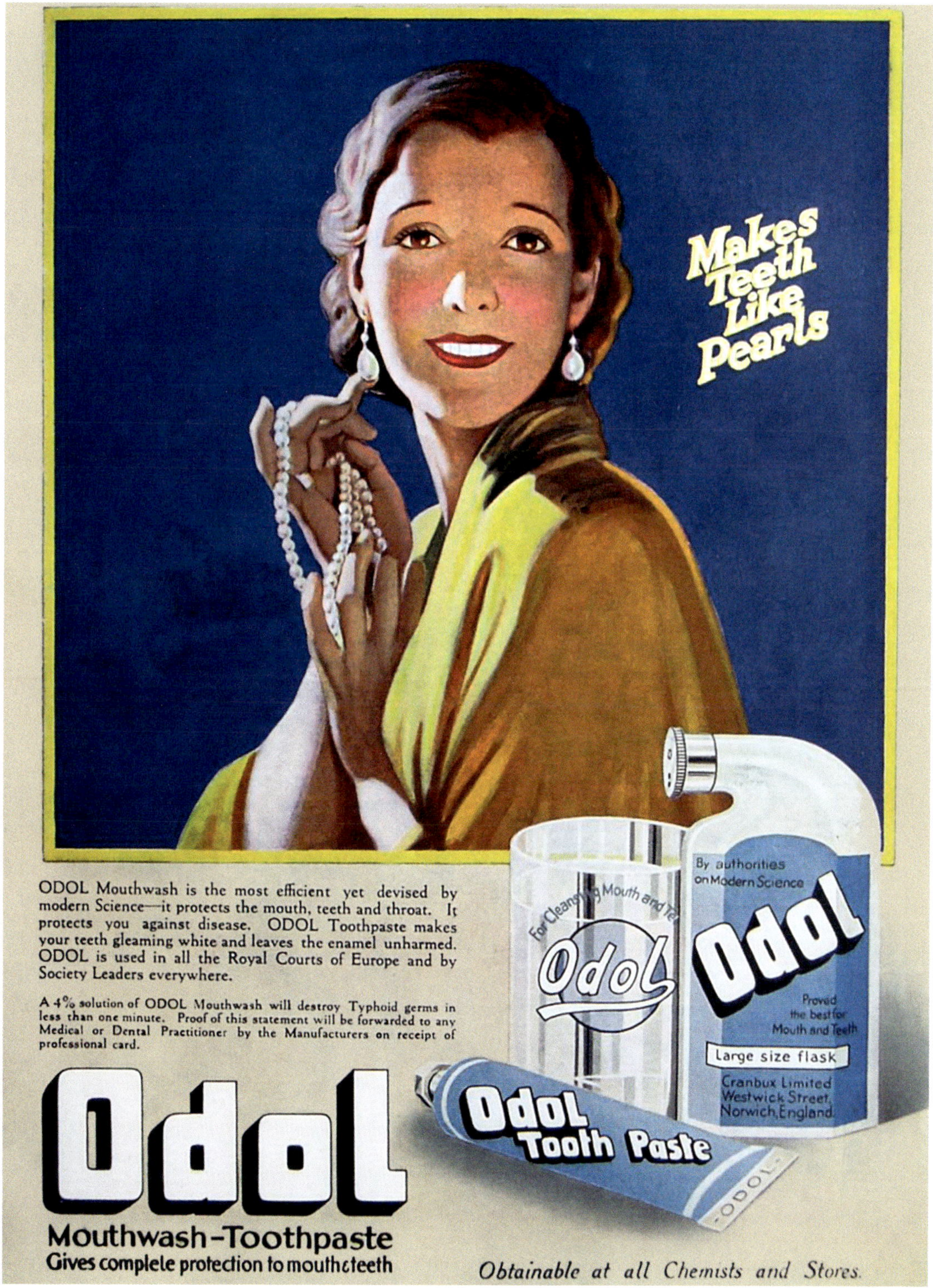
Makes Teeth Like Pearls
ODOL Mouthwash is the most efficient yet devised by modern Science—it protects the mouth, teeth and throat. It protects you against disease. ODOL Toothpaste makes your teeth gleaming white and leaves the enamel unharmed. ODOL is used in all the Royal Courts of Europe and by Society Leaders everywhere.
A 4% solution of ODOL Mouthwash will destroy Typhoid germs in less than one minute. Proof of this statement will be forwarded to any Medical or Dental Practitioner by the Manufacturers on receipt of professional card.
Odol
Mouthwash–Toothpaste
Gives complete protection to mouth & teeth
By authorities on Modern Science
Odol
Proved the best for Mouth and Teeth
Large size flask
Cranbux Limited Westwick Street, Norwich, England.
Odol
Odol Tooth Paste
ODOL
Obtainable at all Chemists and Stores.

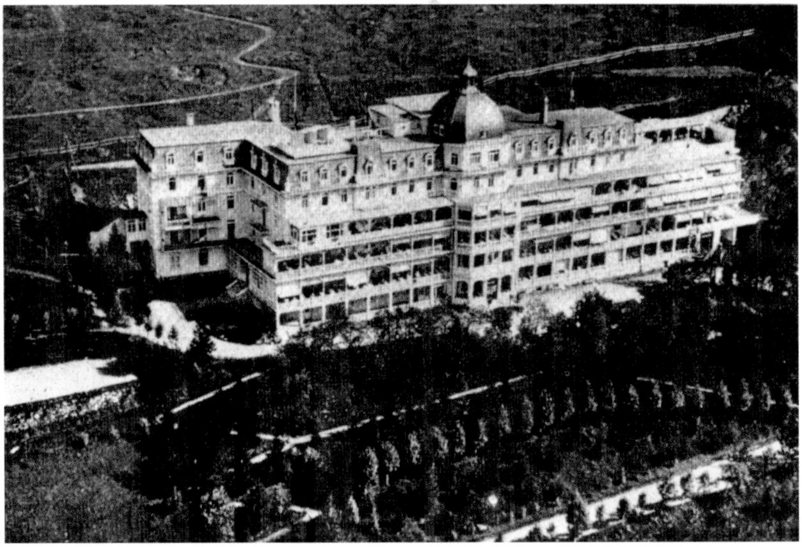

Das Sanatorium Valbella in Davos in den 1920er Jahren. Der Ort wurde zum Vorbild für das Sanatorium Berghof in Thomas Manns Roman „Der Zauberberg" (1924), die Institution zum Symbol einer modernen gesundheitsbewussten Bewegung.

nischer Sorgfalt des Krankenhauspersonals nach, in England ist es der Arzt Joseph Lister, der die Desinfektion von chirurgischen Instrumenten propagiert und vorantreibt, und in Deutschland gründet der Chemiker Max von Pettenkofer 1865 den ersten deutschen Lehrstuhl für Hygiene. Die neuen Erkenntnisse werden nach und nach auf alle Lebensbereiche angewendet, und die Hygiene soll in der Stadt- und Architekturplanung berücksichtigt werden. Neben die zahlreichen Kunst-, Gewerbe-, Architektur- und Gartenbauausstellungen der Zeit treten nun auch Gesundheits- und Hygieneausstellungen. Solche Ausstellungen gab es schon 1882/83, damals von dem Dresdner Unternehmer Karl August Lingner 1903 und 1911 in Dresden organisiert. Letztere Internationale Hygiene-Ausstellung Dresden wird zu einem bahnbrechenden Erfolg und führt schließlich 1930, erst nach Lingners Tod, zur Gründung des Deutschen Hygiene-Museums.

Lingner ist schon seit vielen Jahren auf dem Gebiet der Hygiene tätig, er produziert und vertreibt seit 1892 das antiseptische Mundwasser Odol. Die Positionierung dieses Mundwassers im Markt, nämlich als moderner Kosmetikartikel, die nach und nach vorangetriebene Automatisierung in der Produktion, die konsequente Markenpflege durch das markante Flaschendesign und die Werbung machen das Hygieneprodukt international erfolgreich. Im Laufe der Jahre kommen immer mehr Auslandsniederlassungen hinzu, und bis zum Zweiten Weltkrieg ist Odol in mehr als zwanzig Ländern der Welt vertreten. Das Mundwasser ist sicher das bekannteste Produkt des Unternehmens, aber auch mit anderen Hygiene-Artikeln wie Kondomen und Rasierklingen ist Lingner auf dem wachsenden Markt vertreten.

Besonders die heilende Wirkung des Sonnenlichts und reiner Luft werden schon seit dem Beginn der Industrialisierung in den bürgerlichen Lebensreformbewegungen im Kampf gegen die Krankheiten, die durch die Lebensverhältnisse in den Städten hervorgerufen werden, propagiert. Den Folgen des ungesunden Stadtlebens setzt man medizinisch und dabei auch aus einem romantisch-bildungsbürgerlichen Pathos heraus die gesunde Bergluft entgegen. Die Berge galten schon immer, und ganz besonders zu dieser Zeit, als Orte der physischen und geistigen Erneuerung. Sie sind Ziele heroischer Eroberung, und die Erstbesteigungen vieler Gipfel und Wände fällt ebenfalls in diese Zeit, die auch die Zeit der großen Bergfilme wird. Medizinische Erkenntnisse und bürgerliche Romantik lassen eine neue Bauaufgabe entstehen: das Sanatorium in den Bergen oder in waldreichen Gegenden außerhalb der Städte.

Der britische Architekturhistoriker Paul Overy hat zu diesem Thema 2007 eine umfangreiche Abhandlung veröffentlicht. In seinem Buch „Light Air and Openness“ weist er interessante Bezüge nach: Die Schweiz, besonders der Ort Davos, wird seit Ende des 19. Jahrhunderts zum bevorzugten Standort von Lungensanatorien. 1862 eröffnet hier das erste Haus, dem bis in die 1930er Jahre viele weitere folgen. Solche meist am Hang gelegenen und terrassenförmig zur Sonne ausgerichteten Sanatorien samt ihrer Einrichtung werden zu Impulsgebern der modernen Architektur. Nicht alle dieser Häuser sind architekturhistorisch so bekannt geworden wie das Purkersdorfer Sanatorium von Josef Hoffmann in Wien, aber viele werden zum Vorbild für die Architektur von Wohnhäusern. Das bekannteste und damals aufsehenerregendste ist das „Queen Alexandra Sanatorium“ 1907 in Davos. Es ist ein frühmoderner und schon damals sehr schlichter, ohne alpenländische oder gründerzeitliche Ornamentik ganz aus Beton konstruierter Bau mit weit ausladenden Terrassen und langen Reihen von offenen Balkonen, die Licht und Luft in die Zimmer lassen. Die großen Terrassen, Balkone und verglasten Liegehallen werden zu architektonischen Leitbildern, die man später im Wohnbau wiederfindet.

Auch die funktionalen und aus hygienischen Gründen meist mit glatten und weißen Oberflächen aus Stahl und Glas konstruierten Möbel werden besonders von intellektuellen Kreisen geschätzt und zu Wohnmöbeln gemacht. Weiß gestrichene und gekachelte Wände signalisieren sowohl medizinische als auch ästhetische Hygiene und stehen für die Abkehr von der alten ungesunden Welt des Historismus und die Hinwendung zur gesunden und schönen neuen Welt der Moderne.

Das Sanatorium wird quasi zum Symbol einer modernen gesundheitsbewussten Bewegung im gebildeten Bürgertum. Das Publikum der Sanatorien ist international, gebildet und wohlhabend. Unter den Gästen finden sich viele Intellektuelle, Schriftsteller, Künstler, Architekten und Musiker. Zu ihnen zählen beispielsweise Theo van Doesburg, der an akutem Asthma leidet, der russische Avantgarde-Vertreter El Lissitzky und auch die 1924 an Tuberkulose erkrankte österreichische Architektin Margarete Schütte-Lihotzky, die 1926 das später berühmte Modell der „Frankfurter Küche“ entwirft, das den Arbeitsplatz der Hausfrau unter ergonomischen und funktionalen Aspekten neu definiert. Der deutsche Schriftsteller Thomas Mann macht das Sanatorium zum Schauplatz seines 1924 erscheinenden weltberühmten Romans „Der Zauberberg", der in der Zeit kurz vor dem Ersten Weltkrieg spielt und nach Thomas Mann „der Versuch einer Bestandsaufnahme der europäischen Problematik nach der Jahrhundertwende" ist. Der Held des Romans, der junge Hans Castorp, beschreibt seinen ersten Eindruck vom Speisesaal des Sanatoriums: „Der Saal war in jenem neuzeitlichen Geschmack gehalten, welcher der sachlichsten Einfachheit einen gewissen phantastischen Einschlag zu geben weiß." Die philosophische und ästhetische Rezeption des Sanatoriums findet weite internationale Verbreitung. Das Sanatorium, das ja eigentlich antistädtisch ist, wird auch in der städtischen Architektur aufgenommen.

Margarete Schütte-Lihotzky (1897–2000) Die österreichische Architektin entwarf 1926 für die Stadt Frankfurt die erste deutsche Einbauküche, die sogenannte „Frankfurter Küche". Margarete Schütte-Lihotzky studiert als erste weibliche Studentin Architektur an der Kunstgewerbeschule in Wien. Sie erhält viel Unterstützung von ihrem Lehrer Oskar Strand, der sie an Projekten des sozialen Wohnungsbaus in Wien beteiligt, und auch von Adolf Loos. 1926 wird sie von Ernst May nach Frankfurt geholt, wo sie an dem Projekt des Neuen Frankfurt beteiligt ist. 1930 ist sie auch an der Wiener Werkbundsiedlung beteiligt, geht aber unter dem Druck des Nationalsozialismus nach Moskau und arbeitet dort als Stadtplanerin. Aus Angst vor stalinistischen Repressionen geht sie 1937 nach London. 1939 tritt sie der österreichischen kommunistischen Partei bei, wird auf einer Reise nach Wien von der Gestapo verhaftet, in der Folge zu 15 Jahren Zuchthaus verurteilt und in ein Gefängnis in das bayerische Aichach gebracht, wo sie 1945 von amerikanischen Truppen befreit wird. 1947 kehrt sie nach Wien zurück, bekommt dort aber wegen ihrer kommunistischen Gesinnung dort Aufträge. Sie arbeitet deshalb in China, Kuba und in der DDR. Erst in den 1980er Jahren wird ihrem Werk auch in ihrer Heimat Anerkennung entgegengebracht.

Der Einfluss von Technik, Wissenschaft und neuem gesellschaftlichem Bewusstsein schafft eine internationale moderne Ästhetik, die den aktiven gesunden Menschen in den Mittelpunkt stellt. Das erste Viertel des 20. Jahrhunderts ist überall in Europa auch die Gründungszeit der Sportvereine. Viele der heute bekannten Fußballclubs werden zum Beispiel in dieser Zeit gegründet, 1902 Real Madrid, 1905 der FC Chelsea, 1906 der FC Turin, 1904 Westfalia Schalke, 1909 der Ballspielverein Borussia 09, um nur einige zu nennen. Es werden öffentliche Schwimmbäder gebaut, Kleingarten- und Heimatschutzbewegungen gegründet, in denen das reformerische Gedankengut später manchmal auch eine gewisse Nähe zum nationalsozialistischen Gedankengut annimmt oder von der nationalsozialistischen Propaganda vereinnahmt wird. Die Gesundheitsfrage ist in erster Linie eine soziale Frage, wird aber hier zum ersten Mal auch zu einem Lifestyle-Aspekt, der neben Ernährung und Sport auch Architektur, Design und Mode umfasst.

Die modernen Formen und Materialien in Architektur und Design werden zu Symbolen einer neuen und besseren Welt, in Überwindung der alten historistischen Formen ohnehin, aber auch als Ausdruck einer Zukunftshoffnung, die Ende er 1920er Jahre zuerst die negativen Folgen der Industrialisierung überwinden soll und dann auch ganz konkret die Folgen der Wirtschaftskrise. Die Vertreter des Neuen Bauens feiern hymnisch die Rückkehr zur gesunden Natur durch die Öffnung der Fassade, große Fensterfronten, weit ausladende Terrassen, Balkone und Flachdächer, auf denen der neue Mensch der Moderne Sport treiben oder ein Sonnenbad nehmen kann. Die Begriffe „Licht, Luft und Öffnung" sind allgegenwärtig, man findet sie 1929 ganz explizit etwa als Schlagworte auf dem Buchumschlag von Sigfried Giedions programmatischem Essay „Befreites Wohnen". Der Schweizer Kunsthistoriker, der mit Le Corbusier und Helène de Madrot zu den Gründungsmitgliedern der Congrès International d'Architecture Moderne (CIAM) gehört, Gründer der Schweizer

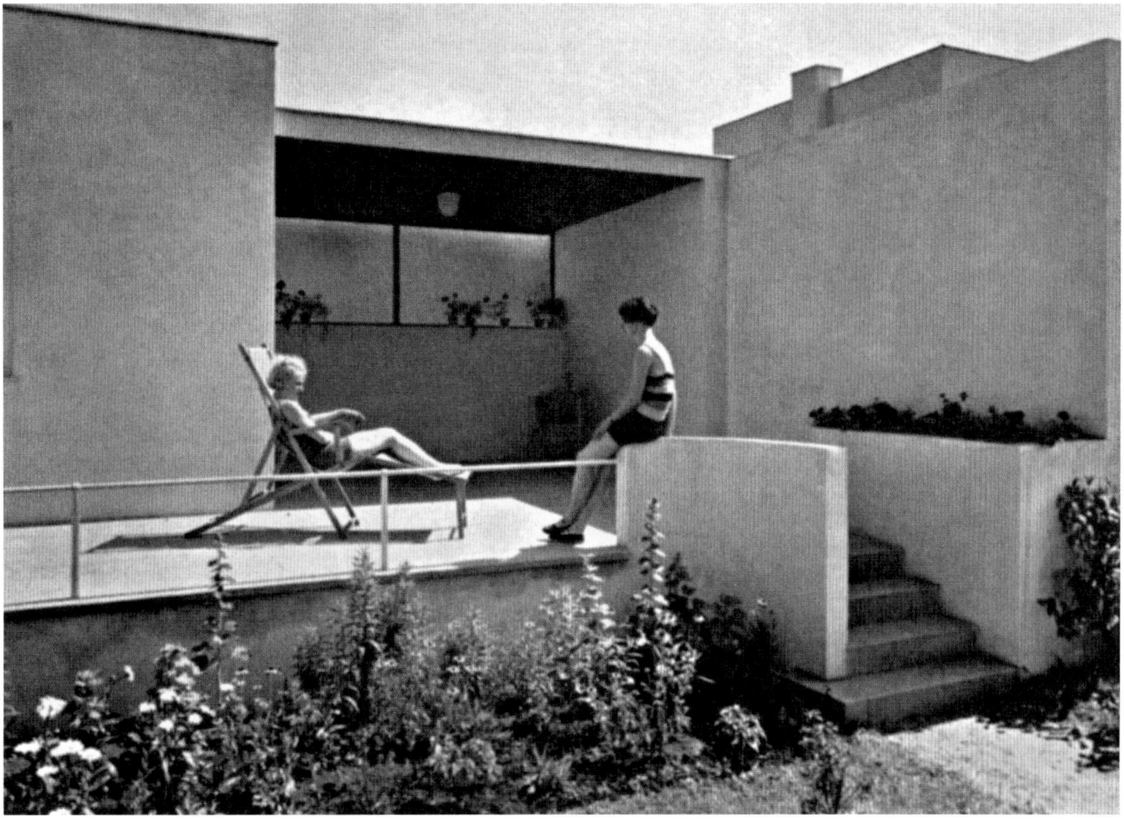

Gartenterrasse eines Einfamilienhauses (Architekt Heinrich Lauterbach) auf der Werkbundausstellung in Breslau, 1929

Wohnbedarf AG ist und 1938/39 in Harvard lehrt, schreibt in darin: „Schön ist ein Haus, das gestattet, mit Himmel und Baumkronen zu leben. Schön ist ein Haus, das an Stelle von Schatten Licht hat. Schön ist ein Haus, dessen Reiz aus dem Zusammenwirken wohlerfüllter Funktionen besteht." (Giedion, 1929)

In der zeitgenössischen deutschen Wohnzeitschrift „Das schöne Heim" liest sich das 1931 ähnlich: „Sowohl der lichtdurchflutete Raum mit seinen großen, breiten, gegen die Sonne gerichteten Fenstern und dem Blick in die Tiefe, wie auch die Balkone, Terrassen, Vorbauten, Dachgärten und Sonnenbäder sind der Sonne zugewandt, sie sind groß, gesund, wohlgeformt und fein durchdacht, wie der neuzeitliche Mensch, der Phrase und Prunk ablehnt, luftig und leicht, anziehend und bewegt, wohlbewußt, dass ein Vermeiden unnötiger Belastung den Menschen freier, stärker und fröhlicher macht." („Das schöne Heim", 3. Jg., Heft 9, S. 297) Villen und andere freistehende Wohnhäuser werden durch offene Grundrisse und Terrassen bewusst zum Außenraum, sprich zur Natur hin geöffnet.

Eine neue Bauaufgabe wird auch das Hochhaus als städtisches Wohnhaus, mit Gemeinschaftsräumen wie Schwimmbad, Café-Bar und Gymnastikraum. Walter Gropius zeigt 1930 auf der Pariser Werkbundausstellung die Einrichtung solcher Gemeinschaftsräume, mit viel Glas und Stahl, Luft und Licht.

Diese Präsentation deutschen Designs erlangt international Anerkennung. Gropius geht mit den neuen Materialien und den kühl-sachlichen Formen auf ein modernes, großstädtisches Lebensgefühl ein, das sich um 1930 in den Metropolen entwickelt und die technischen Formen des Industriezeitalters als ästhetischen Ausdruck schätzt. Die rasante Entwicklung in Industrie und Technik beeinflusst nicht nur die Lage der Arbeiter, sondern lässt auch eine ganz neue Bevölkerungsschicht entstehen: leitende Angestellte mit gutem Einkommen und einer technikorientierten, modernen und sportlichen Einstellung. Der Stahlrohrsessel passt so recht zu diesem neuen großstädtischen Menschen, der ab Mitte der 1920er Jahre, in der Aufschwungphase vor der Weltwirtschaftskrise die kühle Eleganz der industriellen Materialien schätzt. Der deutsche Architekt Hans Luckhardt stellt 1931 fest: „Das Stahlmöbel ist in seiner klaren und materialschönen Erscheinung ein lebendiger Ausdruck unseres Strebens nach Rhythmus, Zweckmäßigkeit, Hygiene, Sauberkeit, Leichtigkeit, Schlichtheit in der Form. Stahl ist der Werkstoff, der hart, widerstandsfähig, ausdauernd ist und zugleich sehr schmiegsam den Regungen des freien Gestaltungstriebes folgen kann. Ein gutgeformtes Stahlmöbel besitzt einen nur ihm eigenen, selbständigen, ästhetischen Wert." Marcel Breuers Stahlrohrsessel wird zum Symbol einer geistigen Haltung. Er verkörpert in seiner aufgebrochenen Struktur die gleiche Offenheit und Leichtigkeit wie dies die Architektur des Neuen Bauens tut, er steht für die Dynamik des modernen Menschen und er wird zum Symbol des Maschinenmöbels, ja selbst zur Sitzmaschine im Sinne Le Corbusiers.

Da die neuen Formen aber als Zeichen der fortschrittlichen Haltung ästhetisiert und zum Statussymbol einer intellektuellen Geschmackselite gemacht werden, ist der Funktionalismus auch stets in der Gefahr, zu einem Formalismus zu werden. Diese Frage wird dann in der Zukunft auch immer wieder heftig diskutiert werden.

Moral und Ästhetik des Einfachen – von der Arbeiterwohnung zum International Style

Das soziale Anliegen der Reformbewegungen der Moderne ist neben den eher formalästhetischen Ansätzen der Zeit ein weiterer wichtiger Antrieb für die Entwicklung der modernen Architektur und des Designs in der Zeit zwischen den beiden Weltkriegen. Die wichtigsten Folgen des Ersten Weltkriegs sind Arbeitslosigkeit, Inflation und Wohnungsnot. Die Schaffung von preiswertem Wohnraum und die Versorgung der Menschen mit einfachen, sachlichen und bezahlbaren Möbeln sind in Deutschland eine der Hauptaufgaben der modernen Architektur und des Designs nach dem Ersten Weltkrieg. Die wissenschaftlichen Erkenntnisse der Hygiene, der Rationalisierung und der wissenschaftlichen Betriebsführung nach Frederick W. Taylor fließen in die industrielle

S. 131: Margarete Schütte-Lihotzky, Frankfurter Küche, 1926
Die Raumaufteilung und Einrichtung der Frankfurter Küche waren unter funktionalen und ergonomischen Aspekten genau durchdacht und speziell auf die kleine Wohnung zugeschnitten, um der Hausfrau durch kurze Wege die Arbeit zu erleichtern.

Produktion ein, aber auch in die Analyse alltäglicher Abläufe und Bedürfnisse. Und die Standardisierung und maschinelle Massenproduktion von Bauelementen und Möbeln wird zur Grundlage einer modernen Gestaltung, die die preiswerte Produktion in den Vordergrund stellt. Dies ist eigentlich weniger das Ziel des Bauhauses als eher das Bestreben anderer Bewegungen und Initiativen in der Zwischenkriegszeit, die mit Ausstellungen, Musterwohnungen und -siedlungen Anstöße zur Behebung der Wohnungsnot und Verbesserung des Lebensstandards der unteren sozialen Schichten geben wollen.

Die Stadt Frankfurt etwa realisiert unter der Leitung von Ernst May ein umfangreiches Wohnungsbauprogramm. Ziel ist die „Wohnung für das Existenzminimum", in der alles so billig wie möglich sein soll. Für diese wie auch für andere Wohnungen entwirft der Architekt Ferdinand Kramer 1925/26 preiswerte und praktische Haushaltsgegenstände und leichte, variable Sperrholzmöbel für kleine Räume. Er setzt, anders als das Bauhaus, bewusst kein Stahlrohr ein, sondern preiswertes Holz, meist Sperrholz oder Tischlerplatte, das er in standardisierten und maschinengerechten Formen verarbeiten lässt. So entstehen zwar auch Möbel mit einfachen und geometrischen Grundformen, aber anders als im Bauhaus sind sie viel preiswerter zu produzieren und haben nicht die elitäre Ausstrahlung, die die durchschnittlichen Benutzer damals eher abgeschreckt hätten.

Ferdinand Kramer (1898–1985) war einer der Architekten, die am Projekt des Neuen Frankfurt mitwirkten. 1916 wird er zum Militär eingezogen. Nach Ende des Ersten Weltkriegs beginnt er ein Architekturstudium in München, wechselt anschließend zum Bauhaus, das er aber enttäuscht verlässt, da es hier lange Zeit nicht zur Gründung der versprochenen Architekturklasse kommt. 1922 geht er nach Beendigung seines Studiums zurück nach Frankfurt. Hier arbeitet er 1925–30 am Städtischen Hochbauamt im Projekt des Neuen Frankfurt, für das er zahlreiche Möbel und Gebrauchsgegenstände entwirft. Seit 1924 ist Kramer Mitglied des Deutschen Werkbundes, tritt aber aus Protest gegen die freiwillige Gleichschaltung 1933 aus. Er emigriert in die USA, wo er als Architekt, aber hauptsächlich als Designer und Innenarchitekt tätig ist. 1952 kehrt er nach Frankfurt zurück, wo er bis 1963 als Baudirektor der Johann-Wolfgang-Goethe-Universität arbeitet und in den 1950er und 60er Jahren zahlreiche Universitätsgebäude entwirft.

Teil des Frankfurter Wohnungsbauprogramms ist auch das Angebot an die Mieter, gegen einen geringen Aufschlag auf die Miete eine fertig eingebaute Küche zu bekommen. Diese Küche, die sogenannte „Frankfurter Küche" ist von der Wiener Architektin Margarethe Schütte-Lihotzky entworfen worden, und wird durch ihre völlig neue Konzeption sozusagen zu einem der Vorbilder späterer Einbauküchen: die Küche als reiner Funktionsraum. Ihrer Konstruktion liegt eine genaue Analyse der Arbeitsabläufe der Küchenarbeit zugrunde. Das ist sozusagen die Übertragung wissenschaftlicher Betriebsführung auf den Privathaushalt. Hier ist alles durchdacht und im Sinne größtmöglicher Effektivität optimiert, von der verstellbaren Beleuchtung über die Organisation der Arbeitsflächen bis zur Anordnung von integrierten Aufbewahrungselementen für Lebensmittel, sodass die Hausfrau keine überflüssigen Handbewegungen machen und unnötige Wege zurücklegen muss. Es gibt eine gut beleuchtete Arbeitsplatte mit Abfallrinne, dazu einen höhenverstellbaren Arbeitshocker und ein an der Wand befestigtes ausklappbares Bügelbrett. Auch die Erkenntnisse der Hygiene sind bei der Planung von Vorratsbehältern und Schränken berücksichtigt. Der Design-Historiker Gert Selle gibt bei allem Optimismus jedoch auch zu bedenken: „Diese Küche ist ein Triumph des Praktischen. Doch sie ist auch ein mentales Erziehungsinstrument: Rationalisierung, Funktionalität,

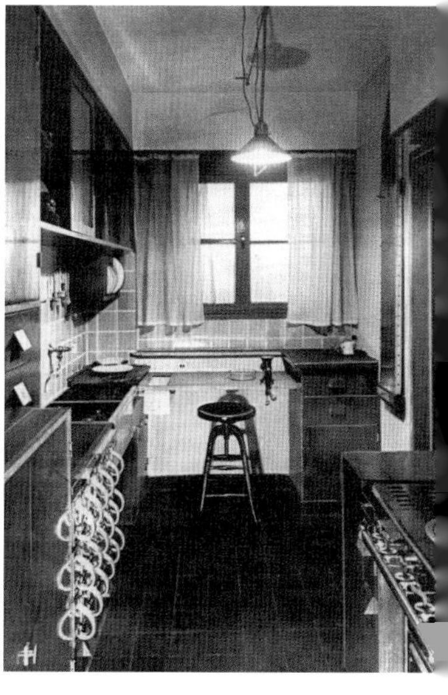

sachliche Knappheit, Effektivität des Gebrauchs sind Fortschrittsmetaphern der Epoche, die entweder allgemeine Zustimmung fordern, propagandistischen Zwecken dienen oder etwas verdecken, das als Mangel nicht mehr gesehen werden soll." (Selle, 1994, S. 217). Diese der Frankfurter Küche zugrunde liegende Tendenz des Funktionalismus, die menschliche Umgebung von der Stadtplanung bis zu den Produkten für den menschlichen Gebrauch unter dem Gesichtspunkt der reinen technischen Funktionalität zu sehen, wird im Laufe der Designgeschichte immer wieder zu einem ideologischen Streitpunkt unter Architekten, Stadtplanern und Designern.

In Berlin, wo 1929 die Ausstellung „Die billige und schöne Wohnung" stattfindet, in Karlsruhe, wo unter der Leitung von Walter Gropius 1928/29 die Werkbundsiedlung Dammerstock entsteht, und in vielen anderen Großstädten werden ähnliche Musterwohnungen und Mustersiedlungen gebaut, durch die man zukünftigen Mietern eine sinnvolle Einrichtung mit „zweckmäßigen und schönen" Gebrauchsgegenständen nahebringen will. Eine dieser Mustersiedlungen ist auch die Weißenhofsiedlung in Stuttgart, die 1927 im Rahmen der Werkbundausstellung „Die Wohnung" entsteht. Hier werden unter der Leitung von Mies van der Rohe Häuser aus industriell vorgefertigten Betonteilen gebaut. So können in nur rund fünf Monaten mehr als zwanzig Häuser mit insgesamt mehr als sechzig Wohnungen gebaut werden, was die Siedlung aus heutiger Sicht zu einer der bedeutendsten Mustersiedlungen der Zeit macht. Unter den Architekten sind u. a. Mart Stam, J. J. P. Oud und Le Corbusier. Die Ausstellung wird zum Forum avantgardistischer Architekten und Designer aus verschiedenen europäischen Ländern und macht deutlich, wie international die Moderne inzwischen ist. Die sehr avantgardistische Architektur der Siedlung mit durchweg weißen Fassaden, Flachdächern und Dachterrassen wird zum Statement der internationalen Moderne und polarisiert die Anhänger aus dem eher intellektuellen bildungsbürgerlichen Lager und die national-konservativen Kritiker, die die Siedlung wegen ihrer „undeutschen" Erscheinung als „Araberdorf" beschimpfen. Die Einrichtung der Wohnungen ist sowohl in der schlichten Sperrholzmöblierung von Kramer gehalten als auch mit den schon damals als elitär empfundenen Stahlrohrmöbeln von Marcel Breuer ausgestattet. Auch wenn dieses Projekt damals nicht unumstritten ist und sowohl von linken Sozialreformern wie auch von rechten Heimatschützern kritisiert wird, so zeigt sie doch vor allem, wie der soziale Wohnungsbau der deutschen Zwischenkriegszeit zum formalen Vorbild für die internationale Moderne wird.

Sigfried Giedion (1888–1968) Der Schweizer Kunsthistoriker und Architekt wurde in Prag geboren, studierte Ingenieurswissenschaften an der Technischen Hochschule in Wien und Kunstgeschichte in Zürich, Berlin und München. Er war bekannt mit Walter Gropius und Le Corbusier und ist einer der Mitbegründer des CIAM (Congrès International d'Architecture Moderne), von 1928–1956 dort Generalsekretär. 1931 gründete er zusammen mit Werner Max Moser und Rudolf Graber die Wohnbedarf AG in Zürich. Giedion veröffentliche zahlreiche Werke zu Architektur und Design, u.a. „Befreites Wohnen" (1929), „Space, Time and Architecture" (1941, dt. „Raum, Zeit, Architektur. Die Entstehung einer neuen Tradition") und „Mechanization Takes Command" (dt.: „Die Herrschaft der Mechanisierung", 1948).

J. J. P. Oud, Reihenhäuser in der Weißenhofsiedlung, Stuttgart, 1927
Unter der Leitung von Mies van der Rohe errichtete der Deutsche Werkbund die Häuser der Weißenhofsiedlung in nur 21 Wochen als Teil seiner Ausstellung „Die Wohnung". Insgesamt waren 16 namhafte Architekten mit Entwürfen beteiligt.

Die moderne Architektur und Gestaltung, in den USA durch Frank Lloyd Wright, in Europa durch Adolf Loos und Peter Behrens eingeleitet, bilden ab Mitte der 1920er Jahre eine internationale Formensprache heraus. Die Formen

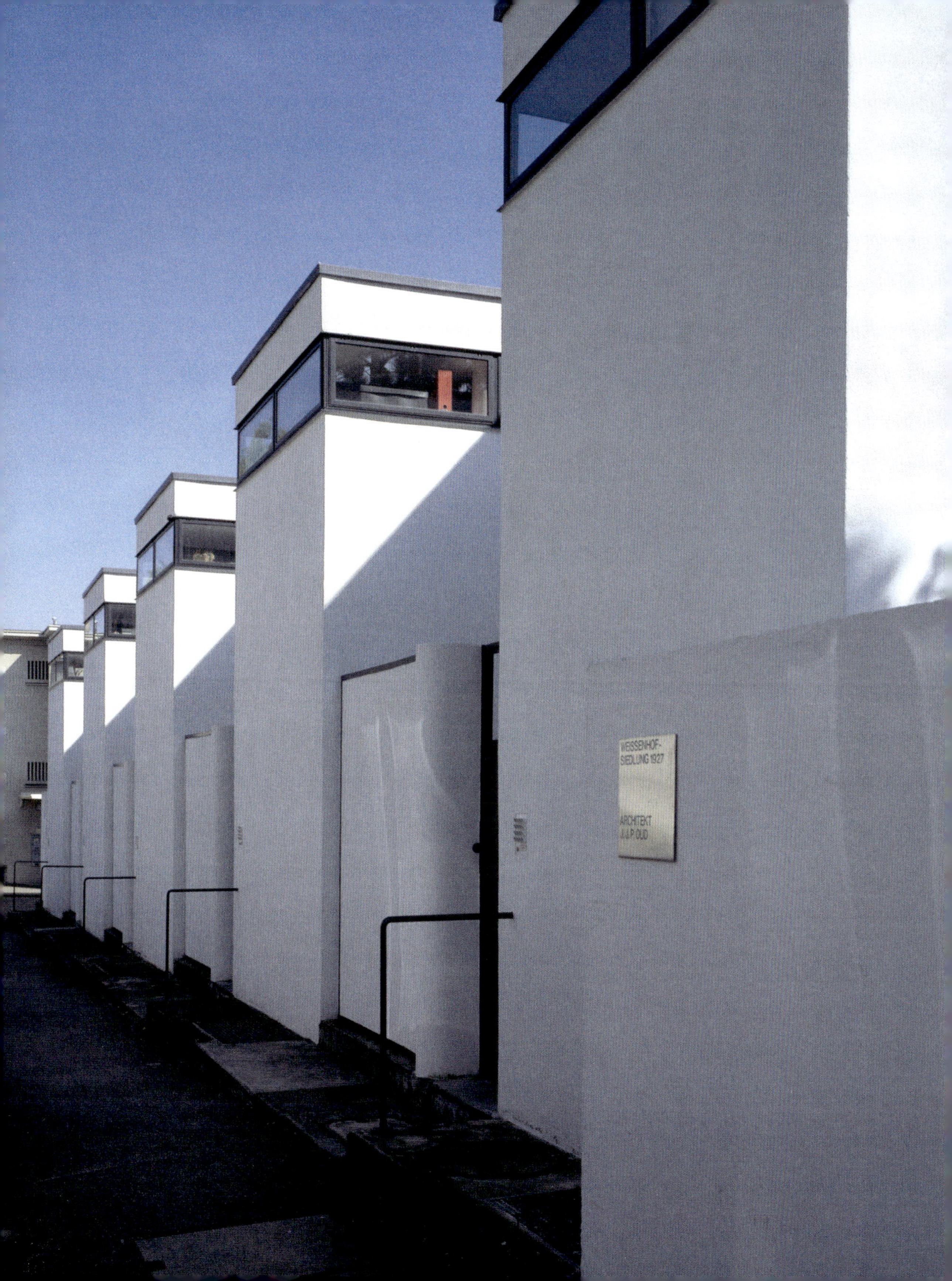
WEISSENHOF-
SIEDLUNG 1927
ARCHITEKT
J.J.P. OUD

des Bauhauses werden zur Grundlage eines internationalen Stils. Der Begriff selbst wird von den amerikanischen Architekten Henry-Russell Hitchcock und Philip C. Johnson geprägt, die 1932 ihr Buch „The International Style. Architecture since 1922" veröffentlichen. Unter diesem Titel organisieren sie in demselben Jahr auch eine Ausstellung im 1929 gegründeten Museum of Modern Art in New York. Der Begriff „Internationaler Stil" bezieht sich zunächst auf die Architektur. Hitchcock und Johnson fordern, dass die Architektur nicht mehr als Masse, sondern als Volumen aufgefasst werde. Fortan soll auch nicht mehr die axiale Symmetrie, sondern eine funktionale Ordnung den Entwurf bestimmen und den Einsatz jeglicher Dekoration vermeiden. Wie die Architektur verzichten auch die Möbel auf dekorative Ornamente und strahlen Klarheit, Transparenz, Eleganz und Rationalität aus.

Le Corbusier (1887–1965, eigentl. Charles Edouard Jeanneret) ist einer der wichtigsten Architekten des 20. Jahrhunderts und Mitbegründer des sogenannten „Purismus". Zu seinen wichtigen Bauten zählt neben dem Pavillon de l'Esprit Nouveau (1925) die Villa Savoie (1929–31) in Poissy. Später wendet er sich vom rein geometrischen Funktionalismus ab und in den 1950er Jahren den organischen Formen zu (Kapelle von Ronchamp, 1950–54).

Eine der Grundlagen des Internationalen Stils legt, neben dem Bauhaus, Le Corbusier mit seinem architektonischen Werk, aber noch viel mehr mit seinen Schriften und Vorträgen, die er in der ganzen Welt hält. Le Corbusier wird in der Schweiz geboren, reist aber viel, auch in Deutschland, wo er den Werkbund besucht, und lässt sich 1917 als Architekt in Paris nieder. Wie die italienischen Futuristen, die russischen Konstruktivisten und viele andere seiner Zeitgenossen, ist er begeistert von der neuen Welt der Technik: von den Flugzeugen, Automobilen und Schiffen. In seiner Architektur lässt er sich besonders von der Konstruktion der großen Ozeandampfer seiner Zeit inspirieren: von der durchdachten funktionellen Anordnung der verschiedenen Decks und ihrer Funktionen, von der schlichten funktionalen Einrichtung der Kabinen, von Kommandobrücken und Schornsteinen.

„Das Schiff funktioniert mit diesen erstaunlichen Maßen, weil die Gemeinschaftseinrichtungen organisiert sind, weil das Wohnen hier von parasitären Elementen befreit ist, weil das Leben auf einem Schiff [...] nach intelligenten Innovationen geordnet ist, die es ermöglichen, einerseits eine Lösung für das Problem zu finden, und andererseits der Verschwendung abzuschwören."
(Le Corbusier, 1935. Zit. n. Cohen, 2007, S. 214)

Auch von der technischen Perfektion des Flugzeugs und des Automobils ist er fasziniert. Seine Maschinenbegeisterung prägt sein Bild von der Architektur und vom Design. Für ihn ist das Wohnhaus eine Wohnmaschine, die nach außen einer puristischen, an der abstrakten Kunst orientierten Form folgt und in deren Innerem die funktionalen Bedürfnisse wie etwa Beleuchtung, Erschließung, Hygiene befriedigt werden müssen. Parallel dazu fasst er die Einrichtung auf. Er richtet die Räume mit maschinell gefertigten Thonet-Möbeln oder mit Stahlrohrmöbeln ein. Auch Stühle sind für ihn in erster Linie „Sitzmaschinen". Die Möbel, die er selbst zusammen mit Charlotte Perriand und seinem Vetter Pierre Jeanneret ab 1927 entwirft, werden zu Symbolen dieser Haltung und zu Ikonen der Moderne.

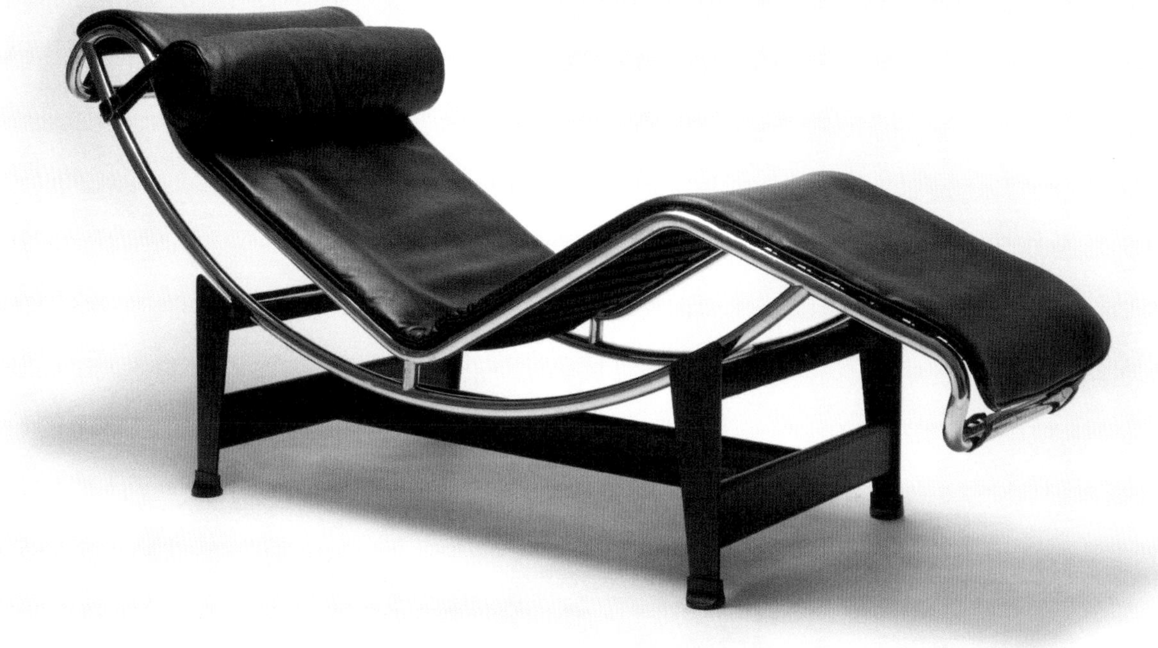

Le Corbusier, Pierre Jeanneret und Charlotte Perriand, Liege LC 4, 1928
Auf der Gurtbespannung des verchromten Stahlrahmens liegt eine Polsterauflage mit Nackenrolle aus schwarzem Leder. Die Konstruktion ruht verstellbar auf einem Stahluntergestell. Die Liege wird heute von der Firma Cassina produziert.

Le Corbusier ist international gut vernetzt und überall präsent. Er propagiert seine puristische Gestaltungsauffassung in der von ihm 1920 gegründeten Zeitschrift „L'Esprit Nouveau", in zahlreichen Buchveröffentlichungen zur Stadtplanung und Architektur, auf internationalen Reisen mit Vorträgen und in Ausstellungen. 1910/11 ist er für einen längeren Studienaufenthalt in Deutschland, besucht 1914 die Werkbundausstellung in Köln und trifft unter anderem Peter Behrens, Josef Hoffman, Ludwig Mies van der Rohe, Henry van der Velde und andere Vertreter der frühen Moderne in Europa. Er nimmt 1927 am Projekt der Weißenhofsiedlung teil und gehört 1928 zu den Gründungsmitgliedern der Congrès International d'Architecture Moderne (CIAM), die auch für den Städtebau eine nach Funktionsbereichen unterteilte Stadtplanung fordert. Nicht zuletzt mit den führenden kubistischen Künstlern, Pablo Picasso, Georges B. Braque und Fernand Léger ist Le Corbusier in Kontakt. Der Kubismus wird für ihn zu einer wichtigen ästhetischen Inspirationsquelle.

Der formale Purismus seiner meist in Weiß gehaltenen Bauten, sein strenger Funktionalismus, ja seine Maschinenverherrlichung, werden allerdings schon von vielen seiner Zeitgenossen durchaus kritisch gesehen. Sein Pavillon de l'Esprit Nouveau auf der Exposition des Arts Décoratifs et Industriels Modernes 1925 in Paris erregt Aufsehen und Entrüstung. Und seine visionären Stadtplanungsentwürfe, wie zum Beispiel zum Umbau von Paris, sind bis heute umstritten.

1929 wird in Frankreich eine weitere Vereinigung avantgardistischer Architekten und Designer gegründet: die Union des Artistes Modernes (UAM). Zu ihren Gründungsmitgliedern gehören der Architekt Robert Mallet Stevens, René Herbst, die Innenarchitektin Charlotte Perriand, Jean Prouvé und weitere Architekten und Gestalter, die sich damit gegen den Art-déco-Stil in Frankreich abgrenzen wollen. Die UAM vertritt, ebenso wie die anderen Avantgarde-Vereinigungen der Zeit, die maschinelle Produktion, Standardisierung, einfache geometrische Grundformen und den Einsatz von Industriematerialien. Hier finden sich auch Gestalter, die zunächst noch dem eher konservativen Stil gefolgt sind, sich aber in ihrer Entwicklung dem internationalen Stil der Moderne anschließen.

Eileen Gray (1879–1976) Die Irin geht nach ihrem Studium in London 1902 nach Paris, wo sie zu einer wichtigen Designerin und Theoretikerin der Moderne wird. Sie arbeitet mit J. J. P. Oud und zusammen mit Le Corbusier. Lange vor diesem, schon 1925, entwirft sie erste Stahlrohrmöbel. Während des Zweiten Weltkriegs und danach arbeitet sie als Architektin und Designerin. 1972 wird sie von der Royal Society of Art in London zum Royal Designer for Industry ernannt. 1987 nimmt das Museum of Modern Art in New York ihren Adjustable Table E 1027 in seine Design-Sammlung auf.

Jean Prouvé (1901–1984) gilt als einer der großen Konstrukteure unter den Architekten und Designern. Er macht zunächst eine Lehre als Kunstschmied und eröffnet 1923 eine eigene Werkstatt in Paris, wo er anfangs noch Schmiedearbeiten im Stil der Art déco herstellt, aber schnell eine radikal moderne Formensprache entwickelt. Prouvé experimentiert mit industriellen Materialien und mit neuesten technischen Konstruktionen von Bauteilen. Dabei überträgt er Produktionstechniken aus der Industrie auf die Architektur und das Design und betrachtet das Möbelstück als Maschine. Er bevorzugt Stahlrohr und Bleche als Materialien und ist wie Le Corbusier und Eileen Gray, auch wenn er bisweilen in Zusammenhang mit der Art déco gebracht wird, einer der progressivsten Vertreter der Moderne.

In Paris arbeitet etwa die aus Irland stammende Architektin Eileen Gray. Auch in ihrer Entwicklung vollzieht sich symptomatisch die Entwicklung der Zeit. Gray studiert Anfang des Jahrhunderts zunächst in London. In den 1920er Jahren zieht sie dann nach Paris. Hier wird sie durch die lebendige Kunstszene beeinflusst, durch den weit verbreiteten Japonismus, die Formen der ausklingenden Art nouveau und die elegante Art déco. Sie entwirft anfangs noch kunsthandwerklich hergestellte exklusive Lackmöbel, kommt dann aber mit den Vertretern der Moderne in Kontakt, mit Gerrit Rietveld, Le Corbusier und dem Bauhaus. Die Formensprache ihrer Entwürfe wird immer sachlicher und geometrischer, und sie arbeitet zunehmend mit den modernen Werkstoffen wie Glas, Aluminium und Stahlrohr. Ihr Tisch Adjustable Table E 1027 und ihr Bibendum Chair werden zu den Protagonisten ihrer Interpretation der Moderne, in der sie sachliche Funktionalität und chromglänzende Eleganz miteinander vereint.

Der Designer, der in Frankreich die Hinwendung zur Moderne am radikalsten vollzieht, ist Jean Prouvé. Er beginnt mit einer Lehre als Kunstschmied in Nancy, einem der Zentren der französischen Art nouveau, doch mit seiner eigenen Werkstatt in Paris wendet er sich ganz der industriellen Fertigung zu. Prouvé ist sehr rational und praktisch orientiert, aber auch sehr experimentierfreudig. Er konstruiert Betten, Stühle und Tische für Schulen und Krankenhäuser aus Profilstahlblech. Dazu bedient er sich derselben Konstruktionsprinzipien wie bei Brücken oder Flugzeughallen. Für Prouvé sind technische Maßstäbe aus dem Flugzeugbau wichtiger als das Wissen des Schreiners.

Abgesehen von Le Corbusier, der ohnehin zur führenden Figur des Internationalen Stils geworden ist, wird in der Schweiz der neue Stil der internationalen Moderne auch von anderen avantgardistischen Architekten, Designern

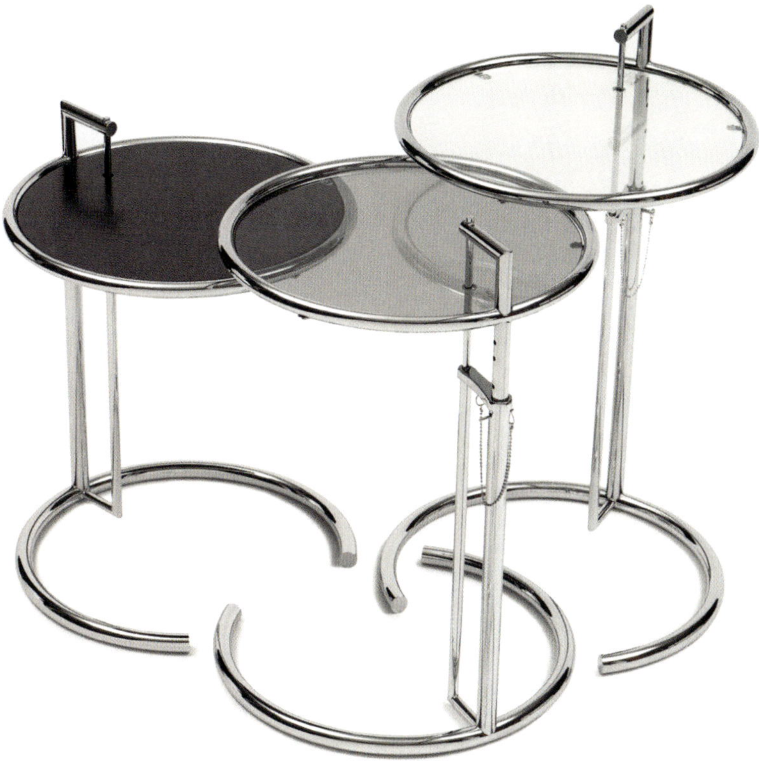

Eileen Gray, Adjustable Table E 1027, 1927
Die gläserne Stellfläche des verchromten Stahlrohrtisches ist höhenverstellbar.

Jean Prouvé, Holzstuhl Nr. 300, 1947

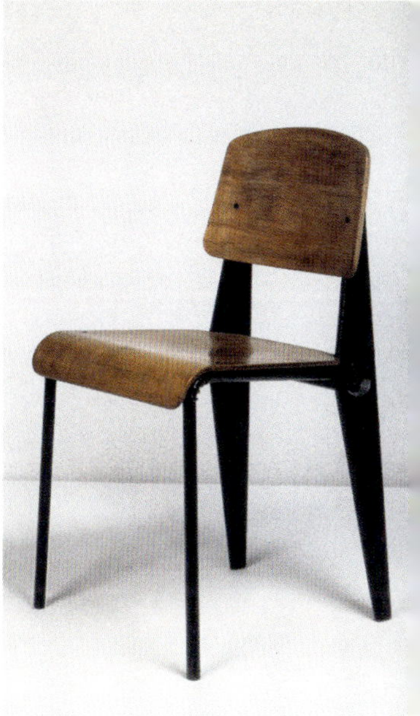

und innovativen Unternehmen vorangebracht. Schweizer Architekten und Designer sind ebenfalls bei den internationalen Bauaustellungen und Mustersiedlungen vertreten. Der Schweizerische Werkbund versammelt die Schweizer Avantgarde und nimmt an der Weißenhofsiedlung teil, und mit Hannes Meyer kommt im Frühjahr 1927 aus Basel der wohl radikalste Direktor des Bauhauses.

Schon 1904 ist die Firma Embru als „Eisen- und Metall-Bettenfabrik Rüti" gegründet worden und von Beginn an immer sehr innovativ und fortschrittlich. Das Unternehmen produziert Betten für Hotels und Krankenhäuser. Die Entwicklung der Firma wird durch den Ausbruch des Ersten Weltkrieges gefährdet. Ironischerweise kann sich das Unternehmen dank der steigenden Nachfrage an Krankenhaus- und Rotkreuzbetten während des Krieges und kurz danach über Wasser halten. In den 1930er Jahren kommen dann die modernen Stahlrohrmöbel hinzu und die Zusammenarbeit mit Designern und Architekten wie Marcel Breuer und Werner Max Moser. Moser ist ein Kind seiner Zeit. Er studiert an der Technischen Hochschule in Zürich, macht nach seinem Diplom, das er 1921 ablegt, ein Praktikum in Rotterdam und ist anschließend für zwei Jahre im Büro von Frank Lloyd Wright in den USA tätig. 1927 arbeitet er unter Leitung von Mies van der Rohe auch am Projekt der

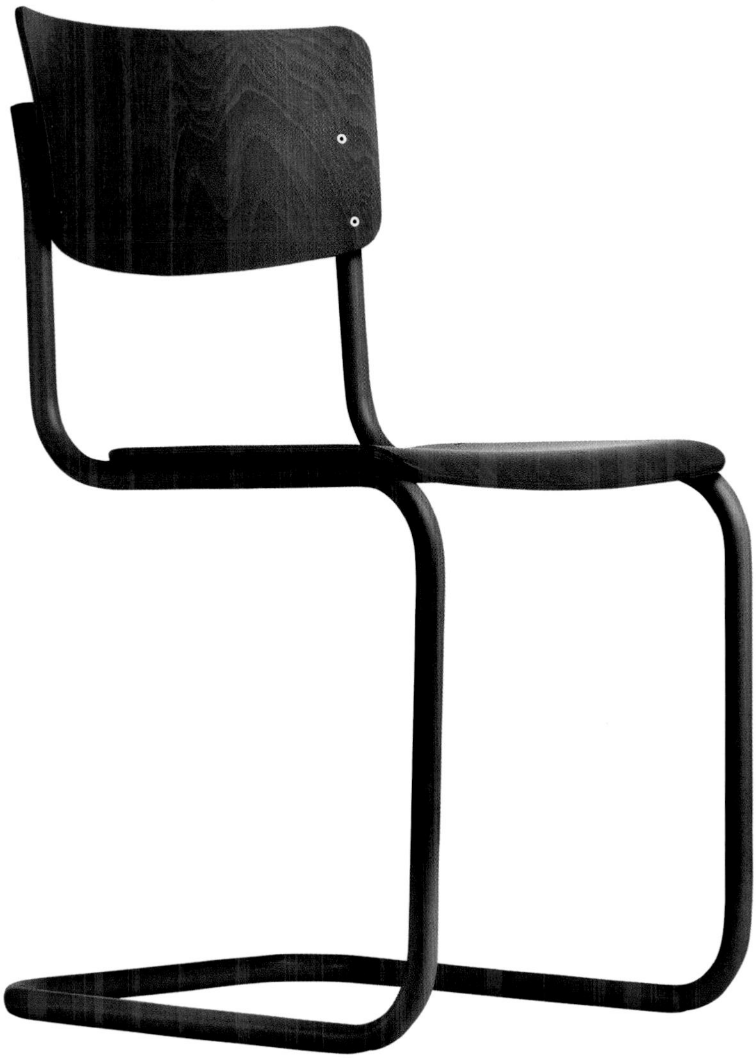

Mart Stam (künstlerisches Urheberrecht: Mart Stam): Stahlrohrstuhl S 33, 1926
Mart Stams Stuhl gilt als der erste Freischwinger. Über die Urheberschaft der hinterbeinlosen Stahlrohrstühle gab es immer wieder Diskussionen. Die Idee eines solchen Stuhls lag zu der Zeit wohl in der Luft, nicht nur am Bauhaus, denn Material und Konstruktion schienen den Gedanken des Funktionalismus vollendet zu verkörpern.

Weißenhofsiedlung mit. Bei der Firma Embru entstehen in den 1930er Jahren zahlreiche Stahlrohrmöbel, Freischwinger und auch der erste höhenverstellbare Schultisch, an dessen Konstruktion der Bauhausabsolvent Gustav Hassenpflug maßgeblich beteiligt ist. Durch die Trennung von Schultisch und Schulbank, die bis dahin fest miteinander verbunden waren und durch die Höhenverstellbarkeit der beiden Teile, revolutioniert Embru 1934 das Schulmobiliar.

Moser ist 1931 zusammen mit Sigfried Giedion und Rudolf Graber auch Mitbegründer der Wohnbedarf AG in Zürich. Moser kennt die modernen Stahlrohrmöbel des Bauhauses und ist zudem mit Mart Stam befreundet, der schon in der Weißenhofsiedlung und damit um 1927/28 quasi zeitgleich mit

Breuer und Le Corbusier einen hinterbeinlosen Stahlrohrstuhl präsentiert hat. Die Wohnbedarf AG bringt ein eigenes Programm von einfachen Typenmöbeln für den „zeitgemässen Wohnbedarf" heraus. „Lebensform und Wohnkultur miteinander verschmelzen lassen" lautet das Credo der Wohnbedarf-Gründer. In enger Zusammenarbeit mit international bekannten Architekten und Künstlern wie Alvar Aalto, Le Corbusier, Max Bill, Marcel Breuer, Ludwig Mies van der Rohe und Alfred Roth, entstehen hier Möbel, die heute als Klassiker der Moderne gelten. Produziert werden sie in den Embru-Werken in Rüti. Doch nicht nur eigene Möbel, sondern auch Modelle fremder Firmen, unter anderem auch Bauhaus-Entwürfe werden vertrieben.

Eine eigene Interpretation der Moderne entwickelt sich in Skandinavien. Die Glas-, Stahl-, Keramik- und Elektroindustrie sind in den skandinavischen Ländern gut entwickelt und haben sich von Manufakturen zu Industrieunternehmen gewandelt, die schon relativ früh mit Künstlern, Architekten und Designern zusammenarbeiten, um ihre Produkte zu gestalten. Sie orientieren sich an den USA und sind international erfolgreich. Der finnische Keramikhersteller Arabia (gegründet 1873) ist Ende der 1920er Jahre einer der führenden Porzellanhersteller Europas. In Schweden wird 1885 das erste Telefon der Firma Ericsson gebaut, das dänische Unternehmen Bang & Olufson stellt seit 1925 Phonogeräte her, und der Leuchtenhersteller Louis Poulsen (gegründet 1874) widmet sich ab 1918 der Produktion von elektrischen Geräten.

Mart Stam (1899–1986) Stam entwirft 1926 den ersten Freischwinger-Stuhl. 1930–34 arbeitet er in der Sowjetunion als Stadtplaner, 1939 wird er Direktor des Instituts für Kunstgewerbeunterricht in Amsterdam. 1948 geht er in die DDR und ist 1950–52 Rektor der Kunsthochschule Berlin-Weißensee. 1955 geht er zurück in die Niederlande, 1966 in die Schweiz.

In den skandinavischen Ländern entwickelt sich eine ganz spezifische Haltung gegenüber der Gestaltung und auch der modernen Industrieproduktion, die eine große Naturnähe, traditionelle Materialien wie das allgegenwärtige Birkenholz, klimatische Gegebenheiten, jahrhundertealte kulturelle Traditionen und einen ausgeprägten Sinn für das Praktische mit den ästhetischen und sozialen Forderungen der internationalen Moderne vereint. Die Nähe zur Natur ist zum Beispiel der Hauptgrund dafür, dass gerade in den skandinavischen Ländern organische Formen entstehen, die später wiederum in ganz Europa und den USA das Design beeinflussen. Zudem sind die Gegensätze zwischen Kunst, Kunsthandwerk und Industrie hier nicht so extrem. Dadurch leidet in dieser Zeit (und auch später) weder das Ansehen des Kunstgewerbes noch die Qualität der industriell gefertigten Massenware, die, ganz im Gegenteil, vom Schönheitssinn und der Einfachheit des Handwerks profitiert, einem Schönheitssinn, der eben nicht an ideologischen Parametern, sondern neben dem Vorbild der Natur vielmehr an dem sozialen Ziel qualitativ guter und als schön empfundener Gebrauchsgegenstände für alle orientiert ist.

Zum ersten Mal international wahrgenommen wird das skandinavische Design auf der Pariser Weltausstellung von 1900, wo skandinavische Unternehmen schwerpunktmäßig Porzellan und Textilien zeigen. In der Zeit zwischen den Kriegen wird schwedisches Glas der Manufaktur Orrefors bekannt,

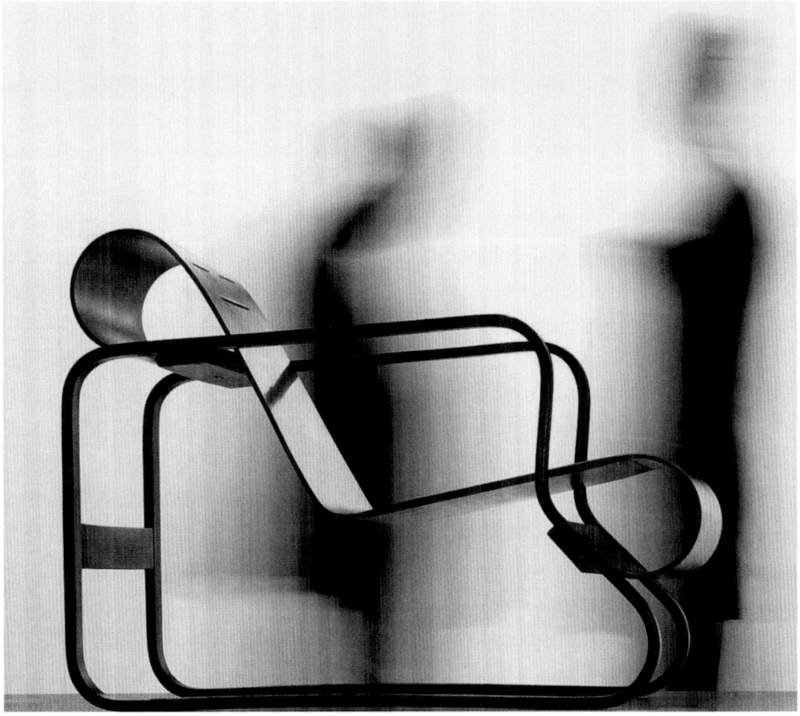

Alvar Aalto, Sessel 41 (Paimio-Sessel), etwa 1930/31, Schichtholz

als der Künstler Edward Hald beginnt, für das Unternehmen zu entwerfen und die Kristallgefäße von Orrefors 1925 auf der Exposition des Arts Décoratifs et Industriels Modernes ausgestellt werden. Hald hat mit Henri Matisse in Paris studiert, und seine Glaskreationen finden international Anklang. Der schwedische Architekt Gunnar Asplund wird zum ersten Protagonisten der Moderne in Schweden; er präsentiert schon in den 1920er Jahren Stühle und Lampen in organischen Formen.

Zur wichtigsten Leitfigur der Skandinavischen Moderne wird aber ohne Zweifel der finnische Architekt Alvar Aalto mit mehr als 200 privaten und öffentlichen Bauten. Er entwirft seine Möbel als organischen Bestandteil der Architektur und stets im Zusammenhang mit der jeweiligen Bauaufgabe. Seit 1927 arbeitet er, unter anderem angeregt durch Thonet, mit gebogenem Schichtholz. So entstehen 1935 seine Hocker für die Stadtbibliothek der ehemals finnischen Stadt Viipuri oder 1931 die Sessel für das Lungensanatorium Paimio, bei denen er ganze Sperrholzflächen in die gewünschte Form biegt. Aalto setzt das Prinzip und die Eleganz des Freischwingers in gebogenes Birkenholz (Schichtholz) um, das im Gegensatz zum Stahlrohr eine wärmere Ausstrahlung hat. Dabei kennt er die Entwürfe des Bauhauses und der anderen Vertreter der Moderne gut. Er ist mit Moholy-Nagy befreundet und nimmt an internationalen Kongressen teil. Anfangs experimentiert er auch kurze Zeit mit Stahlrohr, entscheidet sich aber doch für den ausschließlichen Einsatz von

Holz. Er gibt seinen modernen Möbeln einerseits eine menschliche Wärme, eröffnet dem Werkstoff Holz und dem modernen Design andererseits völlig neue Möglichkeiten, indem seine Möbel industriell produzierbar sind – und somit dieses Design auch wirtschaftlich erfolgreich. 1935 gründet er zur Produktion seiner Möbel die Firma Artek, mit der er sie international vermarktet. Seinen engen Bezug zur Natur setzt Aalto auch bei seiner Savoy Vase um, der er eine amöbenhaft geschwungene Form gibt, die neben der Natur auch die Einflüsse der surrealistischen Kunst erkennen lässt. Aaltos Verdienst ist es, organische Formen standardisierbar und industriell herstellbar gemacht zu haben.

Alvar Aalto (1898–1976) war einer der bedeutendsten Architekten und Designer des 20. Jahrhunderts. Er prägte die moderne Architektur Finnlands mit zahlreichen öffentlichen und privaten Gebäuden. Ein wichtiger Bau in Deutschland ist das 1988 fertiggestellte Opernhaus in Essen. Aalto studiert 1916–21 Architektur in Helsinki. Anschließend reist er mehrere Jahre durch Europa. 1923 beginnt er in der Stadt Jyväskylä als Architekt zu arbeiten, 1927 zieht er mit seinem Büro nach Turku um. 1933 geht er nach Helsinki, wo er 1935 zusammen mit seiner Frau die Möbelfirma Artek gründet. 1940 wird er Professor am Massachusetts Institute of Technology in Cambridge. Seine Gebäude, Möbel und Alltagsgegenstände sind bis heute Ikonen der organischen Richtung der Moderne.

Auch andere skandinavische Designer wie der schwedische Schreiner Bruno Mathsson oder der Däne Kaare Klint widmen sich dem Entwurf von Möbeln und entwickeln neue Methoden der Holzbearbeitung. Der dänische Architekt Poul Henningsen wird zu einem Protagonisten der Moderne auf anderem Gebiet. Er entwirft als einer der wenigen Skandinavier Stahlrohrmöbel, aber vor allem beschäftigt er sich mit der Wirkung des damals neuen elektrischen Lichts. Mit wissenschaftlichen Experimenten untersucht er die Lichtwirkung bei Lampen und entwirft schon um 1924 für die Firma Louis Poulsen die sogenannten PH-Lampen, die in industrieller Herstellungsweise preiswerte Leuchten für unterschiedliche Anwendungsgebiete liefern.

Die skandinavische „gemäßigte" und auf den Menschen ausgerichtete Moderne erreicht durch die organischen Formen, die warmen Materialien, die Ablehnung der strengen Geometrie des Bauhausfunktionalismus und die weitestgehend ausbleibenden ideologischen Grabenkämpfe zwischen Kunsthandwerk und Industrie das, was der Moderne etwa in Deutschland fehlt: Akzeptanz in großen Kreisen der Bevölkerung. Dadurch verschafft sich das skandinavische Design in den 1930er Jahren eine weitreichende Anerkennung und auch für die Zeit nach dem Zweiten Weltkrieg eine internationale Bedeutung. Besonders durch Alvar Aalto werden die organischen Formen, der sozusagen „menschliche Funktionalismus", zum internationalen Impulsgeber. Aalto, der schon auf früheren Messen präsent war, wird endgültig international bekannt durch die Gestaltung des finnischen Pavillons auf der New Yorker Weltausstellung 1939. Besonders in den USA wird sein Design so geschätzt, dass er kurzzeitig Professor am Massachusetts Institute of Technology (MIT) wird und auch an der Cranbrook Academy in Detroit Vorlesungen hält. Die Cranbrook Academy wird in den folgenden Jahren dann zur wichtigsten Ausbildungsstätte von Designern in den USA. Eine wichtige Rolle für neue internationale Tendenzen im Design spielt in Zukunft ebenso das 1929 gegründete Museum of Modern Art in New York, das mit Design- und Kunstausstellungen sowie mit internationalen Wettbewerben die Meinungsführerschaft übernimmt.

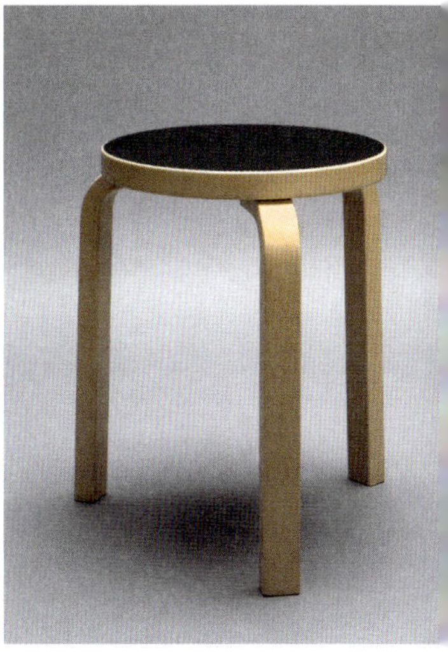

Alvar Aalto, Hocker 60, 1933

VOGUE PATTERN BOOK

PRICE WITH VOGUE 1/6

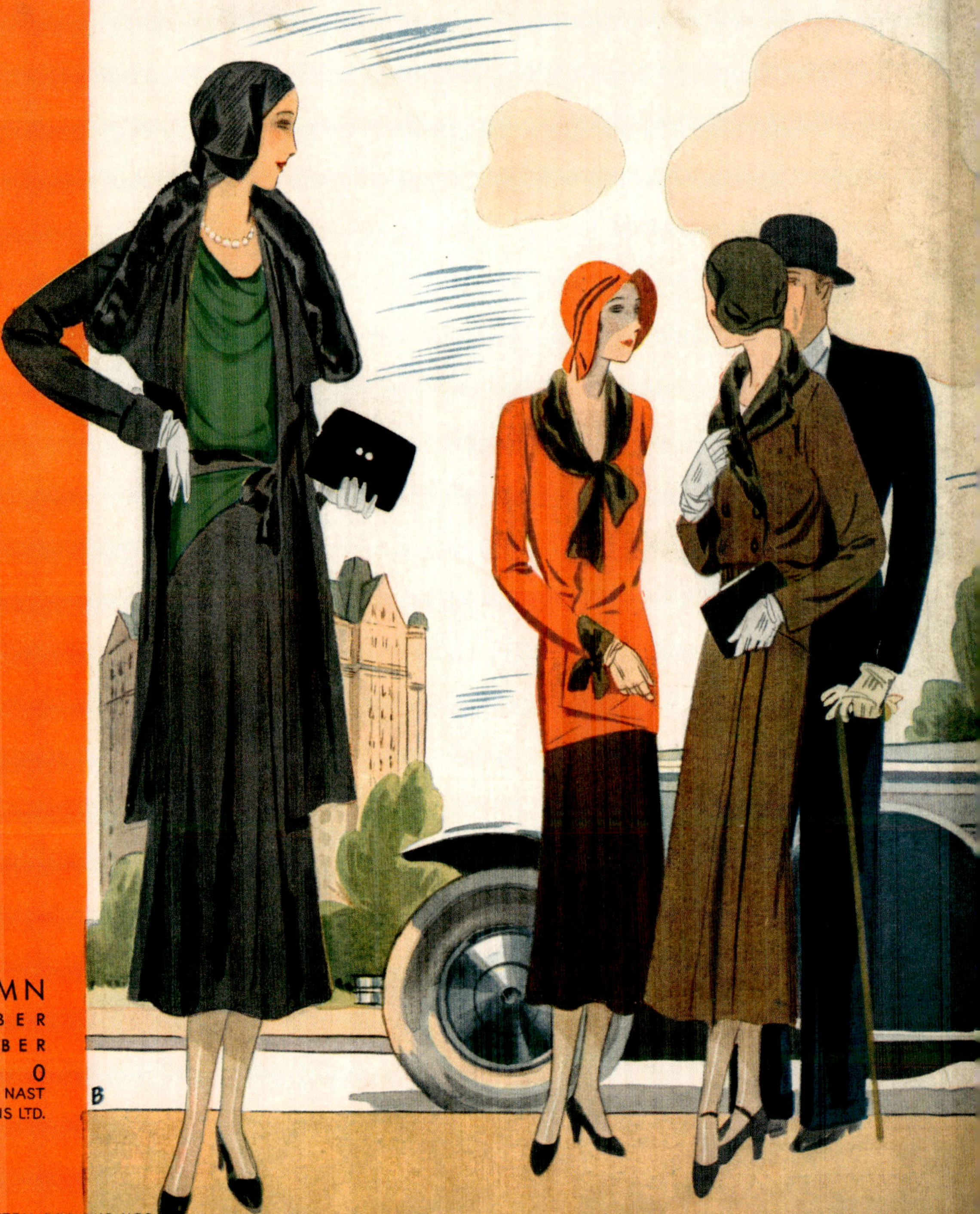

AUTUMN
OCTOBER
NOVEMBER
1930

THE CONDÉ NAST
PUBLICATIONS LTD.

VOGUE PATTERN DESIGNS NOS. 5364-5347 5365-5388 5363

FORTSCHRITT UND LUXUS

Eliten, Massengesellschaft und Angestelltenkultur

Die 1920er und 30er Jahre sind in Europa wie in den USA gekennzeichnet durch die inzwischen durchgesetzte Massenproduktion und Massenmärkte. Die Städte sind rasant gewachsen, die Gesellschaft gekennzeichnet durch neue soziale Klassen, neue Eliten, Konsumgewohnheiten und Lebensstile. Gleichzeitig ist es eine Zeit voller Gegensätze. In Deutschland haben Krieg, Revolution und Wirtschaftskrise Massenarbeitslosigkeit, Armut und Wohnungsnot mit sich gebracht. Die Architektur und das moderne Design haben sich hauptsächlich an theoretischen und sozialreformerischen Fragen entwickelt. Ungeachtet dessen führen die finanziellen Eliten in aller Welt ihren gehobenen Lebensstil weiter, stehen Kultur, Unterhaltung, Sport und eine geradezu hektische Vergnügungssucht im Mittelpunkt des gesellschaftlichen Lebens. New York wird die Hauptstadt des 20. Jahrhunderts, Paris zum kulturellen Zentrum. Aus den USA kommen Musik und Tanz: Jazz, Swing und Charleston. Benny Goodman, Josephine Baker und Fred Astaire sind in Europa ebenso bekannt wie in New York. Die Wirkung des Films, besonders das Vorbild Hollywoods mit seinen aufwendig ausgestatteten Historien-, Revue- und Tanzfilmen beeinflusst in kaum zu unterschätzender Weise das Leben, die Mode, das Design, sogar Fragen der Moral. Umgekehrt reisen junge amerikanische Architekten, Künstler und Schriftsteller nach Europa, um in Paris oder Berlin die Einflüsse der Kunst und der modernen Architektur des Neuen Bauens aufzunehmen.

Reisen in ferne Länder sind durch schnellere Schiffe und Flugzeuge jetzt erheblich einfacher. Damit wächst nicht nur der Welthandel, sondern auch die aufkeimende Tourismusbranche. Die Ausweitung der internationalen Beziehungen und die Entwicklungen im Verkehrswesen schaffen wiederum neuartige Gestaltungsaufgaben: Luxusliner, Luftschiffe und Flugzeuge, luxuriöse Hotel-Suiten, Kinopaläste und Kaufhäuser müssen eingerichtet, die Produkte der Elektrifizierung – Radios, Telefone, erste Fernsehgeräte – gestaltet werden, ebenso wie Werbung und Verpackung für die modernen Errungenschaften in Mode und Kosmetik, Luxusartikel wie Zigarettenetuis und Parfumflakons. Es ist nicht nur die Zeit des sozialen Wohnungsbaus, sondern auch die von Luxus,

Titelseite des Vogue-Schnittmusterkatalogs für Damenmode, England, Ausgabe Herbst 1930

ALLTAGS IKONEN

DIE LONDON UNDERGROUND TUBE MAP –

Schaltplan einer Weltstadt

Kaum ein Designobjekt in Großbritannien ist so selbstverständlich und so allgegenwärtig wie die Karte der Londoner Untergrundbahn, die Tube Map. Sie ist ein wunderbares Beispiel dafür, wie Gestaltungskonventionen gebrochen werden, um ein nahezu perfektes Design zu erreichen.

Die Londoner Untergrundbahn ist die älteste und längste ihrer Art. Sie entsteht im Zuge der Industrialisierung aus dem Zusammenschluss mehrerer unabhängiger Eisenbahnlinien. Damit das Stadtbild nicht verschandelt wird und weil die Straßen Londons schon zu dieser Zeit oft verstopft sind, plant man zunächst eine unterirdische Strecke von Paddington in die City of London. Betreibergesellschaft ist die zu diesem Zweck 1854 gegründete Metropolitan Railway. Die erste Untergrundlinie ist die Metropolitan Line. Es folgen weitere Betreibergesellschaften, deren Namen bis heute in denen der einzelnen Linien weiterleben, wie etwa bei der Metropolitan District Line oder der Central London Railway.

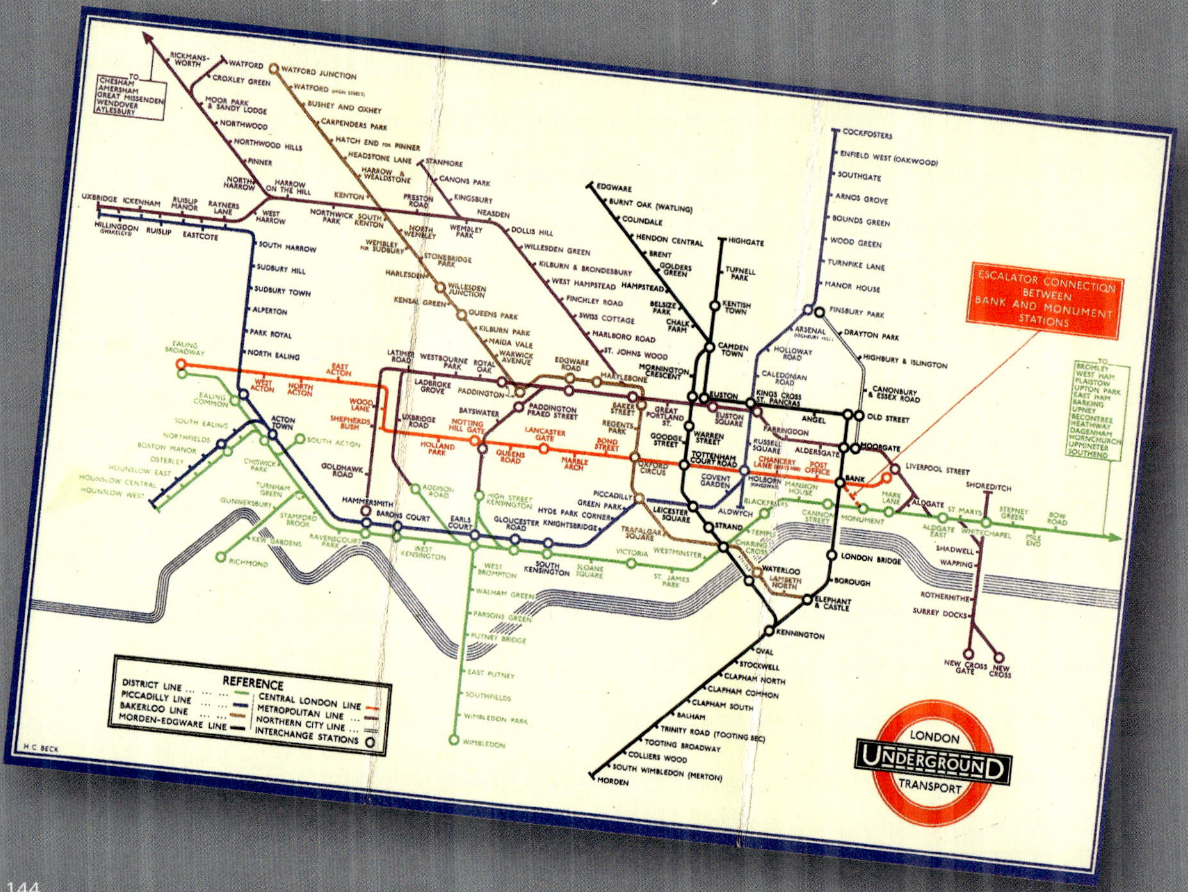

Die bis dahin unabhängig voneinander arbeitenden Linien schließen sich 1907 zusammen und gründen die London Underground Company – eine Karte des Streckensystems wird unumgänglich, damit sich die Fahrgäste in der schnell gewachsenen, sehr komplexen Stadt mit ihren Vororten zurechtzufinden. Die ersten Karten werden noch wie üblich geographisch korrekt gezeichnet. Doch so kompliziert, wie das System der einzelnen Strecken bereits zu diesem Zeitpunkt ist, und so komplex, wie die Stadt London immer schon gewesen ist, wird diese Art der kartographischen Darstellung viel zu unübersichtlich und verwirrend. 1925 kommt mit den Entwürfen des jungen Technikers Harry Beck, der gerade in die Firma eingetreten ist, eine Wende. Beck, der zuvor in der Elektrotechnik gearbeitet hat, geht das Problem ganz anders an. Er versteht die verschiedenen Strecken als ein logisches System und bringt das in einer Art Schaltplan zum Ausdruck, wie er ihn aus der Elektronik kennt. Nicht die genauen geografischen Streckenverläufe sind wichtig, nicht die exakten Entfernungen, sondern das Verständnis der Zusammenhänge, die Übersicht über die Verbindungsbahnhöfe und Streckenführungen. Dazu gibt Beck die Streckenverläufe nur noch in Senkrechten, Waagerechten und Diagonalen von 45 Grad wieder. So wird der Plan einfach und übersichtlich. Ein Problem bleibt zunächst noch die Darstellung der Verbindungsbahnhöfe, an denen man von einer Linie auf eine andere umsteigen kann. Beck stellt die verschiedenen Linien in unterschiedlichen Farben dar, bezeichnet die Umsteigebahnhöfe mit eigenen Symbolen und schafft es, die Stationsnamen so einzusetzen, dass sie lesbar bleiben und nicht durch andere Elemente verdeckt werden. Auch den Lauf der Themse integriert er in seinen Schaltplan. So entsteht ein grafisch einfacher, aufgeräumter Plan, der mit den Jahren weiter entwickelt wird, auch als Beck in den 1960er Jahren nicht mehr für London Transport arbeitet. Sein Grafikdesign wird in späteren Jahren unter anderem zum Vorbild für die New Yorker U-Bahn und für das Design des Berliner U-Bahn-Plans, das Erik Spiekermann 1990 mit seinem Büro Metadesign entwirft.

Harry Beck, Plan der Londoner Untergrundbahn, 1933

Werbung, früher Marktforschung und Modeschöpfern. Wie schon die italienischen Futuristen stilisiert man das moderne Leben und die Schönheit von Geschwindigkeit und Technik.

Die moderne Gestaltung schafft nicht nur Zeichen für Rationalität, Funktionalität und Fortschritt, sondern ebenso Symbole wirtschaftlicher und politischer Macht – Design steht für einen gehobenen intellektuellen Lebensstil. Leitende Angestellte, Ingenieure, Ärzte, Chemiker, Professoren werden zu einer neuen gesellschaftlichen Gruppe mit anspruchsvollen Konsumgewohnheiten und dem Bedürfnis zur gesellschaftlichen Distinktion.

Haute Couture und Gesellschaft

Mit dem wachsenden Selbstbewusstsein der berufstätigen Frauen, der Filmstars, der Gattinnen von reichen oder neureichen Industriellen und Kriegsgewinnlern wird die Mode zu einem wichtigen Gestaltungsbereich. Daher zählen die großen Couturiers – z.B. Paul Poiret, Coco Chanel, Jeanne Lanvin und die berühmte Römerin Elsa Schiaparelli – zu den wegweisenden Persönlichkeiten im Design der aufstrebenden Industrie- und Massengesellschaften. Paul Poiret ist einer der wichtigen Initiatoren des Art-déco-Stils in Frankreich. Er schafft in der Mode innovative Ansätze und in der Zusammenarbeit mit Architekten und Kunsthandwerkern. Außerdem kreiert er bereits 1911 als Erster mit einem eigenen Duft ein „Designerparfum".

Coco Chanel (1883–1971, eigentl. Gabrielle Bonheur Chanel) war die wichtigste Protagonistin der Mode und dabei eine der schillerndsten Frauenfiguren im 20. Jahrhundert. Im Waisenhaus eines katholischen Klosters zur Näherin ausgebildet, beginnt sie Schneideraufträge anzunehmen und arbeitet abends als Sängerin. 1904 lernt sie den Sohn einer angesehenen Pariser Familie kennen. Mit ihm lebt sie bis 1910 zusammen und eröffnet mit seiner finanziellen Unterstützung ein Hutatelier. 1911 folgt ein Modehaus in Paris, 1913 eine Boutique in Deauville, 1915 ein Modesalon in Biarritz. 1936 hat sie 4.000 Angestellte. Zu ihren Kunden zählen zahlreiche berühmte Künstler, Schauspieler, Tänzer und Politiker. Während des Zweiten Weltkriegs hat sie eine Beziehung zu einem Vertreter des nationalsozialistischem Regimes, muss nach Ende des Krieges als Kollaborateurin Frankreich verlassen, kehrt 1954 zurück und kann, wenn auch unter anfänglichen Mühen, an ihre Erfolge anknüpfen.

Indessen ist Poirets junge Konkurrentin Coco Chanel bis heute der Inbegriff eines neuen Denkens in der Damenmode. Vieles an ihr ist sicher einzigartig, aber man kann sie andererseits als typisches Kind ihrer Zeit betrachten. Sie wird 1883 als eines von sechs Kindern geboren, verbringt nach dem frühen Tod ihrer Mutter mehrere Jahre in einem katholischen Waisenhaus, wo sie das Nähen lernt. Mit zwanzig ist sie noch eine kleine Angestellte in einem Aussteuergeschäft, arbeitet nebenbei als Schneiderin und singt in einer Bar. Von da an arbeitet sie sich zielgerichtet nach oben, was in ihrem Fall bedeutet, sie bedient sich der richtigen Männerbekanntschaften, und sie erkennt die Bedürfnisse der Frauen in ihrer Zeit. Ab 1904 lebt sie zuerst mit einem wohlhabenden Pariser Industriellensohn zusammen, der ihr ihren ersten Hutsalon finanziert, 1912 eröffnet sie mit dem Geld ihres nächsten Geliebten, einem englischen Bergwerkbesitzer, ihren ersten Modesalon in Paris, 1913 eine Dependance in dem mondänen Seebad Deauville und 1915 in Biarritz. So kommt sie in die richtigen Kreise. Zu ihren Kunden zählen bald neben den gehobenen bürgerlichen Pariser Kreisen auch viele Künstler, Schriftsteller, Tänzer und Politiker. Im Laufe der Zeit werden

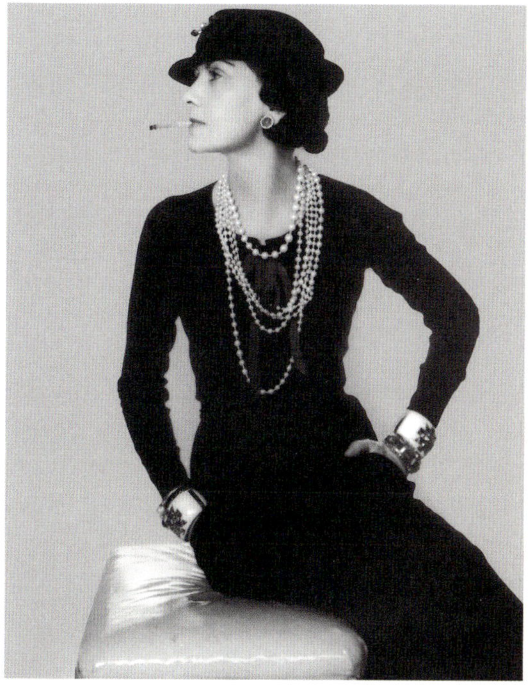

Eine Ikone und die Insignien ihres Erfolgs: Coco Chanel im „kleinen Schwarzen" mit Modeschmuck

ihr zahlreiche Verhältnisse mit illustren Persönlichkeiten nachgesagt. Während der Besatzungszeit im Zweiten Weltkrieg kollaboriert sie sogar offensichtlich, was ihr immer wieder, zuletzt 2011 von dem amerikanischen Journalisten Hal Vaughan, nachgesagt wurde, mit den Nationalsozialisten, um sich die Anteile ihres inzwischen auf über 4.000 Angestellte angewachsenen Modeimperiums zu sichern, die die Nationalsozialisten zuvor der jüdischen Familie Wertheimer geraubt hatten. Das ist die eine Seite ihres Aufstiegs zu einer der reichsten Frauen der damaligen Welt. Die andere ist ihr Gespür für die Bedürfnisse der Zeit: Sie gestaltet innovative Mode für die moderne berufstätige Frau in der Großstadt. Ganz ähnlich den Strömungen im Design und in der Architektur der Zwanzigerjahre schafft sie eine funktionale und sachliche Mode, schnörkellos und praktisch, mit der die Frauen sowohl im Berufsalltag als auch bei festlichen Anlässen elegant und selbstbewusst auftreten können. Sie macht die Röcke kürzer, entwickelt das sogenannte „kleine Schwarze", das Twinset und entwirft, wie vor ihr Paul Poiret, elegante Hosen für Frauen. Später, in den 1950er Jahren, wird dann das „Chanel-Kostüm" zum angemessenen Business-Outfit für erfolgreiche Geschäftsfrauen. Doch nicht nur in der Mode setzt sie Standards, sie etabliert schon vor 1920 den Kurzhaarschnitt für Frauen, macht den Modeschmuck salonfähig und kreiert 1923 ein eigenes Parfum, das bis heute berühmte Chanel No 5. Coco Chanel praktiziert damit damals erfolgreich, was wir heute im Marketing überall erleben: den Imagetransfer einer Marke auf andere Produkte desselben Lifestyles.

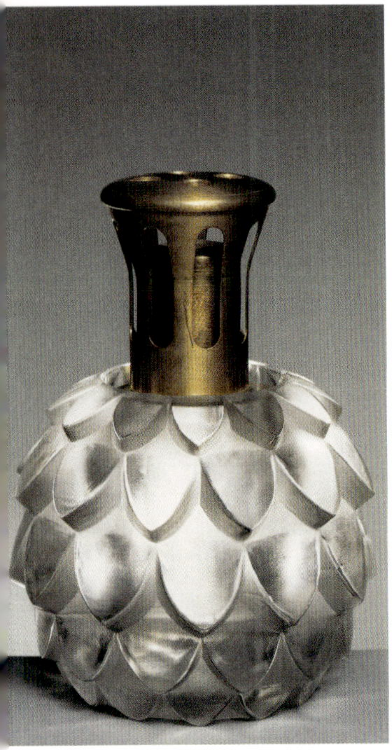

René Lalique, Parfumflakon Artischocke, weißes Glas, Messing, um 1927

Art déco – ein Konsumstil zwischen Konservatismus und Moderne

Die Entwicklung zur Massengesellschaft erzeugt in großen Teilen der alten und neuen Eliten Europas eine diffuse Angst vor der Massenproduktion, der modernen Industrie und ganz allgemein vor den unsicheren gesellschaftlichen und politischen Verhältnissen nach dem Ersten Weltkrieg sowie den Revolutionen in Deutschland und Russland. Mit dem Wachsen der Arbeiterschaft und der Standardisierung der Massenproduktion befürchtet das Bürgertum den Verlust von Macht, Sicherheit und Individualität. Der spanische Philosoph José Ortega y Gasset beschreibt die Faszination und die zu befürchtenden Folgen der neuen Massengesellschaft 1930 in seinem Werk „Der Aufstand der Massen": „Die Städte sind überfüllt mit Menschen, die Häuser mit Mietern, die Hotels mit Gästen, die Züge mit Reisenden, die Cafés mit Besuchern; es gibt zu viele Passanten auf der Straße, zu viele Patienten in den Wartezimmern berühmter Ärzte; Theater und Kinos, wenn sie nicht ganz unzeitgemäß sind, wimmeln von Zuschauern, die Badeorte von Sommerfrischlern." Die Industrialisierung hat eine Massengesellschaft hervorgebracht, in der er, wie andere seiner Zeitgenossen auch, menschliche, soziale und politische Gefahren für die bürgerliche Kultur, das europäische Bildungsideal und die Demokratie heraufziehen sieht. Vermassung, Durchschnittlichkeit und Manipulierbarkeit stehen als komplementäre Erscheinungen einem Spezialistentum, unreflektiertem Konsum und Dekadenz in einer Welt gegenüber, über die er sagt: „Die Welt ist zivilisiert, aber ihre Bewohner sind es nicht, sie sehen nicht einmal die Zivilisation an ihr, sondern benutzen sie, als wäre sie Natur. Der neue Mensch will das Automobil und genießt es, aber er glaubt, es wächst an einem Paradiesbaum." Später oft als reaktionär kritisiert, trifft seine Analyse der damaligen Zeit auf großes Interesse in den bürgerlichen Kreisen. Selbst wenn nicht jeder diese Ära mit einem theoretischen Überbau analysiert, so demonstriert man im Bürgertum doch allenthalben, selbst in den Konsumgewohnheiten, die Abgrenzung zu den Massen der neuen gesellschaftlichen Gruppen.

Es entsteht neben der strengen rationalistischen Moderne ein elitärer und sehr luxuriöser Konsumstil, der in den 1960er Jahren retrospektiv den Namen „Art déco" erhält. Dieser durchaus heterogene Stil beruht, anders als die modernen Stile der Zeit, nicht auf einer Theorie wie dem Funktionalismus, einer Schule wie dem Bauhaus oder einem sozialreformerischen Anspruch. Er erhebt nicht den Anspruch, das ganze Leben umzugestalten und dem Künstler eine neuartige Rolle in der Gesellschaft zuzuweisen, sondern ist vielmehr eine Reaktion auf die Konsumbedürfnisse wohlhabender Zielgruppen. Zuerst und besonders in Frankreich, wo die etablierten Schichten des Bürgertums den Krieg relativ unbeschadet überstanden haben, entwickelt sich dieser Einrichtungs- und Dekorationsstil, der wirtschaftliche Macht, Individualität und gehobenen Lebensstil demonstriert. Außerdem sucht das unsicher gewordene französische Kunsthandwerk nach einem Weg, um auf dem Weltmarkt der internationalen

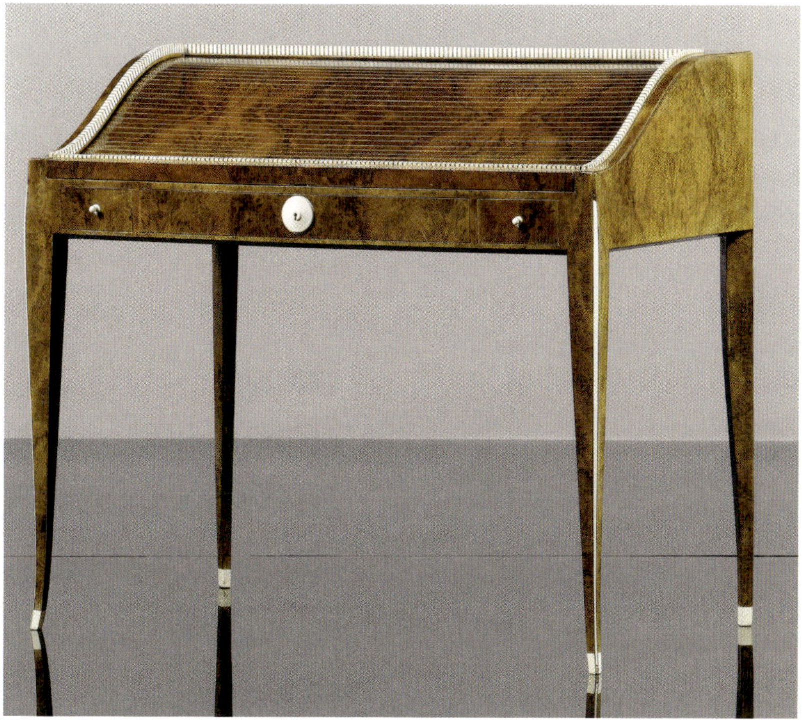

Jacques-Émile Ruhlmann, Sekretär, 1928

Konkurrenz zu begegnen. So entschließt sich die konservative Compagnie des Arts Français schon vor dem Ersten Weltkrieg zusammen mit den führenden Gestaltungskünstlern der Zeit und auf Initiative der großen Pariser Kaufhäuser zu einer Ausstellung, die unter anderem als Reaktion auf die Gründung des Deutschen Werkbunds 1907 und dessen große Kölner Ausstellung von 1914 zu sehen ist.

Diese Exposition des Arts Décoratifs et Industriels Modernes wird aber unter anderem wegen des Krieges zunächst verschoben und findet schließlich 1925 mit großem Aufwand in Paris statt. Zu den wichtigsten Kunsthandwerkern, die auf dieser Ausstellung vertreten sind, zählen neben dem Modeschöpfer Paul Poiret der Glaskünstler René Lalique, Jacques-Émile Ruhlmann, der edle Möbel aus Tropenhölzern, Perlmutt und Elfenbein baut, und der Kunstschmied Edgar Brandt. Auch konservative Unternehmen sind auf der Ausstellung vertreten, Christofle (Gold und Silberwaren), die Glasmanufaktur Baccarat und die Porzellanmanufaktur Sèvres. Schmuck- und Parfumhersteller wie Boucheron und Cartier sowie zahlreiche Modeschöpfer sind ebenfalls mit aufwendigen Pavillons präsent, denn wohlhabende und emanzipierte Frauen sind inzwischen eine wichtige Zielgruppe geworden.

Jacques-Émile Ruhlmann (1878–1933) gehört zu den Hauptvertretern des Art-déco-Stils. Er wird 1879 in Paris geboren, übernimmt 1907 die Dekorationsfirma seines Vaters und gründet 1919 mit Pierre Laurent die Établissement Ruhlmann et Laurent. Für die Exposition Internationale des Arts Décoratifs et Industriels Modernes, die 1925 in Paris stattfindet, entwirft Ruhlmann den Pavillon Hôtel du Collectionneur (Haus eines Sammlers), dessen Dekoration und Möbelentwürfe großes Aufsehen erregen. 1929 stellt er im Salon des Artistes Décorateurs sein elegantes Studier- und Wohnzimmer für einen Kronprinzen aus. In seinem Spätwerk der frühen 1930er Jahre werden Ruhlmanns Entwürfe zunehmend vom Funktionalismus beeinflusst, und er setzt auch Materialien wie verchromten Stahl ein.

Vertreter der sachlichen Moderne haben hier einen schlechten Stand: Mitglieder des Bauhauses sind gar nicht zu finden, außerdem ist Deutschland nach wie vor erklärter Erzfeind und das Ruhrgebiet vom französischen Militär besetzt. Die USA zeigen kein Interesse. Le Corbusiers Pavillon de l'Esprit Nouveau wird als Provokation empfunden und an den Rand des Ausstellungsgeländes verbannt und im holländischen Pavillon werden die Vertreter der De-Stijl-Gruppe nicht gezeigt. Dagegen dokumentiert die Ausstellung, dass der Art-déco-Stil um 1925 keine rein französische Angelegenheit mehr ist, sondern sich international durchgesetzt hat.

Edgar Brandt (1880–1960) war in den 1920er Jahren einer der führenden Kunstschmiede in Frankreich und revolutionierte die Schmiedetechnik. Er bearbeitete Kupfer, Bronze und andere Metalle bereits in der neuen Technik des autogenen Schweißens. Brandt wird 1880 in Paris geboren. Seine Familie zieht nach Orléans, als er vier Jahre alt ist. Dort gründet er 1902 seine erste Werkstatt. Ab 1905 arbeitet er mit dem Glasproduzenten Daum zusammen. Nach dem Ersten Weltkrieg entwirft er das Grab des Unbekannten Soldaten unter dem Pariser Arc de Triomphe. Er beteiligt sich an der berühmten Exposition Internationale des Arts Décoratifs et Industriels Modernes 1925 in Paris. Dann ändert er seinen Stil, setzt mehr geometrische Formen und Muster ein und kommt zu einer klareren Formensprache. Als Unternehmer ist er in dieser Zeit sehr erfolgreich. Er eröffnet 1925 eine Niederlassung in New York und verlegt seinen Firmensitz 1926 nach Paris. 1939 zieht er in die Schweiz, wo er 1960 in Genf stirbt.

Die unterschiedlichen Ausprägungen des Art-déco-Stils stehen unter verschiedenen Aspekten geradezu im Gegensatz zu den Zielen der Moderne. Man strebt nicht die industrielle Produktion von Massenwaren an, sondern stellt die kunsthandwerkliche Fertigung exklusiver Einzelstücke in den Vordergrund. So werden ausgesprochen kostbare und teure Materialien wie Schlangenleder, Elfenbein, Perlmutt, Bronze, Kristall und exotische Hölzer verwendet. Später kommen extravagante Kombinationen mit modernen Materialien hinzu, mit Stahl, Glas und Kunststoff. Die führenden Vertreter der Art déco sind dabei technologisch stets auf der Höhe der Zeit: Die Möbelbauer verwenden Sperrholz und die Kunstschmiede die neuesten Schweißtechniken und Oberflächenveredelungen.

Betont wird bei den meisten Entwürfen nicht die Funktionalität, sondern das Ornament, es wird, anders als in der sachlichen Moderne, nicht verteufelt, sondern zum formgebenden Element der Gestaltung. In der Wahl der Formen und Ornamente greift die Art déco, ähnlich wie später dann wieder die Postmoderne, Vorbilder aus verschiedenen historischen Epochen und exotischen Kulturen auf. Eine der Wurzeln des Art-déco-Stils ist die Art nouveau, doch weichen die charakteristischen geschwungenen Formen unter dem Einfluss von Kubismus, Konstruktivismus und Futurismus einer geometrisch-abstrakten Stilisierung, expressiven Zick-Zack-Linien und dynamischen Stromlinienformen. Nach dem Vorbild der Wiener Moderne sind geometrisierende Ornamente aus Sechseck, Achteck, Oval und Kreis, Dreieck und Rhombus beliebt. Hinzu kommen Zitate aus dem Klassizismus, der präkolumbianischen und ägyptischen Kultur ebenso wie der afrikanischen Kunst. Die vorherrschenden Farben sind neben Gold und Silber besonders kontrastreiche kräftige Farben wie Rot und Schwarz sowie leuchtende Orange- oder giftige Grüntöne.

Es wächst eine Vielzahl von Entwerfern und Kunsthandwerkern heran, die sich ebenfalls nur schwer einordnen lässt. Zu den populären Gestaltern zählen neben den bereits genannten Vertretern Louis Süe und André Mare, die eine sehr luxuriöse Richtung vertreten, sowie Paul Fallot, Pierre Legrain und Armand-

Albert Rateau. Eileen Gray, Pierre Chareau, Sonia Delaunay oder Jean Prouvé und René Herbst werden bisweilen ebenfalls zur „modernen“ Ausprägung der Art déco gezählt. Zwischen den Entwicklungen der eher rationalen Bauhaus-Moderne zum International Style und der eher konservativen Ausprägung der Moderne in der Art déco gibt es zahlreichen Berührungspunkte, allzumal sich viele Architekten und Designer selbst im Laufe der Zeit in die eine oder andere Richtung orientiert haben.

So entwickelt die Art déco eine Vielzahl von Richtungen: klassisch-elegant, exotisch-expressiv sowie eine zunehmend modernistische Variante. Daher erstaunt es nicht, dass die zeitliche Einordnung der Art déco in der Fachliteratur ganz unterschiedlich ausfällt: Manche setzen den Beginn des Stils schon um 1910 an, andere erst nach 1918. Seinen Höhepunkt hat er jedoch unbestritten in den 1920er und 30er Jahren.

Die Art déco ist in ihrem Ursprung ein französisches Phänomen. Allerdings finden ihre Formen in den 1920er und 30er Jahren auch im übrigen Europa und in Übersee großen Anklang. In aller Welt werden ganze Siedlungen und Stadtteile im Art-déco-Stil gebaut: in Brüssel und in Reims, in Amsterdam und in London ebenso wie in Bandung in West-Java, in Napier in Neuseeland, in Asmara, der Hauptstadt von Eritrea oder in Miami in den USA. In den großen Metropolen werden vor allem Gebäude im Art-déco-Stil gebaut und ausgestattet, die Eleganz und Dynamik ausstrahlen sollen: große Hotels, Firmensitze wie das Hoover Building und das Daily Express Building in London, die Radio City Music Hall und das Chrysler Building in New York. Vor allem Kinos werden gern im Art-déco-Stil gestaltet. Sie werden in späten 1920er Jahren als luxuriöse Hollywood-Traumwelt zur Fluchtburg vor der Realität der Weltwirtschaftskrise: das Renaissance-Theater in Berlin, das Cinema Tuschinski in Amsterdam, das Le Grand Rex in Paris.

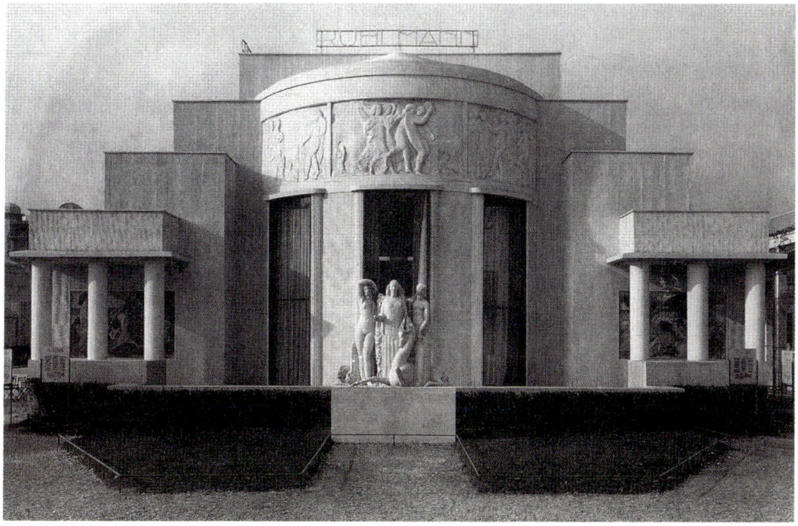

Pierre Patout, Pavillon du Collectionneur (Hotel du Collectionneur) auf der Exposition Internationale des Arts Décoratifs et Industriels Modernes, Paris, Frankreich, um 1925
Für seinen Pavillon entwarf Jacques-Émile Ruhlmann kostbare Raumausstattungen für die „Wohnung eines reichen Kunstsammlers“.

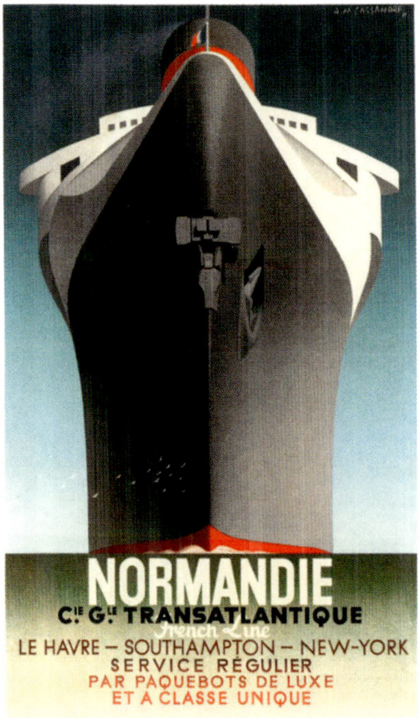

A.M. Cassandre, Werbeplakat für Transatlantikfahrten auf dem französischen Kreuzfahrtschiff Normandie, 1930er Jahre
Cassandre (A. J. M. Mouron), bekanntester Plakatkünstler des Art déco, schuf zahlreiche Werbeplakate für Verkehrsbetriebe, hier für das Kreuzfahrtschiff Normandie, das als der luxuriöseste Oceanliner seiner Zeit galt.

Eines der prunkvollsten Beispiele des Art-déco-Stils wird der Palast des Maharadschas von Indore. Der indische Fürst hat in Oxford studiert, wo er den jungen deutschen Architekten Eckart Muthesius kennenlernt, den er daraufhin mit dem Bau und der Einrichtung seines Palastes in Indore betraut. Muthesius zieht einige der bekannten französischen Gestalter hinzu, entwirft aber selbst ebenfalls eine Reihe von extravaganten Möbelstücken, wie zum Beispiel eine Sitzgruppe aus rotem Lack und schwarzem Kunststoff, einige Lampen, Wandverkleidungen und Bibliothekssessel mit eingebauten Leselampen und Aschenbechern.

Der ursprünglich luxuriöse Stil nimmt im Lauf der Zeit zunehmend moderne Elemente auf, verarbeitet industrielle Materialien und findet Eingang in den Massengeschmack. Denn auch die wachsende Mittelschicht der Facharbeiter und Angestellten verlangt in den 1930er Jahren nach den ästhetischen Leitbildern der Eliten. Besonders in den USA, wo die Industrie und die Märkte sich ohne den Einschnitt des Ersten Weltkriegs entwickeln konnten, gewinnt die Marktforschung an Einfluss und offenbart einerseits den Herstellern von Luxusgütern, wo neue Zielgruppen zu finden sind, andererseits den Produzenten von Massenprodukten, wie man auf erfolgreiche Konsumtrends aufspringt.

Hinzu kommt, dass die Art déco in den Massenmedien, in Mode- und Wohnzeitschriften, in Kaufhaus- und Museumsausstellungen einem immer breiter werdenden Publikum nahegebracht wird. Vormalige Luxusartikel wie Zigarettenetuis, Radios, Parfumflakons, Schmuck, Tischgerät und Vasen wer-

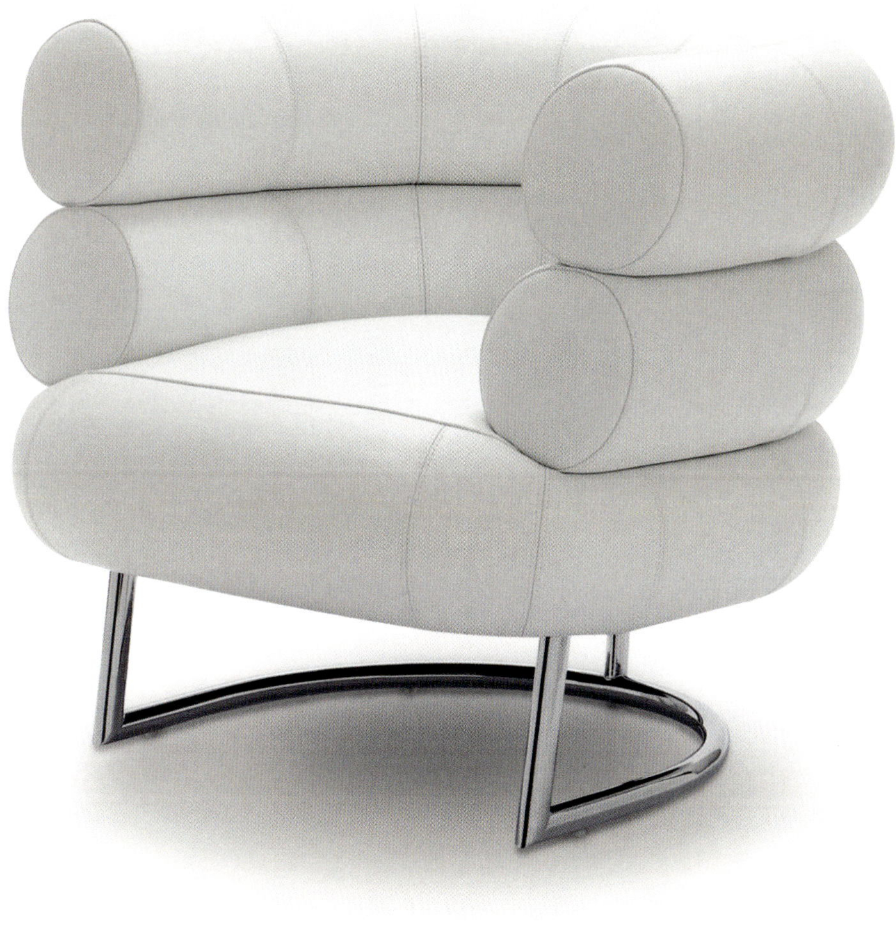

Eileen Gray, Sessel Bibendum, verchromtes Stahlrohr, weißes Leder, 1929
Der Sessel zitiert das Michelin-Männchen.

den bald in zahllosen Imitationen mit den bekannten Art-déco-Mustern und -Formen in preiswerten Industrie-Materialien wie Aluminium, Bakelit oder anderen innovativen Kunststoffen massenhaft produziert. Im Möbelbau setzt sich der Einsatz von Sperrholz, Spiegeln und Industrieglas durch; die Elektrifizierung steigert die Nachfrage im Bereich elektrischer Leuchten und Haushaltsgeräte, und seit Coco Chanel wird Modeschmuck aus Kunststoff hergestellt.

Die Metamorphose eines elitären Luxusstils zu einer Massenmode kann in diesem Umfang und in dieser Geschwindigkeit nur aufgrund der inzwischen überall durchgesetzten industriellen Serienfertigung, der Verbreitung durch die Massenmedien und durch die wachsende Konsumbereitschaft breiter Schichten stattfinden. Diese Voraussetzungen sind in den 1920er und 30er Jahren nirgendwo so stark ausgeprägt wie in den USA. Hier entwickelt sich die Art déco in einer typisch amerikanischen Ausprägung.

Art déco in den USA – Design für die Konsumgesellschaft

Die moderne Gestaltung geht in den USA einen eigenen Weg. Zwar nimmt sie europäische Einflüsse auf, doch ist das Design mehr als anderswo durch eine viel stärker ausgeprägte Konsumgesellschaft gekennzeichnet, durch den technischen Fortschritt, einen ausgeprägten Pragmatismus und ein Bedürfnis nach Komfort, das dem eher puristischen und theoriegeleiteten Designverständnis im Europa jener Zeit relativ unverkrampft gegenübersteht. In höherem Maße, als man oft annimmt, ist die Gestaltung in den USA außerdem durch die Kulissen der Traumfabrik Hollywood beeinflusst, die bis heute das ästhetische Empfinden ganzer Generationen in aller Welt beeinflusst.

Während in Europa der Erste Weltkrieg die technische und wirtschaftliche Entwicklung erheblich eingeschränkt hat, sind die USA zu Beginn der 1920er Jahre auf dem höchsten technologischen Niveau der Industrienationen. Die wissenschaftliche Betriebsführung eines Frederick W. Taylor, der die Zerlegung von Arbeitsgängen in Fabriken untersucht und damit den Grundstein zur Rationalisierung gelegt hatte, wurde in den USA um 1909 auch auf den Privathaushalt übertragen. In Amerika sind die Frauen bereits seit dem 19. Jahrhundert durch die Industrialisierung, die Entwicklung der Demokratie, die Sklavenbefreiung und insbesondere die Frauenbewegung, nicht nur zu einer Zielgruppe für neue Produkte, sondern zu einer wichtigen gesellschaftlichen Kraft geworden. Sie berufen sich, sogar mit Unterstützung der Religionsgemeinschaft der Quäker, auf die amerikanische Unabhängigkeitserklärung, die allen Menschen gleiche Rechte zusichert, unabhängig von Hautfarbe und Geschlecht. Amerikanische Frauen tragen schon vor dem Ersten Weltkrieg dazu bei, dass die Haushaltsführung als professionelle Tätigkeit angesehen wird. 1913 veröffentlicht Christine Frederick erste Abhandlungen zur Organisation des Haushalts wie zum Beispiel „The New Housekeeping“ (1913) oder „House-keeping with

ALLTAGS
IKONEN

DIE KAFFEEMASCHINE MOKA EXPRESS –

Art déco als Massenprodukt

Der Espressogenuss an der Bar ist eine typisch italienische Kulturtechnik. Schon um 1905 gibt es in Mailand die ersten Bars mit Espressomaschinen. Doch für die Zubereitung zuhause gibt es lange keine Maschine, die preiswert und einfach zu bedienen ist. 1933 hat aber der italienische Erfinder Alfonso Bialetti die Idee, eine Kaffeemaschine zu konstruieren, die so klein ist, dass sie auch in Privathaushalten verwendet werden kann. Außerdem sucht er aus Kostengründen nach einem Weg, den Kaffee mit geringerem Druck durch den Filter zu pressen als in den großen Maschinen der Bars. 1933 gelingt ihm dies, und er baut die ganz aus Aluminium bestehende kleine Maschine.

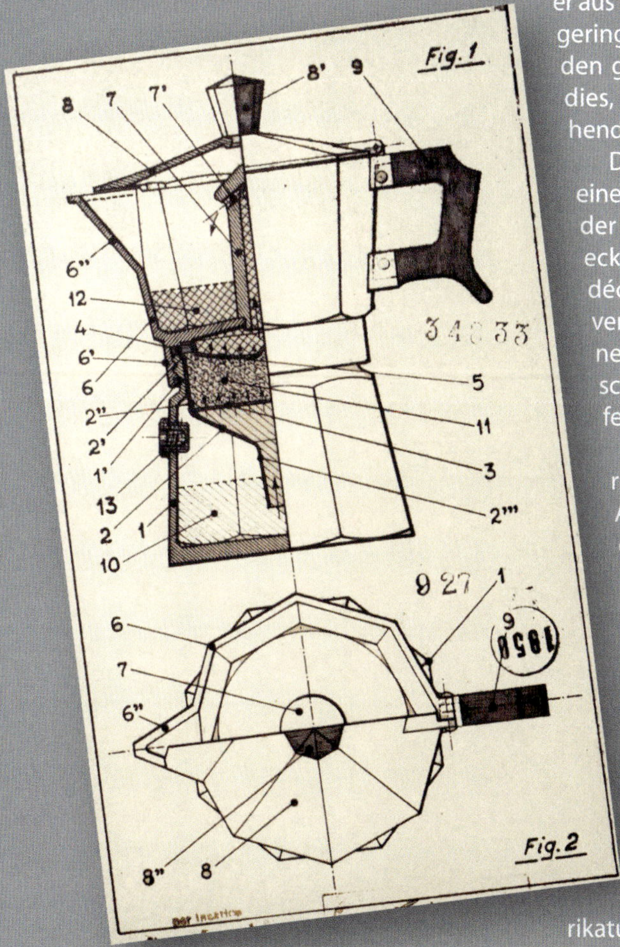

Diese Kaffeemaschine wird in der Folgezeit zu einem Symbol der italienischen Lebensart. Die Form der Kaffeemaschine orientiert sich in ihrem achteckigen Grundriss an den damals modernen Art-déco-Formen, und auch das Material Aluminium verkörpert den modernen Geist der Zeit. Ein kleiner, schneller Kaffee spiegelt Modernität und Geschwindigkeit, die in Italien seit den Futuristen gefeiert wird.

Diese Kaffeemaschine ist in den 1930er Jahren noch ein eher avantgardistisches Produkt. Anfangs verkauft Bialetti seine Maschine nur auf den Wochenmärkten in seiner Heimat und kann etwa 10.000 Stück davon pro Jahr fertigen und verkaufen. Nach dem Zweiten Weltkrieg meldet sein Sohn Renato Bialetti die Erfindung als Patent an. Er stellt die Maschine in Massenproduktion her und beginnt, sie mit modernen Marketingmethoden international zu vermarkten. Dazu nutzt er die ganze Palette der damaligen Medien für die Werbung und erfindet 1953 auch das bis heute weltbekannte Logo der Firma Bialetti, das kleine Männchen mit dem großen Schnäuzer, eine liebevolle Karikatur seines Vaters Alfonso.

So wird die Moka Express seit den 50er Jahren in Hunderten von Millionen Exemplaren produziert und neben der Vespa und dem Fiat 500 zur Ikone der italienischen Lebensart und des italienischen Designs.

ALLTAGS
IKONEN

DIE EIERSCHACHTEL –
Low-Tech-Design als Ökosymbol und Quelle für Kreativität

Die international verbreitete Eierschachtel aus Pappe ist eines der besten Beispiele für Low-Tech-Design, das im 20. Jahrhundert trotz rasanter Technisierung, trotz neuer Kunststoffe und trotz der kreativen Explosion im Verpackungsdesign bis heute weltweit überleben und zu einem namenlosen Klassiker des Verpackungsdesigns werden konnte.

Die Eierschachtel, formell auch „Schlitzdeckelschachtel" genannt, ist eine aus recycelten Papierresten hergestellte Verpackung mit einem Deckel und einem Boden, in dem die Eier in becherähnlichen Vertiefungen einzeln voneinander getrennt stehen. Die Schachtel ist meist grau, braun oder grünlich, oft nur einfarbig bedruckt oder mit einem Etikett beklebt. Über die Geschichte der Eierschachtel ist relativ wenig bekannt. Der seit 1917 im dänischen Lyngby ansässige Verpackungshersteller Hartmann, der sich bis dahin hauptsächlich mit der Produktion von Papiertüten beschäftigt hat, wendet sich in den 1930er Jahren der Verpackung von Eiern zu und erhält 1936 die Lizenz zur Herstellung der Eierschachteln sowie zur Konstruktion der dazu benötigten Maschinen. Seither hat die Firma nach und nach in mehreren europäischen Ländern und auch in den USA Tochterfirmen gegründet. Es ist eine bemerkenswerte Tatsache, dass sich in den unterschiedlichen Märkten die gleichen Verpackungsgrößen von 6 oder 10 Eiern je Packung ebenso durchgesetzt und erhalten haben, wie das einfache und preiswerte Material. Es ist dem Kunststoff in seiner Schutzwirkung noch immer überlegen und zudem, weil aus Altpapier hergestellt, besonders umweltfreundlich. Trotz zahlreicher Versuche, den Eierkarton als Designobjekt neu zu erfinden, haben sich neue Ansätze nicht wirklich durchsetzen können.

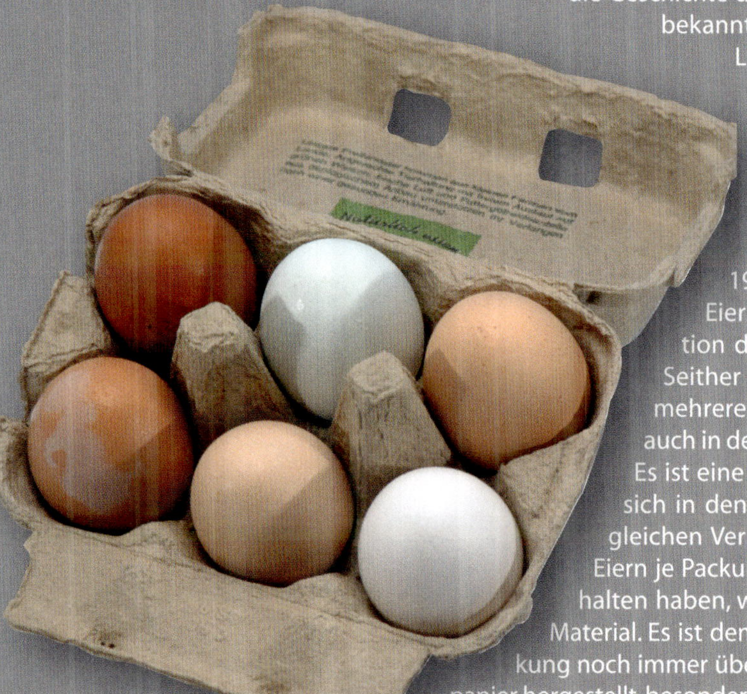

Beachtlich ist auch ein anderer Aspekt des anonymen Klassikers: seine Nachhaltigkeit. Die Verpackung kann problemlos wiederverwertet oder als Altpapier entsorgt und recycelt werden. Sie regt jedoch auch die Fantasie an und dient häufig zweckentfremdet als Bastelmaterial, zur Schalldämmung, als Anzuchtschale für Keimlinge und vieles mehr.

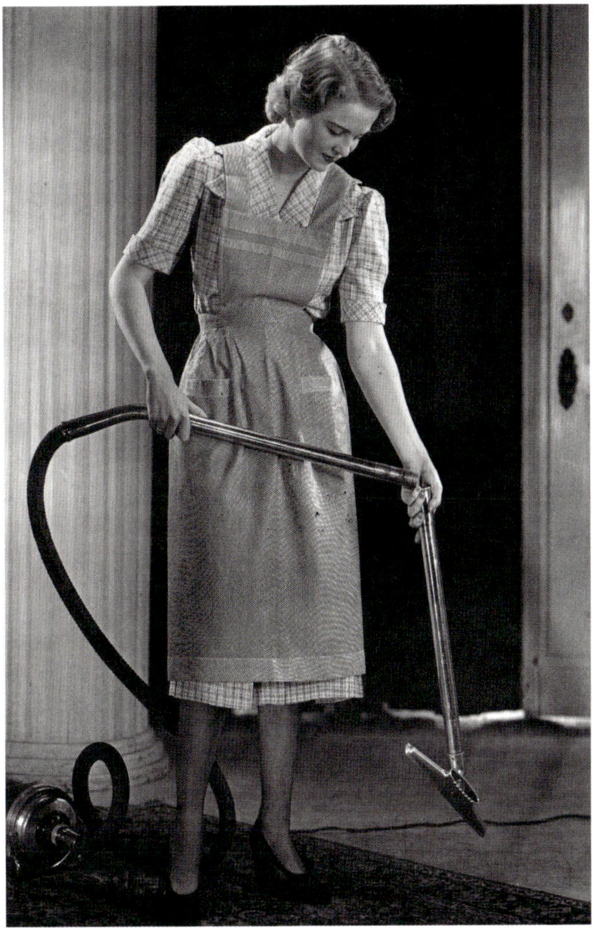

Werbefotografie für Staubsauger, um 1930

Efficiency'" (1913), in denen die effektivere Organisation des Haushalts untersucht wird, mit dem Ziel, der Hausfrau die Arbeit zu erleichtern, damit sie mehr Zeit für andere Aktivitäten hat.

Während in Europa mit der Bewegung des Neuen Bauens solche Reformgedanken in den 1920er Jahren hauptsächlich von den avantgardistischen Architekten ausgehen, sind es in den Vereinigten Staaten neben den Fragen der Organisation und Ergonomie vor allem technische Erfindungen, die umfassende Mechanisierung vieler Arbeitsvorgänge und der Vorsprung in der Elektrifizierung, die dafür sorgen, dass in amerikanischen Haushalten früh eine Vielzahl von elektrischen Haushaltsgeräten zu finden ist. In den 1930er Jahren gibt es hier in den meisten Haushalten der Mittelschicht bereits eine Vielzahl von Geräten wie Radios, Kühlschränke, Toaster, Geschirrspülmaschinen, Abfallzerkleinerer, Waschmaschinen, Staubsauger und vieles mehr. Die Serienproduktion mit neuen, billigen Materialien für einen breiten Massenbedarf ist mittlerweile unabdingbar, die Konkurrenz groß. Das Aussehen der Produkte

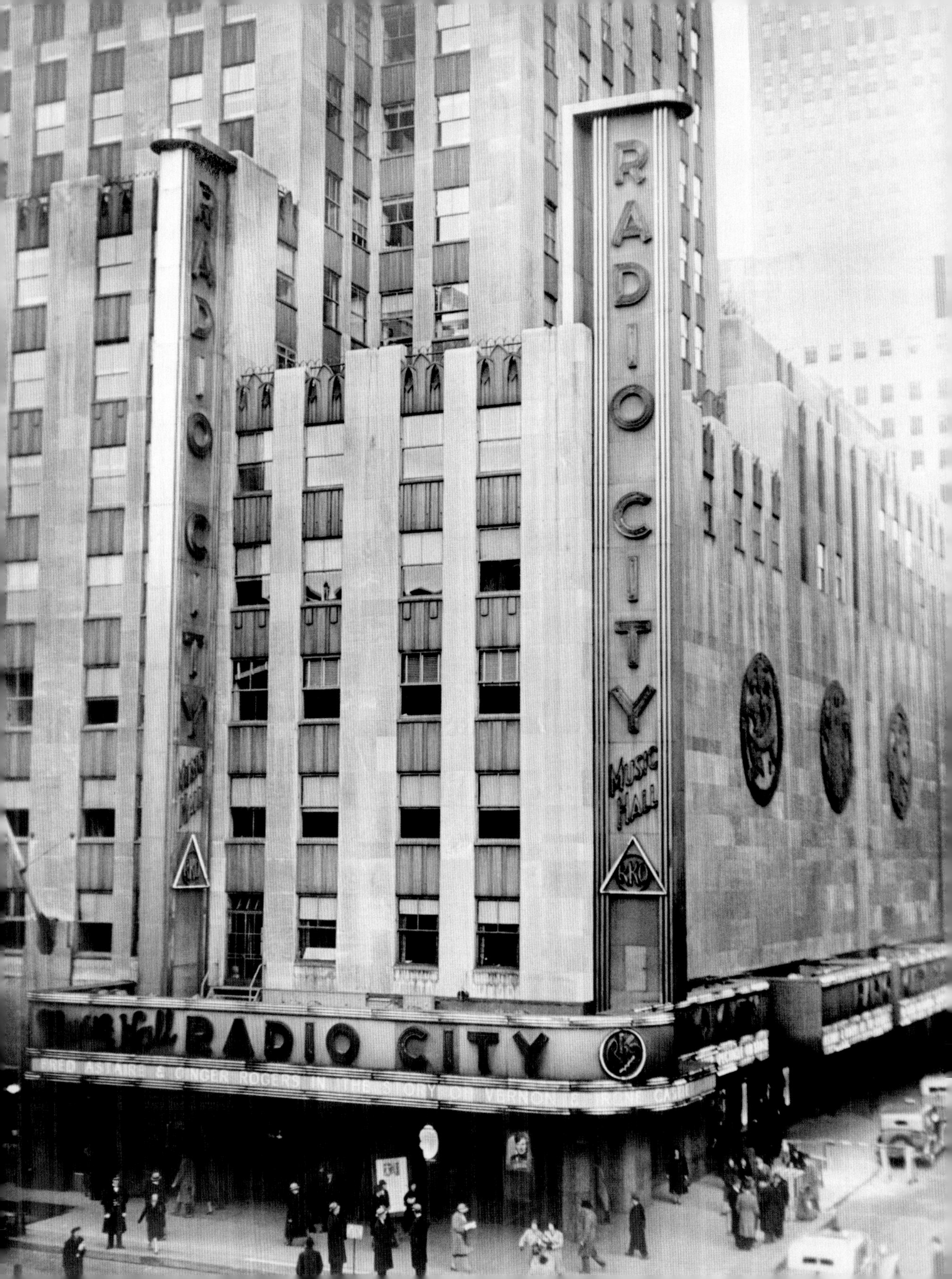
RADIO CITY
MUSIC HALL
RKO
Music Hall RADIO CITY
FRED ASTAIRE & GINGER ROGERS IN THE STORY OF VERNON

wird in diesen gesättigten Märkten immer wichtiger, und ab Ende der 20er Jahre stützt sich eine wachsende Werbebranche auf die Ergebnisse moderner Marktforschung, was natürlich einen enormen Einfluss auf die Gestaltung von Produkten und Verpackungen hat.

Edward Durell Stone, Radio City Music Hall, New York, 1932

Die Ideen der europäischen Moderne sind in den 1920er Jahren in den USA allerdings noch Sache einiger weniger avantgardistischer Architekten, die das Bauhaus und andere Strömungen aufmerksam beobachten. Obwohl mit Frank Lloyd Wright einer der Vorreiter der modernen Architektur aus den USA kommt und man hier bereits seit der Jahrhundertwende Wolkenkratzer in Stahlskelettbauweise errichtet, sind die Fassaden der Häuser noch bis gegen Ende der 1920er Jahre mit historistischen Fenstersimsen, Erkern und Spitzbögen geschmückt, wie etwa das prachtvolle neogotische Woolworth-Building (1913) in New York. In gleicher Weise sind Möbel und Einrichtungsgegenstände dem konservativen Geschmack der Mittel- und Oberschicht angepasst, die neben pragmatischem Komfort einen handwerklich-gediegenen Kolonialstil oder einen repräsentativen historisch-europäischen Stil bevorzugen. Die Gedanken der Moderne finden eigentlich erst mit der Einwanderung von Bauhäuslern und anderen Vertretern der Moderne, die vor den Nationalsozialisten in die USA geflohen sind, Verbreitung.

Leichter als die funktionalistische Moderne setzt sich da die ornamentreiche Art déco durch, zunächst eher in der Architektur und Raumgestaltung. Ab Ende der 1920er Jahre werden vor allem in New York und in Miami repräsentative Bauten von großen Firmen in diesem Stil errichtet: elegante Hotels, repräsentative Verwaltungsgebäude und Firmensitze, futuristisch wirkende Tankstellen und glamouröse Filmtheater. Zur Innenausstattung werden edle Hölzer und Marmor, oft mit Messingintarsien, buntes Glas und farbige Fliesen sowie Ornamente in geometrisch-expressiven Formen eingesetzt, häufig inspiriert durch historische und lateinamerikanische Muster. Es ist die Zeit der archäologischen Entdeckungen. Ausgrabungen wie die des Grabes von Tutenchamun 1922 inspirieren nicht nur die Filmproduzenten in Hollywood zu opulent ausgestatteten Historienfilmen, sondern auch die Architekten des Chrysler Buildings (1930) oder des Empire State Buildings (1932). Die Radio City Music Hall (1931) ist ebenfalls ein herausragendes Beispiel der Art-déco-Architektur in den USA. Hier zeigt sich aber zum Beispiel an der Innenausstattung von Samuel Lionel Rothafel und Donald Deskey, wie sich Eleganz und Luxus der Art déco zunehmend mit der sachlichen Ästhetik der Bauhaus-Moderne mischen. In den 30er Jahren kommt noch etwas anderes hinzu: Es wird im Zuge der Regierungsmaßnahmen gegen die Weltwirtschaftskrise eine sachliche und billige Bauweise propagiert. So entwickelt sich die ornamentreiche Art déco in den USA zu einem etwas nüchterneren und massenproduktionstauglichen Stil. Hier jedoch setzt man in der Bekämpfung der Wirtschaftskrise, anders als in Europa, nicht allein auf sozialpolitische Eingriffe der Regierung und staatliche Wohnungsbauförderprogramme, sondern gleichzeitig auf die Kräfte des Marktes.

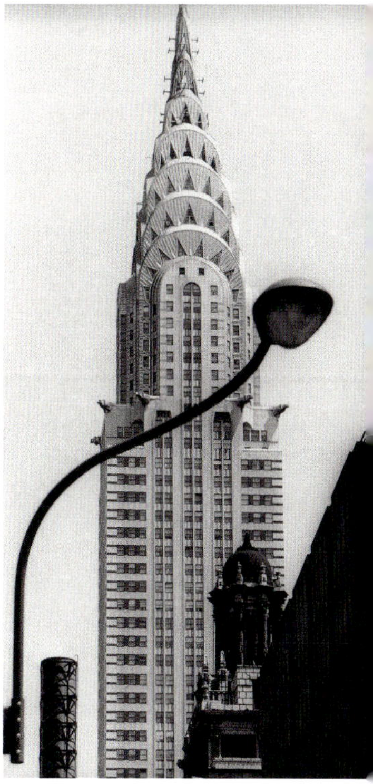

William Van Alen, Chrysler Building, New York. 1930

Mit der Stromlinienform gegen die Weltwirtschaftskrise

Die Stromlinienform ist, wenn man so will, die besondere amerikanische Ausprägung der Art déco. In den USA sind, wie bereits geschildert, die industrielle Massenproduktion und die Entwicklung der Konsumgesellschaft sehr weit fortgeschritten. Der Wettbewerb unter den Produzenten ist groß, denn die Massenproduktion fordert einen massenhaften Absatz. Noch wenige Jahre zuvor war die Gestaltung von Automobilen und anderen technischen Produkten ganz pragmatisch an ihrer Funktion und den technischen Erfordernissen der frühen Fließbandproduktion orientiert gewesen. Der alte Ford Model T hatte 1913 noch keine echte Konkurrenz. In den 1920er Jahren jedoch wird das Design immer wichtiger, um sich von der rasch wachsenden Zahl der Mitbewerber zu unterscheiden. Anders als in Europa, wo Reformen in der Gestaltung meist unter sozialen oder funktionalen Fragestellungen diskutiert werden, ist das Design in den USA viel stärker ein Marketingfaktor. Neben Werbung und Verpackung wird die modische Gestaltung der Produkte zunehmend wichtig, um die kaufkräftige Mittelschicht anzusprechen. In dieser Zeit werden in den USA zahlreiche Werbeagenturen gegründet und Designer mit der Überarbeitung von Produkten beauftragt, um den Absatz zu fördern. Denn angesichts der Massenproduktion besteht eine mangelnde Nachfrage. Diese Diskrepanz wird einer der Gründe für die Wirtschaftskrise der Zeit nach 1929. Andere Ursachen sind eine ungleiche Vermögensverteilung gerade in den USA, was dazu führt, dass in den „goldenen Zwanzigerjahren" viel von dem Glamour und dem Massenkonsum durch Kredite finanziert ist. Doch nicht nur die Verbraucher kaufen auf Kredit. Viele Anleger kaufen die Aktien der

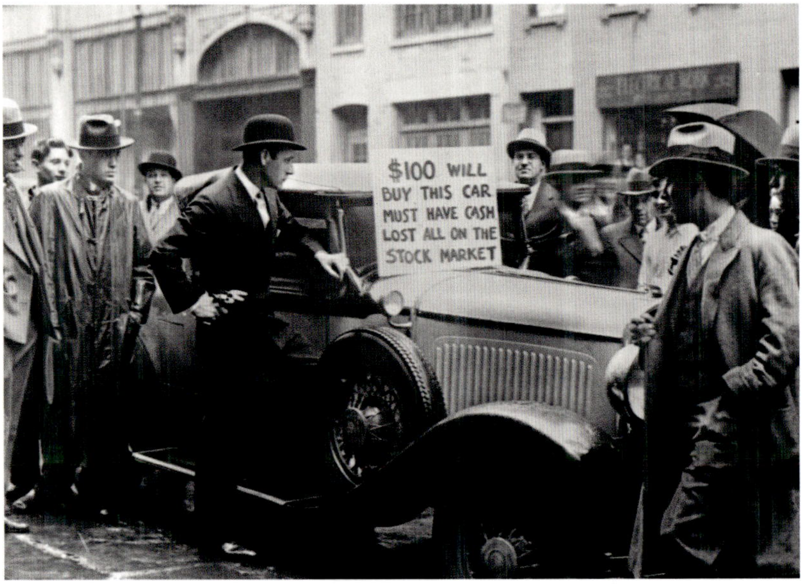

Börsencrash – der „Schwarze Donnerstag" am 24. Oktober 1929 gilt als Auslöser der Weltwirschaftskrise.

erfolgversprechenden jungen Konsumgüterhersteller auf Pump. Diese steigern ihre Produktion weiter und verschärfen damit das Problem der Überproduktion und des Preisverfalls. Schon bald bekommen viele der Unternehmen, und mit ihnen die Banken, die oft leichtfertig Kredite gegeben haben, Schwierigkeiten. Das schlägt sich am Aktienmarkt nieder und binnen Kurzem platzt die Spekulationsblase. Die Kurse der Unternehmen fallen, und viele der Anleger versuchen, ihre Aktien so schnell wie möglich wieder zu verkaufen, um ihren Verlust zu begrenzen, was schließlich im Oktober 1929 an der New Yorker Börse zum sogenannten „Schwarzen Donnerstag" führt, an dem die Börse komplett zusammenbricht. Im Zuge des Börsencrashs sind viele Banken insolvent. Das ist, stark vereinfacht, die Situation in den USA (und den anderen Industrienationen der Welt) Ende der 1920er Jahre. Wirtschaftshistoriker sehen verschiedene Ursachen für diese Entwicklung, es gibt unterschiedliche Theorien und Bewertungen der insgesamt noch weitaus komplexeren Ursachen der Weltwirtschaftskrise. Doch die Folgen sind offensichtlich: Die überlebenden Banken werden zurückhaltender bei der Vergabe von Krediten, die Unternehmen kommen nur schwer an neues Geld, reduzieren die Produktion und entlassen Arbeiter. Das wiederum verschlechtert das Konsumklima. Anfang der 1930er Jahre herrscht, nicht nur in Amerika, die Große Depression.

Um nach dem Börsenkrach an der Wall Street und der folgenden Krise die Wirtschaft wieder in Gang zu bringen und das Vertrauen der Menschen in Staat und Wirtschaft wiederherzustellen, legt die amerikanische Regierung unter dem 1932 gewählten Präsidenten Franklin D. Roosevelt das Programm des New Deal auf. Es umfasst zahlreiche Wirtschafts- und Sozialreformen, von der Modifizierung des Bankwesens und der Geldpolitik, über eine veränderte Arbeitsmarkt- und Konjunkturpolitik, bis hin zur Einführung der ersten Sozialversicherungen in den USA. Zur Bekämpfung der Arbeitslosigkeit und damit zur Verbesserung des Konsumklimas werden zahlreiche öffentliche Bauprojekte angegangen, Staudämme, Flughäfen, Straßen, Parks, Brücken und Schwimmbäder gebaut. In diesem Zusammenhang werden die Public Works Administration (PWA) und die Works Progress Administration (WPA) gegründet, Organisationen zur Arbeitsbeschaffung für Architekten und Innenarchitekten, Bauunternehmen und Designer.

Neben zahlreichen anderen Maßnahmen zur Arbeitsbeschaffung und Verbesserung der Konjunktur soll der Konsum durch die unmittelbare Stimulation des Kaufverhaltens der Bevölkerung angekurbelt werden. Dazu sollen sämtliche Produkte durch ein ansprechendes Design einen höheren Kaufanreiz bieten. Styling ist die formale Überarbeitung und Neugestaltung, und als optimale Form finden die amerikanischen Industriedesigner die sogenannte „streamline" (Stromlinienform). Sie ist zwar keine amerikanische Erfindung – schon die italienischen Futuristen hatten sich damit befasst –, aber die amerikanische Industrie ist in der Lage, diese Form dank innovativer Materialien und Techniken in der Massenproduktion zu nutzen. Die bekannten opulenten und verspielten Formen der Art déco werden inzwischen als nicht mehr zeitgemäß abgelehnt. Die Stromlinienform wird als Zeichen für Fortschritt und Dynamik auf alle beliebigen Produkte übertragen, vom Reisebus bis zum Kinderwagen, von der Kaffeemaschine bis zum Kühlschrank. Auch in der Architektur wird sie verwendet. Erleichtert wird ihr Einsatz durch Materialien wie Sperrholz, Kunststoffe und Bleche aus der Industrie, die sich beliebig formen lassen. Dadurch verschwimmen zunehmend die Grenzen zwischen Möbel- und Industriedesign, in immer mehr Haushalten finden sich Elektrogeräte, Kühlschränke bekommen Griffe aus dem Automobilbau, Autokühler sehen aus wie Flugzeugnasen, Bleistiftanspitzer wie Triebwerke.

Der Wille zur Neugestaltung wird durch die Programme des New Deal gefördert. Unternehmen werden ermuntert, ihre Produkte durch Designer überarbeiten zu lassen. Zwischen 1930 und 1940 erlebt das amerikanische Industriedesign eine ganz eigene, rasante Entwicklung, die es deutlich von den europäischen Designtheorien abhebt. Obwohl in Europa, speziell in Deutschland und in Großbritannien, die gesellschaftliche Relevanz und die theoretische Begründung der Gestaltung von Industrieprodukten immer eine große Bedeutung hatte, wird das Industriedesign zuerst in Amerika zu einer eigenständigen Profession. Bezeichnenderweise kommen die meisten der herausragenden amerikanischen Industriedesigner jener Zeit aus der Werbebranche oder dem Theater bzw. der Bühnendekoration. Die dynamische Verkleidung, der attraktive Auftritt des Produkts, wird zum Leitmotiv des jungen amerikanischen Industriedesigns, und einige herausragende Personen werden zu ersten Stars dieser neuen Branche.

Einer der älteren und ähnlich wie Donald Deskey noch konservativer Herkunft ist Walter Dorwin Teague. Er hat zunächst Kunst in New York studiert und schon 1908 für die Werbeagentur Calkins & Holden in New York gearbeitet. 1912 macht er sich mit einer eigenen Agentur selbstständig und verdient sein Geld mit Grafikdesign und Katalogillustrationen. 1926 unternimmt er eine ausgedehnte Europareise. Hier lernt er das Bauhaus kennen und vor allem die Ideen und Projekte von Le Corbusier, der einen tiefen Eindruck bei ihm hinterlässt. Als Teague 1927 nach Amerika zurückkehrt, bietet er nach über 20 Jahren als Werbegrafiker neben seinen grafischen Entwürfen erstmals Industrial Design in seinem Portfolio an. Sein erster großer Kunde ist 1928 Eastman Kodak, sein erster Designauftrag für die Firma eine Kamera in Geschenkkassette, die natürlich technisch auf dem aktuellsten Stand ist, aber ihre Attraktivität als hochwertiges Geschenk vor allem durch die noch ganz im Stil der Art déco ornamentierten Frontklappe erhält. Es folgen zahlreiche weitere Überarbeitungen von Kameras und anderen Produkten, und seine Arbeit für Kodak umfasst bald die gesamte Produktpalette des Unternehmens. Teague wird zum Leiter einer neuen Styling-Abteilung, die Kodak einrichtet, um sich eine komplette Corporate Identity zu geben. In den folgenden Jahren wächst die Zahl von Teagues Kunden. In seinem Büro sind 1938 schon mehr als 50 Angestellte beschäf-

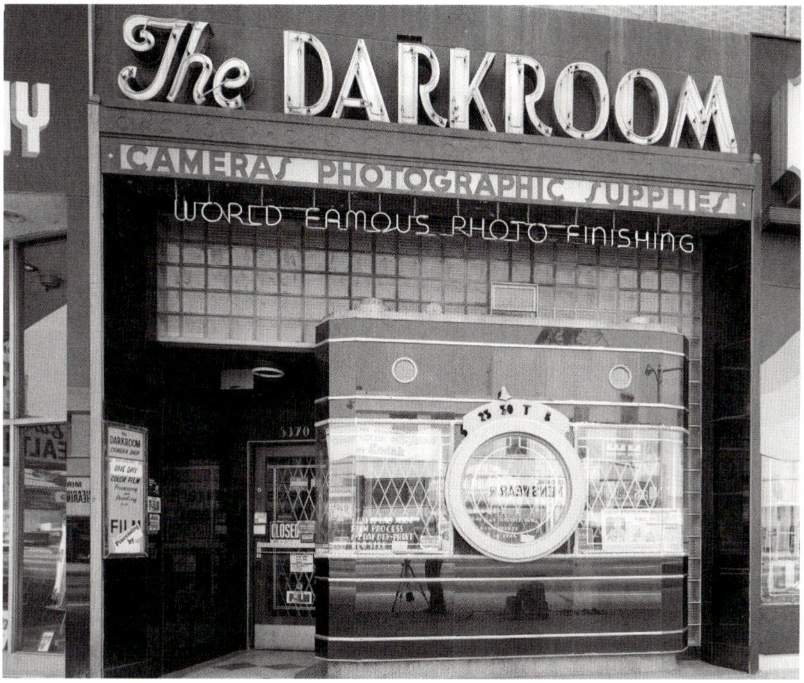

Stromlinienform und Art déco auch in der Werbung: Die Fassade des Fotogeschäfts „The Darkroom" fungiert als dreidimensionale Werbefläche, in der das Warenangebot präsentiert wird. Foto: Marvin Rand, 1975

tigt. Er arbeitet für die unterschiedlichsten Branchen, entwirft Pianos für Steinway, Autos für Ford und für den Mineralölriesen Texaco die komplette Corporate Identity, von Zapfsäulen und Tankstellen, über die Tanklastwagen, bis hin zum Logo des Unternehmens. Mehr als 20.000 Texaco-Tankstellen im typischen Art-déco-Stil findet man in den nächsten Jahrzehnten überall in Amerika.

Der erste, der die Stromlinienform konsequent propagiert und umsetzt, ist Norman Bel Geddes. Er ist der klassische Autodidakt und Selfmademan. In Chicago nimmt er 1908 ein Kunststudium auf, geht dann aber nach New York, wo er als Maler, Werbegrafiker und Bühnenbildner arbeitet, bevor er sich dem Design zuwendet. Geddes, der offensichtlich bereits als Kind ein sehr visionärer und kommunikativer Geist war, glaubt fest an die Zukunft Amerikas und an die Rolle, die die Gestaltung dabei spielen kann. Von Frank Lloyd Wright, den er bei seiner Arbeit am Theater kennenlernt, lässt er sich für die Architektur begeistern und beschäftigt sich zunächst mit Entwürfen für Theaterbauten, mit Ausstellungsarchitektur und Ladenbau. Über die Schaufenstergestaltung kommt er im Laufe der 1920er Jahre schließlich zum Industriedesign. Seine Entwürfe sind durch und durch geprägt von seinem Enthusiasmus für die aerodynamische Stromlinienform und dem damit verbundenen Zukunftsoptimismus. Mit der ihm eigenen visionären Energie und vor allem mit seinem extrovertierten und kommunikativen Auftreten stilisiert er sich selbst als den umfassenden Weltgestalter, den praktischen Visionär, der die Rationalität des Ingenieurs und die visionäre Kraft des Künstlers vereint. So polarisiert er Auftraggeber, Kritiker und Konkurrenten. Das Magazin „New Yorker" nennt ihn 1941 „den intensiven Super-Salesman mit den wilden Haaren (der) von einem grandiosen Projekt zum nächsten geht und normalerweise immer einen eingeschüchterten aber irgendwie zufriedenen Kunden hinterlässt". Geddes' Wirkung auf das amerikanische Design ist jedenfalls unbestritten. Seine Kühlschränke für General Electric, seine Staubsauger für Electrolux, seine Tankstellen für Texaco und seine Automodelle für General Motors gehören zu den Ikonen des Streamline-Designs in den USA. Er veröffentlicht Artikel wie „Streamlining" (1934) sowie Bücher wie „Horizons" (1932) und „Magic Motorways" (1940), in denen er seine futuristischen Technik-Visionen publik macht. Populärer Höhepunkt seines Schaffens ist sicher das Futurama, der Pavillon von General Motors auf der New Yorker Weltausstellung 1939. Damit gestaltet er buchstäblich eine komplette Welt der Zukunft im Miniaturmaßstab, ein atemberaubendes Modell Amerikas mit Landschaften, Straßen, stromlinienförmigen Wolkenkratzern, Autos und futuristischen Flughafenanlagen. Der Pavillon wird zu einem grandiosen Erfolg: fünf Millionen Menschen sehen sein Modell. Zeitweise stehen bis zu 15.000 Menschen am Eingang und warten Stunden, um einen Blick auf die Zukunft Amerikas zu werfen. Die Zukunft, die Geddes ihnen zeigt, ist fortschrittlich, sauber und technologisch auf dem neuesten Stand.

Norman Bel Geddes (1893–1958) Der Maler, Werbegrafiker und Bühnenbildner war einer der wichtigen Vertreter des Stylings im amerikanischen Design. Von ihm stammen einige der wichtigsten stromlinienförmigen Automobil- und Eisenbahnentwürfe der 1930er Jahre. In dieser Zeit arbeiten auch Eero Saarinen und Eliot Noyes für ihn. 1940 veröffentlicht er sein Buch „Magic Motorways".

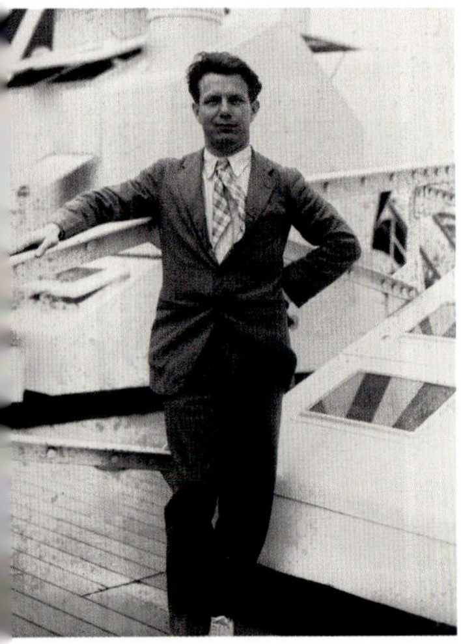

Der Produktdesigner Norman Bel Geddes, einer der Wegbereiter der Stromlinienform

Henry Dreyfuss ist der jüngste der damaligen Stars des amerikanischen Industriedesigns. Er arbeitet zunächst als Bühnenbildner und entwirft in den 1920er Jahren Dekorationen für Kinos, Ballsäle und Varietés, anfangs noch im glamourösen Art-déco-Stil. Die meisten seiner späteren Entwürfe, wie zum Beispiel das Tischtelefon 300 für die Bell Telephone Company (1937), sein Gasherd für die Standard Gas Equipment Corporation (1933) oder der Kühlschrank Flatop für General Electric (1934) sind dagegen sehr funktional und nüchtern. Dreyfuss vertritt eine optimistische Entwurfshaltung, etwa bei der Lokomotive Mercury für die New York Central Railway (1936) in bester Streamline-Ästhetik. Doch anders als Bel Geddes oder Raymond Loewy geht es ihm nicht nur um die Verschönerung der Produkte, sondern um den Menschen, das heißt den Benutzer. Er arbeitet mit wissenschaftlichen Methoden und beschäftigt sich mit der Ergonomie. Sein Beitrag zur New Yorker Weltausstellung ist die Democracity-Modellstadt, und seine 1955 erschienene Autobiografie trägt den Titel „ Degigning for People".

Der größte und bis heute populärste Star des amerikanischen Designs ist zweifellos Raymond Loewy. Er wird zum Bannerträger des Stylings, und er vertritt dies offensiv. Sein Designverständnis beruht nicht auf einem Begriff von Funktionalität, er hat auch keinen sozialen Anspruch. Genuss und Komfort gehen für ihn vor Nützlichkeit. Seine Theorie heißt Eleganz, Schönheit, Bequemlichkeit und vor allem Verführungskraft. Sein Credo lautet, und das publiziert er schon 1929: „Von zwei Produkten, die gleich sind im Preis, in der

Funktion und in der Qualität, wird sich das schönere besser verkaufen lassen." Selbst sein eigenes Leben stylt er gewissermaßen durch wie ein attraktives Produkt. Er ist einer der großen Selbstdarsteller der Designgeschichte, seine Egozentrik und sein Auftreten bestimmen seine Karriere als Designer. Loewy wird 1893 in Paris geboren, kommt aus gutem Hause und begeistert sich bereits als Kind für die Technik der damaligen Zeit, für die Eisenbahn, Automobile und Flugzeuge. 1919 kommt er nach New York und beginnt, sich als Modezeichner durchzuschlagen. Loewy setzt von Anfang an alles daran, in die „richtigen Kreise" vorzustoßen, was ihm im Laufe der Zeit dank der ihm eigenen Art, seinem Gespür für PR und die richtigen Kontakte gelingt. Über einen seiner vielfältigen Kontakte lernt er 1929 Sigmund Gestetner kennen, einen englischen Produzenten von Büromaschinen. Von ihm erhält er seinen ersten Auftrag als Industrial Designer: die Überarbeitung einer Vervielfältigungsmaschine. Im Grunde genommen macht Loewy nichts anderes, als dem Gerät eine moderne Hülle mit abgerundeten Ecken und Kanten zu geben. Sein nächster Auftrag ist 1931 die Neugestaltung eines Karosseriedesigns für die Hupp Motor Company. Hier kümmert er sich ebenfalls nicht um die Technik, sondern entwirft allein eine attraktive stromlinienförmige Hülle. Sein Design ist erfolgreich, es folgen weitere Aufträge. Loewy baut sich mit viel Einsatz, Ehrgeiz und guter PR einen großen Kundenstamm auf. Bald hat er in seinem Büro in Manhattan mehr als 100 Mitarbeiter und gründet Mitte der 1930er Jahre ein Büro in London. Schon 1934 stellt das Metropolitan Museum of Art ein Modell seines Büros als Beispiel für die Arbeit des modernen Industrial Designers aus. Weitere wichtige Projekte der 1930er Jahre sind seine für die Pennsylvania Railroad Company entworfenen Lokomotiven (1936), der Kühlschrank Coldspot (1935) für Sears Roebuck und sein berühmter Bleistiftanspitzer in der aerodynamischen Form eines Flugzeugtriebwerkes. Loewy arbeitet bei seinen Entwürfen mit kühnen

Henry Dreyfuss (1903–1972) war in den 1930er Jahren einer der erfolgreichsten Vertreter der Stromlinienform und einer der wenigen amerikanischen Designer, die nicht aus der Werbung kamen. Er ist zunächst Theaterdekorateur und eröffnet 1929 ein Designbüro in New York. Seit den 40er Jahren beschäftigt er sich mit der Theorie der Ergonomie. 1955 erscheint seine Autobiografie unter dem Titel „Designing for People", 1957 sein Buch „The Measure of Man".

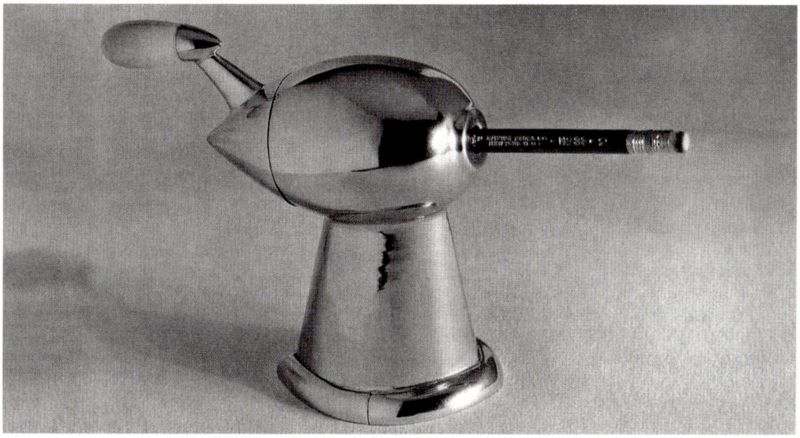

Raymond Loewy, Bleistiftanspitzer, 1933

Linien, gewölbten Metalloberflächen und viel Chrom. Die Kühlschränke aus der Baureihe Coldspot werden wie Autos in regelmäßigen Abständen Modellwechseln unterzogen. Ihre Türen, Griffe und Oberflächen scheinen direkt aus dem Automobildesign zu stammen. Loewys Entwürfe verströmen alle eine sinnbildliche dynamische Kraft und Eleganz auf der Oberfläche, die ebenso zu seinem Erfolg beitragen wie seine eigene stromlinienförmige Eleganz und Selbstinszenierung. So ist er Ende der 1930er Jahre ein viel gefragter Beratender Designer, der überholten Produkten durch sein Styling wieder zu Erfolg verhilft und ganz im Sinne der Wirtschaftspolitik die Nachfrage steigert. In den 1940er Jahren schafft Loewy einige seiner berühmtesten Entwürfe: das Coca-Cola-Zapfgerät Dole Deluxe (1947) in der abgerundeten und gewölbten Form eines PS-starken Außenbordmotors und das Re-Design der Lucky-Strike-Zigarettenverpackung. Durch einige leichte Veränderungen in der Farbgebung hin zu einem klaren Rot und Weiß und die starke Signalwirkung des Logos wird die Lucky-Strike-Packung zu einer Ikone des amerikanischen Designs und Raymond Loewy zum Botschafter des Erfolgs durch Design. Nach dem Zweiten Weltkrieg wird er in den 50er Jahren zum Gestalter des American Way of Life, dem Vorbild der Wohlstandsgesellschaft auch in Europa.

Raymond Loewy (1893–1986) Der in Paris geborene Loewy war einer der erfolgreichsten Designer des 20. Jahrhunderts und prägte mit seinen Entwürfen das Bild vom American Way of Life. Loewy kommt 1919 aus Paris in die USA, wo er zunächst als Schaufensterdekorateur für das Kaufhaus Macy's und als Modezeichner für die Zeitschrift „Harper's Bazar" arbeitet. 1929 wird er Artdirector bei der Westinghouse Electric Company in New York. In demselben Jahr gründet er seine eigene Firma, Raymond Loewy Associates. In den 30er Jahren wird Loewy zum herausragenden Vertreter der Stromlinienform und zum Begründer des Stylings. Nach dem Krieg gestaltet er das Erscheinungsbild zahlreicher Großunternehmen wie Coca Cola, Shell oder Exxon. Er arbeitet für Unternehmen in der ganzen Welt. In den 1970er Jahren entwirft er für den russischen Automobilhersteller AZLK Automobile der Marke Moskwitsch sowie die Inneneinrichtung für das Skylab-Projekt der NASA.

Mit der Stromlinienform als Mittel des Stylings schaffen die Industriedesigner in Amerika eine Formgebung, die wenig mit der Funktion des Gegenstands zu tun hat, sondern in erster Linie Dynamik, Fortschrittsglauben und Zuversicht in die amerikanische Wirtschaft suggeriert. Damit entsteht einer der Grundpfeiler des American Way of Life. Dieser Optimismus findet seinen vorläufigen Höhepunkt 1939 mit der Weltausstellung in New York unter dem Titel „Building the World of Tomorrow". Die Stromlinienform bleibt bis Ende der 1950er Jahre Symbol dieser Haltung und setzt sich in Europa durch. Gleichzeitig wird in den USA der Industrial Designer zu einem nicht mehr wegzudenkenden Erfolgsfaktor, der mit seiner Arbeit maßgeblichen Anteil am wirtschaftlichen Erfolg von Produkten und Unternehmen hat.

Neben den politischen Reformen des New Deal spielt der Einsatz der Produktgestaltung, des Marketings und der Werbung zur Überwindung der Wirtschaftskrise eine wichtige Rolle. In Deutschland, dem einstmals führenden Designland, hatte man zwar mit ähnlichen wirtschaftlichen Problemen zu kämpfen, doch während es in den USA gelungen ist, die Bevölkerung vor einer Radikalisierung zu bewahren, führen in Deutschland die Folgen der Weltwirtschaftskrise geradewegs zum Untergang der jungen Demokratie der Weimarer Republik und in den Nationalsozialismus. Zwar werden auch in Deutschland Lokomotiven und Autos in Stromlinienform entworfen, doch dient die Gestaltung von Produkten hier einem anderen Zweck.

Plakat für die Pennsylvania Railroad Company mit der Lokomotive T1 von Raymond Loewy

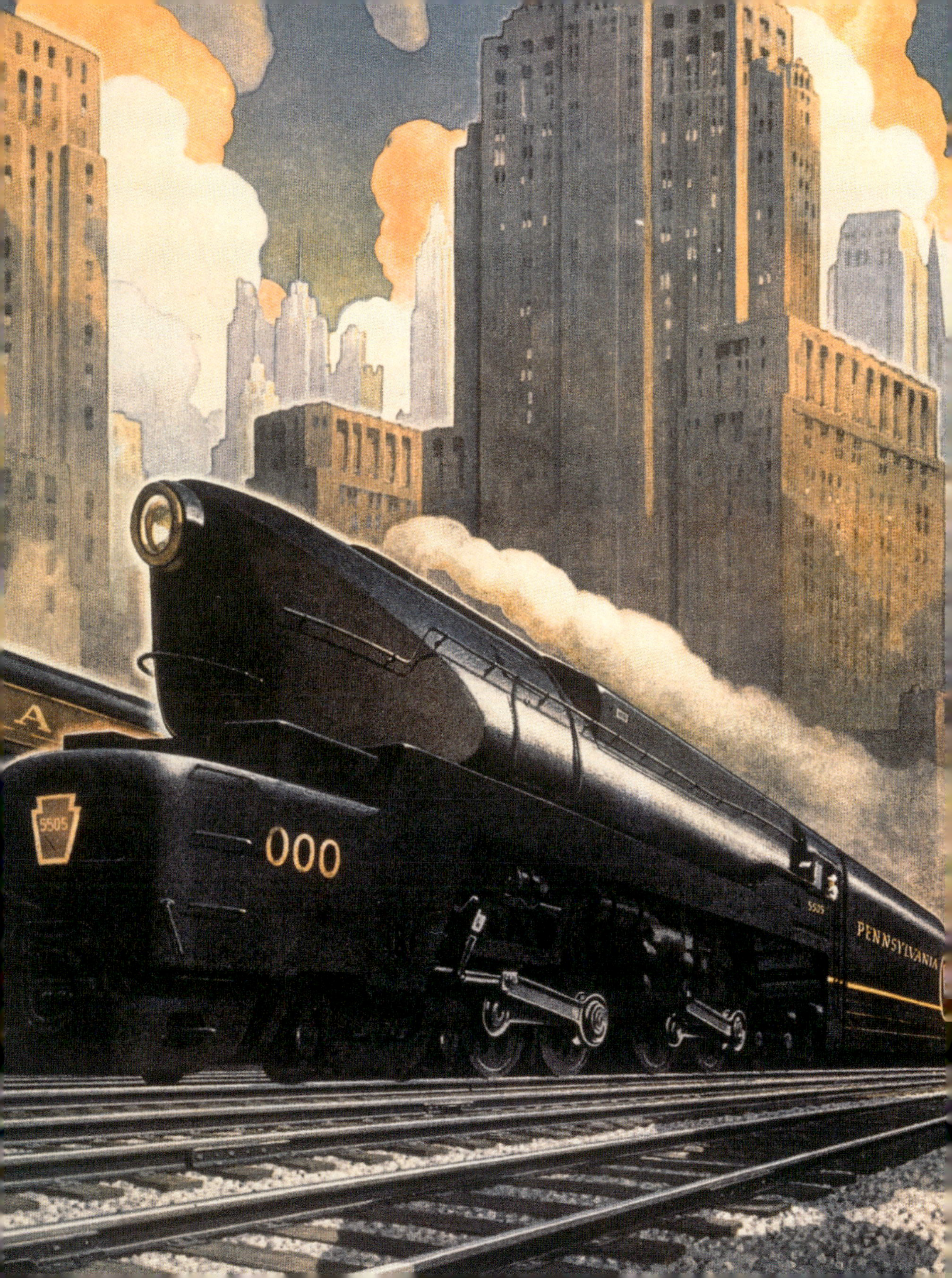
5505
000
PENNSYLVANIA

ALLTAGS IKONEN

DER EINKAUFSWAGEN – ein weltweites Erfolgsmodell

Der Einkaufswagen ist ein banales Alltagsprodukt, das überall auf der Welt allgegenwärtig ist, mit dessen Gestaltung sich Designhistoriker jedoch bisher kaum auseinandergesetzt haben, denn er ist kein von einem bekannten Designer entworfener Lounge-Chair, Büromöbel oder Traumauto. Der Einkaufswagen ist vielmehr ein Beispiel für ein Produkt, das aufgrund funktionaler Notwendigkeiten entwickelt und seit seiner Entstehung ständig differenziert, verfeinert oder mit zusätzlichen Funktionen versehen worden ist. Wie andere Objekte auch, ist er ein Kind seiner Zeit, das heißt, er entsteht, weil bestimmte Entwicklungen in einer bestimmten Zeit zusammenwirken. In diesem Fall ist es das Aufkommen neuer Einzelhandelsformen, sprich die Entstehung der ersten Supermärkte. Zuerst in den USA, später dann auch in Europa, werden auf großen Verkaufsflächen von mehreren Hundert Quadratmetern die wachsenden Bedürfnisse der Massengesellschaften befriedigt. In den USA eröffnet der erste Supermarkt im engeren Sinne 1930 in Queens. In Europa wird der erste Supermarkt 1948 von der Handelskette Migros in Zürich eröffnet. Wichtiges Merkmal dieser neuen Verkaufsstellen ist neben der riesigen Warenauswahl, die zu günstigen Preisen auf großen Geschäftsflächen angeboten wird, vor allem das Prinzip der Selbstbedienung. Damit der Kunde seine Waren unbeschadet zur Kasse tragen kann, werden zunächst stabile Drahtkörbe eingesetzt. Diese erweisen sich mit wachsendem Angebot jedoch als zu klein, und es wird folglich nach einer anderen Möglichkeit gesucht, den Einkauf bequem zu gestalten. Man kommt auf die Idee, den Drahtkorb zu vergrößern und ähnlich einem Kinderwagen auf Räder zu stellen.

Erstmals im Einsatz ist der Einkaufswagen dann 1937 in Oklahoma City. Hier bieten die Humpty-Dumpty-Supermärkte ihren Kunden einen „shopping cart“, um ihre Einkäufe besser transportieren zu können. Diese ersten Modelle sind lediglich Fahrgestelle, in die man die herkömmlichen Drahtkörbe hängen kann. In den USA gibt es dann seit 1948, in Deutschland seit 1951 Einkaufswagen mit festen Körben. Fast gleichzeitig werden 1946 in den USA Einkaufswagen erfunden, die man platzsparend ineinanderschieben kann, dennoch stehen die Einkaufswagen nach Gebrauch zunächst häufig ungeordnet auf Parkplätzen und in Eingängen herum und müssen von Angestel-lten eingesammelt werden. Also entwickelt man Schlösser mit Sperrketten und Münzeinwurf, die die Benutzer nötigen sollen, die Wagen zurückzustellen, nachdem sie ihren Einkauf verstaut haben. Im weiteren Verlauf werden die vielfältigsten Zusatzausstattungen entwickelt, z.B. Kindersitz, Getränkekastenhalterung, Werbeflächen etc. Inzwischen sind aus den Werbeflächen elektronische Displays geworden, die in den jeweiligen Abteilungen über die aktuellen Sonderangebote informieren. Weiteren Entwicklungen im Bereich der Kommunikation am Point of Sale sind keine Grenzen gesetzt.

Auch Sondermodelle werden angeboten, etwa kleine Einkaufswagen, die Kinder beim Einkauf spielerisch beschäftigen sollen und mit bunten Fähnchen ausgestattet sind oder die Form eines Tretautos haben. Baumärkte bieten größere Wagen mit Ladeflächen für sperrige Produkte und Güter an, andernorts haben sie spezielle Räder, die auch das Befahren von Rolltreppen ermöglichen. Über solche technischen Besonderheiten hinaus fließen auch psychologische Aspekte in die Gestaltung der Einkaufswagen ein, etwa im Hinblick auf ihr Fassungsvermögen.

In der Postmoderne wird dann auch der semiotische Gehalt des Einkaufswagens entdeckt. Der Berliner Designer Stiletto (Frank Schreiner) etwa sieht im Einkaufswagen ein Symbol für den Konsum, deutet ihn um und macht aus ihm einen Lounge-Chair, den er ironisch „Consumer's Rest" nennt. Virtuell steht der Einkaufswagen als Warenkorbsymbol heute für das Kaufen selbst.

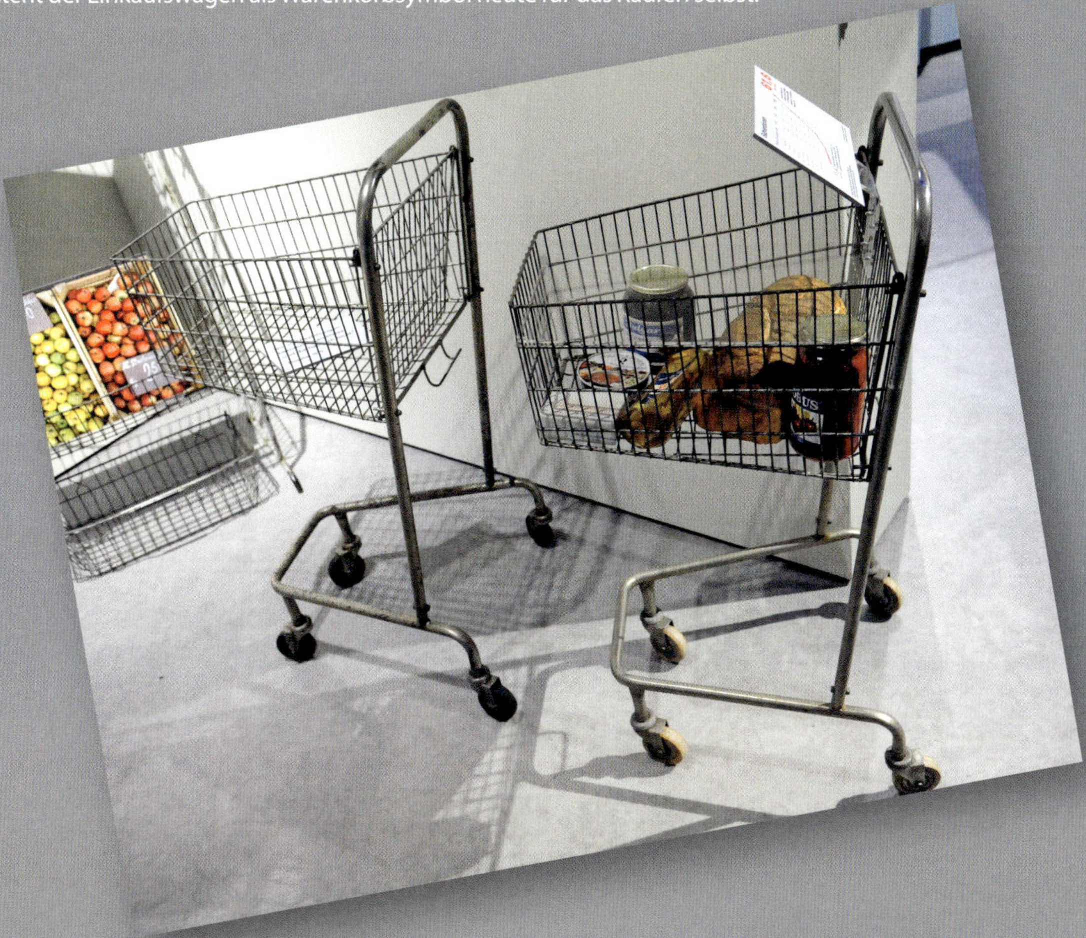

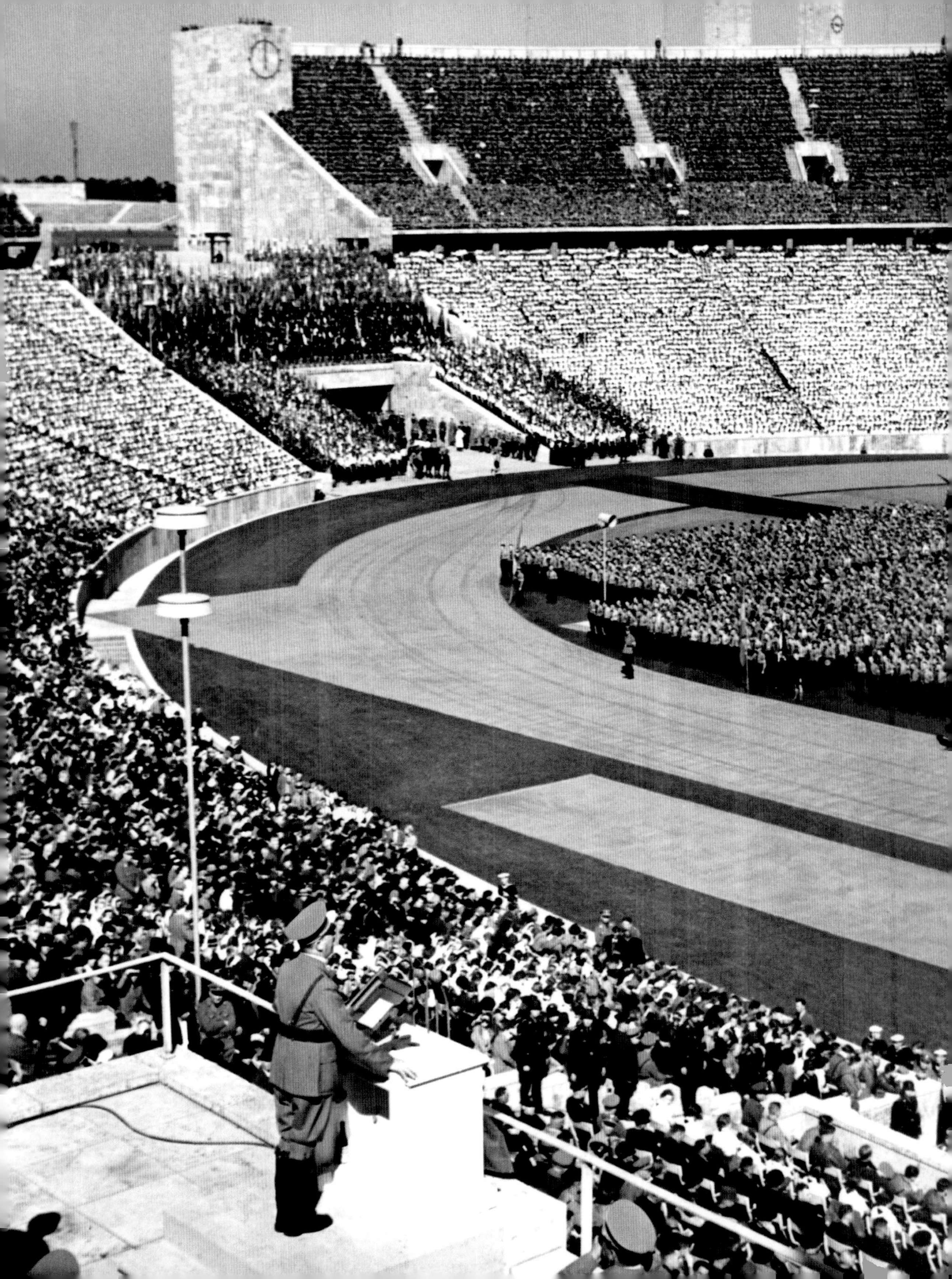

Gestaltung im Dritten Reich – der Nationalsozialismus als „moderne“ Massenkultur

Betrachtet man das Design und die Architektur im Nationalsozialismus aus historischer Perspektive – und das tun wir ja zwangsläufig – so ist vor allem die Frage interessant: Wie ist er in seine Zeit einzuordnen? Wie ist sein Verhältnis zur Moderne und zu den gesellschaftlichen Strömungen in den 1920er und 30er Jahren? Welche Parameter bestimmen die Architektur und die Gestaltung im Dritten Reich? Die Nationalsozialisten verfolgen die Vertreter der modernen Kunst, schließen das Bauhaus und verbrennen die Bücher vieler zeitgenössischer Schriftsteller. So wird dann nicht selten der Nationalsozialismus generell als antimodern und rückwärtsgewandt bewertet. Oft werden in diesem Zusammenhang dafür seine Blut-und-Boden-Ideologie, seine Strukturen und Symbole als Beleg herangezogen. Doch es ist komplizierter. Der Nationalsozialismus ist ohne Zweifel antidemokratisch, verbrecherisch, antisemitisch, menschenverachtend bis zum millionenfachen Mord, aber wenn man verstehen will, wie ein solches System auf politischer Ebene auch ästhetisch funktioniert hat, greift es zu kurz, aus einem naheliegenden moralischen Impuls heraus die Architektur und Gestaltung im Dritten Reich pauschal als antimodern zu kategorisieren und als „Nazistil“ zu beschreiben. Einen solchen einheitlichen Stil und damit originär nationalsozialistische Erfindungen in Architektur, Kunst und Design hat es nämlich nicht gegeben. Die Kulturpolitik und mit ihr die Gestaltung im Dritten Reich verfolgt die politischen Ziele einer Diktatur, die sich zwar häufig auf ein diffuses Geschichtsbild, insbesondere des Germanentums bezieht, um sich historisch zu rechtfertigen, die sich aber durchaus bewusst ist, dass sie in einer Zeit der durch die weitgehende Industrialisierung hervorgerufenen Massenkultur agiert. Sie verschließt nicht den Blick vor dem Stand der technologischen und gesellschaftlichen Entwicklungen, sondern versucht beides für sich nutzbar zu machen. Doch während in den USA ein Design entsteht, das unter Marketingaspekten eine Verschönerung und Modernisierung technisch ausgereifter Produkte anstrebt, verfolgen die Nationalsozialisten in Deutschland, auf nahezu gleichem technischen Niveau, eine ideologische Gleichschaltung im Dienst des Regimes unter anderem in der Alltags- und Produktästhetik. Dazu dienen ihnen zum einen Gesetze wie das zur „Entfernung nicht-arischer Künstler aus staatlichen Ämtern“, die durch die Zwangsmitgliedschaft in der Reichskulturkammer erreicht werden soll, zum anderen die Schaffung neuer Institutionen, die die zeitgenössischen Bedürfnisse der Bevölkerung auffangen und in die gewünschten Bahnen lenken soll, damit diese nicht von den Gewerkschaften, die seit 1933 ohnehin verboten sind, oder anderen Organisationen und Vereinen außerhalb der Strukturen des Regimes angesprochen werden. Die wichtigste dieser Institutionen ist die 1933 gegründete Organisation Kraft durch Freude (KdF), eine Unterabteilung der Deutschen Arbeitsfront (DAF). Die KdF ist eine Organi-

Adolf Hitler spricht auf einer Kundgebung im Berliner Olympiastadion, Mai 1937

sation mit dem Ziel, die Gesundheit und damit die Leistungsfähigkeit (bzw. Wehrfähigkeit) der deutschen Bevölkerung zu steigern. Die nationalsozialistische Führung hatte nämlich durchaus die soziologischen Zeichen der Zeit erkannt und gesehen, dass die unter den harten Bedingungen der Industriearbeit in den Fabriken arbeitende und in den Großstädten lebende Bevölkerung mehr Freizeit und Urlaub zur Regeneration benötigt. Um politischen Ansprüchen von links von vornherein entgegenzuwirken, verlängern die Nationalsozialisten von sich aus zunächst den Urlaubsanspruch der Arbeiter. Nach dem Vorbild der „Dopo lavoro"-Freizeitwerke der Faschisten in Italien wird in der Folge die KdF-Organisation gegründet, die die Freizeit der „Volksgenossen" im Sinne und unter Kontrolle des Systems gestalten soll. Es werden Sportveranstaltungen organisiert, Schwimmkurse angeboten sowie Konzerte und Urlaubsreisen. Die Kdf-Organisation wird zum größten Reiseveranstalter im Dritten Reich. Auf der Ostsee-Insel Rügen wird mit dem Bau des Seebades Prora begonnen, einem riesigen mehrstöckigen Gebäudekomplex, der 20.000 Urlauber gleichzeitig beherbergen soll. Zwischen 1934 und 1939 laufen außerdem mehrere große Kreuzfahrtschiffe vom Stapel. Dieser hochmoderne Massentourismus soll allerdings allein dazu dienen, die Wehrkraft der Deutschen, ihr Heimatgefühl, ihr Gemeinschaftsgefühl und ihren Nationalstolz zu stärken. Dazu ist die KdF-Organisation effizient durchstrukturiert in verschiedene Ämter, wie zum Beispiel das Amt für Urlaub, Reisen und Wandern, das Amt für Schönheit der Arbeit oder das Amt für körperliche Ertüchtigung und Sport. Die Ämter sind wiederum parallel zu den anderen politischen Strukturen regional gegliedert in Gaue, Kreise und Ortsgruppen. Soziologische und psychologische Erkenntnisse werden in effiziente Überwachungsstrukturen umgesetzt, um die von Hitler angestrebte Kriegsvorbereitung zu unterstützen.

Auch das zur Kdf-Organisation gehörende Amt für Schönheit der Arbeit ist eine sehr moderne Einrichtung. Es soll die Ergonomie und die Arbeitssicherheit in den Betrieben verbessern. Dazu gehören etwa zahlreiche Gemeinschaftsein-richtungen wie Waschräume, Kantinen oder Sportanlagen. Jedes Jahr gibt das Amt einen wechselnden Schwerpunkt aus: 1936 heißt das Motto beispielsweise „Gutes Licht, gute Arbeit" oder 1937 „Saubere Menschen im sauberen Betrieb".

Ähnlich verhält es sich mit anderen bereits vorhandenen Organisationen und Strukturen: Die Nationalsozialisten schließen aus politischen Gründen das Bauhaus. Viele Vertreter des Funktionalismus müssen ebenso emigrieren wie die künstlerische Avantgarde, doch anders als im Verhältnis zur modernen Kunst kann das Bestreben des Funktionalismus nach Einfachheit und Klarheit, nach Standardisierung, billigen Materialien und preiswerter Massenproduktion vom Nazi-Regime problemlos vereinnahmt werden. Denn Einfachheit und Schlichtheit, das Pathos der Nützlichkeit, entsprechen der Ideologie der nationalsozialistischen Volkskultur ebenso wie den Erfordernissen der industriellen Massenproduktion. Viele Ziele der Reformbewegungen können von

Adolf Hitler übernommen werden, zumal manche der Reformer Positionen vertreten, die schon vor seiner Machtübernahme dem national-konservativen Gedankengut nahestehen. So sind bereits vor 1933 viele Mitglieder des Deutschen Werkbunds im nationalsozialistischen Kampfbund für Deutsche Kultur organisiert, andere hoffen, sich durch die frühzeitig selbst vollzogene Gleichschaltung in ein Nischendasein zu retten oder finden sich später im Amt für Schönheit der Arbeit wieder. Die Nationalsozialisten enteignen – mit Ausnahme von jüdischem Besitz – keine Großbetriebe und lassen auch sonst die Wirtschafts- und Eigentumsstrukturen weitgehend bestehen. Die Konzentration von Großkonzernen wird vielmehr gefördert, denn das Ziel der Wirtschaftspolitik

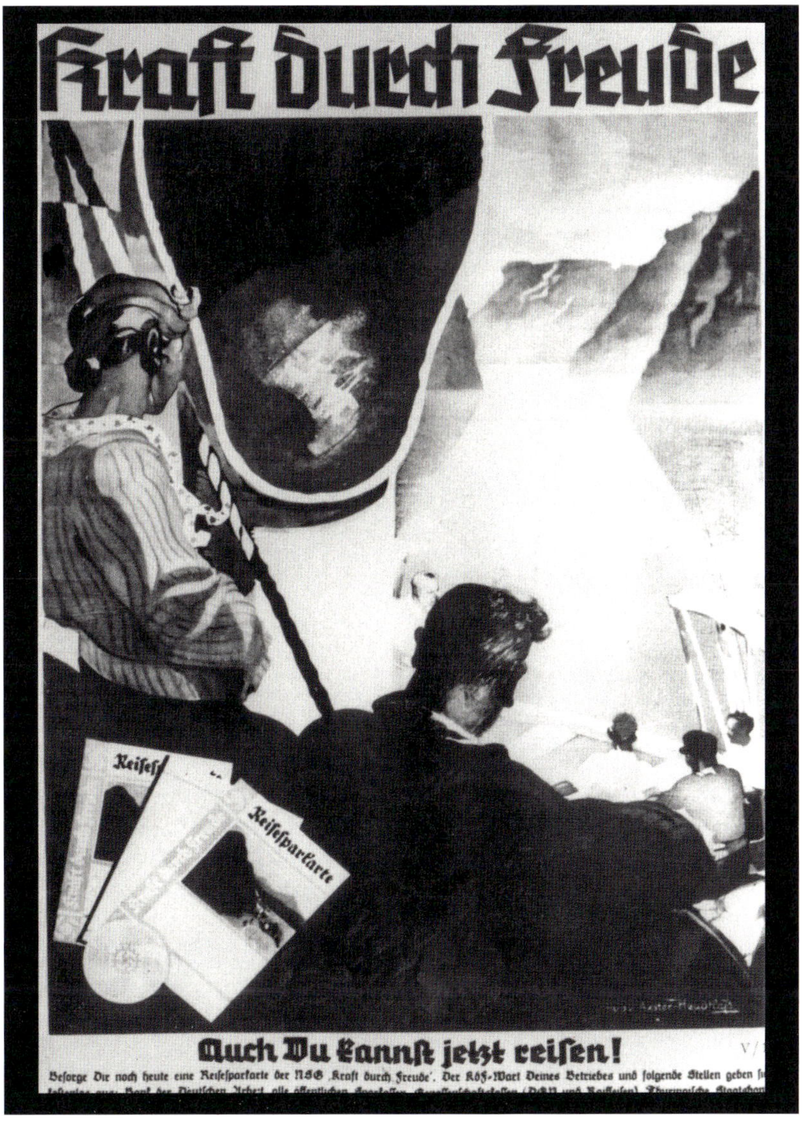

Werbeplakat für Reisen mit der Organisation Kraft durch Freude (KdF). Sie wird zum größten Reiseveranstalter im Dritten Reich.

ist die Produktionssteigerung in allen Bereichen. Das Amt für Schönheit der Arbeit regt durch Wettbewerbe, Kampagnen und Musterbücher die Standardisierung und Modernisierung in den Betrieben an. Und trotz aller Blut-und-Boden-Ideologie übernimmt man die für die industrielle Massenproduktion geeigneten funktionalistischen Formen, die neuen Materialien und Produktionstechniken.

Architektur und die Gestaltung sind im Dritten Reich in gleicher Weise durch offensichtliche Paradoxien geprägt, die bei genauerem Hinsehen jedoch alle eine wichtige Funktion in der nationalsozialistischen Ideologie haben. Anstatt einen originären Stil zu entwickeln, kombiniert man je nach Verwendungszweck rustikale mit modernen Formen oder setzt unterschiedliche Materialien und Herstellungsverfahren ein. Diese Strategien werden im Laufe der Zeit unter der Prämisse der Kriegsvorbereitungen modifiziert.

Mit der modernen Architektur und Gestaltung im sozialen Wohnungsbau ist es nun auf den ersten Blick vorbei. Allerdings geht es dabei weniger um die Technik als vielmehr um die Symbolkraft der Formen. Das Flachdach wird als „bolschewistisch" verunglimpft. Im Sinn der Blut-und-Boden-Ideologie wird der Bau von kleinen Einfamilienhäusern mit Satteldach propagiert. Im Einrichtungsbereich werden eher moderne Ansätze verfolgt. Es wird eine schlichte Sachlichkeit propagiert, und ähnlich wie die früheren Reformbewegungen wendet man sich gegen Materialverschwendung und Historismus. Die „Zeitlosigkeit" wird zu einem zentralen Begriff. Hitler selbst sagt 1933: „Die moderne Technik zwang den Menschen eigene Wege zu suchen. Aus Zweck und Material wurden Formen gefunden und entwickelt, die in der Ästhetik vieler Maschinen zum Beispiel mehr griechischen Geist atmen als manches schlecht nachempfundene Bauwerk." (zit. n. Merker, 1983, S. 206)

Selbst gegen die seit den 1920er Jahren immer stärker verbreiteten Stahlrohrmöbel hat man keine Vorbehalte, verkörpert doch das Material in idealer Weise die Werte des Nationalsozialismus: Es ist hart, federnd, hygienisch. Im Möbelbau wird nur deshalb zunehmend Holz oder später auch nur Sperrholz eingesetzt, weil im Zuge der nationalsozialistischen Wirtschafts- und Verteilungspolitik zur Kriegsvorbereitung Stahl ab 1935/36 allein der Rüstungsindustrie vorbehalten bleibt. Die Rationalität, Standardisierung und ökonomische Einstellung der Moderne kommen der nationalsozialistischen Wirtschaftspolitik entgegen, daher können viele Produzenten und Entwerfer von Gebrauchsgegenständen überleben, wenn sie nicht politisch zu sehr auffallen oder wenn sie die Rückendeckung großer Firmen haben. Der ehemalige Bauhaus-Schüler Wilhelm Wagenfeld etwa kann trotz seiner 1933 öffentlich geäußerten Kritik an der Verschmelzung des Werkbundes mit dem Kampfbund für deutsche Kultur, der Schließung des Bauhauses und der antisemitischen „Säuberungsaktionen" an deutschen Hochschulen weiterhin Professor an der Kunsthochschule in Berlin bleiben und für Auftraggeber wie das Jenaer Glaswerk Schott oder den Porzellanhersteller Rosenthal arbeiten. Seine sachlichen Entwürfe passen ja durchaus in die Propaganda von „Zeitlosigkeit" und Schlichtheit. Die

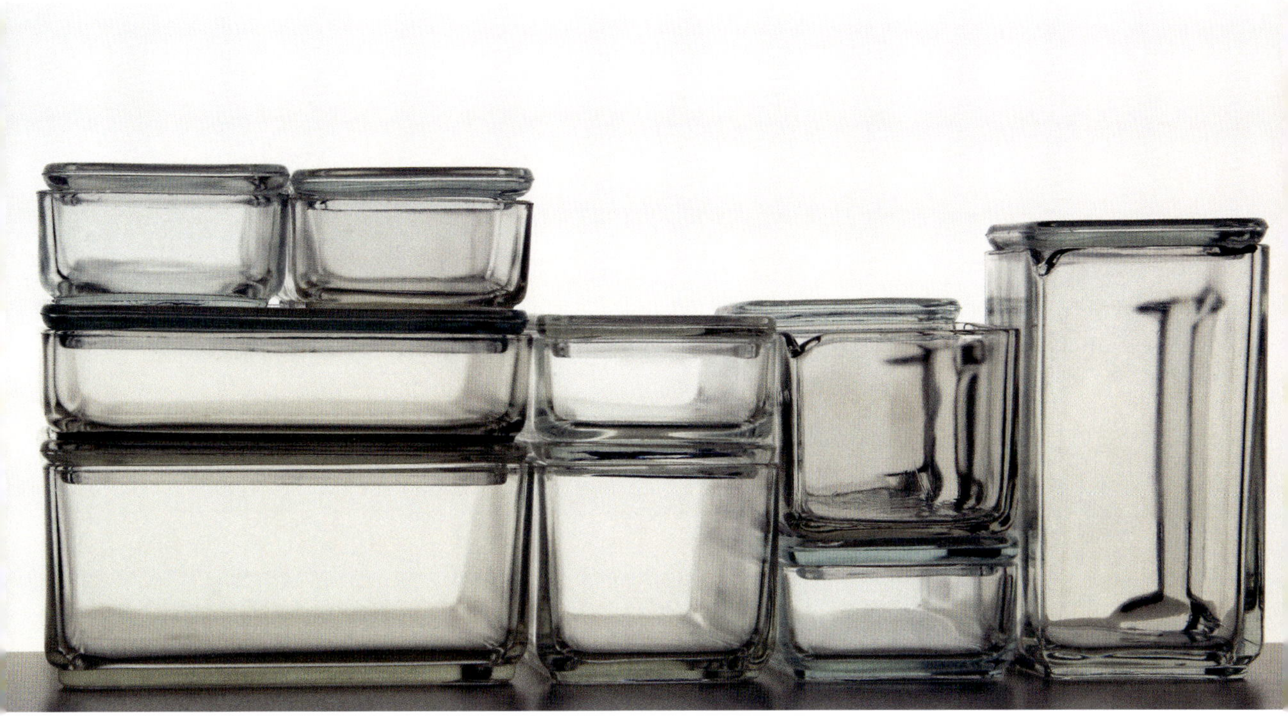

Wilhelm Wagenfeld, Vorratsgeschirr Kubus, Lausitzer Glaswerke, 1938

rationalistischen Ansätze des Funktionalismus, die Standardisierungsbestrebungen, multifunktionale Möbel und neue preiswerte Materialien, all das passt zur Ideologie und zur Wirtschaftspolitik der Kriegsvorbereitung oder wird von den Nationalsozialisten entsprechend vereinnahmt. Albert Speer, der führende Architekt in Hitlers Stab, gibt in einem Interview 1978 sogar zu, dass man selbst die Ideen des Bauhauses und des Deutschen Werkbunds aufgegriffen hat: „Wir haben dann, das geht nun wieder in die Richtung der Ideen von Gropius, standardisierte Geräte herausgegeben, Bestecke für die Kantinen, standardisierte Geschirre und Möbel." (zit. n. Kramer, 1990, S. 64).

Die Elemente von heimattümelnder Rustikalität, die man in vielen Einrichtungen der Zeit dennoch findet, sind ein Zugeständnis an die kleinbürgerlichen Geschmacksmuster der „Volksgenossen" und ein vordergründiger Appell an die Blut-und-Boden-Ideologie, die mitten in der modernen Industriegesellschaft zumindest ideologisch und ästhetisch das deutsche Handwerk und die bäuerliche Tradition würdigen soll. So entsteht in der Einrichtung vieler kleinbürgerlicher Haushalte ein orientierungsloser Stilmix von traditionellen und modernen Formen. Besonders im Kunstgewerbe wird dabei eine stark historisierende Ästhetik propagiert, die zum einen elegant und klassizistisch das gehobene Bürgertum ansprechen soll, und zum anderen bäuerlich oder germanisch eher an die Volkskunst angelehnt ist und dem kleinbürgerlichen Haushalt die historische Rechtfertigung des Regimes täglich vor Augen führen soll.

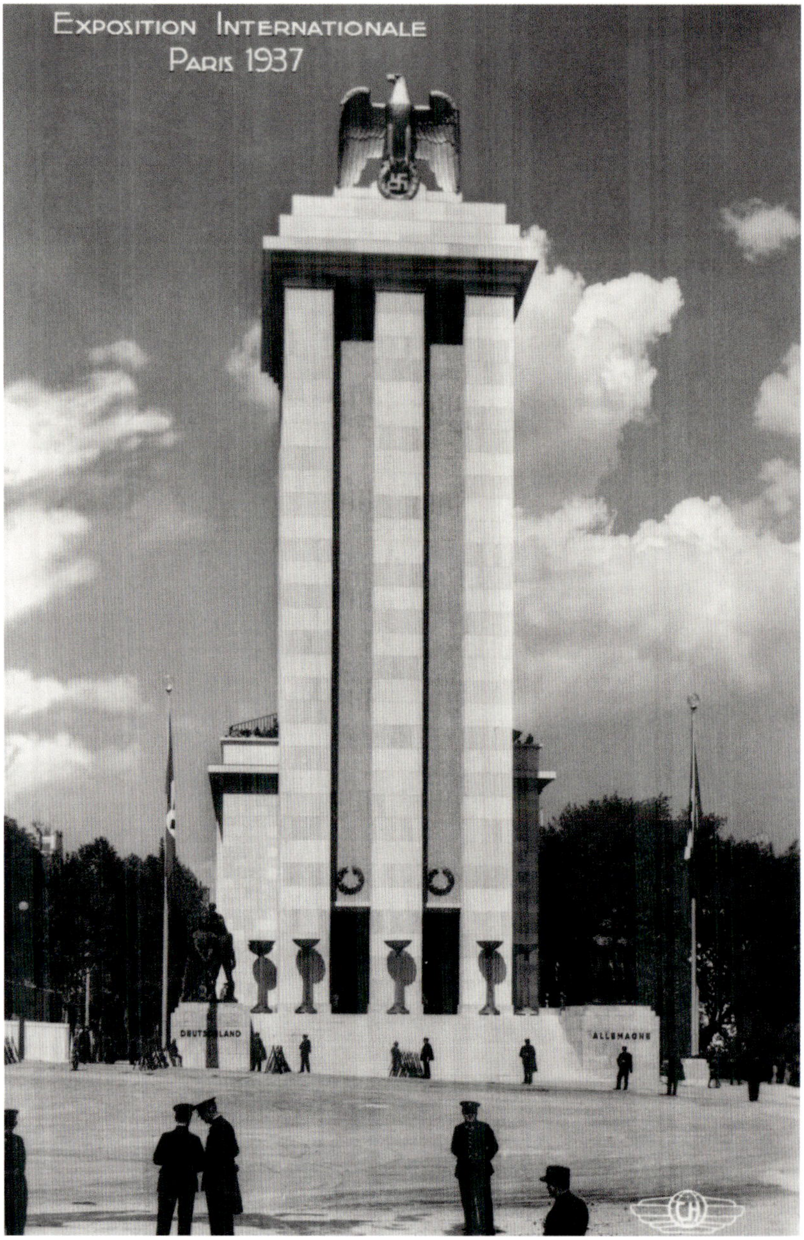

Albert Speer, Deutscher Pavillon auf der Weltausstellung in Paris, Frankreich 1937

So wie die Standardisierung und Massenproduktion von Konsumgütern von den Nationalsozialisten vorangetrieben wird, so kann sich im Bereich der Industriearchitektur die Moderne nahtlos weiterentwickeln. Rationalisierung und effektive Produktion sind hier wichtiger als irgendeine ideologische Symbolik, denn rüstungswichtige Betriebe können in Stahlbeton- und Stahlskelettbauweise schneller errichtet werden als in Ziegel, Marmor oder Granit.

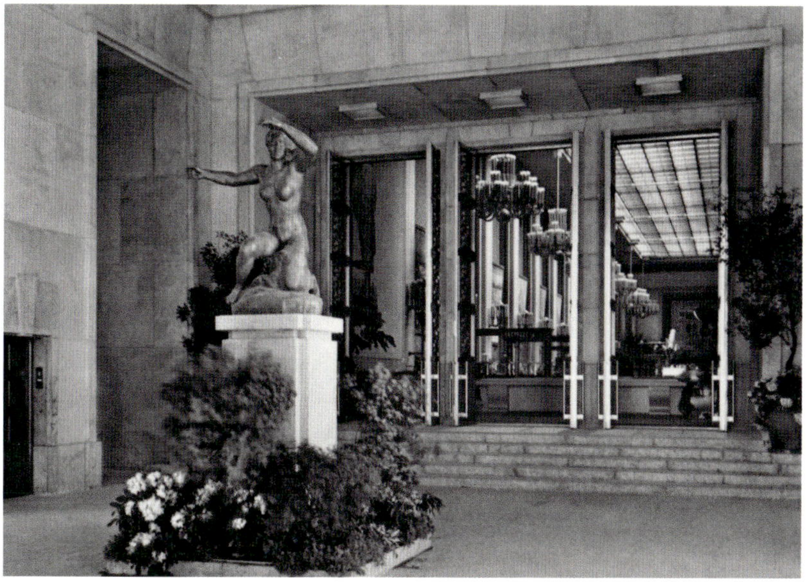

Albert Speer, Das Deutsche Haus auf der Weltausstellung in Paris, Eingangsbereich, 1937

In der repräsentativen Architektur öffentlicher Gebäude herrscht dagegen ein monumentaler Pseudoklassizismus (Reichskanzleistil) vor, der durchaus vergleichbar mit den neoklassizistischen Ansätzen in anderen Ländern wie Frankreich, Italien, der Sowjetunion oder den USA ist. Der Deutsche Pavillon von Albert Speer steht auf der Pariser Weltausstellung 1937 genau gegenüber dem Russischen Pavillon und überragt ihn dabei in seinem deutschen Größenwahn deutlich, was im übrigen charakteristisch für die ganze offizielle Architektur Hitlers ist. Er lässt überall im Reich gigantomane Bauten planen und zum Teil umsetzen, die den absoluten Machtanspruch des Regimes allumfassend und für die Ewigkeit manifestieren sollen. Auch bei diesen Riesenbauten, wie etwa dem Berliner Olympiastadion, dem Nürnberger Reichsparteitagsgelände oder der Neuen Reichskanzlei beruft man sich vordergründig ästhetisch auf historische Vorbilder wie die Antike beziehungsweise den preußischen Neoklassizismus von Karl Friedrich Schinkel. Doch aufgrund ihrer Größe können sie nur durch moderne Beton- und Stahlkonstruktionen realisiert werden, die man dann lediglich noch mit Granit-, Marmor- oder Travertinplatten verkleidet. Ebenso modern sind die Lichtinstallationen mit leistungsstarken Scheinwerfern, die die Herrenmenschenrolle der Arier vermitteln, indem sie bei Dunkelheit die Gebäude ins Unendliche überhöhen und die Massenveranstaltungen der Nazis zu imposanten, einschüchternden Inszenierungen machen.

Das perfide zweckgerichtete Vereinnahmen und Vermischen von Technik, Formen, Stilen und Produktionsmethoden, die ganze Kulissenkultur und die politische Verflechtung zwischen Gestaltung und Propaganda lässt sich an zwei der bekanntesten Produkte im Dritten Reich ablesen, dem Volkswagen und dem Volksempfänger.

Der Volkswagen

Der Volkswagen soll zu einer „nationalsozialistischen Kulturtat" werden. Er verkörpert das Versprechen des Regimes an die Bevölkerung, dass nach Jahren des Verzichts bald jeder Besitzer eines Kraftfahrzeugs werden kann. Das später „KdF-Wagen" genannte Auto ist aber keine Erfindung der Nationalsozialisten und durchaus modern. Schon seit 1920 arbeitet Ferdinand Porsche an der Idee eines preiswerten Automobils für die breite Bevölkerung, ähnlich dem Ford Model T, der 1913 die Massenmotorisierung in den USA einleitet. In Italien wird etwa zur gleichen Zeit der Fiat Topolino (ab 1936 im Handel) als Wagen für einkommensschwache Schichten entwickelt, in Frankreich war der Citroen 2 CV ab 1937 auf dem Markt.

Nachdem Porsches Prototypen jedoch von den großen Automobilfirmen abgelehnt worden waren, weil diese den Wagen für unrentabel hielten oder, wie Opel, selbst an ähnlichen Projekten arbeiteten, wendet er sich schließlich an die Regierung. Hitler, der sich nach langem Zögern 1933 gerade für die Vollmotorisierung und den Autobahnbau als propagandistische Arbeitsbeschaffungsmaßnahme und strategische Kriegsvorbereitung entschieden hat, unterstützt das Projekt gegen den Widerstand der Automobilindustrie. Er verlangt aus Gründen der Propaganda, dass der neue Volkswagen nicht mehr als 1.000 Reichsmark kosten darf. Etablierte Hersteller wie Opel, BMW oder NSU sehen sich aber nicht in der Lage, ihn zu dem geforderten Verkaufspreis zu produzieren, und der Automobilhandel will nicht auf die geforderte Handelsmarge verzichten. Daher beauftragt Hitler die Deutsche Arbeitsfront mit der Gründung der Gesellschaft zur Vorbereitung des deutschen Volkswagens und macht Ferdinand Porsche zu ihrem Geschäftsführer. 1938 beginnt dann der Bau des Volkswagenwerks in Wolfsburg. Um das unrentable Fahrzeug produzieren zu können, wird das Volkswagenwerk staatlich unterstützt. Damit sich jeder den Wagen leisten kann, bietet man ab 1937 der Bevölkerung an, pro Woche fünf Reichsmark einzuzahlen und sich das Auto auf diese Weise zusammenzusparen. Die etwa 320.000 „Volkswagensparer" werden aber nie zu

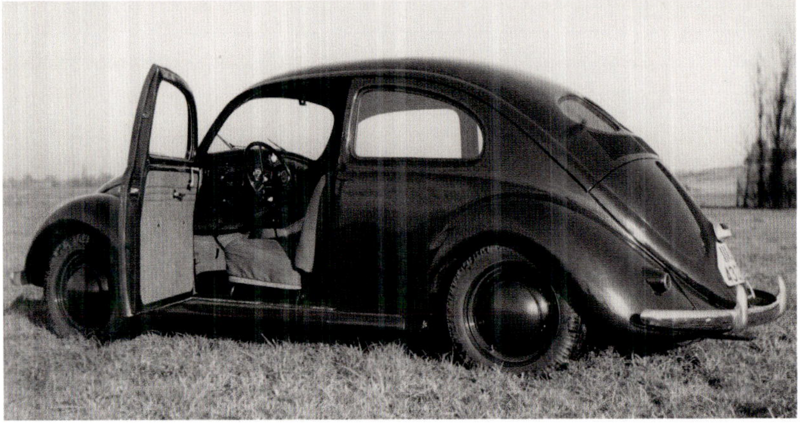

Der KdF-Wagen, der auch „Volkswagen" und später „Käfer" heißt, 1937

stolzen Autobesitzern, denn ihr Geld fließt direkt in die Produktion kriegswichtiger Kübelwagen.

Wie andere Automobile der Zeit ist der Volkswagens einfach konstruiert und an der modernen Stromlinienform orientiert. Sie wird von den Nationalsozialisten kurzerhand zur „Bioform“ erklärt, die die „rassische“ wie auch die technische Überlegenheit Deutschlands symbolisieren soll. Das Finanzierungsmodell des Volkswagens soll die Volksgenossen zu einer Gemeinschaft von Automobilbesitzern vereinen, entpuppt sich aber als Betrug und reine Geldbeschaffungsmaßnahme zur Kriegsvorbereitung.

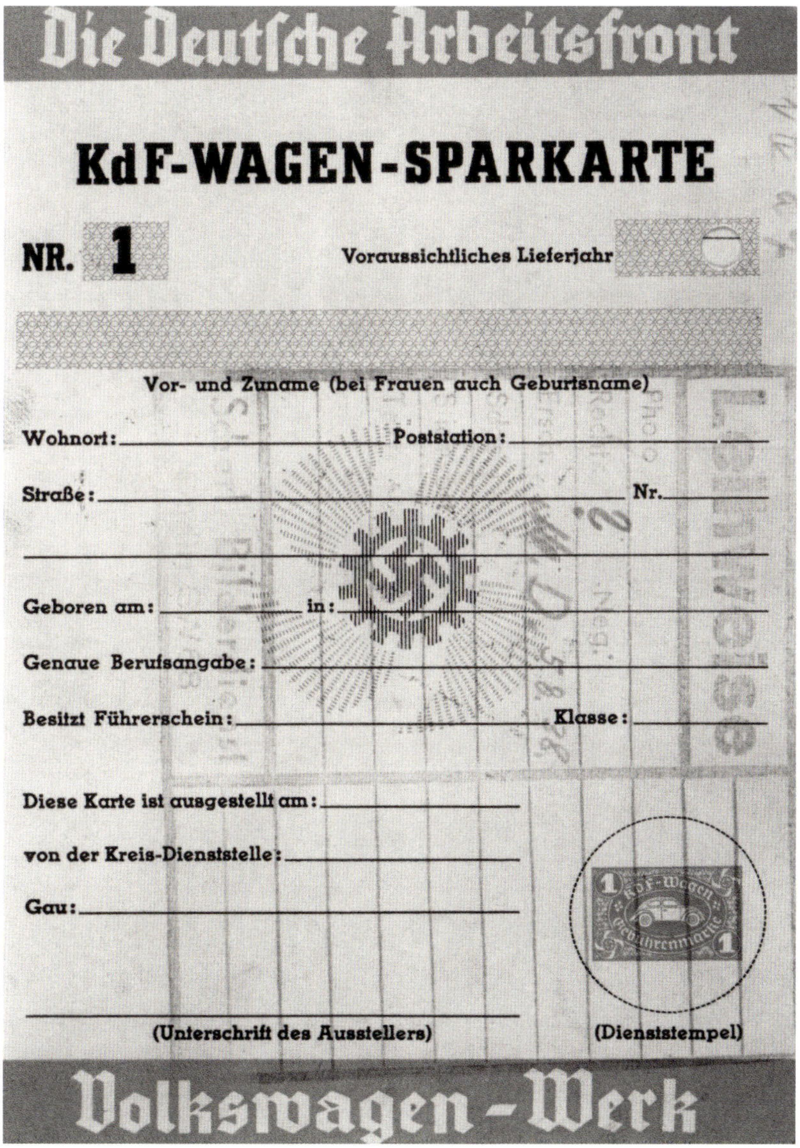
Die Deutsche Arbeitsfront

KdF-WAGEN-SPARKARTE

NR. 1 Voraussichtliches Lieferjahr

Vor- und Zuname (bei Frauen auch Geburtsname)

Wohnort: Poststation:

Straße: Nr.

Geboren am: in:

Genaue Berufsangabe:

Besitzt Führerschein: Klasse:

Diese Karte ist ausgestellt am:

von der Kreis-Dienststelle:

Gau:

(Unterschrift des Ausstellers) (Dienststempel)

Volkswagen-Werk

Kdf-Wagen-Sparkarte
Ab 1937 zahlen 320.000 „Volkswagensparer“ wöchentlich fünf Reichsmark ein, um ein Fahrzeug zu erwerben.

Der Volksempfänger

Der sogenannte „Volksempfänger“ ist ein weiteres Beispiel für eine solche Strategie. Reichspropagandaminister Joseph Goebbels sieht den Rundfunk als die Kommunikationstechnologie der Zukunft, um die „Volksgenossen“ mit der Propaganda der Regierung zu erreichen und zu beeinflussen. Deshalb versucht er früh, die neue technische Errungenschaft zu niedrigen Preisen auf den Markt zu bringen. Die entsprechenden Hersteller in der Elektrobranche haben schon seit Mitte der 1920er Jahre Pläne für ein preiswertes Radiogerät, der Markt verlangt danach, denn der noch relativ junge Rundfunk hat in kurzer Zeile viele technikbegeisterte Anhänger gefunden. Allerdings möchte man sich nicht selbst Konkurrenz machen und vorerst die bis dahin meist doppelt so teuren Geräte weiter verkaufen. Doch das Propagandaministerium setzt im Frühjahr 1933 mit persönlicher Unterstützung von Hitler die Industrie unter Druck und zwingt die größten Hersteller wie Loewe, Blaupunkt oder Telefunken zu einer Kooperation, um ein preiswertes Gerät produzieren zu können.

Der Volksempfänger mit seinem Modellnamen VE 301, nach dem Datum der nationalsozialistischen „Machtergreifung“ am 30.1. 1933, wird noch im August desselben Jahres auf der Berliner Funkausstellung vorgestellt. Das Radio ist sofort ein Erfolg. Gleich nach seiner Vorstellung werden 100.000 Geräte verkauft. In den folgenden Jahren kommen noch zwei Nachfolgemodelle auf den Markt. Zusammengenommen verkaufen sie sich bis zum Kriegsanfang 1939 insgesamt über 10 Millionen Mal.

Der Volksempfänger ist somit ein modernes Industrieprodukt für den Massenbedarf. Er hat ein klar gegliedertes funktionalistisches Gehäuse aus dem modernen Werkstoff Bakelit. Wie ähnliche Geräte der Zeit in Frankreich oder England zeigt auch der Volksempfänger deutliche stilistische Anklänge an das Art déco der späten Zwanzigerjahre. Sein technisches Innenleben ist von der Firma Seibt entwickelt worden, seine äußere Form hat das Gerät von Walter Maria Kersting, Professor an den Kölner Werkschulen. Seine Empfangsleistung ist umstritten. Einige Quellen behaupten, das Gerät sei technisch so eingestellt gewesen, dass man mit ihm ausschließlich den Sender des Reichsministeriums für Volksaufklärung und Propaganda empfangen konnte, andere halten es für möglich, dass der Volksempfänger durchaus ausländische Sender zugänglich machte. So oder so ist das Hören von „Feindsendern“ damals jedenfalls streng verboten. Wer gegen diese Auflage verstößt, begeht ein „Rundfunkverbrechen“, was mit Zuchthaus und im Extremfall mit dem Tod bestraft wird.

Am Volksempfänger zeigt sich auf markante Weise die Funktion eines Gegenstandes über seine technische Funktion hinaus. Er ist ein preiswertes Radiogerät mit durchaus modernem Design und zeitgemäßem technischem Standard. Der Volksempfänger ist aber gleichzeitig „das wichtigste Instrument der faschistischen Medienpolitik“ (Petsch, 1987), und die Nationalsozialisten nehmen mit ihm darüber hinaus zwei Reichsmark pro Gerät und Monat an Rundfunkgebühren ein: Millionen für den Krieg. Der Designer Walter Maria

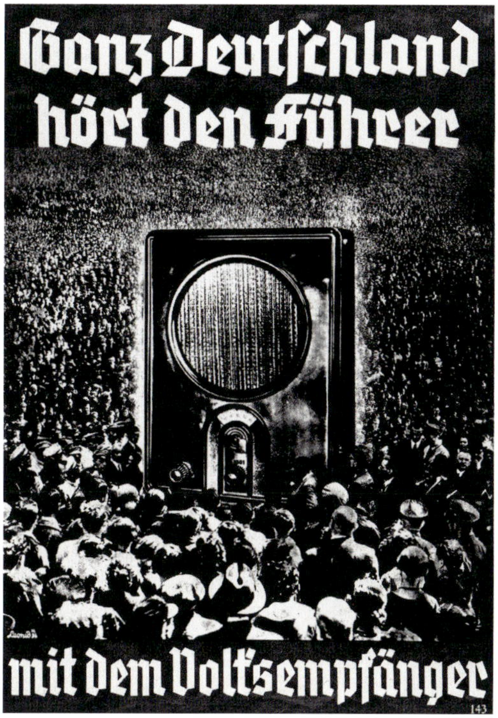

„Ganz Deutschland hört den Führer mit dem Volksempfänger", Werbeplakat für den Volksempfänger, 1933

Kersting ist weder ein Nazi noch hat der Volksempfänger einen typisch „nationalsozialistischen" Stil. Trotzdem wird das Gerät zur Ikone des Produktdesigns im Dritten Reich. Für die Werbung setzt die Nazi-Propaganda sogar die Montagetechnik des Künstlers John Heartfield ein, eines erbitterten Gegners des nationalsozialistischen Regimes. Das zeigt erneut, wie paradox und perfide die Propaganda vorgeht.

Die Produkte zur Zeit des Nazi-Regimes – Möbel, technische Geräte und Industrieprodukte – werden nicht in staatseigenen Betrieben gefertigt und weisen keinen einheitlichen Stil auf. Ihr Charakter ergibt sich aus ihrer Funktion in der perfekten Maschinerie des Systems, das je nach Bedarf die hochmoderne Technologie der Kriegswaffen und Vernichtungslager mit biologistischen, pseudoklassizistischen und mystizistischen Ideologien verbrämt. Nicht die Form der Gegenstände, sondern ihre politische Funktion ist es, die die Gestaltung der Architektur, der Industrieprodukte, des gesamten Alltags bis hin zum arischen Menschenbild, das dem Rassenwahn der Nationalsozialisten entsprungen ist, zum Nazistil macht.

Das Zeitalter der rasant wachsenden Massengesellschaft und des Massenkonsums zeigt, in welchem System auch immer, wie Konsumprodukte zu politischen und ökonomischen Bedeutungsträgern werden, die, anders als vor der Industrialisierung, auch tatsächlich Millionen von Menschen erreichen und beeinflussen können.

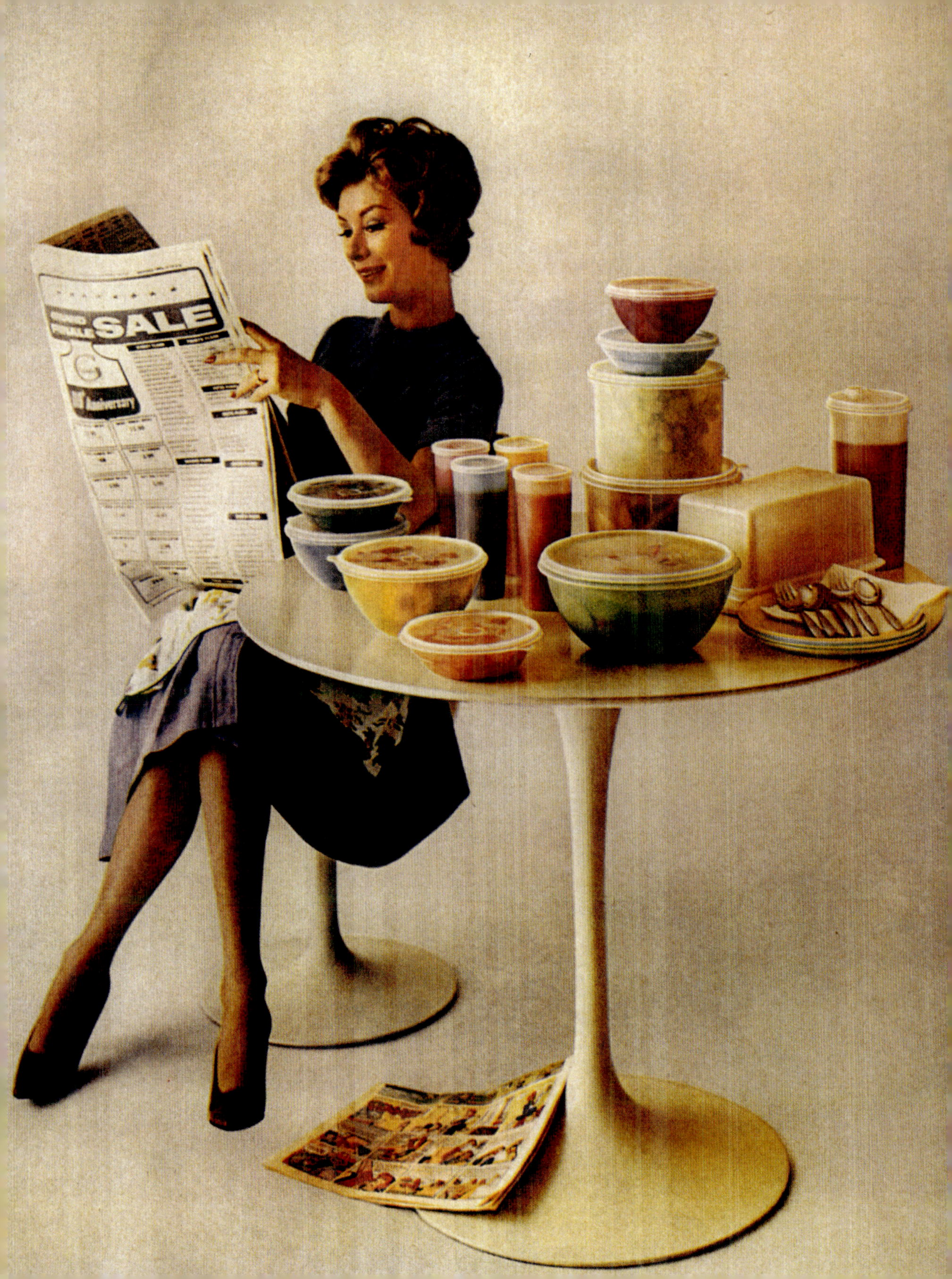
SALE
Anniversary

DESIGN NACH DEM WELTKRIEG

Gesellschaftssysteme und Lebensstile

Krieg und Frieden (und Design)

Die Zeit zwischen den Kriegen hat die internationale Moderne hervorgebracht, aber auch die eher konservative Art déco, die Stromlinienform und die organischen Formen. Gleichzeitig ist die Moderne nicht mehr nur eine theoretische Diskussion über formal-ästhetische Abstraktion, die Rolle des Künstlers in der Gesellschaft oder die Frage nach der industriellen Fertigung von Produkten. Inzwischen haben technologischer Fortschritt, Massengesellschaft und Massenkonsum die Moderne in die Praxis überführt. Der Zweite Weltkrieg hat, besonders in Europa, die gesellschaftliche und ökonomische Entwicklung stark behindert, Millionen von Menschen sind umgekommen, doch die technologische Entwicklung hat von der Kriegswirtschaft profitiert.

Die hohen Anforderungen an Material und Technik haben besonders in der Eisen- und Stahlindustrie sowie in der chemischen Industrie, die sich schon vor dem Krieg rasant entwickelt hatten, zu bahnbrechenden Innovationen geführt. Flugzeugreifen werden im Laufe des Krieges aus Kunstkautschuk hergestellt. Zwischen 1934 und 1937 werden in verschiedenen europäischen Ländern und in den USA die ersten Plexiglasplatten hergestellt und für den Bau von Flugzeugkanzeln eingesetzt. Ab 1942 wird zum ersten Mal Polyvinylchlorid (PVC) industriell hergestellt und für die Isolierung von Kabeln auf Schiffen und U-Booten verwendet. Melamin wird für die Verkleidung von Schiffskabinen und elektrischen Schalttafeln produziert, Phenolharze für den Flugzeugbau und Polyäthylen für die Isolierung von Kabeln jeder Art. Darüber hinaus werden zahlreiche Verarbeitungstechniken wie das Kleben, Schweißen oder Verformen von Werkstoffen durch den Krieg schnell und effektiv verbessert.

Werbeanzeige für Tupperware in den 1960er Jahren Der amerikanische Chemiker Earl S. Tupper gründete in den 1940er Jahren die Tupper Plastic Company. Seine Vorratsdosen aus Kunststoff mit einer luftdicht verschließbaren Deckelkonstruktion sind seit 1960 auch in Europa erhältlich. Die an 30 Jahre Garantie und Rückgaberecht gebundene hohe Qualität, ein vielfach prämiertes Design und der Direktvertrieb über „Tupper Parties" haben der Tupperware zu Kultcharakter verholfen.

Viele dieser Erfindungen und Weiterentwicklungen werden nach dem Krieg zu Grundlagen der zivilen Produktion. Das ab 1938 industriell hergestellte Nylon wird im Krieg zu amerikanischen Fallschirmen verarbeitet, jetzt zu millionenfach verkauften Nylonstrümpfen, ebenso wie verschiedene Polyurethane, die man zunächst zur Isolierung auf Schiffen einsetzt, nach dem Krieg

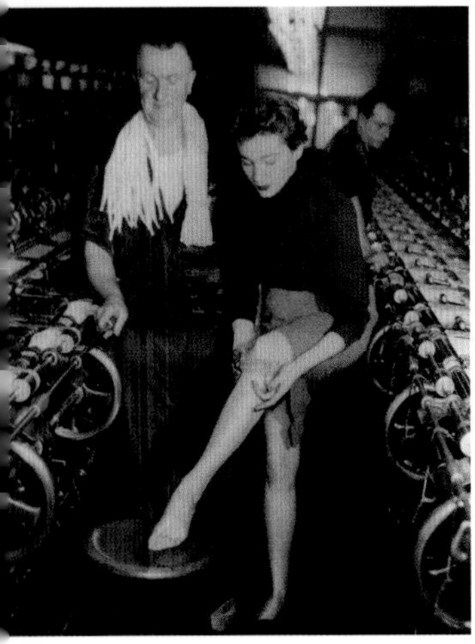

Begutachtung des ersten Paares reiner Perlon-Strümpfe, das auf modernen Cotton-Maschinen in einem Arbeitsgang gewirkt wurde (1953).

als Polstermaterial im Möbelbau. Das bekannteste Beispiel in der Geschichte des Designs sind wohl die organisch geformten Möbel von Charles Eames und Eero Saarinen. Eames hatte während des Krieges bei der Herstellung von Beinschienen für Verletzte mit der dreidimensionalen Verformung von Sperrholz experimentiert, was später seine bekannten Plywood Chairs so charakteristisch macht. Saarinen benutzt für die Sitzschalen seiner Stühle das im Krieg entwickelte glasfaserverstärkte Polyester.

Ökonomisch bringen die Folgen des Krieges, auch für die Siegermächte, Probleme mit sich, da sie nun ihr Wirtschaftssystem von der Kriegs- auf die Friedenswirtschaft umstellen müssen. Dazu kommt eine durch den Krieg bedingte Teilung der Welt in Ost und West, die mit den sich verhärtenden ideologischen Fronten die Parameter für das Design von Industrieprodukten unterschiedlich definiert. Design wird noch stärker als vorher zum Ausdruck unterschiedlicher Gesellschaftssysteme, Konsumgewohnheiten und Lebensstile.

Auf der Suche nach Orientierung – Neuanfang made in USA

Die Nachkriegszeit und die 1950er Jahre, an die man sich heute meist nostalgisch verklärt als an die Swinging Fifties erinnert, bringen in der Politik wie im internationalen Design neben vielen Kontinuitäten auch grundlegende Veränderungen mit sich. Die besiegten Nationen Deutschland, Italien und Japan sind zunächst mit dem Wiederaufbau beschäftigt und haben in den ersten Nachkriegsjahren die Grundbedürfnisse zu befriedigen: Nahrung, Wohnung, Aufbau von Wirtschaft, Staat und Verwaltung. Viele Firmen hat man demontiert, und es herrscht ein Mangel an Rohstoffen und Arbeitskräften. Die gesellschaftlichen und gestalterischen Utopien der 1920er und 30er Jahre sind in Deutschland und in den vom Dritten Reich besetzten Staaten wie Frankreich oder Holland durch das nationalsosialistische Regime abgeschnitten und auch in Russland durch das stalinistische System unterdrückt worden.

Die Vereinigten Staaten, die als einzige Siegermacht den Krieg so gut wie unbeschadet überstanden haben, übernehmen die wirtschaftliche Führungsrolle und etablieren sich bis weit in die 1950er Jahre zudem als die impulsgebende Design-Nation. Interessanterweise entwickeln sich in den USA zwei unterschiedliche Richtungen im Design. Zum einen das durch den europäischen Funktionalismus beeinflusste Design des International Style, zum anderen die amerikanische Streamline-Moderne.

Bedeutende Vertreter des Bauhauses sind schon während der Herrschaft der Nationalsozialisten in die USA emigriert und entwickeln dort mit dem internationalen Stil die Moderne in Architektur und Design weiter. Gleichzeitig entwickelt sich die originär amerikanische Auffassung vom Design als verkaufsförderndem Instrument weiter: das Streamline-Design der 1930er Jahre, das Styling eines Raymond Loewy.

S. 185, links: Eero Saarinen, Flughafen Idlewild/John F. Kennedy International Airport, Abfertigungshalle der Trans World Airlines (TWA), New York, 1962

S. 185, rechts: Eero Saarinen, Stuhl aus der Serie Pedestal Collection (Tulip Chair) für Knoll International, Aluminiumfuß, Fiberglass-Sitzschale, Polsterauflage, 1955–57. Die wie ein Tulpenblatt geformte Sitzschale verlieh dem Stuhl seinen Beinamen Tulip Chair oder Tulpenstuhl.

Das führt dazu, dass die USA in den 1930er Jahren die führende Rolle in Kunst, Architektur und Design übernehmen. Wichtiger Vermittler moderner Ideen wird die 1932 gegründete Cranbrook Acadamy of Art. Ihr Leiter, der finnische Architekt Eliel Saarinen, der die Campus-Gebäude entworfen hat, und der Gründer, der amerikanische Zeitungsverleger George Booth, sehen sie in der Nachfolge der Arts-and-Crafts-Bewegung und als Pendant zum Bauhaus. Hier treffen wichtige Vertreter der Moderne als Studenten und als Dozenten aufeinander: emigrierte Deutsche wie Walter Gropius, der Sohn des Schulleiters Eero Saarinen, der aus Italien stammende Bildhauer Harry Bertoia, Florence Schust, die später den Möbelhersteller Hans Knoll heiratet, und hier lernen sich 1940 der Architekt Charles Eames und die Künstlerin Ray Kaiser kennen, die 1941 heiraten und zum Inbegriff der amerikanischen Nachkriegsmoderne werden.

Die zweite Hauptrolle in dieser Entwicklungslinie spielt das Museum of Modern Art (MoMA) in New York. Das Museum wird 1929 unter anderem auf Initiative von Abby Rockefeller als Museum für moderne Kunst gegründet und verfügt seit 1934 über eine umfassende Design-Sammlung. Seine Gründungsdirektor Alfred Barr steht der Bauhaustradition und der europäischen Avantgarde sehr nahe. Emigrierte Deutsche wie Marcel Breuer und Walter Gropius, Mies van der Rohe und Ferdinand Kramer finden hier eine Anlaufstelle, und so wird neben dem amerikanischen Streamline-Design und der amerikani-

Eero Saarinen (1910–1961) war einer der bedeutendsten Architekten und Designer des 20. Jahrhunderts. 1923 emigriert er mit seiner Familie in die USA. 1929/30 studiert er zunächst Bildhauerei in Paris, 1930–34 Architektur an der Yale Universität in den USA. 1934–50 arbeitet er im Architekturbüro seines Vaters und eröffnet anschließend sein eigenes Büro in Michigan. Saarinens Baustil ist anfänglich stark an der nüchternen Sprache der Moderne orientiert, wird später aber expressiver und organischer. Zu seinen wichtigen Bauten zählen das General Motors Technical Center in Warren, Michigan (1949-56), das TWA-Terminal des JFK Airports in New York (1956–62) sowie verschiedene Gebäude des MIT in Cambridge.

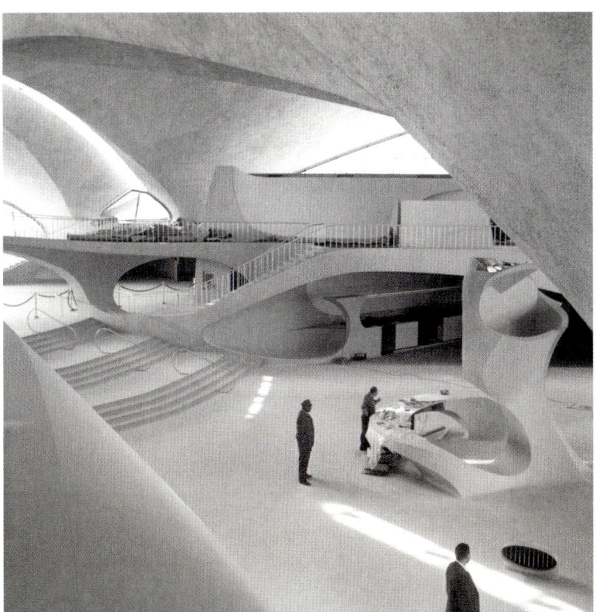

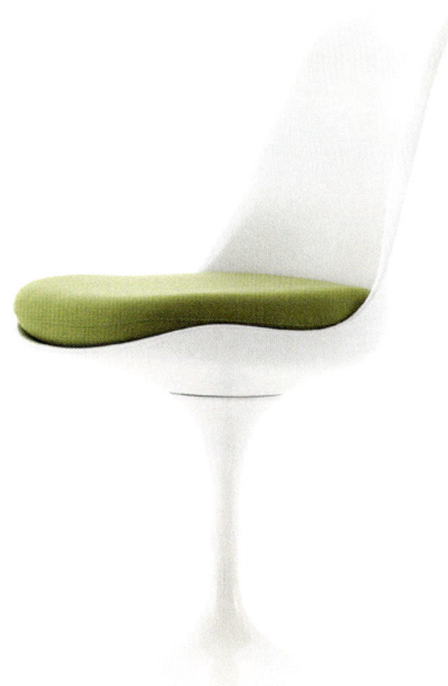

schen Art déco die Moderne nun in den USA weiterentwickelt. Durch Ausstellungen, Wettbewerbe und Veröffentlichungen wird das MoMA schnell zum internationalen Maßstab aller Dinge in der Kunst und im Design. Hier wird fortan bestimmt, was Avantgarde ist. Und hier finden auch wegweisende Architektur- und Design-Ausstellungen statt: 1932 die Ausstellung „Modern Architecture. International Exhibition", von der der International Style seinen Namen hat, 1934 die Ausstellung „Machine Art" und 1940 schließlich veranstaltet das MoMA mit Unterstützung des Kaufhauses Bloomingdales und organisiert von Eliot Noyes, dem damaligen Leiter der Abteilung Industriedesign am MoMA, einen Wettbewerb unter dem Titel „Organic Design in Home Furnishings", bei dem zeitgemäße Formen für Einrichtungsgegenstände, Stoffe etc. gefunden werden sollen. Doch nicht die strengen, geometrischen Formen des Funktionalismus, sondern die beschwingte leichte Linie mit Bezug zum menschlichen Körper ist das Ziel des Wettbewerbs. Den Preis erhalten Eero Saarinen und Charles Eames mit ihren organisch geschwungenen Schalensesseln aus Holz, die Schönheit und Bequemlichkeit verbinden.

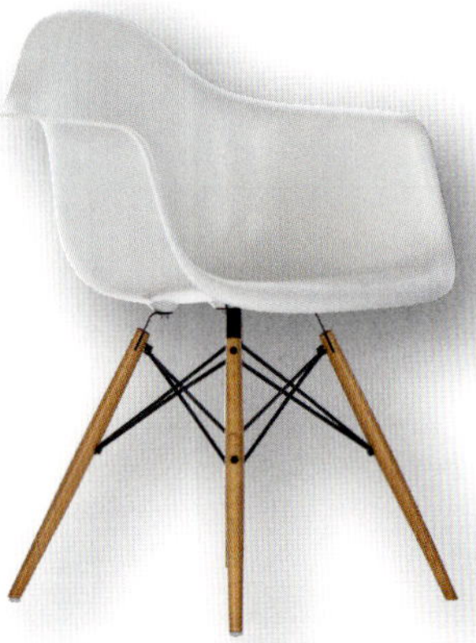

Charles und Ray Eames, Plastic Armchair DAW, 1950

Saarinen und Eames kommen von der Cranbrook Acadamy und zählen neben Harry Bertoia zu den herausragenden Vertretern des neuen organischen Stils. Sie arbeiten mit Materialien wie Polyester, Aluminium und Sperrholz. Produziert werden ihre Möbel jedoch erst nach 1945, als die kriegsbedingte Materialknappheit beendet ist und als mit innovativen Techniken der Holz- und Kunststoffverarbeitung, die Eames für die U.S. Navy entwickelt hatte, weiche, geschwungene Formen in der industriellen Massenfertigung möglich werden.

Charles Eames und seine Frau Ray werden in den folgenden Jahrzehnten zu den prägenden und einflussreichen Protagonisten im internationalen Design. Ihre Zusammenarbeit beginnt mit der oft zitierten Entwicklung von Beinschienen für verletzte Soldaten. Für die amerikanische Marine experimentieren sie dazu mit der Verformung von Sperrholz zur organischen Anpassung an den menschlichen Körper. Diese Erfahrung wird quasi zum Leitmotiv ihrer ganzen späteren Arbeit im Entwurf von Möbeln. Sie experimentieren mit den verschiedensten Materialien, wie Aluminium, Drahtgeflecht, Fiberglass, Kunststoff oder Sperrholz, und erreichen so die optimale Kombination von spielerischer Entwicklung und künstlerischem Gestaltungswillen mit modernster Technologie in Material und Verarbeitung. Ihre Möbel sind gleichermaßen für den privaten wie für den öffentlichen Bereich konzipiert. Sie werden zu Ikonen der Nachkriegsmoderne und sind bis heute überaus erfolgreich. Produziert werden sie in den USA von Hermann Miller. Häufig arbeiten die Eames bei späteren Projekten noch mit Harry Bertoia zusammen oder mit Eero Saarinen, der etwa als Architekt des Dulles Airport in Washington das Eames-Büro mit der Entwicklung von Sitzmöbeln für den Terminal beauftragt. Viele andere ihrer Sitzmöbel werden ebenfalls für den öffentlichen oder halböffentlichen Raum entwickelt, für Büros, Wartezonen, Konferenzräume. Immer gelingt es, ästhetisch ansprechende, organische Formen mit Haltbarkeit und Bequemlichkeit zu vereinen.

S. 187, oben: Charles und Ray Eames bei der Arbeit am Case Study House No. 8, 1949

S. 187, unten: Charles und Ray Eames, Plastic Armchair RAR (Rockering Armchair Rod Base), 1948

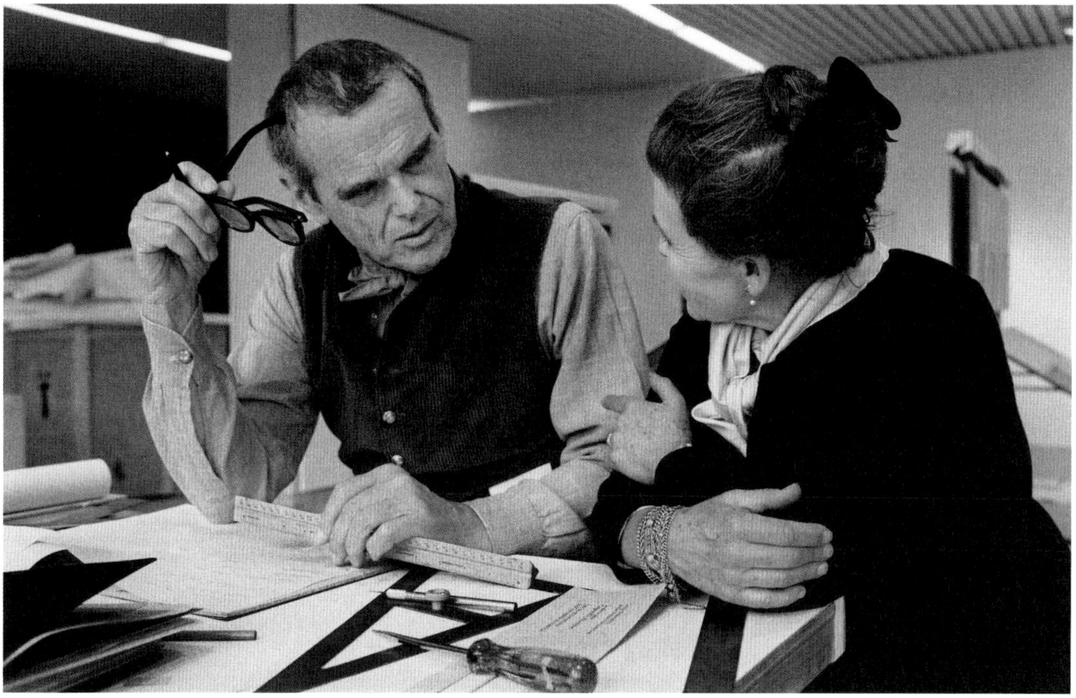

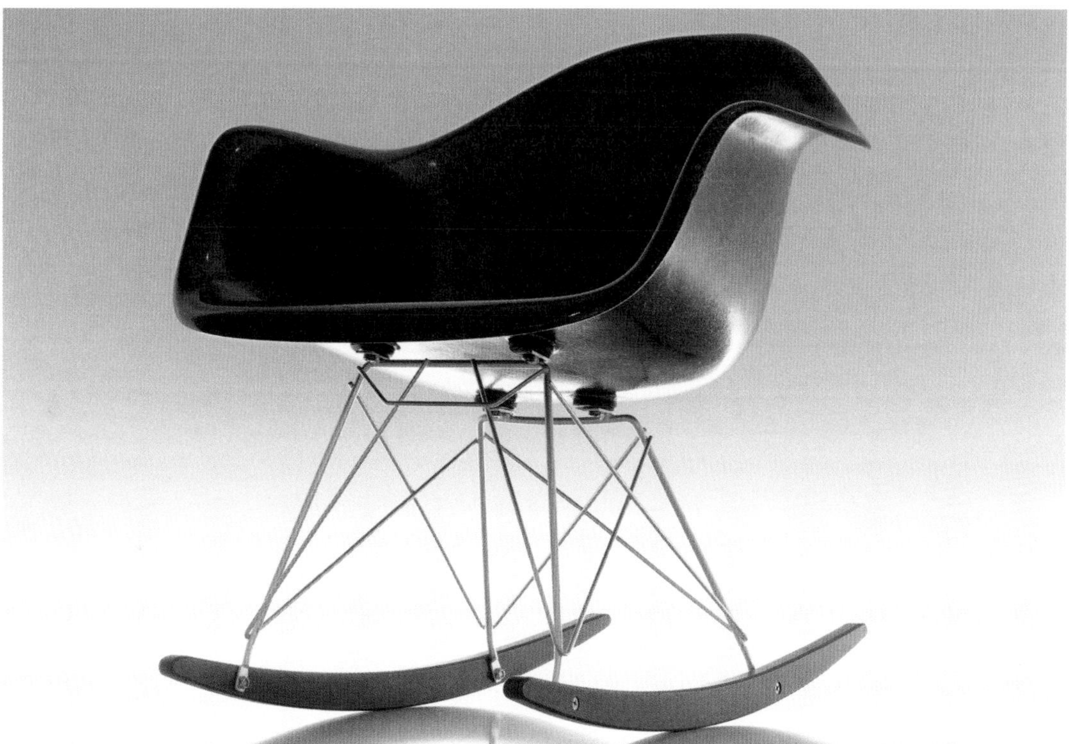

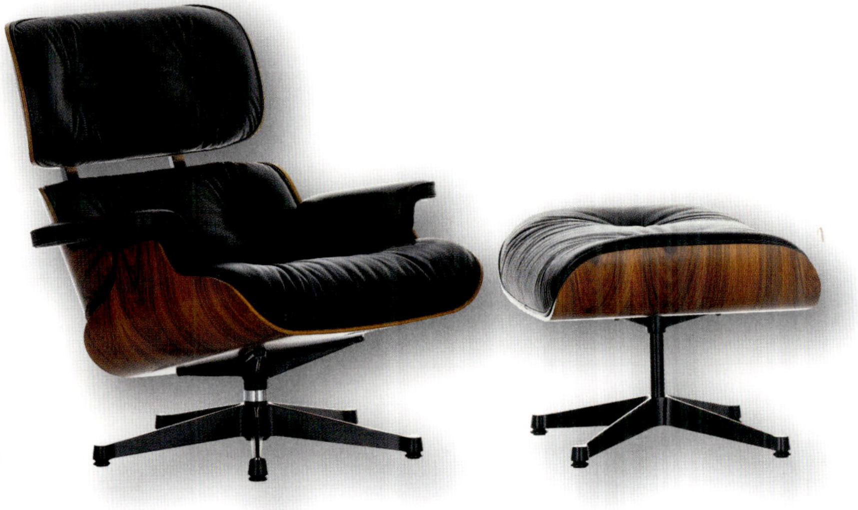

Charles und Ray Eames, Lounge Chair und Ottoman, Sitzschalen aus Palisanderholz mit Lederpolster, 1958
Charles Eames entwarf den Sessel für seinen Freund, den Regisseur Billy Wilder. Seit 1957 produziert die Firma Vitra den berühmten Sessel, Inbegriff der Bequemlichkeit, in Lizenz, heute als modernen Nachbau.

Charles und Ray Eames propagieren und leben eine explizit spielerische Haltung zum Entwurf. Sie experimentieren mit Materialien, nutzen die Collagetechnik beim Zusammenstellen von verschiedenen Elementen, Grundformen und Farben, und entwickeln so Wohnungseinrichtungen, Systemmöbel, Architektur und Kinderspielzeug. Diese unkonventionelle offene Arbeitsweise schlägt sich auch in ihrer Zusammenarbeit mit den Mitarbeitern ihres Büros nieder. Lösungen werden in Teamarbeit gefunden, und in ihrem Büro in Los Angeles gehen täglich viele Menschen ein und aus. Kommunikation ist ein weiterer Baustein ihrer Arbeitsweise, und so beschäftigen sie sich neben der Grafik mit Film und Fotografie, halten Vorträge und organisieren Ausstellungen. Während sich an der Hochschule für Gestaltung in Ulm junge Deutsche Gestalter an ähnlichen Themen mit großem Ernst und politischem Anspruch abarbeiten, propagieren Charles und Ray Eames: „Take your pleasure seriously." Mit viel Freude an der Sache, Leidenschaft, Kreativität und Experimentierfreude sind die Ergebnisse allerdings genauso ernsthaft und schließlich genauso erfolgreich wie der rationale Ulmer Neofunktionalismus. Nicht nur in den USA, wo ihre Möbel von Hermann Miller produziert und vertrieben werden, auch in Europa, besonders nachdem 1957 der fortschrittliche deutsche Möbelhersteller Vitra zum Hersteller ihrer Möbel für den europäischen Markt und den Nahen Osten wird, werden die Möbel von Charles und Ray Eames zu nicht mehr wegzudenkenden Standardeinrichtung in Büros in aller Welt und zu Statusobjekten und Lieblingsstücken in unzähligen Wohnungen.

Charles Eames (1907–1978) wurde durch seine Experimente in der Schichtholz- und Kunststoffverarbeitung zu einem der bedeutendsten Designer des 20. Jahrhunderts. 1924–26 studiert er an der Washington University in St. Louis, ab 1936 an der Cranbrook Academy of Arts in Bloomfield Hills, Michigan. 1941 heiratet er Ray Kaiser, mit der er zusammen zahlreiche Sitzmöbel, aber auch Kinderspielzeug und Anzeigen entwirft sowie Experimental- und Kurzfilme für den Bildungsbereich dreht („Powers of 10", 1968 (dt.: „Zehn Hoch")). Ab 1946 Zusammenarbeit mit der Möbelfirma Herman Miller, für die er Möbel aus verchromtem Stahlrohr und gebogenem Schichtholz (Plywood Group) oder Polyester entwirft (Lounge Chair, 1956; Aluminium Group, 1958).

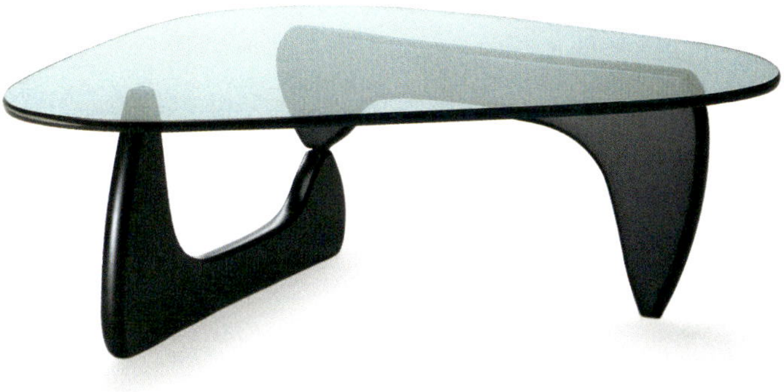

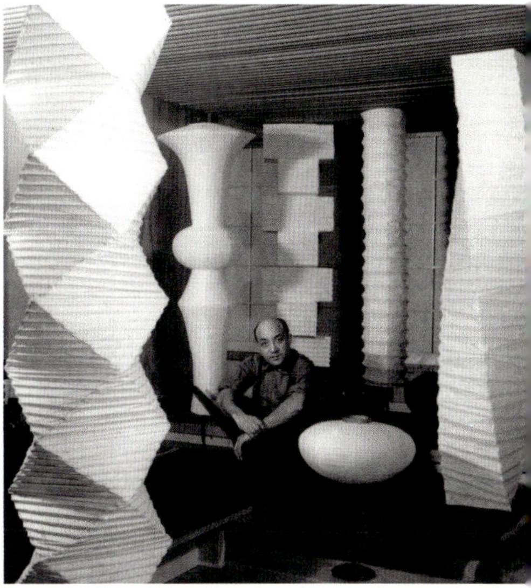

Isamu Noguchi, Articulated Coffee Table, 1940

Der Bildhauer und Designer Isamu Noguchi umgeben von einer Auswahl seiner Akari-Leuchten, 1960er Jahre

Aufgeschlossene Möbelproduzenten, neben Hermann Miller vor allem Knoll International, fördern die Arbeit der Cranbrook Academy, unterstützen das moderne Design und helfen vielen Entwürfen in die industrielle Serienfertigung. Miller und Knoll werden in der darauffolgenden Zeit zu den international bedeutendsten Produzenten für moderne Möbel.

Die ästhetischen Vorbilder für das organische Design liefern zeitgenössische Künstler wie Hans Arp, Henry Moore und Alexander Calder oder sie kommen auf dem Umweg über die Schaufensterdekorationen experimentierfreudiger Kaufhäuser wie Bloomingdales oder Bonwitt Teller. Manche der jungen Designer der 1950er Jahre sind, wie Ray Eames, Harry Bertoia oder Isamu Noguchi selbst Künstler beziehungsweise Bildhauer. So haben die Möbel von Noguchi stets einen stark skulpturalen Charakter. Sein Couchtisch Articulated Table (1946) besteht aus einer organisch geschwungenen Glasplatte, die auf zwei ebenfalls organisch wirkenden, aufeinander ruhenden Beinen liegt. Er wird zum Vorbild für unzählige Tische dieser Zeit. Wie Noguchis Möbel haben auch andere seiner Produkte, etwa seine Akari-Leuchte, neben den organischen Formen stets eine sehr poetische Sprache in Form, Farbe und Materialwahl.

Bildhauer ist auch der aus Italien stammende Harry Bertoia. Er kommt 1930 nach Amerika, studiert 1937 an der Cranbrook Academy, unterrichtet dort von 1939 bis 1943 und arbeitet anschließend mit Charles und Ray Eames zusammen. Er beschäftigt sich ebenso wie Eames mit den technologischen Möglichkeiten

Isamu Noguchi (1904–1988) war Bildhauer. Der Sohn eines japanischen Dichters und einer amerikanischen Schriftstellerin, studiert ab 1924 in New York. 1927–28 arbeitet er im Atelier von Constantin Brancusi in Paris. Zahlreiche Reisen führen ihn in den 1930er und 40er Jahren zu Studienzwecken von New York aus immer wieder nach Europa, Asien und in den Nahen Osten. 1959 und 1964 nimmt er an der documenta II in Kassel teil, hat 1968 eine große Retrospektive im New Yorker Whitney Museum und vertritt 1986 die USA auf der Biennale in Venedig. Noguchi gehört nicht nur zu den bedeutenden Bildhauern seiner Zeit, sondern ist auf den unterschiedlichsten Gebieten tätig. Er produziert Land Art, entwirft Gärten, Plätze, Möbel und Lampen. Sein bis heute bekanntestes Objekt ist der 1949 für das Möbelhaus Herman Miller entworfene Articulated Table.

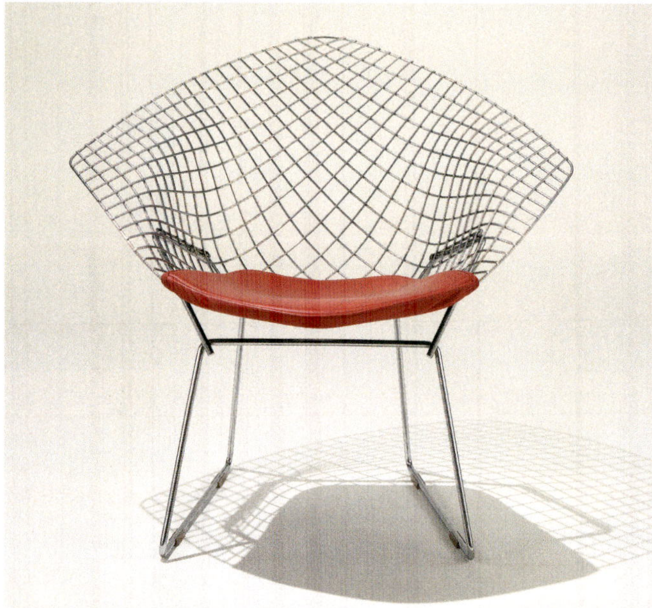

Harry Bertoia, Drahtgittersessel Diamond, Modell 421, verchromtes Stahlgitter mit Sitzkissen, für Knoll International 1950–52
Bertoia verfolgte mit seinen Entwürfen den Gedanken der Leichtigkeit im Raum.

Harry Bertoia (1915–1978) beschäftigt sich in seiner Bildhauerei hauptsächlich mit Stahl und anderen Metallen. Er wird mit seiner skulpturalen Auffassung vom Möbel zu einem der wichtigen Designer der USA in den 1950er Jahren. Bertoia wird 1915 in Udine in Italien geboren, emigriert als Fünfzehnjähriger zunächst nach Kanada, dann nach Michigan, USA. 1932 bekommt er ein Stipendium der Cass Technical High School für ein Studium der Malerei und Bildhauerei. Ab 1937 ist er Lehrer an der Detroit School of Arts and Crafts und an der Cranbrook Academy of Art, wo er das Studio für Metallarbeiten wiederbelebt. 1943–50 arbeitet er mit Charles und Ray Eames in Kalifornien. Nachdem er das Eames-Studio verlassen hat, arbeitet er mit Knoll International. In der Folgezeit entstehen seine berühmten Entwürfe, wie beispielsweise der Wire Chair und der Diamond Chair. In seinen späteren Jahren widmet Bertoia sich ganz der Kunst; abgesehen von einigen Schmuckstücken schafft er hauptsächlich Skulpturen.

der Materialien, hauptsächlich Metall, um sie in organische Formen zu bringen. Bertoias Entwürfe werden ab 1950 ebenfalls von Knoll produziert, etwa sein bahnbrechender Diamont Chair (1952), bei dem er aus einem verchromten Drahtgeflecht, ähnlich dem eines Einkaufswagens, eine organisch geformte Sitzschale konstruiert. Dabei versteht er sich ganz als Bildhauer, wenn er sagt: „Bei Stühlen müssen zwar vorrangig funktionelle Probleme gelöst werden, […] aber wenn man es genau betrachtet, sind sie Studien in Raum, Form und Metall." Sein Entwurf ist so innovativ, dass Bertoia damit schnell zum Vorbild für viele andere junge Designer wird.

Für Hermann Miller arbeitet ab 1946 der Architekt George Nelson. Nelson ist ausgesprochen vielseitig, einerseits analytisch-sachlich wie zum Beispiel bei seinem Regalsystem Storage Wall, das zum Vorbild vieler späterer Regallösungen wird. Man kann aber auch einen durchaus spielerischen Umgang mit Farben und Formen bei seinen Entwürfen feststellen, wie bei seinem berühmten Marshmellow-Sofa, das in seiner Farbigkeit und mit den einzelnen bunten Polsterflächen die Sitze von Barhockern zitiert und wie ein Objektmöbel der frühen Pop-Art wirkt. Sein Coconut Chair hat ebenfalls einen eher zeichenhaften Charakter. Nelson ist mit seiner vielseitigen Kreativität und mit seiner gleichzeitig professionellen Arbeitsweise sehr erfolgreich. Er wird 1946 Design-Direktor bei Hermann Miller, entwirft für Olivetti, betreibt ein eigenes Büro für Architektur und Design in New York, organisiert Ausstellungen und gibt Zeitschriften und Bücher heraus.

Die Cranbrook Academy, das Museum of Modern Art, Herman Miller und Knoll repräsentieren zusammen mit den Designern in ihrem Umkreis eine Richtung im amerikanischen Design, die stark vom Bauhaus und den europäischen Avantgarden geprägt ist – rational, klar, intellektuell. Das Gleiche gilt in vielerlei Hinsicht auch für die Architektur vor allem für die zahlreichen nach dem Krieg errichteten Büro- und Verwaltungsgebäude, die in rechtwinkligen Rastern und ausgestattet mit Systemmöbeln das funktionalistische Ideal des Bauhauses umsetzen. Bis ins Grafikdesign setzt sich dieser Ansatz fort, wo der bekannteste amerikanische Grafikdesigner Paul Rand in den 1950er Jahren unter anderem als beratender Designer für Westinghouse Electric und IBM arbeitet und deren grafisches Erscheinungsbild im Sinne einer modernen Corporate Identity umgestaltet. Rand hatte in den 1930er Jahren in New York unter anderem bei dem eingewanderten George Grosz studiert und bedient sich bei der Entwicklung von Logos, Plakaten und Typographie der europäischen Avantgardekunst, Bauhaus, Kubismus, Konstruktivismus, sowie ihrer Gestaltungselemente wie Abstraktion und Collage-Technik.

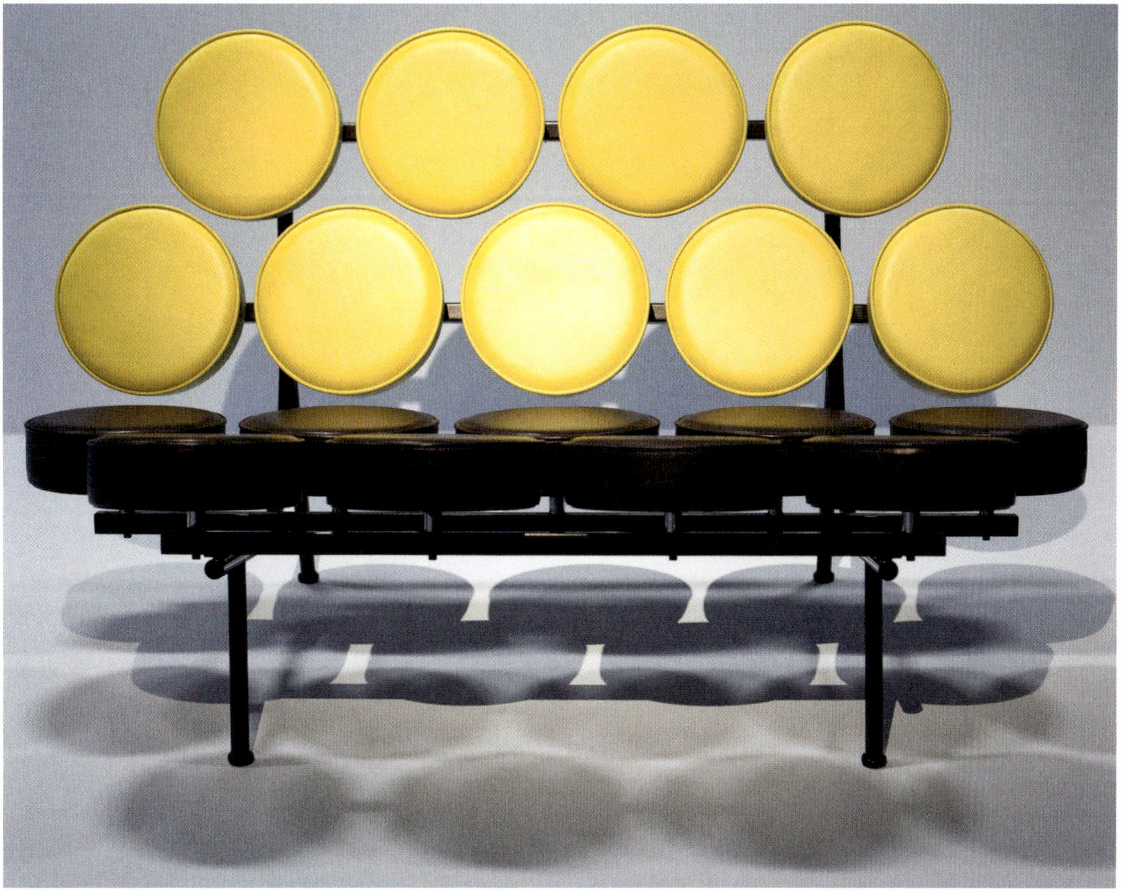

George Nelson, Marshmallow-Sofa, lackiertes Stahlrohr, Aluminium, Vinylkissen, 1965
Einer der frühesten Pop-Art-Entwürfe des Möbeldesigns

Konsum und Forschritt – der American Way of Life

Der andere Weg des amerikanischen Designs ist eher ein originär amerikanischer. In den 1930er Jahren hat sich in den USA ein eigenes Verständnis von Design herausgebildet, das im Gegensatz zu den europäischen Ansätzen besonders das Styling als absatzförderndes Instrument in den Mittelpunkt stellt. Ziel ist die Gestaltung für breiten Massenkonsum. Obwohl viele Vertreter der europäischen Moderne im amerikanischen Exil tätig sind und den Internationalen Stil hier weiterentwickeln, werden im Industriedesign häufig die ästhetischen Ideale der Vorkriegszeit, die Stromlinienform, bevorzugt. Das hängt unter anderem damit zusammen, dass die Situation nach dem Krieg Ähnlichkeiten zu den Vorkriegsjahren aufweist. Die USA haben den Krieg zwar mit weitaus geringeren Verlusten als die europäischen Staaten überstanden, aber auch hier gibt es Probleme bei der Umstellung von der Kriegs- auf die Friedenswirtschaft. Viele Firmen, die während des Kriegs ganz auf militärische Zwecke ausgerichtet waren und einem zivilen Forschungsverbot unterlagen, schaffen nur schwer den Anschluss an neuartige Produktionstechniken und haben ähnlich wie bereits in den 1930er Jahren deutliche Absatzprobleme. Der erste Nachholbedarf nach dem Krieg sorgt zwar für eine Konsumwelle, doch ab Anfang der 1950er Jahre sind die wichtigsten Anschaffungen getätigt, und die Industrie muss durch immer neue Modelle, Formen und technische Verbesserungen die Nachfrage beleben. Das Styling wird noch einmal wichtig. Mit der Unterstützung von Marketing und Werbung werden atemberaubend stromlinienförmige Formen entwickelt und gleichzeitig immer schnellere Modellwechsel geplant.

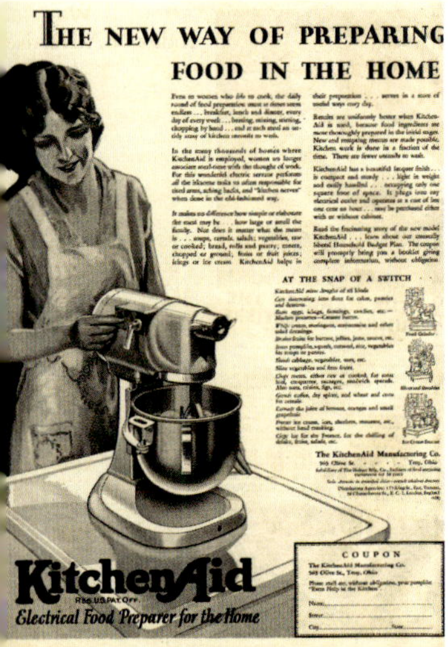

Anzeige für Kitchen-Aid-Küchenmaschinen

Die wichtigsten Bereiche sind die Automobilbranche und das heimische Umfeld. Es entsteht der amerikanische Traumwagenstil mit Flugzeugnase und imposanten Heckflossen. Viele der Modelle von Buick, Chevrolet, Cadillac, Oldsmobile oder Pontiac imitieren mit ihren Karosserien Flugzeugtriebwerke, Heckleitwerke oder Raketenformen und werden entsprechend benannt, wie etwa die Firebird-Modelle von General Motors oder der Cadillac Cyclone. Die spitzen aerodynamischen Formen finden sich in Modellnamen wie Stiletto (General Motors), Sting Ray oder Mako Shark (Chevrolet). Die Traumwagen der 1950er Jahre vermitteln die Faszination des Jet-Zeitalters, und tatsächlich suggerieren sie nicht nur High Tech, sondern sind es auch, mit V8-Motoren, großem Hubraum und teilweise weit über 200 PS. Nicht selten sind ihre Karosserien aus Fiberglas, sie haben große gewölbte Panoramascheiben und viele technische Extras, die man in Europa erst viele Jahre später findet. Der Buick Centurion etwa hat 1956 eine Heck-Kamera, die für besseren Überblick sorgt. Andere Buick-Modelle haben elektrische Fensterheber und Klimaanlagen, und der Cadillac LeMans hat bereits 1953 einen elektrisch verstellbaren „intelligenten" Sitz, der sich die eingestellte Sitzposition des Fahrers merkt. Ästhetische Faszination, Technologie und Komfort sind die zentralen Argumente des

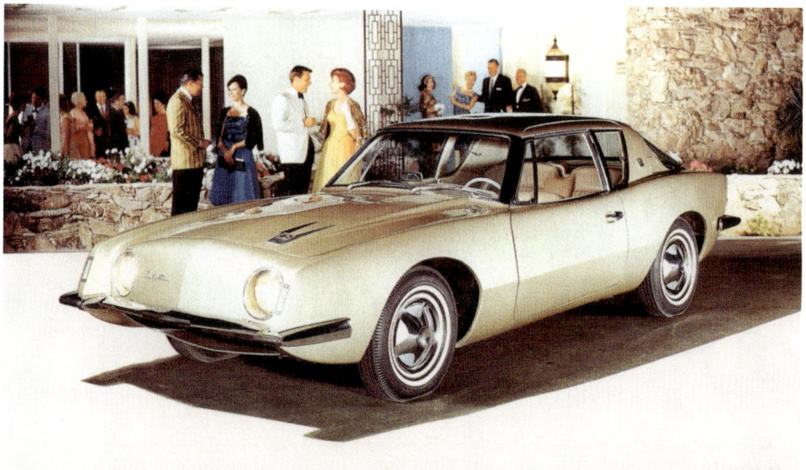

Automobil Avanti der Studebaker Company, 1962, zeitgenössischer Firmenprospekt

Designs – nicht nur im Automobilbau, auch in der Produktgestaltung und im Wohnbereich.

Der Haushalt wird überschwemmt mit neu gestylten elektrischen Küchengeräten, die der Hausfrau das Leben erleichtern sollen. Die berühmte KitchenAid-Küchenmaschine, die es seit 1919 gibt, hat seit den 1930er Jahren die stromlinienförmige dynamische Form, die wir heute noch kennen, elektrische Geschirrspüler sind in den meisten Haushalten vertreten, und seit 1946 gibt es die berühmten Kunststoffbehälter von Tupperware. Diese werden, eine weitere Maßnahme zur Verkaufsförderung, seit 1948 ausschließlich auf den sogenannten „Tupperpartys" von Hausfrauen an andere Hausfrauen verkauft. Darüber hinaus verspricht die rasante Entwicklung des Fernsehens und der Transistortechnik stetig wachsende Märkte. Motorola baut seit den 1930er Jahren Autoradios. Farbfernsehen gibt es in den USA seit 1943, und seit 1954 bietet Texas Instruments das erste Transistorradio TR 1 an. Neben dem Haushalt ist es zunehmend der Freizeitbereich, der der amerikanischen Elektroindustrie wachsende Absatzmärkte beschert – bis sich bereits in den 1950er Jahren die nach dem Krieg durch amerikanische Aufbauhilfe schnell wieder erstarkte japanische Industrie dieses Feldes annimmt und mit immer kleineren Geräten den amerikanischen Anbietern Konkurrenz macht.

In den 1950er Jahren also ist der Bereich der Konsumgüter in den USA weitaus stärker entwickelt, und stärker gesättigt, als noch in Europa. Technisch ist so gut wie alles machbar. Um den Verkauf zu fördern und Produkten Vorsprung im Wettbewerb zu verschaffen, wird das bewährte Mittel des Stylings wieder eingesetzt. Die großen Namen der 1930er Jahre – Walter Dorwin Teague, Henry Dreyfuss, Norman Bel Geddes und Raymond Loewy – bleiben weiterhin für das amerikanische Industriedesign bestimmend. Loewy, der längst ein Star des Industriedesigns ist, baut seine führende Stellung weiter aus. 1946 wird er Präsident der Society of Industrial Designers, schafft es 1949 mit seiner

ALLTAGS IKONEN

DIE KREDITKARTE –

Geld und Identität oder: von der Kraft eines Symbols

Die Kreditkarte ist ein Beispiel für das Unsichtbare im Design. Eine Kreditkarte dient der bargeldlosen Zahlung von Waren und Dienstleistungen. Sie ist weltweit einsetzbar, sowohl im realen täglichen Zahlungsverkehr als auch bei Online-Geldtransaktionen. Sie wird von einer Kartengesellschaft ausgegeben, wie etwa American Express oder Diners Club, beziehungsweise von Banken in Zusammenarbeit mit Kreditkartengesellschaften, wie beispielsweise die Mastercard International oder Visa International. Die Benennung der Karte geht auf ihre Funktion zurück: Die Kartengesellschaften gewähren dem Inhaber von der Zahlung seiner Ware bis zu ihrer Abrechnung seines Kontos einen Kredit.

Diese Idee hat ihre Vorläufer im Wechselgeschäft und im Reisescheck. Sie stammt aus den USA. Schon gegen Ende des 19. Jahrhunderts geben dort einige Kaufhäuser und Hotels Kreditkarten an ihre Kunden aus, um ihnen den Zahlungsverkehr zu erleichtern und gleichzeitig die Kundenbindung zu festigen. Später folgen andere Unternehmen. Die erste Kreditkarte im heutigen Sinn, also eine Karte, die universell einsetzbar ist, gibt es seit 1950. Einer gern kolportierten Anekdote zufolge hinterließ der Amerikaner Frank McNamara zur Sicherheit seine Visitenkarte, als er bemerkte, dass er bargeldlos in einem Restaurant saß. Dieses vom Restaurant akzeptierte Vorgehen erschien ihm derart bequem und hilfreich, dass er 1950 den Diners Club gründete und die erste Kreditkarte herausgab. 1958 folgte American Express mit seiner Version.

Die Abrechnung über eine Kreditkarte bietet für einen Karteninhaber eine Reihe von Vorteilen. Er kann diese internationale „Währung" weltweit nutzen, ohne größere Geldbeträge oder Schecks bei sich zu tragen. Durch die verzögerte Abrechnung zum Monatsende lassen sich Zahlungsengpässe überbrücken und bei Verlust der Karte haftet er nur bis zu einer bestimmten Summe. Dafür wird allerdings ebenso wie für die Geschäfte oder Dienstleister, die bezahlt werden, eine jährliche Gebühr an die Kartengesellschaft abgeführt. Diese wird dem Karteninhaber inzwischen durch zahlreiche zusätzliche Serviceleistungen versüßt.

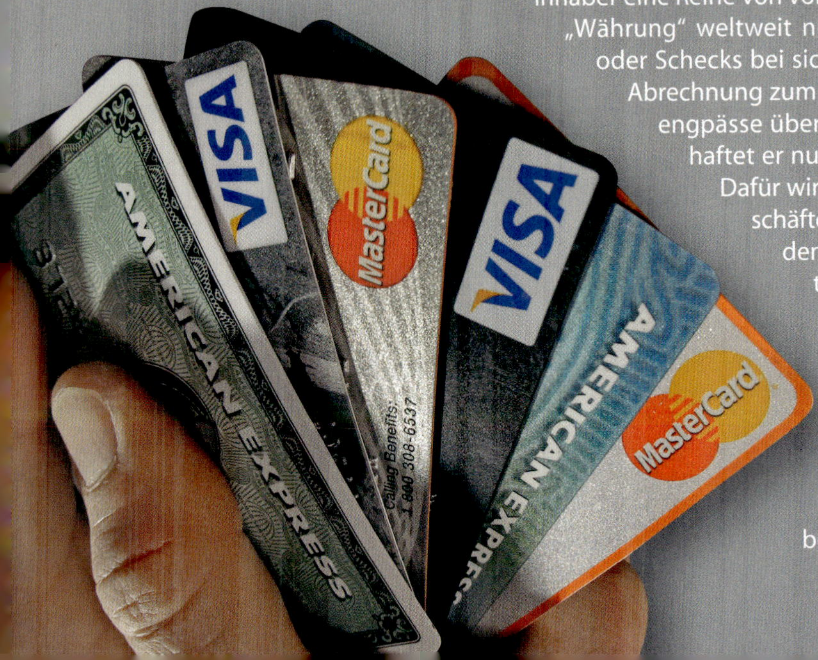

Die heute führenden Kreditkartengesellschaften haben ihr Geschäft erweitert. Sie vergeben Lizenzen an Banken und andere

Organisationen wie Versicherungen, Automobilclubs oder Fluggesellschaften zur Herausgabe eigener Kreditkarten. Dieses Co-Branding dient dem Imagetransfer und der Kundengewinnung.

Das Design der Karten zeichnet sich durch das genormte Scheckkartenformat nach ISO 7810 aus. Sie bestehen aus Kunststoff. Auf der Vorderseite tragen Kreditkarten neben ihrer Gültigkeitsdauer den Namen und die Daten des Inhabers in Buchstaben und als Zahlencode in Hochprägung, damit diese mit den Überziehungsgeräten durchgedrückt werden können. Außerdem tragen sie das Logo des ausgebenden Kreditinstituts, heute meist noch ergänzt durch ein fälschungssicheres Hologramm. Seit 2004 werden von einigen Banken auf der Vorderseite zusätzlich Chips angebracht, die in Zukunft den Magnetstreifen ersetzen sollen. Dieser ist aktuell noch auf der Rückseite der Karte angebracht. Hier befinden sich außerdem ein Unterschriftsfeld sowie eine Kartenprüfziffer.

Neben diesen funktionalen Elementen des Kartendesigns treten im Laufe der Zeit weitere symbolische Gestaltungsanforderungen hinzu. So etwa soll ihre Gestaltung Wertigkeit und Seriosität vermitteln, denn wo es um Geld geht, muss Vertrauen signalisiert werden. Die Formgebung der American-Express-Karte beispielsweise orientiert sich daher farblich und gestalterisch an der Ein-Dollar-Note, mit einer Bildkartusche in der Mitte und einer Girlande aus historischen Ornamenten als Rahmen. Im Laufe der Zeit wurde die Gestaltung ausdifferenziert, und es gibt die Karte heute auch in Silber, Gold, Platin und Titan. Mit dieser Farbgebung verbinden sich unterschiedlich gestaffelte Zusatz- und Serviceleistungen, die wiederum auf unterschiedlichen Gebührensätzen und Ausgabevoraussetzungen basieren und abhängig sind von der Einkommenshöhe beziehungsweise dem Jahresumsatz des Karteninhabers. Die dadurch dokumentierte soziale Selektion hat eine Signalwirkung und gewährleistet soziale Distinktion. Außerdem garantieren die Ausgabevoraussetzungen der Karte Geschäftspartnern die Bonität eines Kunden, sodass man, besonders bei Transaktionen im Internet, bei Hotelreservierungen, Flugbuchungen etc. Geschäfte nur noch unter Angabe seiner Kreditkartennummer tätigen kann. Dadurch ist die Kreditkarte als Existenznachweis beinahe wichtiger geworden als der Ausweis.

Die Karte wird aber nicht nur zum Indikator für sozialen Status, sondern auch für individuellen Lifestyle. Auch das schlägt sich im Kartendesign nieder. Je häufiger die Karte eingesetzt wird, umso wertvoller wird sie für die Kartengesellschaft. Die Fokussierung auf bestimmte Zielgruppen soll die Karte interessanter machen. Höhepunkt dieser Entwicklung ist das Angebot von personalisierten Kreditkarten, bei denen der Kunde die Karte mit einem Motiv seiner Wahl gestalten oder mit einem individuellen Duft ausstatten lassen kann.

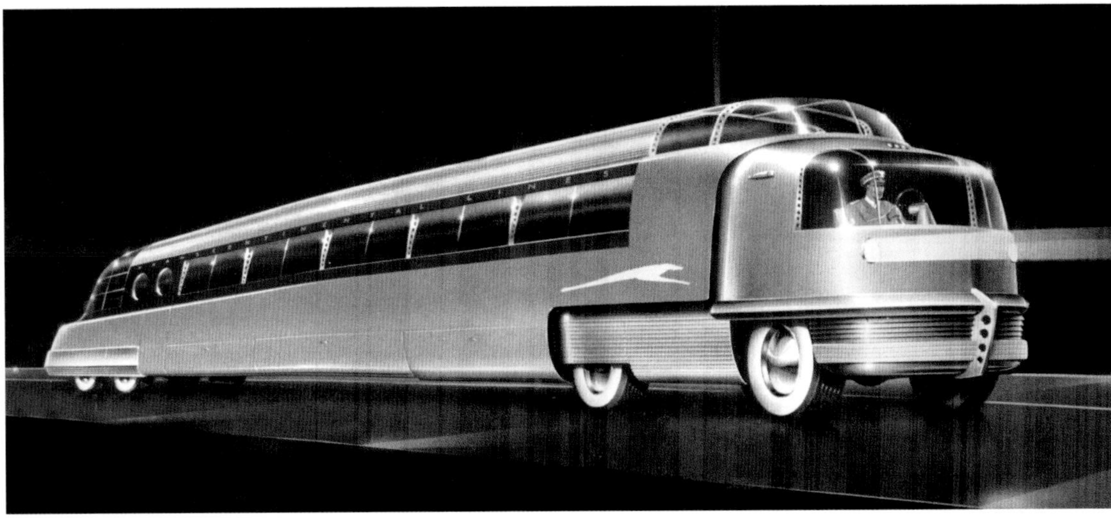

Raymond Loewy, Transport Wonders of Tomorrow, früher Entwurf für einen Bus der Greyhound Corporation

Erfolgsstory auf die Titelseite des Magazins „Time“ und veröffentlicht 1951 sein viel beachtetes Buch „Never Leave Well Enough Alone“, in dem er sein Credo zusammenfasst: „Das sicherste Gerät [...] ist einfach, hat Qualität, leistet, was von ihm verlangt wird, ist wirtschaftlich im Gebrauch, leicht instand zu halten und ebenso leicht zu reparieren. Glücklicherweise lässt es sich auch am besten verkaufen und sieht gut aus.“ Die Zahl seiner Auftraggeber wächst so schnell wie seine Bekanntheit. 1953 erscheint sein Buch unter dem Titel „Hässlichkeit verkauft sich schlecht“ auf dem deutschsprachigen Markt. Für den deutschen Porzellanhersteller Rosenthal entwirft Loewy insgesamt drei Geschirrlinien, die dem Unternehmen, das bereits zu den modernsten Porzellanherstellern in Deutschland zählt, Mitte der 1950er Jahre zu weiterer internationaler Anerkennung verhilft. Inzwischen arbeitet Loewy ohnehin für die wichtigsten Industrieunternehmen in den USA. Sein Büro hat sich damals eine so umfassende Kompetenz erworben, dass es in Zusammenarbeit mit Architekten, Marketingspezialisten und Grafikern seinen Auftraggebern im Rahmen ihres Marketings und ihrer kompletten Corporate Identity sogar Ausstellungs- und Verkaufsräume entwirft, und darüber hinaus die Architektur für Supermärkte, Bürogebäude und ganze Bahnhöfe.

Bis zum Ende der 1950er Jahre stehen die Zeichen auf Wachstum und Wohlstand, die amerikanische Wirtschaft blickt voller Optimismus in die Zukunft. Der Einfluss Amerikas auf die westliche Welt schlägt sich nicht nur in der politischen Vormachtstellung der Atommacht USA nieder. Der American Way of Life beeinflusst insbesondere in Italien und Deutschland nahezu alle Kultur- und Lebensbereiche: Musik und Kunst, Konsumverhalten und Alltagsleben. Besonders das Medium Film und die Werbung haben einen nicht zu unterschätzenden Einfluss auf die Schönheitsideale und Modewellen auch in Europa. Coca-Cola und Lucky Strike werden zu Symbolen des neuen Lebensgefühls.

Erfolg durch Schönheit – das italienische Wirtschaftswunder

Italien, das vor dem Zweiten Weltkrieg in der Designgeschichte vergleichsweise wenig wichtige Impulse gegeben hat, erlebt nach dem Krieg die wohl stürmischste Entwicklung und steht innerhalb eines Jahrzehnts als Design-Nation in den vorderen Rängen. Man ist modern um jeden Preis, ein Hang, der seine Wurzeln noch im Futurismus hat.

Anders als etwa in Deutschland hat in Italien die Industrialisierung erst relativ spät eingesetzt, und der Übergang von der handwerklichen zur industriellen Produktion hat sich in vielen Branchen nur langsam und häufig erst nach dem Zweiten Weltkrieg vollzogen. Benito Mussolini hatte zwar in den 1930er Jahren die Industrie gefördert, um die Arbeitslosigkeit in der Weltwirtschaftskrise zu bekämpfen, doch die Industrie war in Sachen Formgebung noch lange eher konservativ. Zu den wenigen Ausnahmen gehören der Getränkehersteller Campari aus Mailand, der früh mit dem Futuristen Fortunato Depero zusammenarbeitet, um Flaschenformen und Werbungmaterialien fortschrittlich zu gestalten, oder der 1908 gegründete Büromaschinenhersteller Olivetti, der sich schon in den 1920er Jahren am Bauhaus und am amerikanischen Markt orientiert. Die berühmten italienischen Automobilhersteller dagegen, wie etwa Fiat (gegr. 1899), Lancia (gegr. 1905) oder Alfa Romeo (gegr. 1909) setzen zwar mit ihren frühen Modellen, so zum Beispiel dem Fiat Zero, dem amerikanischen Ford Model T zwar technisch etwas entgegen, doch erst mit der Übernahme der amerikanischen Stromlinienformen kommt es in Italien zur Entwicklung eines Automobildesigns, das nach dem Krieg zum Inbegriff rassiger Karosserieformen wird.

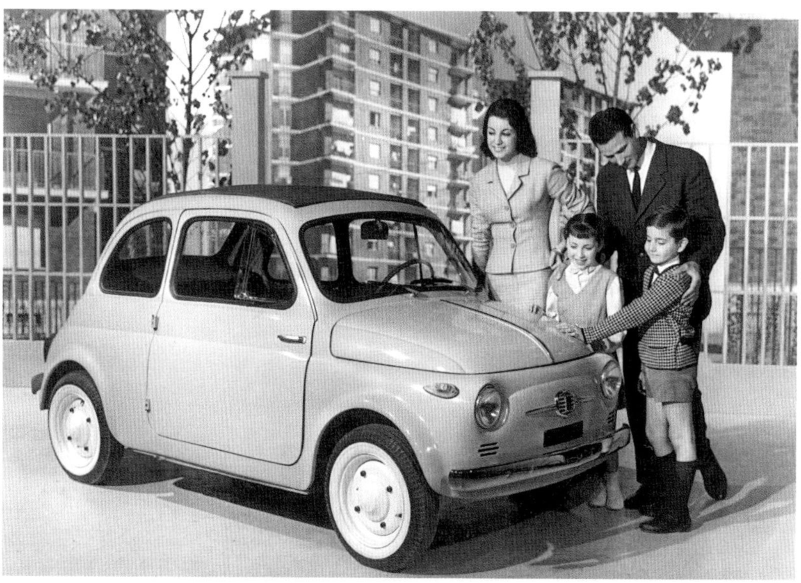

Die Einflüsse der Stromlinienform sind beim Fiat 500 Nuova, der 1957 auf den Markt gebracht wird, deutlich erkennbar. Der kleine, preiswerte Wagen wird zu einem Riesenerfolg und zum Kultauto.

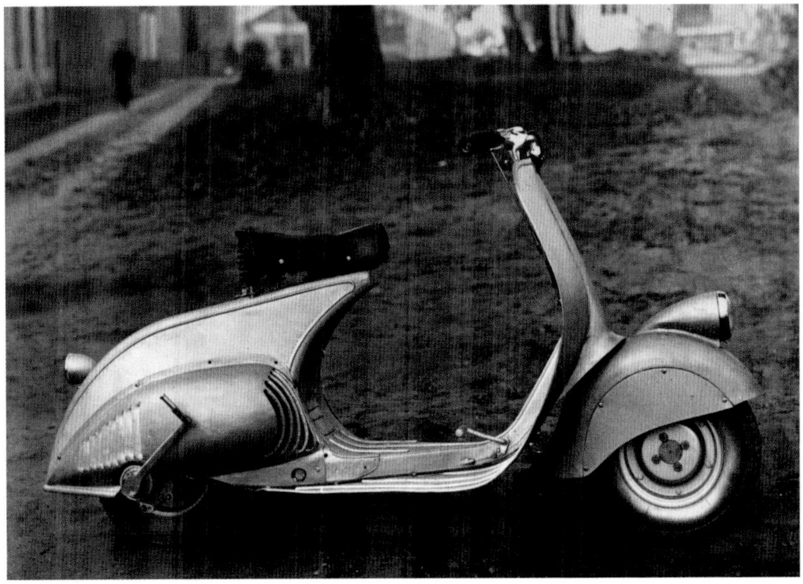

Corradino D'Ascanio, Vespa-Prototyp für die Firma Piaggio, 1946

Hinzu kommt die traditionell kleinteilige und handwerklich geprägte Struktur vieler Wirtschaftszweige Italiens. Vieles von dem, was in den folgenden Jahren Italiens Ruf als Design-Nation begründet, Mode, Schuhe, Glasherstellung, Möbel, ist geprägt durch Familienbetriebe, die vielfach bis heute in Manufakturarbeit produzieren. Es besteht außerdem das traditionelle Nord-Süd-Gefälle. Die industriell fortgeschrittenen Städte wie Mailand oder Turin liegen alle im reichen Norden. Hier vollzieht sich in den ersten zehn bis fünfzehn Jahren nach dem Krieg ein Aufschwung, der durch den Export und die wichtige Rolle des Designs bestimmt ist. Die sprichwörtliche italienische Kreativität, Flexibilität, niedrige Löhne und die amerikanische Wiederaufbauhilfe tun ein Übriges. Der Einfluss der USA macht sich nicht nur wirtschaftlich bemerkbar, die Traumfabrik Hollywood beeinflusst die Ästhetik und das Lebensgefühl in Italien. Doch die amerikanischen Konsumgewohnheiten werden durch die spezifischen italienischen Eigenarten in ein selbstständiges und im Lauf der Zeit unerhört erfolgreiches Design umgewandelt. Die italienische Linie wird mit der IX. Mailänder Triennale 1951 ihrerseits international der Inbegriff für einen modernen, kultivierten und kosmopolitischen Lebensstil.

Zunächst erlebt die Stahlindustrie einen Aufschwung – und mit ihr Autos, Motorräder und technische Geräte wie Schreibmaschinen, Telefone etc. Der Fiat 500 Topolino, den es schon seit 1936 gibt, wird nach dem Krieg als das preiswerteste Auto Italiens zum Symbol der Massenmotorisierung des Landes. Er wird in den 1940er und 50er Jahren in verschiedenen, ständig verbesserten Modellen gebaut und findet weite Verbreitung. Fiat wird dadurch im Unterschied zu Alfa Romeo oder Lancia zum Hersteller von Klein- und Mittelklassewagen. Sein Erfolg liegt darin, dass er so klein und preiswert ist, dass ihn sich viele leisten können, auch die zahlreichen kleinen Familienbetriebe, und dass er in den engen Gassen der italienischen Städte überall Platz findet. Zur Legende wird dann der 1957 entwickelte Fiat 500 Nuova, der mit einer bis dahin in Italien beispiellosen Werbekampagne in Presse, Rundfunk und Fernsehen auf den Markt gebracht wird.

1946 rollt die erste Vespa bei Piaggio vom Band. Der von dem Luftfahrtingenieur Corradino D'Ascanio entworfene Motorroller ist das preiswerteste motorisierte Fortbewegungsmittel Italiens und wird sofort zum Symbol für Freiheit, Mobilität und jugendlichen Lebensstil. Die Vespa ist mit ihrer stromlinienförmigen Verkleidung ebenso vom amerikanischen Design inspiriert wie die Formen vieler italienischer Autos. Das Automobildesign wird zum ersten wichtigen Betätigungsfeld des Designs. Der italienische Karosseriebauer Battista „Pinin" Farina hat in den USA studiert und setzt anschließend mit seiner Firma Pininfarina in Italien mit sanft geschwungenen, aber kraftvollen Formen für Alfa Romeo, Lancia und Ferrari internationale Standards für elegante Sportwagen. Andere Karosseriebauer wie Bertone und Giorgetto Giugiaro lassen sich ebenfalls zunächst vom amerikanischen Streamline-Design inspirieren und entwerfen dann die atemberaubenden Linien der Automobillegenden von Ferrari, Lamborghini und Alfa Romeo. Sie machen die emotionalen Qualitäten zum wichtigen Kaufargument.

Ähnlich geht der Büromaschinenhersteller Olivetti vor. Der Firmengründer Camillo Olivetti ist ein Bewunderer der amerikanischen Industrieproduktion und stellt 1911 die erste italienische Schreibmaschine her. Sein Nachfolger Adriano Olivetti verfolgt diese Linie konsequent, er lernt das Bauhaus kennen, reist in die USA und gründet 1932 eine Werbeabteilung, die unter anderem für die Entwicklung neuer Modelle zuständig ist. Er ist es auch, der 1936 den Architekten, Industriedesigner und Grafiker Marcello Nizzoli einstellt. Nizzoli gibt dem Unternehmen entscheidende Design-Impulse. Seine Rechenmaschine Elettrosumma 14 von 1946 ist ähnlich stromlinienförmig verkleidet wie der bekannte Gestetner Duplikator von Raymond Loewy, seine Schreibmaschine Lettera 22 von 1950 sowie die Rechenmaschine Divisumma 14 von 1948 sind mit ihrer glatten, stromlinienförmigen Oberflächengestaltung ebenso klar und funktional wie ästhetisch attraktiv. Nizzolis Schreibmaschine Lexikon 80 (1948) wird aufgrund ihrer eleganten Erscheinung gleich in die Sammlung des Museum of Modern Art aufgenommen und damit international anerkannt.

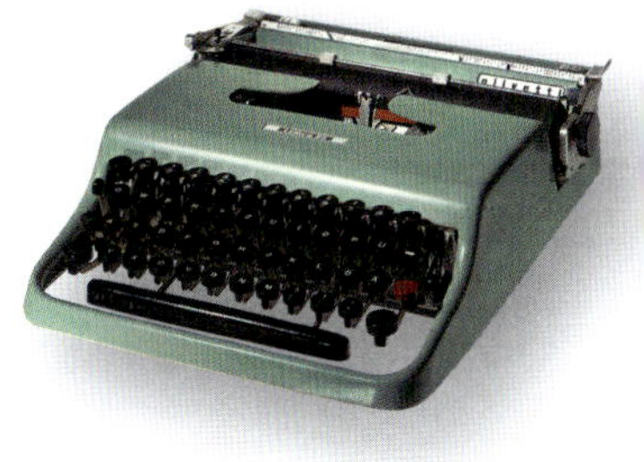

Marcello Nizzoli, Schreibmaschine Lettera 22, 1950 Die für Olivetti entworfene Schreibmaschine wurde 1954 mit dem Compasso d'Oro ausgezeichnet. Neue Sammlung, München

Die Möbelindustrie ist ein weiterer Bereich, in dem die italienische Gestaltung schnell zu internationaler Geltung kommt. Die Betriebe sind häufig Familienbetriebe mit Liebe zum Detail und zum Material. Neben Firmen wie Cassina (gegr. 1927) und Molteni (gegr. 1933) drängen nach dem Krieg viele der wichtigsten italienischen Möbelhersteller auf den Markt: Kartell wird 1949 gegründet, Capellini 1946, Arflex 1951, Moroso 1952, Tecno 1953 und Zanotta 1954. Sie arbeiten schon früh mit Architekten und Designern zusammen, die den Produkten einen individuellen Stempel aufdrücken. So arbeitet die Firma

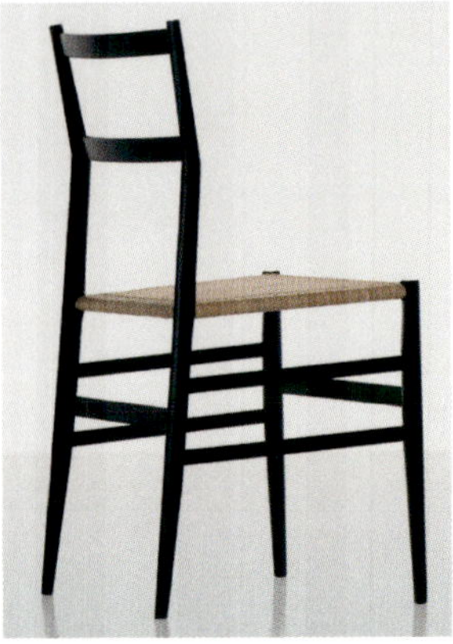

Gio Ponti, Stuhl Superleggera, 1957. Der für die Firma Cassina entworfene Stuhl wurde zu einem der bekanntesten Objekte der 1950er Jahre in Italien.

Arflex mit dem Architekten Marco Zanuso zusammen, der zunächst auf Anregung des Reifenherstellers Pirelli einen Sessel aus einem neuartigen Schaumstoff entworfen hatte. Auch andere Unternehmen wenden sich begeistert innovativen Materialien und Techniken zu. Unternehmen wie die Firma Kartell in Noviglio bei Mailand verdanken ihren Erfolg allein der konsequenten Hinwendung zu neu entwickelten Kunststoffen. Einer der Väter der italienischen Architektur und des italienischen Designs, der Mailänder Architekt Gio Ponti, entwirft mit dem Stuhl Superleggera für Cassina 1957 eine Ikone des italienischen Designs. Sein Vorbild ist ein traditioneller italienischer Stuhl aus Ligurien, den er aber auf seine archetypische Grundform reduziert und möglichst leicht und zierlich macht. Pontis Arbeitsweise ist sehr reflektiert. Er geht von natürlichen Materialien wie Holz und Rohrgeflecht sowie von handwerklichen Traditionen aus, glaubt aber fest an die industrielle Produktion. Er setzt sich mit den industriellen Produktionsbedingungen auseinander, ebenso wie mit den neuen Materialien und Technologien. Ponti ist äußerst vielseitig. Für Venini entwirft er Glasobjekte, für Pavoni eine Kaffeemaschine. Ponti gibt darüber hinaus den zeitgenössischen Diskussionen ab 1928 als Herausgeber der Architekturzeitschrift „Domus“ theoretisch Raum. Als Architekt baut er einige der wichtigsten Bauten der italienischen Moderne wie etwa das Pirelli-Hochhaus in Mailand.

Im Gegensatz zur deutschen (theoretischen) und amerikanischen (marketingorientierten) Designauffassung ist das italienische Design eher geprägt durch Improvisation und vor allem durch die alte kulturelle Tradition, die Kunst, Design und Wirtschaft – Schönheit und Funktion – nicht strikt voneinander trennt. Eine spezifische Design-Ausbildung gibt es nicht, die meisten der italienischen Designer sind Architekten oder Künstler. Besonders in der Möbelindustrie macht sich das Zusammenwirken von künstlerischer Kreativität und der Tradition kleiner, flexibler Familienbetriebe bemerkbar. Die Experimentierfreude führt zu dynamischen und individuellen Formen. Im Design werden die abstrakten Formen der zeitgenössischen Kunst zu Vorbildern für Sessel oder Tische.

Nicht nur die künstlerische Individualität, sondern auch die Aufgeschlossenheit gegenüber technischen Innovationen machen in den folgenden Jahrzehnten das italienische Design erfolgreich. Eine wichtige Rolle spielen dabei Ausstellungen, Wettbewerbe und Zeitschriften. Neben der alljährlichen Triennale sind es besonders der Preis Compasso d’Oro, den das Mailänder Kaufhaus La Rinascente seit 1954 vergibt, sowie die Zeitschriften „Domus“ und „Casabella“ (1929), die das moderne italienische Design publizistisch und wirtschaftlich unterstützen und ihm eine theoretische Plattform bieten. In diesen Zeitschriften werden die neu-

Gio Ponti (1891–1979) Der in Mailand geborene Ponti war einer der Gründungsväter des Designs und der modernen Architektur in Italien. Gleichzeitig trat er konsequent für alte Handwerkstraditionen und Materialien ein und stand dem Neoklassizismus nahe. Er entwarf zahlreiche Möbel, Haushaltswaren und Leuchten sowie Bühnenbilder und Kostüme für die Mailänder Scala. Ponti studiert 1918–21 Architektur in Mailand und arbeitet anschließend als Architekt und Designer für zahlreiche Büros und Unternehmen. 1926 gehört er zu den Gründern der Gruppe Novecento. 1928 gründet er die bedeutende Zeitschrift „Domus“ und bleibt bis 1979 deren Chefredakteur. 1933 ist er einer der Mitbegründer der Mailänder Triennale. Ab 1945 arbeitet er als Designer für die Firma Cassina, prägt deren Produktpolitik und entwirft 1957 den Stuhl Superleggera. Er wird zu einem der bekanntesten Objekte der 1950er Jahre in Italien. Ponti arbeitet aber auch für andere Firmen wie La Pavoni, Ideal Standard oder Venini. Außerdem entwirft er wichtige Bauten der Moderne wie etwa 1956 das Pirelli-Hochaus in Mailand, ist 1936–61 Professor am Polytechnikum in Mailand und bis zu seinem Tod Direktor der Mailänder Triennale.

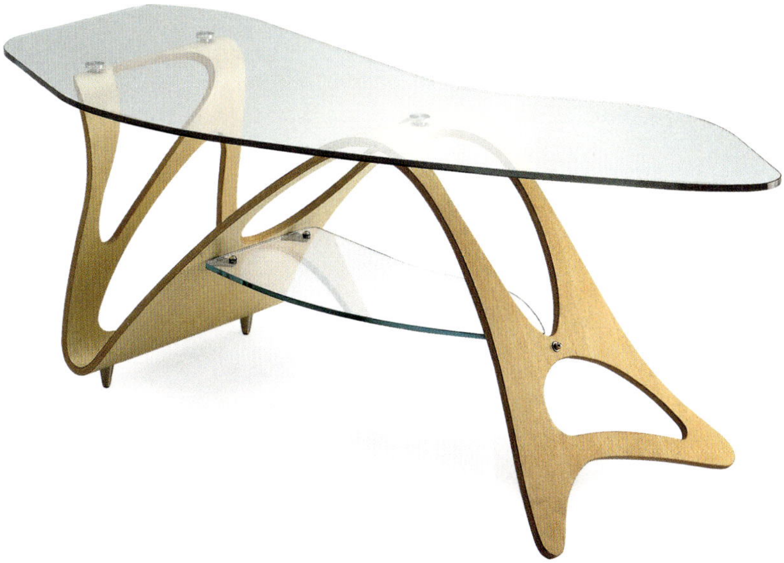

Carlo Mollino, Arabeskentisch aus gebogenem Sperrholz mit Glasplatte, 1949

esten europäischen Entwicklungen diskutiert, und die Herausgeber sind selbst später noch stets bedeutende Designer. Die Triennale in Mailand (seit 1933), die in der Folgezeit zur wichtigsten europäischen Designausstellung geworden ist, steht 1951 unter dem Motto „Einheit der Künste".

Die auffälligsten Beispiele für die Nähe zur Kunst liefert Carlo Mollino. Mit seinen expressiv gebogenen Schichtholzmöbeln wird er zum extravaganten Vertreter des organischen Stils in Italien. Neben Möbeln entwirft er Flugzeuge und Rennwagen, außerdem Architektur und erotische Mode. Seine organischen Möbel verdanken ihre expressiv geschwungenen Formen einer Vorliebe für den Jugendstil – eines seiner großen Vorbilder ist Antoni Gaudí – und sind aus gebogenem Sperrholz hergestellt. Der extrem organische Stil kann sich in Italien jedoch nur schwer durchsetzen.

Die Brüder Achille und Pier Giacomo Castiglioni sind ebenfalls sehr experimentierfreudig. Sie bedienen sich Arbeitsweisen aus der Kunst wie etwa des Readymades, jedoch niemals ohne sich dabei intensiv mit der modernen Technik auseinanderzusetzen. Andere italienische Designer haben ohnehin eine künstlerische Ausbildung, wie zum Beispiel Bruno Munari, der als Maler, Zeichner und als Kinderbuchillustrator tätig ist und für Olivetti und Campari als Werbegrafiker arbeitet. Oder Gaetano Pesce, der in den 1960er Jahren von der Kunst zum Design wechselt. Es sind die starken Einzel-

Carlo Mollino (1905–1973) Der Architekt und Designer ist der auffälligste und extravaganteste Vertreter des italienischen Designs der 1950er Jahre. Er ist darüber hinaus erfolgreicher Skirennfahrer, Kunstflieger und Flugzeugkonstrukteur, Rennfahrer und Fotograf, Bühnenbildner und Autor zahlreicher Bücher. Mollino studiert nach der Schule zunächst Kunstgeschichte und Architektur am Istituto Superiore di Architettura in Turin und schließt sein Studium 1931 mit Diplom ab. 1936 macht er sich als Architekt und Designer selbstständig. Neben Wohnhäusern, Bürogebäuden und Kirchen sind viele seiner Bauten Gebäude im Zusammenhang mit dem Wintersportbetrieb seiner Heimat: Restaurants, Sportzentren, Berghütten und Seilbahnstationen. Außerdem entwirft er Rennwagen und nimmt selbst erfolgreich an Autorennen teil. 1954 gewinnt er die 24 Stunden von Le Mans. 1955 wird Mollino als Professur an den Architektur-Lehrstuhl des Polytechnikums in seiner Heimatstadt Turin berufen, in der er 1973 stirbt.

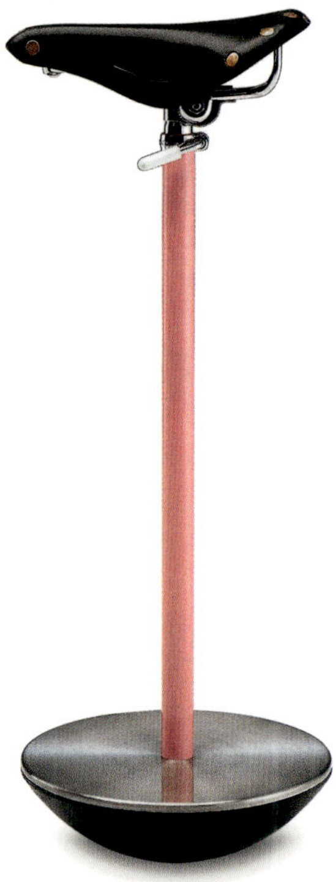
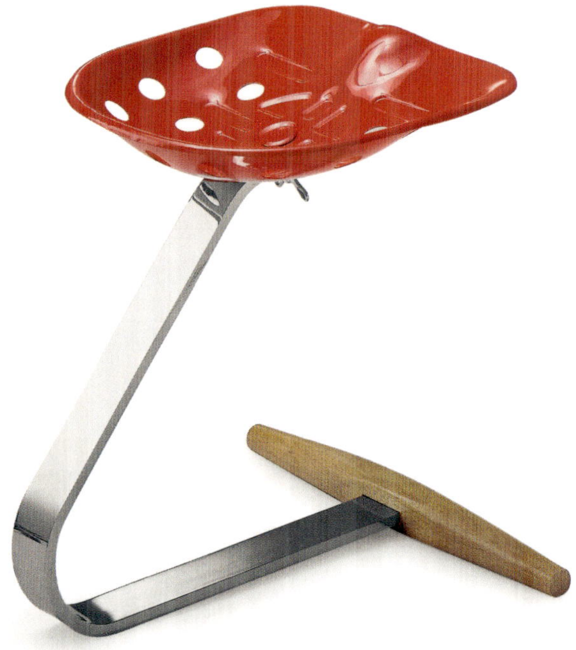

Achille Castiglioni (1918–2002) Der Industriedesigner studiert Architektur in Mailand und arbeitet seit 1947 mit seinen Brüdern Pier Giacomo (1913–68) und Livio (1911–54) im gemeinsamen Architekturbüro. Er betreibt wichtige theoretische Grundlagenforschung für das Design und entwickelt unzählige Entwürfe für Radios (Brionvega), Leuchten (Flos), Möbel (Zanotta) und Haushaltswaren (Alessi). Achille Castiglioni erhält mehrmals den Compasso d'Oro und arbeitete bis zu seinem Tod als Designberater für internationale Firmen.

persönlichkeiten, Architekten, Künstler und Autodidakten, die das italienische Design seit den 1950er Jahren durch stetige Grenzüberschreitungen prägen und die viel zitierte Kombination „Nützlichkeit plus Schönheit" zum erfolgreichen Wirtschaftsfaktor für die italienische Industrie machen.

Deutschland West – vom Wiederaufbau zum Wirtschaftswunder

Deutschland war vor dem Zweiten Weltkrieg das am höchsten industrialisierte Land Europas, und es hatte eines der am besten entwickelten Verkehrssysteme mit einem gut ausgebauten Eisenbahnnetz, zahlreichen Wasserstraßen und den von Adolf Hitler vorangetriebenen Autobahnen. Die Stahlindustrie war führend, und seine chemische Industrie war auf einem mit den USA vergleichbaren Stand. Die IG Farben (später Bayer) waren der amerikanischen Konkurrenz, zum Beispiel mit der Erfindung des Perlons, sogar häufig voraus. Der Bauhausfunktionalismus war zum Vorbild für die internationale Moderne und die Architektur von Mustersiedlungen, etwa der

Das Möbel wird zum Readymade: Die Entwürfe der Gebrüder Castiglioni zeugen von Witz und Experimentierfreude, wie hier die Hocker Sgabello per Telefono (links) und Mezzadro (rechts) von 1957 (Nachbau der Firma Zanotta).

Stuttgarter Weißenhofsiedlung, zum Impulsgeber für junge Architekten in aller Welt geworden. Durch die Herrschaft der Nationalsozialisten, die ganz auf die Kriegsvorbereitung fokussierte Wirtschaftspolitik und schließlich den Krieg mit seinen weitreichenden Zerstörungen verflüchtigte sich die deutsche Vormachtstellung innerhalb weniger Jahre. Viele Intellektuelle, Wissenschaftler, Architekten, Künstler und Designer waren geflüchtet und hatten sich schon vor dem Krieg der Verfolgung durch die Nazis durch Emigration entzogen. Sie lebten und arbeiteten vornehmlich in England oder den Vereinigten Staaten.

Zwar belegen neuere Forschungen, dass 1945 die Kriegszerstörungen, besonders abseits der industriellen Ballungsgebiete, nicht so stark waren wie bisher immer angenommen. Doch die Situation war vor allem in den großen Städten einschneidend. Deutschland ist nach dem Krieg auf Hilfe von Außen angewiesen, um die Produktion von Gütern und die Wirtschaft wieder in Gang zu bringen. Ein Ratgeber für britische Besatzungssoldaten in Deutschland stellt für die unmittelbare Zeit nach der Kapitulation nüchtern fest: „The Germany you will see is a very different place from the peace-time Germany. If you come from the west you will enter the most-bombed area in Europe. […] Wherever you are stationed in Germany you will find at first that there is practically nothing to buy. […] It will be a long time before the basic needs of the German population are satisfied […]."

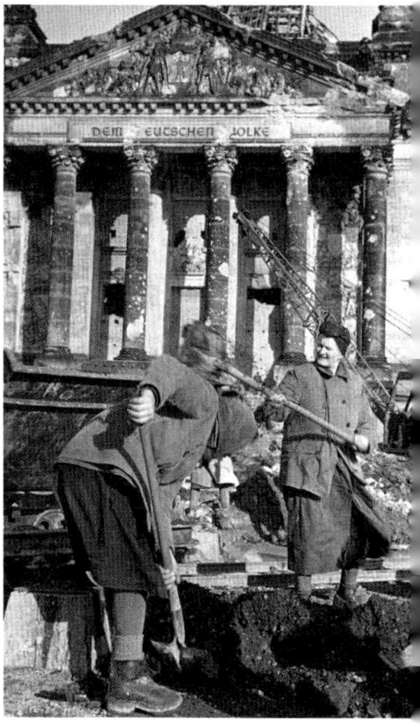

Trümmerfrauen bei Aufräumarbeiten vor dem im Zweiten Weltkrieg stark beschädigten Reichstagsgebäude in Berlin, Platz der Republik, 1948

Es gibt keine Rohstoffe, keine Ersatzteile, die Verkehrswege sind zerstört und es mangelt vor allem in den zerbombten Städten an Wohnraum und Einrichtungsgegenständen. Dazu kommt, dass das Gebiet des ehemaligen Deutschen Reichs jetzt in vier Besatzungszonen mit unterschiedlichen Vorschriften zur Demontage und Rationierung aufgeteilt ist, wobei in der sowjetischen Besatzungszone, der späteren DDR, die Demontage weitaus konsequenter umgesetzt wird als in den westlichen Besatzungszonen, wo man schon früh die Notwendigkeit sieht, die Industrie wieder in Gang zu bringen. Über Design macht man sich in dieser Situation jedenfalls im Westen wie im Osten noch keine Gedanken. Erst einmal geht es darum, überhaupt funktionierende Produkte verfügbar zu haben, um die grundlegenden Bedürfnisse zu befriedigen. So werden ausgediente Stahlhelme zu Kochtöpfen oder Abtropfsieben umfunktioniert, aus Trümmerteilen Möbel gezimmert und aus den Uniformen der heimgekehrten Soldaten zivile Kleidungsstücke geschneidert.

Wie andere Branchen auch, ist die Möbelindustrie anfangs darauf angewiesen zu improvisieren. 1949, im Jahr der Währungsreform, versucht die erste Möbelmesse nach dem Krieg noch, sich an den Vorbildern der 1930er Jahre zu orientieren. Viele Hersteller sind froh, sich an alte Pläne und Vorlagen halten können. Doch die schweren Polstermöbel und Buffets der Vorkriegszeit erweisen sich für die neue Situation als völlig ungeeignet, und das Avantgarde-Design, das mit preiswerten Massenprodukten für die Versorgung von Arbeitern und Angestellten sorgen wollte, ist bei den Zielgruppen nie angekommen. Der Krieg hat über fünf Millionen Wohnungen zerstört. Die vordringlichen Gestaltungsaufgaben liegen jetzt in der Einrichtung von Kleinstwohnungen mit leichten, variablen und multifunktionalen Möbeln, hergestellt mit geringem Material- und Kostenaufwand. Noch in demselben Jahr finden, organisiert vom Deutschen Werkbund, Ausstellungen statt, die sich mit diesen Aufgaben beschäftigen und entsprechende Lösungen präsentieren: praktische Klapp- und Schrankbetten, zerlegbare Schränke und leichte Stühle für Einzimmerwohnungen. Außerdem erscheinen Anleitungen zum unkomplizierten Möbelselbstbau. Ab Mitte der 1950er Jahre, als im Zug des Wirtschaftswunders wieder ein wachsendes Repräsentationsbedürfnis entsteht, das erneut mit pseudohistorischen Möbeln befriedigt wird, verschwinden diese praktischen, einfachen Möbel jedoch zumindest wieder aus den oberen sozialen Schichten.

„Noch schlafen wir in Drahtverhauen, verbuddeln in Latrinen Minen und träumen drauf von Gartenlauben, von Kegelbrüdern, Turteltauben, vom Kühlschrank, formschön, Wasserspeier: wir nähern uns dem Biedermeier."

Günter Grass, Die Blechtrommel, 1959

Nierentisch und Resopal

Schon Anfang der 1950er Jahre erreicht die Wirtschaftsleistung der 1949 gegründeten Bundesrepublik Deutschland, BRD, wieder den Stand, den das Deutsche Reich vor dem Krieg hatte. Dank der amerikanischen Hilfe aus dem Marshallplan beginnt etwa ab 1952/53 das, was man als das deutsche Wirtschaftswunder bezeichnet. Amerikanische Gestaltung wird in Deutschland nach dem Krieg erstmals 1951 in der Stuttgarter Ausstellung „Industrie und Handwerk schaffen neues Hausgerät in den USA" präsentiert und weist mit über 60.000 Besuchern in einem Monat einen Besucherrekord auf. Die organischen Formen aus den USA finden in Deutschland begeisterte Aufnahme, verspricht dieser Stil doch Vielen einen wirklichen Neuanfang, eine ästhetische Neuorientierung, die es leichter macht, die Vergangenheit ohne schmerzhafte Auseinandersetzung zu verdrängen. Man installiert die viel zitierte „Stunde Null". Das Leben ist jetzt bunt, optimistisch und voller Aufbruchsstimmung. Alles scheint machbar. Es herrscht eine Euphorie des Wachstums. Um die Nachfrage wieder anzukurbeln, ist ein neuer Stil willkommen. Neben den organischen Formen wird die Stromlinienform als Zeichen für Dynamik und Fortschritt auf alle beliebigen Gegenstände, vom Kinderwagen bis zum Staubsauger, übertragen. Zudem halten bis dato unbekannte Materialien und eine bis dahin ungewohnte Farbigkeit Einzug in manches deutsche Wohnzimmer. Neben auffällig gemusterten Tapeten, Vorhangstoffen und Cocktailsesseln sind es mit Resopal beschichtete Blumenbänke und andere mobile Einzelmöbel, die die moderne Einstellung ihres Benutzers belegen. Der Nierentisch wird zum Symbol einer Epoche.

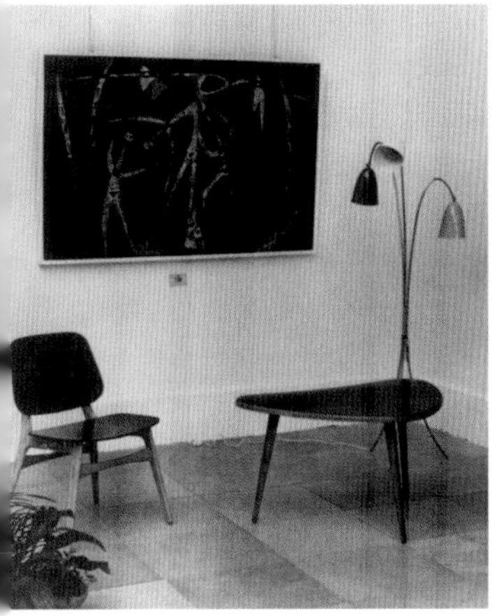

Blick in Raum 29 im Haus der Kunst in München während der Großen Kunstausstellung 1953. Sie zeigt Möbel der Münchner Firma Form im Raum, unter anderem vor dem Gemälde „Kreuzabnahme" des Berliner Künstlers Hans Jaenisch.

„Deutschland vergisst für eine Weile die Gaskammern, erscheint auf der Weltausstellung mit einem glatten, eleganten Antlitz und tut so, als würde der Fortschritt der Technik alles rechtfertigen, was zwischen einem Panzerkraftwagen und einem elektrischen Rasierapparat liegt." Bruno Zevi, 1958

Die Gute Form

Neben den restaurativen Tendenzen und dem amerikanischen Einfluss gibt es jedoch auch Versuche, an die eigenen, historisch unbelasteten Vorbilder der Vorkriegszeit anzuknüpfen. In Dessau, in der damaligen sowjetisch besetzten Zone, entsteht nach Kriegsende das Bauhaus neu. 1947 wird der Deutsche Werkbund wieder gegründet und 1951 in Darmstadt der Rat für Formgebung ins Leben gerufen, eine Institution des Bundeswirtschaftsministeriums, die dem Werkbund nahesteht und Maßnahmen zur Designförderung unterstützen soll. Weitere Institutionen solcher Art werden in den frühen 1950er Jahren gegründet, die Hannover Messe und die Frankfurter Messe richten Sonderschauen für die „Gute Industrieform" ein. Alle diese Aktivitäten haben einen hohen Institutionalisierungsgrad und zeigen ein beachtliches Maß an staatlichem Engagement beziehungsweise staatlicher Einflussnahme auf das Design, das zu einem wichtigen Antrieb für den wirtschaftlichen Wiederaufbau der jungen Bundesrepublik werden soll.

Max Bill (1908–1994) Der Maler, Architekt, Designer und Theoretiker ist Mitbegründer der Hochschule für Gestaltung (HfG) Ulm und bis 1956 ihr erster Direktor. Bill sieht die HfG in der Nachfolge des Bauhauses. Er entwirft das Gebäude (1954) sowie, zusammen mit Hans Gugelot und Paul Hildinger, den berühmten Ulmer Hocker (1954), der zum Symbol der rationalen Ulmer Gesinnung wird. Im Jahr 1957 verlässt Bill die Hochschule im Streit über die pädagogische und theoretische Richtung. Er arbeitet danach als freier Designer u. a. für die Uhrenhersteller Junghans und Omega.

Diese Design-Institutionen sind auch nach 1945 Anhänger des Funktionalismus und lehnen die organischen Formen ebenso ab wie alles Historisierende. Sie vertreten den Begriff der „Guten Form". Gut war schon zu Zeiten des frühen Werkbunds alles, was ästhetisch einfach und funktional war, ohne überflüssige Dekoration. 1949 wird der Begriff der „Guten Form" dann zum Titel einer von Max Bill konzipierten Ausstellung des Schweizerischen Werkbunds, die in verschiedenen Städten der Schweiz, in Deutschland, Österreich und den Niederlanden gezeigt wird. 1957 veröffentlicht er sein gleichnamiges Buch, das den Begriff in weiten Kreisen der Bevölkerung bekannt macht.

Die Gute Form ist nicht nur eine ästhetische, sondern gleichzeitig eine moralische Bewertung und bleibt bis weit in die 1970er Jahre ein Dogma im deutschen Design, das Einfachheit, Sachlichkeit, lange Haltbarkeit und damit eine zeitlose Gültigkeit fordert.

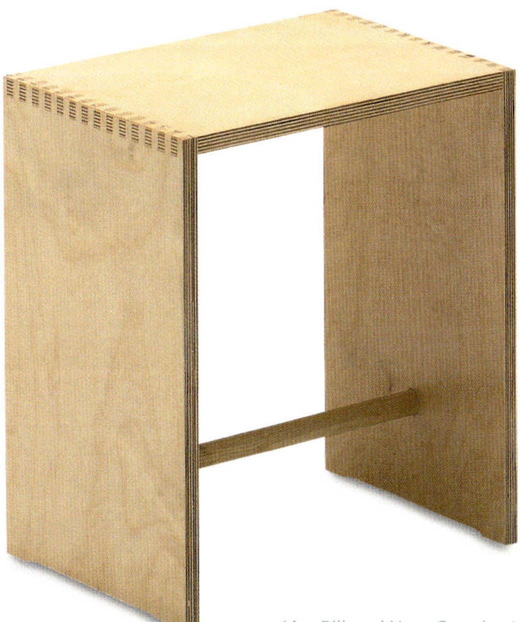

Max Bill und Hans Gugelot, HFG-Hocker, 1954
Das Sitzmöbel wurde für die Studenten der Hochschule entworfen.

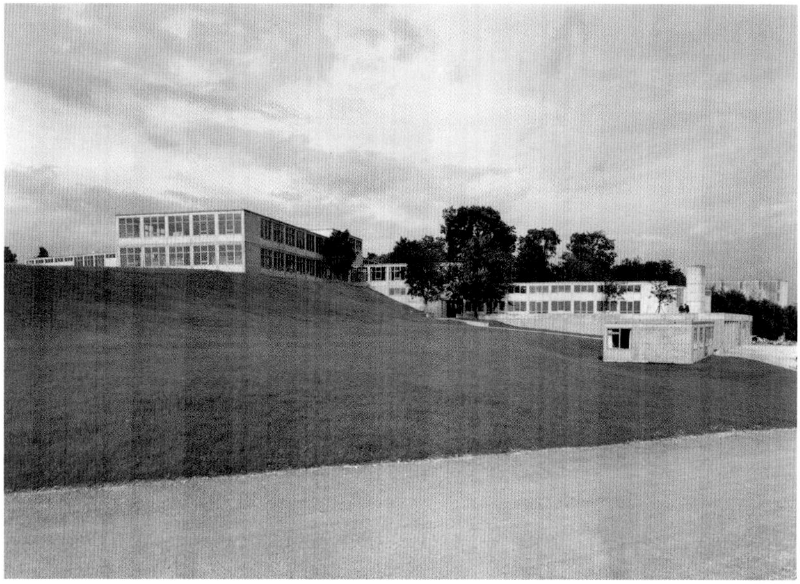

Die Gebäude der Hochschule für Gestaltung in Ulm am Tag der offiziellen Eröffnung am 2. Oktober 1955. Die Ausbildungsabteilungen der neuartigen Hochschule umfassen Produktform, Architektur, Stadtbau, Information und visuelle Gestaltung.

Die Hochschule für Gestaltung in Ulm

Der wichtigste Versuch in den 1950er Jahren an die demokratische deutsche Designtradition der 1920er und 30er Jahre anzuschließen und zu einem eigenen modernen und umfassenden Designbegriff zu gelangen, ist die Hochschule für Gestaltung (HfG) in Ulm. Die HfG ist eine Gründung der Geschwister-Scholl-Stiftung, im Gedenken an Hans und Sophie Scholl, die als Mitglieder der Widerstandsgruppe Weiße Rose von den Nationalsozialisten hingerichtet worden sind.

Ihre überlebende Schwester Inge Scholl wird 1946 zur Leiterin der Ulmer Volkshochschule. Zusammen mit Otl Aicher, der ebenfalls zum Kuratorium der Schule gehört, prägt sie das Konzept der Volkshochschule, das die Menschen nach der Erfahrung des Nationalsozialismus zu einer bewusst demokratischen und kritischen Haltung erziehen soll. Dazu soll neben einer notwendigen Fachausbildung eine breite, auf humanistischen Idealen gegründete universelle Bildung vermittelt werden. So werden neben dem Unterricht in Stenografie oder Fremdsprachen auch Kurse über Philosophie, Literatur, Kunst und Politik angeboten. Dieser gesamtgesellschaftliche Ansatz der Ulmer Volkshochschule umfasst in der Nachkriegszeit die Mitwirkung am Wiederaufbau der zerstörten Stadt. So gibt es eine Stadtbaugruppe und andere Arbeitsgruppen, die sich mit der Möblierung von Flüchtlingsunterkünften und kleinen Wohnungen befassen. Bald wird die Ulmer Volkshochschule mit ihrem modernen Ansatz über die Stadtgrenzen hinaus bekannt, sodass Otl Aicher und Inge Scholl für eine schon seit 1949 geplante eigene Geschwister-Scholl-Hochschule nicht nur Anfragen zahlreicher Interessenten bekommen, sondern auch die Unterstützung der Stadt Ulm sowie, nach anfänglichem Zögern, der amerikanischen Besatzungsbehörden. 1950 bitten Aicher und Scholl Max Bill, den sie von Vorträgen und seinem Besuch der Volkshochschule kannten, um seine Mithilfe bei der Gründung der Hochschule. Zusammen entwickeln sie in den folgenden Jahren das Programm der Hochschule, die dann Hochschule für Gestaltung (HfG) heißt. Die Schule ist bewusst antifaschistisch, international und demokratisch konzipiert. Studenten und Dozenten kommen aus aller Welt. 1953 nimmt die HfG Ulm den Unterricht auf, 1955 wird sie offiziell eröffnet. Ihr erster Direktor, Max Bill, versteht sie in pädagogischer, inhaltlicher und politischer Hinsicht als Nachfolge des Bauhauses – er misst der Rolle der Kunst im Design noch eine wichtige Bedeutung zu. Als erste Dozenten werden Otl Aicher, Hans Gugelot und Tomas Maldonado berufen.

Hans Gugelot (1920–1965), Architekt und Industriedesigner, arbeitet u. a. mit Max Bill zusammen und wird 1954 an die HfG Ulm berufen, wo er vehement für den Funktionalismus eintritt. Gugelot kooperiert eng mit der Industrie, besonders mit der Firma Braun.

Bill hatte am Bauhaus bei Wassily Kandinsky studiert, den er als Künstler und vor allem als engagierten Pädagogen schätzt. Für Bill ist die Kunst am Bauhaus und später an der HfG Ulm nicht um ihrer selbst willen wichtig, sondern in ihrer pädagogischen Funktion. Hier bezieht Bill sich im Laufe der Zeit wiederholt auf Walter Gropius. „mit der grossen erfahrung seines der bauhausidee und der erziehung gewidmeten lebens schreibt deshalb walter gropius: 'die freiheit des künstlers ist die medizin gegen die uns bedrängende übermechanisierung. unsere richtungslose gesellschaft braucht dringend seinen festigenden einfluss, um das wilde tempo von wissenschaft und industrie auszugleichen.'" (zit. n. Lindinger, 1987) Gropius hält auch die Eröffnungsrede in diesem Sinne: „Breite Erziehung muss den richtigen Weg weisen für die richtige Art der Zusammenarbeit zwischen dem Künstler, dem Wissenschaftler und dem Geschäftsmann. Nur zusammen können sie einen Produktionsstandard entwickeln, der den Menschen zum Maß hat, d. h. die Imponderabilien unseres Daseins ebenso ernst nimmt wie physische Bedürfnisse. Ich glaube an die wachsende Bedeutung der Arbeit im Team für die Vergeistigung des Lebensstandards in der Demokratie …" (zit. n. Lindinger, 1987) So sieht das Konzept der Hochschule, ähnlich wie am Bauhaus, eine „Mitarbeit der Studenten an der Verwaltung", Gruppenarbeit, „learning by doing", die theoretische „Argumentation und Begründung des Tuns" und keine fachspezifische, sondern eine fachübergreifende Ausbildung vor.

Die Ausbildung ist in eine Grundlehre und darauf aufbauend in die Bereiche Produktgestaltung, visuelle Kommunikation, Information und Industrielles Bauen gegliedert. Angeschlossen wird 1961 ein Institut für Filmgestaltung. Das Studium ist auf vier Jahre angelegt: Einem Jahr Grundlehre folgen drei Jahre in einer der Abteilungen. In allen Bereichen sollen die theoretische und die praktische Ausbildung gleich gewichtet sein.

In der Grundlehre werden, zunächst noch vom Bauhaus beeinflusst, Gestaltungslehre, Umgang mit Formen, Farbe, Licht und Materialkunde unterrichtet, aber auch die Auseinandersetzung mit Politik, Kultur und Wissenschaft

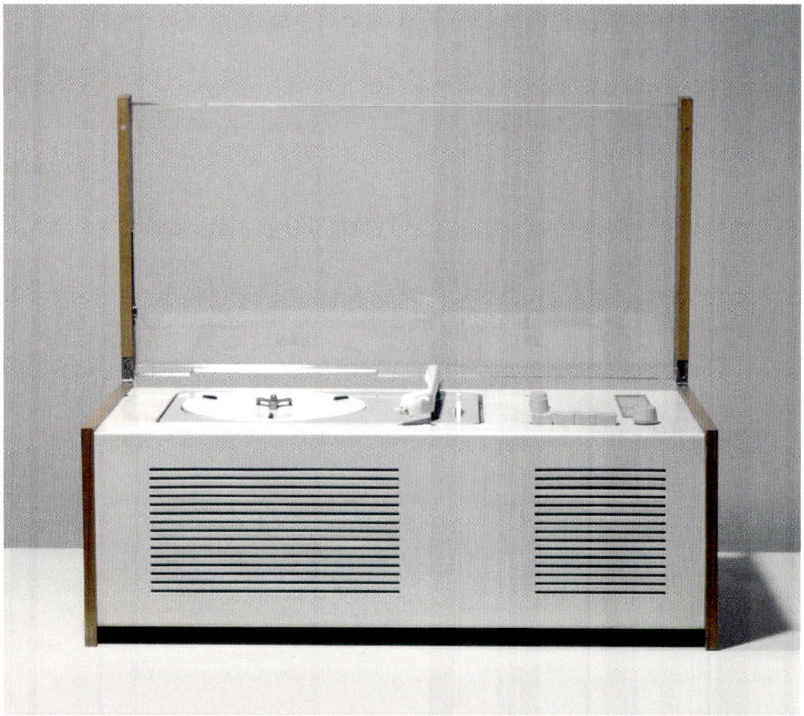

Hans Gugelot und Dieter Rams, Radio-Phono-Kombination SK 4, 1956
Die auch als „Schneewittchensarg" bekannte Anlage wurde zur Ikone moderner Gestaltung.

angeregt. Sie entwickelt sich im Laufe der Zeit zunehmend in eine technisch-mathematische Richtung. Ab 1960/61 wird die Grundlehre dann nur noch fachspezifisch in die einzelnen Abteilungen integriert.

In der Produktgestaltung vertritt die HfG einen Funktionalismus, der einfache Formen mit rechten Winkeln, eine zurückhaltende Farbigkeit und vor allem den Systemgedanken propagiert. Kunst und Kunsthandwerk sind verpönt. Alle dort entworfenen Produkte sollen dem „autonomen Benutzer" dienen, die Ausbildung einen modernen, gesellschaftlich verantwortungsbewussten Designer hervorbringen.

In der Abteilung Visuelle Kommunikation erlernen die Studenten die Gestaltung der verschiedenen Medien der Massenkommunikation: Fotografie, grafische Gestaltung von Printmedien wie Büchern, Plakaten, Werbeanzeigen, Verpackungsdesign, Logos und Ausstellungsarchitektur. Eines der wichtigsten Ziele wird die systematische und umfassende Entwicklung einer Corporate Identity für Unternehmen, die damit eine Gesamtkommunikationsstrategie verfolgen.

Die Abteilung Information soll den Studenten publizistische Grundlagen vermitteln, denn die Wirkung der Medien wird von der HfG Ulm als so wichtig angesehen, dass sie nicht nur selbst eine vierteljährlich erscheinende Zeitschrift herausgibt, sondern auch Publizisten für Presse, Funk und Fernsehen ausbilden will, die ein exakteres und objektiveres Verhältnis zur Sprache haben. Aus dieser Abteilung geht dann 1960/61 die Abteilung Film/Fernsehen hervor, die zu den ersten Ausbildungsstätten für Filmemacher und Drehbuchschreiber in Deutschland gehört.

In der Abteilung Industrielles Bauen sollen Architekten insbesondere mit den Problemen des Fachbereichs umgehen lernen. Mit neuartigen wissenschaftlichen Analysemethoden sollen sie die Bedürfnisse der Nutzer eruieren oder mit innovativen Baustoffen arbeiten.

Die Entwicklung der einzelnen Abteilungen der Hochschule vollzieht sich in mehreren Etappen. Bald löst sich die HfG vom Vorbild des Bauhauses und setzt die Schwerpunkte der Ausbildung auf die wissenschaftlichen, technologischen und methodologischen Grundlagen des Designs. Einige der Dozenten – besonders Maldonado, Gugelot und Aicher – wenden sich völlig gegen die Kunst im Entwurf, was zu Auseinandersetzungen mit Bill und schließlich zu dessen Rücktritt führt.

Zu Beginn der 1960er Jahre, verstärkt unter der Leitung von Tomas Maldonado, steht die rein technologische Problemlösung im Mittelpunkt. Man beschäftigt sich auch nicht mehr mit dem Entwurf von Möbeln, Lampen usw., sondern mit Fragen der Informationstheorie und wendet sich der Gestaltung von Informations- und Verkehrssystemen zu. Gegen Ende ihres Bestehens, unter der Leitung von Herbert Ohl, geht die HfG Ulm verstärkt zu einer Zusammenarbeit mit verschiedenen Firmen wie z.B. Braun oder Kodak über. Industrieprojekte sollen wieder eine stärkere Praxisorientierung bewirken. Doch Streitigkeiten über die Richtung der HfG führen zu schwerwiegenden Problemen. Die Kritik der 68er-Bewegung am Konsum und an der Rolle des Designs als Handlanger der Industrie lässt die Ulmer Hochschule nicht unberührt.

Tomas Maldonado (geb. 1922) Der Industriedesigner und Design-Theoretiker wird von Bill an die HfG Ulm berufen und ist dort 1954–67 als Dozent tätig, 1964–66 als Rektor. Maldonado vertritt einen technisch-positivistischen Ansatz und bewirkt die Systematisierung der modernen Designausbildung. 1968–70 ist er Lehrstuhlinhaber für Architektur in Princeton, USA, 1971–83 an der Universität Bologna. Noch 1994 setzt er sich für die Schaffung neuer Institute am Polytechnikum der Universität Mailand ein.

Hinzu kommt die Streichung der Bundeszuschüsse, auf die die Hochschule als private Einrichtung stets angewiesen ist. Der Landtag fordert eine Angliederung an die staatliche Ingenieurschule, was Studenten und Dozenten jedoch ablehnen, weil sie durch die „Verstaatlichung" die Autonomie der Schule in Gefahr sehen. So wird die HfG im November 1968 von der Landesregierung Baden-Württembergs unter Ministerpräsident Hans Filbinger aufgelöst.

Der hohe intellektuelle und moralische Anspruch der Ulmer Hochschule bleibt jedoch der breiten Masse der Konsumenten unverständlich, und die Industrie übernimmt zwar gern den Ulmer Systemgedanken, weil sich Produkte im Baukastenprinzip tatsächlich rationeller herstellen lassen, der gesellschaftskritische Ansatz dahinter wird dabei gern übersehen.

Und so lässt sich später feststellen, dass die ideellen Ziele der Ulmer Hochschule mit der einseitigen Fixierung auf eine Verwissenschaftlichung der Gestaltung einerseits und das Dogma des produktionstechnisch bedingten Systemgedankens andererseits zu stark in den Hintergrund gedrängt worden sind.

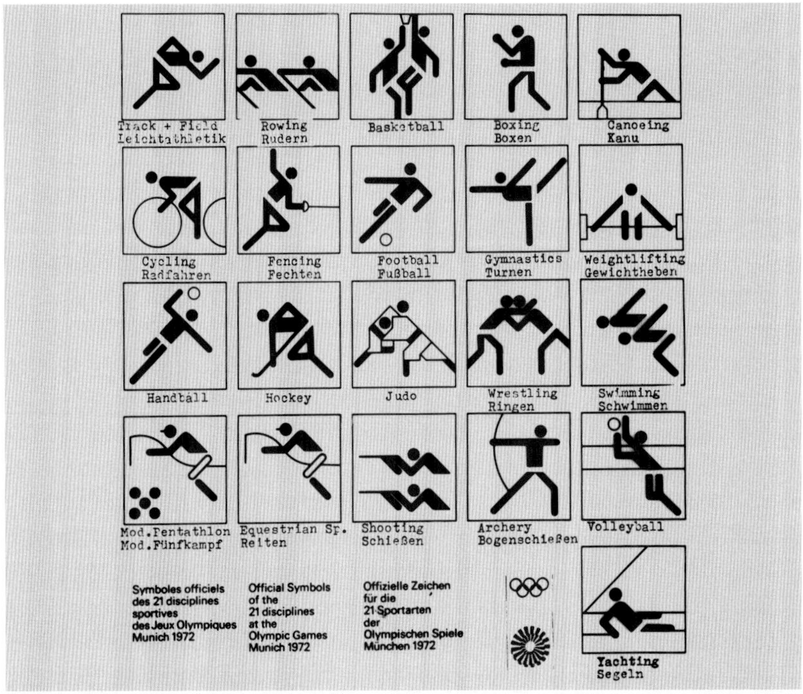

Otl Aicher, Piktogramme für die 21 Sportarten der Olympischen Spiele in München, 1972

Otl Aicher (1922–1991) Der Grafiker und Designer wirkt 1950 bei der Gründung der HfG Ulm mit. Dort lehrt er visuelle Kommunikation und ist 1962–64 ihr Rektor. 1972 übernimmt er die visuelle Gestaltung der Olympischen Spiele in München (Piktogramme). Aicher arbeitet in den .....für namhafte Unternehmen (Braun, Erco, BMW) die Corporate Identity. 1988 entwirft er die vieldiskutierte Schrift Rotis. Aicher stirbt 1991 bei einem Verkehrsunfall.

„Die überaus vielversprechenden Ansätze der HfG Ulm gingen in technischen und wissenschaftstheoretischen Orientierungen unter, die anfänglich angestrebte Idee der Demokratisierung der Gesellschaft endete in der Technokratie des System-Design." Dieses Resümee, das der Design-Historiker Siegfried Gronert 2008 in der Zeitschrift „form" zieht, ist exemplarisch für die Bewertung der HfG Ulm nicht nur aus designhistorischer Perspektive. Schon der ehemalige Gründungsdirektor der Schule, Max Bill, hatte nach seinem Streit und der Trennung von der Schule 1959 festgestellt: „... denn um ‚operationalistische erziehungsphilosophie' zu erfinden, um die studierenden der grundlehre in teamwork zu trainieren, um ‚horizonte von konkreten gestaltungsaufgaben zu vermitteln', um ‚baumethoden zu technifizieren und zu industrialisieren', um zum x-ten mal die wahrnehmungsphänomene zu analysieren, für diese neben-disziplinen braucht es keine hochschule für gestaltung, so ist das, was in ulm steht, heute nur noch die technizistische entartung einer einst guten idee, nicht das, was aus dieser einst hätte werden sollen." Trotzdem bleibt Bill am Ende versöhnlich, wenn er sagt: „dennoch ist die ulmer schule noch immer eine der besten und in ihrer struktur, heute noch, die entwicklungsfähigste aller bestehenden." („form", Nr. 6, 1959)

Und tatsächlich kann man die Wirkung der HfG Ulm kaum überschätzen. Sie wird in der Folgezeit als „Ulmer Modell" zum Vorbild für die moderne Design-Ausbildung in aller Welt. Die Absolventen der Schule, die nach ihrer Auflösung an anderen Instituten und in bedeutenden Unternehmen tätig werden, machen den Ulmer Neofunktionalismus bis in die 1970er Jahre hinein zum Gestaltungsleitbild im modernen Industriedesign. Max Bill, arbeitet nach seiner Zeit in Ulm als freier Designer unter anderem für die Uhrenhersteller Junghans und Omega. Franco Clivio entwickelt für Gardena Gartengeräte im Systemdesign, Otl Aicher liefert den Entwurf der Corporate Identity für die Münchener Olympiade 1972. Ulmer Design hält auch Einzug in die Gestaltung und Corporate Identity zahlreicher anderer Unternehmen, wie zum Beispiel Braun, Olivetti oder Lufthansa.

Deutschland Ost – Formalismus, Plaste und Export

Die wirtschaftliche Ausgangssituation in der 1949 gegründeten DDR ist anders als die im Westen. Hier sind zwar ebenfalls viele Industriebetriebe von Bomben zerstört. Die junge DDR erhält allerdings keine Aufbauhilfen von der Sowjetunion, im Gegenteil: Die Demontage der Industriebetriebe wird hier deutlich konsequenter durchgeführt als im Westen, wo die Alliierten früh eingesehen hatten, dass es sinnvoller ist, die Wirtschaft zu stützen, um die Bundesrepublik schnell wieder auf die Beine zu bringen und in das westliche Bündnis zu integrieren. Hinzu kommen Reparationsforderungen der UdSSR und, bis zum Mauerbau 1961, die Abwanderung vieler Menschen in den Westen.

Trotz der enormen Anlaufschwierigkeiten der DDR-Wirtschaft gibt es hier schon in den 1950er Jahren wieder Ausbildungsstätten für Designer. Die Hochschule für Bildende und Angewandte Kunst in Berlin Weißensee erhält 1953 eine Abteilung für Formgebung in der Industrie, und in Halle nimmt 1958 die Hochschule für Industrielle Formgestaltung Burg Giebichenstein ihren Betrieb auf. Die Gestaltung von Industrieprodukten wird in der DDR bewusst „Formgebung" genannt.

Im Unterschied zum Westen, wo die Design-Institutionen lediglich eine beratende Funktion haben, ist das 1952 gegründete Institut für Angewandte Kunst, aus dem nach mehreren Metamorphosen 1972 schließlich das Amt für Industrielle Formgebung wird, eine „direkt dem Ministerrat der DDR unterstellte Behörde mit einem Staatssekretär an der Spitze und zeitweilig bis zu 200 MitarbeiterInnen, die mit zentraler Richtlinienkompetenz in das Designgeschehen eingreifen kann …" (Selle, 1994, S. 278). Das Ziel der staatlichen Institutionen ist die umfassende Überwachung aller Lebensbereiche der Menschen.

Die DDR kann zwar mit Dresden, Jena, Weimar und Dessau auf wichtige Geburtsstätten der Moderne zurückblicken, doch paradoxerweise werden die schlichten, funktionalistischen Formen des Bauhauses von den staatlichen Institutionen seit dem Dritten Parteitag der regierenden Einheitspartei SED 1950 als „Formalismus" schärfstens abgelehnt. Denn Ornamentlosigkeit wird jetzt,

ALLTAGS
IKONEN

DER TRABANT –
das dreifache Symbol

Der Trabant ist wohl das bekannteste Produkt der ehemaligen Deutschen Demokratischen Republik, kurz DDR. Ähnlich wie mit der Schaffung preiswerten Wohnraums will man mithilfe des Automobils breiten Bevölkerungsschichten nach dem Krieg das Gefühl vermitteln, nicht von der Entwicklung im Westen abgehängt zu werden. So entschließt sich die junge Regierung 1954 zur Entwicklung eines preiswerten Autos, das, in Anlehnung an den Volkswagen im Westen, ein für alle erschwingliches Kraftfahrzeug werden und die begehrte Mobilität ermöglichen soll. In Ermangelung von Stahlblech wird der Trabant mit einer auf einem Holzgerüst montierten Karosserie aus Duroplast konstruiert. Der erste Wagen wird 1954 produziert. Er heißt noch nicht Trabant, sondern ist das Modell P70 der VEB Horch in Zwickau. Der erste „echte" Trabant ist dann 1957 der P50, der nach dem erfolgreichen russischen Sputnik-Raumfahrtprogramm „Trabant" genannt wird. Dieses Modell hat nun auch nicht mehr ein Holz-, sondern ein Stahlgerüst, das die Plaste-Karosserie trägt, sowie den bis heute berühmt-berüchtigten Zweizylinder-Zweitakter als Motor, der es auf 18 PS und damit auf eine Spitzengeschwindigkeit von 95 km/h bringt. Der P50 wird bis 1962 gebaut, darauf folgen der P60 und ab 1964 das Modell P 601, das bis 1990 mehr oder weniger unverändert produziert wird und zum Symbol des DDR-Designs wird.

Das Auto ist gleich in dreifacher Hinsicht ein Symbol des Sozialismus in der DDR:

1. Das Statussymbol: Zunächst ist der Wagen ein politisches Versprechen. Er soll der ostdeutsche Volkswagen werden und es den Arbeitern und ihren Familien ermöglichen, ein Auto zu besitzen. Er wird zum Wunschbild und heiß begehrten Statussymbol der Menschen in der DDR.

2. Das Symbol für die DDR-typische Mangelsituation: Der Trabant wird gleichzeitig zum Sinnbild für technische Stagnation und den eklatanten Versorgungsmangel im System der DDR. Er ist das erste deutsche Auto, dessen Karosserie weitgehend aus Kunststoff besteht. Das ist 1955 zwar recht innovativ, jedoch nur eine Notlösung, da in der DDR nicht genügend qualitativ brauchbares Stahlblech für den Automobilbau vorhanden ist. Eine wirklich moderne und zufriedenstellende Lösung für die Produktion wird nie gefunden – auf einen Wagen muss man in der Regel viele Jahre warten, genauso wie später auch auf die Ersatzteile.

3. Das Symbol für Nostalgie und Verklärung: Nach dem Zusammenbruch des Regimes im Jahr 1989 wird der Trabant dann zum Symbol der sogenannten „Ostalgie", einer nostalgischen Verklärung der Mangelsituation in der ehemaligen DDR. Nach dem Mauerfall bilden sich im Osten wie im Westen der Republik Fanklubs, deren Treffen Tausende von Besuchern anziehen. Auch im ehemaligen Westen sieht man für einige Jahre immer mehr der stinkenden und knatternden Zweitakter herumfahren. Die frischgebackenen Besitzer des DDR-Relikts fahren ihn mit einer Mischung aus kreativem Distinktionsvermögen und einer etwas kuriosen, durchaus liebevollen Haltung, die an den von der amerikanischen Literaturkritikerin Susan Sontag in den 1960er Jahren einmal definierten Camp-Geschmack mit seiner naiven Liebe zum Kitsch erinnert.

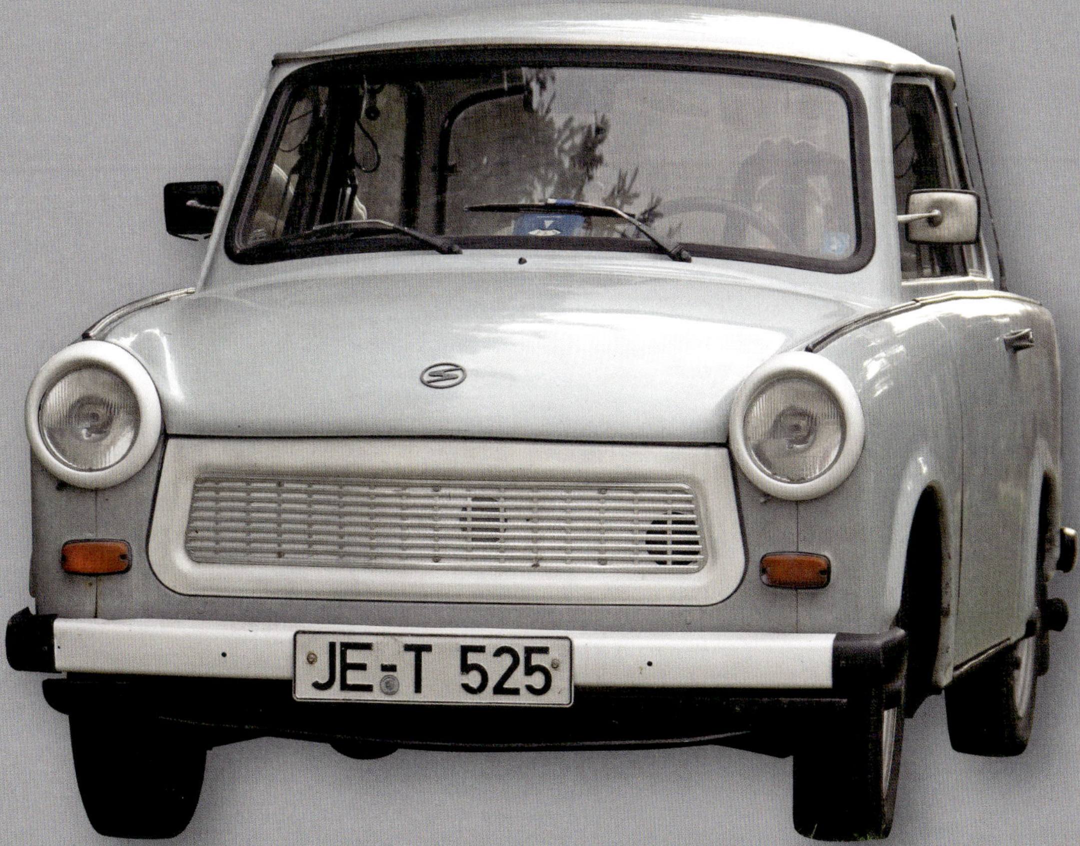

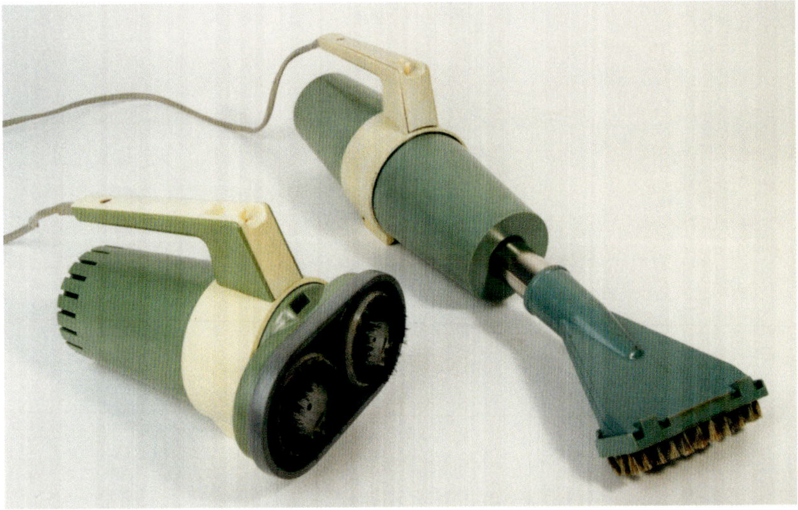

Multifunktionlaer Kleinstaubsauger der Marke Omega, entworfen von dem „Industrieformgestalter" Wolfgang Dyroff, 1962. Der Staubsauger war eines der zahlreichen Geräte aus DDR-Produktion, die vor allem für den Export in den Westen bestimmt war.

nachdem der Bauhaus-Funktionalismus zum internationalen Stil geworden war, als Ausdruck internationaler imperialistischer Unterdrückung des Menschen verurteilt. Funktionalismus und Ornamentlosigkeit werden, ebenso wie die abstrakte Kunst als „unsozialistisch" abgelehnt und geradezu als Angriff auf die eigene sozialistisch geprägte kulturelle Identität interpretiert. Bekannte ehemalige Mitglieder des Bauhauses, die aus politischer Überzeugung nach dem Krieg in der DDR leben und lehren, werden mit dieser Begründung ausgegrenzt und müssen, wie 1953 Mart Stam, die DDR sogar verlassen.

Wie in Italien werden in der DDR in den 1950er Jahren „Zweckmäßigkeit" und „Schönheit" von Produkten kulturell und politisch offiziell zum Leitbild der Gestaltung gemacht. Hier geht es darum, der Bevölkerung preiswerte Produkte anzubieten. Allerdings mit einigen wichtigen Unterschieden zum Westen. In der DDR muss die Gestaltung von Produkten nicht dem Marketing dienen und die Verkäuflichkeit steigern, denn im sozialistischen System gibt es keinen Wettbewerb zwischen verschiedenen Anbietern in einem Markt. Das führt zu Produkten, deren Materialqualität, Gestaltung und Verpackung deutlich hinter den westlichen Standards der Zeit zurückliegen. Das ist zum Teil das Resultat politischer Entscheidungen, aber auch die Folge von fehlender Technologie und Materialmangel aufgrund der rigiden Isolation der DDR und ihrer einseitigen Abhängigkeit von den politischen und ökonomischen Entscheidungen der UdSSR. Ab Ende der 1950er Jahre muss die DDR-Produktion etwa verstärkt Produkte aus Kunststoffen herstellen, die hier Plaste heißen, weil 1958 politisch beschlossen wird, dass die DDR zum Endproduzenten für russisches Erdöl werden und die Staaten des Ostblocks mit Kunststoffprodukten beliefern soll. Unzählige Plastikprodukte überschwemmen seitdem den ostdeutschen Markt, gestützt von der staatlich verordneten Parole „Chemie bringt Schönheit".

Dagegen gibt es einen wichtigen und großen Teil der DDR-Wirtschaft, der ausschließlich Produkte für den Export und damit für die Devisenbeschaffung produziert. Diese Produkte müssen im Westen konkurrenzfähig sein in Qualität, Gestaltung und im Preis. So werden Elektrogeräte für Abnehmer in ganz Europa, westdeutsche Versandhäuser wie Quelle oder später auch Möbel und Leuchten für den schwedischen Konzern IKEA hergestellt.

Die gemütliche Moderne – skandinavische Wohnkultur

Neben dem experimentierfreudigen italienischen Design, dem amerikanischen Styling und dem deutschen Neofunktionalismus ist es das skandinavische Design, das besonders die Wohnkultur der 1950er und 60er Jahre prägt. Viele skandinavische Möbel und Gebrauchsgegenstände sind in den 1930er Jahren entworfen worden und werden nach dem Krieg international bekannt. Silberwaren aus Kopenhagen, Glas und Keramik der finnischen Firmen Iittala und Arabia sind bis heute ein Begriff für moderne bürgerliche Wohnkultur. Die Väter der skandinavischen Moderne, Alvar Aalto, Kaare Klint, Poul Henningsen und Gunnar Asplund haben die Grundlagen für eine skandinavische Interpretation der Moderne gelegt, die nach dem Krieg zu internationaler Anerkennung und wirtschaftlichem Erfolg für skandinavisches Design führen.

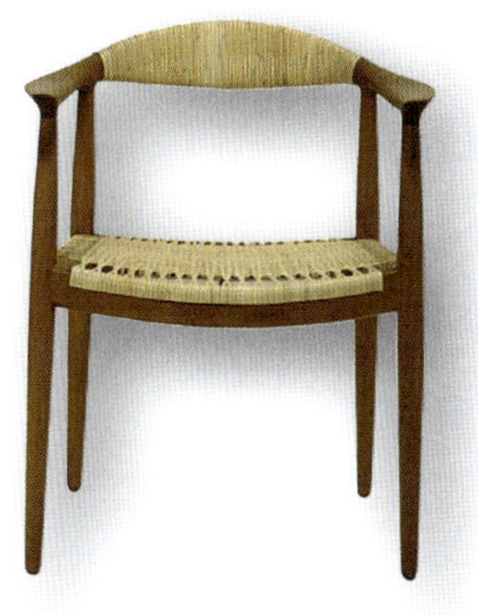

Hans J. Wegner, Stuhl JH 501, 1949, auch „der Stuhl" genannt

Auf der Mailänder Triennale 1951 erhalten finnische Produkte mit Abstand die meisten Auszeichnungen. In den skandinavischen Ländern gibt es in der Möbelkultur Schwedens, Finnlands oder Dänemarks nach dem Zweiten Weltkrieg noch eine relativ ungebrochene handwerkliche Tradition. Holz ist seit jeher das Baumaterial im Norden Europas. Man verarbeitet die einheimischen Birken- oder Föhrenhölzer; dabei werden jedoch nicht allein die alten handwerklichen Techniken angewandt, sondern auch neue Methoden der Schichtholzverarbeitung erprobt und organische Formen geschaffen. Tonangebend sind nach dem Krieg hier besonders die dänischen Möbeldesigner: Der bereits ältere Kaare Klint hat schon vor dem Krieg organische Formen durch Proportionsstudien des menschlichen Körpers zu erlangen gesucht und wird zu einer Vorbildfigur für viele jüngere Designer.

Hans J. Wegner (1914–2007) Der dänische Möbeldesigner war einer der wichtigen Vertreter des skandinavischen Designs und kam nicht, wie viele andere Designer, aus der Architektur, sondern war Tischler. Als solcher verband er skandinavische Handwerkstradition mit moderner Formgebung. Wegner geht 1927–31 in eine Tischlerlehre und studiert anschließend bis 1938 Möbeldesign am Institut für Technologie Kopenhagen. Danach arbeitet in den Büros von Arne Jacobsen und Erik Möller. 1943 eröffnet er sein eigenes Atelier in Gentofte.

Der dänische Tischler und Möbeldesigner Hans J. Wegner schafft mit seinem Stuhl JH 501 1949 das Symbol für das skandinavische Sitzmöbel; deshalb heißt das Modell später einfach nur „der Stuhl". Er ist aus Teakholz, von schlichter Form, mit geflochtener Sitzfläche und verbindet absoluten Sitzkomfort mit organisch fließenden Übergängen von der Rückenlehne zu den Armlehnen und Beinen. Wegner schafft mit diesem Stuhl eine Art Archetypus und bereitet dem dänischen Teakholzmöbel international den Weg. Dänemark ist nach dem Krieg der europäische Hauptimporteur von Teakholz, das nach dem Indochina-Krieg in

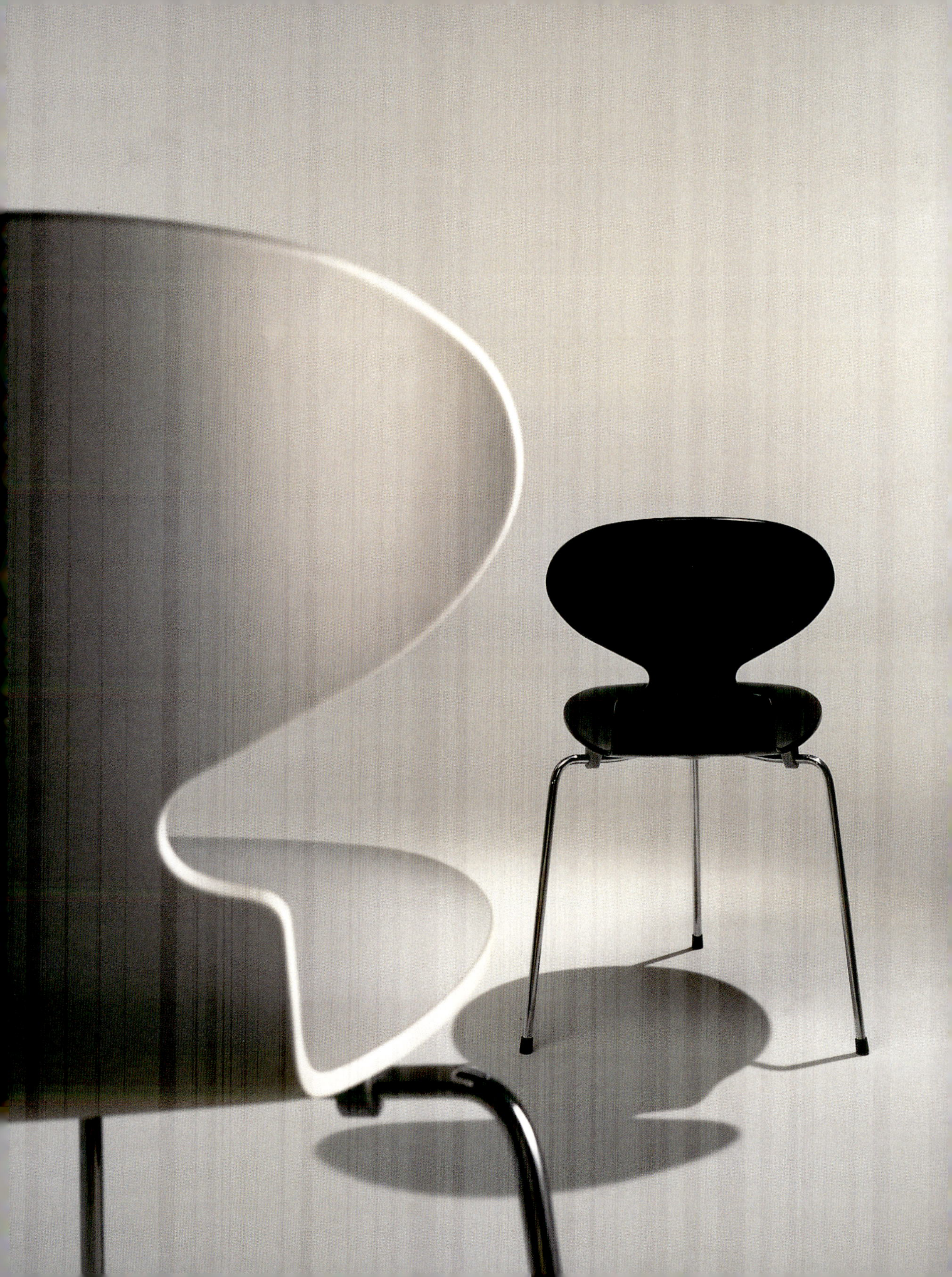

großen Mengen auf den Weltmarkt kommt. Die Vorliebe für Teakholz erfasst dann auch Deutschland, wo die leichten und praktischen Möbel den häufig noch beengten Wohnverhältnissen besser gerecht werden als das, was der deutsche Markt hervorbringt. Außerdem vermittelt der dänische, wie insgesamt der skandinavische Wohnstil mit seiner schlichten, hellen und freundlichen Atmosphäre etwas von dem demokratisch-menschlichen Verständnis, das dahinter steht: Nach 1945 wird Schweden zum Vorbild für den modernen Sozialstaat. So verwundert es nicht, dass sich das skandinavische Design meist in den Wohnungen und Häusern der aufgeklärten Mittelschicht Europas und der USA wiederfindet. Eine wahre Teakholzwelle führt in der Folgezeit zu unzähligen billigen Kopien dänischer und anderer skandinavischer Möbel.

Als sich nach dem Krieg in Dänemark industrielle Fertigungsmethoden und neue Materialien durchsetzen, kommt es zu interessanten Verbindungen zwischen Tradition und Fortschritt. Das macht die Möbel modern und gleichzeitig gemütlich, was der Hauptgrund für den weltweiten Erfolg der skandinavischen Wohnkultur ist: die Verbindung des internationalen Stils mit gediegener Handwerkskultur in der industriellen Produktion. Ähnlich wie Charles und Ray Eames, setzt Arne Jacobsen gebogene Schalen aus Sperrholz auf Stahlrohrgestelle. Sein bekannter Stuhl Ameise ist der erste dänische in Massenproduktion hergestellte Stuhl.

Arne Jacobsen (1902–1971) Der dänische Architekt und Designer war in den 1930er und 50er Jahren einer der wichtigen Vertreter des Funktionalismus. Jacobsen schließt sein Architekturstudium an der Königlich Dänischen Kunstakademie in Kopenhagen 1928 mit einem Diplom ab. Schon 1927 beginnt er in einem Stadtplanungsbüro in Kopenhagen zu arbeiten, ab 1930 selbstständig als freier Architekt, ab 1932 als Designer zusammen mit dem Möbelhersteller Fritz Hansen, für den er später weltberühmte Möbel wie den Stuhl Ameise (1952) oder den Stuhl 3107 (1955) und 1957 den Sessel Das Ei entwirft. 1943–45 verbringt er im schwedischen Exil. Er arbeitet auch für Firmen wie Stelton und Holmegard. 1956–71 ist er Professor für Architektur an der Akademie in Kopenhagen.

Der dänische Möbeldesigner Poul Kjaerholm beschäftigt sich ebenfalls mit neuen Technologien. Er experimentiert schon früh mit Materialien wie Aluminium und Stahldraht, die er kombiniert mit Bespannungen aus Leder oder anderen Naturmaterialien. Seine Möbel orientieren sich an der progressiven Moderne von Le Corbusier oder dem Bauhaus, geben ihr aber mit einer filigranen Eleganz und organisch geformten Sitzflächen eine durchaus eigene Interpretation, die die technische Konstruktion nicht über die menschliche Dimension erhebt. Das ausgewogene Verhältnis zwischen Technologie, Material und emotionalen Bedürfnissen wird für das skandinavische Design auch in den folgenden Jahrzehnten zum Charakteristikum.

Eine Außenseiterstellung nimmt schon in den 1950er Jahren der Däne Verner Panton ein. Er arbeitet damals zunächst für Arne Jacobsen, orientiert sich aber am Geschehen in den USA und Italien. In seinen Entwürfen zieht er dem Holz Stahldraht und farbenfrohe Kunststoffe vor, wird auf diesem Gebiet in den 1960er und 70er Jahren führend und entwickelt ein futuristisch-visionäres Design.

Panton entwirft den wohl bekanntesten Vollplastikstuhl der 1960er Jahre. Nach seinem Studium in Kopenhagen arbeitet er zunächst für Arne Jacobsen und geht 1955 in die Schweiz. Bereits in diesem Jahr entwirft er seinen Side Chair, einen Freischwinger aus glasfaserverstärktem Polyester, der jedoch erst 1968 von der Firma Herman Miller produziert wird.

Arne Jacobsen, Stuhl Nr. 3100, Ameise, geformtes Sperrholz, verchromtes Stahlrohr, Gummi, Lack, 1952
Das für die Firma Fritz Hansen entworfene Möbel war der erste dänische Stuhl, der in Massenproduktion hergestellt wurde. Er wird bis heute in zahlreichen Farben produziert.

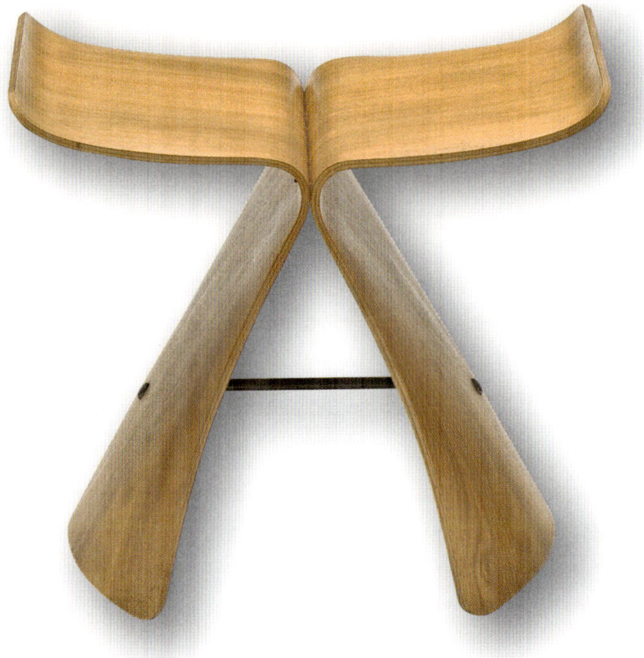

Sori Yanagi, Butterfly Stool, geformtes Holz, 1954

Design zwischen Tradition und Moderne – Japans Aufstieg zur Wirtschaftsmacht

Japan wird im Hinblick auf die Entwicklung des Designs oft erst mit der internationalen Konkurrenz in der Elektronik wahrgenommen, als japanische Hersteller ihre deutschen oder amerikanischen Mitbewerber technologisch überholen und vom Markt verdrängen. De facto nimmt man hier jedoch seit langem an der Designgeschichte teil. Bereits um die Jahrhundertwende gingen japanische Künstler und Kunsthandwerker nach Europa, um in Paris zu studieren, nahmen an internationalen Kunstausstellungen teil und beobachteten die Entwicklung von Kubismus, Konstruktivismus und Futurismus. In umgekehrter Richtung waren auch europäische Künstler und Architekten, wie zum Beispiel Frank Lloyd Wright, nach Japan gekommen, ließen sich inspirieren und beeinflussten die frühe Moderne in Europa und den USA nachhaltig. Japanische Architekten besuchten den Deutschen Werkbund und 1922 das Bauhaus, an dem sie sehen konnten, wie ihre traditionelle fernöstliche Ästhetik der Konzentration und Reduktion in die westliche Moderne eingeflossen war. Nach dem Vorbild des Werkbundes und des Bauhauses werden in der Folgezeit Designschulen und das einflussreiche Industrial Arts Institute (IAI) gegründet. Japanische Kunsthochschulen luden Vertreter der westlichen Moderne ein, beispielsweise Charlotte Perriand, die 1941 am Industrial Arts Institute in Tokio einen Vortrag hielt, in dem sie die wichtige Bedeutung herausstellte, die die japanische Tradition für ihre Arbeit hatte. Die Besinnung auf die eigene reiche Tradition, in Kombination mit der Aufnahme und Verarbeitung fremder Einflüsse, sollte dann nach dem Krieg, als die zerstörte Industrie Japans sich wieder erholte, zum wichtigsten Faktor für das japanische Design werden. 1945 ist Japan durch den Krieg und die amerikanischen Atombomben zerstört. Außerdem ist es von amerikanischen Truppen besetzt. Doch diese schwierige Situation wird gleichzeitig zur Chance für den Wiederaufbau. Die Besatzer benötigen Wohnraum, Möbel, Elektrogeräte und Autos; mit amerikanischen Aufträgen werden ganze Industriezweige in kürzester Zeit wieder aufgebaut. Das Industrial Arts Institute koordinierte die Produktion von Elektrogeräten für die Wohnungen der Besatzer und arbeitete dabei mit Firmen wie Toshiba und Mitsubishi zusammen: „Toshiba produzierte die Wasch- und Kaffeemaschinen, Mitsubishi die Kühlschränke [...] Andere Industriezweige erholten sich ebenfalls rasch. Bereits 1947 brachten Nissan und Toyota ihre ersten Personenwagen auf den Markt, 1949 gab es bereits elektrische Ventilatoren, Motorräder und Kameras, und der Export, der vorwiegend die Vereinigten Staaten im Visier hatte, machte ebenfalls gute Fortschritte.“ (Hiesinger, 1995, S. 13) Wenn anfangs die japanischen Produkte im Ausland noch häufig als Billigware minderer Qualität angesehen werden, so wandelt sich dieses Image rasant. Ende der 1950er Jahre haben japanische Kameras international einen hervorragenden Ruf, und das japanische Wirtschaftsministerium unterstützt nicht nur die technische Entwicklung, sondern auch das Design und die Designausbildung. Das japanische Außenhandelsministerium (MITI) schickt Studenten nach Amerika und Europa und lädt umgekehrt ausländische Designer nach Japan ein, wie 1951 Raymond Loewy; er entwirft eine Zigarettenverpackung für die japanische Marke Peace. Das MITI unterstützt darüber hinaus die damaligen Wachstumsbranchen, insbesondere die Elektronik, und sorgt zum Beispiel dafür, dass die Sony Corporation 1953 von der American Western Electric Company die Lizenz zum Bau von Transistorradios in Japan bekommt. (Hiesinger, 1995, S. 14). Es lassen sich noch zahlreiche weitere Beispiele finden für die Strategie der japanischen Wirtschaft, sich an der westlichen Moderne zu orientieren. Doch im Laufe der Zeit entdecken japanische Designer zunehmend auch die eigene japanische Tradition. Man sieht im Produktdesign wie in der Grafik und in der Mode, dass die Kombination von Tradition und Moderne im japanischen Design eine eigene Sprache herausbildet, die in den folgenden Jahrzehnten und bis in die Gegenwart wirkt. Bekannte Beispiele des ansonsten im Westen lange unbekannten japanischen Designs jener Zeit sind Stühle und Hocker von Riki Watanabe und Sori Yanagi.

Die Entwicklung des Designs, die schon in den 1920er Jahren durch internationalen Austausch der Künstler und Designer geprägt war, zeigt sich jetzt nach dem Krieg mit dem Entstehen eines internationalen Marktes zunehmend auch als Träger eines internationalen Konsumgüterstils. Selbst die politische Blockbildung zwischen Ost und West ändert daran nur wenig. Die Zielgruppen und Konsumentenmilieus gleichen sich auf vergleichbaren Niveaus immer mehr an.

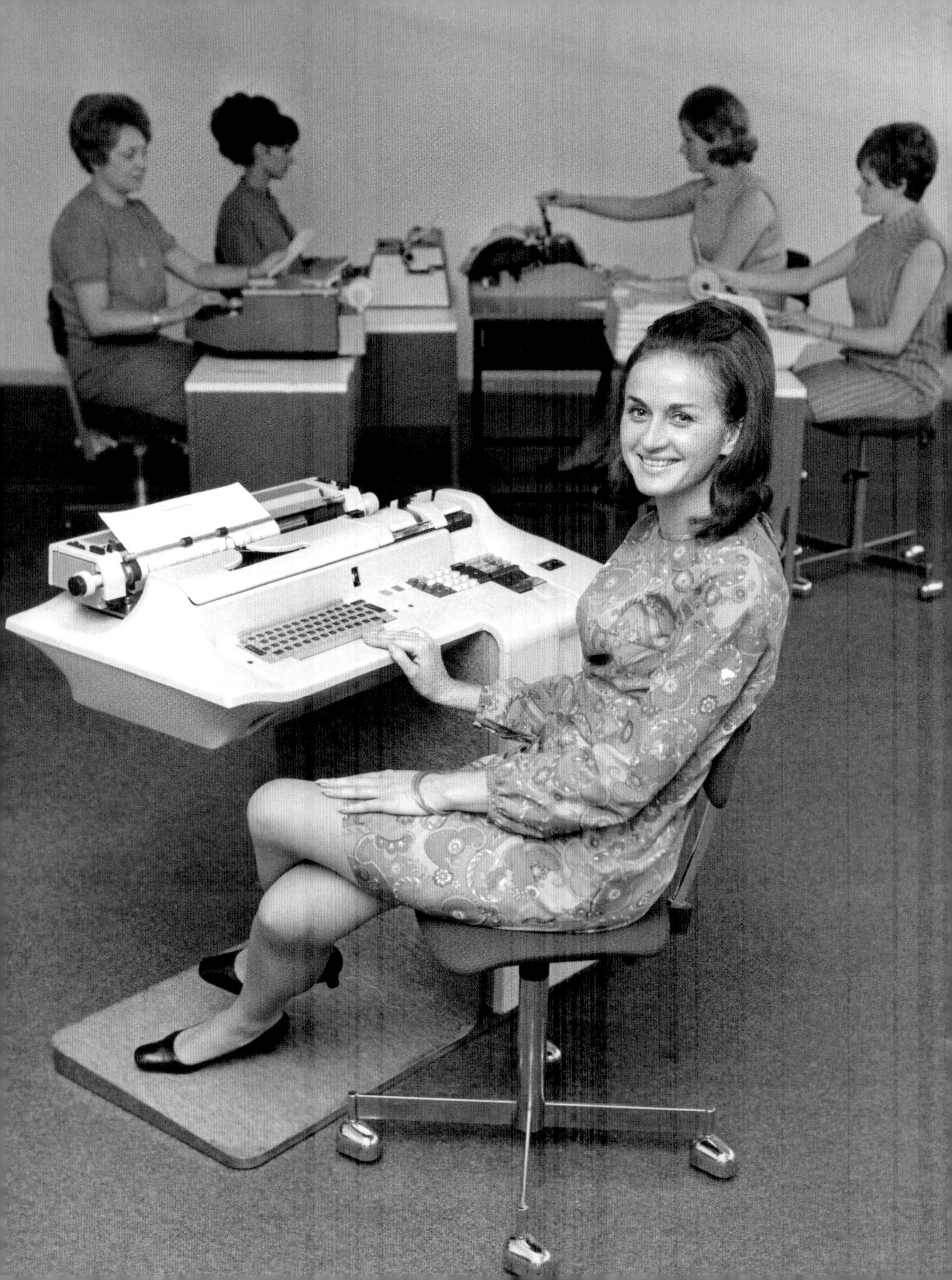

FUNKTIONALISMUS UND POP-ART

Zwischen Wohlstandsgesellschaft und Konsumkritik

Waren die 1950er Jahre die Zeit des Aufbruchs und des Wirtschaftswunders, so erreicht die Wohlstandsgesellschaft mit den 1960er Jahren ihren ersten Höhepunkt. Inzwischen haben breite Schichten am Konsum teil, und die Technik hat nach dem Wiederaufbau eine rasante Entwicklung durchgemacht: Am Ende des Jahrzehnts steht der erste Mensch auf dem Mond. Technik und Wohlstand beeinflussen das Design und die Konsumgewohnheiten der Menschen in den USA und Europa. Die Zahl elektrischer Haushaltsgeräte, Fernseher, Stereogeräte etc. nimmt ständig zu, immer mehr Haushalte besitzen ein Auto, der Trend zum Eigenheim verstärkt sich. Die Warenwelt wird durch ein Design repräsentiert, das zunächst noch ganz im Zeichen der Technologie der Massenproduktion und des Funktionalismus, der Guten Form oder des italienischen Bel Design steht.

In dieser Zeit vollzieht sich in der Gestaltung jedoch ein wichtiger Wandel, der bis heute seine Folgen zeigt. Hatte die Nachkriegsmoderne der 1950er Jahre das Design noch relativ klassisch zwischen der Theorie des Funktionalismus, den Möglichkeiten der Technologie und dem künstlerischen Äußerungswillen definiert, so kommt in den 1960er Jahren ein ganz neuer Einfluss hinzu: die Zeichenwelt des Alltags, der Straße, der Pop-Kultur, die nach der Kunst bald das Design ergreift. Es formieren sich in Theorie und Praxis Widersprüche, die teils vehement ausgetragen werden. Die Theorie des Funktionalismus, die bis dahin für die Entwicklung des Designs maßgeblich gewesen ist, wird kritisiert und heftig bekämpft. Auch das erfolgreiche italienische Bel Design und vor allem die Rolle des Designers in der kapitalistischen Wirtschaft werden infrage gestellt.

Rationalisierung im Büro: Neuartige Bürocomputer ersetzen Schreib- und Rechenmaschine, Tischcomputer und Buchungsautomaten – aus vier Arbeitsplätzen wird einer, 1968

„Das einzige Design – also der einzige Plan –, der fürs Kapital zählt, ist das Profitstreben. Die Dinge, das Land und die Menschen werden ständig durch den Kapitalwolf gedreht.“ — *Wolfgang Fritz Haug, 1971*

Gute Form und Neofunktionalismus

Der Internationale Stil der Moderne, der im Wesentlichen auf der Theorie des Funktionalismus basiert, ist weltweit verbreitet. Die an der HfG Ulm ganz besonders ausgeprägte Rationalität, die Technologie-Orientierung und der Systemgedanke zeigen ihre Folgen in der Massenproduktion und verursachen einen rechtwinkligen Formalismus in Architektur und Design, einen „Neo-Funktionalismus", der bereits um die Mitte der 1960er Jahre teils heftige Kritik am Funktionalismus hervorruft.

Vor allem in Deutschland sind im Design jener Jahre Funktionalismus und Gute Form stilbildende Prinzipien, die von verschiedenen Institutionen, den Designzentren und dem Rat für Formgebung oft geradezu dogmatisch vertreten werden. Dozenten und Absolventen der HfG Ulm arbeiten für Firmen wie Braun, Gardena, Vitsoe oder Rosenthal, deren Produkte weltweit zum Inbegriff der Guten Form, des German Design, werden. Die Verwissenschaftlichung der Formgebung, wie es die Ulmer Hochschule gelehrt hatte, ist im Design der führenden deutschen Unternehmen fest verankert. Funktionale und technologische Aspekte treten in den Vordergrund, Designer verstehen sich in der Regel eher als Ingenieure denn als Gestalter, das Produktdesign orientiert sich folglich ganz an den produktionstechnischen Anforderungen der Massenproduktion. Diese Entwurfshaltung wurzelt in einem grundsätzlich rationalen Denken, das durch die Form der Produkte symbolisch zum Ausdruck kommt. Grundlage der Gestaltung sind wissenschaftliche Methoden und Erkenntnisse etwa der Disziplinen Ergonomie, Kybernetik und Wahrnehmungspsychologie. Das Systemdenken umfasst nicht nur die Produkte selbst, sondern reicht von der Gestaltung von Büromöbelsystemen bis zur Corporate Identity.

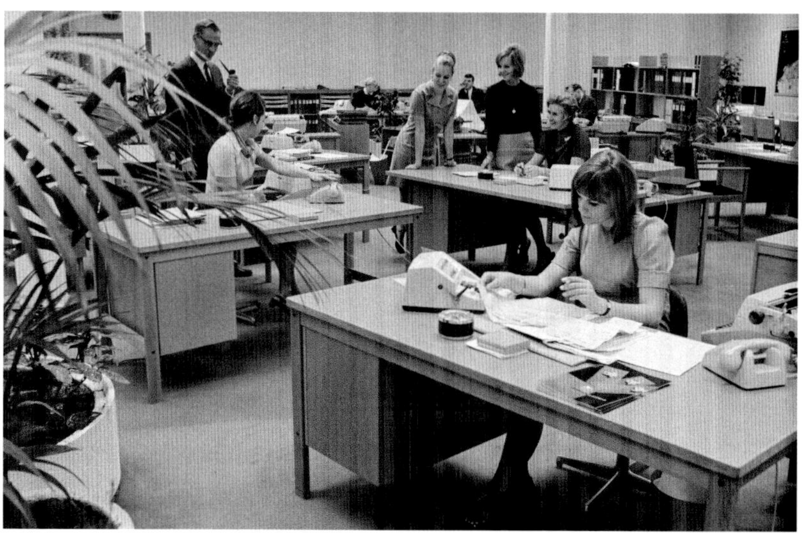

Integrierte Büroarbeitsplätze sollten sich dem Menschen anpassen und gleichzeitig seine Arbeitsleistung erhöhen. Werbeaufnahme für Facit, Großraumbüro, 1969, Schweden, Åke Hedström Hedström Collection, Malmö Museums, IBL

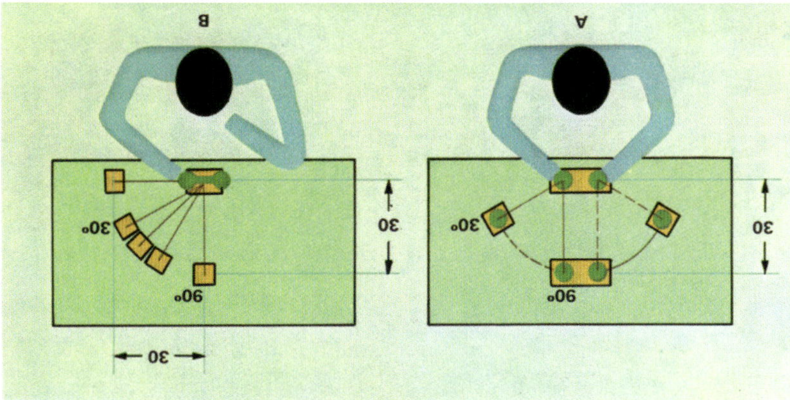

Ergonomie: Studie zu Bewegungsabläufen am Arbeitsplatz

Die Ergonomie, die sich mit der Beziehung zwischen Mensch und Arbeitsbedingungen befasst, also zum Beispiel mit Gewicht und Form von Arbeitsgeräten und deren Anpassung an die menschlichen Bewegungsabläufe, hilft in der Industrie oder im Büro Arbeitsabläufe einerseits einfacher, gesünder und sicherer zu gestalten, andererseits effektiver, rationeller und kostensparender. Moderne Büromöbelsysteme in rationell durchorganisierten Großraumbüros sind die Folge. Im privaten Bereich soll die Anwendung ergonomischer Erkenntnisse ebenfalls zu bequemeren und sicheren Lösungen führen, was sich im Wohnbereich vor allem in der Küche und im Bad niederschlägt. So werden im Bad die verschiedenen „Vitalfunktionen" wissenschaftlich analysiert und klassifiziert, unter anderem funktionelle Bereiche wie Stauraum, Ablageflächen oder Beleuchtung. Ergebnis sind auf den Millimeter genau abgemessene rechteckige Badmöbelsysteme, Armaturen und Waschbecken, deren Montagehöhen ebenfalls genau vorgeschrieben sind. Das Bad wird als reiner Funktionsraum interpretiert. Nur wenige Architekten, Hersteller und Designer erkennen, dass die wachsende Wohlstandsgesellschaft schon die Befriedigung anderer Bedürfnisse fordert, sprich anderer Funktionen, wie Fitness, Wellness, Entspannung oder die Inszenierung von Lebensstilen.

Der Systemgedanke wird für viele deutsche Möbelhersteller zum Leitgedanken, nicht nur im Bad oder in der Küche, die ebenfalls als reiner Funktionsraum betrachtet wird, sondern auch im Wohnzimmer oder im sogenannten „Jugendzimmer" der Baby-Boom-Jahre. Vor allem die in Massenproduktion preiswert herzustellenden genormten Bauteile machen den rechtwinkligen Formalismus und den Systemgedanken bei den Herstellern beliebt.

Der Hi-Fi- und Haushaltsgerätehersteller Braun in Kronberg/Taunus, macht den rechten Winkel und die glatte farblose Oberfläche zum Erfolgsfaktor und für den Nutzer zum Symbol rationaler, intellektueller Lebenseinstellung. Seine Produkte gelten als die Realisation des Ulmer Gedankenguts in der Industrie. Braun arbeitet seit den 1950er Jahren mit wichtigen Vertretern des Funktionalismus zusammen. Das Unternehmen wird für viele andere zum

ALLTAGS IKONEN

DAS FISCHSTÄBCHEN – Wie der Fisch zum Industrieprodukt wurde

Fischstäbchen sind ein Produkt, das aus einer Marketingidee heraus geboren wird und in den 1960er Jahren zu einer der Ikonen der industrialisierten Lebensmittelherstellung und zu einem wahren Kult wird. Unter Designgesichtspunkten verkörpern die Stäbchen gewissermaßen auch den neofunktionalistischen Systemgedanken, denn sie verdanken ihre Entstehung indirekt der Industrialisierung und ihre Form der industrialisierten Massenherstellung. Der frisch gefangene Fisch wird noch auf dem Schiff filettiert, zu flachen Platten geformt und eingefroren. Diese werden später an Land in Streifen gesägt, paniert und anschließend in heißem Fett so kurz frittiert, dass sie in ihrem Inneren gefroren bleiben. Auf diese Weise vorbehandelt, kommen sie in den Verkauf. Wie alle Industrieprodukte sind auch Fischstäbchen genormt. Sie wiegen in der Regel ca. 30 Gramm, müssen zu mindestens 65 Prozent aus Fischfilet (heute meist Seelachs) und dürfen zu maximal 35 Prozent aus Panade bestehen.

Die Idee zu dem Produkt entsteht in den 1950er Jahren in Großbritannien aufgrund von Bestrebungen, den Fischkonsum anzuregen und damit die britische Fischereiwirtschaft zu unterstützen. Hier kommen Fischstäbchen 1959 erstmals auf den Markt. Mitarbeiter der Tiefkühlfirma Birdseye hatten ihre ungewöhnliche Form entwickelt, indem sie Fischfilets in längliche Streifen pressten. Dieser Form verdanken die britischen Fischstäbchen ihren Namen, sie heißen dort „fish fingers“ (Fischfinger). Vertrieben werden sie unter dem Markennamen Captain Birdseye. In Deutschland kommen Fischstäbchen wenig später in den Handel und werden zunächst von Solo Feinfrost, ab 1963 unter der neuen Marke Iglo vertrieben. Ab 1969 werden sie mit der Werbefigur Käpt'n Iglo beworben, die als historische Reminiszenz die Birdseye-Möwe im Logo trägt. Der amerikanische Biologie Clarence Birdseye hatte in den 1920er Jahren während einer seiner Expeditionen in die Arktis beobachtet, wie die Ureinwohner frischen Fisch an der eiskalten arktischen Luft einfroren. Darauf aufbauend gründete er sein Unternehmen General Foods, ganz bewusst in Anlehnung etwa an General Motors und General Electrics. Es wird zu einem der führenden Hersteller von Tiefkühlkost.

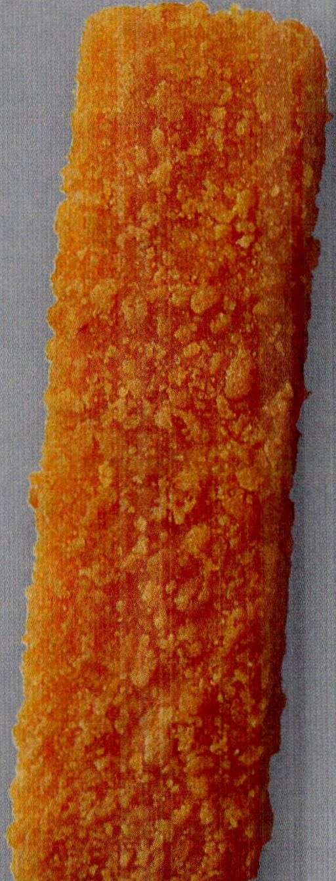

Fischstäbchen sind grätenfrei und deshalb bei Kindern und Erwachsenen gleichermaßen beliebt. Kritiker, die die Qualität dieses industriellen Produkts infrage stellen, werfen den Herstellern vor, darin zu viele Fischabfälle zu verarbeiten. Tatsächlich enthalten Fischstäbchen jedoch ausschließlich frisch gefangenen Fisch, der so wertvoll ist, wie jeder andere Fisch auch. Der bisweilen hohe Panadeanteil macht die Fischstäbchen lediglich kalorienreicher als unbehandelten Fisch.

Vorbild für klare, funktionale Gestaltung und eine mustergültige, konsequent moderne Corporate Identity. 1921 von Max Braun in Frankfurt gegründet, beschäftigt sich die Firma zunächst mit der Produktion von Einzelteilen für die damals noch junge Rundfunkindustrie. Ab 1929 baut man eigene Radiogeräte und Plattenspieler, 1936 eines der ersten batteriebetriebenen Kofferradios. Während des Krieges erfüllt Braun Rüstungsaufträge: Man produziert Funkgeräte und Steuerungselektronik. Nach dem Krieg wird die Produktpalette ausgebaut. 1950 bringt die Firma den Trockenrasierer S 50 heraus. Die Söhne Max Brauns erweitern ab 1951 ihr Betätigungsfeld auf den Bereich der Küchengeräte. 1954 stellen sie Fritz Eichler ein, der als Verantwortlicher für das Design die Zusammenarbeit mit der Hochschule für Gestaltung in Ulm einleitet. Zusammen mit Hans Gugelot und Herbert Hirche wird nun das konsequent moderne Erscheinungsbild des Unternehmens geprägt – vom Briefbogen über die Produkte bis hin zur Architektur. Dieter Rams, der 1955 in die Firma kommt, entwickelt schließlich das neofunktionalistische Image zu seinem Höhepunkt. Sein Motto: „Weniger Design ist mehr Design." Die Geräte von Braun sollen in ihrer Gestaltung einfach, übersichtlich und zeitlos modern sein, die Technik perfekt bis ins Detail.

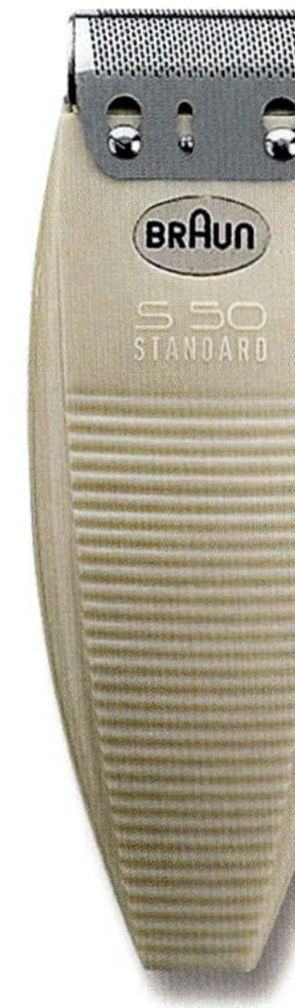

„S 50" heißt der erste elektrische Rasierer, der 1950 von der Firma Braun vorgestellt wird. Über einem oszillierenden Klingenblock ist eine ultradünne, aber dennoch stabile Stahlfolie gespannt. Ein Prinzip, das noch heute in jedem Braun-Rasierer angewendet wird.

Braun-Geräte werden zum Vorbild für Vieles, was andere Hersteller wie Siemens, AEG, Telefunken, Krupps oder Rowenta dann übernehmen: den Gedanken der Kompatibilität einzelner Elemente – Phono-Gerät, Plattenspieler, Verstärker und Tonbandgerät –, geometrische Grundformen, zurückhaltende Farbigkeit und die grafische Gestaltung der Fronten mit einfachen Bedienungselementen. Braun-Produkte sind international angesehen und erhalten Preise bei den Triennalen in Mailand 1957 und 1960 sowie 1962 den Compasso d'Oro. Braun passt seine Geräte technisch stets den aktuellen Entwicklungen an, doch trotz des modernen Anspruchs auf Zeitlosigkeit sind bei den jeweils neuesten Modellen von Elektrorasierern oder Kaffeemaschinen durchaus Zugeständnisse an den Zeitgeschmack erkennbar. Die Produktpalette wird dabei ständig erweitert, um Haarpflegegeräte, Reisebügeleisen, elektrische Zahnpflegesysteme und Vieles andere. In den 1980er Jahren kommen vor allem Uhren und Wecker hinzu. Braun erfindet z.B. die Funktion der Voice- und Reflex-Control. Weniger Erfolg ist der Produktion von Hi-Fi-Geräten beschieden. Von japanischen Herstellern vom Markt verdrängt, stellt Braun 1990 diesen Teil des Programms ein. Die letzten Geräte stehen heute als limitierte Edition im Museum of Modern Art in New York.

Dieter Rams (geb.1932) ist Chefdesigner und Mitglied der Geschäftsleitung bei der Braun AG und ein herausragender Vertreter des Funktionalismus. 1947–53 studiert er Architektur und absolviert eine Tischlerlehre, ehe er bis 1955 als Architekt in Frankfurt arbeitet. Danach ist er bei der Braun AG beschäftigt, ab 1956 als Produktdesigner, ab 1961 als Direktor der Designabteilung und seit 1980 als Mitglied der Geschäftsleitung. Rams stand der HfG Ulm nahe. Er hat mit Hans Gugelot und Herbert Hirche die Corporate Identity sowie zahlreiche Produkte für Braun entworfen.

Der Schreibgerätehersteller Lamy, 1930 als Füllfederproduzent gegründet, verschreibt sich auf der Suche nach neuen Profilierungschancen 1966 dem betont technischen, funktionalistischen Design. Er orientiert sich an Vorbildern wie Olivetti und Braun, von wo man gleich den ehemaligen Werks-Designer Gerd. A. Müller holt, und setzt bei den Produkten wie bei dem gesamten Image des Hauses auf eine sachliche Gestaltung mit zahlreichen modernen technischen Details – ein Weg, der Erfolg bringt und die Produkte von Lamy bis heute zu Symbolen einer rationalen Haltung macht.

Franco Clivio (geb. 1942) geboren in Schulen in der Schweiz, hat an der Ulmer Hochschule für Gestaltung studiert und ist einer der herausragenden Vertreter eines sachlichen Systemdesigns im 20. Jahrhundert. Nach dem erfolgreichem Abschluss seines Studiums ist er u.a. für die Firmen Erco, FSB, Gardena, Lamy, Rodenstock und Siemens tätig. Clivio lehrt als Dozent Produktgestaltung an der Università IUAV di Venezia. Dazu hat er verschiedene Gastprofessuren in den USA, in Deutschland und Finnland sowie an der Hochschule für Gestaltung in Zürich.

1961 wird in Ulm der Gartengerätehersteller Gardena gegründet. Zunächst handelt man mit traditionellen französischen Gartengeräten. Der Durchbruch jedoch gelingt 1968 mit einer eigenen Produktreihe, einem von dem HfG-Ulm Absolventen Franco Clivio entwickelten Bewässerungssystem, das aus einzelnen Komponenten besteht: Schlauchstücken, Verbindungselementen und verschiedenen Anschlussgeräten. Die funktionalen Komponenten werden durch ihre Farbgebung gekennzeichnet. Die Verbindungsstücke, die sich durch einen Klickverschluss mit einem Handgriff aufstecken lassen, sind in einem leuchtenden Orange von den anderen Komponenten abgehoben. Die Farbe signalisiert ihre Funktion und wird gleichzeitig aufgrund der Signalwirkung zum Marketingelement.

Das deutsche Unternehmen Erco, 1934 gegründet, realisiert den Gedanken des Systemdesigns in der Produktion von Lichtsystemen. Ab Mitte der 1960er Jahre entwickelt die Firma Stromschienen mit flexiblen Strahlern, die sich je nach funktionalen Erfordernissen an die gewünschte Stelle bewegen lassen. Hier steht das Licht im Mittelpunkt, nicht die Leuchte. Neben Stromschienen und Strahlern arbeitet Erco an Einbauleuchten, die sich in abgehängte Decken einbauen lassen. Das systematische Denken, das vorrangig die Funktion des Lichts im Sinn hat, ist damals neu – eine rationale, physikalisch determinierte Haltung, die sich in einer sachlich-funktionalen Ingenieurs-Ästhetik der einzelnen Elemente niederschlägt. Man kooperiert mit Otl Aicher von der HfG Ulm, der lange Zeit als Berater für das Unternehmen tätig ist. Der funktionale systematische Aufbau und die zurückhaltende rationale Ästhetik machen die Lichtsysteme vor allem für Büro-Architektur, Museen und andere öffentliche Arbeitsbereiche interessant und das Unternehmen international erfolgreich.

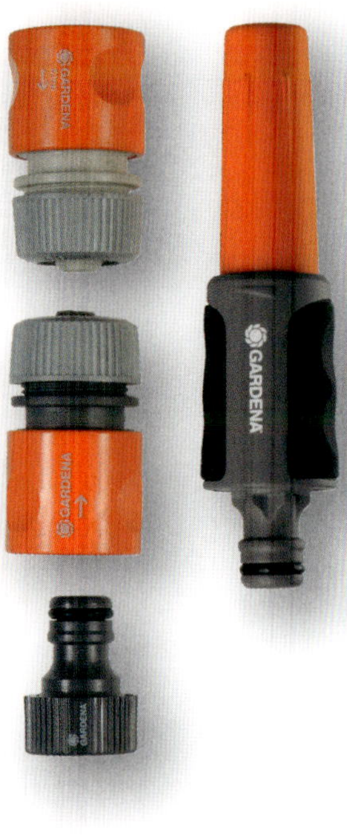

Franco Clivio, Bewässerungssystem für Gardena, 1968

Der Türklinkenhersteller FSB (Franz Schneider Brakel) wird durch eine rationale und designorientierte Haltung erfolgreich. Ab 1985 arbeitet er ebenfalls mit Otl Aicher zusammen, der die gesamte Corporate Identity des Unternehmens systematisiert. Man beauftragt zunehmend national bekannte Designer wie Franco Clivio oder Dieter Rams, später auch international erfolgreiche wie Philippe Starck oder Jasper Morrison, die sich intensiv mit dem Thema Greifen und der Funktion eines banalen Gegenstands wie der Türklinke auseinandersetzen.

In der Schweiz, wo Max Bill den Begriff der „Guten Form“ quasi erfunden hat, wird der Systemgedanke von dem Unternehmen USM Haller perfekt umgesetzt und zum Erfolgsfaktor gemacht. Der Schweizer Möbelhersteller USM U. Schärer Söhne AG wird in den 1960er Jahren mit seinem USM Möbelbausystem Haller zu dem wohl prominentesten Vertreter des Systemgedankens im

ALLTAGS IKONEN

TETRA PAK – das globale Massenprodukt

1951 erfindet der schwedische Ingenieur Ruben Rausing eine neuartige Milchverpackung. Sie ist antiseptisch und mit wenig Materialaufwand preiswert herzustellen. So soll sie als Konkurrenz zur Milchflasche aufgebaut werden. Ihren Namen hat sie nach der Tetraeder-Form, in der sie zuerst produziert wird. Doch nicht nur die Form ist neu und ungewöhnlich, auch das Material. Es ist eine völlig neuartige Kartonverpackung, bei der Papier in einem neuen Verfahren mit Kunststoff beschichtet wird. Das Unternehmen Tetra Pak in der schwedischen Stadt Lund entwickelt das Prinzip weiter und bringt 1963 die Tetra Brik Verpackung auf den Markt, in der heute bekannten Ziegelstein-Form. Da das Material leichter ist als das bis dahin gängige Glas, durch seine Lichtundurchlässigkeit das enthaltene Produkt haltbarer macht, aufgrund seiner Stabilität problemlos zu transportieren und durch die neue Formgebung platzsparend zu lagern ist, wird die Verpackung in der Folge zu einem internationalen Erfolg. Tetra Pak gründet Produktionsstätten in der ganzen Welt: in den 1960er und 70er Jahren zunächst in Deutschland, anschließend in vielen weiteren Ländern. Die zeitgleich aufkommenden Schlauchverpackungen können dem Tetra Pak keine Konkurrenz machen.

Neben H-Milch werden inzwischen auch andere flüssige Nahrungsmittel in Tetra Paks abgefüllt, wie Fruchtsaft, holländischer Vla oder Gemüsesuppe.

1981 kommen in Argentinien die ersten Tetra-Pak-Verpackungen für Wein auf den Markt, deren Zahl weltweit innerhalb von wenigen Jahren 1986 die 400-Millonen-Grenze überschreitet. 2002 sind allein in China mehr als 4,5 Millarden Tetra Paks auf dem Markt, und die Produkte sind heute in 150 Ländern vertreten.

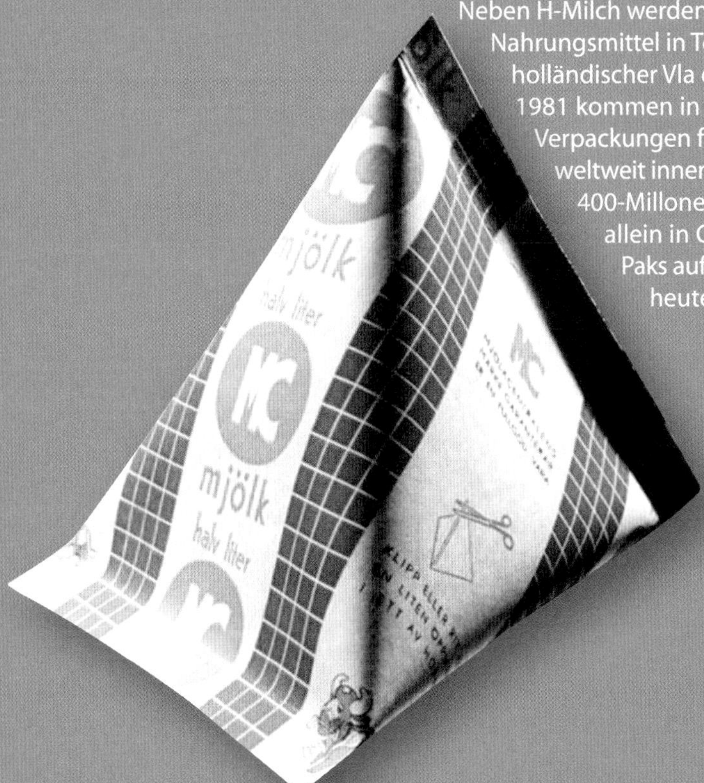

Schwedischer Treta Pak für Milch, 1953

Möbelbau. Das Unternehmen, 1885 als Eisenwarenhandlung in Münsingen bei Bern in der Schweiz gegründet, stellt in den 1920er Jahren zunächst Fensterverschlüsse her. Mit dem Aufschwung der Nachkriegszeit weitet es seine Aktivitäten auf den Metallbau aus. 1961 tritt Paul Schärer jun. in die Firma ein, der durch den Architekten Fritz Haller neue Fabrikations- und Bürogebäude bauen lässt. Ab 1963 entsteht in Zusammenarbeit mit ihm das bis heute erfolgreiche Möbelbausystem Haller, das mit zahlreichen Designpreisen ausgezeichnet und 2001 in die Sammlung des Museum of Modern Art in New York aufgenommen wird. Das Möbelbausystem Haller basiert auf standardisierten Grundelementen, die sich durch universelle Verbindungselemente und verschiedene funktionale Ausstattungselemente wie Klappen, Türen oder Schubladen systemartig kombinieren lassen. „Form folgt Funktion" lautet das Grundprinzip des USM Möbelsystems und die Philosophie des Herstellers, der über Niederlassungen in der Schweiz, in Deutschland, Frankreich und den USA weltweit Büros und vermehrt Wohnräume ausstattet.

Auch in den USA, wo im Bereich der Konsumgüter noch der Stylinggedanke dominiert, setzt sich ausgehend von der rationalen Architektur deutscher Abstammung vor allem im Bürobereich eine sachliche Gestaltungsauffassung durch, die von wissenschaftlichen Methoden im Design beeinflusst ist. 1960 veröffentlicht Henry Dreyfuss sein Buch „The Measure of Man", das zum Standardwerk der Ergonomie wird. Die rationale Ästhetik, wie man sie von europäischen Unternehmen wie Olivetti oder Braun kennt, wird zum Vorbild für amerikanische Firmen. Der Elektronik-Konzern IBM macht 1956 Eliot Noyes zum Corporate Design Director. Noyes, der durch die Bauhausvertreter Gropius und Breuer stark von der deutschen Sachlichkeit geprägt ist, modernisiert mit der Neuentwicklung der gesamten Corporate Identity das Bild des Unternehmens, das seit den 1950er Jahren führend in der Computerentwicklung ist und dies visuell zum Ausdruck bringen will. Durch Noyes und den Grafiker Paul Rand, der das grafische Erscheinungsbild von IBM nachhaltig modernisiert, signalisiert das Unternehmen seine Stellung als führender Elektronikkonzern. In anderen Unternehmen wird das Büro ebenfalls versachlicht. Computer, Schreibmaschinen und Arbeitsplätze werden umgestaltet und die Arbeitsabläufe rationell durchorganisiert. Büromöbelsysteme wie das Action Office, das George Nelson 1961 für Herman Miller entwickelt, prägen die neuen Großraumbüros. Und neben Paul Rand, der das sachlich überarbeitete Logo von IBM entworfen hatte, wird Saul Bass mit seinem Entwurf für das Logo der Bell Telefongesellschaft 1969 zu einem der Grafikdesigner, die das visuelle Erscheinungsbild der damaligen amerikanischen Wirtschaft prägen.

Im Großbritannien war das Arts-and-Crafts-Ideal und ein tief verwurzelter Konservatismus zusammen mit einer traditionellen Abneigung gegen industrielle Massenfabrikation lange ein Hindernis auf dem Weg in die Moderne. Erst nach dem Zweiten Weltkrieg hatte sich dafür umso stärker das Bedürfnis nach modernen Möbeln und Produkten entwickelt. Außerdem sah sich die bri-

Das USM-Motto „Form folgt Funktion" wird seit dem Beginn der Serienproduktion des Möbelbausystems Haller 1969 besonders erfolgreich umgesetzt.

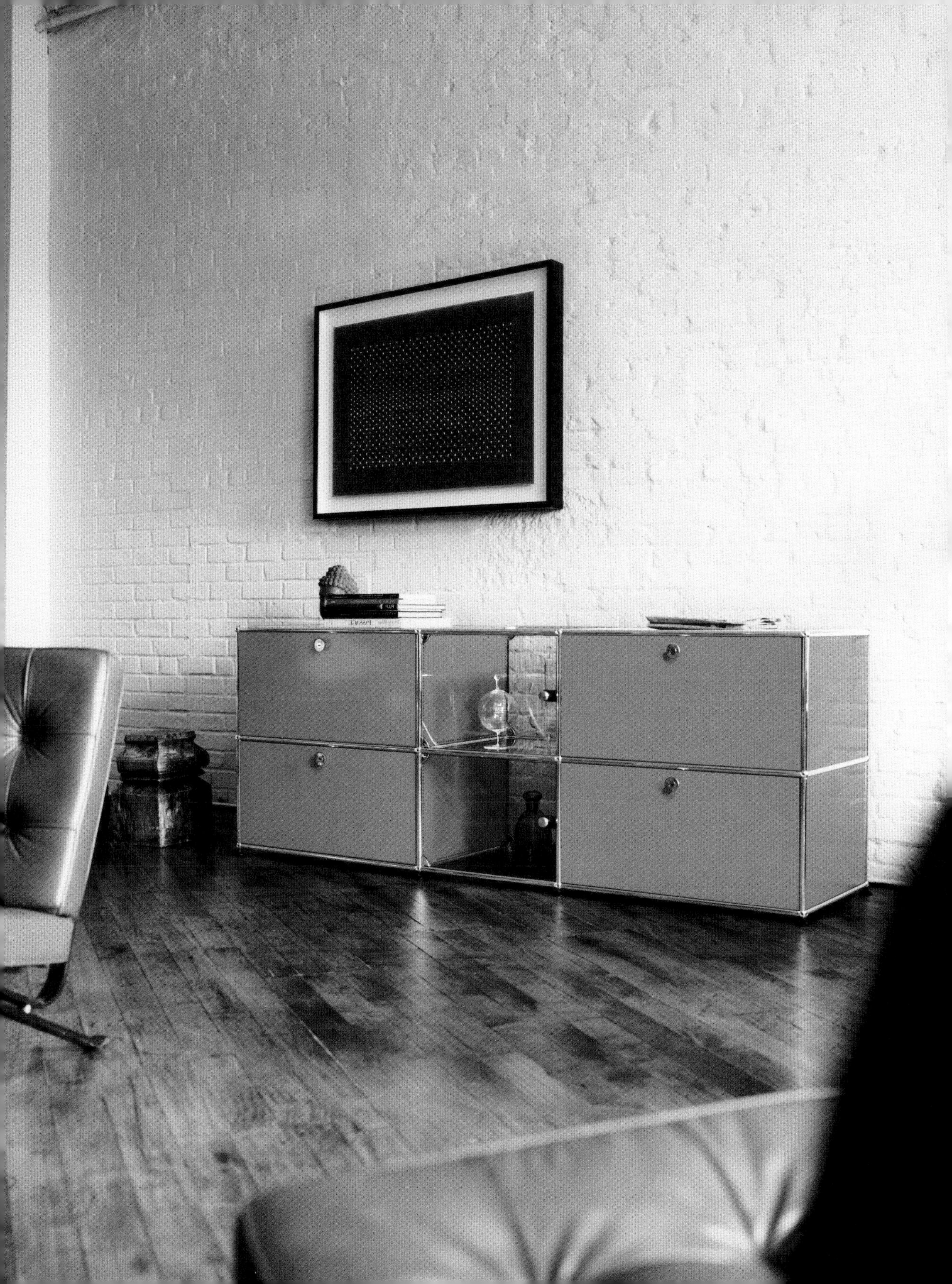

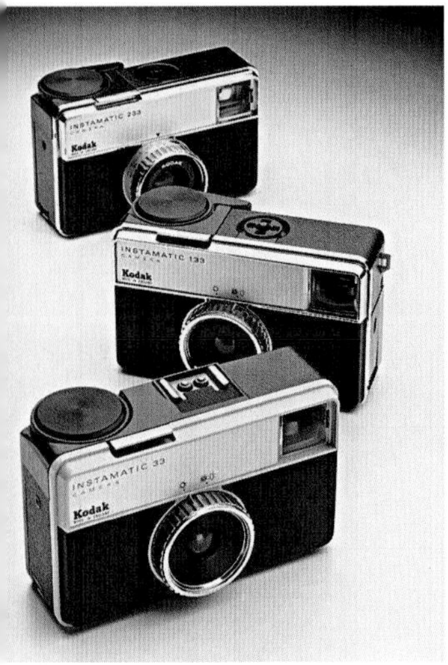

Kenneth Grange, Kamera Instamatic für Kodak, 1968

tische Industrie genötigt, den Anschluss an die anderen westlichen Industrienationen zu halten, um international wieder konkurrenzfähig zu werden. Die Vorbilder waren in den 1950er Jahren hier wie in anderen Ländern aus den USA gekommen. Lange aber bleiben die Designer in England, anders als in Italien oder Deutschland, namentlich eher unbekannt. Ausnahmen sind Robin und Lucienne Day sowie Kenneth Grange, die die moderne sachliche Gestaltung von Industrieprodukten voranbringen. Grange arbeitet unter anderem für den Küchengerätehersteller Kenwood und den Kameraproduzenten Kodak. Er entwickelt eine sachliche Produktsprache, die das internationale Leitbild des Good Design in Großbritannien verkörpert. Außerdem ist er einer der Begründer des Designstudios Pentagram, das, ähnlich wie BIB, OMK oder andere zu dieser Zeit gegründete Design Consultants, Ende der 1960er und Anfang der 1970er Jahre das britische Design professionalisiert und in Funktion und Ästhetik an internationale Standards heranführt. Darüber hinaus macht der 1964 von Terence Conran gegründete Möbelhersteller Habitat internationale Design-Standards in Großbritannien bekannt. Modernes Design aus Skandinavien oder Italien ist zum ersten Mal in Conrans Habitat-Laden in London zu sehen. Sein Ansatz, internationales modernes Design zu günstigen Preisen anzubieten, wird zu einer Erfolgsgeschichte in der Entwicklung des britischen Designs.
Das Modell des Funktionalismus und der Guten Form funktioniert: Es bringt den Unternehmen den gewünschten Erfolg und den Verbrauchern qualitativ gute Produkte, allerdings häufig in kleinen Marktausschnitten und für relativ begrenzte Zielgruppen. Die genannten Beispiele stehen für eine gekonnte Umsetzung und zeigen durch ihren Erfolg die Stärken des Funktionalismus. Doch die rechtwinkligen Formen und der Systemgedanke finden schnell Eingang in die Massenproduktion von nahezu allen Herstellern, da sich Produkte im Baukastensystem kostengünstig und rationell produzieren lassen. Ihre Produktsprache gleicht sich dabei oberflächlich immer mehr an. Die Formen werden allgemein härter, kantiger, sachlicher, aber auch einfallsloser. Ein schlecht kopierter Funktionalismus, der nur oberflächlich den rechten Winkel zitiert, führt allzu oft zu langweiligen Massenprodukten oder in der Architektur zu seelenlosen Trabantenstädten und Plattenbausiedlungen, die keinerlei urbanes Leben haben, menschliche Maßstäbe missachten und zu sozialen Brennpunkten werden.

Italien: Bel Design als Wirtschaftsfaktor

Von 1957, dem Jahr seines Beitritts zur Europäischen Wirtschaftsunion, bis etwa zur Mitte der 1960er Jahre erlebt Italien eine Zeit des Wohlstands und des Massenkonsums. Was in Deutschland die Gute Form, ist hier das Bel Design, ein Konzept, das ebenfalls das Mainstream-Design der großen Hersteller prägt. Es ist funktional und produktionsorientiert, räumt aber dem Design an

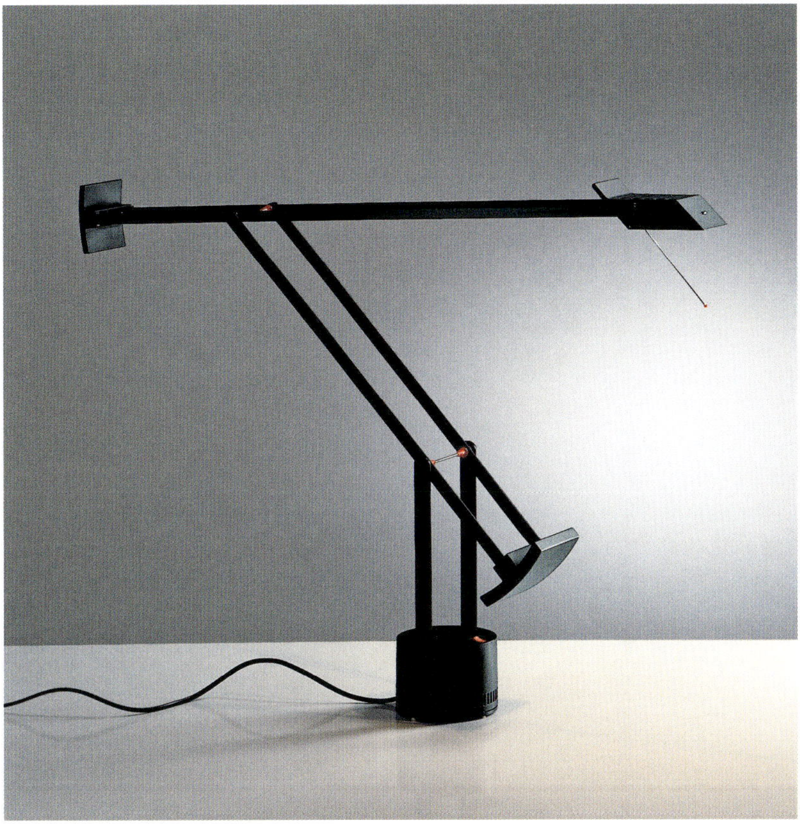

Ikone modernen Lampendesigns: Richard Sapper, Schreibtischleuchte Tizio für Artemide, 1972 Die Niedervolt-Halogenleuchte zeigt in ihrer technischen Durchdachtheit Reverenzen an funktionalistische deutsche Entwürfe der 1960er und 1970er Jahre, wird jedoch in italienischer Eleganz umgesetzt.

sich und seinen emotionalen Seiten einen anderen Stellenwert ein. Sind die Braun-Geräte farblich zurückhaltend und tragen nüchterne technische Modellbezeichnungen wie TS 45, so lassen italienische Hersteller eine intensivere Farbigkeit zu und nennen zum Beispiel die Reiseschreibmaschine, die Ettore Sottsass 1969 für Olivetti entwirft, „Valentine“ oder den Klappstuhl von Giancarlo Piretti „Plia“. Richard Sappers bekannte Leuchte Tizio, 1972 für Artemide entworfen, ist geprägt von einem extrem funktionalistischen Grundgedanken und technisch innovativ. Sie hat als eine der ersten Leuchten eine Niedervolt-Halogenbirne und beruht auf einem präzisen System von Gewichten, die die einzelnen Konstruktionselemente der Leuchte im Gleichgewicht halten. Dennoch ist die Tizio nicht nur funktional, sondern auf subtile Art verspielt. Diese Auffassung fördert einen emotionalen Kontakt zwischen Objekt und Benutzer, die Dinge werden als Persönlichkeiten aufgefasst und können zum Symbol – auch zum Statussymbol – gemacht werden. Das Produkt wird zum Designobjekt. Dieses Designbewusstsein ist wichtig für die besonders exportorientierte italienische Wirtschaft. Die sprichwörtliche italienische Experimentierfreudigkeit und Kreativität, gepaart mit starker Exportorientierung, machen das Land zu einer der führenden Design-Nationen.

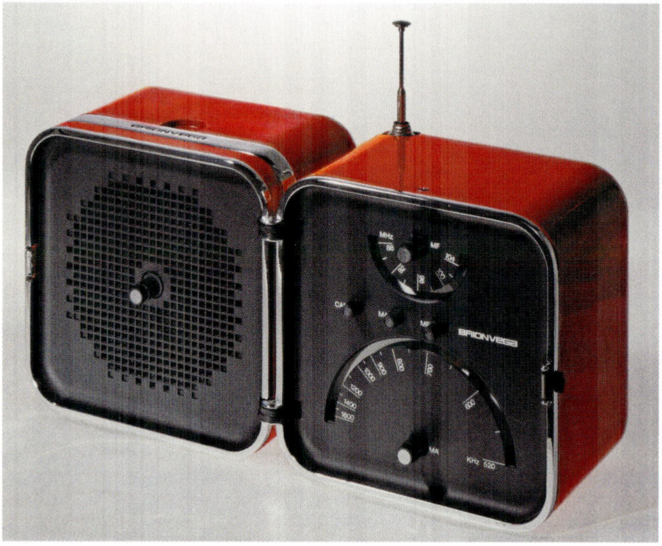

Marco Zanuso (1916–2001) gehört zu den Begründern des italienischen Industriedesigns nach dem Zweiten Weltkrieg. Er wird in Mailand geboren und studiert hier auch Architektur. Sein Studium schließt er 1939 ab. 1946 wird er Mitherausgeber der Zeitschrift „Domus", 1952 Mitherausgeber der Zeitschrift „Casabella". Er befasst sich intensiv mit neuen Strömungen in Architektur und Design, gehört 1956 zu den Gründungsmitgliedern der ADI (Associazione per il Disegne Industriale), der italienischen Gesellschaft für Industriedesign, und ist für einige Jahre Jurymitglied des Compasso d'Oro. In seiner Arbeit ist er offen für Innovationen und experimentiert mit neuartigen Materialien. Für die Firma Arflex entwickelt er Möbel aus Schaumstoff, für Kartell einen Kinderstuhl aus Kunststoff (1964) und zusammen mit Richard Sapper überarbeitet er in den 1960er Jahren zahlreiche Formen für den Hi-Fi-Hersteller Brionvega. Als Architekt baut er die Firmengebäude für Olivetti (1955) und für IBM (1974), außerdem Museums- und Kongressgebäude. Zanuso lehrt bis 1991 am Mailänder Polytechnikum.

Richard Sapper und Marco Zanuso, tragbares Transistorradio TS 502 für Brionvega, 1964

Der zweite wichtige Aspekt, der zu diesem Erfolg beiträgt, ist die Auffassung vom Design als Teil der Kultur. Große Unternehmen wie Olivetti oder Fiat arbeiten bewusst mit bekannten Architekten und Designern zusammen. Inzwischen hat sich nach Gio Ponti, Marcello Nizzoli und Carlo Mollino mit Namen wie Rodolfo Bonetto, Joe Colombo, Cini Boeri, Mario Bellini, Gae Aulenti und Anna Castelli Ferrieri eine nächste Generation von Designern etabliert. In Italien entsteht der Beruf des Consultant Designers, der selbstständig als Berater für verschiedene Firmen tätig ist. Der Gedanke der Corporate Identity oder Corporate Culture bekommt eine eigene, im engeren Wortsinn kulturelle Dimension. Bekanntestes Beispiel ist die Politik der Firma Olivetti, die mit jungen Designern und Architekten wie Ettore Sottsass jr., Marco Zanuso oder Mario Bellini zusammenarbeitet. Sottsass, der von 1958 bis 1980 als beratender Designer für die damals gerade eingerichtete Elektronikabteilung tätig ist, trägt nicht nur die Verantwortung für die ausgesprochen funktionale Gestaltung neuer Computer, sondern unterhält auch eine eigene Abteilung für „kulturelle Beziehungen" und Öffentlichkeitsarbeit. Er lässt sich nicht in die Hierarchie der Firmenstruktur einzwängen, steht aber in direktem Kontakt mit der Geschäftsleitung. Sottsass nimmt sich Freiheiten in der Arbeit heraus, die er für sein Verständnis von Design benötigt. So macht er Reisen, um fremde Kulturen kennenzulernen und arbeitet nebenbei als Künstler. Er entwirft zwar einige der erfolgreichsten Büromaschinen für Olivetti, stellt aber gleichzeitig als einer der ersten den eintönigen sachlichen Stil des Funktionalismus und des Bel Design infrage. Er wird zu einem der Mitbegründer der Radical-Design-Bewegung, die das italienische Industriedesign heftig kritisiert und grundsätzlich infrage stellt.

Solche grundsätzlich aufgeschlossenen Haltungen machen das Design, auch in seinen späteren Kontroversen, früh zu einem wichtigen Bestandteil der Firmenpolitik. Design ist nicht eine Sache für Spezialisten und Ingenieure, sondern beschäftigt Architekten, Philosophen und Schriftsteller gleichermaßen. Die großen Theoretiker des italienischen Designs – Gillo Dorfles, Giulio Carlo Argan, Vittorio Gregotti und Umberto Eco – tragen schon damals Diskussionen über Design in den vielen Architektur- und Designzeitschriften in einer breiten Öffentlichkeit aus.

Die dritte Eigenart des italienischen Designs, die Experimentierfreudigkeit, wird ab Mitte der 1960er Jahre dann durch die fast unbegrenzten Möglichkeiten gefördert, die die innovativen Kunststoffe bieten. Italien wird zum Vorreiter moderner Entwicklungen im Design. Bereits zu Zeiten des Bakelits galten Kunststoffe als Zeichen moderner Gestaltung, und in Italien war die Begeisterung für Modernes wie für Kunststoff stets besonders ausgeprägt. Um 1952 hatte der Italiener Giulio Natta zusammen mit Karl Ziegler den Kunststoff Polypropylen erfunden, für den er im Jahr 1963 den Nobelpreis für Chemie erhielt. Diese Erfindung revolutioniert den Möbelbau. Jetzt sind tragfähige Stühle oder Tische in allen Formen aus einem Guss möglich und preiswert maschinell herzustellen. Außerdem arbeiteten zahlreiche Firmen intensiv an der Weiterentwicklung von Schaumstoffen, Nylon und Polyester. Dabei werden Erfahrungen aus der Kriegstechnologie auf alltägliche Produkte übertragen, und man sucht in der chemischen Industrie ständig nach Anwendungsmöglichkeiten für die verbesserten Kunststoffe. Man findet sie vor allem im Bereich der Haushaltswaren und in der Möbelproduktion.

Nach dem Krieg waren in Italien bald eine Reihe von Unternehmen gegründet worden, die sich zunächst mit der Herstellung von Haushaltswaren befassten und farbenfrohe Kunststoffbehälter, Bestecke und anderes auf den Markt brachten. Zu diesen Neugründungen gehörte 1949 unter anderem die Firma Kartell in Noviglio bei Mailand. Das von dem Chemiker Giulio Castelli gegründete Unternehmen stellte anfänglich Kunststoffteile für Autos her, beschäftigte sich aber seit Mitte der 1950er Jahre vorrangig mit der Entwicklung und Produktion von Haushaltsgegenständen. In den 1960er Jahren wendet sich die Firma der Produktion von Lampen und Möbeln zu und wird zum führenden Unternehmen auf dem Gebiet des Kunststoffdesigns. Charakteristisch für die Firmenpolitik ist neben der Experimentierfreudigkeit und der Offenheit gegenüber neuen Technologien vor allem, dass man programmatisch mit bekannten Designern zusammenarbeitet. Unter der beratenden und künstlerischen Leitung der Architektin und Designerin Anna Castelli Ferrieri experimentiert Kartell seit 1966 mit ständig neuen Kunststoffverbindungen, um

Mario Bellini (geb. 1935) studiert Architektur am Mailänder Polytechnikum und gründet anschließend ein Architektur- und Designbüro. Ab 1963 arbeitet er als Consultant Designer für Olivetti und bis heute für Firmen wie B & B Italia, Cassina, Lamy, Brionvega oder Artemide. Zwischen 1962 und 1971 erhält er sechsmal den Compasso d'Oro und hat 1987 eine große Einzelausstellung im Museum of Modern Art in New York.

Ettore Sottsass Jr. (1917–2007) studiert Architektur in Turin, gründet 1947 ein Studio für Architektur und Design in Mailand und arbeitet 1956 bei George Nelson in New York. 1958 kommt er zu Olivetti, wo er bis 1980 als beratender Designer tätig ist. Neben seiner professionellen Tätigkeit wird Sottsass zur Leitfigur des italienischen Gegendesigns. Er ist Mitbegründer der Designer-Vereinigungen Global Tools sowie von Studio Alchimia und Memphis. 1980 gründet er die Sottsass Associati, die bis heute in den verschiedensten Bereichen arbeiten, u. a. für Firmen wie Cassina, Mitsubishi, Alessi, Coca-Cola und Olivetti. Nach dem Ende von Memphis wendet sich Sottsass verstärkt der Architektur zu. 2007 widmet ihm das Design Museum in London eine große Retrospektive.

Möbel nicht nur formschöner und haltbarer, sondern auch preiswerter zu machen. Zu den bekanntesten Produkten von Kartell gehören der Kinderstuhl K1340 von Marco Zanuso und Richard Sapper (1964), der Stapelstuhl 4860 von Joe Colombo und die Kunststoffcontainer Componibili von Anna Castelli Ferrieri. In den 1980er Jahren stellt die Firma dann Kunststoffmöbel von Philip Starck, Matteo Thun, Michele de Lucchi und anderen herausragenden Vertretern des internationalen Designs her.

Richard Sapper (geb. 1932) gilt als einer der international wichtigsten Produktdesigner des 20. Jahrhunderts. 1952–56 studiert er zunächst Betriebswirtschaftslehre in München, beschäftigt sich aber daneben mit Philosophie, Anatomie, Grafikdesign und Ingenieurwissenschaften. Anschließend arbeitet er bis 1958 bei Mercedes Benz und zieht dann nach Mailand, wo er in den 1960er Jahren für bedeutende Unternehmen wie Alessi und das Kaufhaus La Rinascente tätig ist. Während dieser Zeit kooperiert er auch mit Gio Ponti und Marco Zanuso. 1970 eröffnet Sapper sein eigenes Büro und arbeitet für Fiat und Pirelli. In den 1980er Jahren ist er als Berater für alle Produkte von IBM verantwortlich sowie für das gesamte Erscheinungsbild des Unternehmens. Außerdem hat er Professuren an der Yale University und in Wien. 1986–98 lehrt er an der Stuttgarter Kunstakademie, seit 2001 ist er Mitglied der Akademie der Künste in Berlin.

Die Kunststoffwelle erreicht mit der Ölkrise von 1973 gleichzeitig ihren Höhe- wie Wendepunkt. In der Folge wird das Material zunehmend als billig, geschmacklos und – mit wachsendem Umweltbewusstsein – als unökologisch empfunden. Sein Einsatz beschränkt sich zunehmend auf den Außen- (Gartenmöbel) oder den gewerblichen und öffentlichen Bereich. Gerade dieses negative Image ist es allerdings, das Anfang der 1980er Jahre die Gruppe Memphis und später zahlreiche andere Vertreter des Neuen Designs mit ihrer besonderen Vorliebe für den Alltag, für Plastiklaminate und grelle Farben dazu anregt, das verpönte Material Kunststoff zu rehabilitieren und zurück in den privaten Wohnbereich zu holen.

Die Krise des Funktionalismus

Joe (Cesare) Colombo (1930–1971) studierte 1955 an der Accademia di Belle Arti di Brera in Mailand zunächst Kunst und anschließend Architektur. 1962 eröffnet er ein Studio in Mailand und ist für zahlreiche Firmen wie Boffi, Arflex, O Luce und Kartell tätig. Er ist technologiebegeistert, arbeitet viel mit modernen Kunststoffen und lässt sich von Science-Fiction inspirieren. Seine Entwürfe sind visionär, innovativ und zukunftsorientiert. Für die Bayer AG gestaltet er 1969 die Wohnutopie Visiona 1).

Die 1960er Jahre führen zum vorläufigen Höhepunkt der Konsumgesellschaft und des Funktionalismus, zeigen aber in ihrer zweiten Hälfte schon deutliche Anzeichen der Krise. Die Zeit ist ambivalent: Auf das Wirtschaftswunder der späten 1950er und frühen 60er Jahre folgt 1966/67 die erste Rezession, Massenkonsum ruft Konsumkritik hervor, Protestbewegungen und visionäre Zukunftseuphorie stehen nebeneinander. Am Ende des Jahrzehnts kommt es in Europa zu Protestbewegungen gegen die verkrusteten bürgerlich-kapitalistischen Gesellschaftsstrukturen, die in den 1930er Jahren zu Gewaltherrschaft und Krieg geführt und nun die Ausbeutung und Unterdrückung wirtschaftlich schwächerer Teile der Welt zur Folge haben. In Europa und in den USA kommt es zu Protesten und Unruhen, die sich ausgehend von den Bürgerrechtsbewegungen in Nord-Amerika gegen die Außenpolitik der USA, insbesondere gegen die amerikanische Vietnam-Politik, richten. In Deutschland ist es vor allem ein antiautoritärer Generationenkonflikt, der sich gegen die kleinbürgerlich-konservative Gesellschaftsordnung und gegen die Relikte des nationalsozialistischen Gedankenguts der Kriegsgeneration richtet. Auch in Italien ist es ein Aufbegehren der jungen Ge-

Joe Colombo, Rollcontainer Boby für Bieffeplast, Kunststoff, 1970

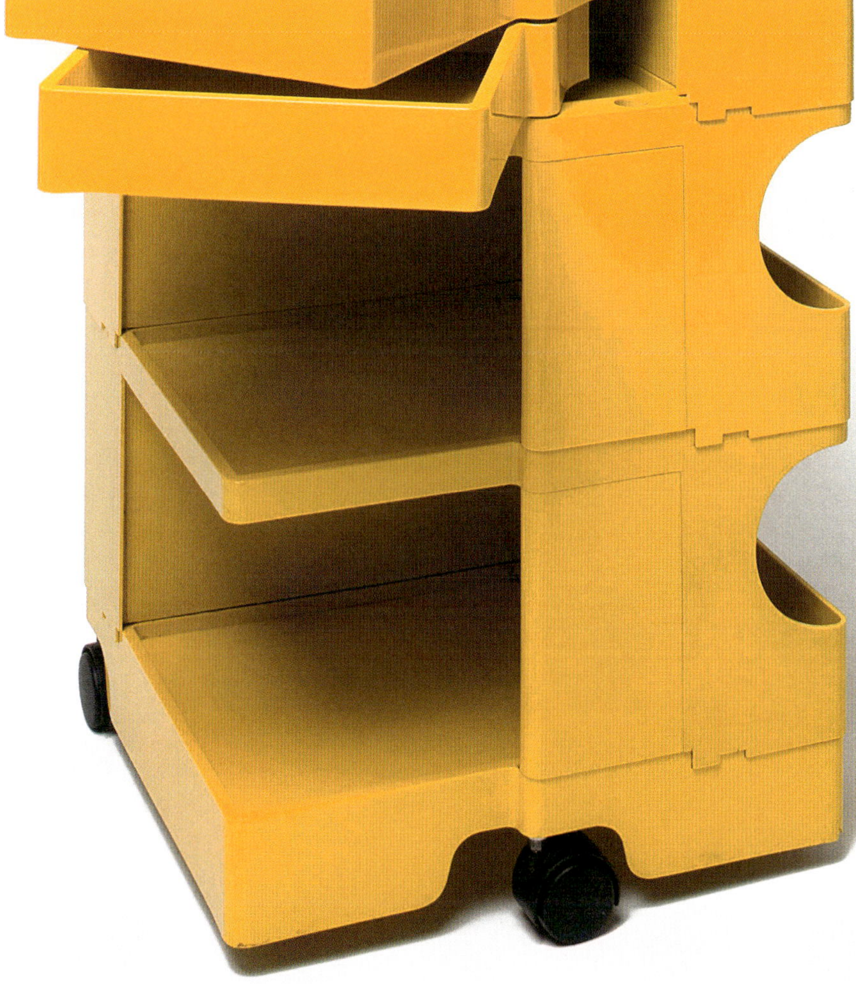

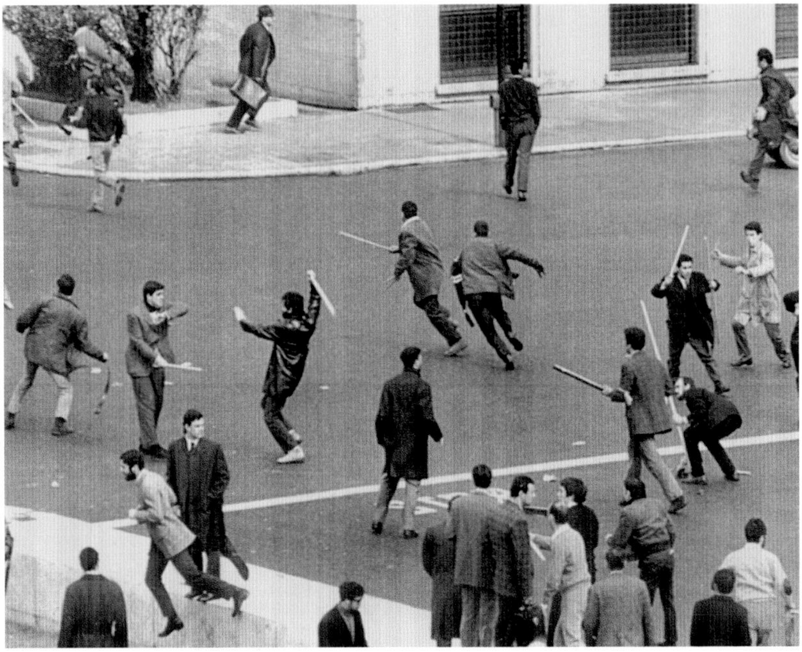

Straßenkampf zwischen rechten und linken Studenten am 16.03.1968 in Rom.

neration gegen die bestehenden Verhältnisse, vor allem gegen einen Staat, der im Norden des Landes als ein kapitalistisches Regime angesehen wird, das die Sozialisten mit aller Gewalt von der Regierung fernhalten oder zumindest Sozialreformen verhindern will, und im Süden de facto noch immer ein Feudalsystem ist. In den Staaten des Ostblocks ist es ein Jugendprotest, der sich gegen einen stalinistischen und für einen menschlichen Sozialismus einsetzt. Überall jedoch werden die bestehenden gesellschaftlichen Verhältnisse vehement und zum Teil gewaltsam infrage gestellt. In den westlichen Industrienationen gehört dazu die Kritik am kapitalistischen Wirtschaftssystem, das zu ungleicher Verteilung des Wohlstands in der Welt und zur Unterdrückung ganzer Erdteile führt, und an der Konsumgesellschaft, die nicht zuletzt Natur und Umwelt schädigt. Diese Kritik findet sich bald wissenschaftlich untermauert. 1972 erscheint eine Studie von Donella und Dennis Meadows im Auftrag des Club of Rome, die unter dem Titel „The Limits to Growth" (dt.: „Die Grenzen des Wachstums") anhand von umfassenden Analysen der Gegenwart und Computersimulationen der Zukunft wichtige globale Entwicklungstendenzen feststellen, wie Bevölkerungswachstum, Unterernährung, Zerstörung von Lebensraum, Industrialisierung und die Endlichkeit von Rohstoffreserven. Die Studie kommt zu zahlreichen wichtigen Ergebnissen, das zusammenfassende Fazit lautet: „Wenn die gegenwärtige Zunahme der Weltbevölkerung, der Industrialisierung, der Umweltverschmutzung, der Nahrungsmittelproduktion und der Ausbeutung von natürlichen Rohstoffen unverändert anhält, werden die absoluten Wachstumsgrenzen auf der Erde im Laufe der nächsten hundert Jahre erreicht.“ (Meadows, 1972, S.17) Wie zur Bestätigung folgt 1973 der Schock der Ölkrise.

Die Studentenunruhen in den europäischen Großstädten, die Kritik an der Politik, an Wirtschafts- und Gesellschaftssystemen lassen das Design nicht unberührt. Die Euphorie der Massenproduktion und der reine Zweckrationalismus der modernen Gestaltung sehen sich nun zunehmender Kritik gegenüber. Die Frage nach der Aufgabe des Designs und der Architektur in der Gesellschaft wird neu gestellt, die Frage nach der Funktion eines Gegenstands über den rein technischen Aspekt hinaus ins Symbolische und Soziale erweitert.

In Deutschland, wo der Funktionalismus in Architektur und Design nach dem Krieg dogmatisch vertreten wurde und wo die großen Neubausiedlungen an den Peripherien der Städte seine negativen Folgen deutlich zutage treten lassen, entspinnt sich Mitte der 1960er Jahre zuerst in Architektur und Städteplanung eine Debatte über die emotionalen Defizite eines reinen Zweckrationalismus, der ausschließlich auf Massenproduktion ausgerichtet ist. Auch die Rolle der Kunst im Entwurfsprozess, die der Funktionalismus stets streng vom Design getrennt wissen wollte, wird neu diskutiert. Ein früher Höhepunkt dieser Debatte ist 1965 Theodor Adornos Vortrag „Funktionalismus heute“ vor dem Deutschen Werkbund, in dem er die puristischen Leitgedanken der Funktionalisten als ideologisch überhöht kritisiert und feststellt: „Kaum eine Form, die nicht neben ihrer Angemessenheit an den Gebrauch auch Symbol wäre.“ Der Architekt Werner Nehls fordert 1968: „Die heiligen Kühe des Funktionalismus müssen geopfert werden.“ Er verurteilt den unmenschlichen Formalismus der Betonplattenbauten der 1960er und 1970er Jahre: „Das Verbrecherische liegt darin, dass die Prinzipien des Klaren und Strengen uns in eine Öde der Gestaltung geführt haben.“ Alexander Mitscherlich stellt 1965 „Die Unwirtlichkeit unserer Städte“ fest. Eine politische Kritik an der Rolle des Designs im kapitalistischen Wirtschaftssystem ist Wolfgang Fritz Haugs „Kritik der Warenästhetik“ (1971). Er verurteilt ein Design, das den Gebrauchswert der Waren reduziert und ihnen aus Marketinggründen einen falschen Oberflächenglanz (Styling) verleihe, der den Verbraucher mit kurzlebigen Scheinversprechen betrüge. Solche konsumkritische Haltung ist bemerkenswerterweise zuerst im Geburtsland des Massenkonsums, in den USA, schon Ende der 1950er Jahre geäußert worden. Der amerikanische Publizist Vance Packard hatte hier 1957 sein Buch „The Hidden Persuaders“ (dt. „Die geheimen Verführer“) veröffentlicht, in dem er die Strategien der Marktforschung und Konsumwerbung, aber auch der politischen Propaganda und der Mitarbeitermotivation in großen Unternehmen kritisch analysiert. Sein Buch erscheint 1958 in vielen anderen Sprachen und wird in Deutschland zum Standardwerk der Konsumkritik in der Studentenbewegung. Sein Buch „The Waste Makers“ (dt. „Die große Verschwendung“) das 1960 die „planned obsolescence“, den beabsichtigten Verschleiß, kritisiert, wird ebenfalls ein internationaler Bestseller. In den USA erscheinen Mitte der 1960er Jahre zudem die ersten theoretischen

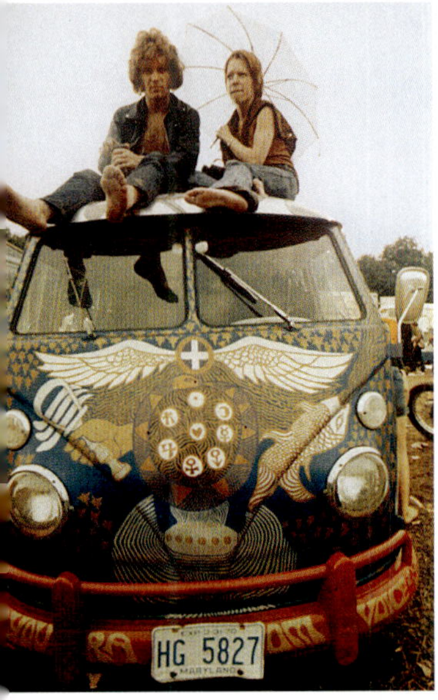

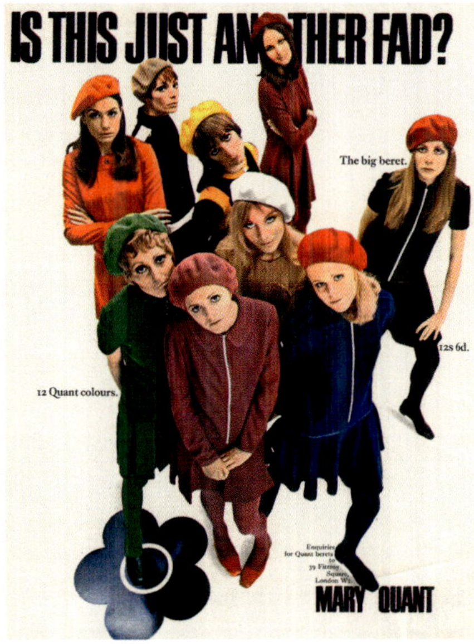

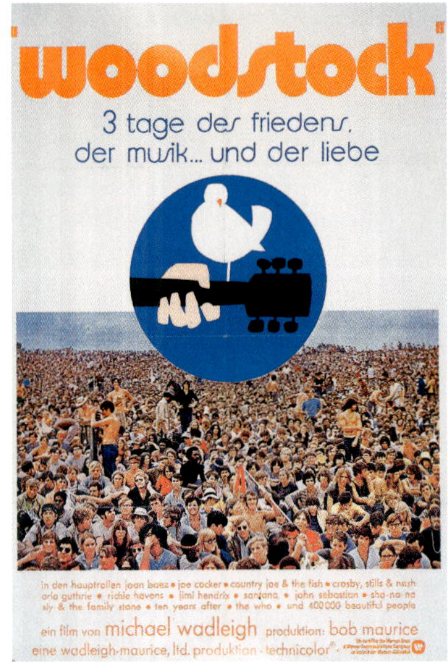

Das Woodstock Music and Art Festival, „Mutter aller Musikfestivals" und Höhepunkt der Hippiebewegung, findet vom 15.–17. August 1969 auf einer Farm in Bethel, New York, USA statt. Es legt den Grundstein für die Pop-Kultur, die fortan in alle Lebensbereiche Einzug hält.

Beiträge, die in kritischer Auseinandersetzung mit der Moderne kulturelle, psychologische und symbolische Aspekte der Architektur in den Mittelpunkt stellen und damit die Theorie der beginnenden Postmoderne formulieren. Viele Designer wollen sich jetzt nicht länger als „Handlanger der Industrie" sehen, arbeiteten frei und experimentell und denken politisch engagiert in übergreifenden gesellschaftlichen Konzepten. Die Theorie des Funktionalismus kann auf ihre Fragen keine befriedigenden Antworten geben. Und so kommt es, dass ästhetische Leitbilder nun in designfremden Bereichen gesucht werden. Neue Impulse für das Design kommen plötzlich nicht mehr aus der Industrie oder von den Hochschulen, sondern aus den jugendlichen Subkulturen, der Musikszene, der Pop-Art, dem Film.

In Großbritannien führt die Anlehnung an amerikanische Leitbilder, besonders an den dortigen Jugendkult, dazu, dass sich hier eine Jugendkultur bildet, die das schnell und heftig nachgeholte moderne Industriedesign bekämpft. Der Diktatur des Establishments – zunächst der traditionellen britischen Lebensart, nun des rationalistischen Mainstream-Designs des Nachkriegsfunktionalismus – stellt sich eine autarke jugendliche Subkultur entgegen, die sich protestartig von der offiziellen Kultur absetzt und eine eigene „Pop-Kultur" begründet. Sie provoziert, indem sie die Grenzen zwischen Hochkultur und Alltag aufhebt, die Dinge des Alltags zur gleichberechtigten Kultur macht und sich so eigene Ikonen schafft. In den 1960er Jahren wird London zum Zentrum dieser Jugendkultur. Mit den Beatles aus Liverpool, die 1962 in den Londoner Abbey Road Studios ihre erste Single produzieren, und den Rolling Stones, die sich 1962 in London gründen, bekommt die junge Generation ihre eigenen Musikrichtungen. Die ersten Plattencover der Gruppen werden zu Meilensteinen eines neuen Grafikdesigns. Die beiden Gruppen beeinflussen in ihrem ganzen Auftreten das Design – vom Haarschnitt bis zur Mode. Letztere wird zum ausdrucksstarken Symbol der Abgrenzung und der Emanzipation. Mary Quant erfindet 1964 den Minirock, Symbol einer jungen Generation von Frauen, die damit ein Zeichen der sexuellen Revolution setzen. Die britische Pop-Musik und die amerikanische Hippie-Bewegung, die in den USA nicht nur den Kriegsdienst, sondern generell den Dienst in der kapitalistischen Konsumgesellschaft verweigert, bringen eine „Flower-Power"-Formensprache hervor, die zusammen mit der Pop-Art das Grafikdesign, die Mode und die experimentellen Möbel zahlreicher Designer beeinflusst.

Alternativen zum heftig kritisierten Funktionalismus kommen in den 1960er Jahren verstärkt aus den jugendlichen Subkulturen, die gegen tradierte Verhaltensweisen und die ästhetischen Normen des Establishments rebellieren. Banale Alltagsgegenstände, Comics und Werbung werden in den Bildern von Roy Lichtenstein, Tom Wesselmann oder Andy Warhol zu Kunst und gleichzeitig zur Parodie auf die Konsumgesellschaft. Es ist aber durchaus ein Wechselspiel in beide Richtungen: Der Alltag inspiriert die Kunst der Pop-Art und gleichzeitig werden ihre ästhetischen Einflüsse wie auch die der Op-Art oder der Hard-Edge-Malerei in der Werbung, der Mode und im Design aufgenommen. Zum ästhetischen Vokabular der Pop-Kultur zählen neben den Einflüssen von der Straße jetzt erstmals historische Stilzitate, besonders aus dem Jugendstil, und grafische Elemente aus fernöstlichen Kulturen. Die neuen Kunststoffe erlauben spielerische, oft ironische und provokative Formen. Im Zusammenhang mit der Auflehnung der 68er-Generation gegen althergebrachte bürgerliche Wohnformen werden alternative Modelle des Zusammenlebens erprobt. Kitsch und Alltagskultur finden Eingang in die Wohnung, Nostalgie und Exotik, Sperrmüll und selbstgebaute Möbel, „Wohnlandschaften" und „Liegewiesen".

Das amerikanische Raumfahrtprogramm mit dem Höhepunkt der Mondlandung 1969, die technologischen Möglichkeiten in der Kunststoffverarbeitung und die theoretischen Diskussionen um neue Gesellschaftsmodelle inspirieren die Designer zu futuristischen Wohnutopien und bringen Produkte in ungewohnten Formen und Farben hervor. Science-Fiction-Filme wie Stanley Kubricks „2001 – Odyssee im Weltraum" von 1968 inspirieren Designer zu futuristischen Wohnwelten, wie man sie dann auf den Visiona-Ausstellungen der Bayer-AG von 1968–70 anlässlich der Möbelmesse in Köln sieht. Zentrale Wohnblocks mit allen technischen und psychosozialen Funktionen, ähnlich wie man sie aus Raumschiffen „kannte", sollen die Wohnleitbilder reformieren. Der Grundriss des Wohnbereichs ist offen, die Möbel sind aus Kunststoff. Anders als der rechtwinklig-rationale Funktionalismus sprechen solche Wohnwelten die emotionalen und sinnlichen Bedürfnisse der Menschen an: Geborgenheit, Entspannung, Kommunikation, Fantasie, Sexualität. All diese vielfältigen Einflüsse führen zu einem Pluralismus von ästhetischen Ansätzen, der das Design nicht unberührt lässt.

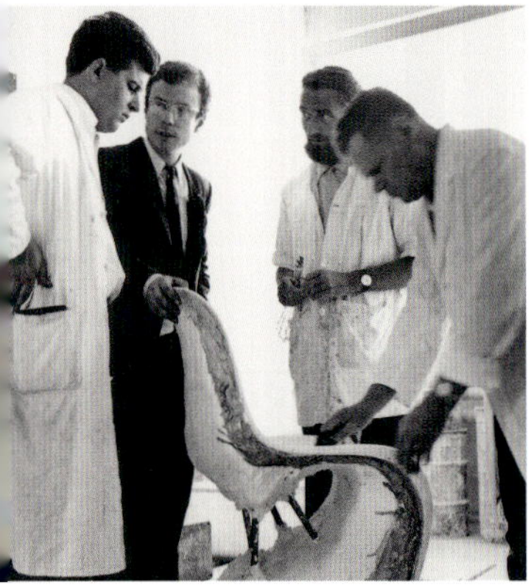

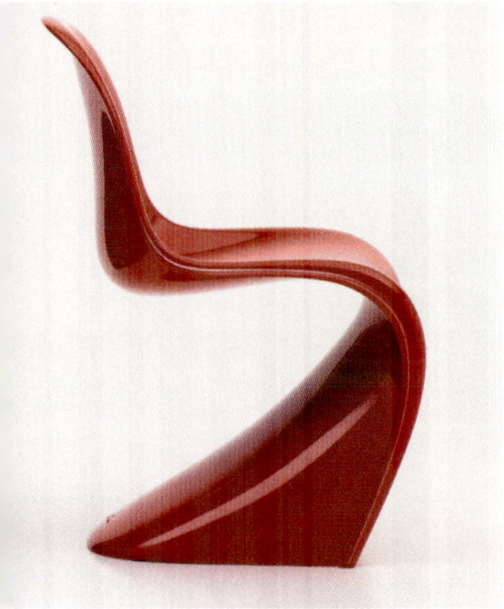

Verner Panton, Side Chair (Panton Chair), 1968
Panton hatte den aus einem Guss gefertigten Stuhl bereits 1959/60 entworfen, er konnte aber erst ab 1967 produziert werden.

Nach England bilden sich in Italien und Deutschland radikale Bewegungen gegen die funktionalistische Architektur sowie das Mainstream-Design der Industrie und der Designinstitutionen. In der Designnation Italien ist gegen Ende der 1960er Jahre die junge Generation von Architekten und Designern – und bemerkenswerterweise etwa mit Ettore Sottsass jr. auch einige der Väter – unzufrieden mit den Ausbildungs- und Arbeitsbedingungen und dem konsumorientierten Bel Design der Industrieprodukte. Man will keine eleganten Einzelstücke mehr entwerfen, sondern gesellschaftlich relevant, übergreifend konzeptionell und global denken, den Entwurfsprozess neu betrachten ebenso wie die politischen Voraussetzungen in der Konsumgesellschaft. Zum Charakter des italienischen Designs gehört seit jeher nicht nur das kulturelle, sondern immer ein philosophisches, politisches und gesellschaftskritisches Bewusstsein. Schwerpunkte dieser Protestbewegung werden Mailand, Florenz und Turin, wo man sich in Gruppen wie Strum, UFO, Archizoom, 9999, Global Tools oder Superstudio zusammenschließt, um einen radikal neuen, umfassenden Ansatz zur „Schaffung der menschlichen Lebensgrundlagen" zu erarbeiten. Die Bewegung nennt sich „Radical Design", in Anlehnung an die Architettura Radicale, die die gleichen Ziele verfolgt. Der Protest gegen das etablierte Design und den Konsum- und Objektfetischismus äußert sich in einer radikalen Verweigerungshaltung. Die jungen Designer wollen keine Konsumobjekte mehr schaffen. Stattdessen widmen sie sich mit Zeichnungen, Fotomontagen und Projektionen utopischen Projekten und visionären Lebens- und Wohnmodellen. Daraus gehen kaum konkrete Objekte hervor, und wenn doch, dann mit politischem, ironischem oder provokativem Sinngehalt, da die Philosophie dieses Anti-Designs oder Radical Designs gänzlich antikommerziell ist. Die Formen kommen aus der Pop-Art oder der Minimal-Art und Vorgehensweisen wie Happenings und Performances werden aus der Concept-Art der 1960er Jahre übernommen.

Als eine der ersten wird 1966 die Gruppe Archizoom mit Andrea Branzi und Paolo Deganello in Florenz gegründet. Sie wendet sich mit pompös-kitschigen Möbelstücken vor allem gegen das elegante Design als Statussymbol und stellt theoretische Überlegungen zu Architektur und Städteplanung an. In demselben Jahr und ebenfalls in Florenz gründen die Architekten Adolfo Natalini und Christiano Toraldo di Francia die Gruppe Superstudio. Mit Rastern, die sie über Städte und Landschaften legen, wollen sie utopische Neuplanungen ermöglichen. Die Gruppe Strum will Architektur und Design als Mittel politischer Propaganda einsetzen und entwirft, inspiriert von der Pop-Art, Möbel, die wie bunte Skulpturen im Raum stehen. Es entstehen Möbel im Stil von Comicfiguren, die die Konsumgesellschaft und das Mainstreamdesign mit Witz und Ironie persiflieren und mit den Seh- und Nutzungsgewohnheiten der Nutzer spielen. Der Kleiderständer Cactus von Guido Drocco und Franco Mello zitiert die comichafte Darstellung eines Kaktus, und das Sitz- und Liegemöbel Pratone von der Gruppe Strum spielt mit den Sehgewohnheiten. Piero Gatti, Franco Teodoro und Cesare Paolini entwerfen 1968/69 das Sitzmöbel Sacco,

S. 241: Verner Panton, Futuristische Wohnlandschaft auf der „Visiona", während der Kölner Möbelmesse 1970

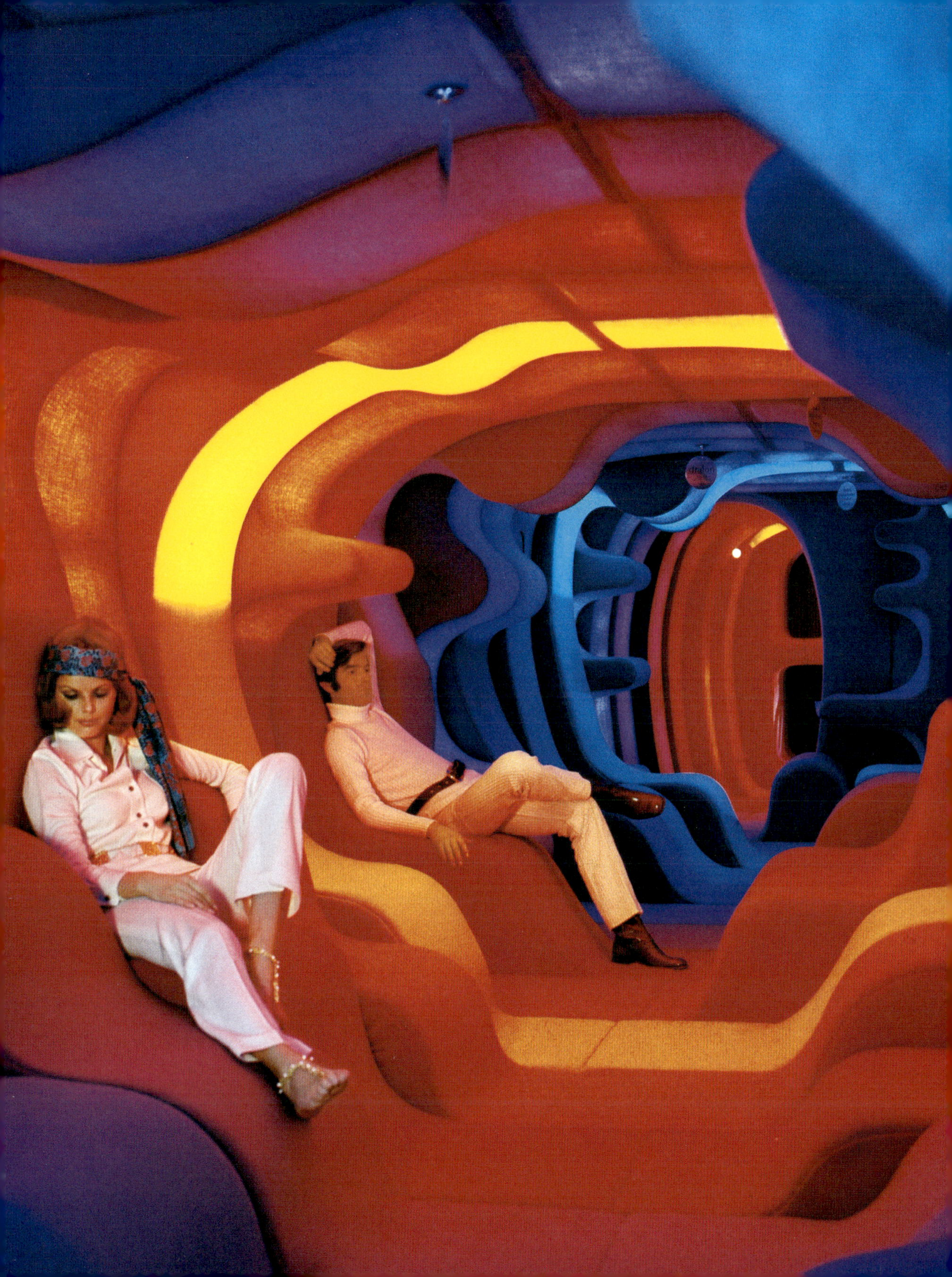

einen mit Polystyrolkügelchen gefüllten Sack, der sich der Form des Benutzers anpasst und damit eine antiautoritäre Sitzhaltung zum Ausdruck bringen soll. Er findet sich schon wenig später als Original oder Nachbau in zahlreichen Jugendzimmern. In diese Richtung zielt ebenfalls der aufblasbare Sessel Blow von Carla Scolari, Donato d'Urbino, Paolo Lomazzi und Gionatan de Pas aus dem Jahr 1967. Das demonstrative Statement gegen die schweren Polstermöbel der Vergangenheit wird jedoch gleichzeitig zum modischen Lifestyle-Objekt, das als Gartenmöbel auf den Pools des gebildeten Establishments schwimmt.

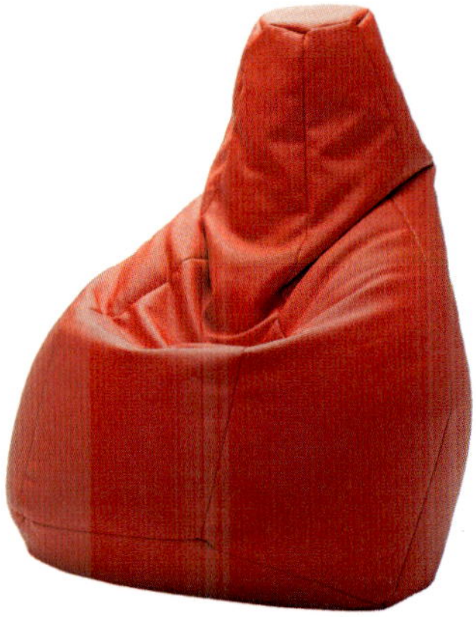

Piero Gatti, Franco Teodoro und Cesare Paolini, Sitzsack Sacco, 1968/69

Die italienische Möbelindustrie zeigt sich nämlich durchaus offen, nutzt die Kreativität der Gegenbewegung und produziert die Pop-Kunstwerke in Serie. So kommen neue spielerische Impulse ins italienische Design, aber die Protestbewegung wird auf diese Weise assimiliert und quasi unschädlich gemacht. Die gesellschaftskritischen Ansätze bleiben Theorie und ändern am „offiziellen" Industriedesign wenig. Die Gegenbewegung erreicht weder eine Änderung der Rolle des Designers noch des Wirtschaftssystems. Im Gegenteil: Die Ausstellung „Italy. The New Domestic Landscape" 1972 im Museum of Modern Art in New York manifestiert die starke Position des italienischen Designs. In der Ausstellung sind Mainstream- und Antidesign, Eleganz und Experiment, Klassiker und Provokationen nebeneinander zu sehen – sie verkörpert die Offenheit, die Vielfalt und die wachsende Verspieltheit, die das italienische Design bis heute kennzeichnen.

In Deutschland entwickeln einzelne Architekten, Designer und Gruppen ebenfalls alternative Konzepte, die Anfang der 1970er Jahre das wachsende Bewusstsein für die Grenzen der Industriegesellschaft (Rohstoffknappheit, Umweltverschmutzung etc.) widerspiegeln. So versuchen 1974 Jochen Gros und die Gruppe Des-in die Möglichkeiten von Recycling-Design und alternativer Wege in Entwurf, Produktion und Verkauf in die Praxis umzusetzen. Druckplatten werden zu Lampenschirmen, Teekisten zu Schränken, Autoreifen zu einem Sofa. Der Münchner Ingo Maurer überdenkt und ironisiert die Funktion von Lampen. Seine Leuchte Bulb in Form einer übergroßen Glühbirne erinnert an Objekte der Pop-Art. Auch andere seiner Leuchten sind das Ergebnis experimentell-künstlerischer Arbeit und tragen poetische Namen, die über die Funktion des Lichts hinaus Hinweise auf ihre Bedeutung geben.

Ingo Maurer (geb. 1932) ist seit den 1960er Jahren einer der wichtigsten Impulsgeber im Leuchtendesign. Nach einer Schriftsetzerlehre studiert er 1954–58 Gebrauchsgrafik in München. 1960–63 arbeitet er als Grafikdesigner in den USA und gründet 1966 in München sein Designbüro Design M. Hier entstehen viele seiner später berühmten Leuchten, wie z.B. die Lampe Bulb (1966) oder das Niedervoltsystem YaYaHo (1984). Kennzeichnend für seine Arbeit ist eine geradezu künstlerisch-poetische Beschäftigung mit dem Licht. Seit den 1990er Jahren entwirft er nicht nur einzelne Leuchten, sondern auch Lichtsysteme und Installationen für private und öffentliche Auftraggeber. Seine Entwürfe sind bereits seit den 1960er Jahren in Ausstellungen zu sehen, u.a. in der Sammlung des Museum of Modern Art in New York.

Wirtschaftlich tragfähig sind diese experimentellen Projekte meist nicht, bewirken auch in Deutschland keine Veränderung im Industriedesign der großen Unternehmen, bahnen aber doch einem neuen Verständnis auf Benutzerseite den Weg. Die Do-it-yourself-Welle ist eine der Folgen, von denen bis heute Baumärkte und die sogenannten „Möbelabholmärkte" profitieren.

Die kritische Grundhaltung vieler Vertreter des Anti-Designs entwickelt sich zu einem wachsenden Kulturpessimismus und

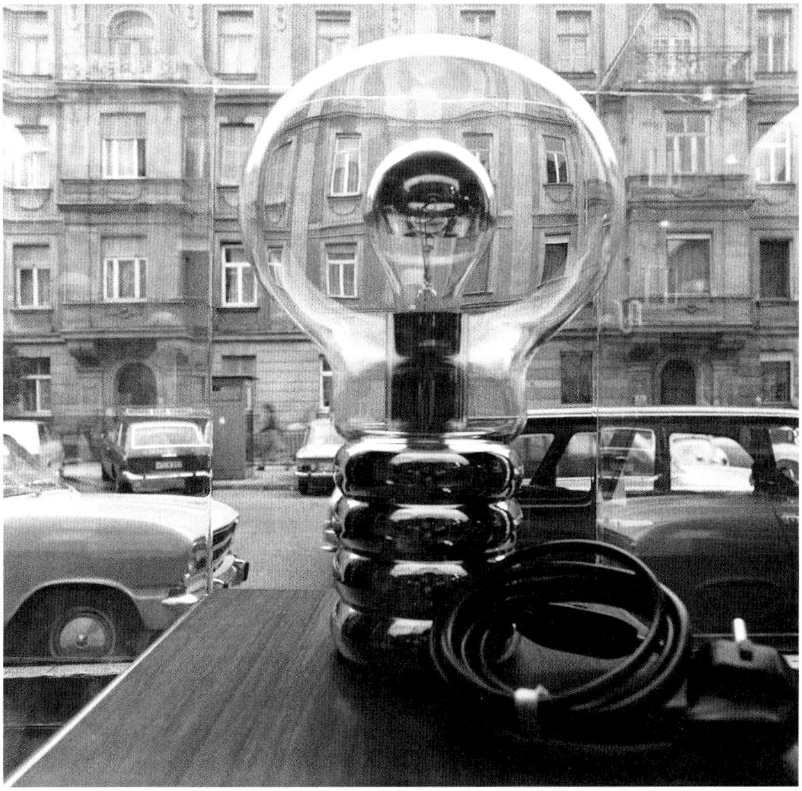

Ingo Maurer, Tischlampe Bulb für Studio M, 1966
Maurer entwarf 1966–88 zahlreiche Lampen in Form überdimensionaler Glühbirnen – Spiel mit Funktion und Symbol.

läuft zum Teil auf die radikale Vermeidung jeglicher Gegenstände hinaus. Diese Haltung setzt sich bis in die 1970er Jahre fort. Viele Designer, wie Ettore Sottsass, stellen ihre Entwurfstätigkeit sogar vorübergehend ein und äußern sich nur noch theoretisch und zeichnerisch. Mitte der 1970er Jahre lösen sich die meisten Gegenbewegungen auf.

Die positiven utopischen Visionen finden mit der Ölkrise 1973 vorerst ein Ende. Außenseiter des Designs wie Luigi Colani, der mit organischen Formen in Kunststoff und visionären Entwürfen Aufsehen und widersprüchliche Reaktionen erregt, werden von den Design-Institutionen als Exoten abgetan oder nicht zur Kenntnis genommen. Das Diktum der Guten Form und des Funktionalismus ist immer noch tief verwurzelt im Denken der meisten Hersteller. Die theoretischen Antibewegungen im Design selbst richten nur wenig aus, eröffnen aber Inspirationsquellen. Alternative Lebens- und Gesellschaftsmodelle sowie die Kunst und Pop-Kultur beeinflussen zunehmend das Design. Das Aufeinandertreffen der gesellschaftlichen Entwicklungen und die zahlreichen ästhetischen Einflüsse führen dazu, dass gegen Ende des Jahrzehnts der Alleinvertretungsanspruch der Moderne zwar infrage gestellt, jedoch nicht abgelöst wird. Stattdessen stehen nun zahlreiche verschiedene Ansätze pluralistisch nebeneinander.

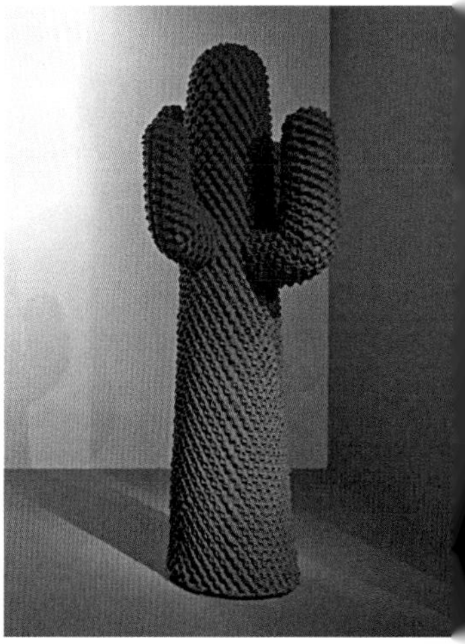

Guido Drocco und Franco Mello, Kleiderständer Cactus, 1971
Formen aus Comics konnten mit dem neuen Kaltpolyurethanschaum auch im Möbelbau umgesetzt werden.

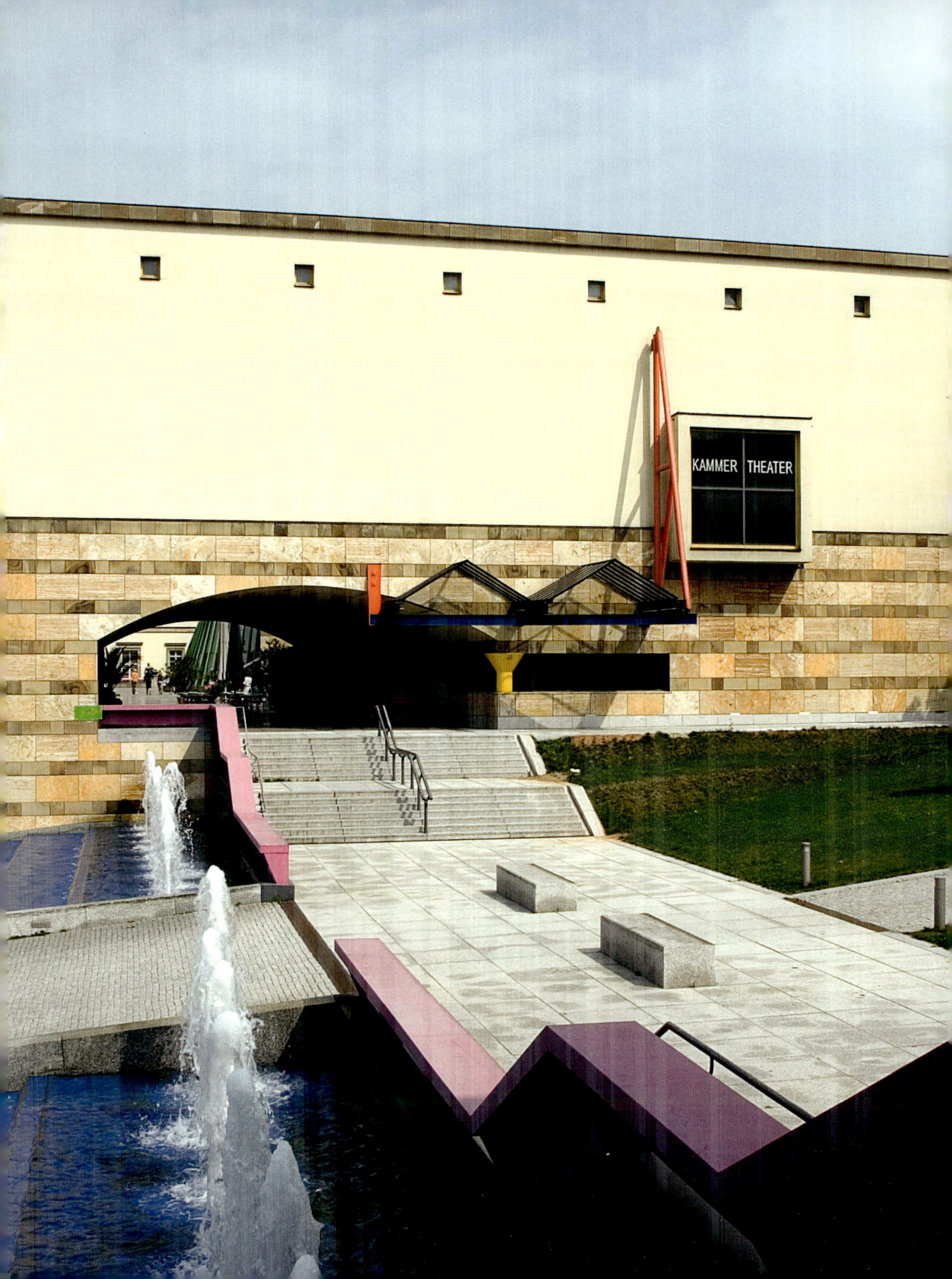
KAMMER THEATER

VON DER MODERNE ZUR POSTMODERNE

Die Pluralität der Lebensstile inszeniert durch Design

Die radikalen Bewegungen des Anti-Designs erregen zwar Ende der 1960er viel Aufsehen in den Medien, die meisten von ihnen lösen sich aber wenige Jahre später wieder auf und bleiben auf den ersten Blick relativ folgenlos. Die anfänglich gesellschaftskritischen Pop-Möbel werden zu modischen Accessoires. Die Utopien der Gegenbewegungen erweisen sich als schwächer als die Strukturen der Industrie- und Konsumgesellschaft.

Allerdings bildet sich auf der Verbraucherseite durch die zahlreichen ästhetischen Einflüsse in den 1970er Jahren eine breite Geschmacks- und Stilvielfalt, ein Pluralismus, der dem Alleinvertretungsanspruch der Guten Form und des Funktionalismus eine Fülle verschiedener Lebensstile gegenüberstellt. Dieser Pluralismus ist ein gesamtgesellschaftliches Phänomen. Die einfache Unterteilung in Unterschicht, Mittelschicht und Oberschicht reicht in den 1970er und 80er Jahren nicht mehr aus, um die komplizierter gewordene soziologische Struktur moderner Konsumgesellschaften zu beschreiben. Geschmack und Stil in den verschiedenen Bevölkerungsteilen der Industriestaaten sind so vielfältig geworden, dass man im Sinne des Funktionalismus nicht mehr ohne weiteres zwischen gut und schlecht unterscheiden kann.

Aus dem Bewusstsein für individuelle Geschmackswelten, aus den emotionalen Mängeln des Funktionalismus und den vielfältigen Funktionen einzelner Gegenstände erwächst in den 1970er Jahren zunächst in der Architektur eine Opposition gegen die Moderne, die diese weniger politisch, aber erfolgreicher als die radikalen Bewegungen infrage stellt: die Postmoderne. Dieser nicht eindeutig zu fassende Begriff wird in den 1980er Jahren in erhitzten Debatten oft einengend und polemisch eingesetzt. Das visuell auffälligste Merkmal der Postmoderne, der Einsatz und das Kombinieren historischer Stilzitate, bietet dabei den Hauptstreitpunkt zwischen Befürwortern und Gegnern. Doch die Postmoderne hat eine weitaus breitere Basis.

James Stirling, Neue Staatsgalerie Stuttgart, 1979–84
Das Gebäude gilt als wichtigstes Beispiel postmoderner Architektur in Deutschland.

Postmoderne Theorie

Gegen Ende der 1960er Jahre entstehen in verschiedenen Bereichen der Kultur Ansätze, die die strenge Unterteilung in „gut" und „schlecht", in „Gute Form" und „Kitsch", in „Hochkultur" und „Alltagskultur" nicht mehr hinnehmen.

Der Begriff der Postmoderne taucht zwar schon im 19. Jahrhundert auf, in seiner engeren Bedeutung aber erst in der Literaturkritik der späten 1950er beziehungsweise der frühen 1960er Jahre, zuerst durch den Literaturkritiker Irving Howe, anschließend durch die ebenfalls amerikanischen Literatur- und Kunstkritiker Leslie Fiedler und Susan Sontag. Allen Ansätzen ist eine Kritik an der Allgemeinverbindlichkeit der Moderne eigen. Ähnlich wie der französische Poststrukturalismus, der, grob umrissen, feststellt, dass nicht der Autor als Maßstab für den Sinngehalt eines Textes gelten kann, sondern sich die Bedeutung eines Textes erst durch die Rezeption des Lesers bildet – was wiederum bedingt, dass die Sprache die Wirklichkeit nicht allgemeinverbindlich abbildet, sondern aufgrund unterschiedlicher Lesarten eine jeweils eigene Wirklichkeit erschafft – verneint auch die Theorie der Postmoderne eine einheitliche Lesart. Zeichen können unterschiedliche Bedeutungen haben. So ließen sich Werke der Literatur grundsätzlich auf verschiedene Weisen lesen. Damit wiederum würde die Unterteilung und Bewertung von ernster Literatur und Unterhaltungsliteratur hinfällig. Und deshalb fordert Leslie Fiedler für die Literatur: „Close the gap", „Schließt den Graben" – den zwischen der Hoch- und der Unterhaltungskultur. Die Grundannahme von Pluralität und von Veränderbarkeit wird auf andere Werke der Kunst und ebenso auf gesellschaftliche Prozesse übertragen. Der französische Philosoph Jean-François Lyotard prägt 1979 mit seiner Studie „Das postmoderne Wissen" den Begriff „Postmoderne". Seiner Theorie zufolge gibt es keine große „Erzählung" mehr, wie sie durch die Religion, die Aufklärung oder den Idealismus gegeben waren, um den Staat oder die herrschenden Verhältnisse zu legitimieren, sondern lediglich verschiedene Erklärungsmodelle der Welt. Pluralität und Widersprüche sind durchaus vorhanden und sollen legitimiert werden. So wird die Moderne dahingehend kritisiert, dass sie einen Alleinvertretungsanspruch von Rationalität formuliert, der aufgrund seiner Eindimensionalität gescheitert ist. Als Alternative fordert die Postmoderne eine radikale Pluralität, die neben der Rationalität auch Emotionalität, neben Konstruktion auch Dekonstruktion und neben der Zukunftsorientierung auch Rückgriffe auf die Vergangenheit zulässt.

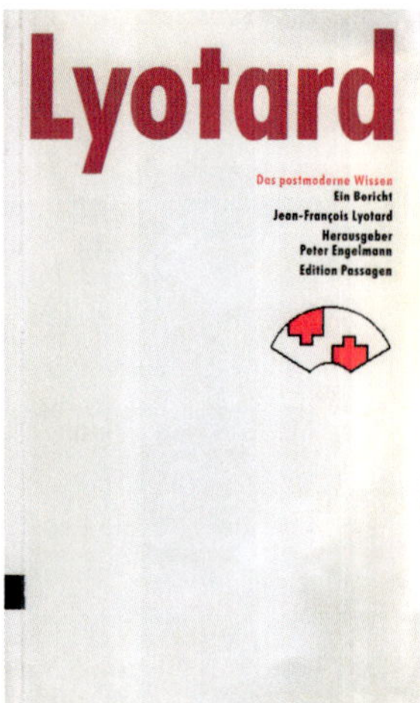

Buchcover der deutschen Ausgabe von Jean-François Lyotards „Das postmoderne Wissen" (Original: „La condition postmoderne"). Darin legt er 1979 seinen Begriff der Postmoderne dar.

„Das Postmoderne wäre dasjenige, das im Modernen in der Darstellung selbst auf ein nicht Darstellbares anspielt; das sich dem Trost der guten Formen verweigert, dem Konsens eines Geschmacks, der ermöglicht, die Sehnsucht nach dem Unmöglichen gemeinsam zu empfinden und zu teilen; ..."

Jean-François Lyotard, 1988

Zahlreiche Autoren, Philosophen, Literatur- und Kunsttheoretiker, Architekten und Soziologen nehmen die Diskussion um die Kritik an der Moderne auf. In der Philosophie sind dies neben Lyotard vor allem Jacques Derrida, Jürgen Habermas, Jean Baudrillard, und Peter Sloterdijk, in der Literatur neben Leslie Fiedler besonders Umberto Eco, in der Architektur Charles Jencks und Robert Venturi. Die Diskussion um die Postmoderne erreicht ihren Höhepunkt in den 1980er Jahren.

Postmoderne Architektur

In der Architektur wird der monokausale Zusammenhang zwischen Form und Funktion, wie ihn die Moderne vertreten hat, ebenfalls nicht mehr akzeptiert. Der strengen rationalen Ästhetik der funktionalistischen Architektur setzt die Postmoderne eine Zeichenhaftigkeit entgegen, die nach den ornamentfeindlichen und nichtssagenden Fassaden der Moderne dem Menschen wieder Orientierung und emotionale Ansprache geben soll. Fast könnte man sagen: In der Postmoderne ersetzt die Semiotik die Ergonomie.

Bereits 1957 hatte der französische Philosoph und Literaturkritiker Roland Barthes in seiner Essaysammlung „Mythen des Alltags" die symbolische Bedeutung von Alltagsgegenständen oder alltäglichen Phänomenen untersucht, so etwa von schockierenden Pressefotografien, dem typischen französischen „Beefsteak mit Pommes Frites" oder dem Citroen DS, und festgestellt: „Jedes Objekt ist auch ein Zeichen." (Barthes, 1964) 1968 entwickelt der mit seinem Roman „Der Name der Rose" (1980) berühmt gewordene italienische Literaturwissenschaftler und Semiotiker Umberto Eco in seinem Handbuch „Einführung in die Semiotik" den Gedanken von der Zeichenhaftigkeit in der Kunst weiter.

Die Postmoderne setzt dem reinen Zweckrationalismus der Moderne eine Zeichenhaftigkeit entgegen, sie rebelliert mit historischen Zitaten, Kitsch und Prunk, Individualität und Farbigkeit gegen die farblosen, rationalen Formen einer dogmatisch erstarrten Moderne. Dies tut sie allerdings nicht, wie anfänglich in der Postmoderne-Diskussion oft behauptet wird, in totaler Ablehnung der Moderne, sondern vielmehr in Ergänzung und Weiterentwicklung derselben. In den USA formuliert Robert Venturi in seinen Büchern „Komplexität und Widerspruch in der Architektur" (1966) und „Lernen von Las Vegas" (1971) früh funktionalismuskritische Thesen. Er analysiert die Architektur von Las Vegas und zeigt anhand der Stadtanlage und der Architektur, die davon lebt, dass die Funktion der Gebäude schon aus dem vorbeifahrenden Auto erkannt werden muss, die Rolle der Zeichenhaftigkeit von Architektur. Architektur muss kommunizieren und das kann sie in Zeiten wachsender Geschwindigkeit und Komplexität nur durch bekannte bzw. gelernte Zeichen. „Vertraute Stilformen und Zeichen stiften wieder einen Zusammenhang zwischen vielen

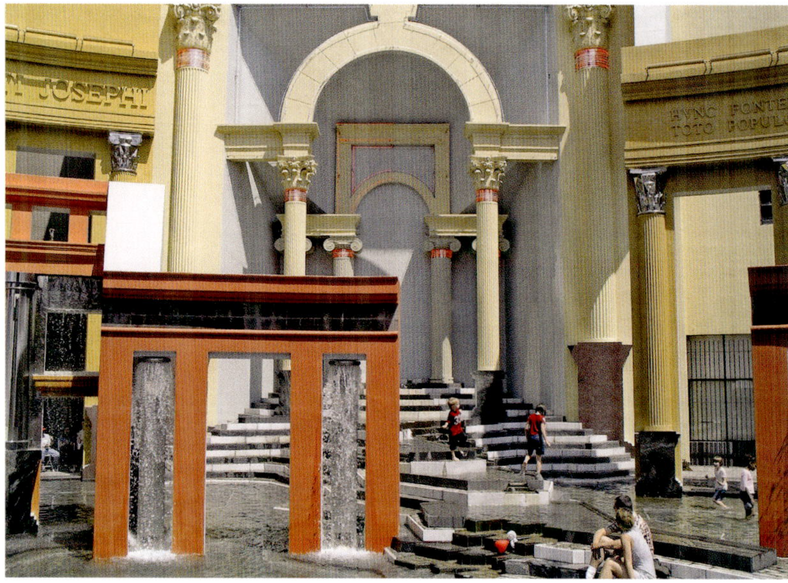

Charles Moore, Piazza d'Italia, New Orleans, USA, 1975–80
Der spielerische Umgang mit historischen Architekturelementen wird vordergründig zum Haupterkennungsmerkmal der Postmoderne.

Einzelteilen, die weit voneinander entfernt sind und im Vorbeifahren nur kurz gesehen werden. Die derart übermittelten Botschaften sind kommerziell, die Problemstellung ist wesentlich die unserer Zeit." (Venturi, 1979, S. 19) Immer mehr Architekten setzen sich in theoretischen Schriften mit der Moderne auseinander und beziehen symbolische oder historische Elemente in ihre Architektur mit ein, um dem Rationalismus der Moderne erzählerische und kulturelle Dimensionen hinzuzufügen.

Charles Jencks überträgt 1977 den Begriff „Postmoderne" mit seinem Buch „Die Sprache der postmodernen Architektur" schließlich auf die Architektur, in der er ebenfalls die Möglichkeit verschiedener Lesarten sieht, sowohl für die öffentliche Mehrheit der Betrachter als auch für den geschulten Blick der Architekten. Auf der Architekturbiennale in Venedig sind 1980 zum ersten Mal die unterschiedlichen Ansätze der neuen postmodernen Architektur gesammelt zu sehen. Neben Charles Jencks gehören Michael Graves, Hans Hollein, Rob Krier, Aldo Rossi, Robert Venturi, Charles W. Moore, Philip Johnson, James Stirling, Helmut Jahn und andere zu ihren wichtigsten Vertretern. Die auffälligen Kennzeichen postmoderner Bauten sind historische Stilzitate und darüber hinaus dekorative, zeichenhaft symbolische und oft ironische Elemente, die die Funktion von Gebäuden auf neue Art visualisieren, infrage stellen oder gänzlich unabhängig davon zum Betrachter sprechen. So wird die reine Funktion der Gebäude um erzählerische Elemente bereichert, die den Betrachter emotional wie intellektuell ansprechen, Orientierung geben, unterhalten oder kommentieren.

Charles Jencks (geb. 1939) studiert Architektur in London und Harvard, hier außerdem noch Literatur. In den 1970er Jahren lehrt er u.a. an der California University in Los Angeles. Mit seinen Gebäuden und Veröffentlichungen wird der Architekt und Designer zur zentralen Figur der Postmoderne. Er ist u.a. beteiligt am Projekt der „Tea and Coffee Piazza" von Alessi und publiziert zahlreiche Bücher, u.a. „Meaning in Architecture" (1969), „The Language of Post-Modern Architecture" (1977), „Architecture Today" (1982) und „Post-Modernism: The New Classicism in Art and Architecture" (1987).

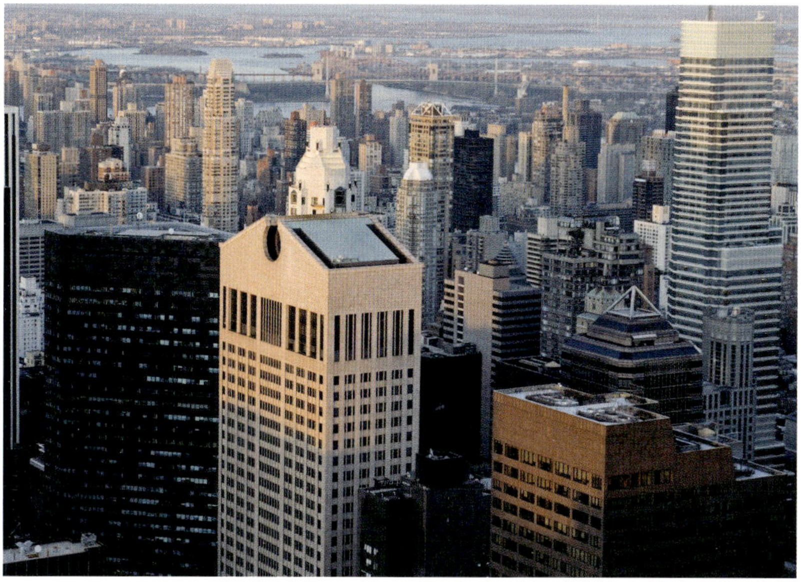

Philip Johnson, AT&T Building (Sony Building) in New York, 1978–82
Johnson, der bei Gropius und Breuer studiert hatte, wird mit seiner Hinwendung zu antiken Architekturformen zu einem der Wegbereiter der Postmoderne.

Postmodernes Design

Von der Architektur wird der Begriff der Postmoderne schnell auf das Design übertragen, oft jedoch eingeengt auf Möbel oder andere Produkte, die als sogenannte „Mikro-Architektur" historische Architekturformen zitieren. Tatsächlich aber macht eine Fülle verschiedener Faktoren postmodernes Design aus, unter anderem die farbenfrohe und zeichenhafte Gestaltung der Oberfläche, die von der Funktion inzwischen völlig unabhängig geworden ist, die Umdeutung von Gebrauchszusammenhängen und erneut das Zitieren und Kombinieren historischer Elemente, wobei – ganz entgegen der funktionalistischen Doktrin – üppige Ornamente und minimalistische Formen, kostbare Materialien und Kitsch zusammen verwendet werden. Formal ist die Postmoderne in den 1970er und 1980er Jahren vor allem ein Befreiungsschlag gegen das Diktat der Moderne, strukturell ist sie vom rasanten Fortschritt der Mikroelektronik und der Umstrukturierung in Industrie und Gesellschaft beeinflusst.

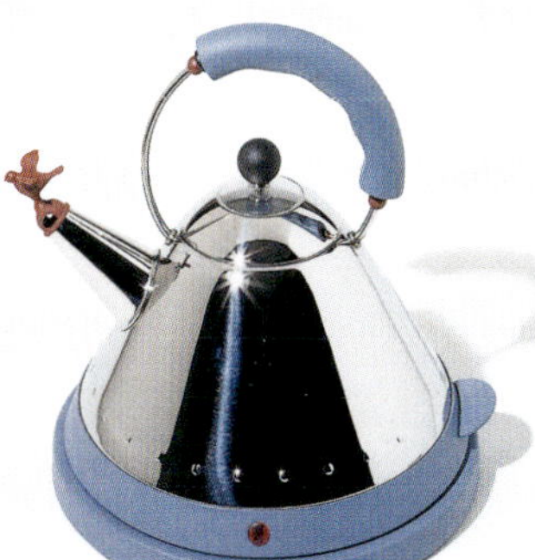

Michael Graves, Wasserkessel für Alessi, 1985
Mit diesem Flötenkessel, bei dem er spielerisch das Thema des Flötens aufgreift, legt Graves den Grundstein für eine ganze Produktfamilie. In seiner Formensprache zitiert er Art déco, Pop-Art und präkolumbianische Elemente. 2001 bringt Alessi den Kessel als elektrischen Wasserkocher auf den Markt.

Studio Alchimia

Als erste postmoderne Designobjekte im engeren Sinn gelten die Möbel der italienischen Gruppen Studio Alchimia und Memphis. 1976 gründet Alessandro Guerriero in Mailand das Studio Alchimia, eine Gruppe, deren theoretischer Kopf Alessandro Mendini wird. Die Philosophie der Gruppe ist dem sachlich und produktionstechnisch orientierten Funktionalismus der Massenindustrie völlig entgegengesetzt. Sie hat ihre Wurzeln in der radikalen Bewegung der 1960er Jahre und versteht sich nun als postradikales Diskussions-

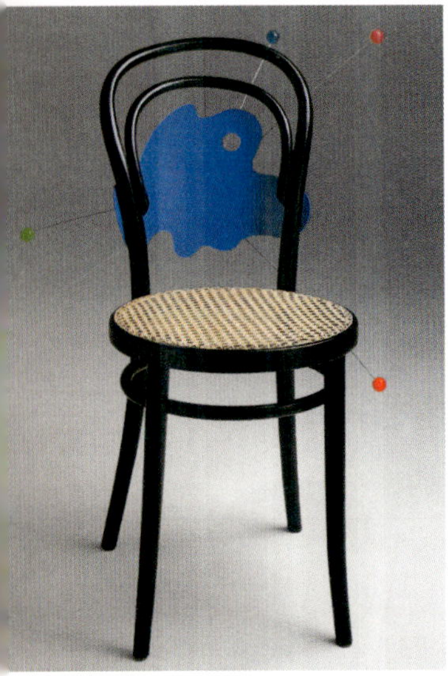

Alessandro Mendini, Stuhl Re-Design Thonet, Studio Alchimia, 1979, Die Neue Sammlung München Mendini stellt die Ikonen des klassischen Designs zur Disposition und hinterfragt auf ironische Art die zu Dogmen erstarrten Leitsätze der Moderne.

und Ausstellungsforum, wo nach dem Ende der Radical-Design-Bewegung all die jungen Designer einen Weg zur Verwirklichung ihrer Ideen suchen. An der ersten Ausstellung von Studio Alchimia nehmen Ettore Sottsass, Allessandro Mendini, Paola Navone, Andrea Branzi, Michele de Lucchi sowie Trix und Robert Haussmann teil.

Im Gegensatz zum Radical Design bezieht Studio Alchimia jedoch nicht mehr politisch Stellung, sondern, ganz im Zuge der Zeit, eine eher individualistische und poetische Position. Ziel der Gruppe ist es, gegen die kalte Funktionalität der modernen Massenprodukte eine neue emotionale und sinnliche Beziehung zwischen Benutzer und Objekt herzustellen. Man strebt demzufolge keine Serienfertigung von Produkten an, die Benutzbarkeit der Objekte spielt eine untergeordnete Rolle, sondern in erster Linie ihre expressive, witzig-phantastische, poetische und ironische Ausstrahlungskraft. Der Namebestandteil „Alchimia" verweist augenzwinkernd auf die mittelalterliche Alchimie, die aus banalen Stoffen Gold machen wollte. Studio Alchimia arbeitet „billige" Alltagsgegenstände mit schrillen Farben und applizierten Ornamenten zu Designobjekten um.

Eine der Vorgehensweisen von Alchimia ist das sogenannte „Re-Design", die formale Überarbeitung von banalen Alltagsgegenständen, egal ob Designklassiker oder moderne Gestaltung. Vom Fußball bis zur Kaffeemaschine, vom Mackintosh-Möbel bis zum Bauhaus-Stuhl werden Objekte mit kleinen Fähnchen, bunten Applikationen, Kugeln und anderen Elementen „dekoriert" und dadurch auf ironische Weise hinterfragt.

Wichtige Ausdrucksmittel von Studio Alchimia sind Zeichnungen, Ausstellungen und Performances. Man zeigt poetische Architekturentwürfe, Kostüme, Videos und Bühnendekorationen. 1979 wird die erste Bau.Haus-Kollektion vorgestellt, 1981 das Projekt Il mobile infinito (Das Unvollendete Möbel). Etwa 30 Designer, Künstler und Architekten entwerfen Einzelteile, Griffe, Beine, Rollen u. a., die beliebig miteinander kombiniert werden können. Farbige Verzierungen werden mit Magneten angebracht. Das Kombinieren unterschiedlicher Formen, Farben und Materialien wird zum Prinzip erhoben, das Möbelstück als Collage aufgefasst. Der Schwerpunkt auch dieser Objekte liegt nicht auf der Lösung funktionaler Probleme, sondern ganz auf der Inszenierung sinnlicher Erscheinungsweisen. Zu den Künstlern, die am Projekt des „Mobile infinito" teilnehmen, gehören neben anderen Francesco Clemente, Mimmo Paladino und Sandro Chia. Grenzüberschreitungen gehören zum Kern der Alchimia-Philosophie. Alessandro Mendini stellt fest: „Für Alchimia ist es niemals notwendig zu wissen, ob jemand Bildhauerei, Architektur, Malerei, Kunsthandwerk, Theater oder was sonst betreibt. [...] Alchimia glaubt an die Entspezialisierung, in der Annahme, dass ‚widersprüchliche' Methoden von Ideenbildung und

Alessandro Mendini (geb. 1931) ist einer der Theoretiker des italienischen Gegendesigns. Er studiert in Mailand Architektur und arbeitet anschließend bei Nizzoli als Designer. 1973 ist er Mitbegründer der Gruppe Global Tools, 1970–75 Chefredakteur der Zeitschrift „Casabella", 1979–85 Herausgeber der Zeitschrift „Domus". 1976 gründet er mit Alessandro Guerriero das Studio Alchimia, wo er seinen Gedanken des Re-Designs und des banalen Designs entwickelt. Nach der Auflösung von Studio Alchimia stellt er Entwürfe für Alessi, Swatch, Rasch, Vitra u. v. a. her. 1989 gründet er mit seinem Bruder ein Architekturbüro und realisiert u.a. das Museum in Groningen, den Paradise Tower in Hiroshima und 2007 das Medienzentrum der Verlagsgesellschaft Madsack in Hannover.

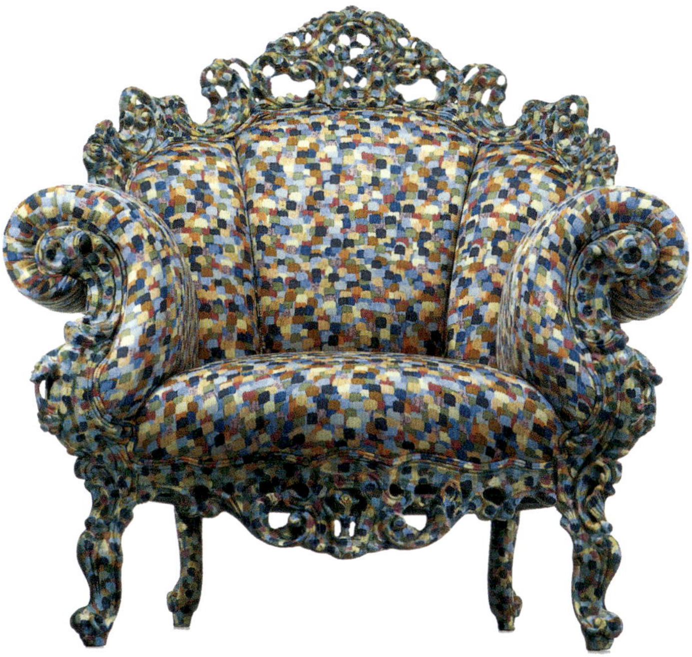

Alessandro Mendini, Sessel Proust, Studio Alchimia, 1979
Bei seinem Entwurf lässt sich Mendini für die historische Form des Sessels von der Lektüre Marcel Prousts inspirieren und für das Muster des Bezuges von einem Gemälde des französischen Pointillisten Paul Signac. Die Form des Sessels sollte sich dahinter auflösen.

Produktion Hand in Hand gehen müssen und Kunsthandwerk, Industrie, Informatik, zeitgemäße wie unzeitgemäße Techniken und Materialien zusammen verwendet werden können." (Zit. n. Sato, 1988, S. 6) Alchimia ist insofern wie im Wortsinn wirklich postmodern, wenn Mendini darüber hinaus feststellt: „Alles, was geschehen muss, ist bereits geschehen, und die je eigene Phantasie des Individuums – als Grundlage für das Weiterbestehen der Welt – kann frei durch alle Kulturen und in jeder beliebigen Richtung schweifen, solange sie dies in liebender Weise tut." (Zit. n. Sato, 1988, S. 6)

Das Studio Alchimia ist Anfang der 1980er Jahre die international bedeutendste Designgruppe und nimmt an zahlreichen Ausstellungen teil, unter anderem an der bahnbrechenden Veranstaltung „Forum Design" 1980 in Linz.

Memphis

1980/81 entsteht die Gruppe Memphis als eine Abspaltung des Studio Alchimia, das Ettore Sottsass, Andrea Branzi, Michele de Lucchi und andere verlassen, weil der konsumkritische Ansatz Mendinis und der Kunstwerkcharakter der Objekte ihnen zu kulturpessimistisch sind. Sie gründen im Dezember 1980 die neue Gruppe, deren Name nach einer oft erzählten Anekdote bei einem Treffen in der Wohnung von Ettore Sottsass entsteht, als man dort den Bob-Dylan-Song „Stuck Inside of Mobile with the Memphis Blues Again" hört. Barbara Radice, ebenfalls Mitglied der Gruppe, erinnert sich: „Jeder fand den Namen toll: Er erinnerte an Blues, Tennesse, Rock 'n Roll, amerikanische Suburbs, Ägypten und die heilige Stadt des Gottes Ptah." (Radice, 1988, S. 26) Zum

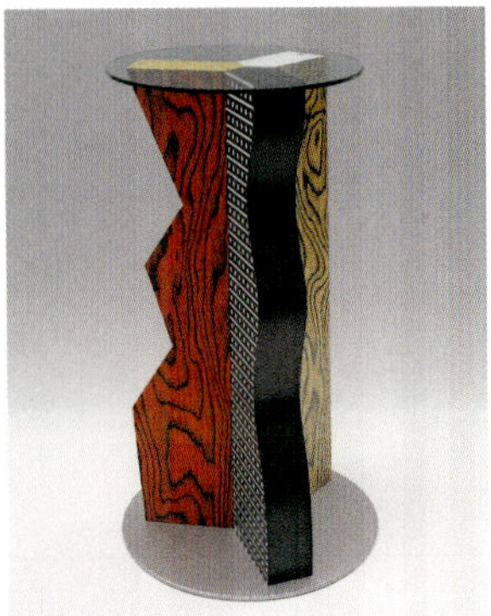

Ettore Sottsass, Stehtisch, Memphis, 1986. Sottsass kombiniert demonstrativ unterschiedliche Formen, Oberflächen und Materialien.

engeren Kreis der Memphis-Gruppe gehören neben den oben genannten auch Nathalie du Pasquier, Martin Bedin, Matteo Thun, Christoph Radl, Aldo Cibic, Ernesto Gismondi, George Sowden, Marco Zanini und andere. Die Mitglieder von Memphis stellen den sinnlichen Bezug zwischen Objekt und Benutzer ebenfalls in den Mittelpunkt, wollen aber nicht nur Manifeste, Utopien und provokative Einzelstücke hervorbringen, die radikal mit dem Funktionalismus brechen, sondern sie wollen Möbel für die Serienproduktion entwerfen und über professionelle Vertriebswege verkaufen. Anders als Mendini und Alchimia, bejahen die Memphis-Designer den Konsum, die Industrie, die Werbung und den Alltag. Der schnelle Wandel der Moden in der postmodernen Gesellschaft wird für sie zur Inspirationsquelle, und die Memphis-Möbel sind ausdrücklich für die Serienfertigung gedacht. Zum gegenwärtigen Leben gehört für Memphis vor allem der Alltag. So „implantiert" man die bunten Plastiklaminate (Resopal) aus den Bars und Eis-Cafés der 1950er und 1960er Jahre in den privaten Bereich der Wohnzimmereinrichtung. Dieses Material, „Metapher für Vulgarität, Armut und schlechten Geschmack", wird zum Alltagsmythos stilisiert und zu einem Bedeutungsträger erklärt.

Die Dekore haben ihre Vorbilder ebenfalls im Alltag: Sie stammen aus Comics, Filmen, der Punkbewegung oder dem Kitsch, zitieren Art-déco-Muster, Graffiti, Futurismus, Kubismus, aber auch Vergrößerungen von Bakterien, Bohnen, Reiskörnern oder Nudeln, sind schreiend bunt oder in süßlichen Pastellfarben gehalten, verspielt, zeichenhaft und witzig. Das Dekor spielt bei Memphis eine Schlüsselrolle. Es wird zum konstituierenden Element des Designs. Dazu Sottsass: „Die Dekoration, wie wir sie verstehen, schließt auch eine Missachtung der konstruktiven Struktur ein. Diese Basisstruktur war immer Glaubenssache. Sie war ein Muss. Man definierte Design als Folge von Umständen und glaubte an die Unverrückbarkeit geistiger Strukturen, wie man auch ernsthaft an das Kausalitätsprinzip glaubte. Wir hingegen tendieren dazu, das Design als Folge von Zufälligkeiten zu begreifen. Wir stellen uns eine mögliche Komplexität vor und suchen nicht, was man weglassen kann. Unser Glaube hält diese Geschichte der Zufälligkeiten zusammen und gibt ihr eine Bedeutung. Jeder Zufall bekommt seine formale und dekorative Identität. Ein Memphis-Tisch ist Dekoration. Struktur und Dekor sind identisch." (zit. n. Radice, S. 87) Das Dekor soll in anderen Worten eine spontane Kommunikation zwischen Objekt und Benutzer anregen. Der praktische Gebrauchswert spielt kaum eine Rolle.

Wie die Muster der Oberflächen werden auch Materialien wie Glas, Stahl, Industriebleche oder Aluminium in neue Sinnzusammenhänge gebracht. Viele Objekte erinnern an Kinderspielzeug oder nehmen ihre Anregungen aus exotischen Kulturen. Es sind Collagen, die die Dekoration in den Mittelpunkt stellen und das Chaos zum Prinzip erheben. Darin sieht man eine Parallele zur

Matteo Thun (geb. 1952) studierte Architektur in Florenz und Bildhauerei in Salzburg. 1981 ist er einer der Mitbegründer der Gruppe Memphis, lehrt 1982 Produktdesign an der Kunstgewerbeschule in Wien und arbeitet mit Ettore Sottsass bei Sottsass Associati zusammen. 1984 eröffnet er sein eigenes Studio in Mailand. Von 1990 bis 1993 ist er Artdirector bei Swatch, entwirft aber auch Shop-Systeme für die Modemarken Fiorucci und Missoni. Zu seinen internationalen Kunden gehören Vorwerk Teppich, Villeroy & Boch, WMF, Campari, Swatch und Alessi. Außerdem entwirft er Fertighäuser, Hotels und andere Architekturprojekte.

Ettore Sottsass, Regal Carlton, Memphis, 1981. Das wohl bekannteste Möbelobjekt von Memphis erscheint wie ein modernes Totem, mit unterschiedlichen Winkeln, Oberflächen und Farben. Sottsass hebt die Grenzen zwischen Skulptur und Möbel, zwischen Kunst und Design, zwischen Form und Funktion auf und setzt ein fröhliches Statement mit hohem Symbolgehalt, dass eine Aufforderung sein soll, sich von den überlieferten Dogmen des Designs zu lösen.

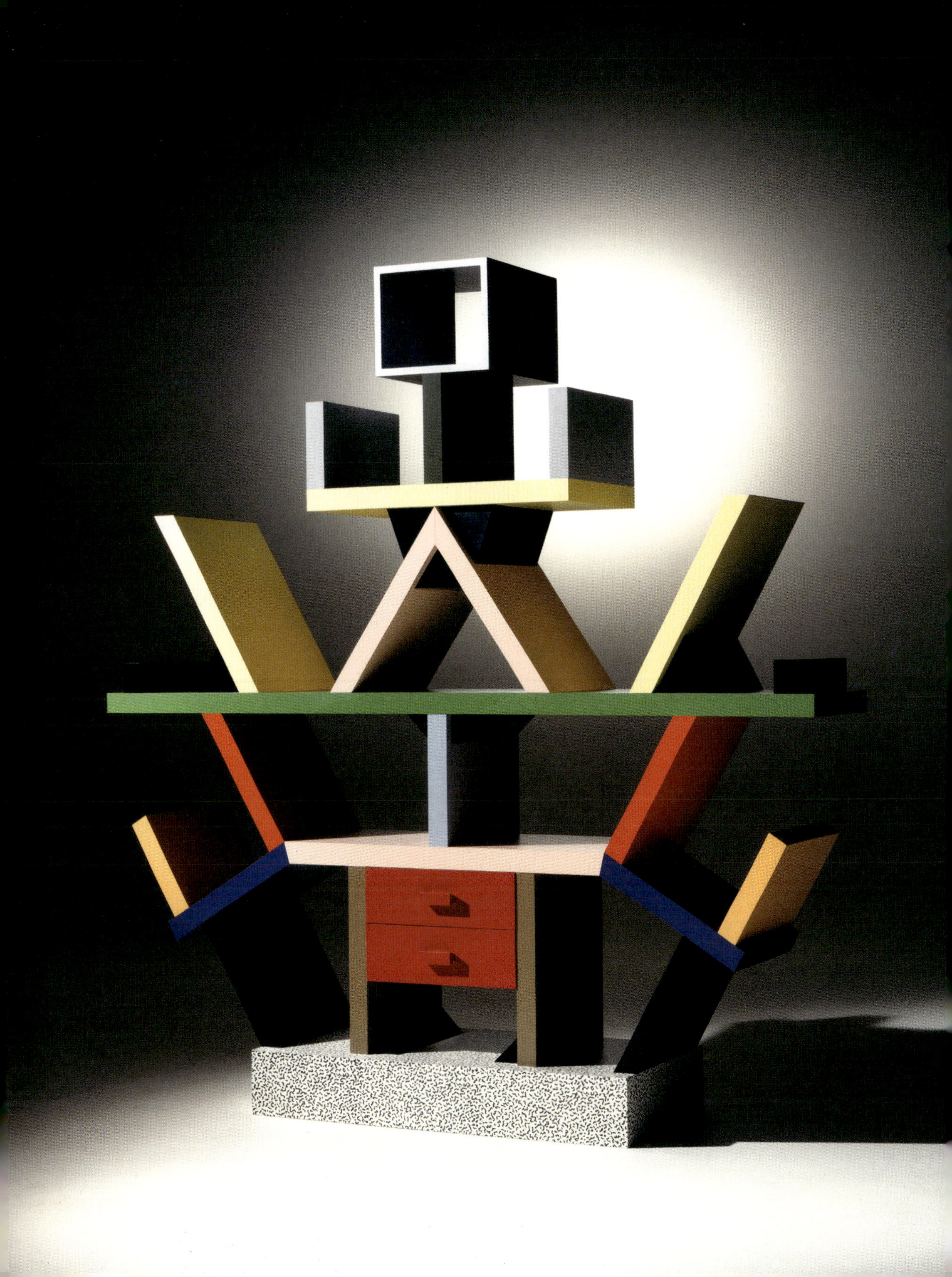

Aufsplittung, Unverbindlichkeit und Mobilität der postmodernen Gesellschaft. Memphis nutzt die Erkenntnisse der Soziologie und des Marketings: Man will nicht den Massenmarkt beliefern, sondern „bestimmte Segmente kultureller Zielgruppen mit verschiedenen Sprachen, Traditionen und Verhaltensweisen erreichen. Einer der bekanntesten Anhänger und Kunde von Memphis-Möbeln ist der Modedesigner Karl Lagerfeld, der seine Wohnung in Monte Carlo komplett mit Memphis-Möbeln einrichtet.

Michele de Lucchi (geb. 1951) Der italienische Architekt und Designer steht mit seiner Entwicklung und seinen Arbeiten für die ganze Bandbreite des italienischen Designs. Er studiert Architektur in Padua und Florenz. 1975–77 arbeitet er als Assistent an der Universität von Florenz, geht 1978 nach Mailand und schließt sich der Gruppe Alchimia an. 1979 wird er beratender Designer bei Olivetti, gründet ein Jahr später u.a. zusammen mit Ettore Sottsass die Gruppe Memphis und 1988 sein eigenes Studio De Lucchi. 1992 wird er Chefdesigner bei Olivetti. De Lucchi, der als Design-Revolutionär in den 1970er Jahren gegen die Konsum- und Produktkultur Italiens protestiert, arbeitet neben Olivetti für große Unternehmen wie Artemide, Philips und Vitra. Sein wohl bekanntester und massenhaft verbreiteter Entwurf ist 1987 die Leuchte Tolomeo für Artemide. Darüber hinaus entsteht mit seiner „Produzione Privata" eine Kollektion von außergewöhnlichen Objekten aus edlen Materialien, die in kleiner Auflage für einen anspruchsvollen Markt produziert werden.

Die Memphis-Bewegung führt in ästhetischer wie konzeptioneller Hinsicht ein grundsätzlich anderes Verständnis von Design ein, sodass man heute schon von der Zeit vor und der nach Memphis spricht. Die Gruppe regt viele Entwicklungen im Neuen Design der 1980er Jahre an, dient aber auch unzähligen schlechten Kopien als Vorbild. Gegen Ende des Jahrzehnts, als eine Übersättigung an schrillen und schrägen Formen und Farben eintritt, nimmt der Einfluss von Memphis spürbar ab.

Die postmoderne Theorie, das Vorbild der Architektur und die Entwicklungen in Italien haben eine weltweite Signalwirkung auf das Design. Ähnlich wie sich die Kunst von der Konzeptkunst der 1960er und 1970er Jahre ab- und zu einer expressiven, figürlichen „wilden Malerei" hinwendet, verabschieden sich Architektur und Design endgültig von den Dogmen der Moderne und des Funktionalismus und wenden sich der Sprachlichkeit und Bedeutungshaltigkeit von Objekten zu. Die Wirkung von Memphis ist dabei kaum zu überschätzen, doch ein weiteres wichtiges Ereignis zum Auftakt des folgenden Jahrzehnts ist in diesem Zusammenhang von großer Bedeutung:

Design ist unsichtbar – das Forum Design in Linz

1980 findet in der österreichischen Stadt Linz die wegweisende Veranstaltung „Forum Design" statt, eine 100 Tage dauernde Ausstellung mit Symposium, bei der die Rolle des Designs, die Designgeschichte, die Bedeutung von Design und die Vielfalt seiner Funktionen ebenso diskutiert werden, wie die Rolle des Designers und die Beziehung zwischen Objekt und Benutzer. Für die Designtheorie und für die neue Generation von Designern ist sie von wegweisender Bedeutung. Durch die umfassende Betrachtung des Designs unter allen denkbaren Blickwinkeln werden in Linz in vielfacher Hinsicht die Übergänge von der Moderne zur Postmoderne sichtbar. Für das Design bedeutet das vor allem die kritische Hinterfragung des Funktionalismus und seines Alleinvertretungsanspruchs, die Ablösung von der reinen Funktionalität und die Hinwendung zur Sprachlichkeit des Objekts, die Auflösung der Gattungsgrenzen zwischen Design und Kunst und die gleichwertige Betrachtung aller Disziplinen des Designs, vom Industriedesign über das Möbeldesign bis zum Modedesign.

Gleichzeitig wird in Linz nicht nur über die Objekte und Produkte diskutiert, sondern auch über das, was Design psychologisch und soziologisch bewirkt, also über die „unsichtbaren" Faktoren des Designs.

> *„Es geht um das Phänomen Design: Darum, dass selbst die striktesten Theoretiker einsehen mussten, dass allein mit Logik, Vernunft, technischer Effizienz und makelloser Ästhetik die Bedürfnisse des sozialisierten Wesens Mensch nicht abzudecken sind."*
> *Gsöllpointner, 1980*

Folglich nehmen an der Veranstaltung in Linz nicht nur Designer teil, sondern auch Architekten, Soziologen, Künstler und Historiker. Das Forum Design wird zudem begleitet durch einen kurz darauf erschienen Dokumentationsband mit dem Titel „Design ist unsichtbar", einem über 600 Seiten starken Band, der von den Veranstaltern herausgegeben wurde und die in Linz vertretenen Positionen dokumentiert.

Das Neue Design

Die Memphis-Bewegung und das Forum Design in Linz sind die wichtigsten Anreger für funktionalismuskritische Strömungen im europäischen Design, die heute unter dem Begriff „Neues Design" zusammengefasst werden. Dabei bilden sich in Spanien, Deutschland, Frankreich oder Großbritannien durchaus eigenständige Formen und Vorgehensweisen heraus. Gemeinsam ist allen, dass sie unabhängig von der Industrie und der Rationalität des Funktionalismus denken und das großstädtische Lebensgefühl, den Wechsel der Moden, die Einflüsse der Subkulturen und des Alltags in ihren Entwürfen, Projekten und Äußerungen reflektierten. Außerdem nutzen sie in bisher nicht gekannter Weise die Medien als Podium für ihre Arbeit und präsentieren ihre Entwürfe in Museumsausstellungen, die mit den Besucherzahlen großer Kunstausstellungen konkurrieren können.

Kennzeichen des Neuen Designs

- *Abkehr vom ideologischen Funktionalismus*
- *experimentelles Arbeiten*
- *Eigenproduktion und -vertrieb*
- *Kleinserien und Unikate*
- *Stilmix*
- *ungewohnte Materialien*
- *großstädtisches Lebensgefühl*
- *Einflüsse von Subkulturen*
- *Ironie, Witz und Provokation*
- *Grenzüberschreitungen zur Kunst*
- *Bildung von Gruppen*

Das Neue Deutsche Design

In Deutschland, wo die Vorherrschaft des Funktionalismus und der Guten Form von der Industrie, den Institutionen und Hochschulen immer ausgesprochen dogmatisch verteidigt wurde, nimmt die Auseinandersetzung mit dem Funktionalismus besonders markante und vielfältige Formen an. Bereits seit Ende der 1970er Jahre arbeiten in Großstädten wie Berlin, Köln, Düsseldorf, Frankfurt und Hamburg junge Hochschulabsolventen aus den Bereichen Architektur, Kunst und Design experimentell im Möbel- und Produktdesign. In Deutschland wird das Phänomen Design nach Memphis und Linz ebenfalls anders betrachtet. Unzufrieden mit dem „offiziellen" Industriedesign, der Ausbildung und den Arbeitsbedingungen in den Designabteilungen und Büros, stellen Designer jetzt in handwerklicher Arbeit Prototypen und Einzelstücke her, Objekt gewordene Statements ihrer Kritik, aber auch konstruktive Auseinandersetzung mit der Moderne und dem Funktionalismus.

Die Ästhetik dieser Objekte ist eine der Collage und der Brüche. Es werden ungewöhnliche Materialien – rohes Eisen, blanker Stahl oder Stein und Beton – mit Holz, Gummi, Plüsch oder Glas kombiniert oder Halbfertigzeuge aus dem Baumarkt als Readymade zum Möbelstück umgedeutet. Die Objekte sollen schockieren und den herkömmlichen Designbegriff infrage stellen. 1982 findet im Hamburger Museum für Kunst und Gewerbe eine Ausstellung statt, die die neuen Tendenzen erstmals zusammenhängend präsentiert. Unter dem ironischen Titel „Möbel perdu – Schöneres Wohnen“ sind hier 39 Designer und Gruppen aus fünf europäischen Ländern vertreten.

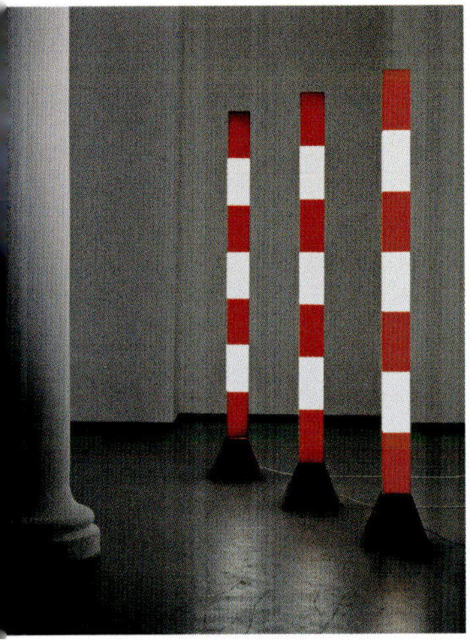

Volker Albus, Lichtstele A 59, 1983/1988. Albus, einer der Protagonisten und Theoretiker des Neuen Deutschen Designs, setzt sich in seiner Arbeit u.a. mit dem Begriff der Heimat auseinander, einer Heimat, die in den 1980er Jahren durch Autobahnen, Baumärkte, Medien und Werbung geprägt ist.

Ausstellungen und gemeinsame experimentelle Projekte werden in der Folgezeit zu wichtigen Kulminationspunkten für das Neue Design nicht nur in Deutschland. Die Ansätze im Neuen Deutschen Design sind unterschiedlich und reichen von ironischem Prunk, Neobarock und der Vorliebe für Kitsch wie bei Claudia Schneider-Esleben („Möbel perdu“) bis zu minimalistischen Entwürfen und konzeptionellen Arbeiten von Gruppen wie GINBANDE oder Kunstflug. Die Sprache der Straße und des Alltags findet sich in Objekten von Volker Albus wie auch in den provozierenden Möbeln von Siegfried Michael Syniuga oder den Readymade-Objekten Stiletto.

Die eher kunsthandwerklich arbeitende Berliner Gruppe Cocktail lässt sich von Ethno-Mustern inspirieren, während sich der ebenfalls in Berlin arbeitende Andreas Brandolini ironisch mit kleinbürgerlichen Wohnformen auseinandersetzt. Höhe- und Wendepunkt der Bewegung wird die Ausstellung „Gefühlscollagen – Wohnen von Sinnen“ 1986 in Düsseldorf. Das Projekt der Designwerkstatt Berlin, 1988 von Christian Borngräber initiiert, leitet durch die Beschäftigung mit Einrichtungsgegenständen für Büros, Sitzungszimmer und der Möblierung öffentlicher Räume wie Haltestellen und Wartezonen eine Hinwendung zur Industrie ein.

Am Ende der 1980er Jahre ist das Neue Design in Deutschland nicht mehr so provokativ wie zu Beginn. Das von zahlreichen Gruppen vertretene Konzept, vom Entwurf bis zum Vertrieb alles selbst in die Hand zu nehmen, erweist sich als unwirtschaftlich und der Weg ins Museum wird für viele Designer zur Sackgasse. Doch können durch die experimentelle Arbeit, die Schocktherapie der neuen Ästhetik und die Erfahrung aus der Projektarbeit wichtige Impulse für das Industrie und Möbeldesign abgeleitet werden. Viele der „Neuen Designer“ sind später als Dozenten an Hochschulen tätig.

England – zwischen Punk und neuer Einfachheit

Formen und Materialien im englischen Avantgarde-Design ähneln in mancher Hinsicht dem Neuen Deutschen Design. Anders als die italienische Memphis-Bewegung und die eleganten Franzosen verarbeiten junge britische Designer eher raue Materialien, unbehandelten Stahl oder Beton. Auch unterscheiden sie sich durch eine meist einfache Material- und Formensprache von anderen Strömungen im Neuen Design, die in neobarocker „Prächtigkeit" schwelgen. Hinzu kommt in der Heimat der Punkbewegung, vor allem im Grafikdesign, der Einfluss der Straße und der Musik. Die Hauptvertreter des Neuen Designs in England sind Ron Arad, Jasper Morrison und Tom Dixon und im Grafikdesign Jamie Reid und Neville Brody.

Die britische Punkbewegung der 1970er Jahre ist eine der wichtigsten Quellen für das internationale Neue Design. In der Punk-Ästhetik findet als erstes das statt, was im Design der 1980er Jahre zum Leitmotiv wird: Schock-Ästhetik durch Brüche und Provokation. Der junge britische Designer Jamie Reid collagiert für seine Arbeit – unter anderem die Poster und Plattencover für die Punkband Sex Pistols – aus Zeitungen ausgerissene Buchstaben und Wörter mit Schockfotos und grellen Farben, die ähnlich wirken, wie die aggressive Musik und die zerrissenen und mit provokanten Slogans beschrifteten Kleidungsstücke der Punker. Reid legt mit seiner Arbeit die Grundlagen für eine Ästhetik im Grafikdesign, die mit den technischen Möglichkeiten der aufkommenden Grafik-Programme für Computer in den späten 1980er und den 1990er Jahren zum Vorbild der neuen Ansätze in der englischen Grafik des digitalen Zeitalters werden.

Die Modedesignerin Vivienne Westwood übernimmt Elemente der Punk-Outfits, Ketten, Sicherheitsnadeln, Kampfstiefel (Doc-Martens-Schuhe) und kreiert daraus einen modischen Anti-Stil, der zunächst die Protesthaltung der Punkbewegung aufnimmt, in der Folge jedoch relativ schnell Eingang in den Mainstream findet.

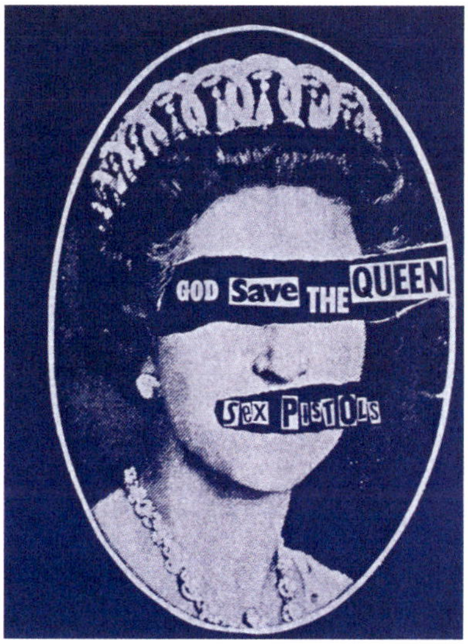

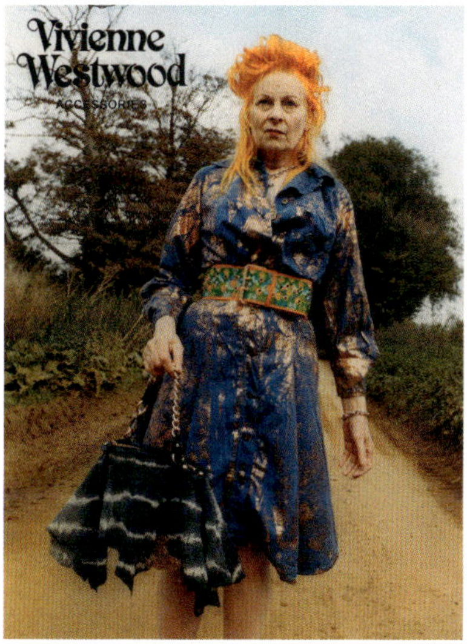

Jamie Reid, Plattencover für die Single „God save the Queen" der britischen Punk-Rock-Gruppe Sex Pistols, 1977

Die britische Designerin Vivienne Westwood setzt die Punk-Bewegung in der Mode um. Sie schockiert mit Materialien und Zitaten aus Bereichen wie Pornografie, Fetischismus und Militäruniformen und bricht damit wie die Sex Pistols mit den Regeln des guten Geschmacks.

Im Design finden die Punk-Ästhetik, das Collagieren, das Provozieren und das Arbeiten mit Fundstücken ebenfalls ihren Niederschlag. Der aus Tunesien stammende Tom Dixon vertritt eine solche expressive Richtung im Neuen Englischen Design. Er ist Bildhauer und experimentiert einerseits mit Eisen, Schrott oder Hartgummi, andererseits mit verschiedenen Korbgeflechten, aus denen er schlanke, organische Formen schafft. Seine Möbel wirken deshalb oft wie Skulpturen.

Ron Arad (geb. 1951) studiert zunächst in Jerusalem, dann an der Architectural Associaton in London und gründet dort 1981 die Gruppe One Off Ltd. Einer breiten Öffentlichkeit wird Arad bekannt durch sein Regal Bookworm, das er 1994 für den italienischen Möbelhersteller Kartell entwirft. Heute arbeitet der Bildhauer, Architekt und Designer für Unternehmen wie Alessi, Moroso, Swatch, B&B u.a. 1994–97 ist er Professor für Produktdesign in Wien, 1997–2009 lehrt er am Royal College of Art in London. 2010 erhält er die Ehrendoktorwürde der Universität von Tel Aviv, 2012 wird er Member der Royal Academy of Arts.

1981 gründet der israelische Architekt und Designer Ron Arad in London sein Studio One Off Ltd., dessen Name programmatisch auf die Produktion und den Vertrieb von Einzelstücken hinweist. Arad experimentiert mit unterschiedlichen Materialien und arbeitet mit Readymades. Berühmt wird sein Sessel Rover-Chair, ein ausgebauter Autositz. Sein Londoner Studio wird zu einem Zentrum des Neuen Englischen Designs.

Jasper Morrison dagegen prägt aus Protest gegen die neobarocken Spielarten luxuriösen Designs und das aufgeregte Medienspektakel um das Design den Begriff „No-Design". Seine Entwürfe, mit denen er schon zu Beginn der 1980er Jahre auffällt und für die er früh Aufträge aus der Industrie bekommt, sind geprägt von einer zurückhaltenden Erscheinung, einer sorgfältigen Materialverarbeitung und einem problemlösenden Denken. Minimalistische Schichtholzmöbel mit un-

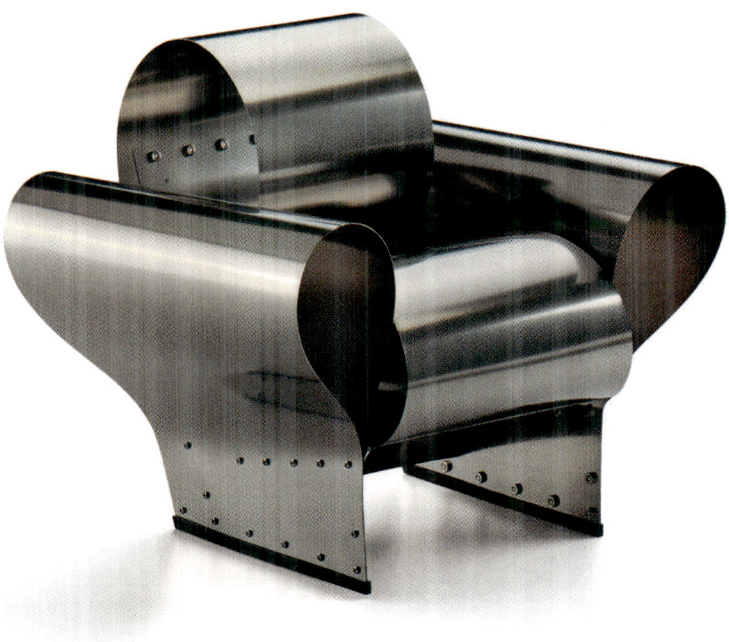

Ron Arad, Well Tempered Chair, 1986 (Vitra). Dieser aus gebogenen Edelstahlblechen konstruierte Sessel ist ein ironisches Spiel mit der Form des klassischen Sessels und einem Material, das im Möbelbau normalerweise nicht eingesetzt wird. Mit seiner künstlerischen Herangehensweise verunsichert Arad den Blick und die Nutzergewohnheiten.

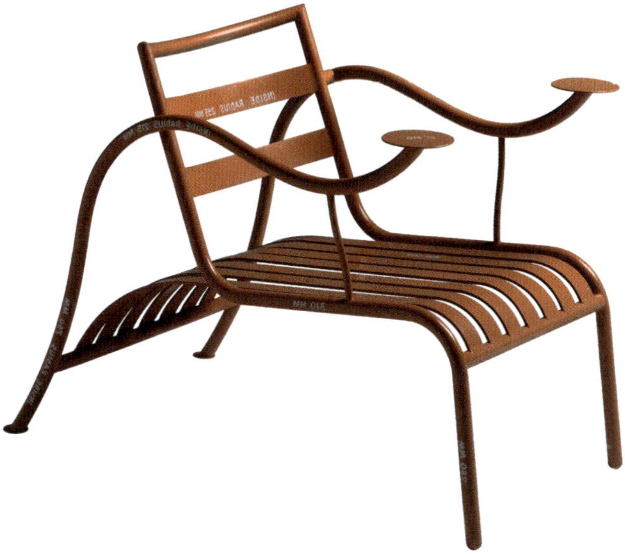

Jasper Morrison (geb. 1959) studiert Design an der Kingston School of Art and Design und am Royal College of Art in London. Seit 1984 lehrt er als Gastdozent in Berlin, wo er enge Verbindung zum Neuen Deutschen Design unterhält. 1987 nimmt er an der documenta 8 teil und ist seitdem auf zahlreichen internationalen Ausstellungen vertreten. Mit seinem 1986 gegründeten Designstudio arbeitet für die Firmen Vitra, Cappellini, Artemide, FSB und Ritzenhoff.

behandelten Oberflächen und schnörkellose gerade wie auch organische Formen kennzeichnen seine Arbeit. Damit wird Morrison zum wichtigsten Vertreter der „neuen Einfachheit" im Design und zu einem Beispiel dafür, dass die Auseinandersetzung mit dem Funktionalismus nicht unbedingt im Antifunktionalismus münden muss.

Jasper Morrisons Thinking Man's Chair, 1986 als Prototyp entwickelt, heute bei Cappellini, ist einer der bekanntesten Entwürfe des britischen Designers. Auch in Großbritannien äußert sich das Neue Design nicht nur in provokanten und wild ornamentierten Entwürfen, sondern ebenso in programmatischer Zurückhaltung und Einfachheit.

Das Neue Design in Spanien

Spanien und besonders Barcelona, die Stadt Antoni Gaudís, steht in den 1960ern und 1970ern unter dem Einfluss der deutschen Guten Form. In den 1980er Jahren kommt es jedoch durch den wachsenden Einfluss Italiens zu einer kreativen Abwendung vom Funktionalismus. Die katalanische Hauptstadt, die schon immer Sammelpunkt von Künstlern und Literaten war, wird nun zur Stadt des „aufbrechenden" Designs. Begünstigt wird diese Entwicklung durch den Eintritt Spaniens in die Europäische Gemeinschaft, was der spanischen Industrie weitere Absatzmärkte erschließt und das Design zu einem wichtigen Exportfaktor macht. Hinzu kommt die Vorbereitung der Olympischen Spiele 1992, für die 1988 die gestalterischen Vorentscheidungen getroffen wurden. Unter diesen Voraussetzungen entwickelt sich in Barcelona die Stilvielfalt eines Neuen Designs. Zu dessen Vertretern zählen u.a. Oscar Tusquets Blanca und Lluís Clotet, die bereits beim Forum Design in Linz vertreten waren, Pepe Cortés, der Architekt Alfredo Arribas und der Grafikdesigner Javier Mariscal, der das umstrittene Olympiamaskottchen entwirft.

Oscar Tusquets Blanca (geb. 1941) gehört zu den Vorreitern der Postmoderne. Er studiert zunächst Architektur in Barcelona und arbeitet im Büro von Alfonso Milá. 1965 ist er Mitbegründer der Architektengruppe Studio Per. Neben zahlreichen Bauten in Barcelona entwirft er im Designbereich v. a. Schmuck, Möbel und Gebrauchsgegenstände. Tusquets Blanca gehört in den 1980er Jahren zu den Mitinitiatoren des Neuen Designs in Spanien. Heute stehen seine Produkte und Möbel im Museum of Modern Art in New York und im Centre George Pompidou in Paris. Seit 1994 ist er auch als Buchautor hervorgetreten.

Javier Mariscal, Barhocker Duplex. 1980 für die Duplex-Bar in Valencia entworfen, macht das Möbel den spanischen Designer schlagartig bekannt, Ettore Sottsass lädt ihn daraufhin 1981 zur ersten Memphis-Ausstellung ein.

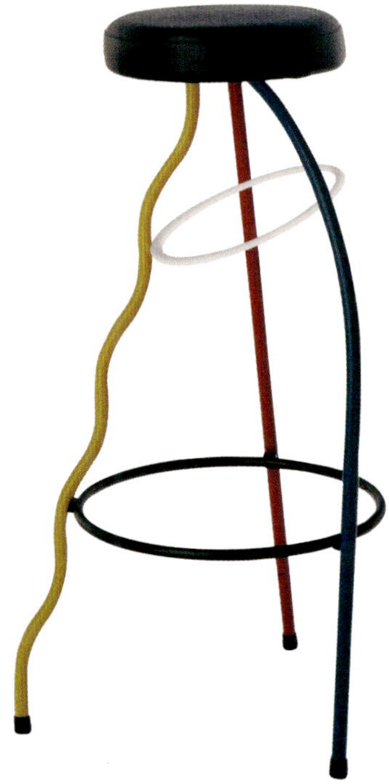

Javier Mariscal (geb. 1950) studiert Grafikdesign in Barcelona und veröffentlicht ab 1972 seine ersten eigenen Comics. Ende der 1970er Jahre beginnt er mit Arbeiten im Möbeldesign und entwirft 1980 eine der ersten New-Wave-Bars, das Duplex in Valencia, dem weitere Bar- und Restauranteinrichtungen folgen. Seine Comicfigur Cobi wird das Maskottchen der Olympischen Spiele 1992 in Barcelona. Für die Expo in Hannover 2000 entwirft er die Corporate Identity. 2010/11 wird er mit verschiedenen Animationsfilmen bekannt.

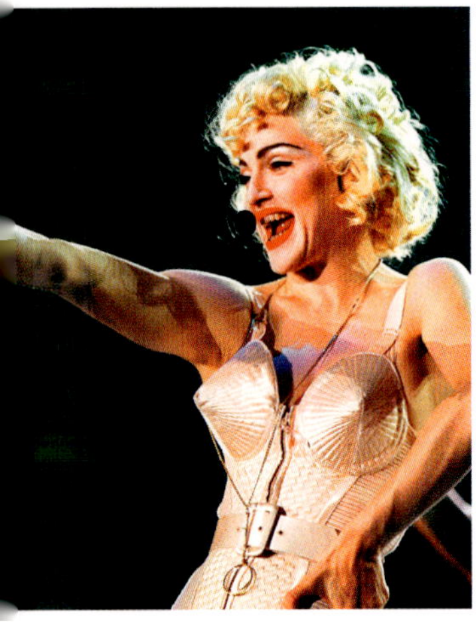

Madonna mit Bühnen-Outfit von Jean Paul Gaultier, Paris 1990 Auch im Modedesign bedient man sich ungewohnter Materialien und zitiert aus fremden Zusammenhängen.

Frankreich – Provokation, Erotik und Eleganz

Frankreich steht am Beginn der 1980er Jahre ebenfalls unter dem Einfluss der Memphis-Bewegung, allerdings setzte man sich hier bereits in den 1950er Jahren mit den Beiträgen über die „Mythen des Alltags“ von Roland Barthes theoretisch über Hochkunst und Alltagskunst auseinander, ebenso wie über die Zeichenhaftigkeit von Objekten. Seit den 1960er Jahren wurden mit den Schriften von Jean-François Lyotard, Jaques Derrida und anderen Vertretern des Poststrukturalismus in der Sprachwissenschaft dann die Grundlagen für die sich anschließende Postmoderne-Diskussion gelegt, die nun das Design beeinflusst. In Abwendung vom Alleinvertretungsanspruch der Moderne gehören in Frankreich ungewöhnliche Farb- und Materialkombinationen zum Neuen Design, das sich in Paris wie in den anderen europäischen Metropolen zunächst in der Einrichtung von Bars, Cafés, Geschäften und Restaurants niederschlägt. Hier bilden sich Designergruppen wie Nemo oder Totem, doch in der Regel vertreten nach wie vor die großen Designer die avantgardistischen Entwicklungen. In der Mode, der französischen Designbranche per se, provoziert Jean-Paul Gaultier die Öffentlichkeit mit Materialien aus dem pornographischen Bereich – Gummi, Lack und Leder. Damit und mit Teilen von Häftlingsuniformen aus nationalsozialistischen Konzentrationslagern bricht er nicht nur ästhetische, sondern auch moralische Tabus. Mit seinen exzentrischen Kreationen kleidet er Popstars wie Nina Hagen und Madonna ein.

Im Möbel- und Produktdesign heißt der Star der Szene Philip Starck. Er gilt als kreativer Querkopf und gleichzeitig als geschickter Marketing-Stratege, der die Selbstdarstellung seiner Person zur Werbung für sein Design einsetzt. Denn anders als viele Vertreter des Neuen Designs ist Starck nicht an Protestgebärden und provokativen Einzelstücken interessiert, sondern entwirft gut verkäufliche und im Vergleich zu anderen Designern relativ preiswerte Produkte für die industrielle Serienfertigung. Dabei entleiht er unter anderem Elemente aus historischen Designstilen: stromlinienförmig-dynamische Linien, organisch geformte Griffe, jugendstilartig geschwungene Stuhlbeine und anderes. Seine Vorliebe für ungewöhnliche Materialkombinationen wie Kunststoff mit Aluminium, Plüsch mit Chrom oder Stein mit Glas ist unübersehbar. Die Bandbreite seiner Arbeiten reicht von spektakulären Inneneinrichtungen bis zu alltäglichen Gebrauchsgegenständen wie Mineralwasserflaschen und Zahnbürsten. In dieser Hinsicht wird er bisweilen mit Raymond Loewy verglichen, der kommerziell ähnlich erfolgreich war.

Philippe Starck (geb. 1949) ist wohl der bekannteste Vertreter des Neuen Designs in Frankreich. Seine Ausbildung erhält er an der École Nissim de Camondo in Paris. 1968 gründet er seine erste Firma (für aufblasbare Objekte) und wird 1969 Artdirector bei dem Modeschöpfer Pierre Cardin. Seit 1975 ist er in den Bereichen Inneneinrichtung und Produktdesign für zahlreiche internationale Unternehmen tätig.

Den Gegenpol zu Starck markieren Mattia Bonetti und Elizabeth Garouste. Im Gegensatz zu Starcks glatten und eher kühlen Entwürfen sind ihre Objekte ausgesprochen warm und bisweilen wild-romantisch. Sie gelten als prominente Vertreter des Neobarock und bevorzugen Materialien wie Samt, Wildleder oder Goldbronze, die sie zu Luxusobjekten verarbeiten.

Das Neue Design in Frankreich unterscheidet sich, wie schon zu Zeiten der Art déco, vom Neuen Deutschen Design und den Ansätzen in Großbritannien durch ein gehobenes Maß an Eleganz. Der kommerzielle Erfolg eines Philip Starck ist darüber hinaus einzigartig.

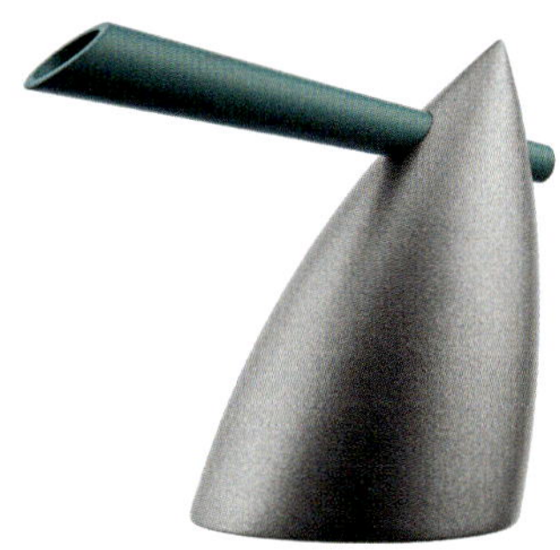

Philippe Starck, Wasserkessel Hot Bertaa für Alessi, 1990
Die kompakte, archetypische Form gibt dem Wasserkessel etwas Sakrales. Im ursprünglichen Entwurf hatte Starck noch einen lateinischen Schriftzug am unteren Rand vorgesehen.

Die 1980er Jahre – das Design-Jahrzehnt

Die Postmoderne wird aufgrund ihrer auffälligen Erscheinung in Architektur und Design nicht nur in den wissenschaftlichen Fachzeitschriften diskutiert, sondern auch in der Tagespresse und in den Lifestyle-Magazinen. Im Zuge dessen ist Memphis ein medienwirksamer Paukenschlag zur Eröffnung einer Designrevolution. Europaweit ist das Neue Design mit seiner außerordentlichen Medienpräsenz und seinen provokativen Entwürfen ein Phänomen, das der Gestaltung neben anderen neuen Funktionen auch Unterhaltungswert verschafft. Design wird zum Ausstellungs- und Medienspektakel, die Designer der neuen Generation sind nicht mehr an bestimmte Firmen gebunden, sondern werden teilweise zu sich selbst vermarktenden Medienstars. Kritik folgt unmittelbar: Postmoderne oder Neues Design werden in den Medien und vor allem in den Fachorganen der etablierten Designverbände kritisiert.

Doch die Ursachen und die Auswirkungen sind vielfältiger. In den 1980er Jahren beschleunigen sich technische, gesellschaftliche, ökologische, kulturelle und stilistische Entwicklungen in einem Maß und in einer Radikalität, die das Jahrzehnt deutlich von den vorangegangenen unterscheidet.

„Punk, Luxus, Ethno, Mikroelektronik, Ökologie, neue Bescheidenheit, apokalyptische Ängste, Hedonismus – all das und mehr gehörte zu den Ingredienzien, aus denen der brodelnde Designkessel eine endlose Flut von Objekten ausspuckte, vom oberflächlichen Modeschnickschnack bis zur klug durchdachten und phantasievoll ausgeführten Innovation."

Albrecht Bangert, 1991

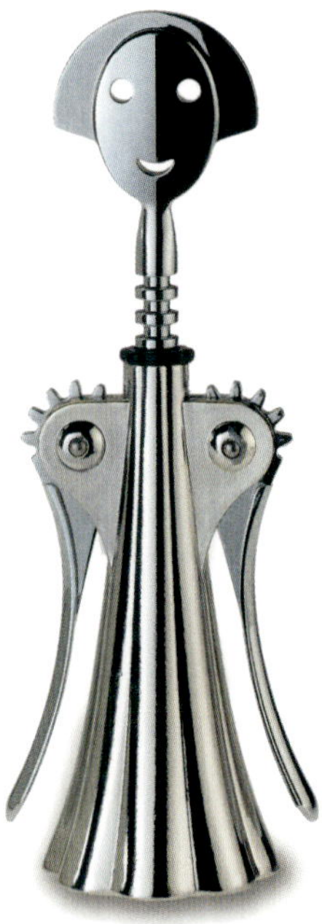

Alessandro Mendini, Korkenzieher Anna G. für Alessi, 1994
Der figürliche Korkenzieher von Mendini, der auf humorvolle Weise mit Form und Funktion spielt, wird schnell zum bestverkauften Produkt von Alessi.

Pluralismus der Stile und Einflüsse ebenso wie die Loslösung vom monokulturellen Denken des Funktionalismus und vom Alleinvertretungsanspruch der Moderne bestimmen nun die Entwicklung des Designs in ganz Europa. Dabei wächst seine Bedeutung. Die 1980er Jahre avancieren zum Design-Jahrzehnt. Design übernimmt eine Schlüsselrolle nicht nur in Marketing und Werbung, sondern auch in der Ausgestaltung des persönlichen Lebensstils, in den Konsumgewohnheiten und sozialen Prozessen und Interaktionen.

Durch die theoretische und praktische Beschäftigung mit der Designgeschichte in Ausstellungen und zahllosen Publikationen sowie durch die Neubewertung vieler Fragen und Positionen wird die Bedeutung des Designs in jeglicher Hinsicht gestärkt. Der Boom der 1980er Jahre verleiht ihm neue Dimensionen, erweiterte Aufgabenstellungen, und die Rolle des Designers in der Unternehmenspolitik wird gestärkt. Die 1980er Jahre katapultieren das Design in die Zukunft und werden gleichzeitig so schnell zu einer historischen Epoche, wie keine andere zuvor.

Design und Marketing – vom Produktdesign zum Markenmanagement

Marken und Markenbewusstsein auf der Basis erfolgreicher Formgebung sind in der Designgeschichte bereits früh festzustellen. Für Unternehmen wie die AEG, Braun oder USM Haller ist Design Grundstein ihres Erfolges. In der Vergangenheit stand am Anfang der Marke immer das Produkt, in erster Linie seine technische Zuverlässigkeit, gefolgt von seiner Gestaltung und schließlich seiner Kommunikation. Inzwischen ist das Produkt aus der Sicht des Kunden ein Bestandteil einer ganzen Geschmacks- und Erlebniswelt, aus der Sicht des Unternehmens von Beginn an ein integrativer Baustein der Unternehmensführung, die die Produktentwicklung, auch unter ökologischen Gesichtspunkten, das Marketing und die Kommunikation bis hin zur gesellschaftlichen Rolle des Unternehmens berücksichtigt. Die meisten Konsumgüter sind auf dem Stand der Zeit technisch ausgereift und in den entsprechenden Preislagen qualitativ so gut wie gleichwertig. Im Kampf gegen die Konkurrenz bleibt den Herstellern als letztes Mittel zur Unterscheidung nur noch das Design. In immer mehr Unternehmen wird es jetzt zum selbstverständlichen Bestandteil ihrer Strategie, die Gestaltung der Produkte zu ihrem Imageträger. Die Kommunikation dieser Strategie wird im Marketing zum zentralen Mittel. Design wird erweitert zum Designmanagement.

Die Spannweite der Strategien im Designmanagement ist breit. Sie reicht von Unternehmen, die dem Design schon immer einen hohen Stellenwert eingeräumt haben und dies nun noch expliziter hervorheben, über Firmen, die das Design neu in ihre Politik implementieren und dies kommunizieren, bis hin zu solchen Herstellern, die gar nicht substanziell auf eine bestimmte Designpolitik setzen, sondern den Begriff des Designs als solchen zur Aufwertung benutzen. Produkte werden zum „Designerstück" erklärt, bisweilen signiert mit bekannten oder auch unbekannten Designernamen und eventuell in limitierter Edition angeboten, um den Kaufanreiz zu erhöhen.

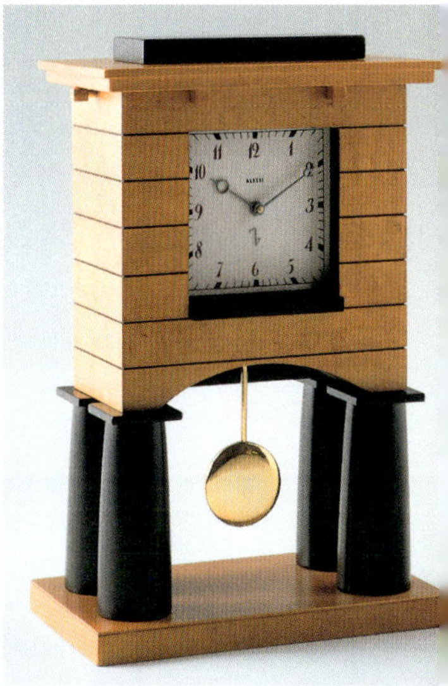

Michael Graves, Pendeluhr für Alessi, 1988. Graves benutzt, wie viele Vertreter der Postmoderne, Architekturelemente im Produktdesign.

Zu den Unternehmen, die besonders die zeichenhaft-verspielten postmodernen Designobjekte in den Mittelpunkt ihrer Strategie stellen, gehört ohne Zweifel der italienische Haushaltswarenhersteller Alessi, der schon seit 1921 Haushaltswaren aus Metall herstellt. Grundstein der Firma war die Ausstattung von Hotels und Gaststätten mit Tischgerät aus Metall. Schon 1955 wird bei Alessi die Zusammenarbeit mit externen Designern eingeführt, ab 1972 arbeitet das Unternehmen dann mit Ettore Sottsass zusammen, ab 1977 mit Richard Sapper und zunehmend mit weiteren bekannten Designern wie Achille Castiglioni, Aldo Rossi, Alessandro Mendini und zahlreichen Vertretern des postmodernen Designs. Alessi nimmt die Einflüsse von Alchimia und Memphis auf und gibt den Designern die Möglichkeit, verspielte Entwürfe professionell produzieren und vertreiben zu lassen. Gleichzeitig wird die Firma Alessi damit im gehobenen Marktsegment zum führenden Designhersteller für verspielte und gleichzeitig hochwertige Konsumgüter. Geschickte Marketing- und umfassende Kommunikationsstrategien ebnen den Weg zum weltweiten Erfolg. Zahlreiche Ikonen des postmodernen Designs kommen von Alessi, die Mikro-Architekturen des „Tea and Coffee Piazza"-Projekts, bei dem 1983 die bekanntesten postmodernen Architekten und Designer wie Charles Jencks, Robert Venturi, Michael Graves oder Hans Hollein ihre Interpretationen von Tischgerät in einer limitierten Edition vorstellen, ebenso wie 1985 der Wasserkessel von Michael Graves oder 1990 die Zitronenpresse Juicy Salif von Philippe Starck. Alessis Vorgehen ist zum einen durch die Entwicklung zahlreicher Entwürfe in kreativen Projekten gekennzeichnet, zum anderen beschränkt man sich in punkto Kommunikation nicht allein auf Werbung, sondern macht durch verstärkte Pressearbeit und eigene Publikationen auf seine Produkte aufmerksam. Flankiert wird diese Strategie durch Neuauflagen historischer Designobjekte etwa von Christopher Dresser, Eliel Saarinen oder Bauhaus-Entwürfen. 1998 wird zudem ein Firmenmuseum eröffnet. Alberto Alessi, der die Firma im Titel einer 1998 erschienen Monographie über das Haus bezeichnenderweise „Die Traumfabrik" nennt, sagt dazu: „Das wahre Design besitzt

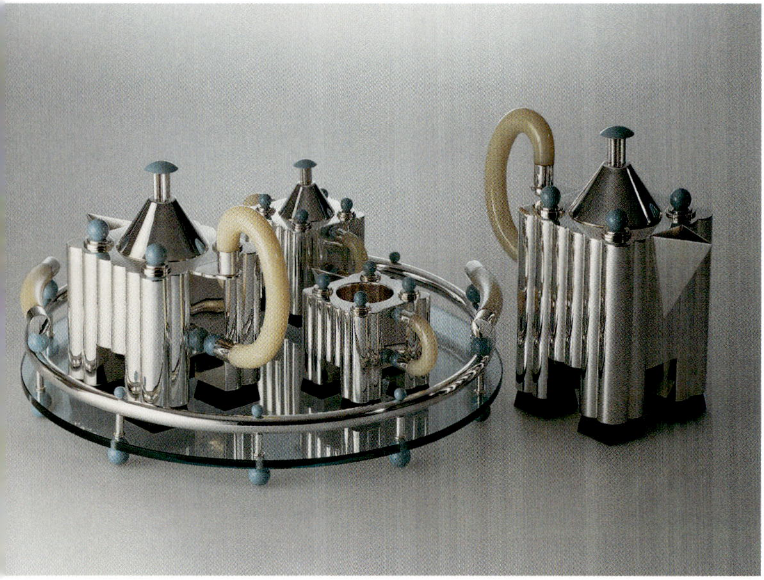

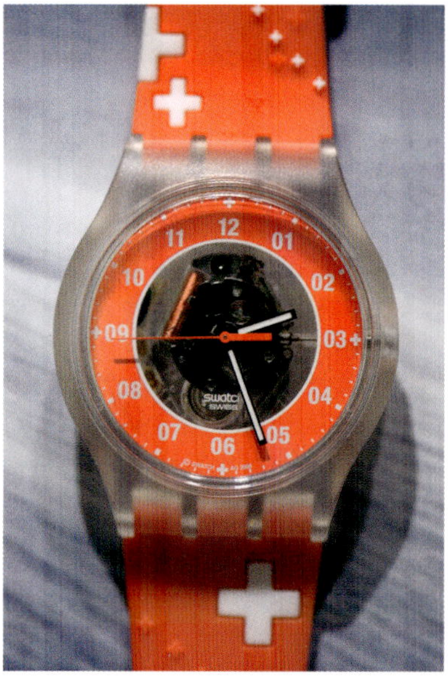

Michael Graves, Tea & Coffee Piazza für Alessi, 1983. Alessi lässt in einem Projekt postmoderne Architekten ein Tee- und Kaffee-Service gestalten.

Mit der Swatch wird die Armbanduhr, die früher eine Anschaffung fürs Leben war, zu einem wechselhaften modischen Accessoire.

gegenüber Herstellung und Handel immer eine innovative Kraft und führt zu Ergebnissen, die nicht allein auf technologischer Ebene oder der des Handels zu erklären sind. Ein echtes Designwerk muss bewegen können, Gefühle vermitteln, Erinnerungen wachrufen, erstaunen, Grenzen überschreiten …“ (Alessi, 1998, S. 74)

Design als Marketinginstrument wird seit den 1990er Jahren zum probaten Weg, um der Marktfragmentierung und den individuellen Bedürfnissen der Zielgruppen nach Differenzierung nachzukommen. Es sorgt dafür, dass Wirtschaftszweige und Unternehmen wieder konkurrenzfähig werden, die angesichts der veränderten Märkte und Verbraucherwünsche in Ratlosigkeit verfallen sind. Vorbereitet durch die Memphis-Bewegung erweist sich die individuelle Gestaltung der Oberfläche innerhalb eines vorgegebenen Rahmens als wichtiges Instrument. Die Armbanduhren der Firma Swatch werden in den 1980er Jahren zum populären Vorreiter einer Entwicklung, die wenig später unter dem Begriff des „Customizing“ bekannt wird.

Die Uhrenmarke Swatch wird 1983 im Schweizerischen Biel als Gemeinschaftsunternehmen großer Schweizer Uhrenproduzenten gegründet. Sie soll der wachsenden globalen Marktmacht japanischer Hersteller entgegenwirken. Die preiswerten Swatch-Uhren bieten bei gleichem technischem Innenleben durch gestalterische Variationen auf Zifferblatt und Armband verschiedene optische Looks an. Sie setzen bewusst auf den Zeitgeist und nehmen dafür modische Vergänglichkeit in Kauf. Die erste Kollektion begnügt sich noch mit einfarbigen Armbändern und den vier Stilrichtungen Classic, Hitech, Fashion und Sport. Inzwischen ist die Palette unterschiedlicher Modelle nahezu unüberschaubar. Gestaltet werden die Uhren von bekannten Designern wie etwa

Matteo Thun und Alessandro Mendini oder mit Motiven von Künstlern wie Keith Haring, Mimmo Paladino u. a. Swatch wird in den 1980er und 1990er Jahren zum Modell für den Einsatz von Dekoren als Marketinginstrument zur Individualisierung und darüber hinaus zu einer Lifestylemarke, die mit eigenen Stores, Events und Aktionen für die junge Zielgruppe so interessant wird, dass andere Marken, wie zum Beispiel die Automarke Smart, sie zum Imagetransfer nutzen.

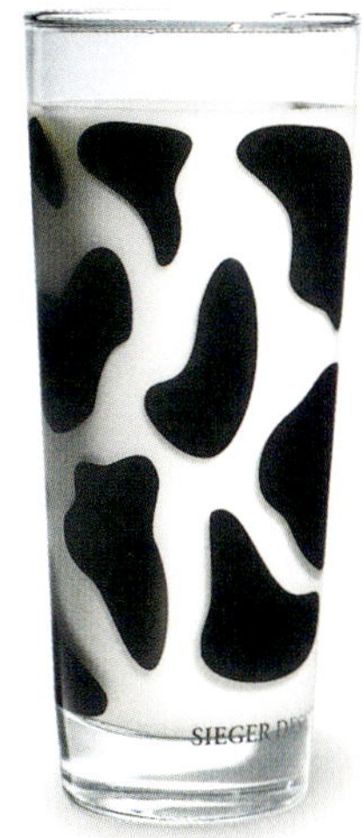

Dieter Sieger (Sieger Design), Glas aus der ersten Serie der Milchgläser für die Firma Ritzenhoff, 1992 – intelligentes Spiel mit dem Ornament auf einer archetypischen Glasform

Eine ähnlich aufmerksamkeitsträchtige Strategie auf der Grundlage eines umfassenden Designmanagements verfolgt der Glashersteller Ritzenhoff in Zusammenarbeit mit dem Designbüro Sieger Design 1992. Die Gestaltung eines einfachen archetypischen Milchglases wird zu einem Marketingerfolg. Sieger Design fordert mit dem Fax-Versand einer Blanko-Schablone von einem Milchglas bekannte Designer auf, der Firma Entwürfe für Dekore zu schicken, die das Thema Milch sinnfällig auf einem Glas zur Anschauung bringen. Volker Albus, Michael Graves, Massimo Iosa Ghini, Alessandro Mendini und andere beteiligen sich aus Neugier an dem Projekt, das sehr bald zu einem Erfolg wird. Seit 1992 beteiligen sich etwa 50 Designer, Architekten und Künstler mit Entwürfen, und es sind mittlerweile mehr als zwei Millionen Milchgläser verkauft worden. Begleitet wird die Aktion durch zahlreiche Marketing- und PR-Maßnahmen, wie der Gründung eines Sammlerclubs inklusive Clubzeitschrift und Events mit Reisen zu Designern. Auch wenn diese Art einer umfassenden Design- und Marketingstrategie bei manchen Kritikern umstritten ist, so begründet sie doch den nachhaltigen wirtschaftlichen Erfolg eines Unternehmens auf der Grundlage der langfristigen Zusammenarbeit mit einem Designbüro, das neben dem Designprozess besonders die Kommunikation in den Mittelpunkt seiner Tätigkeit stellt und so zum positiven Beispiel für ein effektives Designmanagement wird.

Zum Management einer Marke oder eines Unternehmens auf der Grundlage des Designs gehört im gehobenen Marktsegment nahezu selbstverständlich ein kulturelles Verständnis von Design. Das Beispiel des Unternehmens Vitra in Weil am Rhein zeigt dies mit exemplarischer Deutlichkeit. 1934 von Willi Fehlbaum in der Schweiz gegründet, legte die Firma schon seit 1957/58 mit dem Beginn der Lizenzproduktion von Möbeln von Charles Eames und George Nelson besonderen Wert auf Design als wichtigen Bestandteil der Unternehmenspolitik. Dieser Ansatz wird beständig ausgebaut. Neben der Produktion von Designklassikern entstehen Möbel in Zusammenarbeit mit Designern wie z.B. Antonio Citterio, Mario Bellini, Jasper Morrison oder Phillipe Starck. Außerdem richtet der heutige Inhaber Rolf Fehlbaum 1989 für seine Designsammlung ein Museum ein, dessen Gebäude von dem amerikanischen Architekten Frank O. Gehry entworfen wird.

Dieter Sieger (geb. 1938) macht sich nach seinem Studium 1964 selbstständig und ist bis Ende der 1970er Jahre erfolgreich als Architekt tätig. 1978–1985 widmet er sich dem Innenausbau von Jachten und Segelschiffen, gleichzeitig kommt er ab 1983 über den Schiffsbau in Kontakt mit Unternehmen der Sanitärindustrie wie Duravit und Dornbracht, für die seine Firma Sieger Design bis heute arbeitet. Ab 1991 übergibt er das Designbüro schrittweise an seine Söhne Christian und Michael Sieger. Parallel dazu wird das Büro ausgebaut zu einer Full-Service-Agentur mit einem umfassenden Designverständnis vom Entwurf bis zur Markteinführung eines Produktes. Seit 2003 wird die Agentur nur noch von den Söhnen geführt. Heute bietet Sieger Design eine breite Palette von Leistungen: „Design, Communications, Architecture, Design Management, Public Relations, Marketing", wobei unter Design nicht mehr nur das Produktdesign, sondern auch Mode und Interface Design, Architektur einschließlich des Interior-Bereiches sowie Messe- und Ausstellungsdesign fällt.

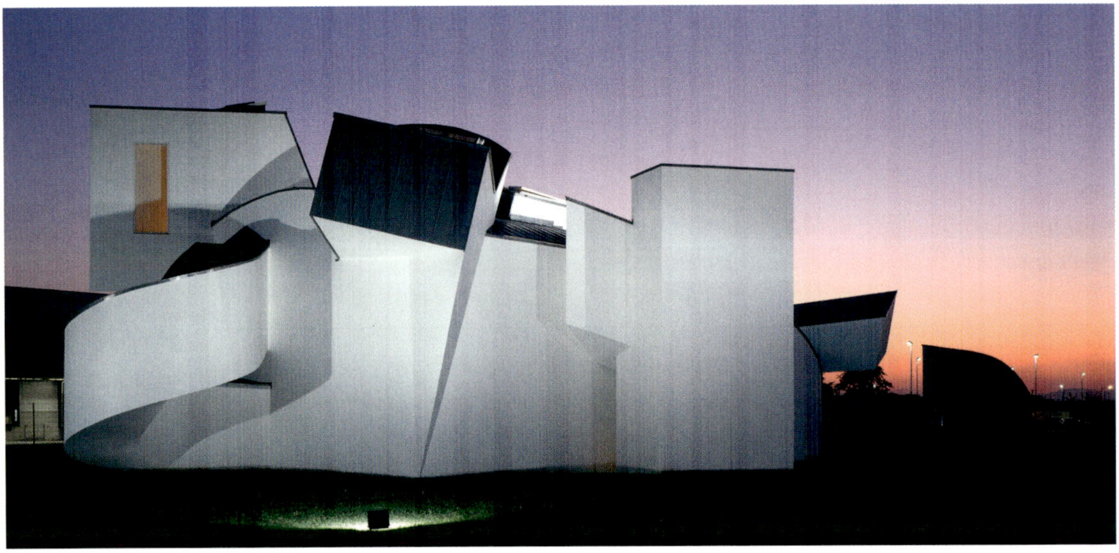

Frank O. Gehry, Gebäude des Vitra Design Museums in Weil am Rhein, 1989. Das Museum beherbergt eine der weltweit größten Designsammlungen und zeigt regelmäßig aktuelle Ausstellungen zu Architektur und Design.

Zu den Aktivitäten des Unternehmens gehören darüber hinaus die Zusammenarbeit mit bekannten Architekten wie Zaha Hadid oder Tadao Ando beim Bau neuer Firmengebäude, Workshops mit international renommierten Designern, Publikationen und Ausstellungen zur Architektur- und Designgeschichte.

Auch das Unternehmen Dornbracht, internationaler Marktführer im Bereich hochwertiger Badarmaturen, hat nicht zuletzt im Hinblick auf seine Zielgruppen ein kulturelles Designverständnis entwickelt. 1950 gegründet, beginnt es ab Anfang der 1960er Jahre mit der Produktion von Luxusarmaturen, die zum Teil noch heute im Programm sind. Seit 1983 arbeitet man dort mit dem Architekten und Designer Dieter Sieger bzw. später mit dem Büro Sieger Design zusammen, das mit seinen archetypischen Entwürfen, z.B. der Armatur Tara, das Design und die öffentliche Wahrnehmung des Unternehmens maßgeblich geprägt hat. Seit 1997 engagiert sich Dornbracht zur Unterstützung des Marken-Images im Bereich der zeitgenössischen Kunst und publiziert unter dem Titel „Statements" Arbeiten von Künstlern wie Rosemarie Trockel, Fabrizio Plessi oder Pierre et Gilles, die sich mit dem Thema Wasser auseinandersetzen. Die klare Ausrichtung auf das Marksegment der Luxusklasse bedeutet auch, dass sich Unternehmen in diesem Bereich auf wenige Artikel und kleinste Auflagen beschränken.

Zaha Hadid (geb. 1950) ist eine wichtige Vertreterin des Dekonstruktivismus. In Bagdad geboren, studiert die Architektin in Beirut und London, wo sie auch arbeitet. Zu ihren bekannten Bauwerken gehören u.a. mehrere Gebäude im Rahmen der IBA (Internationale Bauausstellung) 1986 in Berlin und das Feuerwehrhaus auf dem Gelände des Möbelproduzenten Vitra (1989–92).

Will man nach den stürmischen Auseinandersetzungen um den Designbegriff, nach der Revolution, die eigentlich eher eine Evolution war, die Stellung des Designs am Ende des 20. Jahrhunderts bewerten, so kann man wohl bei aller Unübersichtlichkeit und nach allen ideologischen Grabenkämpfen festhalten, was nur allzu leicht übersehen wird:

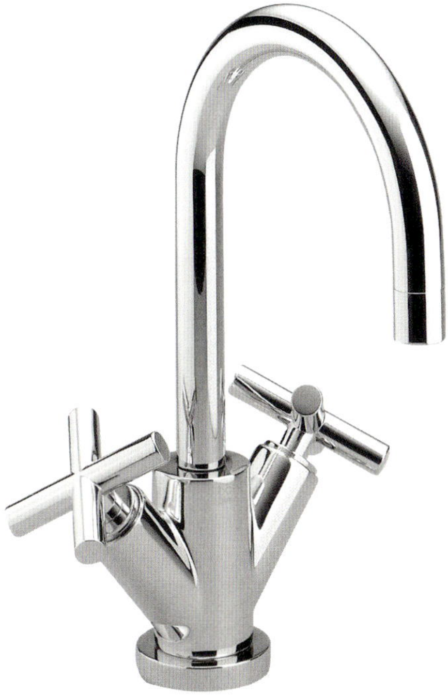

Sieger Design, Waschtischarmatur Tara für Dornbracht, 1991
In Zeiten einer überschwellenden Designflut reduziert Sieger Design die Form auf einen Archetypus, der dadurch eine lang andauernde ästhetische Gültigkeit hat.

1. Das Design wird entideologisiert, denn die Postmoderne ist keine Anti-Moderne, sondern eine Erweiterung derselben. Nicht die Moderne ist abgeschafft, sondern ihr dogmatischer Alleinvertretungsanspruch. Die Ansätze des Bauhauses oder der Hochschule für Gestaltung in Ulm werden nicht entwertet, sondern stehen nun neben zahlreichen alternativen Ansätzen.

2. Der zwingende Zusammenhang von Form und Funktion ist endgültig verneint, die Zeichenhaftigkeit, das freie Spiel mit Farben, Formen, Ornamenten und Materialien erlaubt. Die Sicht auf die postmoderne Semantisierung des Designs, die Fokussierung auf Bilder, Texte und Lesarten, ist Teil der Diskussion um die neuen Aufgaben, die dem Design als Vermittler im Zeitalter der Digitalisierung gestellt werden.

3. Durch innovative Technologien können sich Designer über den Zwang zur Serienfertigung hinwegsetzen. Dadurch stehen sie auch nicht mehr unter den Zwängen der funktionalistischen Theorie, sondern arbeiten lösungsorientierter, pragmatischer und mehr dem Nutzer zugewandt. Darüber hinaus rücken andere Parameter stärker in den Fokus, wie Nachhaltigkeit, Globalisierung, Nutzerorientierung.

Frank O. Gehry (geb. 1930) Der kanadische Architekt wurde in Toronto geboren, studierte Anfang der 1950er Jahre Architektur in Los Angeles und 1956/57 Design in Harvard. Gehry ist seit Mitte der 1970er Jahre einer der bedeutenden Vertreter der dekonstruktivistischen Architektur. Neben zahlreichen Gebäuden, u.a. Wohnhäuser, Universitätsgebäude, große Museen und Konzerthäusern, entwarf er seit den 1950er Jahre regelmäßig auch Möbel. Zu seinen bekanntesten Entwürfen gehören die Pappmöbel aus den Serien Easy Edges und Experimental Edges, die er in den 1980er Jahren für Vitra entwarf.

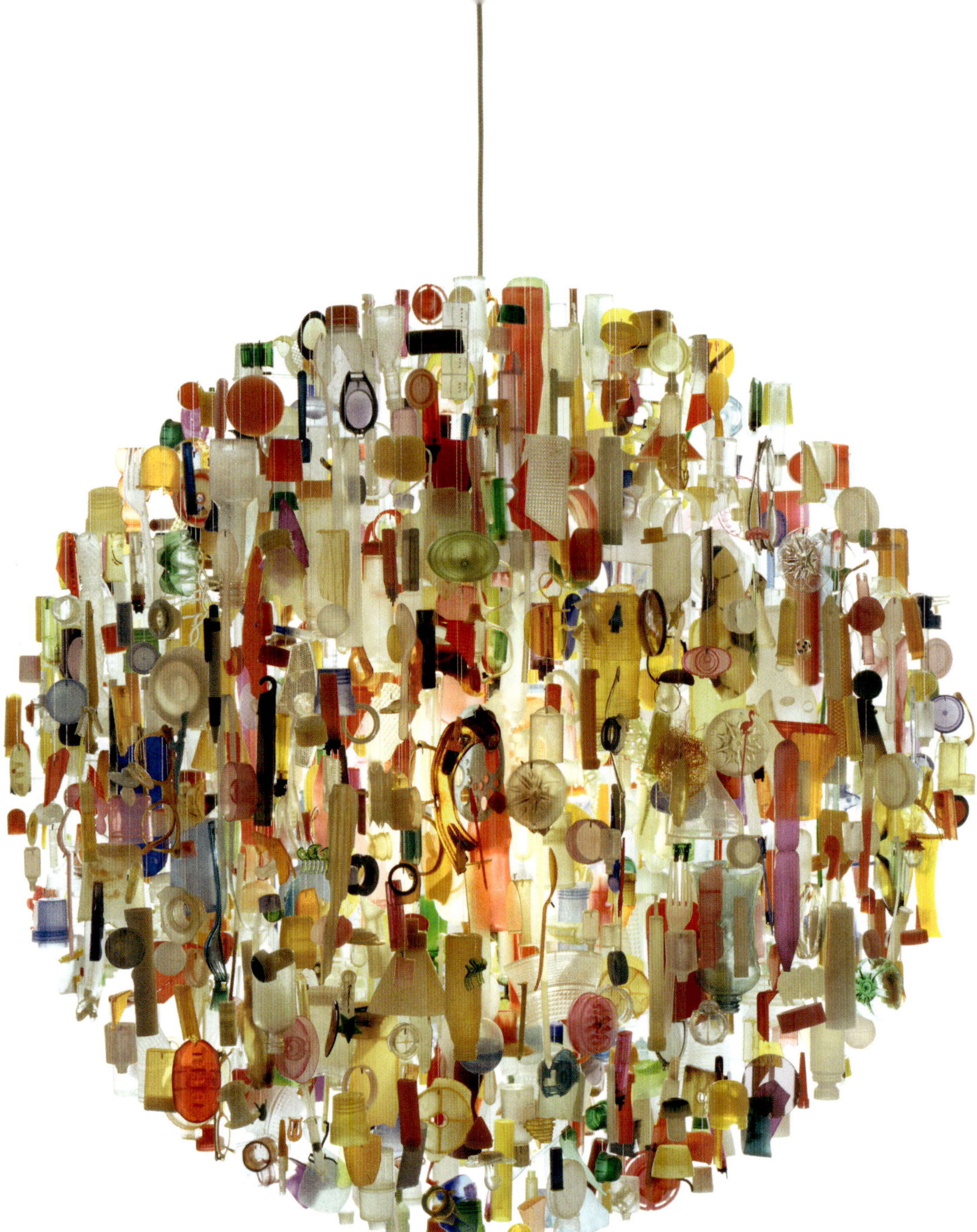

DIGITALISIERUNG UND CONSUMER-TRENDS

Der Weg des Designs ins 21. Jahrhundert

Design im 21. Jahrhundert ist nicht mehr nur Design nach der Moderne, sondern schon Design nach der Postmoderne. Es steht zwar gleichermaßen auf deren Schultern, hat jedoch beide gewissermaßen überwunden.

Zu Beginn des 21. Jahrhunderts wurzelt das Design nicht nur in technischer, sondern auch in vielerlei anderer Hinsicht in den letzten beiden Jahrzehnten des 20. Jahrhunderts. Die Erfahrung der Postmoderne hat das Verständnis von Architektur und Design, die ästhetischen Paradigmen sowie die gesellschaftliche und ökonomische Rolle des Designs verändert. Vor allem, und das darf wohl als wichtigste Folge der Auseinandersetzung mit der Moderne und dem Funktionalismus gesehen werden, ist jetzt die behauptete logische Zwangsläufigkeit des Funktionsbegriffes endgültig überwunden und die semantische und emotionale Funktion in der Gestaltung von Produkten allgemein anerkannt. Der Designtheoretiker Bernhard E. Bürdek fasst das 2008 schlagkräftig zusammen unter der Formel „From Function to Meaning". Im Übrigen ist der früher festgestellte monokausale Zusammenhang zwischen Form und Funktion bei vielen Produkten jüngeren Datums durch die Digitalisierung ohnehin nicht mehr gegeben. Die Quantensprünge, die diese in der Technologie der letzten zwei Jahrzehnte des 20. Jahrhunderts hervorgerufen hat, haben unsere Alltagswelt, die Entstehung und den Gebrauch so gut wie aller Produkte grundlegend verändert. Produktionstechnische Gesetzmäßigkeiten, die die industrielle Massenproduktion und das Design bisher definiert hatten, sind inzwischen wenn nicht überholt, so doch stark relativiert. Außerdem sind ästhetische Paradigmen wie die Angemessenheit und die Wertigkeit bestimmter Materialien nicht mehr dogmatisch festgeschrieben. Die Postmoderne hat sich die Freiheit genommen, sowohl mit Formen, historischen Stilen und Ornamenten als auch mit Materialien unbefangener umzugehen. Anstelle der theoretischen Grabenkämpfe und der ästhetischen Zuordnung von Stilen steht das Design seit den 1990er Jahren Herausforderungen gegenüber, die besonders in der Mikroelektronik die technische Entwicklung und die generelle Multifunktionalität vieler Produkte an die Entwerfer stellen. Unter diesem Gesichtspunkt ist der Desig-

Stuart Haygarth, Leuchte Tide, 2004. Der britische Fotograf und Künstler konstruiert Leuchten aus gefundenen Objekten, die aber nicht wahllos zusammengestellt werden, sondern immer eine Geschichte haben. Dieser Kronleuchter besteht aus 1100 Gegenständen, die Haygarth über einen Zeitraum von zwei Jahren an einem Strand in der englischen Grafschaft Kent gesammelt hat. Die Flut (Tide) hat sie dort angespült. Eigentlich sind sie Abfall, doch ironischerweise werden sie durch die Zusammenstellung zu einer hochwertigen Leuchte mit Kunstwerkcharakter.

ner heute Vermittler und Übersetzer und gestaltet nicht mehr nur Produkte, sondern Prozesse und Interaktionen. In dieser Rolle sind die Designer meist sehr pragmatisch orientiert. Das Zeitalter der großen Utopien ist vorbei. Selbst der ökologische Ansatz der Nachhaltigkeit, der in den 1970er Jahren noch von politisch engagierten Umweltaktivisten etabliert wurde, ist inzwischen ein allgemein akzeptiertes Paradigma, das als Marketinginstrument eingesetzt wird und seine konsumkritische Prägung abgelegt hat.

Ein weiterer wichtiger Wandel hat sich auf der Konsumentenseite vollzogen. Die Zielgruppen werden immer kleinteiliger, die Ansprüche und Geschmackswelten immer spezieller. An dieser Front wird der Designer zum Manager und Vermittler der Marke. Zum Design des Produktes gehört jetzt selbstverständlich die richtige Inszenierung der Marke, passend zur Geschmackswelt der Zielgruppen. Die umfassende Gestaltung aller Komponenten des Erfolges eines Unternehmens beginnt mit dem Erspüren von immer schnelllebigeren Trends und Konsumentenwünschen. Denn, eine weitere Folge der Entwicklung in den vorangegangenen Jahrzehnten: Das Design nimmt zunehmend die subkulturellen Einflüsse verschiedener Szenen auf. Durch das Internet werden im Laufe der Zeit die Grenzen zwischen Produzent und Konsument geradezu verwischt. Das Design vieler Konsumgüter entsteht heute eng an den Zielgruppen, sogar unter direkter Beteiligung derselben. Trendscouts und Evaluierungsgruppen bestimmen bereits im Vorfeld den Designprozess.

Die vielfältigen Spannungsfelder technischer, ästhetischer, ökonomischer und gesellschaftlicher Art für das Design um die Jahrtausendwende entwickeln sich parallel und überschneiden sich, daher werden im Folgenden die parallelen Entwicklungslinien des Designs vom Ende des 20. Jahrhunderts bis ins 21. Jahrhundert dargestellt.

Eine neue Kultur – Design und Digitalisierung

Die wichtigste Entwicklung für das Design ist die technische Entwicklung in der Mikroelektronik. Ist für Sigfried Giedion noch die „Herrschaft der Mechanisierung " das beherrschende Paradigma für das 19. und frühe 20. Jahrhundert, so muss man für das späte 20. und das beginnende 21. Jahrhundert wohl von der „Herrschaft der Digitalisierung" sprechen. In wenigen Jahrzehnten entstehen völlig neuartige Produkte, die Funktionsweisen von Maschinen und Produkten werden radikal verändert. Produktionsprozesse werden neu organisiert, der Zwang zur industriellen Massenproduktion tendenziell aufgehoben und das Entwerfen, ja das Denken und die menschliche Interaktion überhaupt werden von den digitalen Prozessen der Software und den rasant wachsenden Fähigkeiten und Kapazitäten der Hardware revolutioniert. Kulturtechniken wie das Lesen oder das Musikhören und vor allem wissenschaftliche und kreative Methoden wie das Schreiben oder das Entwerfen, aber auch künstlerische

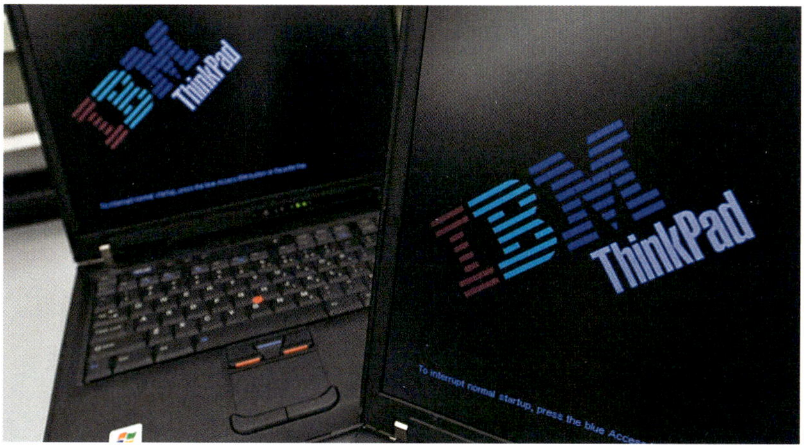

Richard Sapper, Notebook ThinkPad von IBM, 1992.
Das Notebook wird zur Denkmaschine und beeinflusst nicht nur die Arbeits-, sondern auch die Denkweise der Menschen.

Arbeitsweisen verändern sich grundlegend. Der Computerhersteller IBM nennt sein 1992 in Zusammenarbeit mit dem Designer Richard Sapper entwickeltes Notebook folglich „ThinkPad“. Das Schreiben eines Textes auf dem Notebook geht ganz anders vor sich als in analogen Zeiten, in denen man komplexe Gedanken erst gründlich durchdenken, dann folgerichtig formulieren und schließlich sorgfältig und fehlerfrei abtippen musste. Das Arbeiten an Texten ist heute erheblich komfortabler geworden. Es erlaubt, während des Schreibens zu denken. Textblöcke können beliebig gelöscht, verschoben, formatiert oder kopiert werden, was zu einer regelrechten Flut guter wie schlechter Texte führt und darüber hinaus zu Plagiaten durch „copy and paste“. Gleiches gilt für Bilder, Musik und alle anderen Informationen. Kreative Techniken und Arbeitsweisen sind auf breiter Front von der Digitalisierung erfasst. Der 1937 geborene britische Künstler David Hockney ist noch im Alter von den Möglichkeiten begeistert, die ihm das iPhone und das iPad bieten: „I love it I must admit. The iPad can be what you want it to be. [...] Picasso would have gone mad with this. I don't know an artist who wouldn't, actually. I thought the iPhone was great, but this takes it to a new level – simply because it's [...] as big as a reasonably sized sketchbook.“ Und gegenüber einem herkömmlichen Skizzenbuch hat ein iPad weitere Vorzüge: „... you have the whole thing with you all the time with all the paints ready to use“ (Hockney, 2011, S. 191)

Alles wird immer kleiner, alles wird mobil und: alles wird miteinander vernetzt. Im 21. Jahrhundert kann man häufig nicht mehr unterscheiden, welche Funktion einem digitalen Gerät seinen Namen gibt. Haben wir es mit einem Mobiltelefon zu tun, mit dem man Fotos machen kann, oder mit einem Musikabspielgerät, mit dem man ins Internet kommt? Parallele Entwicklungen finden gegen Ende des 20. Jahrhunderts in allen Bereichen gleichzeitig statt. In der Unterhaltungselektronik ist sicher der „Walkman“ des japanischen Herstellers Sony als eine der Ikonen dieser Entwicklung zu nennen. So banal es klingen mag: In den Metropolen Japans war Platz schon immer Mangelware,

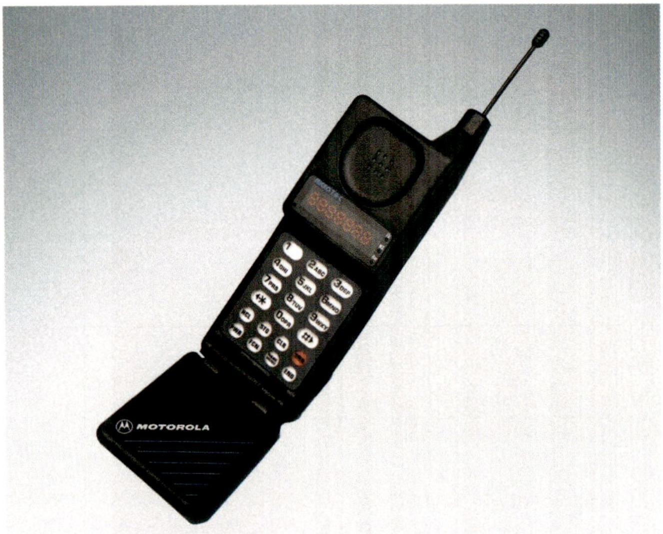

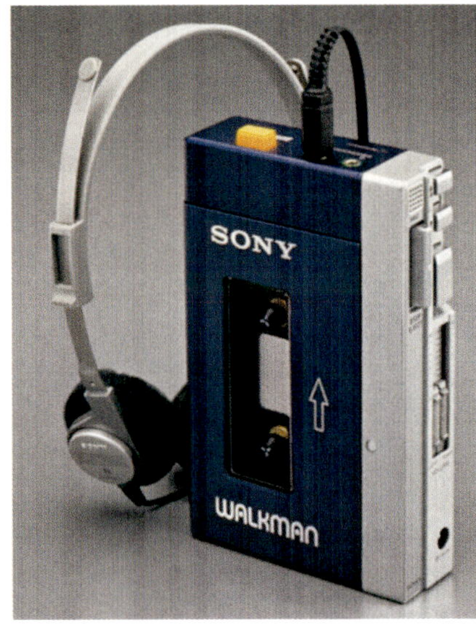

Die Mutter aller Klapphandys: das Motorola Micro TAC 950 Flip, 1991. Motorola baut 1989 das kleinste und leichteste Mobiltelefon seiner Zeit, das in den 1990er Jahren mit verschiedenen Modellen weiterentwickelt wird. Neu ist die Flip-Technologie, mit der das Sprechteil flach über die Tastatur geklappt werden kann.

Der erste Walkman: Sony TPS-L2, 1979.

die Wohnungen sind beengt. Nicht zuletzt deshalb wurde hier zum Beispiel der Hi-Fi-Turm mit übereinander angeordneten Bausteinen entwickelt. Konsequenterweise treibt die japanische Industrie die technische Perfektion bei Kleinstgeräten am weitesten voran. Vorreiter dieser Entwicklung ist die Firma Sony. Sie hat schon 1955 das erste Transistor-Radio gebaut, das bis 1958 auf Taschengröße geschrumpft ist. 1959 kommt der erste Transistor-Fernseher heraus, 1966 entwickelt Sony den ersten Farbvideorekorder für den Privatgebrauch, und es folgen kontinuierlich weitere technologische Fortschritte. 1979 entschließt sich der Sony-Chef Akio Morita gegen den Widerstand seiner Verkaufsmanager zur Produktion eines Taschengerätes zum Abspielen von Musik-Kassetten. Erfunden hat ihn schon 1972 eigentlich der Deutsch-Brasilianer Andreas Pavel, der sich die Technologie 1978 auch in den USA hat patentieren lassen. Nach langen juristischen Auseinandersetzungen erkennt Sony dies schließlich im Jahr 2003 an. Das Gerät tritt einen unglaublichen Siegeszug an und prägt in den 1980er Jahren das Lebensgefühl und den Musikkonsum in der Jugendkultur der ganzen Welt. Aus der Marke Walkman wird dann bald ein allgemein geläufiges Synonym für alle tragbaren Kleinstgeräte dieser Art. Mit dem Aufkommen des optischen Speichermediums der Audio Compact Disc, kurz Audio-CD, in den 1990er Jahren wird aus dem Walkman ein Discman, und später der digitale MP3-Player, der Musik auf einem Datenträger mit weitaus größerer Speicherkapazität speichern und abspielen kann.

2001 geht Sony mit dem Mobiltelefonhersteller Ericsson ein Joint Venture ein, in das Sony seine Erfahrungen in der Unterhaltungselektronik und Ericsson sein Know-how in der Mobilfunksparte einbringen sollte. 2005 bringt das Unternehmen das erste Walkman-Handy auf den Markt. Parallel dazu entwickelt die Firma Apple, einer der führenden Hersteller von Computern, ihren iPod, einen „portable media player". 2001 kommt das erste Gerät auf den Markt. Im Abstand von jeweils einem Jahr folgen fünf weitere Generationen des Players. Seit 2005 kann der iPod auch Videos abspielen. Die Miniaturisierung bei gleichzeitiger Leistungssteigerung, Multifunktionalität und zunehmender Mobilität erfasst auch die Kommunikationstechnik. Schon in den 1920er Jahren gibt es beispielsweise in Deutschland Mobil- oder Funktelefonie in den Zügen der Reichsbahn und in den 1950er Jahren in den USA die ersten Autotelefone. In den 1970er und 80er Jahren wird dann weltweit der Ausbau zunächst noch analoger Funknetze vorangetrieben, und 1983 bringt die Firma Motorola das erste kommerzielle Mobiltelefon auf den Markt. Bis zu den 1990er Jahren steigt die Zahl der flächendeckenden digitalen Mobilfunknetze, die Telefone werden kleiner und leistungsfähiger. Neben Motorola etablieren sich Hersteller wie Siemens, Ericsson, Samsung oder Sharp. Seit 1992 ist neben dem Telefonieren auch das Senden von SMS (Short Message Service) mit begrenzter Zeichenzahl möglich, was heute von vielen Nutzern oft häufiger eingesetzt wird als die primäre Funktion des Telefons. 1999 bringt die japanische Firma Toshiba das erste Mobiltelefon mit integrierter Digitalkamera auf den Markt. Später gehört diese Funktion zur Standardausstattung der meisten Mobiltelefone. Inzwischen ist das Mobiltelefon als „Smartphone" zum multifunktionalen Kommunikationsmedium mit Schnittstellen zu allen anderen digitalen Geräten und zum Internet geworden. Mit der Entwicklung und Verbreitung der sogenannten „Apps", kleinen Anwendungsprogrammen (Applikationen), die umsonst oder zu niedrigen Preisen per Download gekauft werden können, ist die Funktions- und Anwendungsbreite der Smartphones ins Unendliche steigerbar.

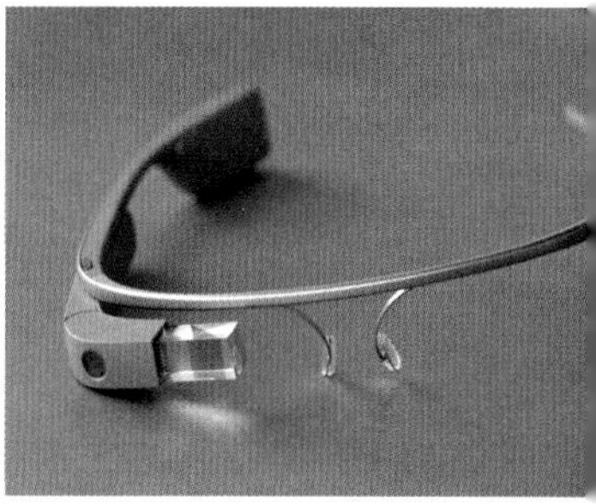

Augmented Reality to Go: Google Glass, die Computerbrille von Google, 2013. Mit dieser Brille kann man Fotos und Video-Aufnahmen machen und hat Zugang zum Internet. Die vom Nutzer gesammelten Daten können auf den Google-Server übertragen werden.

Der Computer hat sich zunächst vom tonnenschweren Großrechner zum PC (Personal Computer) entwickelt, dann zum mobilen Laptop oder Notebook, anschließend zum „Handheld-Computer" und schließlich zum multifunktionalen Tablet-Computer. Aufgrund der Miniaturisierung lassen sich in immer kleineren mobilen Geräten immer mehr Leistung und immer mehr Funktionen vereinen, wie Telefon, Computer, Audiogeräte, Navigationssysteme und Digitalkameras. Vorläufige Endpunkte der Entwicklung sind schon nicht mehr die Smartphones und Tablet-Computer, mit denen man nahezu überall auf der Welt einen mobilen Zugang zum Internet hat, sondern Computerbrillen von Google und Smart Watches, an denen Sony, Apple und Casio arbeiten; sie erbringen mittlerweile die gleichen Leistungen wie ein Smartphone.

Die neuen multifunktionalen Hochleistungskommunikationsgeräte machen deutlich, wie obsolet inzwischen die alte Gleichung „Form follows Function" geworden ist und welche Anforderungen an die Gestaltung der Hardware wie der Software gestellt werden. Welche sozioökonomischen, ästhetischen und politischen Folgen die Entwicklung der Technologie hat, und welche Rolle das Design in diesem Zusammenhang spielt, lässt sich wohl am besten am Beispiel des führenden Unternehmens in der Branche, der Firma Apple, darstellen.

Apple – oder wie man sich eine eigene Welt schafft

Für die Entwicklung des Designs in der digitalen Welt spielt das 1976 von Steve Jobs und Steve Wozniak gegründete Computer-Unternehmen Apple eine so herausragende Rolle, dass die Geschichte der Firma und ihres Gründers zum Mythos geworden ist. Mit der Entwicklung der Apple-Produkte hat das Unternehmen nicht nur Technik- und Design-, sondern auch Wirtschaftsgeschichte geschrieben. Im Dezember 1980 geht Apple an die Börse. Eine Aktie kostet damals 3,59 US$, Ende 2011 liegt der Preis bei 413, 45 US$. Damit wird Apple zeitweise zur wertvollsten Marke der Welt.

1976 entwickeln Jobs und Wozniak in der Garage von Jobs Eltern in Kalifornien den ersten Apple-Computer, den Apple I. Sie wollen einen Rechner gestalten, der für den Nutzer einfacher zu bedienen ist. 1977 folgt der Apple II, der erste Mikrocomputer mit farbiger Grafik. Seitdem ist die überwiegende Anzahl der Produkte von Apple eine wegweisende Innovation in Technik und Design. 1984 kommt der Macintosh-Computer auf den Markt. Er hat schon alle Merkmale, für die Apple-Computer berühmt werden: die grafische Benutzeroberfläche, die Steuerung mit der Maus, Pull-down-Menüs und andere innovative Elemente, die zum Standard für alle folgenden Entwicklungen werden, auch für die anderer Hersteller. Dennoch wird daraus kein wirtschaftlicher Erfolg. Jobs wird vom Aufsichtsrat des Unternehmens entlassen, kehrt 1997 jedoch als Firmenchef zurück und baut anschließend das Unternehmen zum erfolgreichsten Computerhersteller der Welt um.

Die Gestaltung der Apple-Produkte liegt anfangs in der Hand der Ingenieure, später ist es der aus London stammende Designer Jonathan Ive, der das Design zu einem der Erfolgsfaktoren von Apple macht. 1992 kommt er zu Apple und baut nach der Rückkehr von Jobs ab 1997 eine Designabteilung auf, was für Computerhersteller und selbst bei Apple nicht unbedingt üblich war. 1998 wird dann der erste iMac, ein kompakter PC mit integriertem Bildschirm, auf den Markt gebracht, dessen Design sich noch in anderen Merkmalen grundsätzlich von den bisher bekannten grauen oder beigefarbenen Computern unterscheidet: Sein Gehäuse ist eher rundlich und aus transluzentem Kunststoff in verschiedenen Farben. Er wird durch Form, Farbe und Namensgebung zu einem emotionalen Produkt mit individueller Persönlichkeit gemacht. Das gab es so vorher noch nicht und wird zum Vorbild für andere elektronische Geräte. Die nächste Revolution in der Gestaltung bietet der 2001 ebenfalls von Ive entworfene iPod, ein Speicher- und Abspielgerät für Musik und später auch für Bilder, der auf der Entwicklung einer extrem kleinen Festplatte mit einer Speicherkapazität von zunächst fünf Gigabyte (GB) beruht. Ein derart kleines Gerät benötigt eine neuartige Schnittstelle zur Bedienung, die Apple mit der Erfindung eines Steuerrades löst. Mit ihm lässt sich im Menü des Gerätes in verschiedene Richtungen navigieren. Diese genial einfache Bedienung, die reduzierte Form und die Leistungsfähigkeit machen den iPod erneut zu einem Erfolg für das Unternehmen und sichern ihm ein weiteres Mal

Apple iMac, 1998. Die erste Generation der iMacs sticht besonders durch eine coole Optik mit transluzentem Kunststoff hervor.

Think different.

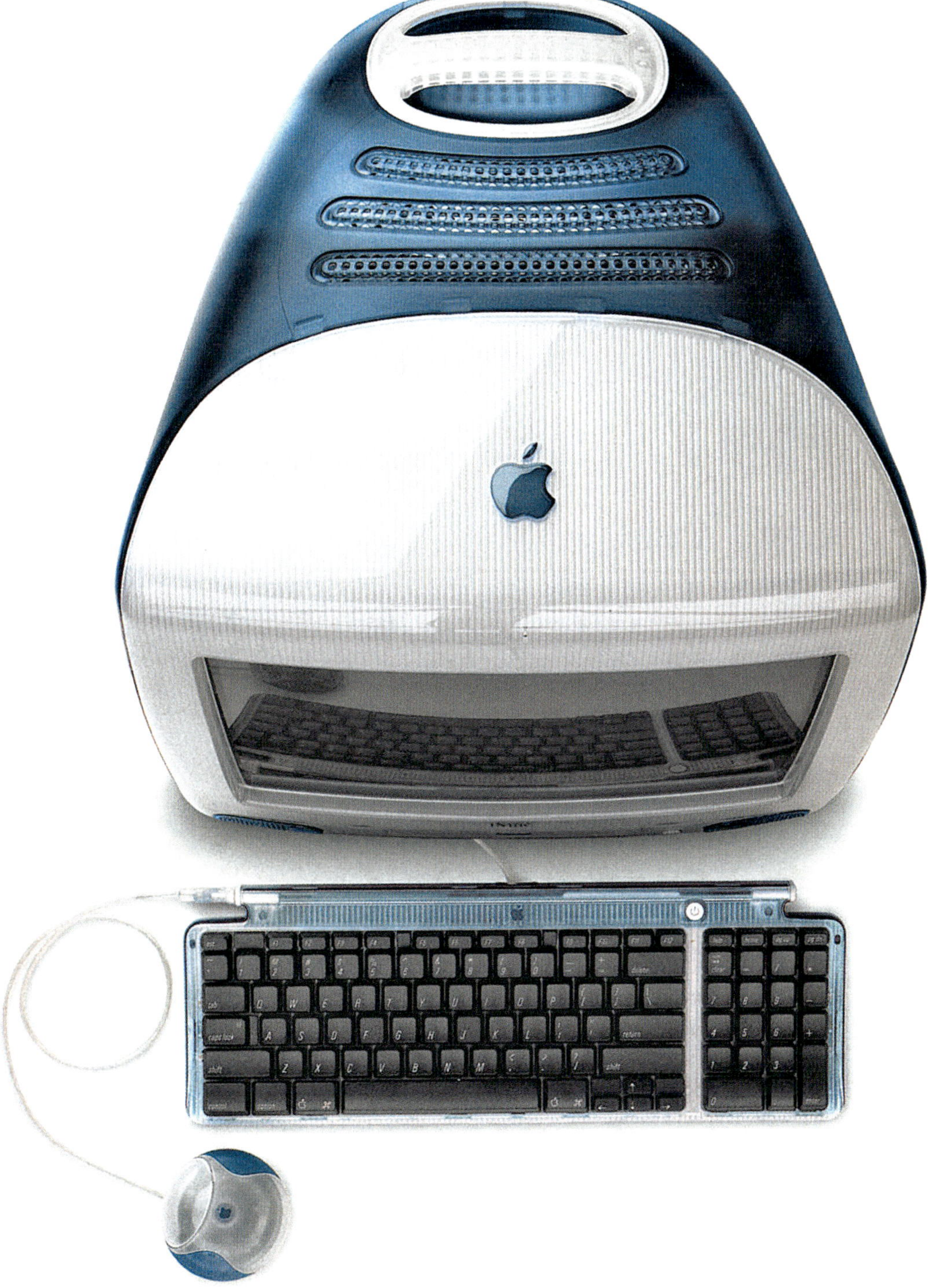

einen Vorsprung vor den Wettbewerbern. Und auf einem anderen Feld ist Apple der Konkurrenz ebenfalls rechtzeitig voraus: Jobs bemerkt schon früh, wie wichtig die Digitalisierung für das Speichern und Verbreiten von Bildern, Filmen und vor allem von Musik ist. Geht es 2001 beim iPod zunächst darum, auf dem Gerät mehr als 1.000 Musiktitel zu speichern, so bietet Apple mit iTunes gleich die passende Software an, ein Portal und Multimediaverwaltungsprogramm, mit dem man Musik und Bilder problemlos aus dem Internet herunterladen kann.

2007 bringt Apple das iPhone 3GS, das erste Mobiltelefon, das das Unternehmen überhaupt baut, auf einen schon reichlich umkämpften Markt. Obwohl es im Hinblick auf seine technische Leistungsfähigkeit anderen Mobiltelefonen grundsätzlich nicht überlegen und eigentlich auch größer und unhandlicher ist, wird es schnell zu einem Riesenerfolg für Apple, denn es hat gegenüber den Geräten anderer Hersteller wieder die für Apple typischen Unterscheidungsmerkmale: Es ist so einfach zu bedienen, dass es keine Anleitung braucht und es hat ein Design, das es zum Handschmeichler und Kultobjekt macht. Die abgerundeten Ecken und das insgesamt sehr reduzierte Design lassen bei manchem Designliebhaber Erinnerungen an Braun-Geräte erwachen – ein Diskussionsthema in den Medien. Doch angesichts der breiten technischen Funktionsvielfalt und der neuen Dimensionen, die das iPhone als Kommunikationsgerät eröffnet, ist diese Diskussion, wenn überhaupt, nur eine Fußnote der Designgeschichte oder eine augenzwinkernde Reverenz, die Apple dem Braun-Design der 1960er und 70er Jahre erweist: Braun hat Sammlerstücke in Form von puristisch gestalteten Elektrorasierern, Taschenrechnern und Langschlitztoastern hinterlassen, Apple revolutioniert die Medienwelt. Nach dem iPhone kommt 2010 das iPad, der erste Tablet-PC mit Touchscreen, auf den Markt. Das iPad ist allerdings mehr als nur ein besonders flacher mobiler PC, denn gleichzeitig mit seinem Erscheinen werden sogenannte „Apps“ (Applikationen), kleine leistungsfähige Programme, entwickelt und auf den Markt gebracht, die man vielfach kostenlos oder zu niedrigen Preisen in Apples App Store herunterladen kann. Mit dem iPad werden die bekannten Printmedien um eine bislang unbekannte Dimension ergänzt, und im Jahr 2012 fürchten viele Verlage und Hersteller von Printmedien langfristig um ihre Zukunft, denn mit iBooks Author bietet Apple ein App-Programm, mit dem jeder aus Text- und Bilddokumenten sein eigenes multimediales Buch gestalten und publizieren kann. Mit diesem Vorgehen macht das Unternehmen den Designprozess selbst zum Produkt für einen breiten weltweiten Markt.

Jonathan Ive (geb. 1967) studiert Produktdesign in Newcastle, England. Von 1989–92 arbeitet er für das Londoner Designbüro Tangerine, seit 1992 für den Computerhersteller Apple in San Francisco. Hier baut er eine Designabteilung auf, in der ab 1997 der iMac, das iBook, der iPod und zahlreiche weitere erfolgreiche Produkte entworfen werden. Ive schafft Hardware und Softwareoberflächen aus einem Designansatz.

Der Erfolg von Apple liegt vor allem darin, dass innovative Technologie, Design und Marketing Hand in Hand gehen und die Emotionen ansprechen. Apple wird Kult bei den Kreativen, die mit den Produkten arbeiten, und ihr Verhältnis zu ihrem Mac, iPod oder iPad ist Lifestyle, Glaubensbekenntnis,

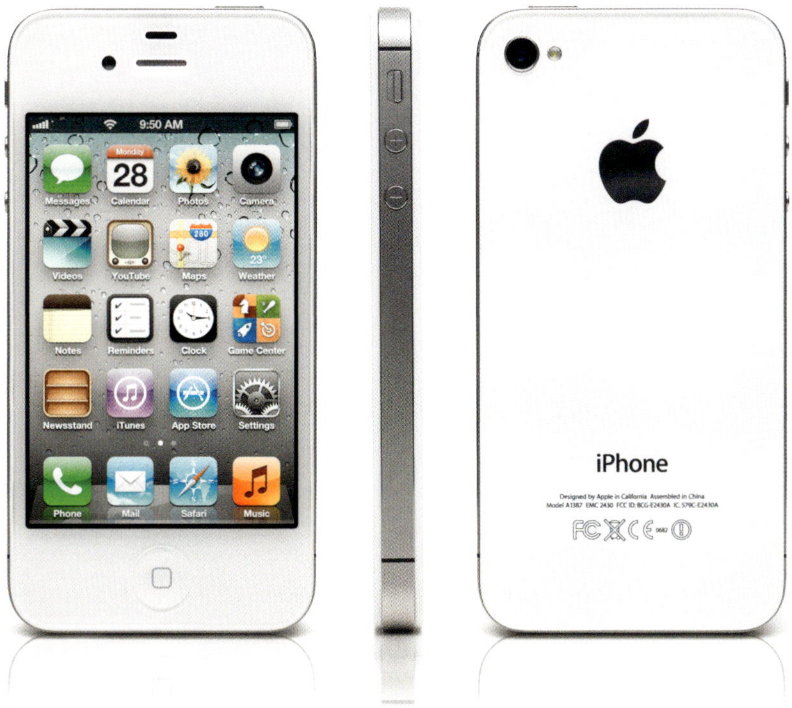

Apple iPhone 4. Ebenso wie seine Vorgänger aus der Reihe iPhone 3 wird auch das iPhone 4 schnell zum Kulthandy, für das bei seinem Erscheinen die Fans vor den Apple Stores Schlange stehen.

Statussymbol. Der Slogan „Think different“ eignet sich bestens zur Distinktion, und Apple gelingt es, seinen Kunden das Gefühl zu vermitteln, sie seien kreativer, intelligenter, individueller – ganz einfach cooler als andere, die mit anderen, „langweiligen“ Computern arbeiten und die Software von Microsoft benutzen. Jobs wird häufig mit visionären Sätzen zitiert, die zeigen, wie entschlossen er seine innovativen Ideen vorantreibt. Als er im Jahre 2011 stirbt, ist Jobs für viele seiner Anhänger ein Popstar und ein Messias zugleich. Wenige Wochen nach seinem Tod erscheint seine Biografie und wird weltweit zum Bestseller. Doch das ist nur ein Teil der Geschichte. Der Visionär und Revolutionär Jobs macht, etwas nüchterner betrachtet, das, was andere erfolgreiche Persönlichkeiten in der Wirtschaftsgeschichte früher ähnlich gemacht haben. So wie Josiah Wedgwood, die Gebrüder Thonet oder Akio Morita von Sony geht er nicht nur neue Wege in Technik und Gestaltung, sondern gleichzeitig im Marketing und im weltweiten Vertrieb. Wichtig ist dabei neben dem hohen emotionalen Potenzial der Marke vor allem die enge systemische Verflechtung von Hardware und Software mit den Inhalten und den Vertriebswegen, sodass Apple quasi sein eigenes „Ökosystem“ schafft.

Design des Digitalen – vom Interface- zum Servicedesign

Der Umgang mit dem Computer und dem Internet ist inzwischen zu einer fundamentalen Kulturtechnik geworden, ohne die heute kein Berufsfeld mehr auskommt. Dabei wird eine der wichtigsten Aufgaben des Designers die Gestaltung der Schnittstellen, oder besser gesagt die Vermittlung zwischen dem Gerät und seinen Programmen auf der einen und dem Nutzer und seinen menschlichen Dimensionen auf der anderen Seite. Schnittstellen sind Benutzeroberflächen wie Displays oder Bildschirmansichten, über die der User Kontakt mit dem jeweiligen Programm aufnimmt. Ihre Gestaltung stellt vielfältige Anforderungen an Designer und Programmierer. Angefangen bei den technischen Voraussetzungen, wie dem Betriebssystem, das zum Programm passen muss, über die Geschwindigkeit, die Bildschirmauflösung, die Bildschirmgröße etc. bis hin zur funktionalen wie ästhetischen Darstellung, die gewährleisten muss, dass der Nutzer sich im Programm zurechtfindet. Und schließlich muss die Gestaltung der Benutzeroberfläche, beispielsweise einer Website, zum Corporate Design des Unternehmens passen. Programmierer und Designer müssen hier eng zusammenarbeiten. Und ein weiterer Punkt kommt hinzu: Schnittstellendesign wird kurzlebiger. Der sich beschleunigende Wechsel nicht nur der technischen Parameter, sondern auch der Nutzungsgewohnheiten und der transportierten Inhalte erfordert eine ständige Überarbeitung.

Sinnvolles Schnittstellendesign heißt in Zeiten grenzenloser technischer Machbarkeit aber vor allem Reduktion und Verständlichkeit: komplexe Funktionen auf der Benutzeroberfläche möglichst einfach darzustellen oder ganz und gar bewusster Verzicht auf überflüssige Funktionen im Sinne einer Vereinfachung für den Nutzer (Simplexity). Hier ist die oben beschriebene Vorreiterrolle von Apple nicht hoch genug einzuschätzen. Wichtigstes Element und bahnbrechende Innovation an der Schnittstelle zwischen Computer und Nutzer wird die von Apple 1983/84 eingeführte grafische Benutzeroberfläche, die die bis dahin gebräuchlichen Tastaturbefehle ersetzt durch die bekannte Desktop-Optik, die Bedienung mit der Maus und all den Merkmalen wie Pull-down-Menüs, Papierkorb, Doppelklick etc., die später bei anderen Software-Herstellern ebenfalls zu den selbstverständlichen Schnittstellenelementen gehören. Doch auch die Hardware spielt eine wichtige Rolle als Schnittstelle zwischen Nutzer und Produkt. Durch die extreme Miniaturisierung ist es möglich geworden, verschiedenste Funktionen und Leistungsmerkmale auf kleinstem Raum unterzubringen. Nun kommt es darauf an, nicht nur auf der immateriellen Programmebene, sondern auch auf der Hardware-Ebene Geräte zugänglich zu machen. Nutzungsprozesse müssen, da es für viele neue Geräte noch keine Erfahrungswerte gibt, von Grund auf analysiert und anwenderfreundlich gestaltet

Bill Moggridge (geb. 1943) studiert an der Central School of Arts and Design in London, gründet hier 1969 ID One, sein erstes Designbüro, und zieht später ins kalifornische Palo Alto, wo er 1976 sein zweites Büro (ID Two) gründet, das 1991 mit den Büros von David Kelley und Mike Nuttal zu IDEO verschmilzt. Moggridge widmet sich äußerst erfolgreich den neuen Gestaltungsaufgaben der Mikroelektronik. Er entwirft die erste Computermaus für Apple, die zweite Maus für Microsoft und den ersten Laptop-Computer für Grid. Die Arbeitsweise von Moggridge und IDEO basiert auf einer mehrstufigen Produktentwicklung, die vor allem die Interaktion zwischen Produkt und Nutzer im Blick hat und die Prozesse bei der Nutzung eines Produktes genau untersucht.

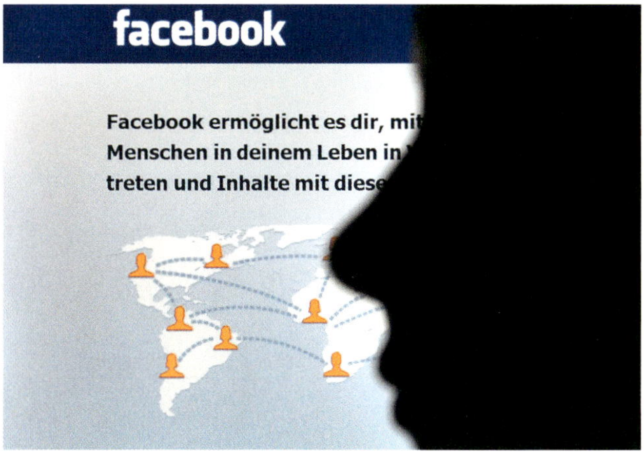

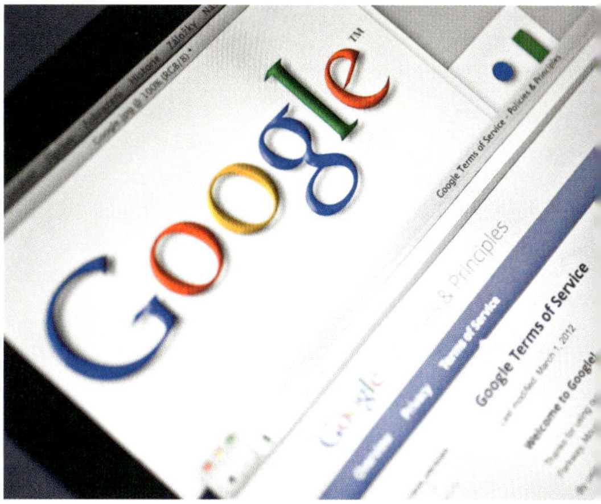

Screenshots der Webseiten von Facebook und Google. Die Logos der beiden Internet-Giganten werden zu Ikonen des Informationszeitalters, für ihre Kritiker zum Symbol des Bösen.

werden. Es gibt inzwischen zahlreiche Ansätze mit dem Ziel, die hochkomplexe digitale Technik so zugänglich zu machen, dass man im Idealfall nicht einmal mehr ein Handbuch benötigt, um die Hardware (und die Software) eines komplexen Produkts zu verstehen. Die Handhabung sollte sich auf der Benutzeroberfläche dem Nutzer intuitiv selbst erschließen. Der iPod von Apple ist ein oft gelobtes Beispiel für das gelungene Design eines neuen Gerätes, das bis dahin noch keine Form hatte, und für die freiwillige Beschränkung eines hoch leistungsfähigen Gerätes mit einer einfachen Bedienung.

Der britische Designer Bill Moggridge und der Deutsche Hartmut Esslinger, Gründer des Büros Frogdesign, gehören zu den Ersten, die sich mit den Aufgaben, die die Digitalisierung dem Design stellt, beschäftigen. Moggridge arbeitet sowohl für Apple als auch für Microsoft und darf als einer der Gestalter des ersten Laptops gelten. Esslinger hat ebenfalls verschiedene Rechner für Apple entworfen, außerdem für Microsoft gearbeitet und ist seit 2000 mit Frogdesign dort verantwortlich für das Erscheinungsbild von Windows XP.

Hartmut Esslinger (geb. 1944) Noch während seines Studiums an der Fachhochschule für Gestaltung in Schwäbisch Gmünd 1966–70 gründet Esslinger 1969 sein Büro Esslinger Design und arbeitet zunächst im Hi-Fi-Bereich für die Firma Wega, außerdem für Unternehmen wie Vissler, Kaldewei, Sony, Texas Instruments u.a. 1980 lernt er Steve Jobs kennen, dessen Firma Apple dann zu seinem Hauptkunden wird. Für sie entwirft Esslinger den Apple IIc und die Macintosh-Rechner. 1982 benennt er sein Büro um in Frogdesign und eröffnet eine Niederlassung in Palo Alto (Kalifornien). In den 1990er Jahren arbeitet Frogdesign u.a. für Kunden wie Lufthansa, Siemens, Samsung, SAP und seit 2000 auch für Microsoft und DELL. 2006 übernimmt Esslinger eine Professur für Industrial Design in Wien.

Design betrifft darüber hinaus die Organisation der Dienstleistungen im Hintergrund (Servicedesign), etwa der Online-Dienste, Download-Plattformen etc., die mit dem primären Produkt zusammenhängen. Die deutsche Designtheoretikerin Birgit Mager beschreibt die Essenz dieser Entwicklung so: „Das Produkt ist nur noch das Portal zu einer faszinierenden Welt von Dienstleistungen. Innovationen finden im Spannungsfeld von Technologien, Hardware, Interfaces und Services statt. Komplexe Welten, die einen gemeinsamen Duktus in der Gestaltung brauchen." (zit. n. Bürdek/Eisele, 2011, S. 129 f.) Die Unternehmen, die diesen Gedanken am konsequentesten verfolgen und dem Nutzer über die Hardware und das Interface-Design die attraktivsten Dienstleistungen und Vertriebswege bieten, werden

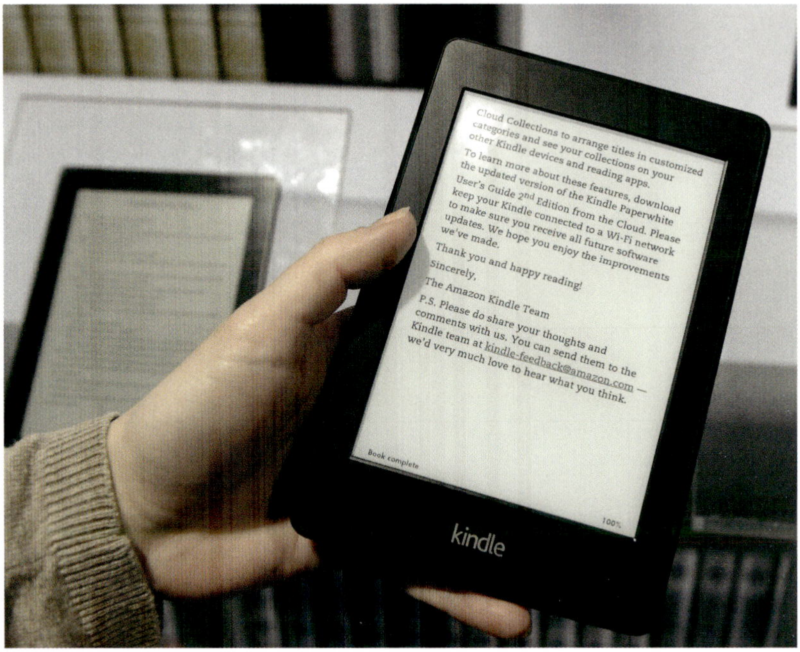

Der erste Kindle E-Book Reader von Amazon kommt in den USA 2007 auf den Markt, ab 2009 ist er in weltweit mehr als hundert Ländern.

um die Jahrtausendwende zu den erfolgreichsten Unternehmen der Welt. Zu ihnen gehört der Computerhersteller Apple, der mit seiner Hardware vom iMac über den iPod bis zum iPhone eine Welt liefert, in der die Geräte mit den Apple-Programmen und den Inhalten, die man kaufen kann, so nahtlos zusammengefügt sind wie kaum irgendwo anders. Ähnlich geht der Internethändler Amazon vor. Bei ihm kann man den E-Book Reader Kindle bestellen, mit dem wiederum E-Books bei Amazon heruntergeladen werden können. Hardware, Inhalt und Vertriebsweg werden zur Einheit, eine Entwicklung, die neben Begeisterung auch Kritik hervorruft. Die Folgen der Monopolbildung im Bereich der Online-Medien werden um ein vielfaches problematischer als im Printbereich und umfassen nicht nur ökonomische, sondern auch juristische, psychologische und gesellschaftliche Aspekte.

Man muss kein Kulturpessimist sein, um festzustellen, welche Macht Unternehmen wie Google, Amazon, Apple oder Facebook allein durch die Anhäufung und Auswertung von Nutzerdaten aufbauen, mit denen sie Konsumgewohnheiten und Verhaltensweisen steuern können. Der Umgang der Menschen mit der Wirklichkeit verändert sich, der Begriff der Öffentlichkeit wird exponentiell erweitert, und schon wird das Internet zu einem Kommunikationshebel, der unbekannte Musiker aus dem Nichts an die Spitzen der Charts befördert, lustige Flashmobs organisiert, andererseits aber Börsenkrisen auslösen kann und Demokratiebewegungen in Gewaltregimen möglich macht. Die Folgen sind vielschichtig: Der Musikkonsum hat sich endgültig immaterialisiert. Darunter leidet die Musikindustrie vor allem, weil der Kauf von Ton-

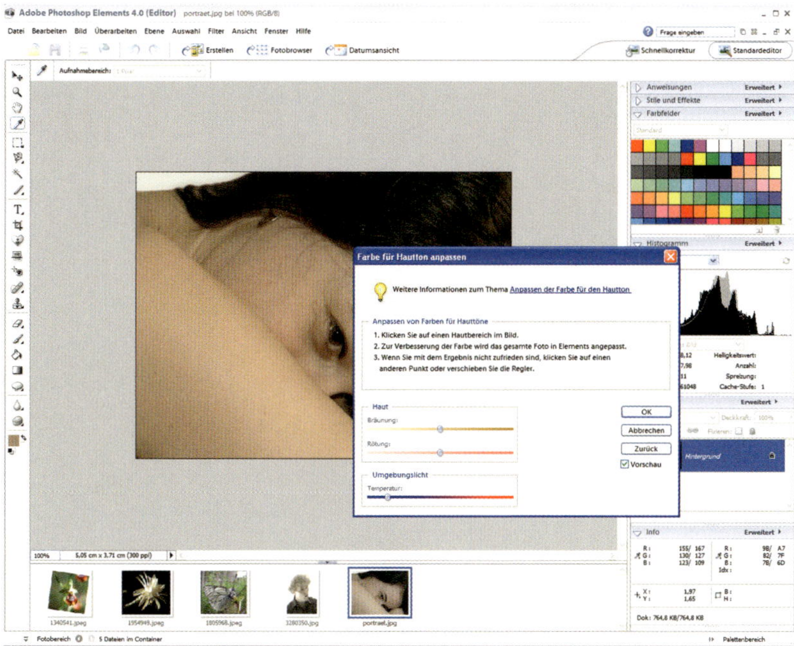

Screenshot von Adobe Photoshop. Das Bildbearbeitungsprogramm kommt 1989/90 zunächst für Apple Macintosh auf den Markt.

trägern überflüssig geworden ist, wenn Musik einfach aus dem Internet heruntergeladen werden kann. Ähnliches geschieht mit Filmen, Bildern, Texten und anderen Informationen. Die urheberrechtlichen und ökonomischen Folgen des Missbrauchs, der dadurch betrieben werden kann, der kulturphilosophische Streit um Fragen des geistigen Eigentums und der Informationsfreiheit im Internet ist zu einem brisanten politischen Thema der Gegenwart geworden. Im Jahr 2013 wird im Rahmen des weit gespannten Ausspäh-Skandals der amerikanischen Sicherheitsbehörde (NSA) bekannt, dass in großem Umfang Nutzerdaten von Providern und Telefongesellschaften an den US-Geheimdienst gelangt sind.

Digitalisierung des Designs

In dem Maße, in dem die Digitalisierung alte Produkte verändert und neue schafft, wandeln sich die Produktions- und Designprozesse an sich. Mit jeder weiteren Generation von Geräten und Programmen wird eine andere Ästhetik hervorgebracht, die unmittelbar von der Arbeit mit dem Computer inspiriert ist. Denn seit den 1980er Jahren wird nicht nur für den Computer entworfen, sondern auch mit ihm. CAD (Computer Aided Design) und CAM (Computer Aided Manufacturing) revolutionieren Gestaltung und Produktion sowohl in der Architektur als auch im Design. Schon in den 1960er Jahren sind in den USA im Flugzeugbau die ersten kommerziellen Erfahrungen mit zweidimen-

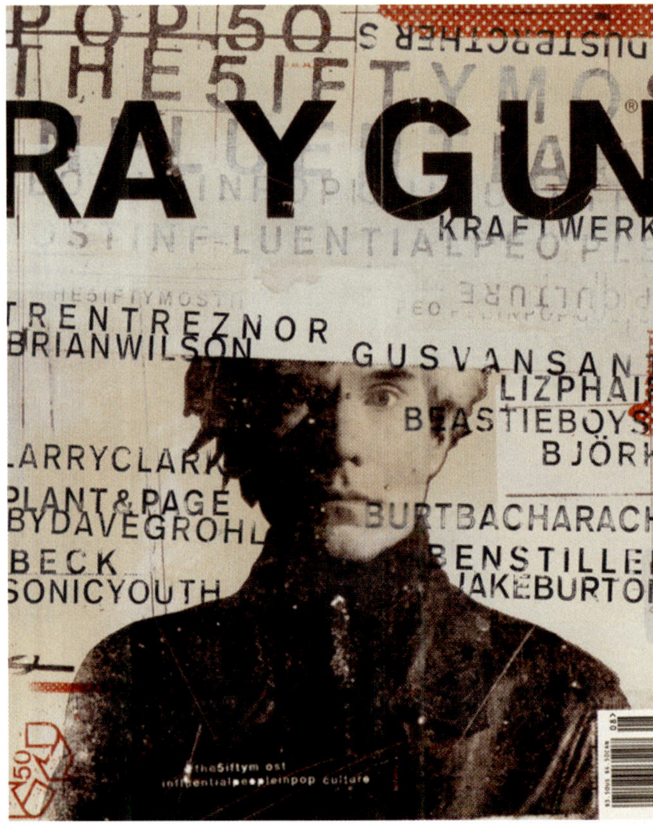

David Carson, Titelseite der Zeitschrift „Ray Gun" mit Andy Warhol, Nr. 58, August 1998

David Carson (geb. 1957) Wie kein anderer hat David Carson das Grafikdesign und die Typografie in den 1990er Jahren beeinflusst. In den 1970er Jahren ist er einer der weltbesten Surfer, studiert Soziologie und arbeitet als Lehrer. In den 1980er Jahren nimmt er dann ein Grafikstudium auf und arbeitet für eine Surfzeitschrift. In der Folge gestaltet Carson immer mehr Zeitschriften im Umfeld der Surf- und Musikszene. Zu seinen wichtigsten Arbeiten zählt die Gestaltung der Zeitschriften „Beach Culture" (1989–91) und „Ray Gun" (1992–95). Sie wird für die Arbeit mit dem Computer und Grafikprogrammen stilbildend. Carson macht die Typografie, das Seitenlayout und die Abbildungen zu einem Gesamtkunstwerk unter Missachtung aller althergebrachten Typografieregeln. Das trägt ihm die Ablehnung vieler professioneller Grafiker ein, macht ihn aber zum Star in der jungen Szene der Surfer, Boarder, Skater und Musiker. Sein Erfolg lässt ihn bald auch für Firmen wie Burton, Nike, Pepsi, Hallmark Corporation, Coca-Cola usw. arbeiten, die diese Märkte im Fokus haben. Inzwischen ist sein Stil der optischen Brüche, der ständigen Innovation und der Unvorhersehbarkeit von vielen Grafikern aufgenommen worden und selbstverständlicher Bestandteil des heutigen Grafikdesigns.

sionalen CAD-Programmen gemacht worden, die damals noch ausschließlich auf IBM-Computern liefen. Neue Grafikprogramme ermöglichen seit den 1980er Jahren für verschiedenste Betriebssysteme die dreidimensionale Darstellung von Zeichnungen und Modellen, mit dem Vorteil, dass man dabei unterschiedlichste Simulationen durchführen und gleichzeitig alle technischen Daten für die Fertigung abrufen und verändern kann. Das führt in Verbindung mit ebenfalls computergesteuerten Fertigungsmaschinen nicht nur zu einer Flexibilisierung der Produktion, sondern zu einer zunehmenden Individualisierung, die der industriellen Produktion nun nicht mehr konträr gegenübersteht.

Im Grafikdesign schlägt sich die Digitalisierung in einer unmittelbar ästhetischen Weise nieder. Sie ist für die Medien so schwerwiegend wie die Erfindung des Buchdrucks mit beweglichen Lettern. Seit den 1980er Jahren arbeiten Grafikdesigner wie von der Schwerkraft des Bleisatzes entfesselt mit neuartigen Gestaltungsmöglichkeiten und ästhetischen Leitbildern. Die Grafikprogramme ermöglichen einen viel emotionaleren und spielerischen Umgang mit verschiedenen Schrifttypen, Bildern und Grafiken. Vielfach beeinflusst von den ästhetischen Tabubrüchen der Subkulturen, entwickelt sich seit den 1980er und 90er Jahren mit den technischen Möglichkeiten, die Programme wie Quark XPress, Aldus Pagemaker und das 1989 am Markt eingeführte Bildbearbeitungsprogramm Photoshop von Adobe bieten, eine Vielfalt von ästhetischen Ansätzen, die von Spontaneität, ästhetischen Brüchen, Collage-Optik und Mehrschichtigkeit geprägt ist. Die modernen Typografien entsprechen dem Lebensgefühl der Zeit und der Konsumenten.

Einer der Ersten, der die neuen technologischen Mittel nutzt, ist Wolfgang Weingart. Er ist ein Vertreter der Schweizer Grafik und unterrichtet seit 1968 an der Hochschule in Basel. Weingart arbeitet in der Tradition der experimentellen Typografie, wie sie das Bauhaus und die Dada-Bewegung vertreten hatten, experimentiert schon in den 1970er Jahren mit Collagetechnik und neuer Typografie und nutzt dazu relativ früh den Computer.

Die Amerikanerin April Greiman, die 1970 in Basel bei Wolfgang Weingart studiert hat, revolutioniert nach ihrer Rückkehr in die USA die Typografie. Sie gehört zu den Ersten, die beeinflusst von den Möglichkeiten der Arbeit mit dem Apple-Macintosh-Computer eine Art Grafikrevolution auslösen und ihren eigenen Lifestyle inklusive Musik und Mediennutzung in die grafische Gestaltung einbringen. Demonstrativ löst Greiman Buchstaben und grafische Ebenen auf, collagiert Fragmente, unterschiedliche Pers-pektiven und Größenverhältnisse und verleiht der grafischen Fläche auf diese Weise die dritte, räumliche Dimension.

Auch der britische Designer Neville Brody ist ein Vertreter dieser jungen Generation von Grafikdesignern, die ihren Lifestyle und die neuen Möglichkeiten der Software zu einem andersartigen Verständnis von Grafikdesign verschmelzen. Er kommt aus der Musikindustrie und bringt nicht nur die Ästhetik des Punk und der Neuen Medien in die Typografie ein, sondern kombiniert dies unter anderem mit Elementen aus der Kunst- und Designgeschichte, etwa aus dem russischen Konstruktivismus und der Propaganda-Kunst. Mit dem Design der Musikzeitschrift „The Face“ wird Brody international berühmt.

In den späten 1980er und frühen 90er Jahren werden die Layouts von David Carson, die er für die Magazine „Beach Culture“ und „Ray Gun“ entwickelt, zum Standard der neuen Typografie. Carson hat Anfang der 1980er Jahre Grafik in den USA und in der Schweiz studiert und gehört der Surf-Szene der amerikanischen Westküste an. Das verhilft ihm 1989 zu seiner Tätigkeit als Art-director des Surf-Magazins „Beach Culture“, wo er den Lifestyle der Surfer, die Stimmung der Surf-Musik und das ästhetische Empfinden seiner Generation miteinander verbindet und in einer dekonstruktivistischen Gestaltung von Bild und Text Ausdruck verleiht, die bewusst gegen alle Regeln

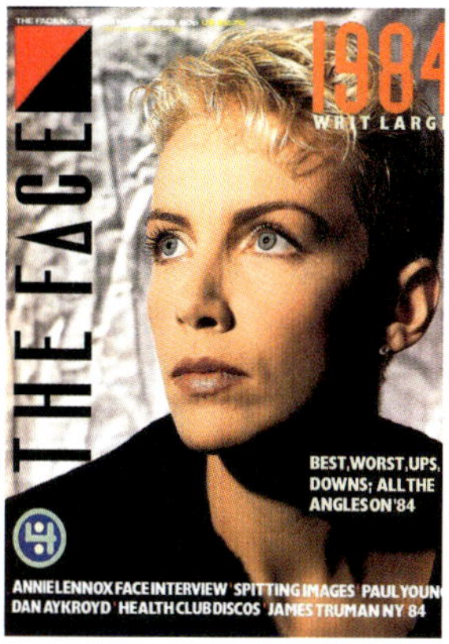

Ikonen der 1980er: Neville Brodys Cover der Zeitschrift „The Face“ mit Annie Lennox, Nr. 52, 8. Januar 1984

Neville Brody (geb. 1957) Der Grafikdesigner studiert von 1977–80 am London College of Printing und ist von 1981–86 Artdirector bei der Zeitschrift „The Face“. Darüber hinaus entwirft er zahlreiche Plattencover und Bucheinbände. Für den österreichischen Fernsehsender ORF entwickelt er 1992 das Erscheinungsbild und 1994 die Corporate Identity des deutschen Fernsehsenders Premiere. Brody wird mit seinem einzigartigen Stil zu einem der Protagonisten eines neuen Grafikdesigns. Er beruft sich einerseits auf die Collage-Ästhetik der russischen Konstruktivisten und bricht andererseits mit herkömmlichen Gestaltungstabus. So kombiniert er verschiedene Schrifttypen und -größen, stellt Überschriften auf den Kopf oder durchsetzt Texte und Bilder mit grafischen Symbolen, was seinen Entwürfen immer einen unerwarteten und künstlerischen Eindruck verleiht.

der modernen Typografie verstößt. Das verhilft ihr zum Kultstatus. Besonders im Grafikdesign wird deutlich, was auch für andere Bereiche gilt: Die Impulse kommen aus den subkulturellen Szenen, wie etwa aus dem Punk-Umfeld oder aus dem Kreis der Surfer und Boarder, die häufig eine große Affinität zu den Innovationen in der Medientechnik haben. Technologie, Mediennutzung, Sport und Kreativität werden zu einem verbindenden Lifestyle, in dem die Mitglieder der Szene gleichzeitig Konsumenten und Produzenten ihrer Produkte sind.

Vom Rapid Prototyping zum 3-D-Printer

Was im Grafikdesign zunächst noch in der Zweidimensionalität praktiziert wird, geschieht zunehmend auch in der dritten Dimension. Das sogenannte „Rapid Prototyping" ist ursprünglich der Oberbegriff für das direkte Umsetzen von CAD-Daten in ein Werkstück bzw. ein Modell oder Prototyp. Bei diesem rechnerunterstützten Konstruieren werden die Formen eines mittels EDV erstellten Entwurfs direkt mit einer computergesteuerten Fräse aus Kunststoff oder einem anderen Material in mehreren Schichten herausgearbeitet. Dieses Verfahren wird seit den 1980er Jahren mit der fortschreitenden Entwicklung der Computertechnologie ständig verbessert und ausdifferenziert. Heute gibt es die unterschiedlichsten Methoden – neben dem Herausfräsen vor allem das dreidimensionale „Drucken" von Kunststoffen. Je nach dem verarbeiteten Material spricht man von „Contour Crafting" (für Beton), „Multi Jet Modeling" (für bestimmte Photopolymere), „Selektivem Laserschmelzen" oder „Stereolithografie" (für Metalle und Keramik). Inzwischen werden diese Verfahren nicht mehr nur zum Bau von Prototypen angewandt, sondern als „Rapid Manufacturing" auch für die Produktion einzelner Werkstücke in geringen Stückzahlen. Vereinzelt werden sie schon zur Massenfertigung eingesetzt, wie etwa in der Verpackungsindustrie, in der Luft- und Raumfahrt und immer häufiger in der Medizin- und Zahntechnik. So ist inzwischen die industrielle Serienfertigung als Paradigma des Designs obsolet geworden. Der Zwang zur Massenfabrikation, der bis dato immer noch ökonomisch begründet war, entfällt. Heute wird daher synonym der Begriff „Desktop Manufacturing" benutzt. Der Einsatz der neuen Hochtechnologie verändert nicht nur die Produktion, sondern auch die Entwurfstätigkeit. Ähnlich wie im Grafikdesign können Designer nun spontane Ideen und Entwürfe, die früher nicht oder nur schwer zu produzieren waren, direkt umsetzen. Der französische Designer Patrick Jouin ist 2004 einer der Ersten, der (unterstützt von dem belgischen Rapid-Prototyping-Unternehmen Materialise) mit einem Präzisionslaser im Verfahren der Stereolithografie größere dreidimensionale Möbelobjekte herstellt. Seine in Flüssigharz ausgeführten Stühle aus der Serie Solid (2004) wirken wie dreidimensional übersetzte Zeichnungen.

Reed Kram und Clemens Weisshaar gehen noch einen Schritt weiter: Sie lassen den Computer selbst entwerfen. Dafür modifizieren sie eine bestehende Software für den Möbelbau so, dass das Programm selbstständig einen kontinuierlichen Strom von Variationen eines Entwurfs entwickelt. Die Tischplatte ihres Breeding Table für die Firma Moroso (2005) kann auf unterschiedlichen computergenerierten Stahl-Untergestellen aufgelegt werden.

Rapid Prototyping auch im Modedesign: Die niederländische Designerin Iris van Herpen entwirft und produziert Modelle, die nicht mehr in herkömmlicher Technik geschnitten und genäht werden, sondern von einem 3-D-Drucker aus modernen Kunststoffen ausgedruckt werden. Hierzu arbeitet sie mit einem Programmierer zusammen, der ihre Entwürfe in Druckprogramme umsetzt. Die einst von Handarbeit dominierte Haute Couture wird somit durch die digitale Technik revolutioniert. Noch sind die mit dem Rapid Prototyping produzierten Entwürfe relativ teuer, aber grundsätzlich ermöglicht es die schnelle und individuelle Produktion von preiswerten Einzelstücken. Und noch ein Prinzip wird deutlich: Designer arbeiten mehr denn je in einem Team mit Programmierern.

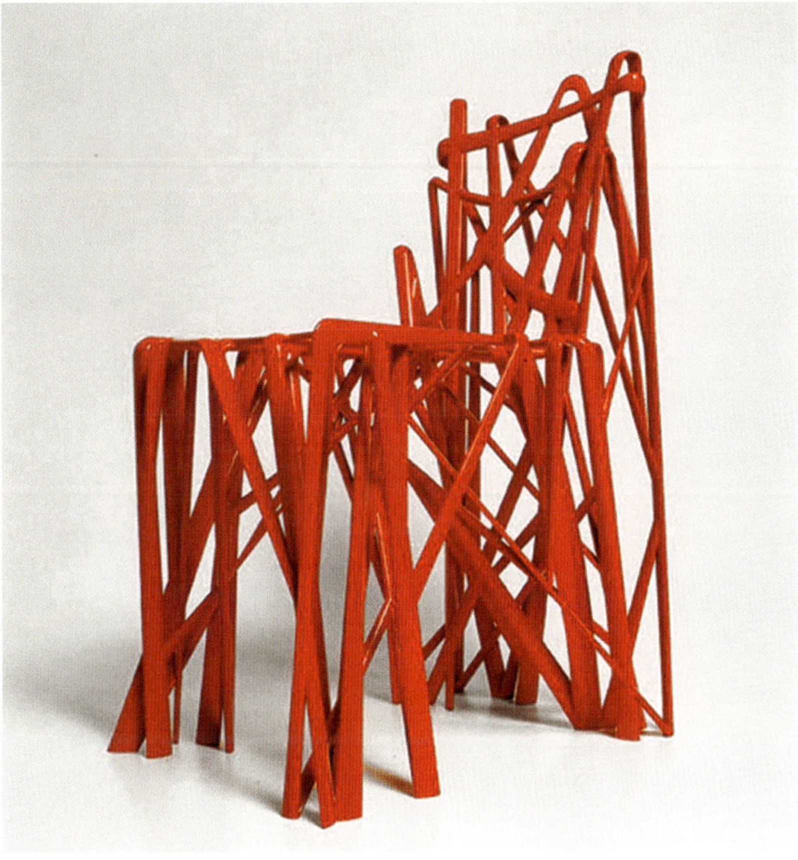

Patrick Jouin, Stuhl Solid C 2, 2004. Jouin ist zusammen mit der belgischen Firma Materialise der Erste, der Objekte im 3-D-Druck nicht nur als verkleinerte Modelle herstellt, sondern in Originalgröße.

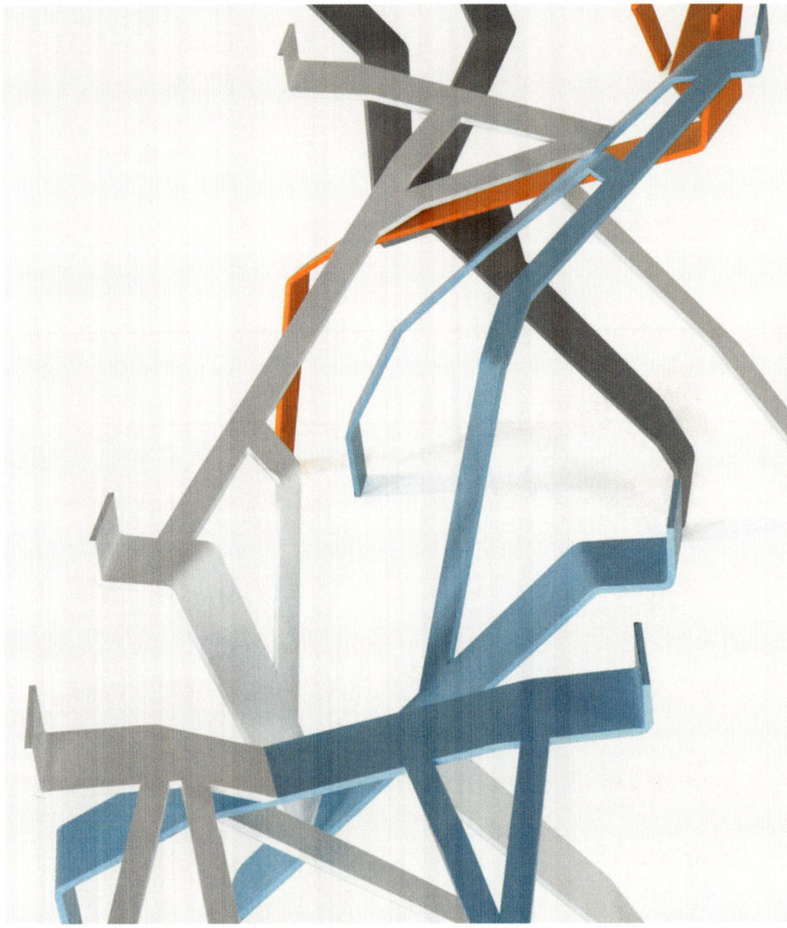

Reed Kram und Clemens Weisshaar, Tisch Breeding Table für Moroso, 2005. Kram und Weisshaar entwerfen nicht mehr nur mit dem Computer, sondern lassen die Software eigene Entwürfe machen.

Die weiterreichenden Folgen dieser Technologie sind noch nicht in ganzem Umfang abzusehen. Inzwischen sind 3-D-Drucker und die dazugehörige Software zu erschwinglichen Preisen sogar für den Heimgebrauch erhältlich. Das hat unterschiedliche Folgen: Neben dem Faktor Massenfabrikation entfällt auch der Standortfaktor. In sogenannten „FabLabs", kleinen Werkstätten, in denen man seine Entwürfe ausdrucken lassen kann, könnten zukünftig kleine Produktionsfirmen gegründet werden, könnte jeder sein eigenes Produkt erfinden und produzieren, könnte in Entwicklungsländern die Fabrikation bestimmter Produkte erfolgen, die bisher aufgrund der industriellen Parameter nicht möglich war. Negative Folgen stehen ebenfalls am Horizont: Ein amerikanischer Waffennarr hat bereits die Produktionsdaten für eine funktionierende Handfeuerwaffe ins Internet gestellt. Theoretisch sind damit dem Waffenschmuggel Tür und Tor geöffnet. Und wenn man Produkte immateriell vervielfältigen und versenden kann, hätte das natürlich Auswirkungen auf die Logistikbranche, auf Handelswege, Zollgesetze und das Urheberrecht.

Iris van Herpen, Wilderness-Embodied-Haute-Couture-Modell aus der Herbst/Winter-Kollektion 2013. Iris van Herpen ist eine der wichtigsten Designerinnen im Bereich des 3-D-Drucks in der Mode. Das „Time Magazine" wählte 2011 ihre Kreationen zu den 50 besten Innovationen des Jahres.

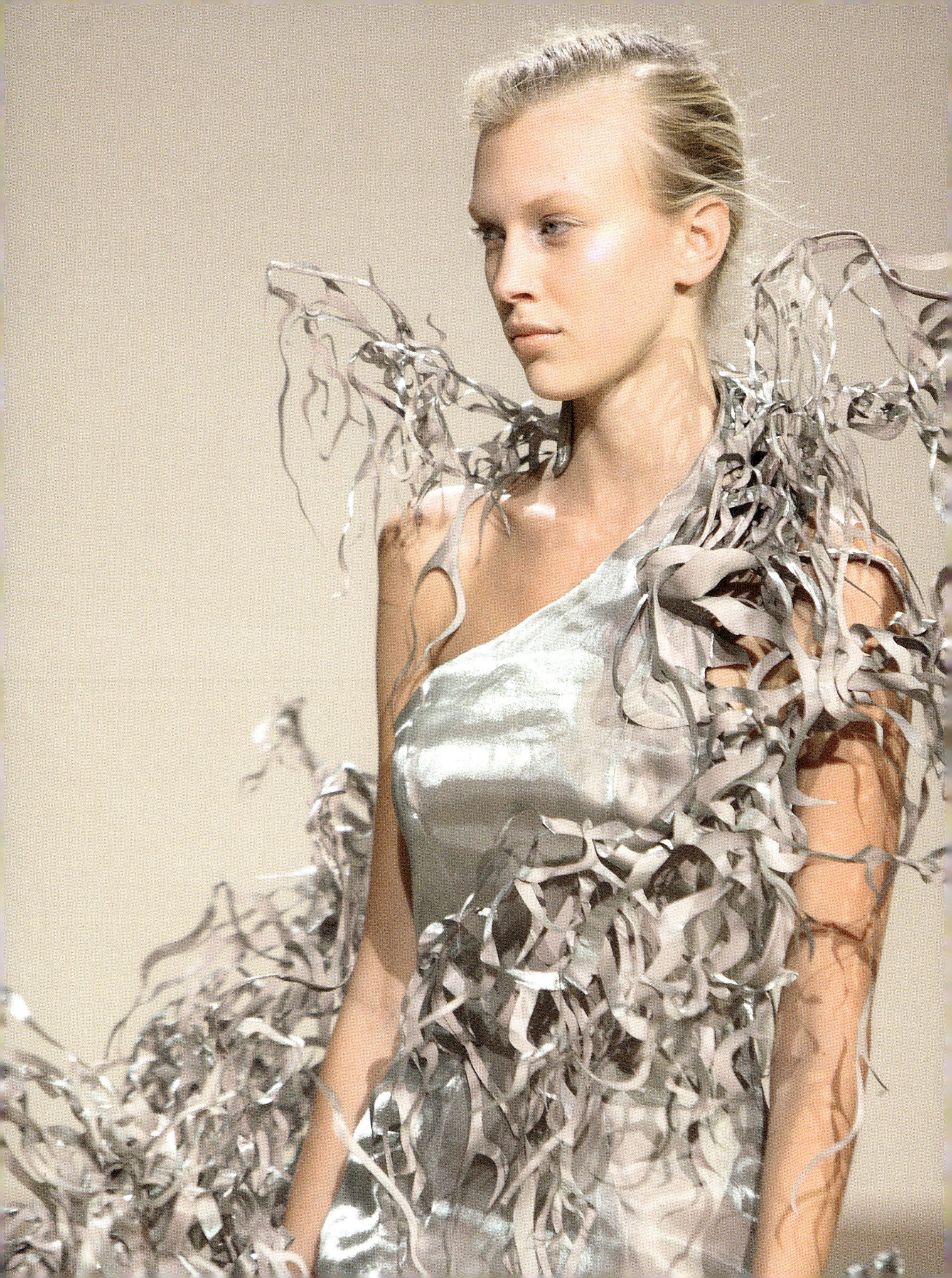

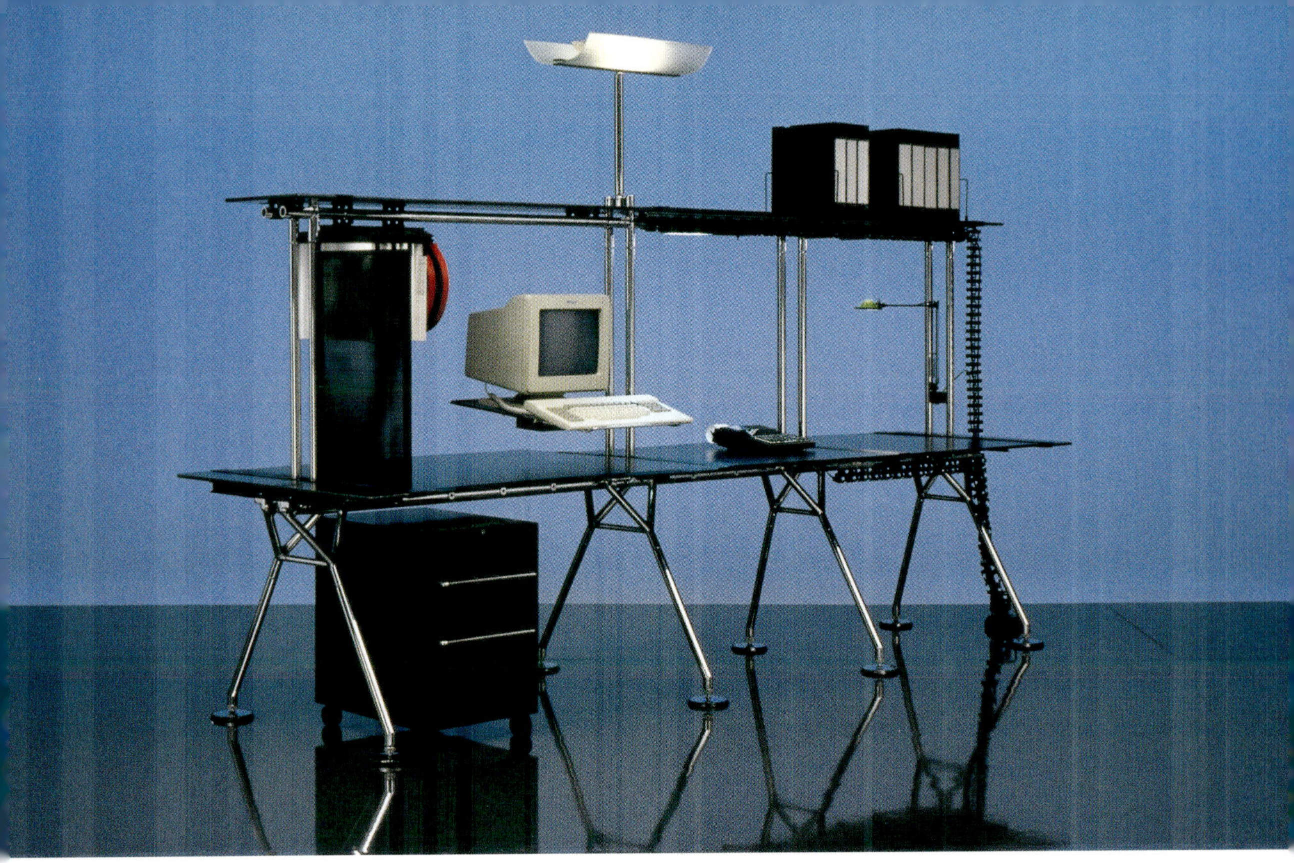

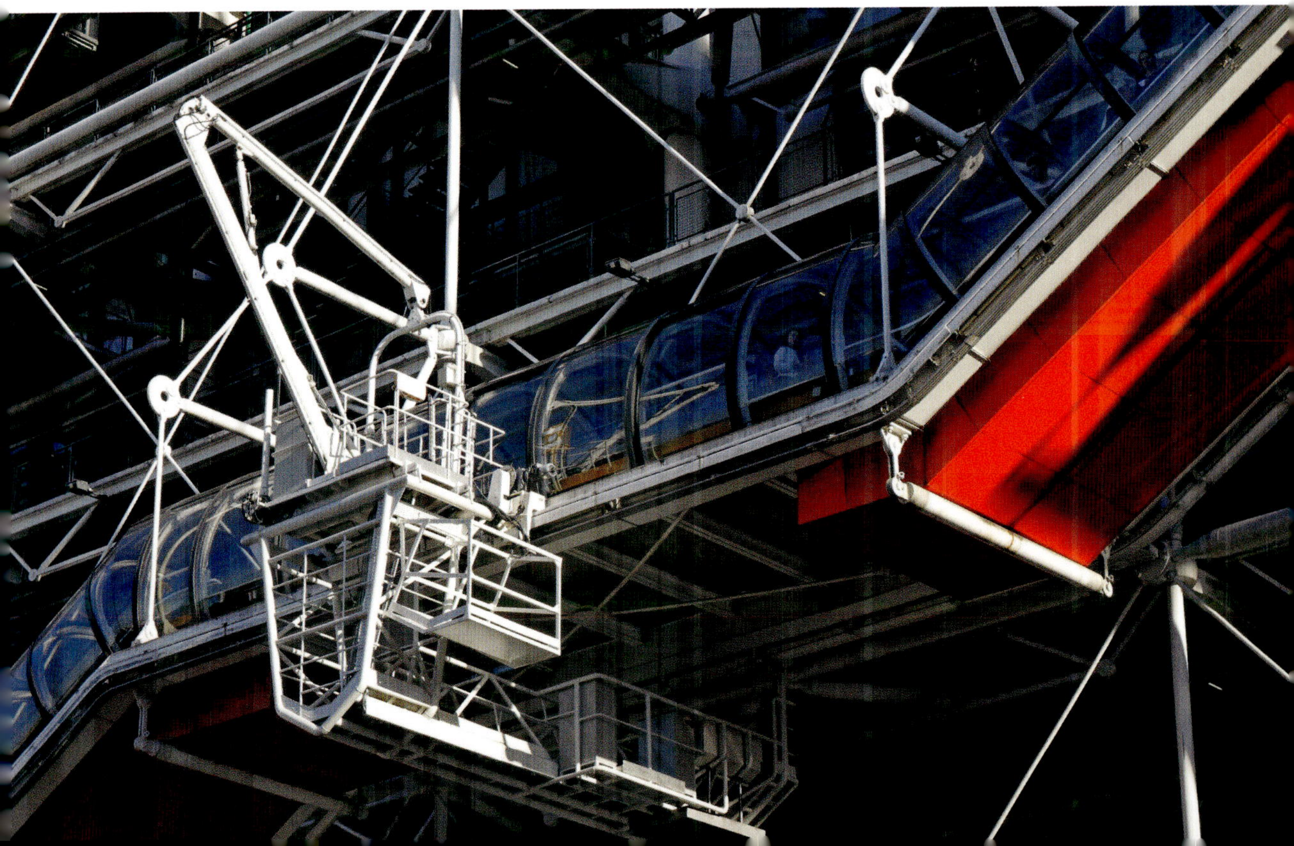

Design, Natur und Technik

Technologieschübe haben das Design im Laufe seiner Geschichte ebenso verändert wie das Verhältnis der Menschen zur Natur: Bringt die Erfindung der Dampfmaschine die industrielle Produktion überhaupt erst in Gang, so beklagen die bürgerlichen Reformbewegungen schon kurze Zeit später die negativen Auswirkungen der Industrie auf Umwelt und Menschen und suchen Alternativen zur Industrieproduktion. Die russischen Konstruktivisten bauen ihre Kunsttheorie und -praxis auf das Fundament von Wissenschaft und Technik. Zuvor hatte der Jugendstil die Natur als Inspirationsquelle seiner Ornamentik genutzt, ebenso wie später das organische Design der 1950er Jahre. Doch ein Charles Eames kann die organische Form seiner Plywood Chairs nur deshalb umsetzen, weil er über die entsprechende Technologie verfügt. So wird nicht nur die Ästhetik der Produkte, sondern auch deren Produktionsprozess und deren Rezeption im Markt von aktuellen Erkenntnissen in Naturwissenschaften und Technik beeinflusst. Und besonders am Beginn des 21. Jahrhunderts spielt ein neu gewonnenes Verständnis von der Wechselwirkung zwischen Natur, Wissenschaft, Kunst und Technik eine wichtige Rolle.

Mehr als nur Ästhetik – vom Hightech-Stil zur Bionik

Seit Mitte der 1970er Jahre hat die Entwicklung in der Technik, im Bauwesen und in der Elektronik nicht nur die Arbeitsweisen von Ingenieuren, Architekten und Designern verändert, sondern auch eine neuartige Ästhetik hervorgebracht. Im Zuge ihrer Perfektionierung werden Maschinen, Fertigungsroboter, Laboreinrichtungen usw. neu gestaltet und zu ästhetischen Leitbildern. Nicht zum ersten Mal in der Geschichte des Designs werden technisch- oder konstruktionsbedingte Merkmale und Materialien zu Bedeutungsträgern, oder anders ausgedrückt: Die Faszination der Technik findet ihren Niederschlag in einer gesteigerten Ästhetisierung. Der Begriff „Hightech" hat sich seit der Veröffentlichung des gleichnamigen Buches von Suzanne Slesin und Joan Kron 1978 in Architektur und Design als Stilbegriff durchgesetzt. Dieser Hightech-Stil betont die technologische Erscheinungsweise von Gebäuden durch demonstrativ sichtbare Konstruktionselemente wie T-Träger und Stahlverspannungen, nach außen verlegte Installationen oder Aufzüge. Hier wird die Technik zum Schmuck und zum Symbol.

Berühmte Beispiele sind das Centre Pompidou (1972–77) von Richard Rogers und Renzo Piano in Paris, sowie der Tower der Hongkong and Shanghai Banking Corporation (HSBC Tower, 1981–85) von Lord Norman Foster. In New York und London werden schon sehr viel früher, in Europa etwa seit Mitte der 1980er Jahre leer stehende Fabrikhallen oder -etagen als Loft zu Wohnzwecken umgebaut.

Im Design werden Konstruktionselemente und Materialien aus Industrie und Technik zitiert und bei der Gestaltung von Produkten und Möbeln in neue

Lord Norman Foster, Büromöbelsystem Nomos, 1986. Fosters Möbelsystem ist ein Hightech-Arbeitsplatz mit Kabelschächten und verschiedenen Arbeitsflächen. Die Konstruktion zitiert Architekturelemente.

Renzo Piano und Richard Rogers, Centre Pompidou, Paris 1971–77. Tragende Elemente und Gebäudetechnik sind sichtbar nach außen verlegt und dazu durch unterschiedliche Farbgebung hervorgehoben.

Zusammenhänge gebracht, oder es werden Details aus dem militärtechnischen oder wissenschaftlichen Bereich für die Unterhaltungselektronik genutzt. Norman Fosters Büromöbelsystem Nomos (1986), der Containerschrank (1985) von Matteo Thun oder die Leuchte Titania (1989) von Alberto Meda und Paolo Rizzatto sind bekannte Beispiele für solches Hightech-Design. Technisches Erscheinungsbild und Profi-Optik werden wichtige Elemente in der Gestaltung von Alltagsprodukten. Besonders in Bereichen, in denen es zu technologisch immer ausgefeilteren und professionelleren Lösungen kommt, wie in Bad und Küche oder bei Lichtsystemen, etwa des deutschen Herstellers Erco, werden Hightech-Elemente mit technischer Funktion gleichzeitig zum Bedeutungsträger, der zeichenhaft die gehobenen Ansprüche der Konsumenten ansprechen soll. Die Technik wird ästhetisch autonom, verspielt und dient über ihre funktionale Problemlösung hinaus den emotionalen Anforderungen der Nutzer. Der deutsche Küchenhersteller Bulthaup gehört ebenfalls zu den Unternehmen, die Technologie nicht nur funktional, sondern auch ästhetisch einsetzen. Man produziert „Küchenwerkbänke“ mit Metalloberflächen und Mischbatterien, die zum einen die handwerkliche Tradition zitieren, zum anderen die Optik und die technische Perfektion der Hotelküche zur „Profi-Küche" machen und in den gehobenen Privathaushalt überführen, wo sie zum Ausweis von Kennerschaft und intellektuellem Niveau werden. So formuliert 2007 die Beschreibung für das Küchensystem System 20 (1997) von Bulthaup: „Industrial-Design gibt die Prinzipien für das System 20 vor."

Die Begeisterung für Wissenschaft und Technik erstreckt sich seit den 1990er Jahren mit wachsendem allgemeinem Interesse auf innovative Formen, Strukturen und Materialien, die aus den Naturwissenschaften entlehnt werden – Fragen aus der Biologie (Evolution), Mathematik (Chaos-Theorie und Fraktale) oder der Physik (Quantenphysik) werden wissenschaftlich ebenso diskutiert wie populär und in zahlreichen Büchern publiziert. Auf die bildende Kunst haben die Naturwissenschaften ebenfalls eine nicht zu übersehende Wirkung, was sowohl ästhetische Einflüsse als auch wissenschaftliche Methoden betrifft. So schaffen Künstler Selbstporträts als Visualisierung medizinischer Analysen, bilden ihren eigenen DNA-Code ab oder Aufzeichnungen ihrer Gehirnströme. Das bekannteste Beispiel bietet der in den 1990er Jahren wohl erfolgreichste Vertreter der internationalen Gegenwartskunst, Damien Hirst, der die visuelle Erscheinungswelt der Physik, Chemie und Medizin in seinen Werken verarbeitet. In Formaldehyd eingelegte Tierpräparate gehören ebenso zu seinen Werken wie pharmazeutische Produkte. Das ist der Weg, auf dem sich Hirst der ewigen Frage nach Leben und Tod widmet: „All pharmaceutical drugs exist in the space between birth and death. The drugs are meant to keep you alive.“ Eine kuriose, jedoch sicher nicht zufällige Randerscheinung ist in diesem Zusammenhang die Tatsache, dass etwa zu derselben Zeit synthetische Drogen in Form von bunten Pillen mit lustigen Logos als „Designerdrogen“ auf die Schulhöfe und in die Schlagzeilen kommen.

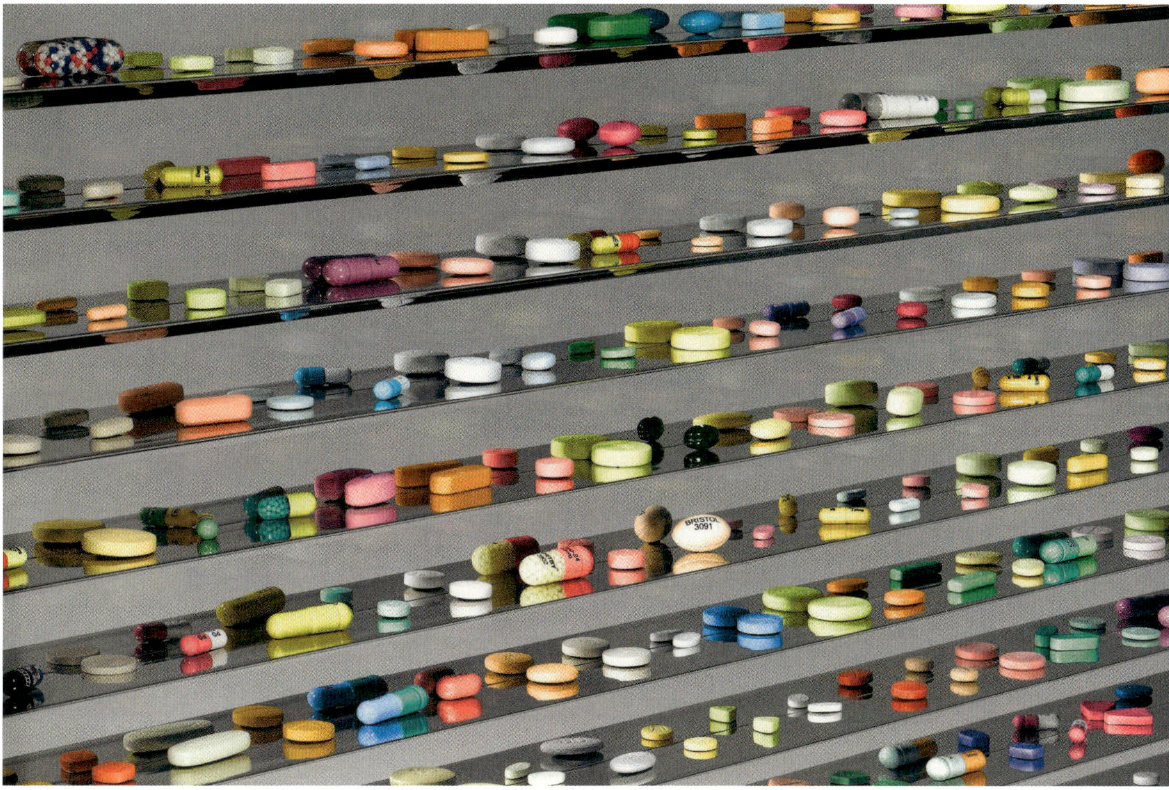

Damien Hirst, Lullaby Spring (Ausschnitt), 2002. Teil einer Serie von Installationen zu den Jahreszeiten. Das Werk besteht aus mehr als 6.000 aus Gips gefertigten und handbemalten Pillen.

Im Design muss man freilich unterscheiden zwischen rein ästhetisch inspirierten organischen Formen und technischen Innovationen, die die Natur zum Vorbild für neuartige Konstruktionsweisen nehmen. Eine exakte Trennlinie lässt sich jedoch kaum ziehen. Schließlich kommt im Zusammenspiel zwischen Natur und Technik noch ein weiterer Aspekt ins Spiel: die Ökologie. Ein umstrittener Vertreter des Designs, Luigi Colani, setzt schon in den 1970er Jahren organisch-expressive Formen ein. Zwar ist er damit kommerziell erfolgreich, wird aber von der offiziellen Designpolitik damals nicht akzeptiert, da seine Arbeiten, wie Colani selbst, zu exaltiert sind. Seine Entwürfe passen nicht zu dem noch vom rechwinkligen Ulmer Neofunktionalismus geprägten Designbegriff. Erst an der Jahrtausendwende werden ästhetisierte organisch biomorphe Formen im Design deutlich positiver aufgenommen. Sie treten in Architektur und Design zunehmend neben die Vielfalt der historisierenden postmodernen, dekonstruktivistischen und Hightech-Formen. Futuristisch anmutende Gebäude wie zum Beispiel das Kunsthaus in Graz von den Architekten Peter Cook und Colin Fournier (2003), das Fußballstadion Allianz-Arena in München von Herzog & de Meuron (2005) oder das Konzerthaus Popstage Mezz der niederländischen Stadt Breda von Erick van Egeraat associated architects (2003) haben einige Gemeinsamkeiten: Sie interpretieren organische

Formen wie Muscheln oder Zellstrukturen, sind häufig asymmetrisch und nicht denkbar ohne die Entwurfs- und Konstruktionsmethoden, die Computer und Software (CAD) inzwischen bieten. Außerdem kommen vor allem in der Gestaltung der Oberflächen bzw. der äußeren Hüllen der Gebäude neue Materialien und Konstruktionsmethoden zur Anwendung, die unter ökologischen Aspekten zum Beispiel den natürlichen Lichteinfall oder die Klimatisierung regeln. Auch im Design gehen organische Formen oft eine innovative Verbindung mit neuen Hightech-Materialien ein.

Ross Lovegrove (geb. 1958) macht 1983 am Royal College of Art in London seinen Masterabschluss in Design. Er ist anschließend für das Büro frogdesign in Deutschland tätig, das in dieser Zeit unter anderem am Sony Walkman und an Apples iMac-Computer arbeitet. Später berät er Knoll International, Louis Vuitton, Hermes und Dupont in Paris. 1988 kehrt er nach London zurück und gründet hier 1990 sein eigenes Studio X. Lovegrove entwirft für zahlreiche bedeutende Unternehmen wie Cappelini, Driade, Luceplan, Edra, Biomega, Moooi, Zanotta, Mandarina Duck, Kartell, Artemide, Herman Miller. Außerdem beschäftigt er sich mit Projekten für Airbus, Peugeot, Olympus, Tag Heuer, Japan Airlines, British Airways, Philips und Toyo Ito Architects, Japan. In seinen Arbeiten nimmt der biologische und ökologische Aspekt einen zunehmenden Stellenwert ein.

Ron Arad, der seit den 1980er Jahren zur Spitze des internationalen Avantgarde-Designs gehört und von jeher moderne Industriematerialien in neuen Zusammenhängen eingesetzt hat, stellt 2004 auf der Mailänder Möbelmesse unter dem Titel „Low Res Dolores Tabula Rasa" einen linsenförmigen Tisch vor, aus dessen Innerem bewegte Bilder auf die Oberfläche projiziert werden. Diese besteht aus dem transluzenten Mineralwerkstoff Corian des Herstellers Dupont, der zwar nicht mehr ganz neu, aber optisch hoch leistungsfähig ist, ähnlich wie ein Plasmabildschirm.

Neue Technologie verwendet auch die irakische Architektin Zaha Hadid für ihren Aqua Table (2005). Sie gestaltet ihn in ähnlich fließenden Formen wie ihre Architektur und setzt für die Tischplatte ein Silikongel ein, das über den organisch geformten Tischfüßen einsackt und dabei sanfte Mulden bildet. Der Tisch hat in seiner Gesamterscheinung starke skulpturale Qualitäten.

Der britische Designer Ross Lovegrove wird mit seinen organischen Formen in Verbindung mit Hightech-Verfahren am Beginn des 21. Jahrhunderts in jeder Beziehung zu einem der erfolgreichsten Designer. 2001 entwirft er eine PET-Flasche für den walisischen Mineralwasserproduzenten TY Nant. Sie hat eine organisch anmutende unregelmäßige Form, die an schmelzendes Eis oder fließendes Wasser erinnert und wie natürlich entstanden wirkt. Tatsächlich aber ist sie sehr bewusst und auf der Grundlage mathematischer Berechnungen konstruiert. Gleichzeitig hat die gefaltete Oberfläche der Flasche sehr praktische Eigenschaften. Sie ist bei weniger Materialeinsatz stabil und liegt gut und griffig in der Hand. Eindeutiger verhält es sich bei seiner DNA Staircase aus dem Jahr 2003, einer Wendeltreppe, die in den Treppenstufen und dem Geländer das wissenschaftliche Modell einer DNA-Helix zitiert. Sein Supernatural-Chair aus dem Jahr 2005 für den italienischen Möbelhersteller Moroso ist ein Stuhl, dessen Lehne vergrößerte Zellstrukturen nachbildet. 2007 entwirft Love-grove für die Wiener Ringstraße sogenannte „Solar Trees", solarbetriebene Straßenlaternen in der Form von Bäumen. So wie echte Bäume durch Photosynthese CO_2 in Sauerstoff umwandeln, produzieren die Solar Trees aus Sonnenlicht elektrisches Licht. Gleichzeitig bringen diese Hightech-Straßenlaternen Poesie und Natursymbolik in den städtischen Raum.

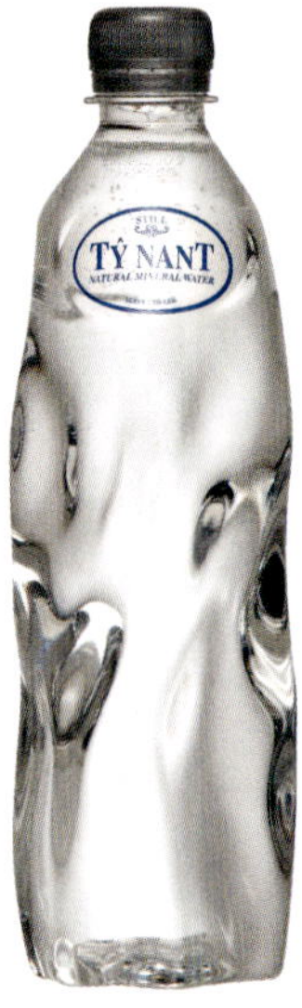

Ross Lovegrove, Ty Nant Wasserflasche, 2002. Der organische Entwurf der PET-Flasche zitiert das Fließen des Wassers.

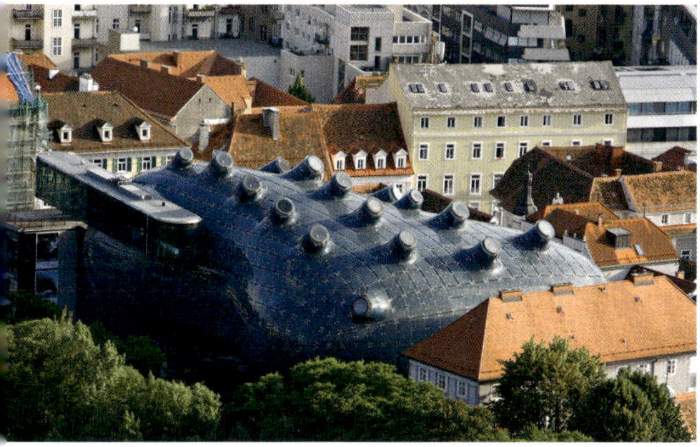

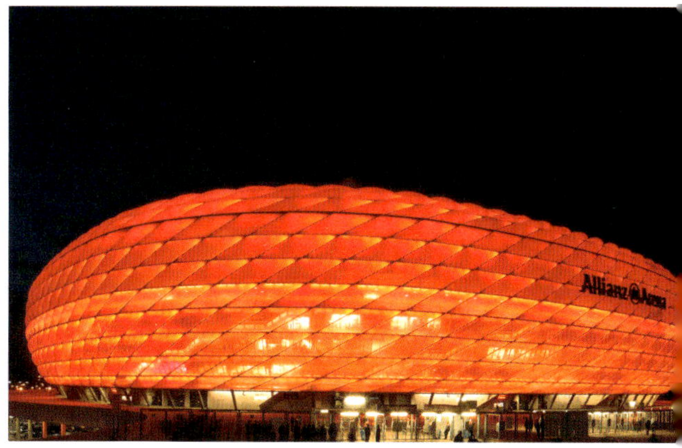

Peter Cook und Colin Fournier, Kunsthaus Graz, 2003. Die biomorphe Form des Gebäudes hebt sich wie ein gestrandetes Lebewesen von der Architektur der Grazer Altstadt ab.

Herzog & de Meuron, Allianz Arena, München, 2002

Eine nicht rein ästhetische, sondern wissenschaftliche Methode, von der Natur zu lernen und Prinzipien aus der Biologie auf die Entwicklung von technischen Geräten zu übertragen, ist die Bionik. Der Begriff ist nicht immer ganz klar abgegrenzt worden. Der englische Begriff „bionics" wird 1960 erstmals explizit auf einem amerikanischen Wissenschaftskongress benutzt und beschränkt sich auf den Einsatz technischer Bauteile im menschlichen Körper und die elektronische Vernetzung mit dem Gehirn, um die menschliche Leistungsfähigkeit zu steigern, wie das zum Beispiel bei künstlichen Gliedmaßen oder Netzhautimplantaten der Fall ist. Die Vernetzung des menschlichen Gehirns mit elektronisch gesteuerten Bauteilen zur Unterstützung der Körperfunktionen wird sicher eine der spannendsten Zukunftsaufgaben in der Technologie. Hier gibt es Wechselwirkungen und Überschneidungen zur Robotik, wo Mechanismen und Funktionen von der lebendigen Welt auf die Technik übertragen werden müssen. So hat man beispielsweise am Körperbau von Insekten gelernt, dass sich Roboter mit sechs Beinen stabiler und flexibler im Gelände bewegen als mit zwei Beinen. Der Begriff der „Bionik" im deutschen Sprachraum meint in diesem Sinne allgemeiner die wissenschaftliche Beobachtung, Auswertung und Übertragung von Erkenntnissen aus der Natur auf die Technik. Synonym zur Bionik wird diese Verfahrensweise international auch „Biomimetik" oder „Biomimikry" genannt.

Schon seit Jahrhunderten lernen Ingenieure und Architekten von der Natur. Leonardo da Vinci baut auf der Grundlage der Erkenntnisse des Vogelflugs seinen bekannten Flugapparat. Schiffskonstrukteure im 16. und 17. Jahrhundert nehmen die Anatomie von Fischen als Vorbild für die Konstruktion von Schiffsrümpfen, und spätere Flugapparate wie der von Otto Lilienthal orientieren sich ebenfalls an der Natur. Auch im 20. Jahrhundert gibt es immer wieder Erfindungen im Bereich der Bionik, wie etwa die des Klettverschlusses durch den Schweizer George de Mestral um 1950. Seither entwickelt sich die Bionik stetig weiter. 1993 wird auf einem Symposium des Vereins Deutscher Ingenieure (VDI) von führenden deutschen Vertretern der Bionik definiert,

Konstantin Grcic (geb. 1965) zählt zu den international erfolgreichsten und bekanntesten Designern der Gegenwart. Nach einer Ausbildung zum Möbelschreiner studiert er ab 1988 Industriedesign am Royal College of Art in London. Anschließend arbeitet er bei Jasper Morrison und gründet 1991 sein eigenes Designbüro (KGID). Inzwischen ist er bekannt durch internationale Ausstellungen und arbeitet für zahlreiche Kunden im Bereich Möbel- und Produktdesign. Bei seinen Entwürfen experimentiert er häufig mit ungewohnten Materialien und experimentellen, oft auch künstlerischen Techniken.

was Bionik ist, nämlich „eine wissenschaftliche Disziplin, die sich mit der technischen Umsetzung und Anwendung von Konstruktions-, Verfahrens- und Entwicklungsprinzipien biologischer Systeme befasst." Dabei handelt es sich nicht um ästhetische Nachahmung, sondern um die zielgerichtete Suche nach Strukturen in der Natur, die als technische Vorbilder für die Konstruktion und Gestaltung von Maschinen oder Produkten dienen können. Die Lösung von technischen Problemen bzw. die Entwicklung von Produkten kann in der Bionik grundsätzlich auf zwei Wegen geschehen: als quasi induktiver Prozess von der Definition einer Aufgabenstellung, über die Suche nach und Analyse von Analogien in der Natur, bis zur Lösung des Problems mit den gewonnenen Erkenntnissen. Oder als quasi deduktiver Prozess, ausgehend von der biologischen Grundlagenforschung, dem Definieren grundlegender Prinzipien, über die Abstraktion dieser Prinzipien und die Suche nach möglichen technischen Anwendungen, bis zur Entwicklung derselben. Viele technische Konstruktionen verdanken inzwischen ihre Existenz der Bionik. Deren Strategien erstrecken sich zunehmend auf die Entwicklung von Materialien. Das bekannteste Beispiel ist sicher die Erforschung des Lotuseffekts. Das Phänomen, dass die Oberfläche von Lotusblättern Flüssigkeiten abperlen lässt, hat zur Entwicklung zahlreicher Oberflächenmaterialien wie Fassadenfarben, Beschichtung für Glasflächen sowie verschiedener Anwendungen für selbstreinigende Oberflächen geführt. Andere aus der Natur bekannte Oberflächeneffekte werden ebenfalls nutzbar gemacht, um etwa die Haftung von Autoreifen zu verbessern, den Windwiderstand von Flugzeugtragflächen zu vermindern oder den Auftrieb von Schwimmanzügen zu verbessern.

S. 295: Konstantin Grcic, Stuhl Chair One, 2002
Design zwischen organischen und technischen Strukturen. Grcic konstruiert für eine Produktion im Aluminium-Druckgussverfahren einen Stuhl, der einerseits die technologische Formensprache einer Computerzeichnung zitiert, andererseits an eine Wabenstruktur oder ein Spinnennetz erinnert. Aufgrund seiner neuartigen ästhetischen Erscheinung wird der Stuhl schnell zu einem modernen Klassiker.

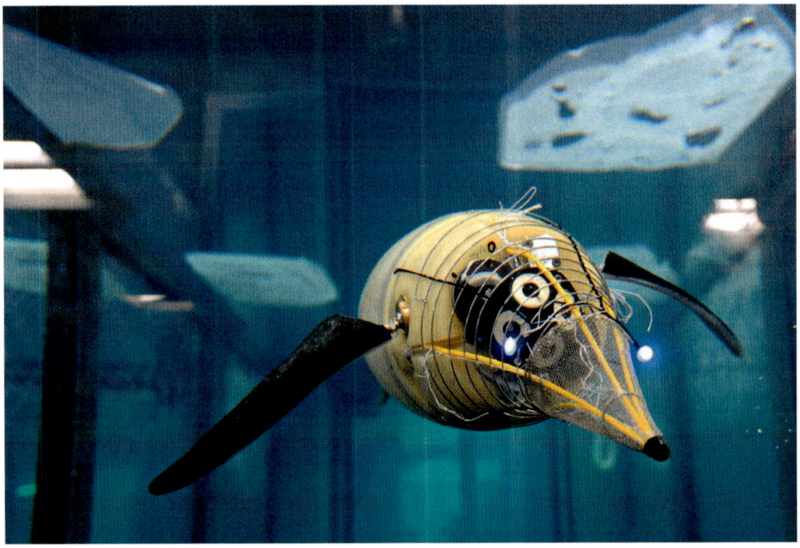

Die deutsche Firma Festo gehört zu den führenden Unternehmen im Bereich der Bionik. Dieser elektromechanische Pinguin ist ein zu Forschungszwecken hergestellter Kleinroboter, der sich selbstständig bewegen und Entscheidungen treffen kann.

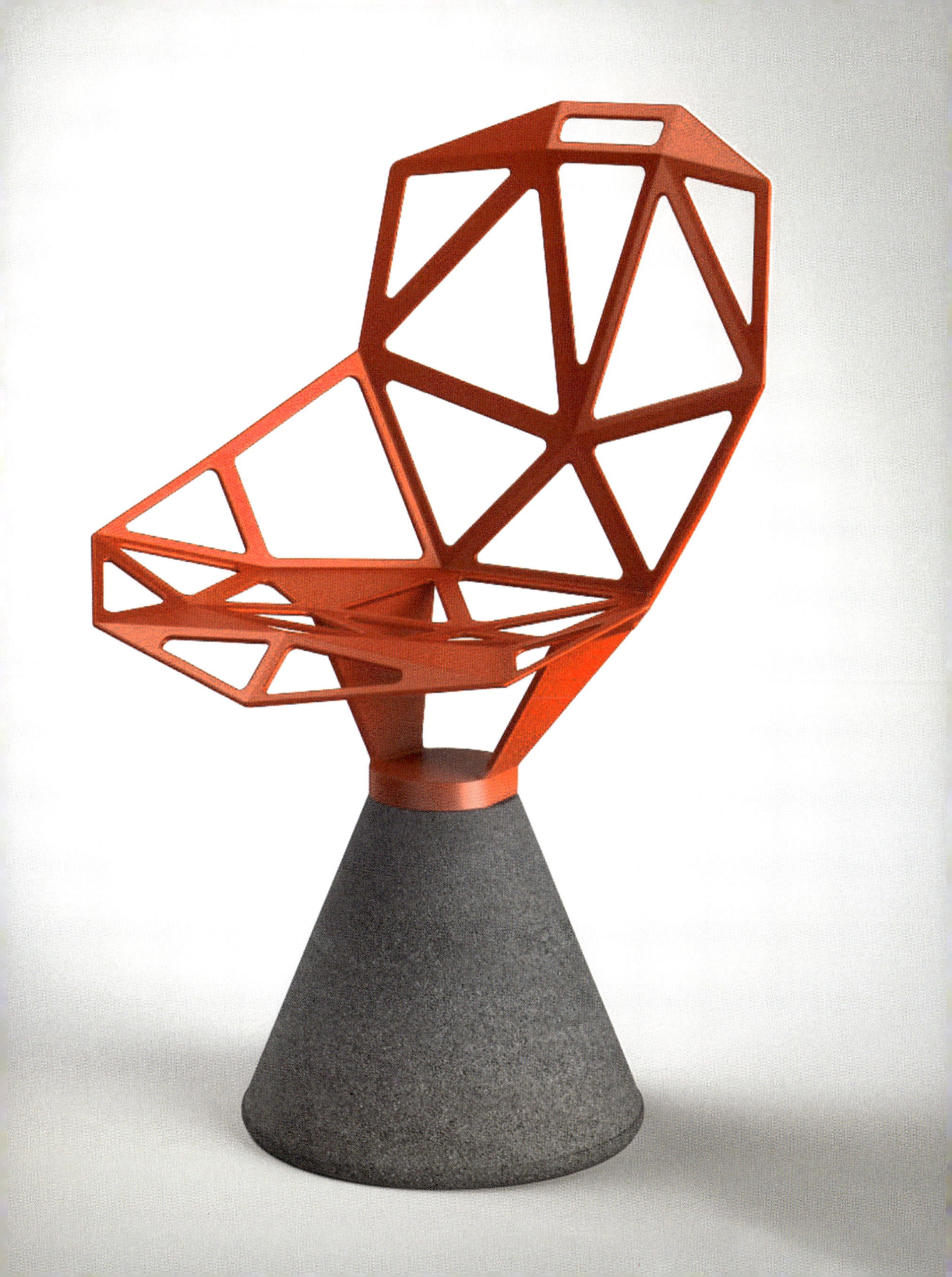

Innovative Unternehmen wie der weltweit führende Entwickler von Automatisierungstechnik, die deutsche Firma Festo, setzen immer mehr auf Hightech, die von der Natur lernt. Forschung und Entwicklung sind für diese Unternehmen so wichtig, dass sie, wie Festo mit dem von ihm initiierten „Bionic Learning Network", in Netzwerken mit Forschungsinstituten, Universitäten und spezialisierten Entwicklungsfirmen zusammenarbeiten.

Mehr als nur das Produkt – Design und Ökologie

Die Beziehung von Design, Natur und Technik umfasst aber mehr als die Ästhetik der Oberfläche und die technische Innovation von Produkten. Das Bewusstsein, dass unsere Ressourcen endlich sind und der Klimawandel längst seine Folgen zeigt, die Erfahrung von immer größeren ökologischen Katastrophen, wie der Kernschmelze im japanischen Atomkraftwerk Fukushima Daiichi 2011 oder der Ölkatastrophe 2010 im Golf von Mexiko, haben inzwischen auch im Design zu einem Umdenken geführt. Vom Konsum wird verlangt, dass er „ethisch" vertretbar ist, vom Design, dass es in Kategorien der Nachhaltigkeit denkt. „Green Design", „Eco-Design" „nachhaltiges Design" oder „Design for Sustainability" werden die Ansätze im Design nicht ganz korrekt synonym genannt, die ökologisch bewusst und unter Nachhaltigkeitsaspekten vorgehen.

Unter ökologischen Gesichtspunkten muss man bei der Gestaltung von Produkten den gesamten Entwurfs- und Produktionsprozess, den Transport und den Vertrieb, darüber hinaus die Nutzung und schließlich die Entsorgung und das Recycling der Produkte bzw. ihrer Komponenten betrachten. Dabei müssen verschiedene Aspekte berücksichtigt und unterschiedliche Fragen verfolgt bzw. unterschiedlich gewichtet werden: Welche Materialien werden eingesetzt? Wie werden sie hergestellt? Wie werden Sie verarbeitet? Wie viel Energie wird zur Herstellung der Materialien und der Produkte aufgewendet? Wie ist ein Produkt verpackt? Wie viel Energie kostet der Transport? Wie lange hält ein Produkt? Lassen sich die Komponenten eines Produktes nach seiner Nutzung trennen und wiederverwerten? Das Recycling ist nicht nur bei den immer aufwendigeren Verpackungen ein Thema, sondern besonders bei den ständig neu auf den Markt gebrachten elektronischen Produkten, den unzähligen Mobiltelefonen, Computern, Kameras, iPods etc., deren Lebenszyklen immer kürzer werden, und die schon jetzt riesige Berge von Elektronikschrott hinterlassen. Ein wichtiges Thema, denn in all diesen Geräten stecken wertvolle Komponenten und Rohstoffe, die sinnvoll wiederverwertet werden können. Anfang 2012 erlässt deshalb das Europaparlament zum Beispiel eine Richtlinie, nach der die Mitgliedsstaaten von 2016 an dafür sorgen müssen, dass 45 Prozent der verkauften Neugeräte recycelt werden, ab 2019 dann sogar 65 Prozent. In der Zeit der Globalisierung soll auf diese Weise der illegale Export von Elektroschrott nach Asien und Afrika reduziert werden.

Die Entwicklung von nachhaltigen Produkten ist unter den vielfältigen Gesichtspunkten ein komplexer interdisziplinärer Prozess, der die verschiedensten

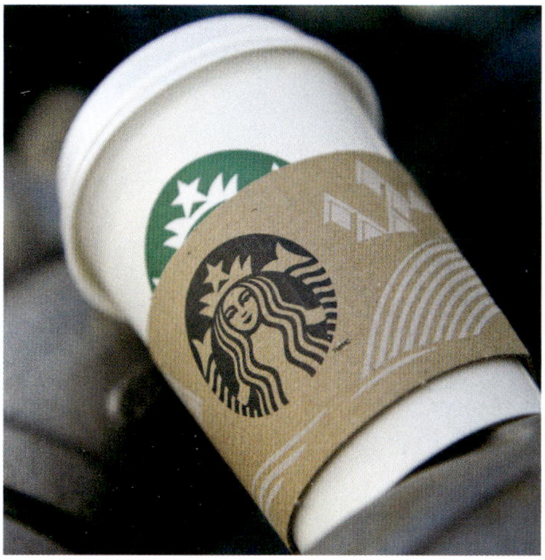

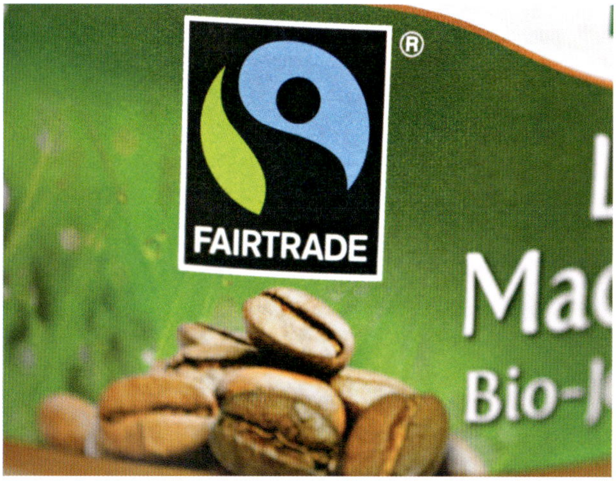

Kaffeebecher der Starbucks-Kette, die Energieeffizienz und Recycling in ihrer Unternehmensphilosophie verankert hat.

Das Fairtrade-Siegel kennzeichnet seit Anfang der 1990er Jahre Produkte, die fair gehandelt werden, das heißt ohne Ausbeutung der Erzeuger.

Fachrichtungen zusammenbringt: Biologen, Techniker, Chemiker, Logistiker, Soziologen, Trendforscher, Marketingspezialisten und Designer. Da heute die Zahl der ökologisch bewussten Verbraucher zumindest in den entwickelten Industrienationen stetig wächst, und auf der anderen Seite Rohstoffe mit zunehmender Knappheit immer teurer werden, lohnt dieser Aufwand allein schon unter ökonomischen Aspekten. Die Zielgruppe der umweltbewussten Konsumenten ist allerdings längst nicht mehr so homogen und ideologisch wie noch zwanzig oder dreißig Jahre zuvor. Sie wird nicht mehr von den latzhosentragenden Öko-Anhängern mit handgestrickten Pullovern der 1970er und 1980er Jahre geprägt, die generell konsumkritisch eingestellt und eher dem politisch linken Spektrum zugeordnet waren. So wie inzwischen die etablierten politischen Parteien die grünen Themen für sich entdeckt haben und überall in Europa selbst in konservativen Kreisen über alternative Energien und die Abschaltung von Atomkraftwerken nachgedacht wird, so sind es jetzt junge kreative, gebildete, wirtschaftlich erfolgreiche und ebenso kaufkräftige wie konsumfreudige Verbraucher, die sowohl über Produkte als auch über Trend- und Lifestylefragen bestens informiert sind. Diese Zielgruppen wollen sich weder einschränken noch lassen sie sich mit einer überkommenen Jute-statt-Plastik-Ästhetik ansprechen. Sie wollen beides: Öko und Lifestyle. Politisches Bewusstsein und Genuss, Nachhaltigkeit und Konsum, Karriere und Ethik sind für sie keine Gegensätze mehr. Der Markt für umweltverträglich erzeugte Produkte verzeichnet folglich kontinuierlich große Wachstumszahlen (oft in Verbindung mit dem Aspekt des Fair Trade). Immer mehr Hersteller und Branchen wollen daran teilhaben: von der Lebensmittelbranche, über die Energiewirtschaft und die Baubranche, bis hin zur Tourismus- und zur ebenfalls stark wachsenden Wellnessbranche und sogar bis zu den exklusiven Luxusmärkten. Der australische Jachtdesigner Sabdes wirbt 2012 für seine Eco-friendly Superyacht auf seiner Website: „A luxury yacht from SABDES with green technology to create greener earth. [...] Aside from this yacht eco-sensitive slant SABDES yachts are ultimately designed to be stylish." Selbst die schicksten Jachten können durch besondere Rumpfformen, die die Meeresflora schonen, durch niedrigen Verbrauch und verbesserte Emissionswerte noch attraktiver werden.

Kein Designer kann heute das Thema Ökologie unberücksichtigt lassen, denn er arbeitet in einer paradoxen Situation, wenn er wenig umweltfreundlich und dem Gedanken der Nachhaltigkeit zuwider ständig neue Produkte entwirft, die über ihr Design den Kaufanreiz erhöhen und damit den Konsum ankurbeln sollen. Ein großer und wichtiger Teilaspekt des Designs ist aber nun einmal das Marketing, und die Verweigerung jeglicher Entwurfsarbeit als Ausdruck der Kritik an der Konsumgesellschaft hat sich bekanntermaßen schon in den 60er Jahren des 20. Jahrhunderts als wirkungslos erwiesen. Notwendig ist ein umfassend neues Nachdenken über Produkte an sich. Der konstruktive Umgang mit dem grundsätzlichen Dilemma kann im Rahmen eines ökologischen Bewusstseins erfolgreiche und dabei ganz unterschiedliche Lösungswege beschreiten. Einer dieser Wege ist der Einsatz von recycelten oder recycelbaren Werkstoffen. Dass ein solches Vorgehen neben dem Umweltaspekt auch ästhetisch Impulse geben kann, zeigen viele Entwürfe von Designern, die nach bekannten und erprobten Kreativstrategien gebrauchte Produkte und recycelte Materialien durchaus mit Witz und Ironie in neue Zusammenhänge bringen. Manche dieser Umsetzungen überschneiden sich mit künstlerischen Ansätzen. Möbel aus Altkleidern, Kunststoffresten, Korken und Altpapier werden zu Kunstobjekten oder Lkw-Planen zu trendigen Taschen verarbeitet.

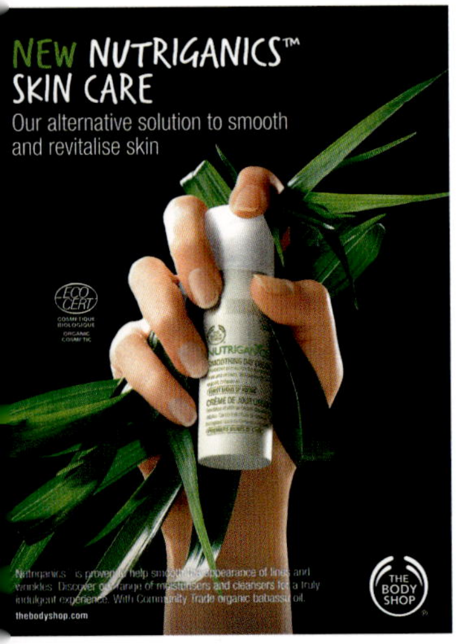

Der Öko-Gedanke ist längst im Mainstream angekommen. Auch die englische Kette The Body Shop setzt auf Öko-Zertifizierung, ethische Produktion und soziales Engagement.

Ein anderer Weg ist der Einsatz von organisch abbaubaren Materialien bzw. von Materialien aus nachwachsenden Rohstoffen wie z. B. neuartigen Naturfaserverbundstoffen. Die Beispiele für solche Produkte sind vielfältig und meist nicht nur ökologisch sinnvoll, sondern auch ästhetisch ansprechend und pragmatisch an der Lebenswirklichkeit der Zielgruppen orientiert. Die italienischen Designer Giulio Iacchetti und Matteo Ragni entwerfen 2000 das Besteck Pandora, das multifunktional Löffel und Gabel vereint und aus dem Material Mater-Bi auf der Basis von Mais-, Getreide- und Kartoffelstärke hergestellt wird. Es ist damit ein praktisches Einweg-Partybesteck, das nach Gebrauch umweltverträglich entsorgt werden kann. Der britische Designer Tom Dixon entwickelt 2003 unter dem Namen „Eco Ware" ein ganzes Sortiment von Tassen, Tellern und Schalen, das zu einem hohen Prozentsatz aus Bambusfasern und einem kleinen Anteil biologisch abbaubaren Kunststoffs hergestellt wird. Es hat eine durchschnittliche Lebensdauer von etwa fünf Jahren und kann danach kompostiert werden.

Ein weiterer Ansatz ist die Entwicklung von Produkten, die durch ihre besondere Konstruktion oder mithilfe ausgeklügelter Verpackungsideen deutlich weniger Material beziehungsweise aufgrund neuer Technologien weniger Energie verbrauchen, wie zum Beispiel LED-Leuchten oder solarbetriebene Geräte.

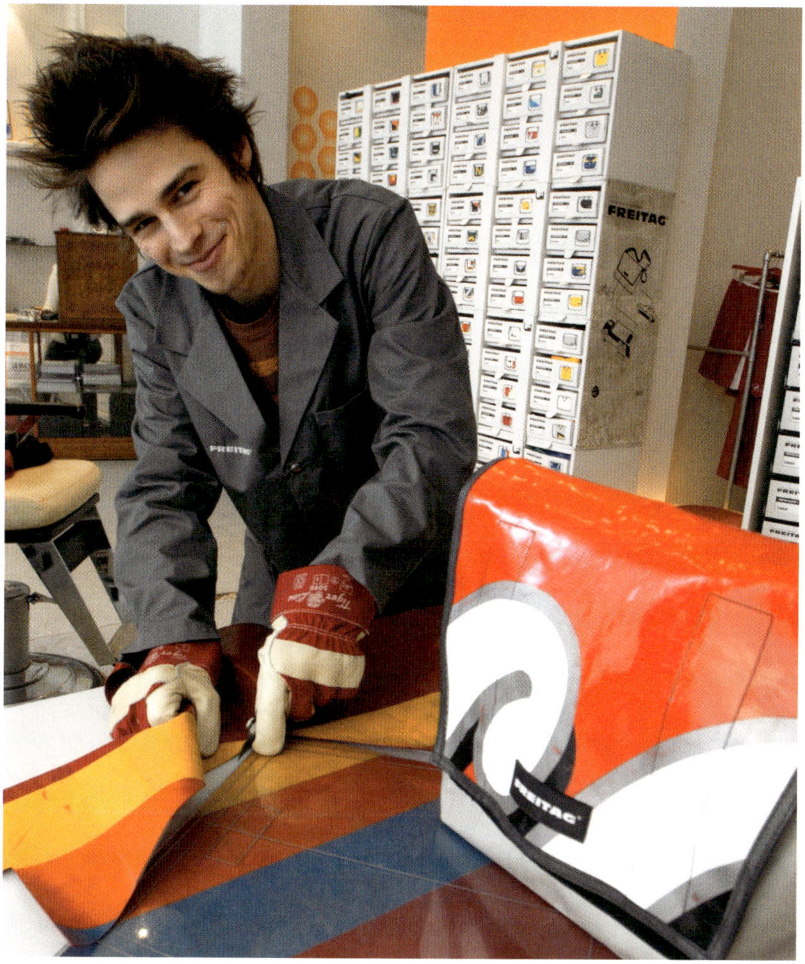

Recycling und Rekontextualisierung: Die Grafik-Designer Markus und Daniel Freitag beginnen 1993 mit der Herstellung von wetterfesten Taschen für Fahrradboten. Sie benutzen dafür ausgediente Planen von LKWs und schaffen damit eine Ikone der Jugendkultur.

Nachhaltigkeit ist heute in vielen Märkten ein nicht zu ignorierender Marketingaspekt. Vorbei die Zeiten, als ausschließlich kleine Spezialfirmen mit Bio-Produkten, Öko-Ästhetik und Recyclingmaterialien Marktnischen ausfüllten, heute setzen auch global agierende Unternehmen zunehmend auf nachhaltig hergestellte Produkte und wenden im Marketing Öko-Strategien an. Sie haben erkannt, dass „Öko" nicht nur zum ethischen Verkaufsargument, sondern zum Lifestyle geworden ist und unmittelbare ökonomische Relevanz hat. Dabei geht es nicht mehr darum, durch nachhaltiges Design langfristig einen Vorsprung vor den Wettbewerbern oder ein Upgrade in den Premiummärkten zu erreichen: Nachhaltigkeit wird von den Kunden selbstverständlich erwartet.

Bio-Lebensmittel bekommt man heute fast bei jedem Discounter. Die 1971 in Seattle gegründete Coffee-Shop-Kette Starbucks, die inzwischen fast 20.000 Filialen auf der ganzen Welt betreibt, konstatiert 2012 auf ihrer Website: „Starbucks verpflichtet sich dem Umweltschutz in allen Bereichen des Unternehmens. Diese Aufgabe umfasst: [...] Die Förderung eines verantwortungsvollen Umweltbewusstseins als unternehmerisches Leitziel". 2006 führt Starbucks branchenweit den ersten Becher für heiße Getränke ein, der zu 10 Prozent aus wiederverwerteten Fasern besteht, und in den Filialen in den USA und Kanada bekommen Kunden, die einen eigenen Becher mitbringen, einen Preisnachlass von 10 Cent. Gleichzeitig ist der Wasserverbrauch in den Kaffeemaschinen reduziert und die Beleuchtungs-, Kühl-, Heizungs- und Ventilationssysteme in den Coffee-Shops energieeffizienter umstrukturiert worden. Der ebenfalls global agierende Kosmetikkonzern The Body Shop setzt auf Abfallvermeidung, Verpackungen aus recycelbaren Materialien und Strom aus erneuerbaren Energien. Seine kosmetischen Produkte bestehen aus biologisch abbaubaren Substanzen und werden seit jeher unter gänzlichem Verzicht auf Tierversuche hergestellt.

Der deutsche Teppichbodenhersteller Vorwerk, der bereits 1994 den Slogan „Unser Logo war schon immer grün" formuliert hat, fasst seine ökologischen (und sozialen) Anstrengungen systematisch unter dem Programm Eco Balance zusammen. Alle Unternehmensbereiche, vom Entwurf über die Produktion bis zum Vertrieb integrieren den Nachhaltigkeitsanspruch, was zum Beispiel bedeutet, dass bei Teppichfliesen die lange üblichen PVC- oder Bitumenbeschichtungen durch ein besonders umweltfreundliches Beschichtungsverfahren, ein vollständig recycelbares Polyester-Vlies, ersetzt werden. Darüber hinaus hat die Teppichfliese selbst einen Anteil von 60 Prozent Recyclingmaterial. Außerdem setzt man bei Vorwerk in der Produktion auf CO_2-neutrale Energie. Das Umwelt-Engagement steht in der Presse- und Öffentlichkeitsarbeit des Unternehmens inzwischen gleichrangig neben der Gestaltung durch berühmte Künstler und Designer. Selbst der Tableware-Hersteller Alessi, der in den 1980er Jahren vor allem durch seine postmodernen und verspielten Produkte aus Stahl und Kunststoff bekannt und erfolgreich geworden ist, integriert nun das Nachhaltigkeitsdenken in seine Produktwelt und wirbt auf seiner Website damit, dass er 2011 gleich mit zwei Green Good Design Awards des Chicago Athenaeum Museum of Architecture and Design ausgezeichnet wurde.

Logo des Green Good Design Award für nachhaltige Produkte

Die Liste der Unternehmen, die grünes Design als Bestandteil einer umfassenden nachhaltigen Unternehmensstrategie einsetzen, lässt sich täglich verlängern. Grünes Design ist nicht nur ökologisch, sondern genauso ökonomisch, sozial und politisch relevant und wird staatlich gefördert. Neben den bekannten Designpreisen, die seit jeher medienwirksam für gelungenes Design vergeben werden, gibt es inzwischen mehrere Designpreise, die speziell für nachhaltiges Design vergeben werden. Das amerikanische Design- und Architekturmuseum Chicago Athaeneum vergibt neben dem klassischen seit 1950 vergebenen Good Design Award nun auch den Green Good Design Award für nachhaltige Produkte, und das deutsche Bundesumweltministerium lobt seit 2012 den Bundespreis Ecodesign aus, mit dem Designer und Unternehmen motiviert werden sollen, ökologisches Design als Entwurfsprinzip und strategisches Element in ihre Arbeit zu integrieren.

Neue Aufgabenfelder für das Design

Nicht nur neue Arbeitsweisen und technologisch bedingte innovative Produkte bieten dem Design andersartige Herausforderungen. Auch bekannte, jedoch gestalterisch vernachlässigte Märkte und Produktwelten werden entdeckt. Dabei werden entweder bestehende Artikel uminterpretiert, das heißt für den Nutzer zugänglicher gemacht, oder es werden neue Produkte für bestehende Aufgaben gefunden. In vielen Bereichen, besonders in noch wachsenden Märkten wie dem Freizeitsektor, werden Erzeugnisse weiter ausdifferenziert und in vielfältiger Variationsbreite im Markt positioniert. Dabei helfen aktuelle technische Erkenntnisse und neuartige Materialien, die den Tragekomfort von Rucksäcken, die Drehfreudigkeit von Skiern, die Laufeigenschaften von Rollschuhen (Inline-Skatern) und Kinderwagen verbessern. In Sport und Freizeit wächst durch die leistungsorientierten Grenzverschiebungen das Sicherheitsbedürfnis. Die populären Extremsportarten erschließen neue Märkte beispielsweise für Helme, Protektoren, Outdoorbekleidung, Lawinenausrüstung etc. Gleichzeitig werden diese früher oft unscheinbaren und rein zweckbestimmten Produkte zu zielgruppengerechten Lifestyle-Produkten. Gerade im Freizeitsektor spielt dieses sogenannte „Customizing" eine wichtige Rolle.

Viele der neuartigen Gestaltungsaufgaben liegen auch im sozialen Bereich. Seit der Gruppe Memphis gab es weder eine umfassende neue Designtheorie noch eine soziale oder politische Theorie wie etwa in den 1920er Jahren. Dennoch nimmt sich das Design verstärkt Aufgabenfelder mit durchaus sozialer Relevanz an. Pragmatisch und marktorientiert wendet es sich etwa medizinischen und rehabilitationsmedizinischen Arbeitsfeldern zu. Viele der hier angebotenen Produkte waren seit Jahrzehnten nicht gestalterisch überarbeitet oder verbessert worden. Die meisten trugen deutlich den Makel der klinischen Apparatur, das heißt, sie waren meist wenig ansprechend in Grau, Beige oder Türkis gehalten. Zwar gibt es schon seit den 1970er Jahren eine deutlich größere

Besonders die zunehmende Verbreitung von Extrem- und Outdoor-Sportarten sorgt für neue Produkte, wie der Lawinenrucksack der Firma Mammut (links). Auch Mountainbiker haben eine immer größere Auswahl an spezialisierten Rädern.

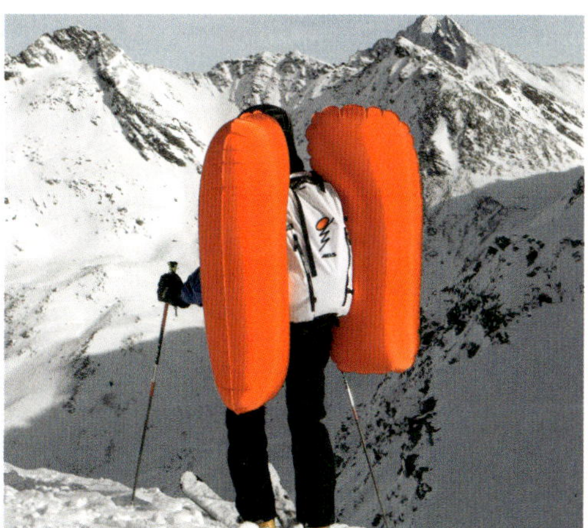

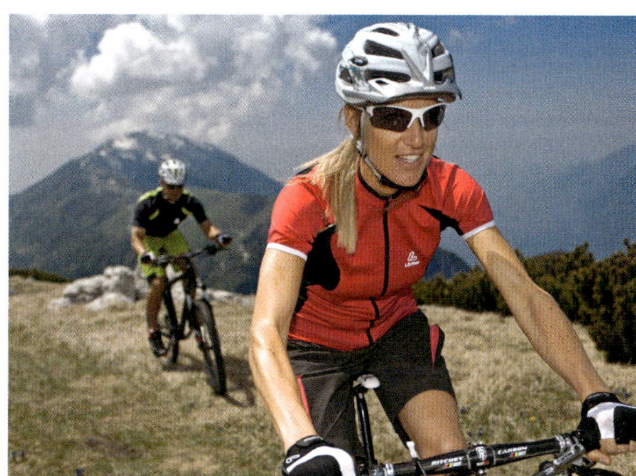

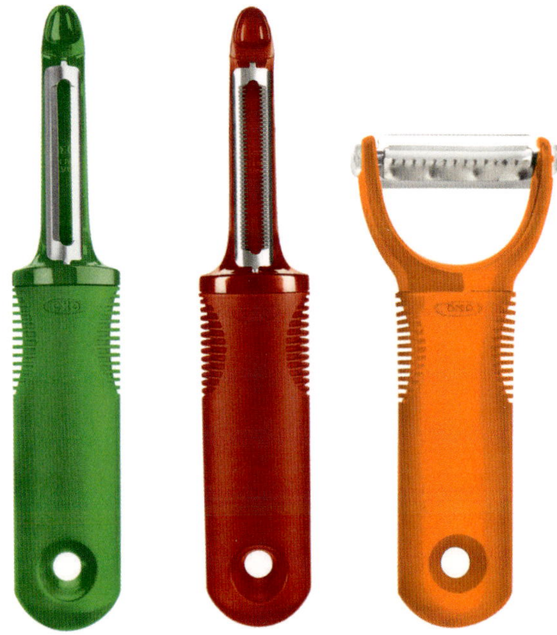

Design für kaufkräftige und wachsende Zielgruppen: Das britische Unternehmen Oxo bietet in seiner Serie Good Grips Gemüseschäler und andere Küchengeräte für alte Menschen oder Menschen mit Handicap an, die sicher zu greifen sind und dabei so gut aussehen, dass sie zu echten Trendprodukten für alle werden.

modische Spannbreite etwa bei Brillen, Hörgeräten, Gehhilfen, Rollstühlen oder anderen Produkten für Senioren oder bewegungs- und wahrnehmungseingeschränkte Menschen, jedoch stigmatisieren sie ihre Benutzer allein aufgrund ihrer schlechten Gestaltung. Mit dem nicht mehr zu ignorierenden demografischen Wandel wächst allerdings seit den 1990er Jahren die Erkenntnis, dass es sich hierbei um eine wachsende und zu einem großen Teil zahlungskräftige, gestaltungsaffine, weil -gewöhnte Zielgruppe handelt, die neben hochpreisigen Spezialhilfsmitteln auch zugängliche Produkte für jeden Bereich des Alltagslebens benötigt.

Schon seit Mitte der 1980er Jahre gibt es in Architektur und Design vermehrt Bestrebungen, Gebäude und Produkte zugänglicher für alle Menschen zu machen. Man spricht synonym von „Barierrefreiem Design", „Accessible Design" oder „Inclusive Design". Einer der Vordenker in diesem Bereich ist der amerikanische Architekt Ronald L. Mace, der schon 1973 erste Richtlinien für eine barrierefreie Architektur entwickelt und seit den 80er Jahren bis zu seinem Tod 1998 zahlreiche Institutsgründungen, Forschungsprojekte und andere Aktivitäten initiiert. Mace ist der Gründer des Center of Universal Design an der North Carolina State University, und er prägt den seither geläufigen Begriff des „Universal Design". Roger Coleman, bis 2008 Professor am Royal College of Art in London, etabliert 1991 als Gründungsdirektor das DesignAge Programm, ein international tätiges Netzwerk, das in Zusammenarbeit mit Unternehmen, Designern und Nutzergruppen neue Produkte und Methoden entwickelt und Firmen bei der Implementierung von Inclusive Design in Unternehmenspraxis und -strategie berät. Die deutsche Firma HEWI, der amerikanische Haushaltswarenhersteller OXO, die britische Supermarktkette Safeway oder der Gartengeräte-Hersteller Fiskars, um nur einige zu nennen, beschäftigen sich seit den 1990er Jahren zunehmend mit dem Design von attraktiven Produkten für Menschen mit sensorischen oder motorischen Einschränkungen. Damit einhergehend entstehen auch neue Wohnformen, neue Technologien und neue Dienstleistungsmärkte. Es liegt in der Natur der Sache, dass dies eine enge Zusammenarbeit zwischen Herstellern, Wohnungsbaufirmen, Wissenschaftlern unterschiedlicher Disziplinen, Architekten, Designern und Nutzern nach sich zieht. Derartige Verbesserungen im Design haben vor allem zu der Erkenntnis geführt, dass jeder von leicht zugänglichen Produkten profitiert, von verständlichen Bedienungsanleitungen, überschaubaren Displays oder von Werkzeugen, die besser in der Hand liegen und weniger Kraftaufwand benötigen. Auf diese Weise haben sich im Designprozess neue Vorgehensweisen durchgesetzt: Designer müssen sich bei der Gestaltung von Produkten in die Welt der Nutzer versetzen, die meist nicht die ihre ist.

In der Zusammenarbeit von Forschung und Entwicklung haben sich darüber hinaus neue Institutionen gegründet. Inzwischen gibt es verbindliche Richtlinien wie Gleichbehandlungsgesetze oder internationale Übereinkommen über die Rechte von Menschen mit Behinderung bis hin zu einschlägigen UN-Konventionen, die das Recht auf einen ungehinderten Zugang zu Produkten und Dienstleistungen festschreiben, und das nicht aus Gründen der Rücksichtnahme, sondern der Gleichberechtigung. Deshalb spricht man heute von „Universal Design“ und meint damit: bessere Produkte für alle.

Grenzüberschreitungen – Design und Kunst

Und eine weitere Aufgabe erwächst dem Design seit den 1980er Jahren: Es ist Medienereignis, Sammlerobjekt, Geldanlage. Seit dem medienwirksamen Auftritt von Memphis und dem Neuen Design wird das Designobjekt auch zum Statement eines künstlerischen oder designtheoretischen Konzepts. Damit funktioniert Design in gewisser Weise wie Konzeptkunst. Es ist dabei nicht zweckfrei, sondern stellt gewohnte Sehweisen und Gebrauchskonventionen infrage, hinterfragt ökonomische und gesellschaftliche Zusammenhänge, ironisiert und provoziert. Seit der Rückgewinnung des Ornaments, der programmatischen Zeichenhaftigkeit des Objekts und des entfallenen Zwangs zur Massenproduktion ist die Abgrenzung des Designobjekts zum Kunstwerk nicht mehr zwingend. Natürlich gibt es zahlreiche kunsttheoretische Diskussionen über die Frage der Abgrenzung zwischen beiden, doch in der Kunst- wie in der Designpraxis werden sowohl auf der einen wie auf der anderen Seite die Ansätze immer vielfältiger und die Überschneidungen dadurch immer häufiger. Die Produktionspraxis, aber auch die Rezeption durch den Nutzer und die

Mechanismen des Marktes gleichen sich immer weiter an. Designklassiker werden wie Kunstwerke zur Investition, Designer arbeiten experimentell wie Künstler und produzieren Kleinserien und Unikate, die nummeriert und signiert werden. Auf der anderen Seite befassen sich Künstler wie Donald Judd, Imi Knoebel, Fischli/Weiss, Richard Artschwager, Elvira Bach oder Timm Ulrichs, um nur einige zu nennen, seit den 1980er Jahren verstärkt mit Objekten wie Tischen, Stühlen oder Sesseln. Die Grenzen zwischen Kunstwerk und Möbel verschwimmen.

„Die Spaltung der Kunst in ‚freie' und ‚angewandte' ist wichtigtuerische Überspitzung einer individuellen Bewertung."

Stefan Wewerka, 1984

Selbst in Serie hergestellte Produkte werden durch die Rezeption der Nutzer zum Kunstobjekt gemacht. Philippe Starcks Zitronenpresse Juicy Salif, 1990 von Alessi produziert, ist ein gutes Beispiel. Wohl kaum einer der Käufer benutzt sie als Zitronenpresse; in der überwiegenden Mehrzahl der Fälle steht sie als Kleinskulptur eines berühmten Designers im Regal. Und dadurch ist die Zitronenpresse nun keineswegs zweckentfremdet. Starck selbst soll gesagt haben: „My juicer is not meant to squeeze lemons; it is meant to start conversations." (zit. n. Norman, 2004, S. 112)

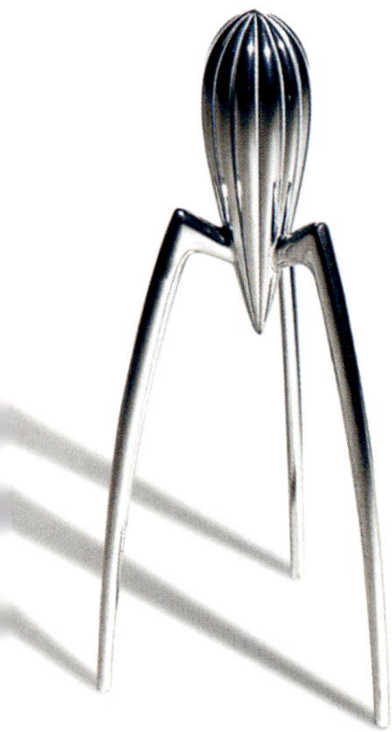

Kleinskulptur für Designliebhaber: Philippe Starck, Zitruspresse Juicy Salif für Alessi, 1990

Künstlerische Ansätze finden sich seit den 1980er Jahren im Werk zahlreicher Designer, die sich besonders seit Beginn des 21. Jahrhunderts neuer Technologien bedienen und dabei ebenso reizvolle wie interessante Wege gehen. So nutzt die schwedische Designgruppe Front handgefertigte Skizzen und setzt sie mithilfe moderner Computertechnologie direkt in Möbelunikate um. Ihre Möbelserie Sketch entsteht 2005, indem Handbewegungen im Raum durch Spezialkameras aufgezeichnet werden, ähnlich wie bei computeranimierten Filmen. Die Daten werden anschließend im 3-D-Laserdruck ausgedruckt. Hier werden dem Betrachter gleich mehrere Ebenen zur Diskussion angeboten. Zahlreiche andere Beispiele für solche experimentellen Vorgehensweisen, die die Diskussion um Kunst und Design befruchten, ließen sich nennen. Es ist freilich schwer, alle künstlerischen Ansätze mit Kategorien der Kunsttheorie oder des Designs allein zu messen. So etwa stellt Philippe Starck auf der Mailänder Möbelmesse 2005 eine Kollektion von drei Lampen vor, deren Schirme jeweils auf einer vergoldeten legendären Schusswaffe sitzen: eine Nachttischlampe mit einer Beretta-Pistole als Fuß, eine Schreibtischlampe mit einer Kalaschnikow-Maschinenpistole, eine Stehleuchte mit einem M16-Sturmgewehr. So wie in der Kunst bereits häufig geschehen, macht hier ein Designer ein politisches Statement. Und wie in der Kunst gibt es auch hier unterschiedliche Interpretationen und Wertungen. Starck selbst soll postuliert haben, dass seine Leuchten das Bewusstsein der politischen Verantwortung des Konsumenten wecken sollen. Seine Kritiker werfen ihm vor, dass es sich bei dem Ganzen

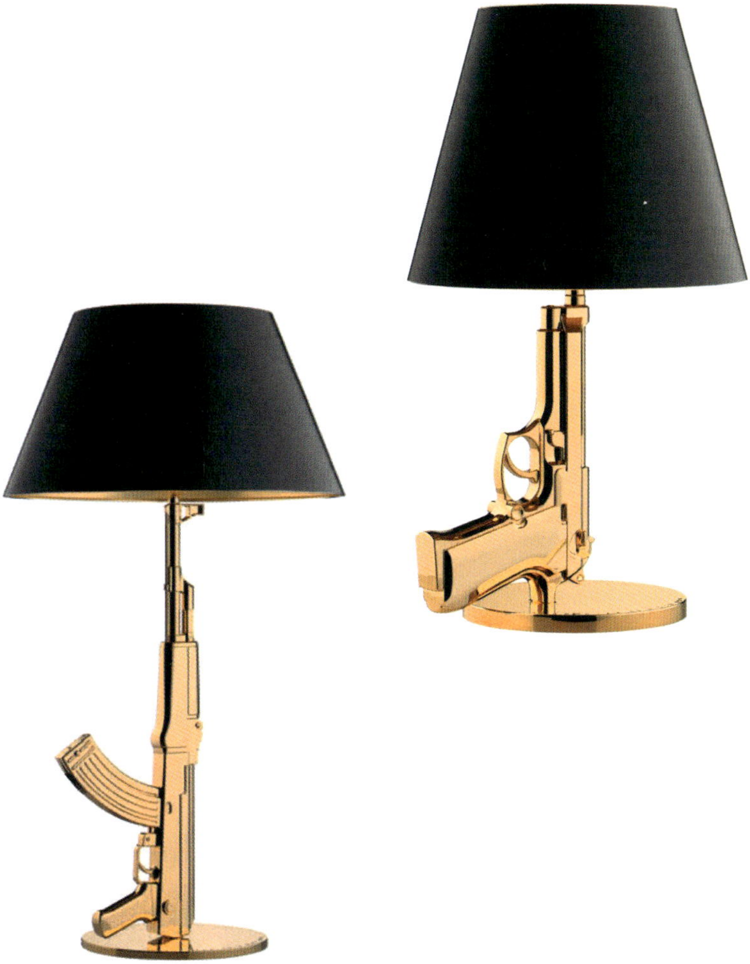

Philippe Starck, Leuchten aus der Serie Gun Collection für Flos, 2005. Ist der provokative Einsatz von Kriegswaffen im Design eine politische Aussage oder ein Marketing-Trick?

lediglich um einen Marketing-Trick handelt. Design wird wie Kunst offen für Deutungen und als Bedeutungsträger nicht nur zum Kommunikationsgegenstand und Medienthema, sondern auch zum Sammelobjekt. Ähnlich wie auf dem Kunstmarkt bestimmt sich auch der Preis. Also Vorsicht bei der Interpretation von Design-Kunstwerken: Der Favela Chair von Fernando und Humberto Campana für Edra (2003) etwa ist ganz offensichtlich inspiriert durch die Optik provisorischer Architektur in den Elendsunterkünften brasilianischer Slums. Er wirkt, als sei er aus gefundenen oder abgefallenen Holzresten zusammengebaut worden. Doch dieser Sessel ist alles andere als ein kritisches politisches Statement. Tatsächlich ist er ein gut durchkonstruiertes handgearbeitetes Luxusmöbel, das in einer limitierten Auflage für die wohlhabenden Geschmackseliten hergestellt wird, die ihre intellektuelle Kennerschaft dadurch zeigen, dass sie rund 2640,– Euro für dieses etwas unbequeme Stück zahlen.

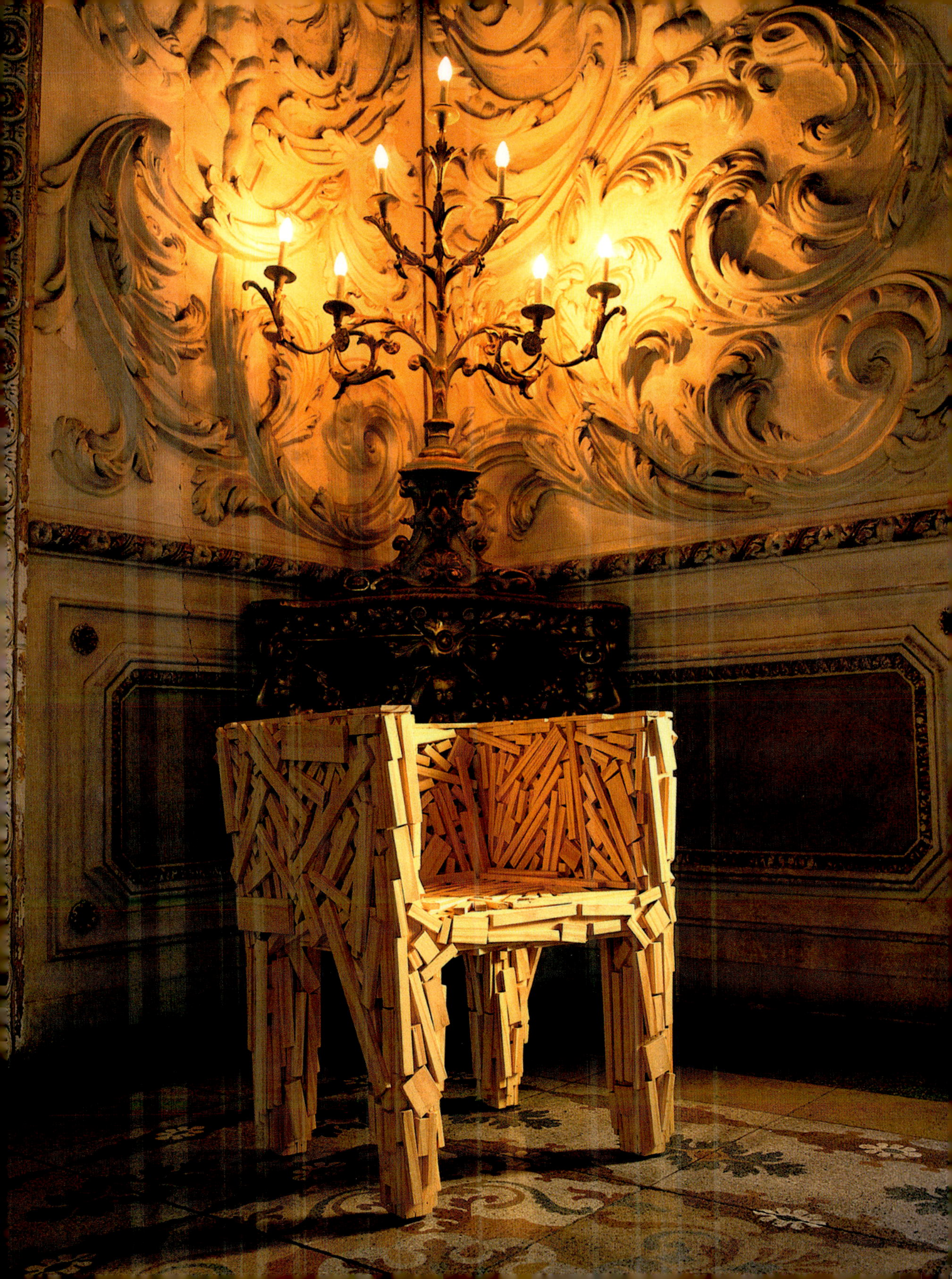

Design und Marketing II – vom Marken- zum Zielgruppenmanagement

Fernando und Humberto Campana, Favela Chair, für Edra, 2003. Kunst mit echtem Interesse an lokaler Kultur oder Slum-Folklore als Marketing-Tool?

Parallel zur Kunst gewinnt im Marketing die immaterielle Seite des Objekts ebenfalls an Bedeutung, als Träger von Emotionen, Symbol der Distinktion oder Vermittler von Erlebnissen. Was sich zuvor bereits andeutete, wird nun vollzogen: die vollständige Hinwendung zur schrumpfenden Zielgruppe. Sie wird sogar relevanter, weil sie global multiplizierbar ist. Unter diesen Vorzeichen gilt es, nicht nur die Produkte für eine Zielgruppe zu gestalten, sondern die gesamte mit ihr verbundene Lebenswelt. Zur Corporate Identity einer Marke gehört folglich nicht mehr nur deren grafisches Erscheinungsbild, sie definiert sich vielmehr über eine lebendige Erlebniswelt, die sich idealerweise mit der ihrer Kunden deckt oder deren Träume und Wünsche anspricht. Und das gilt sowohl für das Maggi-Kochstudio wie für das Volvo Ocean Race oder die Red Bull Events.

Von der Funktion zur Emotion – Design und Spiritualität

Nach den Erfahrungen der Postmoderne sind Funktion und Emotion kein Widerspruch mehr. Purismus und Gefühl, Hightech, Komfort und Wohnlichkeit gehen eine neue Verbindung ein. In einer Überfluss-, um nicht zu sagen Überdrussgesellschaft suchen immer mehr Zielgruppen anstelle von technischen Höchstleistungen oder schrillen Formen nach Sinn, Spiritualität und Individualität. Hier versprechen völlig entgegengesetzte Strategien die Lösung: Auf der einen Seite bieten Customizing und limitierte Editionen ein Höchstmaß an Individualisierung und Flexibilisierung im Umgang mit Trends, oft verbunden mit einem starken Hang zum Ornament, zu unterschiedlichen Dekoren und Oberflächengestaltungen. Auf der anderen Seite bieten Klassiker, Purismus und nüchterne Archetypen stilistische Sicherheit und zeitlose Gültigkeit mit starker Neigung zum Transzendenten. Hier wird das tendenzielle Verschwinden der Form selbst zum Symbol. Je weniger Form, umso mehr Raum für transzendentale Projektionen. Man verkauft Licht statt Leuchten, Musik statt CD-Player, Wasser statt Badarmaturen. Technische Perfektion äußert sich in der Zurücknahme der Form. Bildschirme werden flacher, streben zur Entmaterialisierung bis hin zur gänzlich körperlosen Projektion im Raum. Der Flachbildschirm Aurea des Herstellers Philips wird 2007 beworben mit dem Slogan „Einfachheit bedeutet Licht, das die Sinne verführt." Der Fernseher hat einen leuchtenden Rahmen, der passend zu den Fernsehbildern in harmonischen Farben erstrahlt und wie ein Hightech-Heiligenschein den Fernsehgenuss sinnlich steigern und geradezu metaphysisch überhöhen soll. Auch der deutsche Armaturenhersteller Dornbracht ist ein Protagonist dieser Entwicklung. Bei ihm wird aus der Armatur der „Spirit of Water". Seine Badarmaturenserie Balance Modules steht am vorläufigen Ende einer Gestaltungsentwicklung, die hochwertige Materialien in Kombination mit teilweise manufakturieller Produktionsweise in immer puristischeren Formen hervorgebracht hat. Im Mittel-

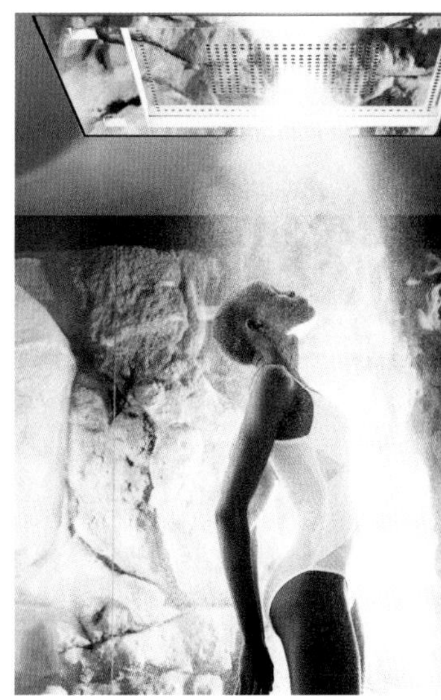

Kein Produkt, sondern ein Gefühl: Der deutsche Luxusarmaturen-Hersteller Dornbracht wirbt für seine Dusche: „Ein Gefühl wie unter freiem Himmel. Mit Sensory Skyatt wird Duschen zu einem einzigartigen Erlebnis, das alle Sinne berührt. Verschiedene Regenarten, Nebel, Licht und Düfte ergänzen sich zu komplexen Choreografien, die von Wetterphänomenen und Stimmungen in der Natur inspiriert sind." (Design: Sieger Design)

punkt steht bei dieser Art von Produkten nicht mehr die technische Funktion, die ohnehin als perfekt vorausgesetzt wird, sondern das spirituelle Ritual der Badnutzung.

Vorwärts in die Vergangenheit – Klassiker und Retro-Design

Eine Art der Emotionalisierung ist auch die Retro-Welle. Wieder angeführt von Subkulturen, wurde zunächst Anfang der 1990er Jahre die blaue Adidas Trainingsjacke mit den drei weißen Streifen wiederentdeckt, dann Kühlschränke im Retro-Look mit aerodynamisch gewölbten Türen im Stil der 1950er Jahre, und später wurde der sachliche Stil der Sixties vom Flohmarkt ins Möbeldesign zurückgebracht. Selbst die Software blieb nicht unberührt. So erinnerte z.B. der Klingelton Old Phone an die guten alten Zeiten des analogen Telefonierens. Das Radio Model One der Firma Tivoli zitiert ebenfalls einen sachlichen Sechzigerjahre-Stil, der vor allem bei intellektuellen Zielgruppen beliebt wird. Besonders emotional gehen die Automobilhersteller vor. Volkswagen stellt 1994 zunächst als Konzeptstudie eine moderne Version des alten VW Käfer vor. Er geht 1998 in die Produktion. Der Wagen hat einen Golfmotor, der demzufolge auch nicht wie beim Original im Heck liegt, sondern vorne. Er bietet neben allen sicherheitstechnischen Merkmalen als Ausstattungsgag zum Beispiel ein Remake der damals beliebten Blumenvase für das Armaturenbrett. 2001 bringt BMW eine Neuauflage des Minis auf den Markt, des englischen Kultautos der 1960er Jahre. War der ursprüngliche Mini als sparsamer Kleinwagen konzipiert, so wird seine jüngere Ausgabe zum schicken Lifestylegefährt mit sportlichem Fahrverhalten. 2007 folgt Fiat und legt den Fiat 500 neu auf. Auch dieser Wagen ist technisch auf dem aktuellsten Stand und verfügt etwa über eine funkferngesteuerte Zentralverriegelung, elektrisch verstellbare

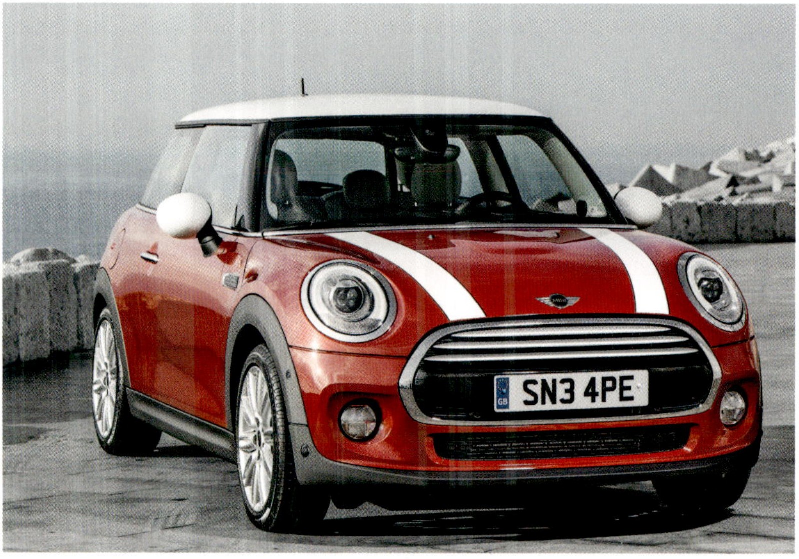

Der Mini-Cooper, 1959 entworfen von Sir Alec Issigonis, feiert 2001 seine Wiederauferstehung. Als Mini von BMW (Design: Frank Stephenson) spricht er die Gefühle einer ganzen Generation an.

Außenspiegel, einen Bordcomputer und sieben Airbags. Retro-Automobile dieser Art verfolgen nicht so sehr die Authentizität gegenüber dem Original. Vielmehr steht die emotionale Ansprache der Kunden im Fokus, die mit den Modellen aus der Wirtschaftswunderzeit geliebte Erinnerungen kaufen. Inzwischen wird das Retro-Design aber schon wieder konterkariert zum Beispiel von Citroen mit dem Slogan „Anti-Retro mit dem DS3".

Möbelhersteller setzen schon lange auf Formen, die bereits zum Mythos geworden sind. Nachbauten von Bauhausklassikern, Eames-Stühlen und Shaker-Möbeln sind erfolgreiche Produkte. Im unübersichtlichen postmodernen Markt bietet der Klassiker Halt und Sicherheit. Außerdem kündet er von der Kennerschaft des Besitzers. Diese Vorliebe für Klassiker hat eine erhebliche ökonomische Dimension. Das führt zu juristischen Auseinandersetzungen, denn es werden nicht nur lizenzierte Nachbauten, wie sie beispielsweise die Firma Vitra anbietet, sondern auch unlizenzierte Nachbauten und Plagiate auf den Markt gebracht. Wie in diesem Fall erstrecken sich die wachsenden Copyright-Probleme allmählich in allen Bereichen auf Markenprodukte, deren Design kopiert und in die globalen Märkte geliefert wird.

Die Marke als Event – Design eng an der Zielgruppe

Bei all den genannten Entwicklungen ist es existenziell wichtig geworden, das Design und die Markenpolitik in engem Kontakt zu den Zielgruppen zu entwickeln. Neben Marketingstrategien begründet vor allem die Erkundung von Bedürfnissen in bislang unbekannten oder sich schnell wandelnden Märkten ein solches Vorgehen. Der demografische Wandel führt seit den 1990er Jahren zu Produktgestaltungen, die Senioren und Menschen mit Behinderung gerecht werden. Dieses anwenderorientierte Design kann lediglich in Zusammenarbeit mit den Nutzern entwickelt werden. Designbüros wie IDEO, die sich schon im Bereich der Elektronik mit Nutzungsprozessen und Interaktion befasst haben, erstellen Prototypen auf der Grundlage von Nutzerbeobachtungen und -befragungen, die in Workshops und mittels Tests mit diesen zur Produktreife gebracht werden. So entstehen Produkte, die nicht nur funktional sind, sondern auch ästhetischen und psychischen Anforderungen gerecht werden.

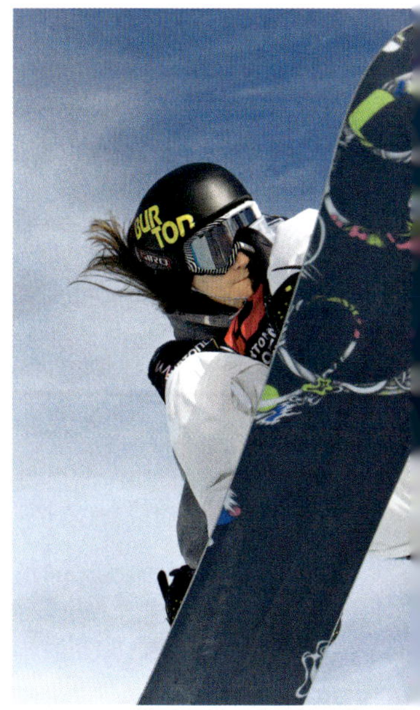

Ornament ist nicht mehr Verbrechen, sondern bedeutet Erfolg in der jungen Zielgruppe der Boarder. Die 1977 von Jake Burton gegründete Firma Burton ist mit ihrer Produktentwicklung immer ganz nah am Puls ihrer Kunden und erstellt neue Oberflächendesigns zusammen mit Trendscouts oder den eigenen Teamridern, die als Erste wissen, was auf der Straße bzw. der Piste angesagt ist.

Die Nähe zur Zielgruppe ist nicht nur, aber vor allem in der Mode und in der Freizeit- und Unterhaltungsindustrie unerlässlich geworden. Hier wird besonders nah mit den jungen, flexiblen, oft subkulturellen und meist selbst kreativen Zielgruppen der Boarder, Sprayer und Surfer zusammengearbeitet. Die Ästhetik der jeweiligen Subkulturen ist gerade in diesen Bereichen stark stilprägend geworden. Oft kommen die Firmengründer selbst aus der Szene und konnten nur auf diese Weise erfolgreich werden. Darüber hinaus werden Trendscouts in der anvisierten Zielgruppen-Szene eingesetzt oder Unternehmen laden zu Kreativ-Workshops ein und richten Chatrooms oder Blogs für die Communities ein, um sich stets und mit jeder Saison über die aktuellsten Trends informiert zu halten. Die Bedürfnisse der meist jungen Zielgruppen

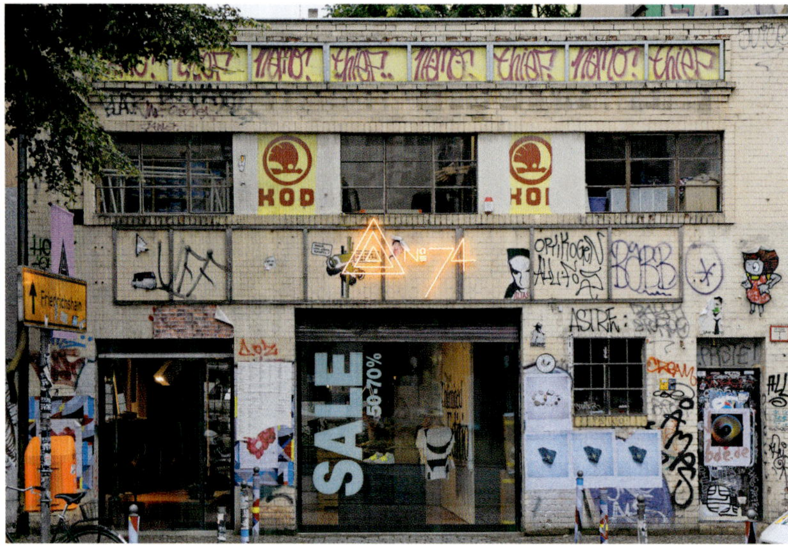

Adidas Guerilla Store No 74 in Berlin, 2009. Pop-up-Showrooms, Guerilla Stores oder Tarnläden heißen die neuen Verkaufsorte auf Zeit, die sich Lifestyle-Unternehmen mit jungen Zielgruppen aussuchen, um möglichst viel Aufmerksamkeit in der Szene zu erregen.

sind zwar einerseits auf die erkennbare Dazugehörigkeit zur Marke ihrer Community gerichtet, andererseits stark geprägt von einem intensiven Bedürfnis nach Distinktion und Individualisierung, Prägnanz und Expressivität. Diese Sehnsucht wird in Zeiten von Hightech und Mikroelektronik offensichtlich besonders, auch in ironisierter Form, durch archaische Ornamente befriedigt, durch steinzeitliche figurative Elemente, keltische Muster oder klassizistische und barocke Ornamentik. Die Ästhetik der Straße, Graffitis und Mangas gehören ebenfalls zum Vokabular junger trendbewusster Marken. Ein ebenso populäres wie erfolgreiches Beispiel ist hier der Snowboardhersteller Burton. Jake Burton, der 1977 die erste Snowboardproduktion aufnahm, kam selbst aus der Surfer-Szene und entwickelte die ersten Snowboards. 1985 kam das Snowboarding mit dem ersten Burton-Shop in Innsbruck nach Europa, wo es zum wohl erfolgreichsten Wintersport-Trend der letzten Jahrzehnte wurde. Die junge Zielgruppe dieser Sportart hat eine große Affinität zu Hip-Hop, Graffiti und Skateboard und deren ästhetischen Äußerungsformen. Deshalb war es für Burton stets wichtig, sehr eng mit der Zielgruppe in Kontakt zu bleiben. Die Firma unterhält ein eigenes Fahrer-Team, das an der Produktentwicklung direkt beteiligt ist. Darüber hinaus richtet Burton regelmäßig Events, Meetings und Competitions in aller Welt aus. Seit 2005 bietet das Unternehmen für seine High-End-Boards unter dem Titel Series 13 einen speziellen Customize-Service an. Snowboardkäufer können über eine Website ihr eigenes Grafikdesign für ihr Board an Burton senden, wo es dann aufgebracht und anschließend über einen autorisierten Händler ausgeliefert wird. Jedes dieser Boards erhält außerdem eine Metallplatte mit individueller Gravur. Das Customizing von Trendprodukten ist inzwischen bei den meisten führenden Sportartikelherstellern obligatorisch. Auch bei Nike oder Oakley kann man

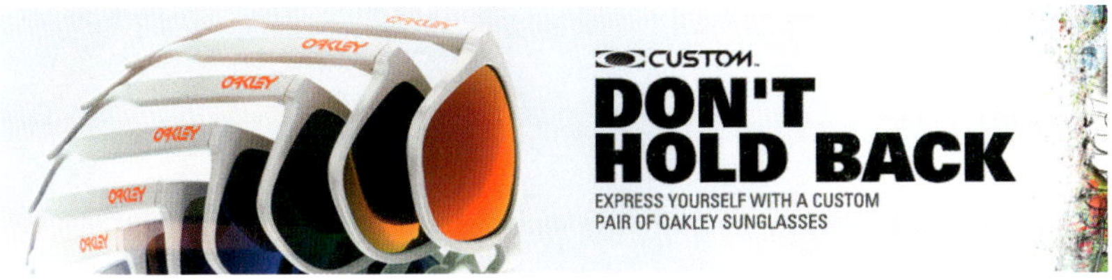

Customizing auch bei Sonnenbrillen. Oakley bietet seinen Kunden die Möglichkeit, sich die eigene Brille individuell zusammenzustellen: Gläser, Gestell, Farben etc. online auswählen und bestellen.

die Features seiner Wunsch-Sneaker oder -Sonnenbrille online in einer Variationsbreite konfigurieren, die weit über die Modellwahl und Konfiguration von Autos hinausgeht.

Design und Markenmanagement reichen bis in den Einzelhandel. Unternehmen und Marken, die trendbewusste junge Käufer ansprechen möchten, müssen sich nicht nur in der Gestaltung und Kommunikation, sondern auch in ihren Vertriebsstrategien an der Zielgruppe und ihren Gewohnheiten orientieren. So sind Trendmarken wie Comme des Garcons oder später Swatch etwa seit 2004 dazu übergegangen, sogenannte „Guerilla Stores", „Instant Stores" oder „Pop-up Stores" einzurichten. Diese Läden treten an provisorischen Orten und nur temporär in Erscheinung, ähnlich wie die Szene-Partys der Underground- und Subkulturen, über deren Existenz nur Eingeweihte informiert sind. Deren Mechanismen wenden nun angesagte Trendmarken an: Per Flyer werden Guerilla Stores angekündigt, die in alten Fabriketagen oder ähnlichen Orten eingerichtet und nur provisorisch in Hausbesetzer- und Graffiti-Ästhetik ausgestattet und dekoriert werden. Auch beim Vertrieb wird somit der Einfluss der Subkulturen und der Straße direkt von den Marken adaptiert und an die Verbraucher zurückgespielt – ein Wechselspiel, das sich immer schneller vollzieht.

Globalisierung und Design

Globalisierung ist keine Erfindung des 21. Jahrhunderts. Historisch gesehen trägt bereits das Kolonialzeitalter Züge der Globalisierung. Schon im 17. Jahrhundert werden Produkte aus fremden Welten für europäische Märkte interessant, und die Länder der sogenannten „Neuen Welt" bekommen bald die Folgen politischer und ökonomischer Entscheidungen in Europa zu spüren. Gleichwohl waren die direkten Auswirkungen auf das Leben der Menschen in früheren Epochen nicht so zahlreich, so umfassend und so tiefgreifend wie heute.

Was bedeutet Globalisierung aber inhaltlich für das Design, für die Formen, die Designprozesse, die Produkte? Dazu muss man sich zunächst einmal konkret klar machen, was Globalisierung heute bedeutet. Globalisierung ist nicht denkbar ohne Mobilität. Das ist zunächst einmal die physische Mobilität. Mit zunehmendem technischem Fortschritt reisen wir immer schneller von einem Ort der Welt zum anderen, früher mit Eisenbahn und Dampfschiff, heute mit dem Flugzeug. Wir denken dabei an Manager, die heute von New

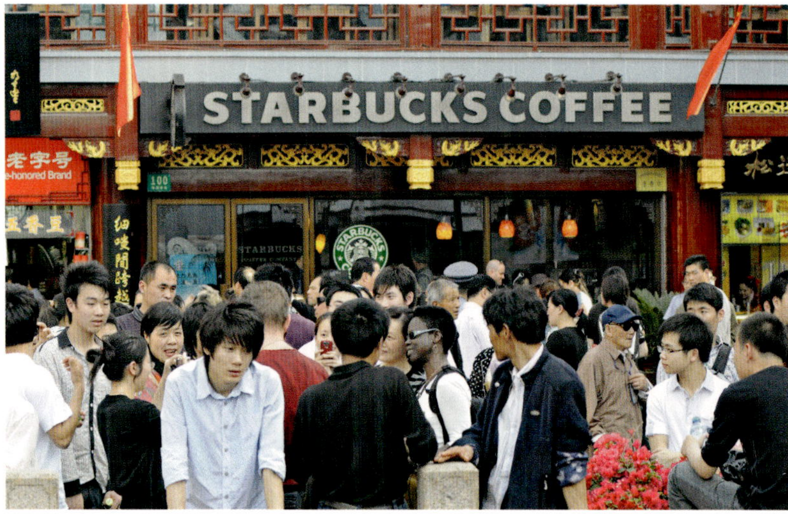

Starbucks ist überall. Globale Unternehmen wie Starbucks, MacDonalds und andere verbreiten die Ästhetik ihrer Marke zeitgleich in der ganzen Welt.

York nach London fliegen und morgen nach Dubai oder Hongkong. Wir denken auch an den globalen Tourismus, der uns zum Christmas-Shoping nach New York bringt oder zum Badeurlaub nach Thailand. Viel mehr Menschen sind indessen unfreiwillig in der Welt unterwegs. Millionen Menschen flüchten aus Krisengebieten, sind Armuts- oder Klimaflüchtlinge.

Die zweite wichtige Seite der Globalisierung ist die technologische Dimension. Die Entwicklung der Medien, vor allem natürlich des Internets, ermöglicht eine globale Kommunikation in Echtzeit. So verbreiten sich Nachrichten, kulturelle Erfahrungen und Konsumgewohnheiten gleichzeitig und in rasender Geschwindigkeit über die Welt. Starbucks und McDonalds sind überall. Ihre Botschaft, transportiert durch ihre Werbung und ihr Design, wird überall verstanden. Die global agierenden Unternehmen verbreiten so eine globale Designsprache. Die Zielgruppen für Produkte und Lifestyles werden immer kleinteiliger, bleiben aber dennoch interessant, denn sie sind global multiplizierbar. Der interkulturelle Transfer von Konsumgewohnheiten, ästhetischen Erfahrungen und Lebensstilen ist nicht neu. Schon 1965 vermerkt die amerikanische Kritikerin Susan Sontag in ihrem Tagebuch: „Metropolen ähneln einander mehr als den anderen Städten ihres jeweiligen Landes (Leute in NY ähneln eher denen in Paris als [denen] in St. Paul)." (Sontag, 2013, S. 78) Im 21. Jahrhundert hat diese Erfahrung jedoch durch die modernen Technologien eine rasante Beschleunigung erfahren und bleibt ständig in Bewegung. Die Spannungsfelder, in denen sich Design heute befindet – Technologie, Ökonomie, Marketing, Ästhetik, Subkulturen, Freizeitverhalten etc. – sind allesamt, wie die gesamte Wirtschaft, global und dynamisch.

Der umgekehrte Weg ist jedoch ebenso möglich. So wie sich Verschiebungen in der Weltwirtschaft vollziehen, entwickelt sich auch das Design global. In Ländern, in denen sich eine neue wirtschaftliche Dynamik herausbildet,

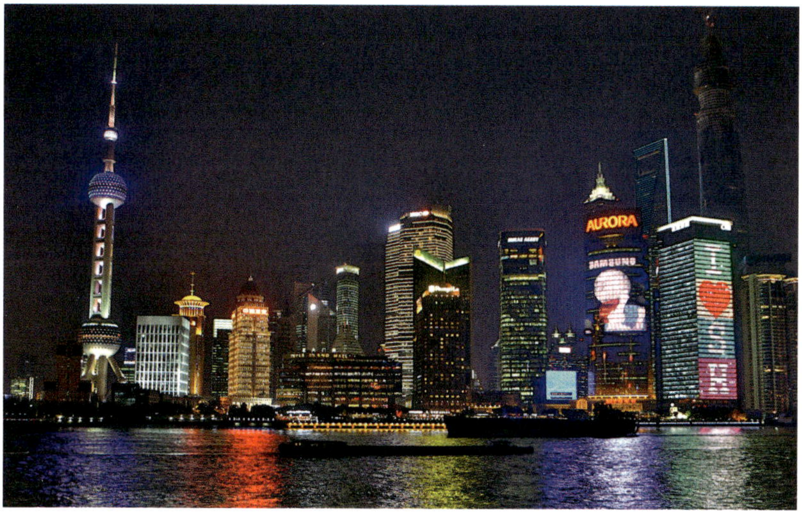

Die nächtliche Skyline von Shanghai, dem Mode- und Lifestyle-Zentrum Chinas

weil sie zum Beispiel als Lieferanten globaler Unternehmen arbeiten, gewinnt Design zunehmend an Bedeutung und beschleunigt das Wachstum. Das hat sich schon während der Industrialisierung in der Verschiebung von England nach Deutschland abgespielt, war einer der Hauptgründe für den internationalen Erfolg italienischer Produkte nach dem Zweiten Weltkrieg und ist augenblicklich in China zu beobachten.

Sei es in der Wirtschaftssupermacht China, in den anderen asiatischen Staaten oder in den boomenden Schwellenländern wie Brasilien oder selbst in Europa, in der Türkei: Überall entwickelt sich mit der Wirtschaft das Design. Die Billiglohnpolitik der chinesischen Wirtschaft wächst sich momentan aus. Sie verschiebt sich nach Indien und Bangladesch, während in China gleichzeitig die Industrieproduktion eine weitere Dimension erreicht: Hier wachsen sowohl eine Finanzelite als auch eine anspruchsvolle Mittelschicht mit einem steigenden Bedürfnis nach Konsumgütern heran. Wie in allen etablierten Industrienationen entwickelt sich auch in China seit geraumer Zeit ein eigenes Design mit den Zentren Shanghai (Mode und Lifestyle), Beijing (Architektur) und Shenzhen (Grafikdesign). Über das Land verteilt gibt es inzwischen mehr als 500 Designhochschulen, und zusammen mit den politischen Reformen, die seit einigen Jahren das Privateigentum und die Privatwirtschaft stärken, wird das Design in China zunehmend zum Erfolgsfaktor, der die wirtschaftliche Vormachtstellung des Landes ausbauen hilft. Schon 2004 titelt etwa die „Business Week“ mit einem Artikel über „China's Power Brands“ und stellt fest: „Bold entrepreneurs are producing the mainland's hot consumer products. The multinationals are fighting back. Who will the big winners be?” Ausstellungen wie „China Design Now” 2008 in London dokumentieren den Wandel und machen die Arbeit und die Namen chinesischer Designer im Westen bekannt. Das globale Design wird um einen Mitspieler reicher.

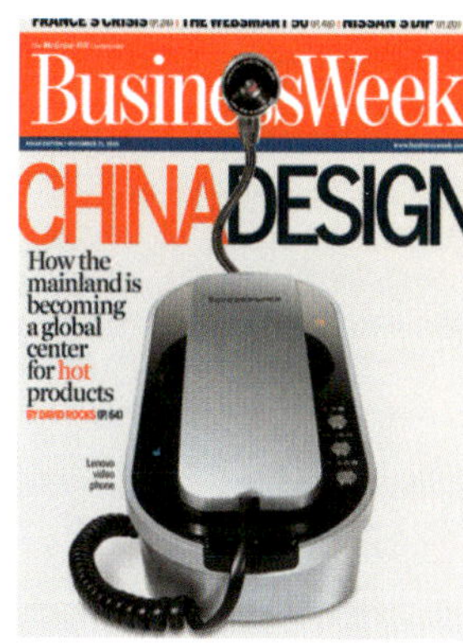

Titelseite der „Business Week“. Mit zunehmender Wirtschaftsmacht kommt auch das Design Chinas ins Blickfeld der westlichen Welt.

Literaturnachweis

Adorno, Theodor W.: Ohne Leitbild. Parva Aesthetica, Frankfurt/M. 1967

Albus, Volker u. Borngräber, Christian: Designbilanz. Neues deutsches Design der 80er Jahre in Objekten, Bildern, Daten und Texten, Köln 1992

Albus, Volker, u.a.: Gefühlscollagen. Wohnen von Sinnen. Köln 1986

Alessi, Alberto: Die Traumfabrik, Mailand 1998

Ambasz, Emilio (Hrsg): Italy. The New Domestic Landscape, New York 1972

Baacke, Rolf-Peter; Brandes, Uta u. Erlhoff, Michael: Design als Gegenstand. Der neue Glanz der Dinge, Berlin 1983

Bachinger, Richard: Unternehmenskultur. Ein Weg zum Erfolg, Frankfurt/M. 1990

Bahns, Jörn: Zwischen Biedermeier und Jugendstil. Möbel im Historismus, München 1987

Balkhausen, Dieter: Die elektronische Revolution, Düsseldorf 1985

Bangert, Albrecht u. Ellenberg, Peter: Thonet-Möbel. Bugholz-Klassiker 1830–1930. Ein Handbuch für Liebhaber und Sammler, München 1993

Bangert, Albrecht u. Fahr-Becker, Gabriele: Jugendstil, München 1992

Bangert, Albrecht und Armer, Karl Michael: Design der 80er Jahre, München 1991

Bangert, Albrecht: Italienisches Möbeldesign. Klassiker von 1945 bis 1985, München 1985

Banham, Reyner: Die Revolution der Architektur. Theorie und Gestaltung im ersten Maschinenzeitalter, Braunschweig 1990

Barthes, Roland: Mythen des Alltags, Frankfurt/M. 1964

Hahn, Peter u. Wolsdorff, Christian: Bauhaus-Möbel. Eine Legende wird besichtigt. Ausst.-Kat. Bauhaus-Archiv, Berlin 2002

Bauhaustapete: Reklame und Erfolg einer Marke. Hrsg. von Tapetenfabrik Gebr. Rasch GmbH & Co.; Stiftung Bauhaus Dessau, Köln 1995

Benjamin, Walter: Das Kunstwerk im Zeitalter seiner technischen Reproduzierbarkeit, Frankfurt/M. 1963

Bernhard, Marianne: Das Biedermeier. Kultur zwischen Wiener Kongreß und Märzrevolution, Düsseldorf 1983

Bertsch, G. C.; Dietz, M. u. Friedrich, B.: Euro-Design-Guide. Ein Führer durch die Designszene von A–Z. Hrsg. von Ambiente, München 1991

Birkigt, K.; Marinus, M. u. Funck, H. J. (Hrsg.): Corporate Identity. Grundlagen, Funktionen, Fallbeispiele, Landsberg 1992

Bolz, Norbert: bang design. design-manifest des 21. jahrhunderts, Hamburg 2006

Borngräber, Christian: Stil Novo. Design in den 50er Jahren. Phantasie und Phantastik, Frankfurt/M. 1979

Botsch, Markus: Die Mineralwasserflasche von Günter Kupetz (Reihe Design-Klassiker), Frankfurt /M. 1999

Bourdieu, Pierre: Die feinen Unterschiede. Kritik der gesellschaftlichen Urteilskraft, Frankfurt/M. 1982

Bovenkerk, Dagmar: Trendforschung. Darstellung, Bedeutung, Anwendungsbeispiel, Saarbrücken 2006

Branzi, Andrea u. Burkhardt, Francois (Hrsg.): Neues Europäisches Design. Barcelona, Paris, Mailand, Budapest, London, Berlin, Wien, Neapel, Köln, Düsseldorf. Ausst.-Kat., Berlin 1991

Breuer, Marcel: metallmöbel und moderne räumlichkeit, in: „Das neue Frankfurt", H. 1, 1928

Buchholz, Kai und Wolbert, Klaus (Hrsg.): Im Designerpark. Leben in künstlichen Welten. Ausst.-Kat. Institut Mathildenhöhe, Darmstadt 2005

Buchsteiner. Thomas u. Letze, Otto (Hrsg.): Max Bill. Maler, Bildhauer, Architekt, Designer, Ostfildern 2005

Buddensieg, Tilmann: Industriekultur. Peter Behrens und die AEG 1907–1914, Berlin 1979

Bürdek, Bernhard E.: From function to meaning. In the long run everything is design. In: Bloch-Jahrbuch 2008, Ernst Bloch und das Bauhaus. Gestern und heute. Hrsg. von Francesca Vidal im Auftrag der Ernst-Bloch-Gesellschaft, Mössingen-Talheim 2008.

Bürdek, Bernhard E.: Design. Geschichte, Theorie und Praxis der Produktgestaltung, Köln 1994

Bürdek, Bernhard E. u. Eisele, Petra (Hrsg.): Design, Anfang des 21. Jh. Diskurse und Perspektiven, Ludwigsburg 2011

Burckhardt, Lucius (Hrsg.): Der Werkbund in Deutschland, Österreich und der Schweiz. Form ohne Ornament, Stuttgart 1978

Byars, Mel: Design Encyclopedia. 1880 to the Present. London 1994

Chippendale, Thomas: The Gentleman and Cabinet-Maker's Director, London 1754

China Design Now. Ausst.-Kat. Victoria and Albert Museum, London 2008

Claus, Jürgen: Das elektronische Bauhaus, Zürich/Osnabrück 1987

Cohen, Jean-Louis: Erhaben, zweifellos erhaben. Vom fesselnden Wesen der technischen Objekte. In: Le Corbusier . The Art of Architecture. Hrsg. von Alexander von Vegesack, Stanislaus von Moos, Arthur Ruegg, Mateo Kries. Ausst.-Kat. Vitra Design Museum, Weil am Rhein, 2007

Collins, Michael: Design und Postmoderne, München 1990

Dascher, Ottfried (Hrsg.): Mein Feld ist die Welt. Musterbücher und Kataloge 1784–1914. Ausst.-Kat. Stiftung Westfälisches Wirtschaftsarchiv, Dortmund 1984

Design als Postulat am Beispiel Italiens. Hrsg. v. Internationalen Design Zentrum Berlin. Berlin 1973

Designed in Germany: Die Anschaulichkeit des Unsichtbaren. Hrsg. vom Rat für Formgebung. Ausst.-Kat., Frankfurt 1988

Droste, Magdalena und Ludewig, Manfred: Marcel Breuer. Design, Köln 1992

Droste, Magdalena: Bauhaus. 1919–1933, Köln 1990

Eco, Umberto: Einführung in die Semiotik, München 1972

El Lissitzky 1890–1941. Retrospektive. Ausst.-Kat., Frankfurt/M./Berlin 1988

Engler, Franz; Lichtenstein, Claude u. Museum für Gestaltung Zürich (Hrsg.) Stromlinienform. Ausst.-Kat., Zürich/Hagen 1992

Erlhoff, Michael u. Marshall, Tim: Wörterbuch Design, Basel 2007

Eschmann, Karl: Jugendstil. Ursprünge, Parallelen, Folgen, Göttingen 1990

Fiedler, Jeannine u. Feierabend, Peter (Hrsg.): Bauhaus, Köln 1999

Fischer, Volker (Hrsg.): Design heute. Maßstäbe: Formgebung zwischen Industrie und Kunst-Stück, München 1988

Fischer, Volker u. Hamilton, Anne: Theorien der Gestaltung, Basel 1999

Fischer, Wend: Die verborgene Vernunft. Funktionale Gestaltung im 19. Jahrhundert, München 1971

Frei, Hans: Louis Henry Sullivan, München 1992

Gössel, Gabriele u. Peter: Möbeldesign des 20. Jahrhunderts, Köln 1989

Gartz, Joachim: Die Apple-Story, Baar (CH) 2005

Gaßner, Hubertus: Auf der Suche nach Materialgerechtheit. Mißverständnisse und gekrümmte Linien. In: Jür-

gen Harten (Hrsg): Wladimir Tatlin. Leben, Werk, Wirkung, Köln 1993
Giedion, Sigfried: Die Herrschaft der Mechanisierung. Ein Beitrag zur anonymen Geschichte. Hrsg. v. Henning Ritter, Hamburg 1994
Giedion, Sigfried: Befreites Wohnen, Zürich/Leipzig 1929
Giedion, Sigfried: Raum, Zeit und Architektur. Die Entstehung einer neuen Tradition, Ravensburg 1965
Gray, Camilla: Das große Experiment. Die russische Kunst 1863–1922, Köln 1964
Gropius, Walter: Grundsätze der Bauhaus-Produktion. Druckblatt hrsg. v. Bauhaus Dessau, 1926
Gros, Jochen: Grundlagen einer Theorie der Produktsprache. Einführung (Heft 1). Hrsg. v. d. Hochschule für Gestaltung, Offenbach 1983
Gsöllpointner, Helmuth; Hareiter, Angela u. Ortner, Laurids (Hrsg.): Design ist unsichtbar, Wien 1980
Guidot, R.: Design. Die Entwicklung der modernen Gestaltung, Stuttgart 1994
Günther, Sonja: Die 50er Jahre. Innenarchitektur und Wohndesign, Stuttgart 1994
Habermas, Jürgen: Die neue Unübersichtlichkeit. Kleine politische Schriften V, Frankfurt/M. 1985
Halter, Regine (Hrsg.): Vom Bauhaus bis Bitterfeld. 41 Jahre DDR-Design, Gießen 1991
Haslam, Malcolm: Jugendstil. Seine Kontinuität in den Künsten, Stuttgart 1990
Hauffe, Thomas: Design. Ein Schnellkurs. Überarbeitete und aktualisierte Neuausgabe, Köln 2008
Hauffe, Thomas: Fantasie und Härte. Das „Neue deutsche Design" der 80er Jahre, Gießen 1994
Haug, Wolfgang Fritz: Kritik der Warenästhetik, Frankfurt/ M. 1971
Heider, Thomas; Stegmann, Markus u. Zey, René: Lexikon Internationales Design, Reinbek bei Hamburg 1994
Hemken, Kai-Uwe: El Lissitzky. Revolution und Avantgarde, Köln 1990
Hiesinger, Kathryn B. u. Fischer, Felice: Japanisches Design seit 1950, Tübingen/Berlin 1995
Hirdina, Heinz: Gestalten für die Serie. Design in der DDR 1949–1985, Dresden 1988
Hockney, David: A Bigger Message, London 2011
Höhne, Günter: Das Große Lexikon DDR-Design, Köln 2008
Höhne, Günter: DDR-Design, Köln 2006
Höhne, Günter: Penti, Erika und Bebo Sher. Die Klassiker des DDR-Designs, Berlin 2001
Jencks, Charles: Die Sprache der postmodernen Architektur, 2. erweiterte Auflage Stuttgart 1980
Johnson-Laird, Philip N.: The Computer and the Mind. An Introduction to Cognitive Science, London 2005.
Jones, Owen: Grammatik der Ornamente, Köln 1995
Kirsch, Hans-Christian (Hrsg.): William Morris. Wie wir leben und wie wir leben könnten. Vier Essays von William Morris, Köln 1992
Kirsch, Karin: Die Weißenhof- Siedlung. Werkbund-Ausstellung „Die Wohnung". Stuttgart 1927, Stuttgart 1987
Klotz, Heinrich: Moderne und Postmoderne. Architektur der Gegenwart 1960–80, Braunschweig/Wiesbaden 1987
Kramer, Lore: Marginalien. In: Design in Deutschland, 1933–45. Ästhetik und Organisation des Deutschen Werkbundes im „Dritten Reich". Hrsg. v. Werkbund-Archiv Berlin, Wetzlar 1990
Kron, Joan u. Slesin, Suzanne: High Tech. The Industrial Style and Source Book for the Home, New York 1979
Liebl, Franz: Der Schock des Neuen. Entstehung und Management von Issues und Trends, München 2000
Loewy, Raymond: Hässlichkeit verkauft sich schlecht. Die Erlebnisse des erfolgreichsten Formgestalters unserer Zeit, Düsseldorf 1953
Overy, Paul: Light, Space and Openness. Modern Architecture Between the Wars, London 2008
Lindinger, Herbert (Hrsg.): Hochschule für Gestaltung Ulm. Die Moral der Gegenstände, Berlin 1987
Loos, Adolf: Ornament und Verbrechen. In: Sämtliche Schriften. Bd. 1. Hrsg. v. F. Glück, Wien/München 1962
Lyotard, Jean-François.: Das postmoderne Wissen. Ein Bericht. Hrsg. v. Peter Engelmann, Graz/Wien 1986
Lyotard, Jean-François: Immaterialität und Postmoderne, Berlin 1985
Maenz, Paul: Art Déco. Formen zwischen zwei Kriegen. 1920–1940, Köln 1974
Maenz, Paul: Die 50er Jahre. Formen eines Jahrzehnts, Köln 1990
Mang, Karl u. Fischer, Wend: Die Shaker. Leben und Produktion einer Commune in der Pionierzeit Amerikas. Hrsg. v. Museum für angewandte Kunst, München 1974
Mang, Karl: Geschichte des modernen Möbels. Von der handwerklichen Fertigung zur industriellen Produktion, erweiterte Neuauflage, Stuttgart 1989
McClelland, N. u. Haslam, M.: Art Déco, Stuttgart 1991
Meadows, Donella u.a..: Die Grenzen des Wachstums (1972), Übersetzung von Hans-Dieter Heck, 14. Auflage, Stuttgart, 1987
Meier, Cordula (Hrsg.): Designtheorie, Frankfurt/M. 2001
Merker, R.: Die bildenden Künste im Nationalsozialismus. Kulturideologie, Kulturpolitik, Kulturproduktion, Köln 1983
Meyer, Hannes: Mein Hinauswurf aus dem Bauhaus. Offener Brief an Herrn Oberbürgermeister Hesse, Dessau. Erstveröffentlichung in der Zeitschrift „Das Tagebuch", Berlin, II (1930) 33
Moderne Klassiker. Möbel, die Geschichte machen. Hrsg. v. d. Zeitschrift „Schöner Wohnen", Hamburg 1984
Mischerlich, Alexander: Die Unwirtlichkeit unserer Städte. Anstiftung zum Unfrieden, Frankfurt/M. 1965
Morris, William: Kunde von Nirgendwo. Eine Utopie der vollendeten kommunistischen Gesellschaft und Kultur aus dem Jahre 1890. Hrsg. v. Gert Selle, Köln 1974
Müller, Dorothee: Klassiker des modernen Möbeldesigns. Otto Wagner – Adolf Loos – Josef Hoffmann – Koloman Moser, München 1984
Mundt, Barbara: Historismus. Kunstgewerbe zwischen Biedermeier und Jugendstil, München 1981
Neumann, Eckhard (Hrsg.): Bauhaus und Bauhäusler. Bekenntnisse und Erinnerungen, Köln 1994
Norman, Donald A.: Die Dinge des Alltags, Frankfurt/M./New York 1989
Norman, Donald A.: Emotional Design. Why we love (or hate) things, New York 2004
Opel, Adolf (Hrsg.): Kontroversen. Adolf Loos im Spiegel der Zeitgenossen, Wien 1985
Opel, Adolf (Hrsg.): Adolf Loos. Ornament und Verbrechen. Ausgewählte Schriften. Die Originaltexte, Wien 2000
Ortega y Gasset, José: Der Aufstand der Massen, Stuttgart 1931

Ottomeyer, Hans: Biedermeier, München 1991
Ottomeyer, Hans u. Schlapka Axel: Biedermeier. Interieurs und Möbel, München 1991
Ottomeyer, Hans; Schröder, Klaus Albrecht u. Winters, Laurie (Hrsg): Biedermeier. Die Erfindung der Einfachheit, Ostfildern 2006
Packard, Vance: Die geheimen Verführer. Der Griff nach dem Unterbewussten in jedermann, Düsseldorf 1958
Packard, Vance: Die große Verschwendung, Frankfurt 1964
Papanek, Viktor: Das Papanek-Konzept, München 1972
Petroski, Henry: Messer, Gabel, Reißverschluss. Die Evolution der Gebrauchsgegenstände, Basel/Boston/Berlin 1994.
Petsch, Joachim: Eigenheim und gute Stube. Zur Geschichte des bürgerlichen Wohnens, Köln 1989
Petsch, Joachim: Kunst im Dritten Reich. Architektur, Plastik, Malerei, Alltagsästhetik, Köln 1987
Pevsner, Nikolaus: Der Beginn der modernen Architektur und des Design, Köln 1978
Pevsner, Nikolaus: Europäische Architektur. Von den Anfängen bis zur Gegenwart. 8., erweiterte und neugestaltete Ausgabe, München 1997
Pierre, Michel: Die Industrialisierung, Fellbach 1992
Polster, Bernd u.a. (Hrsg.): Dumont Handbuch Design International. Marken, Macher, Klassiker von A–Z, Köln 2004
Pross, Harry: Kitsch. Soziale und politische Aspekte einer Geschmacksfrage, München 1985
Radice, Barbara: Ettore Sottsass, München 1993
Radice, Barbara: Memphis. Gesicht und Geschichte eines neuen Stils, München 1988.
Remmele, Mathias u. Vegesack, Alexander von (Hrsg.): Marcel Breuer. Design und Architektur, Weil am Rhein 2003
Remmele, Mathias: Die Möbel von Charles und Ray Eames, Weil am Rhein 2007
Ruskin, John: Die Steine von Venedig, Leipzig 1903
Sato, Kazuko (Hrsg.): Alchimia. Italienisches Design der Gegenwart, Berlin 1988
Schönberger, Angela: Raymond Loewy. Pionier des amerikanischen Industriedesigns, München 1990
Schummer, Constanze: Das andere Buch über italienisches Design, Stuttgart 1994
Seckendorf, Eva von: Die Hochschule für Gestaltung in Ulm, Marburg 1989
Selle; Gert: Design-Geschichte in Deutschland. Produktkultur als Entwurf und Erfahrung, Köln 1987
Selle, Gert: Design im Alltag. Vom Thonetstuhl zum Mikrochip, Frankfurt/M. 2007
Selle, Gert: Geschichte des Designs in Deutschland. Neuauflage Frankfurt/M. 1994
Selle, Gert: Ideologie und Utopie des Design. Zur gesellschaftlichen Theorie der industriellen Formgebung, Köln 1973
Sembach, Klaus-Jürgen: Jugendstil. Die Utopie der Versöhnung, Köln 1993
Semper, Gottfried: Wissenschaft, Industrie und Kunst, Braunschweig 1852
Semper, Gottfried: Der Stil in den technischen und tektonischen Künsten oder Praktische Ästhetik, Frankfurt/M./München 1860–63 (Nachdruck 1977)
Shadowa, L. A. (Hrsg.): Tatlin, Weingarten 1987
Siepmann, Eckhard u. Thiekötter, Angelika (Hrsg.): Packeis und Pressglas. Warenästhetik und Kulturreform im deutschen Kaiserreich. Von der Kunstgewerbebewegung zum Deutschen Werkbund, Gießen 1987
Siepmann, Eckhard (Hrsg.): Bikini. Die 50er Jahre. Politik, Alltag, Opposition. Kalter Krieg und Capri-Sonne, Reinbek bei Hamburg 1983
Sontag, Susan: Ich schreibe, um herauszufinden, was ich denke. Tagebücher 1964–1980, München 2013
Sparke, Penny: An Introduction to Design and Culture in the 20th Century, New York 1986
Sparke, Penny: Design im 20. Jahrhundert. Die Eroberung des Alltags durch die Kunst, 2. Auflage, Stuttgart 2001
Sparke, Penny: Italienisches Design. Von 1870 bis heute, Braunschweig 1989
Sprigg, June u. Larkin, David: Shaker. Kunst, Handwerk, Alltag, Ravensburg 1991
Sullivan, Louis Henry: Ornament und Architektur. A System of Architectural Ornament, Tübingen 1990
Tendenzen der zwanziger Jahre. Ausst.-Kat., Berlin 1977
Tolstoj, Vladimir: Kunst und Kunsthandwerk in der Sowjetunion 1917–1937, München 1990
Varnedoe, Kirk: Wien 1900. Kunst, Architektur & Design, Köln 1987
Vegesack, Alexander von u.a. (Hrsg.): Le Corbusier. The Art of Architecture. Ausst.-Kat. Vitra Design Museum, Weil am Rhein 2007
Venturi, Robert: Komplexität und Widerspruch in der Architektur, Braunschweig 1978
Venturi, Robert; Scott Brown, Izenour, Denise u. Steven: Lernen von Las Vegas. Zur Ikonographie und Architektursymbolik der Geschäftsstadt, Braunschweig 1979
Vladimir Tatlin. Retrospektive. Ausst.-Kat., Köln 1993
Walker, John A.: Designgeschichte. Perspektiven einer wissenschaftlichen Disziplin. München 1992
Warncke, Carsten-Peter: De Stijl. 1917–1931, Köln 1990
Welsch, Wolfgang. (Hrsg): Wege aus der Moderne. Schlüsseltexte der Postmoderne-Diskussion, Weinheim 1988
Welsch, Wolfgang: Unsere postmoderne Moderne, Weinheim 1991
Wichmann, Hans: Design contra Art Déco. 1927–32. Jahrfünft der Wende, München 1993
Wichmann, Hans: Industrial Design. Unikate, Serienerzeugnisse, München 1985
Wichmann, Hans: Italien. Design 1945 bis heute, München 1988
Wick, Rainer: Bauhaus-Pädagogik, Neuauflage Köln 1994
Wilkie, Angus: Biedermeier. Eleganz und Anmut einer neuen Wohnkultur am Anfang des 19. Jahrhunderts, Köln 1987
Wingler, Hans M.: Das Bauhaus. 1919–1933. Weimar, Dessau, Berlin und die Nachfolge in Chicago 1937, Bramsche 1975
Wolf, Brigitte (Hrsg.): Design-Management in der Industrie, Gießen 1994
Wolfe, Tom: Mit dem Bauhaus leben, München 1993
Wright, Frank Lloyd: Schriften und Bauten, München/Wien 1963
Wulf, J.: Die Bildenden Künste im Dritten Reich. Eine Dokumentation, Gütersloh 1963
Wurster, Christian: Computers. An Illustrated History, Köln 2002
Zec, Peter: Informationsdesign. Die organisierte Information, Zürich/Osnabrück 1988
Zevi, Bruno: Frank Lloyd Wright, Zürich/München 1980

Personenregister

Bild- und Copyright-Nachweis

AEG 85
© Volker Albus 256
AKG 88, 187o
Alessi 66, 249, 261, 262, 263, 264l, 304
Archive Centro Studi Poltronova 250
Artemide 231
© Aldo Ballo, Courtesy Memphis srl 253
Bildarchiv Foto Marburg 51
Braun GmbH, Kronberg/Taunus 208, 225
Cappellini 251, 259
Cassina 200
Chicago Athenaeum 300
ClassiCon authorised by The World Licence Holder Aram Designs Ltd. 137o, 153
Deutsches Kunstarchiv Nürnberg 131
Dornbracht 267, 307
Edra spa 306
Electrolux Hausgeräte GmbH, Markenvertrieb AEG 85u
Luzia Ellert / PSK Archiv 72
FLC / VG Bild-Kunst, Bonn 2014 135
Flos 305
Foster + Partners 288o
www.fritzhansen.com/Foto: Strüwing 216
© Stuart Haygarth 268
© Damien Hirst and Science Ltd. All rights reserved / VG Bild-Kunst, Bonn 2014 291
Günter Höhne, Berlin 214
Husqvarna Deutschland GmbH 226
Courtesy of Patrick Jouin 285
KEYSTONE/Thomas Mann Archiv/ J. Trauffer 126
Courtesy of Knoll 185r, 190
Les Arts Décoratifs, Paris/Jean Tholance/ akg-images 218
Mrs. Raymond Loewy, Monte Carlo 165, 167
Mariscal 260r
© Ingo Maurer GmbH, München 243o
© Joshua McHugh (Foto). Courtesy of Knoll 116
Münchner Stadtmuseum 20, 54
Musée des Arts Décoratifs (Nissim de Camondo), Paris 151
© The Isamu Noguchi Foundation and Garden Museum / VG Bild-Kunst, Bonn 2014 189l+r
Oakley 311
Österreichische Galerie Belvedere 71
OXO 302
Pelikan Archiv 100l
picture alliance 59
picture alliance/akg-images 12, 19, 23, 25, 29, 31l, 34, 37, 43, 45, 50r, 50l, 55, 63, 64, 78, 87, 96l, 111, 113o, 167, 170, 176, 177, 181, 238r, 288u
picture alliance/All Canada Photos 277
picture-alliance/allover 75
picture-alliance/AP images 189r, 238l, 273, 281
picture alliance/APA/picturedesk.com 301l
picture alliance/Arcaid 46, 69, 81, 83, 135, 141, 235, 266
picture alliance/Arco Images GmbH 115
picture alliance/Artcolor 31r, 54, 74r, 86, 95, 99, 199, 232
picture alliance/Bildarchiv Monheim 57, 108, 120, 133
picture alliance/blickwinkel/McPHOTO 301r
picture-alliance/dpa 6/7, 49, 60, 61u, 68, 118, 137u, 140, 147, 149, 184, 185l, 187u, 197, 206, 210, 220, 227, 236, 243u, 260l, 271, 272l, 287, 279l+r, 280, 295, 297r, 308, 309, 310
picture alliance/Everett Collection 17, 79, 158, 163
picture alliance/fStop 33
picture alliance/Godong 61o
picture-alliance/Helga Lade Fotoagentur GmbH 56
picture alliance/Inga Kjer 297l
picture alliance/Interior Archive 91
picture alliance/IBL Schweden 222
picture-Alliance/KEYSTONE 264r
picture alliance/Klaus Nowottnick 293l
picture-alliance/IMAGNO 73, 74l, 157, 159
picture-alliance/Leemage 30l
picture-alliance/Mary Evans Picture Library 10, 13, 14, 22, 27
picture-alliance/maxppp 30r, 53, 194, 198, 249
picture-alliance/Newscom 248
picture alliance/Norbert Schmidt 230
picture alliance/Photoshot 18
picture alliance/R. Goldmann 313o
picture-alliance/Rainer Hackenberg 76
picture alliance/Robert Harding World Imagery 244
picture alliance/ROPI 155, 312
picture alliance/Sueddeutsche Zeitung Photo 173, 179, 293r, 299
picture alliance/Tagesspiegel 169
picture alliance/The Advertising Archives 125, 142, 144, 152, 182, 192, 238m, 257l+r, 272r, 275, 298
picture-alliance/united archives 40, 47, 52, 105, 148, 160, 196, 252
picture alliance/WILDLIFE 156
picture-alliance/Willi Antonowitz 204
picture alliance/ZB 175, 178, 203, 213
picture alliance/ZUMAPRESS 164, 191
PP Møbler 215
Sieger Design 265
Staatsgalerie Stuttgart 111
© Frank Stolle/Courtesy of KW 286
Studebaker National Museum 193
Technolumen 113u
Thonet 38, 39, 119, 123, 138
© Man Ray Trust, Paris/VG Bild-Kunst, Bonn 2014 147
Courtesy of Ty Nant 292
USM U. Schärer Söhne GmbH 229
© VG Bild-Kunst, Bonn 2014 106, 108, 109o, 113u, 115, 118, 120, 123, 133, 137u, 140, 141, 148, 175, 190, 204, 205, 252, 253, 260, 306
Verner Panton Design 241
© Vitra 186, 188, 189l, 240u, 258
Vitra Design Museum Archiv 240o
Zanotta spa 201, 202l, 202r, 205, 242

Die Rechte für nicht aufgeführte Abbildungen liegen beim Autor.

Der Verlag hat sich bemüht, alle Rechteinhaber ausfindig zu machen. Sollte dies im Einzelfall nicht gelungen sein, bitten wir um Nachsicht.